日本中世社会構造の研究　上

日本中世社会構造の研究

上

永 原 慶 二 著

岩 波 書 店

はしがき

私は、一九六一年に、それまでのほぼ一〇年間にわたる時期に執筆した諸論文を集成して『日本封建制成立過程の研究』と題して公刊したが、本書はそれ以降、今日に至る一〇年あまりのあいだに、折にふれて執筆した書名に関する諸論文をとりまとめたものである。

前書を公刊して以降、この一〇年間の私の研究対象は、ひきつづき中世の社会・経済史的諸問題におかれていたが、主たる関心は、書名の示すとおり、社会構造の問題に向けられるようになった。前書の場合は、古代から中世への移行過程、とりわけ封建制成立の問題に焦点をしぼっていたが、本書ではそれをひきつぎながら日本中世社会の構造そのものを、その内的な構成原理にさかのぼって、できるだけ多面的かつ全体的に追求しようと試みた。

「社会構造」という言葉はかならずしも明確なものではないが、私としては、中世社会を構成している諸階級・諸階層が相互にとりむすんでいる経済的・社会的・政治的諸関係と、それを一つの歴史的社会たらしめている秩序原理ともいうべきものを念頭においているのである。本書の第I部でとりあげている荘園制的「職」の体系や荘園制経済の再生産構造、その基盤としての農民的土地所有の性格と村落構造、あるいは身分制の問題などはすべてその主要な側面であると考えている。このような問題に私の主たる関心が向けられていった理由は、いうまでもなく、研究対象とした中世という時代の全体的構造とその特質をできるだけ有機的・統一的にとらえたいということにもとづくものであるが、さらにいえば、それによって、永い歴史過程を通じて形成されてきた日本社会のいわば体質的な特徴についての認識を深めることによって、われわれ日本人の自己認識になんらかの寄与ができると考えたからである。中世のような遠い時代の研究にながくとりくみつづけるためには、まずなによりも、過去の事実そのものに対する素朴ともいってよい追求心がなければならないが、それを何のために追求するかということになれば、やはり研究者自身の主体にかかわる一定の回答をもたねばならない。その点で、私は近代以前の諸時代にまでさかのぼるような形での日本歴史の研究は、元来、日本人の自己認識の作業の一環にほかならず、その意味ではとりわけ社会構造の問題が歴史的持続性をもつものだけに重要な位置をもつと思うのである。

ごくかいつまんでいって、本書の問題関心は以上のようなものであるが、ここに収めた諸論文を作成してゆく過程で、私は一九六八年に『日本の中世社会』(岩波書店刊、『日本歴史叢書』の一冊)という小著を公刊した。これは本書に収められたいくつかの論考にもとづいて、日本中世社会の基本的骨組と特徴を、ひとまず概括的な形で描きだしてみるという意図をもって執筆したものである。したがって本書とはきわめて緊密な関係にあり、ある意味では重複も少なくないが、併せて参照していただければ幸いである。

ところで、本書には、その第Ⅱ部として、主として中世をめぐる時代区分や国家史に関するいくつかの論稿が収載してある。これらは、同学の人々の関連諸業績を学ぶ過程で、随時作成した一種の研究ノートである。そのため、文章はほとんどみなポレミッシュな体裁をとっており、外形だけからみれば、それら同学の方々に対してたいへん失礼なこととともなりかねないが、私としてはいずれも自分の研究にとってもっとも重要と思われるすぐれた業績を自分なりに学び受けとめようとしてとりくんだものである。

そのうち、時代区分をめぐる問題は、私にとってはいわば、前書と本書とを媒介する位置をもっている。封建制成立の画期をいかにとらえるかという視角を足場としながら歴史認識を深めようとした前書の問題をめぐって、その後、多くのすぐれた見解があいついで提起された。したがって私としてはそれをさけて通ることは許されないわけであり、それら新見解との対決のなかでしか私は一歩も前進しえないのであった。本書の第I部の諸論文もすべてそのような学問状況をふまえ、意識しつつ執筆されているが、時代区分の問題は、それをもっとも端的な形で果たそうとしたものである。

また国家史の問題は、右のような時代区分論争の進展のなかで、歴史把握をいっそう実体的なものとするために、私の関心が社会構造の問題に向けられていく過程で、必然的に浮き上がってきた問題であり、ある意味では社会構造論の総括的位置をもつものである。これについても、そのきっかけには、多くの先学・同学の新学説をどう受けとめるか、という切実な問題があったから、時代区分論とおなじような一種の論争的覚書となっているが、実質的には、そこに私自身の本書の主題にかかわる研究の帰結点が未熟ながら示されているといってもよいのである。

以上が本書の成り立ちであるが、すでに明らかなように、これができ上がるまでには、じつに多くの先学・同学の学恩を受けた。文中ではたえず「批判」「反批判」として論を展開しているが、気持としてみればすべて相撲でいう相手の「胸を借りる」ようなものであった。この機会にそれらの方々に対して非礼をおわびするとともに厚く御礼を申しのべたい。また個々の論文について、同学の方々から多くの批判を賜っているが、論文集の性格上、上梓に際しては、文章の若干の補正のほかは骨子にふれる訂正は行なわず、研究の進展ないし批判にかかわる最小限必要なことがらは随所に＊印を付して、今回あらたにコメントを付けた。それにしてもなお、いただいた批判のすべてに完全な形で答えていない場合も残っているが、その点はおゆるしいただきたいと思う。

なお最後になったが、本書をこのような形でとりまとめることについては、岩波書店の中島義勝、山鹿太郎氏が長いあいだ励ましを与えて下さり、また上梓にあたっては高草茂、吉瀬幸平、梨本昌利、水野清三郎氏が細部にまでわたって御骨折り下さった。記して感謝の意を表わしたい。

一九七三年三月

永原慶二

目　次

下　目　次

第Ⅰ部　経済・社会構造をめぐる基礎研究

第一　古代国家の変容と中世への移行

一

通常、日本の律令国家は、二重の意味において、「古代帝国」的関係に規定された存在であった、といわれている。すなわち、一面では唐帝国の東辺に位置し、遣使関係を通じて、その世界帝国的秩序の一環につらなり、他面では新羅・渤海の朝貢を受け、みずから小帝国的存在であった、というのである。

しかしながら、このような諸関係は、ほぼ十世紀初葉を境として、根本的に変化した。寛平六年(八九四)の遣唐使派遣の停止、九〇七年(延喜七)の唐の滅亡は、日本と大陸との関係の断絶を示す歴史的事件であるが、これに先立って奈良時代の末にはすでに新羅の入貢が杜絶しており、渤海の朝貢も延喜二十年(九二〇)には停止した。国内的にはあたかも律令体制の解体期にあたり、班田制の廃絶、荘園制の展開と武士の成長、文化界における唐風から国風への推移等々、歴史の転換を告げる諸現象があいついだ。

その意味では、十世紀初葉こそ、日本における古代国家の変容の開始期というべきであろう。本稿の課題は、十世紀以降における日本古代の社会と国家の変貌が、右のような「古代帝国」的視点において、どのようなものであったか、を明らかにすることである。

ところで、そのような課題に接近しようとする場合、およそ二つの方法が考えられるであろう。第一は、国際関係史的な視点から日唐関係杜絶以降の日本と大陸・半島との接触の在り方とその意味を検討する方法である。律令体制成立以前の時期をふくめて、日本の古代国家は中国・朝鮮等の諸王朝と不可分の関連をもっていたが、それはたんに外交関係というにとどまらない性質のものであった。そこでは東アジア世界との国際関係が、ただちに国内の支配体制や経済・文化の構造とも密接に結びあっており、それゆえに古代国家の支配層は敏感な国際意識・対外関心をもたざるをえなかった。ところが、十世紀以降、そのような特徴が急速に消滅し、大陸・半島との接触は絶無でなかったにしても、かつてのような積極的な意味をもたない状態にかわってゆく。その急激な変化の意味をわれわれはどのように受けとったらよいのであろうか。すなわち、日本における古代国家の解体、中世への移行は、なにゆえに、東アジア世界からの離脱、国際的な孤立の過程として展開していったのであろうか。それは日本の中世社会の展開にどのような条件を与えることになったであろうか。したがって、古代から中世への移行過程における国際関係を、われわれはどのようにとらえたらよいのか。――これらの疑問がただちに提起されてくるのである。従来の中世史研究では、対外関係の問題が古代史の場合のように国内史との不可分性を端的に示さないために、それを中世史の構造的把握の一環として追求することが乏しく、概して対外交渉史として、いわば偶然的事実として処理するにとどまる傾向が強かった。その意味では、古代国家解体・中世社会形成期を東アジアの国際関係の中に位置づけつつ理解しようとする試みは、なお未開拓の分野としてのこされている、というべきである。

これに対して、第二の方法は、いわば比較史的な方法によって、唐帝国解体以降における中国と日本の歴史の展開形態を対比検討する試みである。この種の方法の典型は、両国における武士階級出現の有無の問題を社会構造の側面からするどく追求した石母田正氏の『中世的世界の形成』(昭和二十一年)に見出しうるであろう。同書における石母田氏の問題の立て方については、氏自身もその後改訂を加えたように(1)、考えなおすべき論点をふくんでいるとおもわれるが、それにしてもこの種の比較史的方法は、今日にいたるまで中世史研究にひろく影響を与えているものである。しかしながら、そのような比較史的方法は、他面少なからざる困難をもっている。たとえば唐帝国滅亡以降の中国と日本の歴史とを比較するにしても、そもそも歴史における比較とは何を規準にして可能なのか、という根本的問題の解決なしに、個々の歴史現象を全体から抽出して対比することは意味がないばかりか、かえって歴史の把握にとって有害である場合もありうるであろう。それぞれ歴史的条件を異にして形成・展開してくる諸民族の歴史を、もしたんに現象的な類似と相違という観点からのみ対比するとすれば、歴史そのもののもつ豊富な内容はかえって捨象され、歴史の把握は貧困化されてしまうだろう。

このようなことを念頭におけば、国際関係史的な方法は、とりわけ過去の研究史の蓄積の乏しさにおいて、また比較史的方法はそれ自体のもつ方法的特徴において、それぞれに困難さをともなっていることを認めないわけにはいかない。

この小論では、そのような二つの方法の特質を念頭におきつつ、それらの弱点を克服するために、比較史的方法の中に国際関係史的視角を導入しつつ、日本古代国家の変質過程の意味を改めて考え直してみることとしたい。

（1）　石母田氏は、はじめ、日本では十世紀以降武士階級が成長し、これが封建的領主制の担い手として、アジア的な古代専制国家体制を克服していったのに対し、中国でも唐末に地主的富農層が成長しながら、かれらが独自の領主制的政治形態を創造せず、専制的な政治体制を克服しえなかった根拠は、両国における生産力発展の速度差すなわち、前者の急速な発展と、後者の停滞性にあると考えた（『中世的世界の形成』および「中世成立史の二三の問題」＝昭和二十一年）。しかし、その後いくばくもなく氏はこのような考え方は、いわゆるアジア的停滞性の理論にもとづく中国観に影響されたものであって、事実認識においても誤りである、として自己批判を行なった。そして、問題はむしろ、「十世紀以降において、両国共に生産力の急速な発展がみられ、あるいは中国の方がより高い生産力の段階に到達したにもかかわらず、なぜ中国は宋朝のような集権的官僚制権力をとり、日本では典型的あるいはヨーロッパ的な封建制に進歩したのか」という形に提起しなおされねばならない、とした(「中世史研究の起点」昭和二十三年、『中世的世界の形成』増補版に収む)。

たしかに、石母田氏の問題提起は氏の自己批判によって是正されたところが大きい。しかし、(1)中国と日本とはともにおなじ状態、すなわちいわば同質的な古代社会を前提として、そこから異質の中世が生ずる、とみる仮定には問題があり、(2)両国がともに生産力が高まった、ととらえる点もなお厳密性を欠くし、(3)また日本封建社会をヨーロッパ的ととらえることも一つの常識ではあるが、再検討する必要のあるところであろう。これらの諸点の再検討・解決は、いずれも本稿の主要な課題というべきである。

二

遣唐使が停止され、唐帝国が滅亡して以後も、中国側からする日本への来航・交易のうごきは杜絶したわけではなかった。唐商につづいて、呉越商人、宋商、高麗商人等の来航があいつぎ、十世紀末葉以後、渡来する宋商の数が増大した。とくに十一世紀後半には、修好を求める宋朝の国書が宋商によってわが国に伝達された。宋朝では一般に王道思想にもとづき外国国使の招撫策をとっていたうえ、財政上の必要からも外国貿易を歓迎し、とりわけ神宗はその方針を積極的に推進しようとした。日本側からみれば、とくに白河天皇の在位一四年間には、宋朝の国書が九回にわたって伝達されている(1)。

これに対して、日本の朝廷がとった方針はいちじるしく閉鎖的であった。中央支配層の対外消極策は、先駆的には奈良時代からあらわれているが、対新羅関係の悪化によって拍車をかけられ、平安時代に入ると渤海使の来朝にも一紀一貢の制限を加えた。唐の滅亡後、九四七年(天暦元)呉越王の書状が伝達されることがあったが、朝廷は国交関係のない呉越から方物を受けることは不条理なりとの考えに立ち、正規の国書を返さず、左大臣藤原実頼の返書を送るにとどまった。(2)またこれに先立ち朝鮮半島では新羅にかわった高麗王王建が、九三七年(承平七)修好を求めたが、朝廷はこれをゆるさず、ついで九九七年(長徳三)の高麗牒状に対しても、形式上礼を失することありとの理由で、返書を与えず、また形式が従前のものと異なる点から宋の詐謀にでたものと疑い、大宰府に令して管内諸国の警備を厳重にさせている。(3)また宋商の来航に対しても種々制限を設け、定められた年紀外に「漂流」に名をかりて渡来する商船は追却する措置をとり、とくに邦人の渡宋に対しては、宋船に便乗する僧侶以外は、処罰をもってのぞんだ。(4)このようにみれば、十世紀以降における日本の孤立化の傾向は、中国および朝鮮側が強制したものではなく、日本側がみずからつくりだしたものというほかはないのである。

それでは日本の王朝貴族たちはなにゆえにそのように国際的孤立の道を選んだのであろうか。第一には奈良時代以来悪化しつつあった新羅との関係をその一つの契機として考えることができるであろう。新羅が奈良時代末期、日本に入貢することをやめて以来、日本側の対新羅警戒心は次第に強められていったが、新羅商人の渡来は平安時代に入ってもつづけられていた。ところが新羅王朝の衰退に乗じて、八六九年(貞観十一)、八九三年(寛平五)、八九四年(寛平六)、新羅の賊船が博多湾、肥後、対馬などに侵入し、海賊的行為を行なうことがあって以来、日本の王朝はこれを「新羅の入寇」としておそれ、大宰府を中心とする防衛体制を強化した。(5)上述のように高麗王朝が建国早々修好を求めてきたのに対してこれを拒否した理由も、表面的には日本側が高麗に対しても入貢服属の礼を要求するという形式上の事柄に属するが、実質的には日本の王朝貴族たちの朝鮮に対する恐怖・警戒心にもとづくものである。宋との国交関係が、宋側の要望にもかかわらず開かれなかった事情も、宋朝を高麗との結びつきにおいてしか見ようとしなかった点にあるだろう。しかもこのような高麗・宋に対する恐怖心・不信感にいっそう拍車をかけたのは、一〇一九年

(寛仁三)の刀伊の入寇である。この事件に先立つこと二〇年ばかりの頃、高麗の賊が壱岐・対馬を侵し、「上下驚駭、三丞相失ㇾ度」ということもあったが、(6)刀伊の入寇にあたっては、対馬・壱岐の被害が甚だしく、拉致された男女も多数におよんだ。しかもこのとき、朝廷では刀伊の何者たるかを知るものがなく、高麗人がいつわって刀伊と称するものと疑っていた。(7)そのため、日本側の高麗に対する不信感はいっそう高まり、それらがひいては朝鮮のみならず宋に対しても王朝貴族たちの姿勢をはなはだしく消極化させる原因となったと考えられる。また第二には、日本の国内事情として、律令体制の解体期にあたって、中国との正規の国交の継続ないしは再開が対朝鮮関係や国内支配に有効性をもたないばかりか、財政上いちじるしく大きな負担となる、ということがあったであろう。さきに渤海使の入貢を一紀一貢に制限したのは相手方を朝貢国＝蕃客として遇する場合、それを迎える日本側の財政的負担が過大だったからに他ならない。また宋商の渡来の場合も、宋船が博多に入ると大宰府はそれを中央に報じ、一行を鴻臚館において衣糧を給し、この間中央から交易唐物使を派遣して事にあたらせる、という方式をとったから、それにともなう経費は莫大なものであった。律令体制の盛時で、中央財政が比較的充実していた時期にあっては、このような儀礼的出費も不可能ではなかったし、またその儀礼的出費そのものが、「小帝国」としての日本の国際的地位、したがってまた国内支配体制の維持に一定の有効性をもつものであった。(8)しかし、唐帝国を中心とする東アジアの国際的秩序が解体し、国内的にも律令体制の動揺・解体が決定的となった段階において、このような出費はそれ自体苦痛であるばかりでなく、その政治的意義も失われているのである。そこに日本の王朝貴族が宋に対する国交開始に消極的となるもうひとつの有力な理由があったであろう。

このような諸事情によって、日本の支配層が大陸・半島との外交・貿易にいちじるしく消極的となり、日本を東アジア世界の中で孤立的な状態にみちびいていったことは、当然わが国の古代から中世への移行過程にきわめて重大な影響を与えずにいなかった。まずなによりも明白な事実は、古代においては、中国・朝鮮の先進的な文明、とりわけ技術・生産力を支配階級が独占的に摂取・掌握するところに、古代国家の生成・発展の基礎的条件がおかれていたのに対して、(9)十世紀以降そのような条件に決定的な変化が生じたことである。もちろん十世紀以降においては、生産力の発展は外国依存を必要とせず、独自に発展しうる条件をもった、と考えることも一般的には不可能ではない。しかし現実の問題として先進的な中国・朝鮮との不可分の結合関係において古代国家を形成した日本が、新たな孤立的環境のもとで、どのような新しい生産力を発展させえたであろうか。もしそれを想定するとすれば、中国より摂取した生産力・技術体系とは異質のそれが、国内において自生的に生みだされ、旧来のそれにとって代るとみるか、もしくは、古代に大陸・半島から摂取した生産諸力・技術体系が、旧支配層の独占的掌握状態から解放され、その担い手がひろく被支配層にまで拡大され、事実上社会的生産力の質を異にするまでに飛躍したかのいずれかの条件を必要とするであろう。だが、結果的にみた場合、この時期において第一のような想定はほとんど不可能であるし、第二の想定もそう安易に認めることはゆるされないであろう。田植農法による稲作、鉄製農具、「帰化人」の諸技術等に代表された古代の生産諸力には、古代末・中世への移行期において、必ずしも根本的な変化があらわれていないように思われる。ここで、この時期における農業生産の様相そのものを全面的に追求することは困難であるが、ひとつの試みとして、唐末から宋にかけての生産力発展の形態と、十世紀以降の日本のそれとを対比しつつ、両者の特質を考えてみよう。

中国の場合注目すべきことは、安史の乱(七五五年)から五代・宋初にかけて、江南の開発が飛躍的におしすすめられ、それが宋代にかけての社会構造転換の基本的条件となっていたと考えられる点である。(10)その時期における江南水稲農業の発展を可能にした基礎的条件は、まずなによりも灌漑排水技術の発展にともなう圩田・囲田・湖田等の大規模な干拓であり、これによって、とくに北宋末から南宋にかけて、多数の沼沢や河岸未開地の水田化が進んだ。農法そのものについてみれば、耕深を調節できる長床犂の出現、插秧法の普及はすでに唐代のことであって、宋代に入れば耖《まぐわ》の出現、下肥・胡麻糟・石灰・肥沃なクリークの底土などの施肥量の増大がめだち、水稲品種の多様化、米麦二毛作の展開が認められるようになる。こうした集約的農法の発展にもとづいて、唐の中葉以降、江南ははやくも「天下の穀倉」といわれるようになるが、北宋末・南宋初にかけての江南稲作技術を集成した陳旉の『農書』など農業技術書が成立・普及し、士大夫地主層・地方官僚層もみなそれを積極的にとりいれつつ、開発・営農の能率を高めている(11)。

このようにして稲作の飛躍的な発展をみる江南は、また、それにともなって、その他の農作物、手工業製品等の特産化をおしすすめ、社会的分業の水準を高めていった。大量の江南米が官用・民間用米として華北に搬入され、それにともなう米穀商人の活動が顕著となるのは唐代からのことであるが、宋代に入ると、江南地域の内部における地域的・社会的分業の発展による商業・交通や地方市場・都市の発達が顕著となってくる。店・市・歩などとよばれる市場集落・小都市が簇生し(12)、南宋時代の帝都臨安(杭州)や蘇州はすでに巨大都市として、ともに一〇〇～二〇〇万の人口を擁するに至っている。中国における唐から宋への移行期においては、ごく大まかにみても、江南を中心とするこのような生産力の発展、それにともなう急速な社会的分業の展開があり、それが新しい時代を決定づける経済的基盤であるとともに、宋朝官僚制国家の物質的・社会的基盤となっていた、と考えられる。

これに対して、日本の場合、事情は明白にちがっている。律令制の動揺が決定的となる十世紀以降において、かつて国家が造成した条里制水田の荒廃＝不堪佃田化が発生する。他面これにかわって在地土豪・農民上層の手による開発がすすめられるが、それらは概して、山間傾斜地の小規模水田が多く、条里制水田のような広大な規模をとりえない。もちろん、それにしても、十世紀から十二世紀にかけて、後に荘園の寄進主体となる開発領主層が登場してくるのであるから、条里制とは異なる場で、異なる担い手による一定の開発が進められたことは事実であり、それを重視して、平安朝の生産力発展をいちじるしく積極的に評価しようとする考え方も存在する。[13] しかし、そのような開発による新水田が、少なくとも十〜十二世紀において律令制以来の水田・耕地を圧倒し、生産力的にもそれを凌駕するほどのことがありえなかったことも否定できないであろうし、「荒野開発」とはいえ、実体は律令制以来の荒廃耕地の再生利用にとどまることも少なくない。[14] その意味ではこの時期にとくべつの農業生産力の飛躍を認めることは困難で、大勢としては緩慢な発展傾向をとっていたといってよいだろう。水稲栽培技術については、品種の多様化、施肥・二毛作等が十三世紀以降には漸次進展するが、それに先行する時期では稲作技術史上とくに注目される事実に乏しいとするのが通説であろう。それゆえにまた、この時期における社会的分業の展開度も、宋代の中国と対比した場合には比較にならない低水準にあったといわねばならない。一般に日本の場合、農作物・農村手工業品に特産地・特産物の出現するのはほぼ十四世紀以降のことであって、それをさかのぼることははるかな十世紀以降の時期においては、都市貴族の生活もまた地方豪族層のそれも、きわめて自給的な状態におかれており、商人および地方市場・都市の発展もなおほとんど認めることができない。それゆえに、農業技術に対する関心も、支配層・生産者層ともにいちじるしく低く、わが国独自の農書の成立がなかったことはもちろん、中国農書に対してさえも関心をよせていないのである。そのような自給経済の支配という状況は、十世紀初頭、国家の手による貨幣の鋳造が停止されたにもかかわらず、貨幣不足が全く問題にされなかったことからも推測される。寛和二年（九八六）「一切世俗銭不レ用、交関之間不レ通」といわれ、[15] 永延元年（九八七）には「上下人人不レ用二銭貨一」[16] といわれている。そしてこのような状況から脱し、ようやく銭貨の必要が生じ、宋銭の輸入が始まるのは十二世紀後半、平安末期のことである。[17] しかもその時期に至っても、朝廷は「近代渡唐土之銭」を私鋳銭と同一視して、これを禁止する方針でのぞみ、[18] 文治四年（一一八八）にはついに「銭停廃」の宣旨を下している。[19]当時の支配層における交換手段に対する無理解と鈍感さは、いうまでもなく、かれらの経済生活の在り方によって規定されているものである。

このようにみてくると、日本の貴族・支配層は、十世紀以降、大陸・半島を中心とする国際関係から離脱し、みずから孤立することによって、経済的には一種の停滞的状態をつくりだしたというべきであろう。もちろん、それはこの時期においても日本の経済的・社会的発展がまったく存在しなかったということではない。農業再生産の諸契機が国家権力に集中されることによって、貴族層の専制支配と人民の無権利な状態とがつくりだされていた古代律令制社会にくらべて、生産力の担い手が、中間層・直接生産者層の側に漸次移行することによって、従来とは異質的な生産関係がめばえつつあったことも事実であり、[20]そこに新しい発展のモメントが見出されることは否定できない。しかしそれにしても、国家の支配階級が、先進文明国としての中国、およびそれとわが国との中間媒介体としての朝鮮との国際関係を断ち切ることによって、全体としてもたらされた孤立が、経済的にも停滞的な諸関係を生みだしたことは疑いない。王朝貴族たちは「新羅の入寇」や「宋の詐謀」を不当におそれることによって、みずから孤立の道をえらんだが、そこであがないえた「平和」とかれらの支配層としての安泰は、全体として意外に高価な代償を支払わねばならなかったわけである。

（1）　これらの点は森克己『日宋貿易の研究』一一五頁以下による。
（2）　『本朝文粋』巻七、為清慎公報呉越王書。
（3）　『百錬抄』長徳三・六・十三条。
（4）　一〇四七年(永承二)筑前の住人清原守武は渡宋の罪によって佐渡に遠流されている(『扶桑略記』永承二・十二・二十四条、『百錬抄』同日条)。
（5）　『小右記』寛仁三・五・三条、『扶桑略記』寛平六・九・五条、等。

(6)『小右記』長徳三・十・一条。
(7)池内宏「刀伊の賊」(『史林』一一ノ四号)参照。
(8)これらの点については石母田正「日本古代における国際意識について――古代貴族の場合――」(『思想』一九六二年四月号)参照。
(9)鉄と「帰化人」の獲得が、日本古代の中央支配者たちの国内的優位を決定づける基礎的条件であったことはあらためてのべるまでもない。
(10)江南に関する以下の記述は主として斯波義信「江南」(筑摩書房版『世界の歴史』6「東アジア世界の変貌」所収)による。
(11)周藤吉之「南宋の農書とその性格」(同『宋代経済史研究』所収)、天野元之助『中国農業史研究』第一章第六節宋代の水稲作法。
(12)周藤吉之「宋代の郷村に於ける小都市の発展」(『史学雑誌』五九ノ九・一〇号)。
(13)戸田芳実「中世の封建領主制」(岩波講座『日本歴史』中世2所収)はその代表的見解である。
(14)永原慶二「中世東国の新田と検注」(本書第四論文付説)参照。
(15)『本朝世紀』寛和二・六・十六条。
(16)『扶桑略記』永延元・十一・二条。
(17)小葉田淳『日本貨幣流通史』八頁。
(18)『玉葉』治承三・七・二十七条。
(19)「白川家記」文治四・九・八条、小葉田前掲書一七頁による。
(20)たとえば灌漑なども、古代国家の手による場合とはちがう小規模のものが、開発領主・名主等の手によって進められはじめた事例は、これまでの研究によっても明らかにされている。しかしこれらはあくまで新しい動向の萌芽的段階を示すものであろう。

三

日本における古代から中世への移行過程が、前節でみたように、孤立的な国際環境のもとで、自生的ではあるが、いちじるしく緩慢な発展動向に制約されていたとすれば、その移行過程の政治史的・社会史的特色についても改めて考えなおすべきことが少なくない。

第一節の注でふれたように、『中世的世界の形成』の見解をみずから補正した石母田正氏は、宋朝の集権的官僚制権力の歴史的性格を封建権力の一形態と規定し、ひとしく古代国家権力が律令制的形態をとりながら、日本と中国とで、その解体過程から生ずる中世国家が異質的形態を示す根拠は何か、という問題を改めて提起した。石母田氏は、そこでは、国家権力の存在形態を根本的に変化せしめた日本の側に、階級関係の変化の徹底性があったという予想に立たれているようである。(1) しかし、もし両国の経済発展の在り方が前記のようなものであったとすれば、政治史的変革の性質についても、このような石母田氏の解釈とはおのずから別のものが可能となるであろう。

そこで両国の変革過程の特色を理解するために、まず、中国の場合からみてゆこう。石母田氏は、唐宋両朝における権力形態の類似性・連続性を立論の前提としているが、重要なことは、むしろ、その間における支配階級の広汎な交替の事実であろう。一般に指摘されているところによれば、南北朝から隋唐にかけての政治的支配者たる門閥的貴族層はこの変革期にひろく没落し、宋朝権力の主体は、それとは全く異なり、新たに台頭した農村の豪族層が科挙制を通じて中央権力＝官僚制に進出したものであった。しかもこのような新興官僚層には、華北出身と江南出身のものとがあり、北宋の神宗時代(一〇六七〜八五在位)になると江南出身官僚の優位が決定的となる。神宗時代の宰相九人のうちわけは、華北の人三人、江南の人五人、蜀一人であり、執政一七人の構成は華北六人、江南九人、蜀二人であった。(2) かの王安石に代表される新法派の革新官僚は、まさしくこれら江南出身の人々である。かれらは江南の経済発展を基盤として成長した形勢戸の出身であり、大土地所有と富農的経営を通じて財力を蓄え、進士制によって中央政界に進出したのであった。しかもこのような支配層の交替は、たんに科挙制のみによって、平和的に行なわれたわけではない。その前提には唐末の黄巣の乱に集中的に示されるような大規模な農民叛乱があった。叛乱の中心は唐朝の財政政策のための負担がもっとも重くのしかかった河南や江淮を中心とする先進地帯であったが、没落農民は茶塩の密売商や、唐の門閥貴族に疎外されていた知識分子・富裕層も統合し、相互に連繫しながら、はげしい流動性をもって中国全土を席捲した。この巨大なエネルギーを爆発させた黄巣の乱によっても、蜂起の主体が国家権力を奪取するということはついに成功しなかったが、(3) これによって唐朝の門閥貴族に決定的な打撃を与えたことは疑いないのであって、宋代の江南出身官僚の進出も、それなくしては現実のものとならなかったであろう。

このようにみると、唐宋移行期における政治的・社会的変動は、まさしく江南の経済発展を土台とすることによって、実質的にはきわめて深くかつ広いものであったことが明らかであるが、これに対して、日本の場合はどうだったろうか。

日本では、古代から中世への移行過程において、王朝の交替も支配層の系譜的変化もなかったという明白な事実はなによりも重要である。奈良・平安時代を通じての宮廷内部における政治的陰謀事件の反覆により、貴族層の内部で勢力の隆替があり、また政治権力の直接的掌握者が摂関家・院という形に変化しても、伝統的な貴族たちは全体として国家の支配階級として権力を維持しつづけた。また十世紀以降人民の流亡や地方豪族の叛乱がひきおこされ、地方支配機構の動揺・変質は避けられなくなったが、それにもかかわらず王朝は依然としてその地位を保持している。その意味で、巨視的にいえば、律令体制の解体は、きわめて緩慢であり、なしくずし的に進行し、その結果、権力や支配層の過激な交替は回避されたわけである。この間に、既述のような国際的孤立が政治的・軍事的にどのような作用をしたか、とくにそれが異民族の侵入とそれによる王朝の危機の回避に有効であったか否か、を断定することはむつかしい。日本の場合、異民族の侵入をまぬかれた理由は、右のような孤立政策によるよりも、むしろ島国という地理的条件によることの方がはるかに大きいであろう。しかしそれはともかくとして、日本の場合、王朝はまさしく一つの連続性を保ったまま、独自の政治的権力として少なくとも十四世紀中葉まではその生命・機能を持続するのである。

もちろんこのような見方に対しては種々反論がありうるだろう。とくに、王朝がいかに存続するとはいえ、結局は鎌倉幕府が成立し、「武家の世」が現出したことは疑いない事実であるから、日本の場合も、多少の時間的おくれはあっても、やはり権力の交替があり、しかもそれが政治形態の変革をも遂行したではないか、というごく一般に考えうる問題がある。その点は、大筋としては妥当であるが、ここではとくに律令制の解体につづいて展開する荘園制社会の特質を念頭において、つぎのような二つの点に注目する必要がある。その一つは、律令制解体過程で登場する武士階級が、領主的性格を帯びて、地域支配者に転化していく場合、かれらは必ず、王朝国家の権力体系・政治的秩序の一環に連なり、その公権を職《しき》という形で私財化しつつ分割保有する形態をとることである。このことは、武士階級がかれら独自の私的権力のみによって地域的支配者たりうるのではなく、王朝国家の政治秩序に従属し、その下級の所職を獲得することによって、はじめて存立の基礎をえることができることを示している。もちろんそれは一面からいえば、実力をもって事実的に奪取した権力を王朝から法的に承認させる手続きにすぎない、と解する見方もありうるであろう。しかしそれにしても、かれらは、伝統的な門閥貴族を完全に没落させて、かれらにとって代って中央の権力者となった宋代官僚＝形勢戸とはちがって、伝統的貴族の優越性をなお残したまま、幕府を形成するのである。

したがってそこでは武士の領主的成長の自由が、王朝の存在によって、体制的に制約されているのである。(4)また第二に、武士階級ないしは鎌倉幕府の成立の基盤としての東国というものを考えた場合、そこが、日本の全体の中で占める経済上の地位の低さは改めてとくまでもない。武士階級が新しい政治的主体として古代末期の東国に登場してきても、かれらの経済的基盤はもっとも後進的な地域であり、その生産力的基礎からはかれらがそれのみで封建社会創造の歴史的主体たることはできないであろう。王安石に代表される新法派が、多かれ少なかれ江南の新しい経済発展・生産関係をふまえて登場し、その利害を政策の中に反映しようとしていたのに対して、東国の武士は、王朝貴族に代る新興層でありながら、新しい経済的性格をほとんど示さない。その点で東国は宋朝における江南のような経済上・政治上の戦略的中核地帯ではないのである。

このような二つの点を考慮にいれれば、武士＝初期の在地領主をただちに封建的領主層として、律令制的古代国家権力の打倒者と規定することについては、十分な限定が必要であることが明らかであろう。日本の場合、律令体制の解体に継起する荘園制社会においては、旧来の王朝貴族およびそれと一体的意味をもつ大社寺のみが貴族身分たることを前提として荘園所有者たりうるのであって、それゆえ荘園の所有秩序は貴族社会における官職・身分等の伝統的秩序によって規定されているのである。もちろん荘園制が全国的に成立してくる根拠は、各地に寄進の主体となる「在地領主」が登場してくるところにあるが、そもそも寄進を行なうという事情は、中央権門の形成する王朝的権威＝秩序に従属することなしには国守・目代と対抗し、あるいは人民の抵抗をおさえてその領主的地位を維持することができないからである。したがって荘園制社会とは、武士＝地方領主層が台頭しながら、それが容易に王朝国家権力を奪取しえず、伝統的支配層に従属しつつ、漸次その封建領主的成長の条件を拡大しようとする過渡的段階に位置するものといわねばならず、しかもそれが、少なくとも十一・二世紀から十三世紀＝鎌倉期にわたって存続するのである。このことは武士階級＝初期在地領主の出現が、ただちに分権的封建社会を生みだしたり、国家権力の性格を根本的に変革したわけではなく、荘園制を基礎とする国家体制への移行を実現したにとどまることを意味している。

こうみてくると、日本における古代から中世への移行過程は、孤立的国際環境のもとにおける生産力＝経済発展の緩慢性に照応し、その政治史的過程もまた中国にくらべて、むしろきわめてなしくずし的・漸進的コースを歩んだこととなる。最近黒田俊雄・河音能平氏らは、国衙権力を在地領主の共同の収奪機構と解し、権門貴族を頂点とする王朝国家を封建権力の歴史的存在形態とみることによって、院政期の国家体制を封建国家と規定している[5]。もちろん、王朝貴族の系譜的連続性という事実からのみ固定的にその古代的性格を説明しようとしたり、封建権力の在り方をアプリオリに分権的なものであらねばならぬとして、王朝国家の性格を封建以前的なものと規定することは、歴史的把握としては柔軟性を欠くものといわねばならない。その点で両氏の所説は傾聴すべきものをふくんでいるが、半面、氏らが院政期の権力を封建権力と規定するのであれば、その基礎的条件として、この時期における封建的諸関係の展開を可能にする生産力の発展の様相を具体的に明らかにする必要があるであろう。しかし現実には、武士階級の拠点であり、幕府形成の直接的基盤となった東国に、そのような新しい生産力の発展を見出そうとすることはもともと不可能であり、この点で日本における東国は宋朝における江南と全く意味を異にするのである。それゆえ、従来の所説のように、封建制権力の在り方を、西欧的＝分権的な形態にのみ求めようとする考え方を克服するために、武士＝在地領主の一定の成長を基礎として出現する王朝国家をもってただちに封建国家なりと規定したり、鎌倉幕府そのものを封建権力と規定するだけではかえって日本における封建制への移行の困難性＝緩慢性のもつ意味、東アジア史における日本の古代・中世の特色が軽視されることになるだろう。

このように考えるとき、われわれは、古代から中世への移行が経済史的にも政治史的にも、なぜかくも緩慢なあゆみをたどったか、という問題をより広い角度からあらためて問いなおす必要がおこってくる。たしかに、その有力な条件の一つが、東アジア世界からの孤立にあったことはすでにみてきたとおりであるが、それだけがすべてでないことも明らかである。その点でとくに問題にしなければならないのは日本古代社会の構造的特質にかかわる以下の諸点である。第一は、日本律令制社会の経済構造の特質である。従来比較史的観点から唐代と日本の律令制社会の対比を試みるとき、両者の年代的同一性や律令体制という法体制の共通性のゆえに、両者の経済発展段階・構造についての具体的検討をおろそかにしたまま、両者の実体についても同質性を想定する傾向が強かった。しかし、いうまでもなく、日本は古代アジア世界の東辺に位置する後進国でありながら、中国・朝鮮の先進的文明＝生産諸力を支配階級が集中的に摂取することによって、律令国家体制を形成したという特質をもっている。そのことは、日本の場合、上部構造における律令制という唐との共通性にもかかわらず、社会の基底においては唐代社会とは比較にならない後進的諸関係をさまざまな形で残存させたことになるわけであって、一般農民層における私的土地所有の未熟さと、それにともなう流通・交換関係の低さは、律令体制解体過程における中国と日本の経済構造の差異を決定的なものとしている(6)。このことが第二に、日本では中央支配層と一般農民との中間に位置する中間層が、中央支配層に対抗しつつ、自由に成長することが困難である、という事情をうみだす。戸田芳実氏は律令体制克服の直接的主体として、平安初期におけるいわゆる「富豪層」に着目し、それが在地領主に転化・成長していくという経路をアジア史の中における日本の特質として指摘されている。たしかに「富豪層」が国家的土地所有に制約されて私的土地所有者として自由に成長しえず、米・銭・牛馬等の動産の蓄積を主として、債務関係を通じて周辺農民を隷属させていく、という指摘は重要な事実であるが(7)、「富豪層」→「在地領主」という次の段階への移行もじつはけっしてスムーズでなく、「在地領主」もなお律令体制ないしはその転化形態としての王朝国家に制約されて容易に自由な成長をとげえないところに、日本的特質があるとみるべきではなかろうか。先進的生産諸力を国家の中央支配階級が優先的に掌握・編成する体制がつくりあげられた場合、地方の豪族層＝中間層も、この中央貴族が編成した権力体系に従属し、連繋することなしには、中間層としての地位を維持しえないのであるから、かれらは中央に対して叛逆することが困難なのである。戸田氏は、かつての石母田氏の発想を継承しつつ、古代末期以降における中間層の進出・自立的発展を強調することによって、日本がアジア的社会構造を克服し、それから脱出した点を強調するのであるが、(8)それがいかに困難であり、長期的な過程を必要としたか、という側面を忘れることはできない。平安期の在地領主層が、一般農民を直接自己の隷属民として私的に支配しえず、農民は名主として、在地領主と併列的地位にあり、耕地の主要部分が国領であれ荘領であれ、在地領主の直接進止下におかれない、という一般的傾向(9)がそれを示している。第三には、第一・第二のような特徴に規定された国家権力の構造的特質が問題である。日本の律令体制は、一般人民＝良民になんらの政治的権利も与えないという点ではまさしく専制的な性格をもつが、そのことは唯一人の専制君主のデスポティックな支配を意味するものではない。日本の場合は権力はむしろ支配階級によって集団的に構成されており、地方豪族＝中間層も、半面では中央貴族とのあいだに画然たる差別を設けられながら、他面前述のように中央権力に編成組織され、全体として人民支配のメカニズムを形成しているのである。大河の治水・灌漑等がデスポットの事業として集中的に遂行される場合とちがって、日本では自然の地理的条件からして、治水・灌漑等の単位体は在地の中間層を核とする程度に小規模ならざるをえない。しかもそれらが個別の地域的なものに完全に分割され分散してしまわないで、相互に連繋され、全体として中央国家にまで組織されていくのである。(10)そのように分散的・分権的契機を内包しつつ、しかも全体として求心的構造をもつ権力の在り方が日本古代社会の特殊性であって、この関係は、単純に中間層の独立という形への推移としてはとらええないのである。そしてまたこのような特徴は、単一的な専制君主に権力が集中されるという本来のオリエント的・アジア的な権力構造の場合よりもはるかに弾力性をもっており、叛乱等によって一挙には打倒されがたい性質をふくんでいるのである。

ごく大まかにみて、日本の律令体制はひとしくアジア型古代社会とはいえ、構造的に右のような諸特質をもっていたと思われる。そして、それらを前提としながら、国際的な孤立の状態に入りこんでいく、というのが、日本における古代から中世への移行の特色を規定する諸条件であった。変革の緩慢性ということを孤立的国際環境一般や、外部の先進的生産諸力摂取の可能性の杜絶、といった事情のみに求めることはいうまでもなく歴史的把握とはいえないのであって、現実は、歴史的前提としての右のような日本古代社会の構造的特質と、国際関係の在り方の絡みあいによって規定されていたといわねばならない。そして、そのような視点からすれば、日本における古代から中世への移行の大筋を〝東洋的古代専制体制から西欧的＝分権的封建体制へ〟という形で要約的に特色づけることはかえって危険をふくむものという結論に達せざるをえない。むしろただちに分権的封建的体制へ移行するのでなく、古代専制体制のきわめて緩慢なテンポによる変容のために、荘園制社会という特殊な一段階を展開せざるをえなかった事実が重要なのであって、そこにこそ東アジア史における日本の古代・中世の特殊性が集中的に反映していると考えられるのである。(11)

(1)　この点は、石母田氏自身の評価も、その後さらにかわっているようである。たとえば氏の最近の労作においては、「中国における王朝交替と易姓革命、すなわち体制の変革を目的としない『伝統主義的革命』ではあるが、しかしそれを契機として被支配階級の力が爆発的に展開されるところの革命を、日本の王が経験しなかった」というふうに、両国の政治過程の差異をみていることは、かえって日本の歴史の停滞的傾向を重視しようとする立場にあるとみてよいだろう（石母田正「古代史概説」〔岩波講座『日本歴史』原始および古代1所収〕七三頁）。

(2)　周藤吉之「宋代官僚制と大土地所有」（『社会構成史体系』所収）一四頁以下。

（3）　栗原益男「貴族政治から文臣官僚体制へ」（筑摩書房版『世界の歴史』6「東アジア世界の変貌」所収）による。

（4）　平安期はもちろん、鎌倉期においても、幕府の本来の拠点地域たる東国および九州をのぞけば、中央貴族と在地領主＝武士の力関係は前者が圧倒的な優位に立っている。すなわち、荘園にせよ公領にせよ、剰余生産物の基本部分——ごく一般には反別三〜五斗程度の年貢米としてあらわれる——は前者の取得権に属し、定田（荘園・公領の基本部分）についてはたかだか反別五升程度の加徴米を収取しうるにすぎない。この関係は定田についてのみで、在地領主の屋敷地・門田畠等と称せられる荘園史料に表現されない部分を十分考慮すべきだという考えもありうるが、荘園制成立期においては耕地の基幹部分が定田とされていたことまでを疑う必要はあるまい。なおこのような荘園領主と在地領主の力関係の具体的内容については永原慶二「荘園制の歴史的位置」（『日本封建制成立過程の研究』所収）を参照。

（5）　黒田俊雄「中世の国家と天皇」（岩波講座『日本歴史』中世2所収）、河音能平「日本封建国家の成立をめぐる二つの階級」（『日本史研究』六〇・六二号）は、厳密にはそれぞれ異なる解釈をふくむが、大筋としては、ともに在地領主制の展開にもとづく、荘園・国衙の土地所有は封建的土地所有であり、中央権門・国衙の権力機構を封建国家の具体的形態とみなしている。

（6）　日本の律令体制社会の基底は制度的には郷戸に表現されるような家父長制的世帯共同体の広汎な存在であろう。その点は門脇禎二氏等が指摘するとおりであって（同氏『日本古代共同体の研究』）、奴隷制とともに小農民経営の展開が進んでいる唐代社会とはいちじるしく段階を異にしているように思われる。

（7）　戸田芳実「平安初期の国衙と富豪層」（『史林』四二ノ二号）。

（8）　戸田芳実「アジア史研究の課題」（『歴史学研究』二五七号）、同「日本封建制成立史研究とアジア的社会構成の問題」（『歴史評論』一三三号）。

（9）　このような在地領主と農民の関係については、注（4）所引拙稿および永原慶二「農奴制形成史の若干の論点」（『日本封建制成立過程の研究』所収）を参照。

（10）　日本では地方官僚組織において、国司は中央派遣であったが、郡司はすべて在地土豪層＝中間層であったことは、一般に指摘されるとおりであって、かれらが地方土豪として、独自的に形成している農民支配の諸関係が、中央権力にそのまま編成・把握されている点は、日本の古代社会の構造上重要な特徴である。郡司は律令制のもとで五位以上の中央貴族と比べるといちじるしい身分的差別を受けており、中国のように、科挙制を通じて中央官僚に進出する条件を与えられていないが、他面、一般農民との対比でいえば、付与される職田の規模や墾田の許容面積において、断然たる優位を認められていた。とくにまた軍団体制解体時に与えられたかれらの軍事的諸権限は、郡司の在地領主化にとって重要な意味をもった。郡司制の問題については挙示すべき文献が多いが、とくに岸俊男「律令体制下の豪族と農民」(岩波講座『日本歴史』古代3所収)を参照。

(11)　日本の場合、荘園体制の解体につづいて、在地領主制の本格的展開期に入り、分権化の傾向が進むことは、否定すべからざる事実である。しかし、この場合にも、律令制・荘園制を通じて創出された求心的な権力構造の遺制か、新興支配層によって再編利用されるために、厳密な意味で分権的であるとはいいえないと思われる。この点、永原慶二「南北朝〜室町期の再評価のための二、三の論点」(本書第九論文付説)を参照。

なお、このような内容を考慮すれば、国家権力の形態が集権的官僚制か分権的か、という現象から経済的・社会的発展度や変革の深度を測定しようとすることは理論的にも妥当であるまい。中国が唐末の大変動にもかかわらず、ふたたび集権的官僚制権力を形成する根拠としては、日本とは比較にならず発展した社会的分業、とくに商品流通の問題を権力との関連において検討する必要があるだろう。

四

国際的孤立のなかで、ゆるやかなテンポで変容しつつあった日本古代国家が決定的危機におちいるのは、やはり平安末期の内乱期である。律令制の転換が明確となった十世紀の初頭以来、三世紀をへて、その成長がいかに困難にみちたものとはいえ、在地領主層は中央権力に対して、独自の階級的利害を主張しうるまでになったし、中央支配層もかれらの階級的要求を無視するわけにはいかなくなった。そして、そのようにして生みだされつつあった新たな階級的緊張関係が、日宋関係にも新しい局面をひらく結果となったと思われる。

平安末期、保元・平治の乱を勝ちぬいて中央政界への進出に成功した平清盛は、対外関係・外国貿易に対してそれまでの王朝貴族とは異なる姿勢をとるに至った。周知のように、清盛は平治の乱後大宰大弐となって大陸貿易の拠点を掌握するのであるが、政権の座について以降も、宋人を福原に引見し、また宋帝の国書に対して後白河院に求めて返書・答品を送り、あるいは従来門司関より内に入ることを許さなかった宋船を摂津和田泊まで進入させるなど、対宋貿易にいちじるしい積極的意欲を示している。また清盛が太政大臣辞任に伴って、大功田として肥前杵島郡等を要求したといわれることも、かれのそのような意欲を示すものといってよい。清盛が貴族たちの伝統的方針を無視して、こうした動きをとった理由は、なによりもかれが新興支配者として、旧来の公家勢力にとって代るために必要な財力を充実させようとする点にあっただろう。しかしそれが新たに日宋貿易に向けられる直接の契機は、すでに十二世紀後半に入って、日麗・日宋間の私的貿易活動がさかんとなりはじめ(1)、日本側の商人の動きもようやく活発となってきたことにあり、また国内的にも貨幣の必要度が高まってきたからである。

平氏滅亡のあとを受けて成立した鎌倉幕府も、このような新しい経済動向に対して王朝側とは異なる姿勢をとっている。さきにふれたように、当時ひとつの社会問題となりつつあった貨幣流通とそれに伴う物価騰貴という事態に対して、王朝側は一片の法律をもって貨幣流通を禁圧しようとするのであるが、幕府側ではむしろ現実即応の態度でのぞみ、私的な形での宋船との取引(2)や、ますますさかんになりだした日本商船の渡宋も容認する方針をとった。著名な事実として、源実朝が宋人陳和卿を引見し、みずからも入宋を企てたとつたえられることは、幕府側の対宋方針を示唆するものといってよい。こうした方針はさらに承久の乱後積極化したらしく、嘉禄二年（一二二六）には、幕府は、「止二准布一可レ用二銅銭一之由」を発令している。(3) またそれに触発されて、鎌倉時代には貴族側もようやく対宋貿易に積極化していることが注目される。

このように、平氏につづいて、後進的な東国を基盤とする鎌倉幕府が、対宋関係・貨幣流通に対して王朝側とは異なる積極性を示した根拠はどこにあっただろうか。幕府が、王朝権力に対抗する独自権力として成長しようとするとき、財政充実のためにあらゆる富の源泉に対する積極的意欲を高めていったのは清盛の場合と同様であった。(4) しかも、そのうえ、平安末期以来、漸次成長しつつあった在地領主層が、すでにいちめんでは地方物資の流通過程の中枢に位置することによって、貨幣要求を高めてきているから、これらの要求をとりあげ、組織することが幕府にとっても必要だった。そしてさらにいえば、先進的な文明国＝宋の文物・宗教を幕府がみずから摂取することによって新しい政治的支配者としての物質的・精神的拠点を創りだすことも可能であろうから、そこに新たな性質をおびた日宋関係が生まれてくることも当然であろう。栄西らの入宋僧と幕府との結びつき、幕府による蘭渓道隆・無学祖元ら南宋名僧の招聘等はそれを象徴しているといってよい。

このようにみれば、新しい支配者の登場とともに、日本にも、アジアの孤児的地位を打破する気運がようやく高まってきたといえる。日唐関係のとき以来、唐の奢侈品に対する憧憬＝唐物崇拝の気風は、貴族社会に根づよく存在していたが、かれらは、その政治的性格のゆえに、アジア世界とのつながりを進んで恢復することができなかった。これに対して、鎌倉幕府はともかくも、従来とは異なる意味をもって大陸との連繫を恢復するための第一歩をきりひらいたといえる。

しかし、この段階に至っても、日本の経済水準およびアジア世界における日本の経済的位置は、宋朝を中心とするアジア世界に対して、積極的な通交・貿易関係を展開するほどの条件を形成しえたわけではない。この時期においても中国側の経済発展度は日本をもふくむ周辺諸国とくらべて圧倒的に高かった。南宋の首都杭州をはじめとして広州・明州・泉州等の貿易港には遠隔地取引商人が集中し、とりわけ南海貿易を中心として巨利をあげ、国家もまた市舶司を通じてこれら貿易商から莫大な関税をとって国家の財政をうるおした。日宋貿易はこうした宋商のもたらす南海貿易品や高級織物・陶器等を公武上層の奢侈品として輸入するにすぎず[5]、他は銅銭そのものの輸入を中心とする状態であった。当時宋の周辺諸国がみな宋銭を輸入したのであるが、日本もその例外ではなかった。一方、当時の日本からの輸出品は木材・硫黄・地金等の原料品にすぎなかった。

こうした事情からすれば、日本と中国との経済発展の格差は、十三世紀においてはなお想像以上の大きさをもっていたと思われる。十世紀以来の対外消極策が、航海術・造船技術等に及ぼしたであろうマイナス影響ひとつをとってみても、この後進性は不可避だったという他はない[6]。鎌倉幕府はそのような対外消極策に一つの転換をもたらすという点では明らかに積極的な役割を果たした。しかし宋商に典型的にみられるような真に中世的な隔地間商業の発展は、日本においては鎌倉期ではまだほとんどみることができない。中世における〝アジア世界〟があるとすれば、〝古代の政治的世界〟とは異質の、隔地間商人に媒介された通商・文化圏的世界であろうが、日本がそのような舞台に本格的に登場しうるのはさらに時代の下る十四世紀以降のことである。

（1）　森克己『日宋貿易の研究』三二四頁。

（2）　鎌倉初期、薩摩島津荘内に到着した唐船の「着岸物」をめぐる島津荘荘官と大宰府との相論がおこったとき、頼朝は御教書を鎮西奉行天野遠景に下し、従来の慣行にもとづいて、荘官側に優先権を認めている。この事実は、幕府の日宋私貿易に対する容認方針を示すものといってよい。

（3）『吾妻鏡』嘉禄二・八・一条。
（4）鎌倉幕府は貿易問題に対して示したこのような姿勢のほか、関東地方の荒蕪地開拓にも積極的な努力を払っており（たとえば『吾妻鏡』文治五・二・三十条）、経済問題について王朝政権とは異なる関心を示している。
（5）日宋貿易の輸入品等の詳細は森克己前掲書一九一頁以下参照。
（6）源実朝の渡宋計画に陳和卿をして大船を建造しようとしたことも（『吾妻鏡』建保五・四・十七条）、たといこの船自体の建造は失敗だったにしても彼我の技術差を前提としてのみ理解できることである。

第二　荘園制における職の性格

一　問題の所在と学説

荘園制下の社会諸階層の地位・権限が、本家職・下司職・名主職などのように、職をもって表示され、その重層関係によって土地所有秩序が形成されていることは、旧来、日本荘園制の特質にかかわる問題として注目されてきた。古く中田薫氏は、職および職の知行の性格を比較法史的な立場から論じて、知行はドイツ固有法におけるゲヴェーレに比すべきわが固有法上の占有であり、その対象たる職は職務にあらずして一種の不動産物権なりとした。(1)すなわち、氏は本来職務の意味に他ならなかった職が、荘園の各種職務に一定の土地用益権が付随していた事情から、王朝末期以降次第にその性格をかえ、その重点を職務に付帯する得分権におくにいたった結果、職は一種の負担付不動産物権化したと考えるのである。中田氏のこの指摘は、荘園制的職がもつ一つの特徴的な側面、すなわち土地支配・所有権としてのきわめて抽象的な、非公権的・非官職的な性格を的確にとりだしたものであり、荘園制的支配・所有の特質を明らかにする点で大きな貢献を果たしたのである。

そして、このような理解は、その後大正期に、エール大学に籍をおいて封建制の東西比較史研究に大きな業績を残した朝河貫一氏にも継承されたと考えられる。(2)朝河氏は十二世紀中葉に至って本格的に展開した日本の荘園制が、職の制度によって編成されておりながら、職は土地所有 tenures にくらべるとはるかに自由にいくつにも分割して、人から人へ移動可能なものであり、結局それは土地支配の状態というより、むしろ経済的な得分というべきものであることに注目し、そこに職のもつ非封建的・前封建的性格を見出そうとした。

このように、職に関する初期の学説は、職の本質を非官職的・得分権的なものとする傾向が強かったのであり、それは戦後の石井良助氏の研究に継承されてゆくのであるが、(3)これに対して、一九五五年、牧健二氏はきわめて有力な批判的見解を提示された。(4)牧氏は中田・石井氏によって展開された中世知行＝ゲヴェーレ論に疑問をもち、職を対象とする荘園制的知行の成立事情を、律令法にまでさかのぼって検討した。その結果、牧氏は知行・領知・領掌などの用語がそれ自体としては平安時代に入ってから使用されはじめるものでありながら、その語根たる「領」「知」等は本来職員令に起源をもつ律令法的性質のものであり、中田・石井氏のいうように慣習法的起源によるものではないことを論証し、それら知行・領知・領掌の対象たる職もまたたんなる得分権もしくは不動産物権というより、国法上認められた知行の対象とされる法的地位をみとめるべきだといわれたのである。すなわち、牧氏は荘園法の秩序・制度としての職が、じつはそれに先行する律令法と密接に関連しており、そこで存在した公権的側面は、荘園法的職においても否定されることなく継承されているとみるわけである。

この牧氏の見解は、中田氏の学説が職を論ずるにあたって、本家職・領家職以下名主職・作職にいたるまでの諸職を一括し、それに共通する性格を得分権という抽象的・一般的な規定で説明しようとした点の欠陥をするどくついたものである。職一般を論ずれば、たしかに中田氏のいうように、それを得分権とみることもあながち不当ではない。しかし、職の成立過程を歴史的に検討すれば、名主職・百姓職・下作職など農民的階層における職が出現するのは、支配階級側の職にくらべてはるかにのちのことであるから、それらをふくめた一般的規定は、歴史的考察としては抽象化の欠陥をまぬかれえず、かえって問題の本質を不鮮明にするおそれがあるであろう。牧氏はその点を考慮しつつ、荘園法的職の成立を律令法との関連でとらえようとしたから、中田氏が捨象した、職と領主支配との関連について積極的な照明をあてることができたのである。

こうして、職の歴史的性格にかんする認識は牧氏によっていちだんと深められたのであるが、近年、それらの成果をふまえつつ、職の存在の意味を領主制の発展との関連でとらえ、それが日本封建制成立史上に果たした役割を検討しようという新たな問題関心が展開されはじめた。端的にいえば、職は封建的領主制の発展に対して消極的・制約的な役割を果たしたか、あるいは逆に積極的・推進的な役割を演じたか、という問題である。この点に関してすでに朝河氏は、職を得分権とみることによって、tenures との質的差異を重視し、職の制度の解体、従って荘園制の解体ののちに封建制の成立を見とおしていた。牧氏も職の解体再編の後に封建的封土の恩給関係が成立すると見ていた。つまり、中田・朝河・牧氏等の見解は、職の性格規定そのものについては相違があっても、職が封建的土地所有ないし封建的封土とは異なるとみとめる点では共通性をもっているのである。このような見方は戦後の荘園史研究にも継承され、(5)上横手雅敬氏の一連の研究を生みだした。(6)また筆者も荘園制下の上級領主的職がたんなる得分権でないこと、しかも荘官的職は封建的土地所有としては未熟であり、むしろ、それが封建的土地所有に発展しようとする方向を上から阻止するための秩序に他ならないこと、またそのような秩序体系は十四世紀の内乱期を通じて解体してゆくこと、などを主張したことがある。(7)さらに笠松宏至・羽下徳彦氏は中世法について体系的な検討を加え、荘園本所法および鎌倉幕府法のもとにおいては、土地所有の秩序は荘園領主的職・荘官的職・農民的職というべき三種の職によって構成されているとともに、職の進止と職の知行者に対する進止とはこの段階では分裂しているところに、封建法としての未熟さがあるという注目すべき見解を示した。(8)

しかしそれにたいし、最近有力な批判的見解も提示されはじめている。その一つは網野善彦氏の見解である。(9)網野氏は職には得分権的な側面と補任関係を通じてとりむすばれる主従制的な側面との二つの要素が包摂されている点を重視し、補任＝主従関係が土地を媒介としたものでない点において、職の重層体系を全き意味で封建関係といいきることにためらいを示しているが、職をもって中世的所有の基本的形式とみるのであり、その点では上級所職から下作職等にいたるまでに共通の性格を見出しており、職と封建制との関連について、先行諸説より積極的な評価を与えている。

またこれに先んじて、戸田芳実氏もいっそう積極的に職の封建的性格を強調している。[10] 氏は職を土地所有関係から切りはなし、官僚制的な権力そのものやそれに付随する得分権とみることに反対し、むしろ職の成立によって、古代官僚制的公権が分裂し、私権化するとともに、封建化する方向が推進されてゆく側面を重視し、さらに、職の重層こそ封建的土地所有の日本における発現形態であるというのである。

以上のように、最近の諸説は、職の性格規定、それを封建的土地所有権とみるべきか否かをめぐってするどい対立を示している。その対立点は荘園制・封建制の基本的とらえ方にかかわる根源的な問題であり、それはいまや中世史研究にとって避けることのできない争点となっている。本稿はそのような研究史の動向を念頭におきつつ、職の特徴をいまいちど再検討することによって、荘園制の構造的特徴および封建制成立の問題に一つの照明を加えようとするものである。

（1）　中田薫「王朝時代の庄園に関する研究」とくにその第二章職（不動産物権）の観念および「知行論」（ともに『法制史論集』第二巻所収）。
（2）　K. Asakawa, Some aspects of Japanese feudal institutions (1918).
（3）　石井良助『日本不動産占有論』。
（4）　牧健二「知行の原始段階――律令的知行の成立及び本質――」（野村博士還暦記念論文集『封建制と資本制』所収）。

(5)　荘園制の本質を封建以前的なもの、あるいは基本的には古代的なものとみる石母田正氏の『中世的世界の形成』以下、戦後の経済史的立場からする荘園制論は多かれ少なかれ、このような法制史・制度史研究を肯定的に受けとっていたとみてよいであろう。
(6)　上横手雅敬「在地領主制の形成と荘園体制」(『日本史研究』三二号)、同「地頭源流考」(『史窓』一二号)など。
(7)　永原慶二「荘園制の歴史的位置」(『日本封建制成立過程の研究』所収)。
(8)　笠松宏至・羽下徳彦「中世法」(岩波講座『日本歴史』中世2所収)。
(9)　一九六五年度史学会大会報告「『職』をめぐって」および同氏『中世荘園の様相』。
(10)　戸田芳実「中世の封建領主制」(岩波講座『日本歴史』中世2所収)。

二　職の発生

事物の本質はその成立過程を追求するときもっとも明確になる。その意味で、職はいついかなる過程をとって歴史の舞台に登場してくるか。まずその点から検討をはじめよう。

職の史料上の初見は、竹内理三氏の編纂になる『平安遺文』に従うかぎり、天慶九年(九四六)八月二十六日付の伊賀国神戸長部の解文にみられる「山預職」であろう。(1)ここで、この解文は、大神宮御領の山に浪人が入りこみ、「古公験を以て吾地と称し、或は新公験を立てて己の地と成す」に至った状況を指摘し、「山預職は神戸預の子孫を補任されたい」と訴え、大神宮の祭主裁を求めているのである。その内容から推せば、山預は本来大神宮領の山地管理を任とする職でありながら、実質的には一個の私的権利に変化させ、浪人が「公験」によって山地を私領化しつつあったのに対し、神戸長部がその世襲的権利を主張したことが明らかである。もとより、「山預」をあらためて「山預職」

と称したこと自体が、そのようなあらたな状況に直接対応するものであったかどうかはかならずしも明らかでない。しかしそれにしても当時多少とも利権をともなう官職・地位について職の字を付して表現することがおこなわれだしていたらしいことは、これから推測しても大過あるまい。その点はたとえば、天徳三年(九五九)四月五日付の摂津国司解が「件(住吉)郡大領職」といい、(2) また康保五年(九六八)六月二十九日付の紀伊国司解が「郡司之職」「少領職」などといっていることにも共通するであろう。(3) これらは令制の正式呼称にはなかったいいまわしであるが、あらためて、そのように職の字を付して呼ぶに至った背後には、郡司の地位そのものに一定の変化があったことを考えねばならない。山預職の例はその間の事情を示唆しているように思われる。

ところで、ここに推定されるような職の呼称の発生と職務・地位の私権化との関連をもっとも端的に示し、職の発生を明確に示唆する史料はつぎの二つの文書であろう。

讓与　三田郷幷別符重行名主事

大掾藤原守満

右、依為七郷之内重郷且別符、田畠券文相副所讓与也、於大領職者、国司御下向日、令子細言上天、所補任状如件、

長元四年六月三日

散位藤原朝臣(花押)(4)

庁宣　高田郡

補任郡司職事

惣大判官代藤原朝臣頼方

右、依為先祖相伝所領、補任郡司職、補任如件、
天喜元年二月五日
大介藤原朝臣(草名)(5)

この二つの文書に登場する大掾藤原守満と惣大判官代藤原頼方は同一家系に属する安芸国の地方豪族であるが、その実体についてはすでに松岡久人氏や上横手雅敬氏の詳細・的確な分析がある。(6) いまここでは必要なかぎりの点をあげよう。第一の文書は一〇三一年のものであるが、これによって安芸国大掾藤原守満は散位藤原朝臣から三田郷および別符重行名主の地位を譲られ、さらに大領職も国司の下向をまって言上し補任を受ける、ということになったのである。文中に七郷とあるのは安芸国高田郡の七ヵ郷のことであり、大領はいうまでもなく高田郡大領のことである。散位藤原朝臣は別の史料から守満の父守仲であることが知られる。(7) これによれば、郡大領職および三田郷・別符重行名が父から子にゆずられているわけであり、大領のごとき本来官職である地方官の地位も、また公郷たる三田郷や別符重行名も、私的な相続・譲与の対象とされているのである。「七郷之内重郷」とある「重郷」は、天喜五年(一〇五七)の関連文書では「住郷」とあるから、(8) おそらく同氏の屋敷がある居住の郷であるという意味であり、その点が、譲与の理由ということになるのであろう。また第二の文書によれば、郡司職の地位そのものが譲与の対象とされるとともに、譲与の理由は「相伝所領」なのであり、そのことが国衙(大介)の側からも正当な理由として確認され安堵されているのである。

こうみると、すくなくとも十一世紀中葉のこの時期に入ると、在地の豪族で在庁官人であると同時に郡司をかねるような階層は、その地位を相伝所領として世襲し、それを私権化しつつあると同時にそれが公認されだしていたことは否定すべくもない事実である。もとより郡司の地位に任ぜられるものは古代以来地方豪族であり、事実上は世襲的

傾向をともなっていた。しかしたとえば元慶七年(八八三)十二月二十五日、「応停郡司譲職事」という太政官符が発せられ、[9] 郡司の職が上命によるべきものであり、私的譲与の対象とされてならないことを強調して「何以公官私得相譲」といっているように、九世紀末葉ではまだたてまえとしてはその私的譲与が否認されているのである。これにくらべてこの安芸高田郡司の場合は相伝であることが正当な理由として国の庁宣によって承認され補任されているのだから、その変化は歴然たるものである。

それではそのような変化はいかにして生じたか。すでに松岡氏も指摘しているように、世襲郡司たる藤原氏は屋敷地および郡司(大領)にたいして合法的に許容された三〇町歩の墾田を拠点とし、[10] さらに百姓治田の買得によって別符重行名をつくりあげ、[11] いわゆる開発領主化のあゆみをすすめ、しだいにその地域一帯にわたる私的支配力を強化していったことがその主たる要因である。この譲状に記された三田郷および別符重行名とは、その郷司職・別符名主職(領主名)の譲与を内容とするものであって、形式的にいえばそれらの公領の行政官的地位にすぎない。しかしそれが公然たる私的譲与の対象とされること自体が、まさに公的地位の私財化過程を示すものであり、その背景には郷司職などがけっして単純な得分権にとどまるものでない、もっと実質的な支配原理の変化、私的支配の伸長という現実があるのである。

このような動向はまたつぎの例にも認められる。

庁宣

定久利郷司職事

清原頼行

右為人(ママ)郷司職、執行補任所定如件、

康平六年十一月三日

大介清原真人（花押）(12)*

＊　この文書については形式・文言上、多少検討の余地があるが、他の関連文書と合わせて活用しうると考えた。

これは清原頼行を郷司職に補任した石見国庁宣である。この文書では清原頼行がいかなる人物かは不明だが、この文書が作成された康平六年（一〇六三）から二〇年ほどのちの応徳元年（一〇八四）に、おなじ久利文書のなかに、石見の国裁によって「先祖相伝之譜第」たる久利郷司職に補任されんことを求めた清原則房の解文がのこされているから(13)、清原氏はやはり三田郷の藤原氏と同様の在地の土豪で郷司職を世襲相伝していたことが明らかである。しかもここでは、郷司職が直接国衙から補任されていることに注目しなければならない。いうまでもなく、本来の古代的秩序からすれば、支配の系統は国―郡―郷という縦の序列をとるはずだから、郷司職が、郡司の手を経ず直接国衙から補任されるということはおかしいのである。したがってこの場合にはそのような本来的秩序が変化をとげていると見ねばならない。別のいい方をすれば、この場合には郡司と郷司は縦の序列でなく、両者パラレルの関係となっているのである。このような郡・郷制の変質は、すでに松岡久人氏が明らかにされたように(14)、平安中期以降一般にみられる現象であり、それは郡や郷が実質的には郡司・郷司等の在地土豪の私領的性格を帯びはじめた結果、縦の行政単位というより、事実上同格の所領単位に転化した結果である。この点は大山喬平氏が国衙領における領主制の形成について検討した別符＝別名についても同様と認められるのである(15)。

以上、一、二の例からも明らかなように、職の発生は、まずなによりも郡司・郷司のような地方官的地位についてみられると断定して差支えないだろう。職が荘園制上の諸々の地位一般について一様に発生せず、まずなによりも国衙領支配の現地機関たる郡司・郷司等についてみられるということは、その地位につくものが本来在地の土豪的階層であり、しかも公権力を梃子として開発領主化しやすかった事情を考えれば理解できる。その意味で職の早い史料がこれら郡司・郷司などに集中的にあらわれることも、正当な理由があると見て差支えないのである。このことは従来の研究において、武士・在地領主がまず国衙領から発生するという指摘とも一致するところである。中田薫氏は職を荘園法的秩序に普遍的なものと見たため、その具体的な成立事情について十分考察を深めることができず、この点を明らかにしえなかった。牧健二氏は律令法との関連を重視し、職の官職的・地位的側面に注意をうながしたから、中田氏の見解にくらべればはるかに歴史的・具体的な理解を提示したが、職を荘園法に固有なものとしたこと、また一方、国衙領研究の当時の一般的水準の低さのゆえに、やはりこの点についての的確な解答を提示しえなかったようである。この点を正しく見とおして、職の発生を国衙領に求めたのは管見の範囲では上横手雅敬氏である。[16]

このように見ると、従来中田氏によって定説化されていた職の成立事情、すなわち官職的なものからそれに付帯する得分的なものに重点を移すことによって職が成立するという理解も補訂される必要があるであろう。そのような性格転化・推移の大体の傾向は、中田氏の指摘されるとおりであり、それ自体は誤りではない。しかし中田氏の説明では、なぜ問題のような変化が生じたのかが明らかでない。重要なことは、職が成立するような官職・地位の担い手が、その実体において大きな変化をとげることによってはじめて、その地位を私領化し、それを職＝私権的なものとして表現するにいたるところにあるのである。郡司職や郷司職などの内容は、いちめんではなお国衙領支配のための一つの地位であって、厳密な意味での私領、すなわち上級領主から完全に免租されている土地所有そのものではない。[17]しかし、かれらがその地位＝職を世襲し、譲与しうるにいたった背後の事情は、まさしくかれらの領主化傾向の一定の前進にあるわけである。したがって職は官職であり補任の対象となる公権であると同時に、世襲的な私的財産であり私権であるという二重の性格をもち、その両者の統一としてまず国衙領に成立しているわけである。この矛盾の統一という実体的側面を確認することこそが、職の研究を従来の法学的・形式的な視角から解放するためにまず必要なことがらである。そしてまた、この点では、笠松・羽下氏のように職を荘園領主的職・荘官的職・農民的職の三つに分類することも無意味ではないが、発生史的視点からすれば、荘官的職の前身たる郡郷司等の職を職の原型としてとらえることの方が重要であると考えられるのである。

（1）伊賀国神戸長部解案、光明寺古文書（『平安遺文』二二五五号）。
（2）『類聚符宣抄』第七（『新訂増補国史大系』）一八九頁。
（3）『同前』一九二頁。
（4）厳島神社文書（『平安遺文』四六一四号）。
（5）同前（『平安遺文』六九九号）。
（6）松岡久人「上代末期の地方政治」（『広島大学文学部紀要』四号）、上横手雅敬「地頭源流考」（『史窓』一二号）。
（7）厳島文書影写本「注進高田郡七郷内三田風早別符重行田畠代々嫡男譲与日記事」（松岡氏前掲論文による）。
（8）天喜五年三月十日、安芸国高田郡司解、厳島神社文書（『平安遺文』八五四号）。
（9）『類聚三代格』巻七、郡司事（『新訂増補国史大系』）三一六頁。
（10）屋敷地＝私宅が領主制展開の出発点であり、その所在の郷が住郷としてまず私的支配の対象にくりこまれていった過程は、前掲戸田芳実氏の論文にくわしい。
（11）藤原氏が三田郷内の零細な百姓治田を買得・集積して私領化していったことは、その買得の田券が七八枚におよび、面積八九町に達していることから知られる（松岡氏前掲論文）。
（12）久利文書（『平安遺文』九九〇号）。
（13）同前（『平安遺文』一二一七号）。
（14）松岡久人「郷司の成立について」（『歴史学研究』二一五号）。

(15) 大山喬平「国衙領における領主制の形成」(『史林』四三ノ一号)。
(16) 上横手雅敬「在地領主制の形成と荘園体制」(前掲)。
(17) この点は旧稿「荘園制の歴史的位置」(前掲)において明らかにした。郡司・郷司は十二世紀に本格的に展開する寄進型荘園の寄進主体であるが、かれらの「寄進」は「私領」とはいえ文字どおり完全に私的な所領を寄進するのでなく、国衙領の郡・郷を荘園に切りかえ、郡・郷司職を荘園の下司職に転化させるのがその内容である。したがって下司となった段階においてすら、かれらの収取量は中央荘園領主にくらべてはるかに少額のものである。このことは国衙の郡郷時代には、かれらの得分がさらに低かったことを示唆するものであり、到底厳密な意味で郡・郷全体を単独で支配＝所有する領主とはいいがたい半面をもつことも見のがせない。

三　重層的職体系の成立

職がまず郡司・郷司のような在地性の強い国衙領支配の地位に発生すること、したがってそれは荘園制支配の諸地位について同時的な形で成立するものでないことは前節でのべたとおりである。とすればつぎには、そのような国衙領の職はいかにして荘園制上の職に転化し、また全体的秩序にまで拡大してゆくのであるか、いわゆる職の重層的秩序体系はどのような順序で、どのような意味あいをもって形成されるのであるかが問われねばならない。

開発領主化した郡郷司等が、その地位をさらに強化するために、中央権門に対して寄進行為をおしすすめることは改めて指摘するまでもなく十一世紀末ごろから十二世紀にかけてひろくみられるところである。かれらの在地領主化は国司の側にとって脅威であり、不利な事態であったから、とうぜん国司はこれに圧力をかけ、両者間に対立がはげしくなる。それが寄進の直接契機であった。そしてそのような寄進関係が成立した場合、従来の郡司職・郷司職・保司職などの国衙系の職はとうぜん下司職・公文職・預所職など、呼称上はさまざまであるが、いずれにしても現地の荘官職に切りかえられ、それに対してかつての庁宣・官符による補任状に代って、あらたに荘園領主となった権門家の補任状が発せられるようになる。職はいちめんでいかに私的財産権的性格を強めようとも、補任という関係・形式から解放されることはありえないのである。

この場合、寄進—補任という関係は、寄進主体たる在地領主＝荘官と被寄進者たる中央領主＝権門とのあいだの微妙な力関係を象徴的にあらわしている。寄進主体の側が自己の意志によって下司職等の職権を留保し、現地の実質的支配権を確保することは、いちめんではあきらかにそれらの職がすでに強固な私的財産権的性質を帯びていることを示すものである。しかし半面、権門に寄進すること自体や、またそれによってあらためて補任状が下されるということは、寄進主体の側の力の限界＝弱さをも意味している。そこには権門からあらたに下司職等に補任してもらうことが寄進主体にとって必要であるような事情が存在しているわけなのである。

したがってこの寄進によって結ばれる在地領主と上級領主＝権門との関係は現実にはきわめて多様であった。それはもっとも端的には寄進契約の内容にあらわれており、寄進に際して定められる年貢額は荘の規模などにかかわりなく千差万別であるのが普通である。また寄進契約において、肥後の鹿子木荘の場合のように、在地の寄進主体の側が、寄進はするが、荘務領掌の実施はすべて自己の手に保留し、それについて受寄者たる領家が違乱をした場合は解約してよい、という領家側の保障文言をとりつけるほどに寄進主の立場が強いこともあった。(1) これは肥後の場合であるが、一般に九州や東国のような辺境は、もともと中央権力の浸透の弱い地域であるため、概してこのような寄進主の立場が強いのが普通であった。その一つの典型は奥州藤原氏の勢力下におかれた諸荘園であろう。摂関家では仁平元年(一一五一)奥州藤原基衡のもとに使者を送って高鞍荘の年貢増額を求めたが、基衡はこれを拒否しており、その後その譲りを受けた藤原頼長も高鞍荘をふくむ五ヵ荘についてそれぞれ年貢増額を求めたがこれも容れられず使者は空しく帰京したという事件がある。(2)また東国の荘園には平安末～鎌倉初期の荘園成立の当初から請所の形式をとっている場合が少なくないのもそのあらわれである。

しかし反対に、中央地帯では、たとえ寄進系荘園の場合でも、寄進者が寄進主体たる在地領主にたいして優位をもち、下司職の補任等がたんなる形式にとどまらない方がむしろ普通であった。承安元年(一一七一)応宝塔院主は、伊予・播磨・備中・紀伊・長門・備後・美濃・土佐・周防に散在する一二ヵ荘の院領荘園について、「諸寺諸社之領者、各為本所之進止、不能領主之任意」といって、(3)その領主権の保障を中央政府に求めているが、これなどは本所側の優位を示す明白な例である。

また長寛二年(一一六四)、伊勢国桑名神戸内東□村において、その地の預所職をめぐって、前預所平俊基と仮名藤井花元とのあいだに紛争がおこっているが、その際花元が領家に対して提出した解文には、

就中倩思事情、以私領寄付他人之刻、雖有種〻契約、於背領家、改定他人、是傍例也、

といっている。(4)この東□村はもと盛良なるものの私領であったものが、盛良から祭主清親卿に寄進され、これを領家とするとともに、さらに摂関家を本家と仰ぐ典型的な寄進型荘園であるが、その場合においても、寄進主体たる預所の地位をめぐって、その改替がおこなわれるし、この解文のいうように、領家の意志の優越が「傍例」といわれるような事情があったのである。このことは寄進によってとりむすばれる在地領主と領家とのあいだにはげしい力の対抗関係があったことを示唆するものであり、事実、紛争の一方の当事者であった前預所平俊基は、領家にとって「昨日雖為家人、今日還為論人」という動きを示している。

寄進―補任という関係の背後にはまさにこのような、両者のあいだのはげしい矛盾対抗、そしてまた中央領主の側

の相対的優位性という特定の事情が存在していたのである。寄進地型荘園の性格を、寄進主体の側の在地領主的性格の一方的強調や、中央領主の地位の得分権的側面の一方的評価からのみ説明しようとする学説は、寄進―職補任の背後にひそむこのような具体的条件を軽視するおそれがある。職は中田薫氏のいわれるようにけっして一律の、たんなる得分権ではなく、事情により、きわめて多様な内容をもちつつ、しかも基本的にはいずれの場合でも支配―隷属関係という上位者優位の原則をともなうものなのであり、補任の形式をとらねばならないものであった。その補任は時にそれがいかに形式的にみえる寄進の場合でも、やはり補任する者の側の意志や立場が重みをもつのであり、寄進＝立荘によって寄進者の職の私有性が強化されたとだけはいいえない性質をふくんでいる点を見のがすことはできないであろう。

そこでつぎには、在地領主側ではなく、寄進を受け、上級領主となる権門側の地位が職によって表示されるに至る過程が明らかにされねばならない。この点についてすぐ考えられるのは、寄進によって寄進主体の側の地位が下司職などの形をとるとき、それに対応して荘園領主の側の地位も本家職・領家職など職の形をとるに至るであろうという見とおしである。この点は史料的には必ずしも確定しえないが、管見のかぎりでは、上級領主の職が史料上にはっきり見られるのは、領家の上に本家が設定されるような、上級の荘園領主権そのものの重層的関係が成立する場合である。その史料も必ずしも多くないが、一つの例は永万二年(一一六六)の備後国太田荘の立荘にかかる後白河院庁下文である。(5) これは平重衡が預所職を子孫相伝するという条件で太田荘を後白河院に寄進し、院庁下文によって立券されたときの文書であるが、ここで重衡の立場が「預所職」と表現されている。この太田荘の現実の寄進主体はもちん平重衡ではなく、現地にいた太田・桑原両郷の郷司と見られるから、それから重衡が寄進を受けて実質的には領家となったが、さらに後白河院に寄進し、これを本家としたのであり、したがって重衡の立場は一般の表現ではむしろ領家職といった方が適当な性質のものである。このように、本家職が設定され、荘園領主権の重層(本家—預所)関係がつくりだされたとき、はじめて職の表示が見られるのである。

またつぎにかかげる藤原定能の寄進状でも同じようなことが知られる。

　為祈禱有申付侍従僧正事、然者彼一期之後可知行之、

紀伊国神野真国庄者、為二相伝之家領一、帯二調度之文書一知行年久、而依レ有二心中之所願一、以二件庄一所レ奉レ施二高尾薬師如来一也、是非レ他、偏為レ奉レ訪二故高倉仙院御菩提一也、但雖レ有二八条院御領之号一、指無二備進之年貢一、只為レ令レ無二後代之牢籠一、当初有下令二寄進一事上云ゝ、随又以二領家之職一令レ譲二寄之一者、向後更不レ可レ有二濫妨一之状、如レ件、

寿永元年七月八日

左近権中将藤原(花押)[6]

これは左近権中将藤原定能が相伝の家領たる神野真国荘を高尾薬院に施入した寄進状であるが、自分の寄進するこの荘には上に八条院領の号があるが、実際にはさしたる年貢もないのであって形ばかりである、そこで自分の保持する「領家之職」を譲寄する、といっている。つまりここでは八条院(本家)—定能(領家)の関係が存在しているのであり、その際に自分の地位権利を「領家之職」とよんでいるのである。この荘の場合、紀伊国住人長依友から権中納言藤原成通に寄進された神野真国荘が、さらに成通によって鳥羽院に寄進され、鳥羽院庁下文によって正式に四至牓示を打って立券されたのは康治元年(一一四二)十二月十三日のことである。[7] 本家(鳥羽院)—領家(成通)—下司(依友)の関係はこの時に形成されたわけであり、右の寄進状に見える本家—領家関係はこれを継承したものである。

この二つのケースを通じていえることは、上級の荘園領主権が単一でなく、いわゆる領家の上に本家が設定された

場合、預所職・領家之職のような形で、その地位が職の表示をとるに至っていることである。その場合、荘務の実権はもちろん領家側にあり、本家は受け取る年貢額においてきわめて軽微であるし、(8) 神野真国荘の場合など、はっきり有名無実だといわれている。それにもかかわらず、その荘は本家の名をとって後白河院領とか八条院領といい、院庁下文などによって、その地位が補任される形式をとるのである。ここでも領家職・預所職などは本家による補任の形式から解放されていないばかりか、その形式が本家推戴の本来の意味でもあったのである。すなわち、職は寄進・上級権威の推戴によって、下から上へ重層的につみあげられることによって形成されるとともに、補任の関係によって逆に上から下へそれが貫かれ確定されてゆくのである。

一般に官僚制的秩序においては、いうまでもなく、上から下への秩序原理が一方的に貫かれており、官職の補任は上位者によって決定される。古代律令国家においても、またその変質過程に出現した王朝国家においても、官職的秩序はその原理に貫かれている。ところがこの荘園制的秩序としての職体系はいま見たようにそれとは明白に性格を異にしている。それは従来の官僚制的秩序から解放されて、寄進主体がたのむべき上位者をみずから自由に選択し、それに対して寄進しているのであるから、補任といってもそれは官僚的地位の任命とはまったくちがっている。

しかしそれにもかかわらず、職の職たるゆえんは、それがいずれの段階の職をとってみても公権性を帯びているところにあるのであって、それは先行する国家公権の一部を肩替りしたものという性格をまぬかれることができない。しかも問題は、その権力が実力によって奪取され、形成されたという原理に立っておらず、国法的な手続きによって承認されたものである、という形式をとるところにある。上級領主の地位が設定されるに応じて、その下位者の地位が、逐次職をもって表現される、という上述のような事実は、まさにその地位が合法性をもち、法的にも承認されたものであることを明示する意図をもつものといってよい。

だからこの論理をもってすれば、最高の荘園領主の地位も、本家であれ領家であれ、それは直接補任される関係にはなく、一方的に寄進を受ける立場にとどまるのであるが、やはり職をもって表示されることにもなる。補任なき職は形式的には自己矛盾である。しかしそれにもかかわらずそれを職として疑わないのは、その地位が国家から、立荘＝立券を通じて公式に承認されたものであり、そこに公権の分割付与があるから、いわば国家から職を与えられたものだ、とする考え方があるからであろう。じっさいそのような最高の職に象徴される荘園領主権は、万一他から侵害された場合、これを国家の法廷に訴えて、その救済を求めることができた。逆にいえば国家は私権たる荘園制的職を法的に保護する責任を負っているのである。この点はいちいち例示するまでもない事実である。

こうみると、荘園制的職の秩序は、じつは個々の荘園＝本所法の世界だけで完結したものではなく、それは本所法をこえた公家＝国家法全体の秩序としてはじめて現実的存在となっているのである。荘園寄進、とりわけ本家寄進が、その対象を院か摂関家という最高権門に集中させてゆくのもそのためであって、それによって所職が国法によって直接保障される状態が、もっとも端的な形でつくりだされるわけであろう。荘園制的職の秩序の重層的展開が、貴族・社寺権力の分裂を決定的にはさせず、むしろ究極的には中央国家権力に対する求心的な方向を示す理由もまさにそこにある。職の発生については、在地性の強い開発領主的階層の私的領主化の側面が、決定的に重要な契機であるにもかかわらず、それが重層的な秩序体系として完成される過程については、本来の官僚制秩序とは乖離しつつも、中央国家権力によって承認を受け、組織されるという側面が本質的に重要なのである。

以上が荘園制における重層的職秩序の形成の道筋と基本的性格である。現実には、このような職の秩序が形成されると、荘務権を掌握する領主は、寄進とは関係なく自家の家司や縁者にたいして、その得分の一部または全部を短期間俸禄的な形で給付することもある。それは家司などの形で奉公勤務したことに対する代償の性質をもつものであり、それが預所職などの呼称をとることも稀ではない(9)。しかしそれらは派生的な形態なのであって、基本型は上述のようなものというべきものであろう。

(1) この史実は中田薫『法制史論集』第二巻九九頁以下に紹介されて以来、ひろく知られている。
(2) 『台記』仁平三年九月十四日条。
(3) 承安元年十二月十二日、官宣旨、石清水八幡宮記録一(『平安遺文』三五八三号)。
(4) 長寛二年十一月二十九日、仮名藤井花元重解状。陽明文庫所蔵兵範記仁安二年夏巻裏文書(『平安遺文』三三一八号)。なおこの事件については牧健二『日本封建制度成立史』三七四頁参照。
(5) 永万二年正月十日、後白河院庁下文案、丹生神社文書(『平安遺文』三三七五号)。
(6) 神護寺文書(『平安遺文』四〇三六号)。
(7) 鳥羽院庁下案、高野山文書又続宝簡集八七(『平安遺文』二四九一号)。
(8) 太田荘の場合、本家得分は六丈白布百端にすぎない。
(9) 永原慶二「公家領荘園における領主権の構造」(『日本封建制成立過程の研究』所収)を参照。

四　職と封建制

前節で見たように、職の重層関係は、いかにその最初の契機が在地領主の私的権力の発展にあろうとも、全体としては国家公権の階層的分割であり、補任という手続きによって求心的な構成をとらざるをえないところにその特徴があった。しかし補任の前提たる寄進の形態に着目すれば、それは在来の官僚制的秩序にとらわれぬものであったから、その点を重視すれば、職の重層的体系はやはり一種の封建的主従関係ではないか、という見とおしが生まれてくるであろう。職の重層の本質を封建的とみる学説は、職の原基的形態たる郡郷司・荘官的在地勢力の開発領主的側面を重視するとともに、その上層に築かれてゆく職の重層性を封建的ヒエラルヒーの在り方と見なし、その両面からその説を展開してゆくのである。そこで以下この学説の妥当性を吟味しよう。

さきに例示した伊勢神領における在地勢力と上級領主との関係でもわかるように、寄進主体である在地の住人は領家とのあいだに「家人」関係をとり結んでおり、領家使という立場から現地の紛争解決に、自己の武力を率いて臨むような行動をとっていた。したがってここでは現地住人を預所職に補任することは、かれを領家の「家人」とすることであった。けれどもこの「家人」は封建的主従制における従者と本質的に同じものとはいえぬのではなかろうか。この点に関して上級領主と在地住人とのあいだの寄進に媒介された職の宛行・補任の特徴をみると、そこでは封建的所領の宛行の場合のように、主人に対する反対給付＝奉公が、軍役という武力提供の形をとらないことが注目される。いうまでもなく、封建的な所領の恩給の場合においては、いわゆる御恩―奉公の関係が存在するとともに、その奉公の内容が軍役の提供である点に決定的な特色がある。ところが荘園制的な職の補任・宛行には、その職務の履行という忠実義務はあっても、その内容は軍役ではない。寄進による所領安堵を内容とする下司職補任の場合は、年貢公事などの納入についての義務があるだけである。また上級領主がその権限を一時的に分割付与する俸禄的な職の宛行の場合は、家司などの形での勤務義務が裏づけとなっているが、ここでも軍役的性質をもつものは一切なかった。

これらの点に関する研究は現状ではかならずしも十分な水準に達していないから、この結論的見とおしを断定することは危険である。たとえば、在地の荘官的職の担い手が、中央の領家・本家などの家人として軍事的奉仕を一切しなかったかといえばこれにはなお疑問があろう。紀伊国伊都郡の住人で坂上晴澄という在地土豪は、(1)十一世紀の前半、郎党をひきいて上京し、紀伊前司平維時の家人として武力的に活動した事実が知られているし、類似の例も少なくない。さらにこれを敷衍すると、平安中期以降、衛士上番の制がくずれてくる過程で、大番役の制度が発生し、地方武士の上京勤番が行なわれるようになるが、そのような大番役が荘官職の補任とまったく無縁であったかどうかという疑問もある。この点についてはおそらく、大番役の武士が、貴族の所領荘園から上京してくることはまず疑いないが、その番役が職の補任に見あったものであるとはいえないのではないかと思う。それはとくに鎌倉幕府の制度についてさえも同じことがいえるからである。すなわち武家政権としての鎌倉幕府は、京都・鎌倉の大番役を御家人の軍役の根幹として重視しているが、それは御家人の身分に対して課しているものであって、宛行・補任した職にみあうものとして取り扱ってはいないのである。だから大番役の負担量は、宛行われた職の規模や数量によって定められるということは全くない。このことは職の補任・宛行というものが、荘園制の場合はもちろん、鎌倉幕府の場合すら、まだ直接軍役と結びついていない側面を示すものである。

このように職が軍役と無縁であるという事情と密接に関連することとして、つぎには、荘園制的職秩序における職の進止と人の進止の分離という特徴が注目されねばならない。この点はすでに笠松宏至・羽下徳彦氏が詳細に指摘されているので贅言を必要としないのであるが、要するに荘園法のもとでは、職を宛行・補任しても、そのことがその対象たる人に対する進止関係を形成しない、ということである。すなわち、この関係のもとでは、本所から職の補任を受けるということが、そのまま同時にその本所の家人(従者)たることを意味しないのである。さきの伊勢神領の場合に、在地の住人が祭主の家人となっていたことも、職の補任によってただちに家人化したとはいいえないであろう。この点は鎌倉幕府成立以後において、職は本所側の補任を受け、身分的には将軍の家人となるという一見分裂矛盾した二元的関係・状態がごく一般的に見受けられることからも容易にみとめられるところである。だからこのように職の進止と人の進止が統一されていないかぎり、その職について年貢納入を緩怠するなどの違乱があるとき、本所としてはその職の補任を停廃することはできても、本人の身柄について追及することは法的に不可能なのである。それはたとえば幕藩体制のもとで、軍役義務を怠った家臣が知行を召上げられると同時に、主従関係の立場から身分的にも処断される場合とは全く異なっている。羽下氏等はこの特殊な関係を人の論理と土地の論理の二元性と説明されているが、それはたんに土地を媒介とする封建的主従関係が未熟な状態であることを意味するものでなく、むしろそれとは基本的に区別すべき状態であると見ねばならない。「家人」とはいっても軍事力と無関係であり、主従間においてその人の身分に対する進退権・服従義務を伴わぬような状態は、厳密な意味での封建的主従関係とはいいがたいのではなかろうか。

職の重層・補任関係がおよそこのような特徴を内容とするものであった理由は、すでに前節でかんたんにふれたように、そもそも職の秩序が、一つの荘園法＝本所法の世界で自己完結せず、つねに最終的には最高の中央国家公権そのものにまで連なっていく性質をもっていたから、職の秩序に万一侵害が起った場合は、国家＝公家法に依拠して解決するという法原理があったからである。すなわち本所法は公家法から全き意味で分離・独立してはいないのである。そしてこの関係は鎌倉幕府の成立によってもなお変更されず、鎌倉時代においては本所法＝職秩序は最終的には公家法と幕府法によって保障される関係に立っていた。ヨーロッパ中世法の特質が法の分裂にあるといわれるのに対し、日本の場合、公家法・本所法・幕府法はいちめんでは相互に分裂しつつも、終局的には結合し統一的秩序のもとにあるところにその特質があるといってよい。中央領主が寄進主体たる在地住人の武士化・領主化に悩まされ、はげしくこれと対立しながら、その武力を積極的に自己の側に軍役として組織し、職と軍役と身分とを結合しようとしなかった理由もここにある。職の重層をもってただちに封建的ヒエラルヒーなりとみる見解はこの重要な特質を見のがしていると考えられる。

こう見てくると、職の秩序体系のなかになお封建的性格を求めようとすれば、それは職の重層の面においてでなく、その発生を規定した在地の郡司・荘官的職に内包されている私的支配の側面以外にはありえないことになるだろう。とすれば、そのような荘官的職の私的側面＝実体ははたしていかなる点で封建的であるのか、または然らざるか、つぎにこの点を考えねばならない。

荘官的職の実体は、それが世襲財産視されるような私的・慣習的要素を強く含んでいるために、その権限内容を画一的・法制的に確定することはむつかしい。しかしかつて牧健二氏が職の給与が実質的には知行地の給与と同化していった根拠を追求して職の権利＝得分内容を整理されたことはこの際きわめて有力な参考となる。それによれば職の内容は、(1)給田畠・雑免田畠の給与、(2)加徴米・在家役・夫役、その他雑多の租課の徴収権ならびに検断得分の給与、(3)下地に対する公法的支配権の給与、の三類の権限に区分される。(2) ここで牧氏が念頭におかれたのは地頭職であり、鎌倉時代の武家側の所職であるために、その権限得分が比較的明確に規定されているが、この三様の権利は基本的には十一～二世紀の荘園体制にまで遡行させて差支えない。大山喬平氏が国衙領における領主制の形成過程を追求して、在地土豪の勧農権行使範囲が徴税単位に再編成されてゆく事実を明らかにし、その勧農権こそ、のちの封建的土地所有権の中核たる下地進止権なりとしたとき、その内容としては、やはりこの牧氏の整理にみられる諸権能の原型を想定していたわけである。氏が「勧農」の中核として荒田開発を重視するとき、牧氏のいう(2)(3)の権利が萌芽的にもせよ存在しなければならないからである。(3) 高野山領備後国太田荘桑原方の下司橘氏の権限得分の注文は、従来その内容をもっとも具体的に示すものとして注目されているが、(4) そのかぎりでもかれが領主的支配の権能を掌握しはじめていたことにはほとんど問題がない。

またこれら在地の荘官職所有層が、さきにふれた坂上晴澄のように郎党を編成した武力集団を保持していたこともたしかである。上横手氏の明らかにしたところでは、この坂上氏は、付近の住人とのあいだに構成された「三代家人」の譜代的主従関係が、郡内在地上下の知るところであったという。(5)十二世紀に入ると、あらたに登場した社会層たる名主やそれ以下の農民階層を家人・従者・従類・因縁所従などの呼称のもとに武力的に編成しだすのが、在地領主の一般的動向であった。伊賀国黒田荘でも保安四年(一一二三)には有力な住人等が公郷居住の百姓在家を「因縁所従」として編成し、国役対捍の動きをとりだしている。(6)

このように、在地の職の所有者が、勧農権を掌握し、農民支配者としてみずから武装し、武士団を形成しつつあった動きは、疑いもなくかれらの封建領主化の方向を示すものである。しかし問題はそれにもかかわらず、かれらの地位・立場がなおきわめて弱体だった点にある。寄進の場合にも、領家に背けばその地位が改替されるのが「傍例」であるという事実をさきに示したが、それはたんなる一般的法理にとどまったとは考えられない。これまで明らかにされてきているところでも、さきに引例した安芸三田郷の郷司職は相伝の私領として郷司藤原氏に伝領されてきたにもかかわらず、仁安二年(一一六七)には所職とともに三田郷に関する公験七枚は厳島神社神主佐伯景弘に譲与され、まもなく藤原氏は史料上からも姿を消してゆく。(7)おそらくその背景には国司側の収公の圧力や、平氏勢力との人的結合関係の濃淡などの問題があったのであろう。また石見国久利郷司の場合は断定できないが、久利文書の存在状態を検討すると、平安末期(康平〜嘉応)の久利郷司職にかかわるもの六通があり、それ以後鎌倉期のものはぷっつりと断絶して、南北朝以降ふたたび在地領主としての存在を示す文書を残している。*その事実から推測すれば、おそらく久利氏は嘉応以降、郷司職をいったん失ったに相違ない。その郷司職喪失の原因が源平争乱にかかわるか否かは断定しえないが、ここでも郷司職保有の意外なもろさが推測されるのである。

＊　本論稿発表後、『萩藩閥閲録』巻七ノ三(山口県文書館公刊本第一巻一一二頁)益田越中文書のなかに、延慶元年十二月二十

四日付、関東下知状があり、そこに「久利郷地頭七郎房今者死去息女清原氏代景光」と見えていることを発見した。したがって清原氏が鎌倉末期の延慶前後に同郷地頭職を保持していたことは認めねばならず、本文のように断定することには疑問が生じた。ただしこの場合でも嘉応〜延慶にわたる長期間の伝領関係が史料的に欠けていることは事実である。後考をまちたい。

さらに、さきの紀伊国伊都郡の坂上氏の場合も同様であった。坂上晴澄の孫経澄は、高野山の所司を殺害した罪科によって八〇町に及ぶ所領と追捕使職を没収されて一挙に没落した[8]。また備後太田荘の下司橘氏も建久年間幕府側の罪科にふれて所職を没収されると、在地にはとどまっていたらしいが、昔日の勢力を恢復することはついになかったのである。

このような若干の事例からして、郷司・荘官的職が、一面では在地に根をおろした私権であり、その領主権的性格を認めざるをえないにもかかわらず、他面それが意外に脆弱であり、所職没収にたいしてひとたまりもなく屈服せざるをえない性質のものであったことに注目しなくてはならない。それはおそらく、たんに古代末期の政治的激動という外的条件のためではあるまい。むしろ職に内在する固有の性格がそうさせているのである。職が補任によってしか職たりえないというすでに見てきた上部権力依存の体制が、在地勢力としての独自的成長と強化をはばんでいるのである。

もちろんこの点についてはなお考えるべき点も残されている。とくに右に引用した久利氏の場合など、同氏が平安末期に職を失ったことは事実としても、南北朝期にふたたび在地領主として姿をあらわす事実は、同氏がいったん没落したとみるより、職をもたないにもかかわらず、在地領主的勢力を維持しえたことを示唆すると解した方がよいとも見ることができる。そうだとすれば、職をもたず、御家人身分もない在地勢力が鎌倉時代を通じて存在しえたという従来着目されなかった形態がありえたとも解せられ、一般に平安末期の在地領主の弱体性のみを強調することが妥当でないという展望も生まれてくるであろう。

しかしながら、これらの点については、研究の現段階ではまだ何ともいいえない。むしろ上来見てきたところからすれば、職をもてない領主があるといっても、それが在地領主の弱体性を一般的に否定する根拠となるわけではないと考えられ、職の秩序体系自体は、やはりそれを相伝私領としてつくりだした社会層にとってさえ、その領主的成長にたいして阻害的な機能をもっていたと考えられるのである。職が職たるかぎりは補任という事実が前提され、それは没収の可能化をたえず随伴しているのである。在地の土豪がその危険をどこまで自覚していたかは疑問である。またかれらはその危険を意識すると否とにかかわらず、職の秩序体系に入りこまざるをえなかったであろう。その根本の理由は、本稿では全くふれる余裕がなかったが、農民的土地所有権の弱さとそれに応ずる在地領主の権力の在り方が、上部の国家権力に対してはなお到底独自に太刀打ちできないところにあったにちがいない。この点はまた稿を改めて論じたいと思う。

（1）『今昔物語』巻二九紀伊国晴澄値盗人語第二一。上横手雅敬「武士団成立史の一齣」(『史窓』九号)に詳しい紹介がある。
（2）牧健二『日本封建制度成立史』二四四〜五頁。
（3）大山喬平「国衙領における領主制の形成」(『史林』四三ノ一号)。
（4）河音能平「古代末期の在地領主制について」(日本史研究会史料研究部会編『中世社会の基本構造』所収)などを参照。
（5）上横手雅敬(1)所引論文。
（6）保安四年九月二十九日、官宣旨、伊賀国古文書(『平安遺文』二〇〇〇号)。
（7）松岡久人「上代末期の地方政治」(前掲)。
（8）上横手雅敬(1)所引論文。

第三　荘園領主経済の構造

一　問題の所在

荘園制は、中世前期の社会構造を規定する基本的要因といって差支えないが、その実際の在り方はきわめて複雑多様な姿をとっている。荘園の在り方は、近世の藩や村の在り方とくらべてもきわめて非画一的であり、何をもって荘園制というべきかについても困難が少なくない。したがって、「荘園領主経済」の内容もまたはなはだ複雑であるから、問題の一定の限定を行なわないかぎり、事例のとり方、視角の差異などによって、いたずらに混乱をまねくおそれがある。その意味で本稿の目標と範囲をつぎのようにかぎることにしたい。

第一に、荘園は八世紀後半に発生し、部分的には十六世紀末まで残存するが、ここでは荘園制の体制的展開期を十一世紀後半から十三世紀末ころまでの院政〜鎌倉期とみなし、時間的には対象をそこに限定することとする。このような理解の仕方にももちろん論議の余地があるが、政治の面でも財政経済の面でも、律令制の転換が決定的となり、しかも京都の王朝が政治権力・機能上の生命を失わないこの時期を荘園制の本来的な社会と考えるのである。

第二に、荘園領主経済の問題の主要な論点たる収取体系については、ここでは、その成立および推移の過程を主題としない。律令制的収取体系の解体と荘園制的収取体系への移行の問題は、きわめて興味深いテーマであるとともに、近年制度史的側面からする研究成果の大きい分野である。しかし、本稿は主として領主経済の存在形態を構造的にとらえようとしているので、十二〜三世紀を中心とする荘園制の本格的展開期の収取体系そのものに視点をしぼっていくこととする。

第三に、荘園領主経済の内容としては、一つは文字通り個々の荘園領主がそれぞれにいとなむ家産経済を、他はそれらの領主があいよって構成している王朝国家の経済的諸関係の総体を考えうるであろう。そして、後者のような形で広義の内容を主題に設定するとすれば、当然王朝国家の財政問題などについても関説せざるをえない。しかし、ここでは対象をあまりに拡大することをさけ、ひとまず位田・職田・封戸などの制度が実質的な生命を失って、貴族・社寺の経済的基盤が、ほとんど専一的に荘園の上におかれるようになった時期の荘園領主の家産経済そのものをとりあげ、そのなかで必然的に関連する問題として後者についても必要があれば言及することとしたい。

第四に、問題を右のように限定するとしても、荘園領主経済の構造を理解するためには、対象を荘園領主が自己の所領たる荘園から収取する年貢・雑公事・夫役等の問題に限定するわけにはいかず、当然、それ以外の必要諸物資の取得形態をもあわせて追求し、両者の関連性について考えていくことが必要である。この点では荘園制下の手工業生産・商業一般の問題もある程度考えないわけにはいかない。要するに、本稿では、一般に「荘園領主」としての性格をもつ公家貴族・大社寺等の財政経済がどのような構造をかたちづくっているか、という問題を、できるだけ具体的に、しかも視点をただちに王朝国家経済(中央・地方をふくむ)そのものにまで拡大することなく、代表的な個々の荘園領主に即して検討してゆこうというのである。

このような問題関心のうえに立った研究として、戦前には竹内理三氏の『日本上代寺院経済史の研究』および『寺領荘園の研究』があるのであるが、戦後においては、渡辺澄夫氏の『畿内庄園の基礎構造』のなかに示された若干の研究がある程度で、ほかにほとんどあげるべきものがない。戦後の中世経済史研究が、荘園史料を駆使し、個別荘園を研究の対象としながらも、主要な関心を荘園制下の農村構造およびそれを土台とする封建的諸関係の展開の問題に集中し、荘園制それ自体を構造的に追求することの乏しかったことが、その主たる原因である。そこで、ここではこれまでの研究史整理をとりたてて行なわず、ただちに具体的な追求に進むこととする。

二　荘園制的収取体系とその特色

1　収取体系の構造

荘園領主経済を問題とする場合、まず念頭におくべきことは、貴族・社寺の荘園所有の形態的特色である。荘園所有は発生史的にみれば、自家開墾、既墾地の買入れ、位田・職田・封戸等の転化、寄進など、さまざまの経路を指摘することができるが、それらの如何にかかわらず、所有者たる領主は非在地＝中央(京都・奈良)居住という特定の性格をもっている。しかもかれらはおのおの、多数の荘園を全国各地に分散した形で所有するとともに、一荘園の領主権を貴族・社寺など相互間で本家職・領家職・預職等の名目で分割しあい、重層的な所有関係を形成している。これらの点を具体的に示すため、一例として建長五年(一二五三)における近衛家の所領構成をとりあげてみると、表三―1の通りである(「近衛文麿家所蔵文書」)。すなわち、表中の(1)は氏長者近衛兼経およびその夫人等の私的所領、(2)はその他一門の人々一一名に配分した所領で、別に領家があり、近衛家が荘務権を保持しないもの、(3)、(4)は近衛家の保留した権利内容がちがうにしても年貢収取権等を神社・仏寺に寄付したもの、(5)は近衛家が渡領＝世襲家領として荘務権を保持し、預所の任免権をもつ基本所領、(6)は荘務を請負う(おそらく世襲権として)在地領主の介在する所領、(7)は

表3-1　近衛家の所領所有形態　建長5年(1253)

領主権の区分	荘園数	所在国別荘園数
(1) 家中課役一向不勤仕之所	14	摂3，城・濃2，泉・伯・播・伊賀・芸・勢・讃1
(2) 荘務無本所進退所	51	城・濃10，摂5，大和・勢・江4，参・紀・播・越後2，讃・備前・下野・薩・丹後・雲1
(3) 寄進神社仏寺所々	5	城2，摂・大和・豊前1
(4) 年貢寄神社仏寺所々	4	摂・大和・播・丹波1
(5) 荘務本所進退所々	60	摂・江8，城7，信4，勢・濃・越前・丹波・豊前3，河・泉・伊賀・尾・播・雲・備前2，但・作・隠・筑後1
(6) 請　所	20	摂・尾・甲・相・江・紀・信・奥2，勢・長・羽・越前1
(7) 大番国々	3ヵ国	摂・泉・江
(8) 散　所	5	山科，淀，宮方，山城，草苅
(9) 主　殿	1	摂
(1)〜(6)の合計	154	上位5ヵ国＝山城21，摂津20，美濃15，近江14，伊勢9 上位5ヵ国計＝79所

摂関家大番舎人役勤仕関係の存在する国、(8)は摂関家の散所雑色の所在する交通要地等であり、(9)は近衛家の主殿舎人の存在した国である。このうち(7)〜(9)をのぞき、荘園所領は(1)〜(6)の合計で一五四所におよび、さらにその地域的分布の内訳をみると、山城・摂津・美濃・近江・伊勢の、畿内とその近傍五ヵ国で七九荘を占めているが、全体としてみれば、陸奥・出羽・薩摩にわたるほとんど全国に分散している[1]。

以上が一例としての近衛家の荘園所有の領主権および地域分布形態上の特色であるが、荘園領主の収取体系は、当然ながらこのような所有形態につよく規定されざるをえない。つぎにこの点を明らかにするため、別の事例について検討しよう。本来ならば、右の近衛家の場合についてみることがのぞましいが、史料的制約のため、他の例によらざるをえな

表 3–2　長講堂領荘園の年貢の負担形態

	全荘の分布	米	絹・糸・綿・布	油	紙	香	莚	炭・薪・続松	榑・材木	紅花	鯛	その他	年貢未定荘園	不明
五畿内	14	4	1	2		1	1	1			1	2	1	
東海道	13	2	8	1	1								1	
東山道	14	1	13											
北陸道	12	5	4			1						2		
山陽道	14	7		1	1	1		2	1			1		
山陰道	16	5	4	1	2		1		1			1		1
南海道	7	2		2				1	1	1				
西海道	5	5												
不明	1												1	
荘園数計	96	31	30	7	4	3	2	4	3	1	1	6	3	1
収納額計		石 6,141	絹 疋 1,462 糸 両 5,676 綿 両 19,256 布 反 2,820	石斗 20.5	帖 12,500 枚 429 両 50	石斗 7.6	枚 300	炭 籠 176 薪 束 4,100 続松 把 1,000	榑 寸 13,000 七八寸木 支 200 枝木 物 2,000	両 1,000	喉 月 90			

注）(1)　表の上欄の米，絹，糸，綿，布，油などはそれらの物資を年貢とする荘園の意味である．
(2)　1荘から2種以上収取する場合，年貢種類別分類は主要物品によって，重複しないように分類した．
(3)　布，紙などの場合，多少種類を異にするものも便宜合計した．
(4)　主要収取物でないため，上表に記入されなかった収納物として，漆2石5斗，砂金100両，馬2疋，緑青700両，鉄10,000廷がある．
(5)　表中「その他」とあるのは「修二月壇供」などの雑事のみを年貢とする荘園である．

い。

表三-2・3に示したのは、長講堂領荘園群の年貢・雑公事(課役)等の収取形態である。長講堂領は、後白河上皇の建立になる長講堂付属の所領で、平安末期までに形成された皇室領諸荘園群のうち、最大のブロックをなすものである。表の作成に使用した史料は、応永十四年(一四〇七)「宣陽門院御領目録」(表三-2)および建久二年(一一九一)「御庄々一年中課役注文」(表三-3)である。前者は室町初期の成立であるが、年貢得分等に関する記載は、ほぼ長講堂領成立当時の状況を示すものと考えられるから、両者はともに、当面問題の時期である平安末～鎌倉初期の内容として取り扱うことができる。長講堂領の収取体系はこの二つの表に全貌が示される。(2)

表 3-3　長講堂領荘園の雑公事の負担形態

	荘園数	元三雑事	三月八講　砂	その他の節季雑事	廻御菜	移　花	続　松	門兵士	月充仕丁	臨時召夫	召使給物	牛3頭能米
五畿内	9	7	2	5	1	6	0	3	3	4	0	2
東海道	8	8	5	6	2	6	0	5	2	0	2	0
東山道	11	11	10	10	6	10	0	10	9	0	1	0
北陸道	12	12	8	10	5	9	0	9	6	0	2	2
山陽道	12	11	9	9	4	10	9	8	8	0	2	4
山陰道	13	12	8	10	5	10	2	10	8	2	5	3
南海道	6	6	5	6	2	3	3	5	4	0	1	3
西海道	5	4	4	4	2	4	0	4	0	0	0	0
計	76	71	51	60	27	58	14	54	40	6	13	14

そこで、この表三-2・3を通じてみとめられる収取体系の諸特徴を整理すると、つぎの諸点が注目される。

(1) 長講堂領荘園群は五畿七道にひろく分散的な形で存在しているとともに、その「年貢」は米・絹・糸・綿・布以下さまざまの形をとっている。通常荘園年貢としては米が代表的に考えられるが、この場合は、表三-2にみられる通り、米三一荘、絹・綿等を年貢の基本とする荘園三〇荘、両者併せて六一荘であって、その他はいわゆる雑公事的性質の各種物資を「年貢」としている。(3) このことは、まず、「年貢」は米とのみ考えるべきでなく、東海・東山道のように絹・綿等を主とする地域もあることを示す。そして、さらに、米・絹・綿等以外の物資を主とする荘園も少なくない点は、おそらく近衛家領の場合について説明したように、領主権の在り方からくる特徴であって、荘務権をもたない荘園であるからだろう。そしてこの点はまた、米・絹・綿などを主とする荘園の場合にも考えねばならない。すなわち、表示はされていないが、米・絹・綿等を「年貢」の基本とする荘園でも、その数量がきわめてわずかなものでしかない場合が少なくないのであって、それはまさしく荘務権のない所領であると思われる。皇室領の場合、荘務権のない本家職がとくに多いことは、安楽寿院領(鳥羽上皇設立)や最勝光院領(後白河上皇設立)についてもいえることである。

(2) これらの「年貢」・「課役」の収取形態をみると、とくに「課役」のそれにはっきり示されるように、領主の必要とする諸物資および夫役が、年間諸行事に即応して計画的に諸荘に賦課されている。表三-3の「元三雑事」とは正月元日・三日の儀式に必要な簾・畳・砂・白瓷・酒瓶・酢瓶等であり、「その他の節季雑事」と表示したものは、五月五日雑仕装束、七月七日索餅、九月九日雑仕装束・彼岸布施等であり、廻御菜は毎月毎日の食料にあてるべき品々で毎月二七荘で負担している。また長講堂の召仕や牛の給物・飼料等も諸荘にわりあてられており、全体として領主の直接消費にあてられる諸物資が各荘から収納されていることは明らかであり、そのかぎりで領主経済の自給的傾向が顕著である。

(3)　しかし、収納諸物資のうち、「年貢」の範疇に属する米および絹・糸・綿・布等は、必ずしも領主の直接消費のみを目的とするとはいえないであろう。長講堂領の米年貢は六一四一石に達しており、その主要部分は後白河院に仕える人々に俸禄的な意味で賜与されたであろうが、それらがすべて直接飯米的性質のものであるにしては厖大にすぎると考えられる。この点は絹・糸・綿・布についてもいいうることであって、それらは米とともに、他の雑公事的諸物資とは異なって、直接消費のみならず、交換手段として一定の市場性をもっていたとみなすべきであろう。この点はまた後にふれる。

(4)　これらの年貢・課役の収取体系は、所領荘園の地理的位置(距離・運輸条件)や生産適地等を考慮して計画的に編成されていたとみられる。この点は、渡辺澄夫氏が明らかにしたように、興福寺大乗院など寺院領主の場合、とくに計画性が顕著であるが(『畿内庄園の基礎構造』四六六頁折込表参照)、長講堂の場合も、たとえば米は概して畿内・山陽・西海、絹・綿および紙はとくに美濃・尾張等東海・東山地方から、臨時召夫等のような緊急夫役は畿内の近傍荘園からというふうに、適地および輸送条件に基づく一定の方針がはっきりとみとめられる。しかし半面、諸種物資・廻御菜・兵士役等については、必ずしも明確にそのような傾向性を指摘することができない。それは皇室領の場合、荘務権をもたない本家職のみの所領がきわめて多いために、必ずしも合理的に収取計画を編成しえない、という特定の事情によるかとも考えられる。その点では皇室領・一般公家領・社寺領等の各ケースについての条件差を明らかにする必要があるが、それにしても荘園領主が全体として家産経済体制を計画的につくりあげようとしていた方向は認められるところである。

(5)　つぎに年貢・課役を通じて、領主が荘園から収取しうる諸物資の性格は、ほとんど例外なく農産物およびその簡単な加工品、もしくは天然産物の類であったことが注目される。長講堂領の場合、絹・糸・綿・布の類と紙とが、「年貢」のうちでは加工品であり、さらに「課役」のうちには若干の装束・瓶・瓷などが存在するが、後者は量的にはほとんどとるにたりない。この点を別の面からいえば、荘園からの収取物資のなかには、金属加工品をはじめ、一定の高級技術を必要とする諸物資は、品種の如何を問わずほとんどあらわれていない、ということである。このことはもちろん領主がそれら物資を必要としない、ということではなく、地方荘園の生産物としては収納が不可能である、という事情に基づくと考えられる。したがってそれらはおそらく、別の形で中央において入手するほかはないわけであり、そこに中央と地方農村とのあいだの生産力のいちじるしい懸隔が示されている。

(6)　つぎに夫役については、兵士・仕丁役が中心であり、警備・雑役を目的とするものに限定されていることが明らかである。それはいいかえれば、夫役は直接荘園領主の手によって生産労働に投入されるものでないことを意味しており、荘園領主の非在地性＝中央集住という条件と照応するものである、といえる。

以上、長講堂領の事例にみられる荘園領主の収取形態の特色を整理した。これによって領主経済の概要を知ることができるが、さきにもふれたように、荘園領主権の存在形態はいちじるしく多様であるため、別の面からの検討も必要である。すなわち、いまみたところは、一個の荘園領主が領主権の内容差をもつ所領群から全体としてどのような収取を行なっているか、ということであったが、他面では荘務権を保持する基本的な領主が、各荘園からどのような収取を行なっているか、いいかえれば、荘民はどのような負担を負っているか、という視点からの検討が必要なのである。

2　米年貢増加の問題

この点を明らかにするため、まず表三-4をみよう。ここに示したのは皇室領荘園群の一つとしての安楽寿院領(鳥羽上皇設立)総数四三荘のうちから、米年貢を納入し、かつその荘園の田地面積の判明する場合のみを抽出し、田地一反当りの年貢額を算出してみたものである。その結果明らかなことは、真幡木荘四・五斗代を最高として、名東荘・散在御領・芹河荘・上三栖村・久世荘など、三斗前後の斗代をもつものと、その他のように一斗以下の軽微な斗代のものとの、二つのグループが存在することである(吉岡荘一・九斗が例外的に存在するが)。おそらく、前者は安楽寿院が荘務権をもつもので、後者は荘務権のないものであろう。したがって、基本的領主権をもつ場合、安楽寿院領では米年貢三斗代前後というのが標準収取量とみてよいわけである。この点は、従来の諸研究が荘園年貢を反別斗代三〜五斗程度としてきた事実と一致する(たとえば小野武夫『日本庄園制史論』一五九〜六〇頁)。また平安時代の伊賀国の「官物率法」では、公田反別見米三斗、准米一斗七升二合、油一合、見稲一束、穎二束となっており、別符の場合は反別見米五斗となっている(保安三年伊賀国在庁官人等解『平安遺文』一九五八号)。これは一般に「当国之例」とされて伊賀国衙領に広く適用された率法とみられ、したがって国衙領の荘園化過程でもそのまま継承されたとみて差支えない数量である。公田の場合についていえば見米三斗が本年貢

表 3-4　安楽寿院領の米年貢収取量

荘園名（国名）		田地面積	米年貢量	反別斗代
		町 反 歩	石	斗
吉岡荘（伊予）		132.2.　0	250.0	1.9
名東荘（阿波）		105.2. 26	283.9	2.7
長野荘（豊後）		313.0. 60	100.0	0.32
真幡木荘（山城）	*田畠	8.0.250	35.8	4.5
散在御領（〃）	*田畠	8.1.280	21.4	2.7
芹河荘（〃）	*田畠	48.4.290	132.2	2.8
上三栖村（〃）	*田畠	15.6.290	41.4	2.7
多度荘（讃岐）	田畠	160.6.290	119.2	0.74
富田荘（〃）	田畠	209.4.150	100.0	0.48
久世荘（山城）		34.5.160	100.0	3.0
田井荘（河内）		265.3.100	200.0	0.76
駅里荘（備中）		92.0.006	100.0	1.0

注）田地面積の項で田畠とあるものは田畠の区分がされていないため，畠地を若干ふくみこむとみられるが，＊の4荘が1〜7石程度の麦地子を付属するだけであるので，大半は田地とみて差支えあるまい．

にあたり、准米一斗七升二合以下は律令制的収奪体系における調庸系の転化物であり、荘園制的収取体系における雑公事にあたるであろう。したがって、ここでも本来の年貢は三斗代といって差支えない(4)。

このようにみれば、荘園年貢米は、後代の推移は別として、基本的には各荘ともほぼ米三斗程度を標準としていたと推定しうるわけである。このことは、律令制的収取体系と比較した場合、きわめて大きな特徴であり、荘園領主経済の構造特質を規定する有力な要因とみねばならない。すなわち、長講堂領の場合のみについてみれば、米年貢は九六荘中三一荘にすぎず、それも三斗代程度のものはさらに限られた一部である。しかし、米年貢をまったくとらないものや少量しかとらない長講堂領荘園のなかにも、おそらく荘務権をもつ他の貴族が、三斗代程度の年貢米収取を行なっているものが少なくないことはまずうたがいない。とすれば、荘園領主が全体として収取する米年貢量は、租米が反別二束二把であって収穫量のほぼ百分の三程度といわれる律令体制下の米穀収取量にくらべて圧倒的に大きなものである。しかも律令体制下では、租米の大部分は国衙の正倉または郡倉にとどめおかれ、国の用にあてるのが規定であり、『延喜式』の段階に入って京進米が増加する時期でも年料舂米・年料租舂米・年料別納租穀などにかぎられていた。『延喜式』によって知られる京進米の量は表三―5の通りであって、三者合計で一八万石(今量換算約七・二万石か)にみたない程度であった。一方、平城京とその周辺部をふくむ人口はほぼ二〇万内外と推定されている(沢田吾一『奈良朝時代民政経済の数的研究』一五二頁)。このうちの多くの部分は、都の住民でありながら現実には農業生産に従事していたであろうから、実際の消費人口ははるかに縮小される。この点を念頭におきながら、京進米と人口との関係をみれば、おそらくほとんどが直接消費的性格をもつものであったと考えることができる。これに対して、三斗代程度の荘園の年貢は、その多くの部分が、京都・奈良等に集住する荘園領主の手許に送られるたてまえである。もちろん規定された斗代と豊凶等の諸事情によって左右される現実の収納量とのあいだに相当の差異があり、また年貢輸送費等、途中で支払いにあてられる部分もしばしば斗代の二〇〜三〇%程度に達した。(5) また、さきにみたように、すべての荘園が米を年貢とするわけでなく、絹・綿等である場合も少なくない。したがって、京都に集中する年貢米を一様に三斗代程度とみなすことは過大に失するが、それにしても、律令制ないしは『延喜式』の段階とくらべていちじるしく増大していることはたしかであろう。その点を量的に確定することは困難であるが、(6) 長講堂領の米年貢だけでも六一〇〇石余であることは、それを示唆している。これから予想される荘園年貢米の量は、貴族の直接消費分をはるかにしのぐものがあるとみられるのである。

表 3-5 『延喜式』にみられる京進米の数量

京進国名	年料舂米	年料租舂米	年料別納租穀
	石	石	石
伊勢	1,100		4,500
尾張	1,200	1,000	
参河	700	1,000	
近江	1,780	2,000	
美濃	1,440	2,300	
若狭	200	800	
越前	724	1,300	
加賀	465	1,300	
丹波	546	1,000	
丹後	500		908
但馬	500		2,009
因幡	400		2,500
播磨	1,164	2,000	
美作	1,110	1,000	
備前	1,190	2,000	
備中	125.59	1,000	
備後	1,195.435	1,000	
安芸	600	1,000	
紀伊	200		3,100
讃岐	1,430	2,000	
伊予	1,420	2,000	
土佐	400	500	
遠江		1,300	
伊賀			2,000
駿河			3,500
伊豆			1,500
甲斐			3,500
相模			3,500
武蔵			12,000
上総			4,690
下総			14,000
常陸			12,000
信濃			12,000
上野			10,745
下野			11,000
能登			4,000
越中			4,000
越後			7,000
伯耆			4,640
出雲			4,500
石見			2,500
長門			2,037
淡路			1,600
計	18,390.025	24,500	133,729
3者合計	石 176,619.025		

注) 量目はすべて『延喜式』記載のままである．令制大枡1升は今量約4合とされている．

3　雑公事の性格

つぎに雑公事について検討を加えよう。長講堂領の場合、それはまったく自家消費的性格の品々であったが、一般にはどうであろうか。若干の例をあげよう。

天承元年(一一三一)東大寺領筑前国船越荘の去々年未進物として、縛一領・石堝一口・白布二丈五尺・刀一腰・鍬四口・袴一腰・白井笠一があり、去年未進として、縛一領・牛一頭・紺水干一があげられている(天承元年船越荘未進勘文『平安遺文』二一九七号)。

長承三年(一一三四)淀相模窪領の在家役は、在家二六宇に対して、地子藁八百余束・五月昌蒲・七月盆供瓜茄子在家別一籠・歳末節料薪在家別十束・臨時鮮物等毎度随召・舁居屋形船等上下川尻幷木津鳥羽殿辺連日随召、という類のものである(『平安遺文』二三〇〇号)。

康治元年(一一四二)の阿蘇大宮司宇治惟宣の注進状案によれば、同社の負担する「年〻所進別進色〻物」には(本家は八条院か)、紫・干鳥・甘葛・色革・弓檀・合子・鉢・桂心・油・味所・井笠筵・蘇芳・球磨紙・青革・高坏・唐絹・椋・手洗・虎筥・牛鞦・台・綿衣などがあった(『平安遺文』二四九七号)。

安元二年(一一七六)宇佐八幡宮領日向荘の「行幸会料色〻雑物」は、御服綿・例絹・手作布・麻布・調布・色革・紫・茜・紅花・空青であり、同領富田荘その他では、日向荘の雑物にみえる物資のほか、銅が運上されている(『平安遺文』三七四四号)。これは「行幸会」の臨時賦課であるから一般の雑公事とはいえないが、性格的には同じものとみてよいだろう。

同じく安元二年(一一七六)の東大寺領南郷荘の「神祭料物」は、茗荷・蕗・青菜・苣・大笋・小笋・薯蕷・山老・

小豆・白豆・串柿・薪・さは（鯖）荒巻である（『平安遺文』三七五五号）。またこの南郷荘と同様な性質を示すものに、文永三年（一二六六）の東寺領大山荘の「東寺方済物」がある。周知のように大山荘は丹波篠山盆地に所在する荘園であるが、収納された品々は、餅・牛房・熟柿・続松・栃・苟若・山牛房・薦・甘栗・土筆・桶・折敷・生栗・干蕨・足桶・差糸・串柿・胡桃子・杓・汲・薯蕷・平茸・呂子・油・野老・梨子・飯櫃であった（『東寺百合文書』に二号）。またおなじく東寺領の若狭国太良荘では、建長六年（一二五四）「雑物」として糸・綿・上美布・移花・四節供雑菓子・盆供小俵・佃大豆・薦・椎などを上納している（『東寺百合文書』は二号）。

以上ごく少数の例にすぎないが、各荘別にみられる雑公事類を検討してみていえることは、どの事例をみても、領主側の直接消費的需要をみたすための各種物資がその内容をなしていることである。それはまさに律令制下の調物の在り方を継承して、それぞれの土地の所産物といってよく、その傾向は長講堂領の場合とも一致している。雑公事については、たしかに、領主側が自家消費を目的として各種物資を収納しているのであり、それはある程度交換手段としての性質をおびているとみられる米および絹・綿などの場合とは性格を異にしている。

しかもそれらは上納者の側からみても大半が自家生産物であるといえる。著名な『宇津保物語』のなかに描かれた紀伊国牟婁郡の長者神南備種松の生活形態が、一町歩にわたる広大な宅地のなかに、酒殿・作物所・鋳物師所・鍛冶屋・織物所・染殿・擣《うち》物所・張物所・縫物所・糸所など、各種必要物資を自家生産する姿を示していることは、まさしくそれと照応関係をなすものである。またたとえば、久安四年（一一四八）鳥羽上皇が熊野詣を行なった際、紀伊国神野真国荘に対して、「上道雑事」として、御菜十合・酒五升・酢二升・味噌一升・土器八十口・塩五升・油六合・折敷十枚・炭十籠・松明百把・打松十把・薪五十束・大豆一斗・人夫一人を湯浅宿に持参させており、帰路の「還向雑事」としてもほぼ同様の品々と蒭百五十把・伝馬十疋を石田宿まで提供させている（久安四年二月五日紀伊国神野真国荘熊野詣雑事支配状〔『平安遺文』二六三九・四〇号〕）。神野真国荘は熊野路からはやや山寄りに奥まっている地点にあった山間部荘園であるが、院の寵臣藤原成通を領家とし、鳥羽院を本家とする荘園であるから（康治元年十二月十三日鳥羽院庁下文案〔『平安遺文』二四九一号〕）、鳥羽上皇は本家としてこの臨時雑事を賦課しているのである。この雑事の賦課・収取形態からも明らかなように、熊野詣の必要物資は京都より運ばれるのでもなく、また途中購入されるのでもなく、必要に応じて所領荘園から現物で提供させているのである。おそらくこの熊野詣の場合、当荘のほかにも臨時賦課された荘園が少なからずあったであろう。

しかしながら、このような雑公事も、すべてが荘園内の生産物であるといいきるわけにはいかない。たとえば右の熊野詣臨時雑事のなかの一つである塩は、神野真国荘としては荘内自給の不可能なものであるから、おそらく交易によって入手したものを提供したのであろう。そのような事情を示す事例は他にも絶無ではない。安元三年（一一七七）東大寺領二見南郷からの「雑公事送文」によると、雑紙・京殿紙などとともに、国絹を送るべきところであるが、「抑国絹ハ田舎市ニハ一切不レ候、麦ヲ令レ進候ハ奈良辺尋可レ御候、」（安元三年五月十六日僧定覚送状〔『平安遺文』三七八八号〕）といっている。「田舎市」で麦と交易して国絹を納めるべきところであるが、国絹が入手できないというのである。このような例から推せば、雑公事の一部が現地における交易によって調達・納入されていたことは否定できない事実である。

だが、このような雑公事物の交易納入方式をあまり強調することはかえって危険である。もともと雑公事の先行形態は律令制的収取体系のもとにおける調・庸および中男作物であり、それは一定の範囲で正税交易制を随伴していたが、九〜十世紀以降、律令制の弛緩にともなって、交易雑物制が進展した。そこでは国衙の正税が交易雑物・交易雑器・年料雑器・年料別貢雑物の名目で、中央の必要とする各種物資に交換されて、京進されることになった。律令制本来の姿にくらべて、米穀収取量が増大していくのも、そのような正税交易の必要からである。そしてさらに、十〜十一世紀にかけて、正税の交易雑物制においては、交易物の減直傾向が進み、ついには無直交易となり、やがて「臨時雑役」という無償収取形式に変化していった。臨時雑役は、さきの熊野詣雑事などもその一形態であり、内裏雑事・伊勢神宮役夫工米・各種官使供給雑事などの系統と、官交易糸絹・国交易絹・田率糸絹官物色々物など官物系統のものをふくむが、いずれにしても無償収取であり、さらにそれは十二世紀に入ると「在家役」として恒常化されていくのが普通である(村井康彦「公営田と調庸制」〔『史林』四四ノ五号〕)。このような調庸制→雑物交易制→臨時雑役制→在家役制という収取形態の推移をたどれば、雑公事系収取物は、平安中期以降の荘園制の本格的展開期においては、交易的性質を漸次失い、当該荘園の内部における生産物にしぼられていくとみるのが自然である。それゆえ、荘園における雑公事の交易納入は、十世紀来の郡衙が中心として行なった雑物交易制の名残を示すものであって、それが荘園における雑公事の基本とみることはできないのである。

この点はまた、荘園の雑公事物を雑物交易制段階の収取物と比較した場合に明らかである。すなわち、尾張国を例にとれば、交易雑物は白絹・絹・油・樽・苧・鹿革・鹿皮・鹿角・薭子・胡麻子・荏子・鹿角菜・凝菜・於胡菜であり、年料雑器は大椀・中椀・小椀・茶椀・盞・中擎子・小擎子・花盤・花形塩・瓶であり、年料別貢雑物は筆・紙・麻・青木香・馬草など技術を必要とする手工業品をふくむ多様な内容のものであった。これをさきに示した諸荘園の雑公事と比較してみると、長講堂領の場合には年料雑器などに共通性がみられるが、概して後者においてははるかに土産的・天然産物的なものが多く、その傾向はとくに時代が下がるとともに顕著である。このことは、荘園の雑公事が調庸物ないしは雑物交易品の系統をひきながら、漸次荘園内の土産品に固定し、交易関係をともなわなくなっていくことを示唆しているといえる。

4　収取体系の特色

以上、年貢・雑公事の性質についての検討を通じて要約的にいいうるのはつぎの点である。すなわち、荘園制下の年貢米収取量は反当三斗を基準と考えうる程度であって、律令制段階にくらべると、収取量がいちじるしく増加しているとともに、京都・奈良のごとき中央への集中度が圧倒的に高まった。そして、年貢米はもはやたんなる自家消費的性格のものではなく、部分的には交換手段としての性質をもつと考えられる。また絹・綿等もこれに準ずる性格をもつであろう。他方、雑公事・在家役のような名目で収取する諸物資は、律令制の調庸物の系統に属するが、概して荘園内生産物に限定されていく傾向をもち、律令制期のような多様な加工品は姿をひそめていく。そしてその大半は領主にとっても自家消費的性格をもつ。

荘園領主の収取物の性格がほぼこのようにとらえられるとすれば、領主経済の構造は、一面では雑公事によく示されるような、自給的家産経済体制、他面では米年貢に代表されるような一定の交換関係の展開、この二つの側面の統一として特色づけられるであろう。この点は荘園制下の社会的分業・交換関係の在り方が律令制下のそれとは基本的に異なる性格をもっていることと緊密に関係しているといえる。

（1）このような領主権の重層性、「職」の所有体系の意味については、永原慶二「荘園制の歴史的位置」（『日本封建制成立過程の研究』所収）参照。また近衛家領所領の問題については、竹内理三「講座日本荘園史第二十七講」（『日本歴史』一四六号）を参照。

（2）表三―2の典拠たる「目録」には、一一〇荘が記載されているが、表に採った九六荘以外は「雖レ有ニ御領号ニ不レ済ニ年貢ー所々」および「新寄進地」である。また表三―3の「注文」には八九荘の記載があるが、表に採ったもの以外は「不所課庄々」である。そこで表三-2の九六荘と表三-3の七六荘の関係を検討すると、三所(美作一宮・生口北荘・松浦荘)をのぞいて、すべて表三-2の九六荘のうちにあらわれる。これは当然のことであり、三荘についてのみ疑問がのこるわけであるが、逆に表三-2の方が九六荘と多数なのは、それが表三-3と多少異なる(やや後の)時期における長講堂領の在り方を示すためであろう。この点の厳密な考証は別に行なう必要があるが、ここでは各荘からの収取量・形態を問題としているので、その点についてはとくに配慮しないこととする。

(3)　このように「年貢」は、中央権門たる大荘園領主の立場からみれば、必ずしも画一的なものではなく、またいわゆる「雑公事」と本質的に区別されるものでもない。そこで長講堂領の場合、「年貢」と「課役」(雑公事)とがどうして区別されて規定されるに至ったか、ということも問題になるわけであるが、さしづめ問題にしているような領主の収取物という点からみれば、とくに区別する必要はない。

(4)　とはいえ、荘園年貢反当三斗というのは、あくまでも一つの標準である。時代の推移とともに、雑公事・夫役などが縮小され、あるいは臨時賦課が行なわれなくなる代りに、斗代率が引きあげられる傾向があった。たとえば文永三年(一二六六)の東寺領若狭国太良荘田数幷年貢米内検注進状によると(『教王護国寺文書』一ノ七一号)、斗代は下表のようになっており、相当に高い。

斗　代	面　積
	町 反 歩
5斗 代	4.8. 64
6斗 代	2.5. 0
6.48斗代	5. 0
7斗 代	2.270
8斗 代	2.5.340
9斗 代	1.180
1石 代	7.9.120
計　定田	18.7.244

注）数字は原史料のまま.

(5)　年貢輸送運賃については佐々木銀弥『中世の商業』二〇〇頁以下に具体的な記述がある。それによれば、たとえば鎌倉後期の敦賀から琵琶湖北岸の海津までの馬借の運賃は、一石につき一斗四〜五升、荷の閑散なときで一斗程度であり、ほぼ同じころの筑前粥田荘から尼崎までの海上運輸に至っては五〇%におよんだ。このような運送費高のため、さきの『延喜式』にみえる舂米京進国もすべて各道のうちでは概して京都に近い諸国が指定されていた。

(6)　荘園年貢米の京上額総計はわからないが、問題を考える一つの手がかりとして、つぎのような数字を考えることができる。すなわち、『倭名類聚抄』による全国耕地八七万二〇〇〇余町、『拾芥抄』による九四万六〇〇〇余町を一つの指標として、かりにその約半数の面積にあたる四〇万町歩の田地から反当二斗程度の年貢米が、京都・奈良の荘園領主の手許に運上されるとすると、一町別二石であるから計八〇万石となる。この数字を律令制期にくらべれば、飛躍的に増大していることがみとめられる。ただし、他面これを幕藩体制期の大坂への年間の米(蔵米・納屋米合計)の集中高が約四〇〇万俵(四斗俵として一六〇万石)といわれる数字とくらべた場合、逆に荘園制期の京上額の小ささが注目される。

三　荘園領主経済における交換の問題

1　雑公事物以外の必要物資の入手方法

前節でみたように、雑公事として収取する諸物資が、絹・綿・糸・布等をのぞいて、概して高級技術を要しない一般農作物・農産加工品および天産物にとどまっていることは、貴族の消費物資において、荘園からの収取物以外の物資も少なくなかったであろうことを推測させる。そして律令制期にくらべて急増した京進年貢米は、おそらく、それらの諸物資の購入手段に供せられたであろう。

そこでまず、貴族・社寺等の荘園領主が自領荘園では確保しえない諸物資とその入手形態を検討しよう。周知のように律令制下においては、地方農村で生産しえない性質の手工業製品は、基本的には中央政府直属の官工房もしくは地方国衙所属の国衙工房によって生産・供給されるのがたてまえであった。もちろん官工房・国衙工房とはいっても、そこに働く工匠たちの存在形態は必ずしも単純でないが、とにかく、国家権力が手工業品の生産組織を直接把握する方針をとっていたことはうたがいない。(1)地方国衙が正税の交易を行なって各種物資を貢上しえたのも、そのような国衙工房およびそれと緊密な関係をもつ地方有力層の手工業生産を前提としてはじめて考えられることである。ところが、律令制の解体にともなって、そのような官の手による手工業製品の独占・自給の体制は解体に向い、十一世紀に入れば様相は一変する。たとえば永承三年(一〇四八)織部司が「綾羅錦縠織物□等、上従二御服一下至二人用一、為二司家之所役一偏所二勤仕一也、而近年之間、諸司諸衛諸宮諸臣召使出納雑色人等、恣構二其機一、任レ意織用、只好二私利一不レ叶二公役一、然則司家之勤可レ致二闕怠一」と訴えた事実がある(『続左丞抄』第三、制止私織綾錦事)。ここで「諸司諸衛諸宮諸臣召使出納雑色人等」、ほしいままに機を構えた、という場合、それはかれらが独自に私的生産を開始したのか、その主人である貴族がそれを行なわせたのか明らかでないが、いずれにしても織部司＝官工房の直接生産体制が解体しつつあることは明らかである。このような事情は、さらに、永暦二年(一一六一)になると、それまで「他役」をつとめなかった摂関家細工所の殿下織手が、はじめて「雇織」するようになるほどに進展する(竹内理三「殿下細工所織手」『日本歴史』七二号)。ここでは要するに、殿下織手が摂関家専属の形から、しだいに他家の注文を受けて生産する独立の営業活動を行なうようになったのである。

これらの事例からも推察できるように、おそらく荘園制の本格的展開期における有力貴族・社寺は、自己が必要とする手工業生産者の一定のものを直接掌握して必要品の生産に従事させ、他の生産部門については独立の生産者もしくは別の貴族・社寺に所属する生産者から製品を購入する、という方式をとっていたと考えられる。たとえば、応保二年(一一六二)醍醐寺に所属し、その必要物資の生産にあたっていたとみられる手工業者は、少なくとも番匠九人、鍛冶四人、葺工(比皮工)二人、銅工二人、深草(土器作)五人、壁工(壁瓦工)三人、檜物工一人、山作三人であった(『醍醐雑事記』巻九、醍醐座主御拝堂式)。これが同寺所属の手工業者の全部であるか否かは断定できないが、これによって大寺院が常時かかえておく必要のある手工業者の見当をつけることはできる。もちろん、この史料は座主拝堂の際の布施禄物を賜わった手工業者を抽出したものであるから、建築・営繕関係に限られているのかもしれない。しかし、ここでは織物・染色など衣料関係の手工業者はいっさいみられず、またかつての官工房には存在した紙・筆・墨(=図書寮)、靴履・鞋・鞍具(=内蔵寮)、漆器(=漆部司)、彩色(=画工司)関係などもみられない点は注目にあたいする。それらのうち紙などをはじめとする一定部分は、荘園制期においては、直属工房によらず、雑公事物として地方から貢上される品々によって充足されていたであろう。しかし錦・綾・紬・羅のような高級織物などは、もちろん地方農村の技術によっては供給不可能であって、中央で入手するほかはないのであるが、それらのための直属手工業者は存在しないから、おそらくは交換によって入手する形をとっていたと考えられる。地方荘園からの入手が困難である品々のうち、いずれを直属手工業者によって自給し、いずれを交換によって他から入手するかはいちがいには律しえず、公家と社寺という領主の性格によっても異なったであろうが、概していえば、殿下織手の例にもみられるように、衣料部門などにおいては比較的早期に手工業者の独立が進行していったとみられるのである。

このようなわけで、荘園領主にとって、荘園からの貢上物以外の諸物資の入手法として、直属の技術者集団によってこれを生産させるか、商品交換を通じて購入するか、二つの方途があったことが明らかであるが、領主経済の視点からは、それらが荘園制的収取とどのように関連しているかを考えることが必要である。この点を考えていくために、まず直属手工業者によって、必要物資を生産させる場合をみれば、それと領主とのあいだにとり結ばれる生産関係の特徴は給免田の宛行による生産の確保であった。たとえば、醍醐寺の場合、十二世紀後半と考えられる時期においてつぎのような事実がみとめられる(『醍醐雑事記』巻一二)。

一深草四丁町田畠作人負所事(注略ス)

光里名六段 之内田一反 畠五反　　貞友名三反半 之内田三反 畠半

包貞名四反小 之内田三反小 畠一反　　藤原名八反半 之内田一反半 畠七反
時里名二反 之内田大 畠一反小　　真包後家名八反 已田
已上田一丁七反半 反別地子四斗代以笠取庄地子斗 納之斗上之笠有二升也
土器毎月三百六十重上之
同深草前滝田三反作人
是行名一反　貞延名一反　貞時名一反 於此名者被寄 無量寿院了
已上所当地子土器各毎年七百五十重上之

すなわち、深草の四丁町・滝田の二ヵ所に名田をもつ田畠作人が、一面では醍醐寺所属の土器作工匠として所当地子米に加えて定められた数量の土器を貢納しているのである。これらの田畠作人のうち、光里・貞友・包貞・時里・是行・貞延の六名の名前は、治承三年(一一七九)の「醍醐寺座主拝堂日記」にみえる「深草」=土器工匠七名のうちの六名と一致するから、かれらが給免田を与えられていたものであることはうたがいない(遠藤元男『日本職人史の研究』一五八〜九頁参照)。

このように工匠に給免田を給付し、その代償として生産品を貢納させる方式は、律令制解体後の国衙の工匠支配においてもっとも顕著にみられる。すなわち、文永二年(一二六五)の若狭国田数帳にみえる同国細工保二六町二反三二〇歩のうちには、番匠給五反一八〇歩、鍛冶給七反一二〇歩、檜物給四反が存在し、また別に織手名があった(「東寺百合文書」ゐ三二)。また建長七年(一二五五)「伊予国免田注文」によれば、同国では織手・木工・国細工・白革造・紙工・鞍打・笠張・土器工・塗師・銅細工・轆轤師・紺掻・経師などの工匠給免田がみとめられ、かつての国衙工房の変貌過程がかなりよく示されているのである[2](「伊予国分寺文書」乾)。

　このように、国衙であれ、荘園であれ、支配者が給免田を与えて工匠を保護し、その代償として手工業製品を貢納させる場合、さきの醍醐寺の例にみられるように、それらは原則的には無償収取であったろう。しかし、臨時・恒例の行事に工匠が奉仕したり、大規模な建造工事が行なわれるおりには、かれらにも各種の禄が給与されることはまれでない。中世初頭とみられる「香取宮遷宮用途記」(『続群書類従』神祇部所収)によれば、工匠たちに対して、准布・紺布・藍摺布・糸・籾・馬・稲などが与えられており、また文暦二年(一二三五)の鎌倉五大尊堂の上棟式の際には、大工・檜皮大工・壁塗・鍛冶に対して、馬・絹・染絹・綿・白布・藍摺・奥布・直垂紺・帷紺・色革が与えられた(3)(『吾妻鏡』文暦二年二月十日条)。これらの事例にみえる大工等が直属工匠かどうか断定しえないが、直属工匠に対しても領主は給免田のほか賜禄の形で、各荘園から貢上されてくる物資の一部を支払っていたことは推測にかたくない。しかし、そこで注意すべきことは、さきにもふれたように、荘園からの貢上物は、時代が下がるとともに、むしろ、農産物や天然産物にかぎられていく傾向をもち、右の賜禄にみられるような高級技術を必要とする手工業製品は概して姿を消していったことである。それはいうまでもなく国衙工房の解体にともなって、必然的に進行した傾向であった。したがって、賜禄の対象としうる品々も、米・馬などをのぞけば、荘園からの収納物として、直接的な形で確保しえたかどうかは疑問だということになるのである。

　このような点を考えれば、直属手工業者の存在形態も、貴族たちの市場との接触、交換関係への入りこみ方も、荘園制期は律令制段階とは明らかに異なっているといわねばならない。律令制期の手工業品の国家的生産の特徴は、工房・用具・原料などの生産手段がすべて国有であり、単位労働力一日あたりの生産量、製品の種類・寸法も詳しく規定され、法定の食料・衣服を与えられて賃銀は支給されないたてまえであり、その生産形態はまさしく奴隷制的様相をおびていたが(前掲平野邦雄「日本における古代鉱業と手工業」)、これに対して、荘園制段階では、そのような奴隷制的色彩はほとんどみられず、給免田を通じて、工匠が領主に隷属することは事実であるが、生産形態そのものにおいては、工匠の自立的性格がつよく、賜禄の形で賃料支給の萌芽もみられ、またさきにみたように、他者の注文を受ける余地さえ生じているのである。

中世手工業の典型的存在形態としての座は、このような工匠の自立過程の一つの到達点を示すものである。十二世紀において、すでに春日若宮に属する御酒座、醍醐寺に属する油座等が姿をみせてくるが(豊田武「都市および座の発達」〔『新日本史講座』4所収〕)、それはもはや直属領主の必要物資の生産を主たる機能とするものではなく、本所の保護のもとで、商品生産者としての性格をとるに至ったことを示すのである。貴族・社寺が必要物資の自給をめざして直属工匠をもちえたのは、いうまでもなく摂関家や大社寺のみであり、一般貴族はそれほどのものをもちえなかったであろうから、律令制的秩序の解体にともない、かれらは必然的にまず商品交換によって高級諸物資を入手せざるをえなくなった。また当時ようやく活発になった日宋貿易による唐織物・香料・茶碗・皮類・文具類など高級奢侈品の増大は、貴族・社寺等の交換の発達を刺激した。こうして、荘園制の本格的展開期においては、貴族・社寺の消費生活は、かなり深く交換経済のなかにまきこまれるようになっていたと見うるのである。

2　交換手段としての米・絹・綿など

しかしそれらの交換手段とされたものは、さきにもふれたように、この段階では米および絹・綿などであった。荘園制の本格的展開期たる十二世紀は、京都では造寺・造塔が流行して、中央権門社寺に対する受領層の各種貢進がしきりに行なわれた時期であるが、交換手段の面からみれば、もっとも現物経済的な時期であったといえるであろう。試みに『平安遺文』によって、十二世紀後半、仁平元年(一一五一)から幕府成立の元暦二年(一一八五)にいたるまでの

表3-6 土地売買の取引手段別件数

年代＼取引手段	米	布絹等	銭	その他	計
仁平１〜元暦２年（1151〜1185）	127	23	5	1	156
嘉禄３〜寛喜１年（1227〜1229）	22	1	19	0	42

三五年間の耕地売券をみると、売却時の取引手段は表三—6のようになる。表ではその後の変化をさぐるために、嘉禄三〜寛喜元年（一二二七〜二九）の三年間に残存する四二通の売券を整理し、両者を対比してみた。これによれば、平安末期の三五年間では、米が取引手段の中核をなし、布帛絹等が一五％程度存在するが、貨幣にいたってはわずか五件にすぎない。しかも年代についてみると、表には示さなかったが、そのうちの三件はこの三五年中の最末尾の二年間に集中しているのであるから、全体として銭はほとんど皆無といってよい状態である。これに対して、承久の乱直後の三年間における四二件についてみると、米・銭はほとんど相半ばするまでになり、布・絹等が逆に消滅している。したがって、この事例からしても、銭が取引手段に使われることは、十二世紀ではまったくといってよいほどなく、十三世紀に入ると急激に変わってくること、逆に絹・綿等の交換手段としての位置は十三世紀には急速に失われていくことが明らかである。

さきの長講堂領の場合をみれば、荘園年貢・雑公事における絹・綿・布等の位置は相当に高く、これらが領主層の衣料に供せられるとともに、各種の賜禄の対象ともされたことはうたがいない。しかし、絹・綿類の生産においては、京都を中心とする中央地帯の技術と地方農村のそれとのあいだには、はげしい水準差が存在した。それに加えて、現地の側からは一種の農民の抵抗として、意識的に粗悪品を貢納する動きも古く律令末期以来存在していた。すなわち、調庸雑物の粗悪化は、必ずしも技術だけの問題でなく、他面では良質品が貢納物にあてられず、逆に私的流通に向けられた結果と考えられるふしもあるのである(4)。すでに律令制期において鋳銭料銅の負担を負っていた長門国において、その貢上が怠られた背後の事情が、「任レ意採レ私、鋳ニ造雑器一、只事二商売一」（貞観十八年三月二十七日太政官符『類聚三代格』）というところにあったことは、その先駆的現象である。品質・規格等に関する国衙を通じての統制が強固に行なわれうるときは、絹・綿類も交換手段としての用に供することが可能である。しかるに右の事情から貢上物の品質が低下し、他方中央の生産物が技術的にますます向上するとすれば、絹・綿収取は領主側にとってもかえって不利なものとならざるをえない。十二世紀の荘園体制の本格的展開期においては、その家産経済構造の自給的性格のゆえに、絹・綿類がひとまず大きな位置を占めながら、それらはその後の推移のなかで、雑公事類中における比重を漸次失い、取引手段としての位置も失っていく理由はそこにあるであろう。

それでは米の場合はどうか。米は絹・綿などにくらべれば、はるかに有効な交換手段としての性質を長くもったといえる。さきの表三-6でもみられるように、米も平安末期と承久乱後の時期とで比較すれば、交換手段としての位置をしだいに失っていく傾向にあることは否定できない。しかし土地取引ばかりでなく、その他の支払手段としても、米が鎌倉期にかけてなおひろく用いられていたことはうたがいない。たとえば貞永元年（一二三二）の春日社の作事における番匠四二九人分の作料四三貫は代米二五石七斗四升、人別一口宛六升のわりで支払われており（『春日神社文書』二）、遠江大福寺の場合、乾元元年（一三〇二）の本堂上葺の作料用途は三七貫・米一二石となっている[5]（『大福寺文書』一）。また表三-6の場合にしても、嘉禄〜寛喜年間における土地の取引手段の事例の過半数がなお米であったことは明白な事実である。

したがって、荘園領主経済にとって、年貢米が、たんに自家消費物ではなく、鎌倉時代にかけてなおきわめて有力な支払＝交換手段であったことは否定できない。しかしいうまでもなく、米が交換手段たりうる条件は、荘園領主の所在地たる京都・奈良およびその周辺において、それ相応の米穀市場が成立していなければならない。一定の社会的分業の発展にともなって、年貢米によって食糧自給を行なっている以外の米穀消費人口が増大しないかぎり、米は支払＝交換手段としての機能をもちえないであろう。この点に関連して、京都・奈良等における年貢収取者以外の米穀消費人口の規模を明らかにする必要があるわけであるが、現在のところではそれは不可能という他はない。もちろん十二世紀末から十三世紀にかけて、京都の商工業者の座の発展は顕著であるから、そこに一定の米穀市場が成立・拡大しつつあったことはたしかだろう。しかし、はじめにもみたように、荘園制的収取体系の特色は、律令制とはちがって、農民からの米年貢収取率が飛躍的に高まったうえに、それらが中央に集中するしくみになっているから、さきに推定したように、中央に集中される米穀量はかなり厖大なものとなり、それがはたして必要消費量と安定的にバランスのとれる関係であったか否かにはかなり問題があると思われるのである。そのような意味での中央における年貢米と消費量との関係を数量的に確定することはできないが、年貢米が地域によって比較的早期に代銭納化されていく傾向がみられることは、この点と関係していると考えられる。

年貢米の代銭納については、佐々木銀弥氏の詳細な分析があるが(佐々木銀弥「荘園における代銭納制の成立と展開」(稲垣泰彦・永原慶二編『中世の社会と経済』所収))、その結論の示すところによれば、代銭納はなによりも荘園領主側の要求によって推進されたものであった。十三世紀に入ると、京都の商工業座の発展もしだいに顕著になり、さらに日宋貿易による輸入奢侈品の流通も増大する結果、荘園領主層の欲望充足のために、貨幣の要求は急激に高まる。その結果、たとえば東寺供僧料所伊予国弓削島荘、若狭国太良荘、安芸国新勅旨田の年貢塩・年貢米は、ほぼ文永年間から漸次代銭納化されて、供僧等には銭貨で配分される慣行が出現する。しかし、米穀消費市場としての京都の規模は必ずしも大きなものではない。もちろん京都が米の巨大な消費市場であったことは事実だが、消費量の大部分が年貢米としてそれぞれの荘園領主たちによって自給されているのだから、米の商品化のための市場規模は案外に小さかった。

京都の市場規模が急速に拡大されるのは、京都に室町幕府が開設され、諸国の有力な守護たちが軍隊を率いて駐留するようになる南北朝期以降のことである。したがって、荘園領主は貨幣要求の切実さにもかかわらず、京都で大量の米穀を販売することが困難なのであって、必然的に年貢米の地方市場での販売に力をいれねばならないのである。荘園領主が荘官を通じて港湾市場・荘園市場の設立・維持に大きな努力を払い、平和的取引と和市の安定に強い関心をよせたのも、そのような必要のゆえであろう。表三―7は代銭納荘園の年代別・地域別分布を示す。もちろん史料残存の条件によって事例が制約されているから、一つの傾向を示すにとどまるが、十三世紀前半では年貢米の地方市場での換貨はまだほとんど行なわれておらず、十三世紀後半に入って漸増、十四世紀前半に著増することが明らかである。このような代銭納が可能になるためには、地方における社会的分業が進展し、中央・地方をふくむ経済全体の構造的変化が必要であるが、それが進展しはじめるのは十三世紀後半以降といいうるであろう。

表 3–7　代銭納荘園の年代別・地域別分布

地　　域	〜1250	1251〜1300	1301〜1350	1351〜1400	計
陸　奥　1　国	0	1	4	0	5
関　東　8　国	0	1	13	11	25
北　陸　6　国	1	5	13	3	22
甲信，東海，近江 8 国	0	10	20	15	45
五　畿，紀　伊　6　国	4	1	14	7	26
山　陰　6　国	1	2	16	1	20
山　陽　8　国	0	9	27	10	46
四　国　3　国	0	2	4	6	12
九　州　8　国	0	7	15	4	26
計	6	38	126	57	227

注）佐々木銀弥「荘園における代銭納制の成立と展開」第8表より作成.

　このような事実をみれば、十二〜三世紀の荘園制の本来的な時期においては、年貢米の京都での販売量は、おそらくそれほど大きな位置をもたなかったであろう。さきにみた長講堂領の年貢収取形態（表三―2）において、全九六荘のうち米を年貢とする荘園が三一荘にとどまっていたことは、一面では長講堂領が主として荘務権をもたない本家職の集積という事情にもよろうが、他面、本家職の本来的性格からすれば、荘務権がなくとも、相当程度は自己の要求＝計画に従って本家職年貢の種類・数量などを契約していったであろうから、ここには全体として長講堂領経済のバランスのとれた収取計画が示されているとみてよい。もしそうだとすれば、米年貢をとる荘園が全体の三分一（六一〇〇石余）にとどまっていることは、やはり、米年貢のみをかたよった形でとることが領主にとって不都合であった事実を示していると考えられるのである。

（1）古代手工業生産の在り方については、石母田正「古代・中世社会と物質文化」（『古代末期政治史序説』下所収）、平野邦雄「日本における古代鉱業と手工業」（学生社版『古代史講座』九所収）、浅香年木「律令社会における官工房と在地手工業」（『石川歴史研究』二号）などを参照。

（2）これら工匠給免田については浅香年木「工匠給免田の形成過程」（『北陸史学』一〇号）に詳しい。

（3）これらの事実については前掲遠藤元男『日本職人史の研究』一六九頁以下参照。

（4）律令制解体期の調庸物粗悪化の問題およびその時期の社会的分業の在り方については、門脇禎二「調庸収取形態の変化とその背景」（大阪歴史学会編『律令国家の基礎構造』所収）を参照。

（5）これらの事例は前掲遠藤元男『日本職人史の研究』一七八頁以下による。

四　在地支配をめぐる領主財政の性格

1　年貢米の使途・配分形態

前節まで主として荘園領主の年貢・雑公事収取と、それ以外の諸物資の入手方法について検討した。そこで本節では視角をかえて、領主経済の支出の側面について考えよう。

まず、年貢・雑公事等の形で収納された諸物資はどのような形で消費されていくであろうか。この点はある意味では明白である。年貢・雑公事等は、はじめから特定の使途・目的をもって収取プランが編成されていたのであるから、配分・消費の形態はすでに収取体系のうちに規定されているとみることができるのである。しかし、もちろんそれだけで全貌を知ることはできない。雑公事の使途は比較的明らかであるとしても、年貢米については一般に必ずしも年間収取・消費計画に従った各荘への割りあてが行なわれているとはいいがたいからである。とくに権門・大社寺など大荘園領主の場合には、相当数の中・下級貴族・僧侶以下の人々が集団的に下属しているわけであるから、年貢等の配分関係も複雑ならざるをえない。その実情については、当然、公家貴族の場合と社寺の場合との両方について検討すべきであるが、史料的制約のために公家についてはほとんど知ることができず、社寺の場合に概略の姿を知ることができるだけである。

年貢米の使途を、一荘についてのみでなく、所領荘園の全体について明らかにすることは寺社領の場合でも容易でない。表三―8に示した高野山大伝法院の場合は、規模は大きくないが、全貌を知りうる一例である。大伝法院は鳥羽院の御願寺であって、伝法会料所として、紀伊国内において、石手・弘田・山東・岡田・相賀・山崎・志富田の七荘が施入されているから（『高野春秋』）、表三―8に示された年貢米も、この七荘の合計を示すものである。これによれば、七荘の年貢米合計二三三〇石余は、大別して、一四二石の仏供と二一八八石の人供に二分されるが、仏供は一年間の行事予定に即して配分計画が立てられており、人供は座主・三綱以下供僧等に、主として日別給与額を基準とした形で配分されている。人供の過半を占める一一八八石の内訳は、七二石―学頭二人・日別各一斗、六四八石―山籠三六人・日別各五升、二二四石―入寺三〇人・日別各二升、一四四石―権学衆四〇人・日別各一升、となっている。要するに年貢米のごく一部を仏供の経費とし、他の大部分は寺僧等に配分してしまっているのである。この人供分が

表 3-8　高野山大伝法院の年貢米使途　治承 2 年 (1178)(『平安遺文』3837 号)

（数字は原史料のまま）

種類	年間使用米量	日別米量
Ⅰ 仏供	石	斗
三尊両界仏供	79.2	2.2
護摩二壇仏供	14.4	0.4
愛染王供	7.2	0.2
鎮守御供	10.8	0.2
修正仏供	0.94	
大師堂御供	7.2	0.2
朝拝	0.08	
心経会	0.08	
二季彼岸	3.76	
毎月 18, 21 日竜樹弘法供	0.3	
二季伝法会	0.96	
鎮守講	0.24	
3 月 21 日生身供	10.0	
六祖師常楽会等	0.37	
仏生会	0.08	
7 月不断経	0.08	
鳥羽院国忌万タラ供	1.24	
御盆供	1.0	
万花会	0.24	
晦夜仏供	0.15	
正月 15 日粥	0.14	
蓮花会	0.08	
虚空蔵堂	3.6	
計	142.15	
Ⅱ 人供	石	斗
座主供	36.0	1.0
三綱	32.4	各0.3
三尊両界供僧 15 人	270.0	各0.5
仏眼金輪供僧 6 人	64.8	各0.3
愛染王供	21.6	0.6
練行衆 6 人	108.0	各0.5
学頭, 山籠, 入寺等	1,188.0	
修正導師呪願等布施	2.0	
神宮寺等供僧 10 人	64.8	各0.2
護摩供僧 3 人	7.2	年各24.0
鎮守講用僧 56 人供料	21.57	
虚空蔵堂布薩幷供僧等供	16.8	
百万反尊勝タラニ衆 150 人	100.0	人別各6.6
計	2,188.37	
仏供・人供合計	2,330.52	

座主以下の個人に配分されてから、どのような形で消費されていくかはわからない。食料および寺僧として必要な衣服以下の必要は、おそらくこれから支出されたであろう。しかし、大伝法院として必要な営繕費などはどうなっているのだろうか。表に示された形のかぎりでは、大伝法院としての共通の費用が直接の仏供以下にみられないのであるが、これは当院の特殊性であろうか。その点は断定するわけにいかないが、有力寺社等で造営等の必要が生じた場合は、臨時課役によることが多かったとも考えられる。周知のように、院政期においては、造大神宮役夫工・造内裏

役・大嘗会役・伊勢公卿勅使役・野宮造営役などの臨時課役が、中央政府から各国衙を通じて、国々に賦課される体制がつくられた(1)。いわゆる勅事・院事大小国役などの名称でよばれるものがそれであるが、諸他の社寺においても、必要に応じて臨時賦課が行なわれたであろう。

いずれにしても、大伝法院の場合、年貢米は、一般に寺僧等に配分され私的消費にゆだねられる性質のものであったことは、まずうたがいない。念のため、別例として東寺領若狭国太良荘の、文永四年（一二六七）の年貢配分形態をみると、表三-9の通りである。太良荘は東寺供僧方料所であるから、一七口供僧への給与が主体となることは当然であるが、灌頂院大師仏供のわずかの部分をのぞいて、やはりすべて人件費的な形をとっている。したがって、これらの例から推せば、荘園年貢は、少なくとも領主の手許まで送進されてきた部分は、すべて消費的性格をもつと考えてよい。いいかえれば、それら年貢分には、荘園支配のための行政費的性質の部分、および荘園における農業生産維持・拡大のための、いわゆる「勧農料」的性質の部分等はいっさいふくまれていないということである。律令制的収取体系においては、国家の収取物が、多かれ少なかれ再生産過程に再投下されるから、その収取・配分はともかくも国家財政としての公的機能を直接的な形でもつのであるが、荘園制の場合には、そのような要素が、少なくとも年貢

表3-9 太良荘の年貢配分形態　文永4年(1267)

		到来日	京定	延定	所下17口供料	3上人	公文	預所以下主殿等	灌頂院大師仏供
早米国定	石 23.32	文永4.9.4	石 19	石 22.42	石 17.0	石 1.8	石 0.6	石 2.0	石 1.02
年貢米国定	104.596	文永4.12.6	77.26*	91.1668	70.21	7.41	2.47	8.25	2.83

＊ 年貢米国定104.596石より雑用を差引き，さらに8.4石の歓喜寿院米を差引いたもの．延定は枡目の差によって，京定を換算した額である．

物の配分についていうかぎり、まったくみられないのである。

2　支配のための諸支出の形態

それでは、荘園制的収取体系においては、支配のための経費、生産の維持増進のための「勧農」費等は、全然存在しなかったであろうか。もちろん否である。それは律令制の場合とはまったく異なる形で存在するのである。それらの事情を端的に示すものは、荘園における各種の「除田」の存在である。荘園検注帳の上に除田が出現してくるのは、荘園制の体制的展開期たる十一世紀後半以降のことである(2)。このことは領主にとって、荘園がたんに地代を生みだす耕地の所有にとどまらず、土地と人民とを一体として把握し、国家に代って支配を行なう場となった段階で、除田がはじめて積極的な意味をもつにいたった、と考えてよいであろう。各種除田のなかに領主的支配に必要なもろもろの、領主にとっての財政支出分が表現されていると考えられるからである。

除田の種類はごく大まかに区分して、(1)仏神田、(2)荘官給田、(3)手工業者・運輸関係者等給田、(4)井料田等の「勧農」費関係除田、の四つとすることができるであろう。このほか、「佃」も除田のなかにあげられるのが普通であるが、それはやや性格が異なるので、ここでは除外しておく。以下四者の内容・性格を順次にみてゆこう。

第一の仏神田は、ここではとくに重要ではない。しかし、たとえば高野山領備後国太田荘が、荘中央の地点に今高野社を建設し、これをもって太田荘支配の精神的中核としたように、仏神田は、たんに古来の寺社に一般的尊敬から除田を設定する、ということではなく、荘園領主側の支配の手段として積極的な意味をもっている。したがって、仏神田は、やはり荘園支配のために政治的意味をもつ領主側の一種の財政支出形態とみるべきである。

第二の荘官給田は、一般に第三の手工業者等の給田と併せて、仏神田と対比し、「人給田」と称されることが多いが、その在り方は、荘園によって、各種各様である。周知のように寄進地型荘園の場合には、寄進主体たる在地領主が給田・給名の形で相当規模の除田を保持するであろうし、耕地片の集積にすぎない小規模荘園の場合には、荘官給田的なものは、ほとんど必要がないし、実際にも存在しないのである。その意味では、荘官給田の規模・比重などを諸荘一律に比較することは無意味であるが、一つの目安として若干の事例を表示すれば表三-10のとおりである。ここではできるだけ地域的にも各地の、そしてまた領主も異なる事例を抽出してみたが、荘園の規模の大きい稲毛本荘をのぞくと、他は荘官給田等が全面積のなかで占める比率は一〇〜二〇%程度におよんでいる。稲毛本荘の歴史は明らかでないが、東国に位置するうえ、関東御家人稲毛氏の本拠地でもあるから、表示された荘官給田以外にも稲毛氏自身の所領部分はなんらかの形で存在したとみねばならないであろう。こうみると、荘官給田は、全体として、荘園全面積中に案外大きな比重をもつといわねばならない。通常荘官給田を問題とするとき、一荘官の給田面積のみを抽出して考えがちであり、その場合には、ほとんどの場合が二〜三町歩程度を出ないのであるが、各種荘官の給田の総計をみれば、一般名田に比してネグリジブルなどとは到底いいえないことが明らかである。これらの給田は、成立事情からいえば、在地地主層の既得権が荘園領主によっても承認されたにすぎないのであるが、別の考え方をすれば、荘園領主にとって、支配＝年貢収取のための不可避の支出部分といえる。それらの支出が官僚制的原理によって中央財政からの俸禄的支払の形をとらず、除田として、年貢収取の対象田地から事前に控除されるところに荘園領主経済の特徴があるといえるだろう。

しかも、なおここで忘れてならないのは、荘園領主として、在地地主層を支配の媒介者に組織していくための支出が、給田にはとどまらなかったことである。すなわち「雑免地」＝「給名」の給付と定田に対する「加徴米」収取権の付与がそれである。一般に給田は年貢・雑役とも賦課されない無租地であるが、雑免＝給名は、年貢のみは荘園領主

表 3-10 平安〜鎌倉初期荘園における荘官給田

荘 園 名	年 代	Ⓐ 田畠計	Ⓑ 荘官給田		Ⓑ/Ⓐ %
(1) 弓削島荘（東寺領・伊予）	永暦1年（1160）	反 歩 323. 88	預所給	反 歩 10.0	10%
			荘司給	10.0	
			公文給	5.0	
			定使給	5.0	
			検校給	2.0	
			職事給	1.0	
(2) 稲毛本荘（最勝金剛院領・武蔵）	承安1年（1171）	反 歩 2,066.300	中司佃	反 歩 30.0	3%
			下司免	25.0	
(3) 阿氏河荘（高野山領・紀伊）	建久4年（1193）	反 歩 上荘 500. 80	預所佃	反 歩 20.0	8%
	保延3年（1137）	下荘 515.240	預所代給	上下各 15.0	
			地頭給	各 10.0	
			公文給	各 3.0	
			追捕使給	各 3.0	
(4) 大井荘（東大寺領・美濃）	建保2年（1214）	反 歩 1,536. 20	下司	反 歩 30.0	25%
			検校	30.0	
			別当	30.0	
			権別当	20.0	
			惣追捕使	20.0	
			有司10人	100.0	
			定使	5.0	
			案主	20.0	
			徴使2人	10.0	
			預所佃	60.0	
			目代佃	22.0	
(5) 若槻荘（興福寺領・大和）	徳治2年（1307）	反 歩 387.240	預所佃等	反 歩 42.0	17%
			下司給	10.0	
			公文給	10.0	
			定使給	3.0	

注） 史料 (1)＝『平安遺文』3119号，(2)＝同 3590号，(3)＝『高野山文書』5ノ651頁等，(4)＝『東大寺続要録』，(5)＝「若槻荘土帳」．

に納付義務を負い、雑役は免除される部分である。高野山領備後国太田荘では、その東半部をなす桑原方の下司の給田三町歩に対して、雑免の給名は五〇町歩におよんでいる。桑原方の「官物田」とよばれる定田部分は田地二六三町、畠一〇〇町であるから、給名五〇町の全体におけるウェイトは相当に高いし、さらに下司は下級荘官たる桑原方村々の公文(人別給田二町)を進止する権利をもっている。またこの下司は桑原方官物田全体に対する反別加徴米三升の賦課権以外、各種の特権をもち、官物田二六三町に関する荘園領主側の年貢額八八九石余(反別三斗四升程度)に対し、下司は一一八石程度、したがって、官物田からも下司が年貢米の一二～一三%程度を収取しているのである。このような事例は、一般に寄進地型荘園においてはひろくみられるところであるが、荘園領主側の財政・経済構造からいえば、独自の支配＝権力機構をもたない代償としての意味をもつといえるのである。(3)

つぎに、第三の手工業者・年貢輸送関係者等の給田の問題に移ろう。手工業者の給免田については、豊田武・遠藤元男・浅香年木・横井清氏らの既往の研究が多いので、詳細な事例はそれにゆずるとして(豊田武『中世日本商業史の研究』とくに第一章、また、遠藤・浅香・横井氏については前掲書・論文参照)、輸送業者などもふくむ二、三の例のみをあげよう。荘官免田は例外をのぞいて、原則的にはほとんどすべての荘園に存在するが、手工業者・運輸関係者等の給免田は必ずしも一般的ではなく、現存史料からその存在を知りうるものは、むしろかぎられている。表三–11はそれらのうちから抽出した事例にすぎないが、これによって、手工業者としては、皮革・鍛冶・檜物・土器・紺掻などの手工業者や梶取およびほぼ同性質とみられる夫領(梶取が水上輸送の任にあたるのに対し、夫領は陸上輸送か)などに給田が与えられ、また領主の守衛役を勤仕する兵士役に対しても兵士免が与えられる場合のあったことが知られる。倉荘にみられる銅細工・絵所給は特殊であるが、これは領主たる大乗院の根本所領の一つで距離的にも本寺に近い当荘に(「三箇院家抄」一)、大乗院直属の手工業者たる銅細工・絵師が給田を与えられて定着していたのであろう。したがっ

表 3-11　手工業者・運輸関係者等給免田面積

荘園名	年　代	手工業者・運輸関係者等給免田
稲毛本荘(武蔵)	承安 1 年(1171)	皮古造免 5 反，兵士免 1 町 5 反，夫領免 1 町(『平安遺文』3590 号)
入来院(薩摩)	建長 2 年(1250)	かみすき免 7 反，くつさいく免 3 反，かちの免 5 反(『入来文書』75 号)
粥田荘(筑前)	永仁 4 年(1296)	本荘＝鍛冶 1 反，堺郷＝皮染 5 反，鍛冶 4 反，紺搔 4 反，檜物 3 反，土器 3 反(『金剛三昧院文書』207 号)
倉　荘(大和)		絵所給 5 反，銅細工田 7 反 180 歩(渡辺澄夫『畿内庄園の基礎構造』184 頁)
人吉荘(肥後)	寛元 2 年(1244)	直人給 7 町，夫領給 2 町，河梶取給 5 町(『相良家文書』6 号)

て、この場合は例外に属するのであって、他はその荘園内の需要をみたすため、および雑公事物貢上の必要をみたすために給田を与えられて保護されていたとみられる。

これら手工業者の給田、運輸関係者の給田は、表示の範囲では人吉荘の場合をのぞいていずれも一町以下の概して零細なものであるが、手工業者給田について横井氏が蒐集・表示した広汎な事例についてみてもこの傾向は変わらない。したがって、手工業職人等への給田は、荘官給田にくらべれば、全体として、比重の小さなものといわねばならない。しかし、他面、給田の形式をもってそれが与えられない場合にも、たとえば太良荘の場合、年貢米のなかから「綱丁給一石」が現地で支払われているように(文永三年十月二十四日太良荘田数幷年貢米内検注進状『教王護国寺文書』一ノ七一号)、年貢から差引給付する場合もあったから、これらの給付も、全体として荘官給田ほどの重みはないにしても、かなり一般的なものということができる。要するに、律令制的収取体系の解体が、中央では諸官衙田を生み出し、地方では諸国の国衙が国衙工房に代って、国衙隷属の各種手工業者への給免田を体制化したように、荘園領主も、自己の所領民の再生産のための諸条件および年貢公事収取条件の確保を意図して、これら手工業者・運輸関係者への給免田体制をつくりあげたといえる。その点で、これら給免田ないしそれに準ずる年貢米の一部給付(下行米)の制度も、荘園領主経済における支配＝収取のための支出形態とみなさねばならないのである。

第四に、井料田など勧農関係除田はどうか。それらは、荘園領主が農業生産の維持・増進のために、どのような支出を行なっているかという点をもっとも端的に示すものである。周知のように、律令体制下では、耕地の造成・池溝の築造・修理維持などは、基本的には国家の手によって行なわれるたてまえであり、そのための一定の経費の支出や、労働＝作業編成などは国家の手によって行なわれた。もちろん、その場合にも根幹をなす労働力は主として雑徭であり、人民の側の負担をぬきにして論ずることはできないが、労働用具も主として国家が所有し、また差発した労働力に対しても一定の官粮を給することが稀でなかった(弥永貞三『奈良時代の貴族と農民』八〇頁以下)。このような、律令制下における国家権力の生産過程への直接的な財政支出に対し、荘園制のもとで、それに代るものを求めれば、井料田などがある。荘園制下においては、本来灌漑用水施設は荘園領主の所有なりとするたてまえから、用水費としての井料を荘民に賦課することがふつうである。このことは、他面からいえば、灌漑施設の造成・維持は荘園領主が行なうもの、という原則が前提されていることを意味する。しかし、荘園領主の場合、現実に直接資力を投下し、労働編成を行なってそれらの事業を行なうということはまずなかったといってよい。荘園領主の中央居住＝非在地性が必然的にそうさせるのであるが、在地する荘官が、荘園領主の事業として全荘的規模でそれを遂行するということもほとんどみられない。荘園制下の「勧農」の実体が年貢収取に他ならないことが一般的なのはそれを示唆している。荘官等が、その半面の性格である私的な土豪として、直接資力を投下し、しかもその公的地位を利用しつつ荘民を組織して開発を行なう例は稀でないが、荘園制にもっとも典型的な形態は、むしろ、荘民＝名主層の手による開発・水路の造成維持であろう。播磨国小犬丸保において、「土民等、廻二計略一尽二功力一、更構二築池一、灌二入作田一」したという事実はその一例である(4)。このような場合には、荘園領主側が井料を収取するというより、逆に領主が井料を給付するということになるのは自然であって、事実、領主側が井料田もしくは井料・池料・溝料などの形で、年貢米のうちから一定の給付を行なうようになるのである。井料田の年代的に早い例としては、荘官・手工業者等給田の場合に示した武蔵国稲毛本荘の井料田一町五反がある。平安〜鎌倉初期の井料田は管見では他に例を知らないが、時代が下がるとともに領主側からの給付のケースが多くなるのは必然のなりゆきであって、その形態も、井料田という免田形式よりは井料米として年貢米のうちから控除する方式が増加している。文永三年(一二六六)の太良荘の井料米は、年貢米一八六石余に対してわずかに一石五斗にすぎないが(『教王護国寺文書』一ノ七一号)、春日社領摂津国榎坂郷では年貢米一四九石余に対し、各種の井料・池料・溝料・堤料等の合計は二八石八斗余に及んでいる(5)(「今西文書」坤)。井料の比重がもともと実際の経費負担と見合うものであったことは当然で、榎坂郷は神崎川の氾濫地帯に位置していたためこの支出がとりわけ増大したと思われるのである。

なお、井料田・井料米のほか、農業再生産関係にどの程度の支出を行なっていたか、必ずしも明らかでない。このほか荘佃の経営については「種子農料」の給付がふつうであるが、これは限定された問題であるから、ここでは除外する方が適当である。律令体制下では義倉・出挙の形でいったん国家の手に帰した稲米が、農民に貸付けられる関係がひろく存在し、その意味では国家が本来共同体に属する機能を代行している。また幕藩体制下でも、水普請が幕藩領主の手によって組織されるのみでなく、種籾・夫食米の貸付などの形で、領主が農民の経営および生活維持のための一定の支出を行なっている。それとの対比でいえば、荘園制下では、古代の義倉・出挙、近世の種籾・夫食米の貸付に当るものがどのようにしてまかなわれていたか、疑問とせねばならない。これらについては、豊凶等による年貢減免等のことはあっても、年貢米から支出するという形式は史料的には見あたらないし、領主側の措置としては事実としてもなかったとみる方が妥当であろう。荘園制下では、おそらく、それらの機能は、在地領主・土豪層の私的＝

家父長制的関係のうちに委ねられていたと考えられる。(6)

以上、荘園年貢・雑公事の分配形態と四類型の給田の性格を検討した。荘園の収取物＝年貢・雑公事の分配形態についてみれば、それはまったく、消費的な性格しかみとめられず、荘園領主は生産過程から遊離し、いったん収納した年貢・雑公事の一部を再生産のために支出することはまったく行なっていない、というほかはない。しかし、四類型の給田は、それぞれ荘園支配＝収取のための支配組織や「勧農」のための支出というべき側面をもっていることが明らかである。在地支配のための各種の財政支出がこのように給田という形式をとるということは、いうまでもなく、荘園支配が在地における一定の階級分化＝在地領主制の形成と社会的分業の展開を前提としていることを意味する。しかし、このことは、一面からいえば、荘園領主＝貴族の都市経済と、在地領主層を頂点とする農村経済とが、経済循環の一つのサイクルを形成しえないこととなり、そこに荘園制経済の構造的特質がうちだされる結果になるのである。以下、最後にそれらの点についての総括的考察に移ろう。

(1)　これらの点については、小山田義夫「造内裏役の成立」(『史潮』八四・八五号)を参照。
(2)　横井清氏は、検注帳記載様式の特徴として「除田」「定田」の出現に注目し、平安期の史料の豊富な大和国小東荘について検討した結果、除田の記載がはじめて明瞭に姿をあらわすのは、承保三年(一〇七六)の国検田帳であるとされる。同氏「荘園体制下の分業形態と手工業」(『日本史研究』六二号)を参照。
(3)　在地領主と中央領主との領主権および得分権をめぐる関係については、永原慶二「荘園制の歴史的位置」(『日本封建制成立過程の研究』所収)第二節を参照。
(4)　建久八年四月三十日官宣旨(『続左丞抄』第一)。なお小犬丸保については黒田俊雄「村落共同体の中世的特質」(清水盛光・会田雄次編『封建社会と共同体』所収)二八頁以下参照。
(5)　井料米の問題については、宝月圭吾『中世灌漑史の研究』一〇六頁以下に詳しい記述がある。

(6)　戸田芳実「平安初期の国衙と富豪層」(『史林』四二ノ二号)が明らかにした富豪層の機能は、変質しつつもなお荘園制期に継承されていたであろう。

五　荘園領主経済の構造的特質について

第二〜四節にわたって検討してきた諸事実を統一的にとらえてみた場合、荘園領主経済の構造的特質としてつぎのような点を指摘することができるであろう。

第一に、荘園領主としての貴族・社寺は、中央都市たる京都・奈良に集住しながらも、それぞれ自己完結性の高い家産経済体制をつくりあげている。個々の荘園領主は、年貢・雑公事等を、諸国に散在する所領荘園に対して、輸送条件・適地等を勘案しつつ年間必要物資としてそれぞれの荘園に割りあてている。収取プランの基準はなによりも自家消費におかれているから、各種生産物＝必要物資が、そのような計画に基づいて、諸荘に賦課されるわけである。何月何日のどの行事の費用はどの荘園の貢上物による、というふうに、一荘単位の収取物に即して消費計画も立てられているから、雑公事物がいちじるしく多様であって、一荘についても特定品種にしぼられない。このような自給的性格の濃い家産経済体制は、なによりも、交換・商業の展開の低さと照応するものである。各地の所出物を調の形で収取し、これを中央貴族・社寺等に配分する律令国家の経済構造と、荘園制の雑公事収取形態とでは、国家単位に行なわれるものが、領主の家産経済単位に分割されているかぎりでは異質であるが、半面、現物・自給経済的性格のつよさという点では、共通の性格をもっている。この点は幕藩体制下の収取体系が、米一種にしぼられ、それが初めから交換手段としての性格をもつ場合とは根本的に異なるのである。荘園制の本格的展開期たる十一世紀後半から十二世紀にかけての時期は、貨幣流通のほとんどみられない時期であって、荘園領主の家産経済の原理も、そのような条件のもとで、現物・自給的な性格をつよく示すのである。摂関・院政政権期の中央貴族の、中央における消費生活のはなやかさも、基本的には、このような自給的家産経済の上に咲きだしたものである。

第二に、しかしながら、律令制との差異の面で注目すべき特徴は、収取物の比重が米に切りかえられるとともに、その多くの部分が中央都市(京都・奈良)に集中され、米がたんなる直接消費の対象にとどまらず、荘園領主層にとって交換手段としての役割をも持つにいたったことである。それは中央都市における手工業、とくに雑公事等では入手できない高級品生産の発展や大陸からの輸入品の増大を前提とし、またそれらの発展をさらに刺激する性質をもっていた。これによって、中央都市においては一定の商品生産と交換が展開し、手工業生産も基本的には官工房によって自家生産される律令制とはいちじるしく異なる状態に移行した。中世都市が古代の政治都市とは異なる手工業・商業都市としての一面をもつ根拠もそこにあるであろう。その意味で、荘園領主の消費物資は、年貢・雑公事等荘園制収取物によってのみまかなわれているのではなく、中央都市における商品によって補われているのであり、その意味では、家産経済の自給的傾向だけを一面的に強調することは誤りである。

第三に、荘園領主経済は右のように、中央都市の手工業生産と商業の発展を促進した半面、農村に対しては、一方的な収取関係を強制したにとどまる、という傾向を強くもっている。荘園領主経済の重要な特徴の一つは、荘園領主の収取する年貢・雑公事等の使途がそれら諸物資の再生産過程と、直接的な形ではまったく結びついていない、ということである。つまり荘園領主はそれら諸物資の生産条件の維持・改善のために、直接的にはまったくといってよいほど関与しないのである。在地支配と「勧農」のための諸経費は、給田という形態をとって支出されているわけであるが、これは領主の収取物が租税的性格をもって再生産過程に再投下される関係に代位するものであって、結果的には都市の経済と農村の経済との断絶＝隔離をもたらす契機となっている。すなわち支配・勧農関係費の給田形式による給付は、荘園領主の収取する年貢・雑公事等を、純粋に消費的な地代の性格にとどまらせることになるのである。この点、律令国家の租庸調が、地代であるとともに地租としての性格をもち、それらの物資＝富を国家が生産過程に再投下し、それを組織することによって、生産過程に密着した強力な支配体制をつくりあげた場合と異なるところである。荘園領主が地代寄生者的性格をつよくもち、生産的関心をまったくもたない理由もそこにあるのであって、そこでは支配階級が社会的生産力の発展と組織化にははなはだしく無関心な状態にとどまっているのである。

第四に、こうして、荘園制下では、中央都市の発展と農村の停滞とが、領主経済の在り方からして体制化されるのであるが、この条件ももちろん固定的なものではない。荘園領主経済が内包するさまざまの矛盾が、たえずそれを変化させていく。たとえば、年貢・雑公事は、一面では、各地の農産物・天然産物が多様な形のままに収納されるのであるが、他面では自然条件・輸送条件に左右されて、おのずからに、地方特定産物に転化していく傾向をもつことを避けえない。たとえば、米は長講堂領の場合、山陽・九州・北陸方面所領からの納入が多かったが、これは、水運に頼れて、かつ危険の少ない航路が開拓されている方面といえる。東海道・東山方面では絹・綿類の収取が中心となっているが、これは主として陸運に頼らねばならぬ地帯であり、それゆえ、米穀の収取は領主側にとっても農民側にとっても不都合であったのである。このような当時における技術的制約もあって、年貢・雑公事収取はそれなりに、地方における特産物生産の展開を促進し、それは結果的には地方市場の形成をみちびいていく。

また、荘園領主の直接的利害からみても、収取を強化し、年貢米の収納を増加させることは、中央米穀市場の規模からして困難であるという矛盾もみのがせない。それゆえ荘園領主の年貢米収取の強化は、中央米穀市場の拡大テンポを上まわるわけにはいかないのである。そこで領主としてはむしろ年貢米を地方で換貨し、貨幣で収納する必要が生じてくる。この方が年貢輸送費・途中の危険という点からしても有利である。こうした条件から、鎌倉後期以降になると、年貢米の代銭納が領主側の要求から積極的に推進されていく。それは、荘園領主経済の自給・現物経済的原理とは本質的に異なる性格のものといわねばならないが、荘園領主の年貢米収取に内在する矛盾がそれを必然化するのである。

第五に、こうして鎌倉期以降、漸次地方市場の形成が推進されてくることは事実であるが、それだからといって、地方市場における年貢米の増徴とその売却が、荘園領主にとってスムーズに行なわれたわけではない。さきに指摘したように、荘園領主経済のひとつの特色は、在地支配と農業再生産上の諸経費をすべて給田によって、現地にゆだねておく点にあった。それは、荘園領主が生産過程から遊離していることであり、支配の面でも「勧農」の面でも、おのずからに在地領主＝荘官が実権を掌握するしくみをつくるものであった。そのことは、そもそも荘園制の成立過程における荘園領主と在地領主の力関係の反映とのみ見るべきではなく、むしろ荘園領主経済に固有な特徴＝弱点の一つである。したがって、このような条件のもとでは、耕地の開発・安定化や、その他の諸契機を通じて漸次上昇しつつあった生産諸力の発展に対して、荘園領主は有効に対応しうるはずはないのである。実際、荘園領主にとっては、耕地の増加や地力の上昇が明白な場合にも、検地を実施し、斗代を引き上げるということは、容易ならざることであったし、そのような現実の発展に対応して収取を強化することは困難であった。ここではそれらの発展の成果が、まずなによりも、支配・「勧農」の中核に立つ在地領主の掌中に収められていくのは当然であり、一部は名主層の手に残って、かれらの小領主的上昇の契機となった。荘園領主の取分は、その固有の構造のゆえに、新しい生産力の発展に対応しえず相対的に低下し、在地における生産力の発展は、地方的な分業・市場関係を促進し、荘官・土豪層の領主化＝専業武士化(これも一つの社会的分業の中世的形態である)をおしすすめた。その結果、荘官＝在地領主層の領主的権力はますます強化され、荘園年貢は絶対的にも低下しはじめ、荘園領主経済は急激に破局的事態に追いこまれていく。十四世紀の南北朝内乱期はそのような転換の決定的画期としての性質をもっている。

第四　領主制支配における二つの道

——好島荘の預所と地頭をめぐって——

一　問　題

荘園制的土地所有はいちじるしく複雑な構造をもっている。それはけっして単一的・排他的な性格をもって存在するのでなく、しばしば「職の体系」とよばれるように、何層にも分割された重層的構成をとっている。また、重層的構成をもつ各種の「職」は、たんなる経済的な得分権にとどまるものでなく、領主的土地所有＝支配の一環として、それぞれが領主権力の部分的機能を担っている。さらに、そのような重層的構成の在り方や各「職」の機能は、けっして画一的なものでなく、おなじ呼称をもっていても時代・地域によってははなはだしく多様な姿をとっており、一律に論ずるわけにはいかないのである。

荘園制的土地所有は、すくなくともこのような複雑さをもっているから、その性格・構造の一般化にあたっては、多くの配慮が必要であり、研究史上、一方では成立事情を基準として「自墾地型荘園」「寄進地型荘園」「雑役免系荘園」などの区分が行なわれ、他方では地域差を念頭において「畿内型荘園」「辺境＝遠隔地型荘園」などの類型が立てられたのもそのためである。

筆者は従来、荘園制が体制的展開をとげた十一世紀後半以降において、荘園制に規定的位置を占めるものとして、

「寄進地型荘園」のもつ重要性に注目し、この類型に属する荘園における土地所有の構造分析とその一般化について若干の試みを重ねてきた。(1) そのなかで筆者が中田薫博士以来の通説的理解を修正する必要があると考えた一つの重要なことがらは、寄進地型荘園における剰余生産物の配分関係で、寄進主＝在地領主がすくなくとも「公田」の所有関係においてはかならずしも優位に立っていないという点であった。すなわち、従来の理解では農民からの収取物の主要な部分は寄進主たる在地領主の手に入り、上級領主(本家・領家等)が収納するのはごく少額にすぎない、と考えられていたのであるが、じっさいにはそうでなく、中央領主のうち荘務権をもつもの(本所)は反当三〜五斗程度の年貢を収納しているのに対して、在地領主は給田等をのぞく荘田(「公田」)から五升〜一斗程度の加地子をとるにすぎないことが多い。この事実をふまえれば、「寄進」という言葉の意味内容および「寄進地」の性格についても通説は修正される必要があるのであり、結論的にいって、荘園制的土地(「公田」)所有を構成する上級領主(本家・領家等)と下級領主(荘官となる在地領主＝寄進主)との関係では、前者の優位が重視されねばならないのである。

しかしながら、このような配分関係は荘園の基本耕地として検注＝把握され、その面積が上級領主・下級領主両者の側から確認されている部分(「公田」)における事情である。したがって、そのような耕地部分が荘園総耕地のなかでどの程度の比重をもつか、逆にいえばそれ以外の給免田等がどの程度の大きさをもつかによって、右の事実のもつ重みが変わってくる。その点については筆者は旧稿でとくべつに論及しなかったが、荘園制的土地所有の多様な実体を把握するためにはこれも見逃すことのできない点である。この問題は最近入間田宣夫氏等によって具体的な検討が開始されているが、(2) 本稿では陸奥国好島荘を事例として筆者なりに考えてみたい。しかし問題の中心は、公田の比重といったことだけでなく、上級領主・下級領主をふくめての荘園制的土地所有の構成的特徴とともに、各層の土地所有権者、とりわけ在地支配層がどのような強制体系に依拠しつつ地代を実現し、またその支配機能を発揮しているか、ということである。好島荘では預所伊賀氏(はじめ千葉氏・三浦氏)と地頭岩城氏という二つの中間支配層が競合的に並存し、両者はかなり鮮かにその在り方を異にしつつ在地支配を展開している。結論的な見とおしを先にのべるなら、預所は鎌倉殿の荘園支配の一環として、制度的・機構的なものに依存する側面が濃いのに対し、地頭は惣領制的同族団を村々に定着させ、開発(=非公田)を通じて私的実力を蓄積する傾向が強い。そのような両者の歩み方は、領主制支配における二つの道を示唆するものである。それゆえ、荘園制の性格分析上、その差異の実体と意味の解明は、領主制支配の一般原理を考えるうえでも興味深い問題である。

本稿の課題は、以上のような関心にもとづいて、東国型荘園における領主制支配の在り方を分析することである。素材としてとりあげる好島荘の残存史料は、ほとんどが預所伊賀氏の側のものばかりであり、その内容もけっして豊富とはいえないが、各地の異質の素材をいたずらに混用することによってただちに一般論を試みることは実体認識をかえって誤らせる危険をふくむので、視点をひとまずこの荘園の事実に限定しつつ、それを通じて一般的な問題を考えるという方法に従いたい。

(1)　永原慶二「荘園制の歴史的位置」(『日本封建制成立過程の研究』所収)、同「荘園制における職の性格」(本書第二論文)および小著『日本の中世社会』参照。

(2)　入間田宣夫「公田と領主制」(『歴史』三八輯)および同「郡地頭職と公田支配」(『日本文化研究所研究報告』別巻第六集)。

二　好島荘の成立と領有関係

陸奥国好島荘は、ほぼ現在の福島県いわき市域に属する広大な荘園である。(1)荘の耕地面積は後に述べるように検注の対象となったものだけでも五〇〇町歩をこえ、『倭名類聚抄』の飯野・片依(寄)・玉造三郷の地域をふくみ、磐城郡の主要部分をつつみこんでいた。(2) またこの荘の南方に位置する菊田荘は菊多郡の荘園化したものであり、その規模において好島荘を凌ぐが、この種の広大な荘園は、その内容が比較的よく知られる常陸信太荘・上野新田荘・越後奥山荘などとともに東国型荘園の典型であった。とくに菊田荘や好島荘のように、郡がそのまま荘に転化したり、郡域の主要部分が立荘されていることは、東国型荘園にしばしば見られるところであり、その領有関係・支配構造の特徴面からも注目しておかねばならないところである。(3)

好島荘の成立年代は正確にはわからない。源頼義の安倍貞任討伐の際、勿来関以北五里毎に石清水八幡を勧請して五里八幡と称し、そののち、後三年役のとき源義家もこれを修復して所領を寄進したという所伝は、荘の成立を示唆するものであるが、(4) 確実な史料からそれを証明することはむつかしい。ただ、元久元年(一二〇四)の本荘の「田地目録」(「飯野文書」二号。以下、「飯野文書」はすべて『福島県史』第七巻古代・中世資料編の同文書によって番号のみを記す)を見ると、本免田のうちに惣追捕使三町・検非違使二町・郡司給田一〇町・公文給田五町・夫領三町がふくまれており、これらはいずれも郡衙系統の官人給田の系譜をひくものとみられるから、郡の主要機能がとりこまれて荘園化した型に近い成立事情をもつと考えられる。

この荘園の領有関係が明瞭になるのは鎌倉幕府成立期からである。「八幡宮縁起注進状案」(一号)によれば、文治二年(一一八六)七月、本社石清水八幡宮から「御正躰」を移し、赤目崎見物岡に八幡宮を建立、矢藤五武者頼広が預所となっている。この所伝がまったく正しいかどうかは検討の余地があろうが、頼朝の挙兵成功以来、文治五年の奥州討伐に先立って、幕府の力がこの地域にのびてきたことは事実であろう。「縁起」によると、預所頼広は「治一年」で鹿嶋中三武者直景に代り、ついで随行堂達に代り、つぎに千葉常胤と代っている。直景・堂達もそれぞれ「治一年」

とあり、また『吾妻鏡』建久元年(文治六)正月八日条には「依奥州叛逆事、被分遣軍兵、海道大将軍千葉介常胤(中略)、而東海道岩崎輩、雖不相待常胤、可進先登之由、申請之間、神妙之旨被仰下、仍彼輩者、雖為奥州住人、不存弐歟」とあるから、常胤の好島荘預所職獲得は奥州討伐を契機とするものであり、またこの頃「岩崎輩」らがすでに頼朝の勢力下に入っていたことが知られる。さらに千葉常胤の預所ののち、正治二年(一二〇〇)には常胤の四男大須賀四郎胤信が預所となり(治八年)、その後三浦義村がこの職についたが、やがて、宝治合戦によって三浦氏が滅ぶと、御家人伊賀式部入道光西(光宗)が預所となり、以後伊賀氏がこの職を世襲することとなった。伊賀光宗はその妹が北条義時の後妻となったことから、幕府内部に枢要な地位を占め、元仁元年(一二二四)には将軍頼経を廃そうとしていったん流されたが、のち許されて評定衆となった有力御家人である。

こうした経緯から見れば、どのような事情でそうなったか断定できないが、おそくとも文治五年には頼朝が御家人を預所職に補任する権限を行使しているのであるから、好島荘は鎌倉殿自身が荘務権をもつ領家の地位にあり、いわゆる関東御領の一つであったと解さねばならない。このことは宝治元年(一二四七)左近将監(時頼)・相模守(重時)の奉じた関東御教書(五号)によって、伊賀式部入道光西が預所職に任ぜられ、毎年帖絹二〇〇疋を政所に納入すべしとされていることからも確認できる。元久元年の「田地目録」には「八幡宮御領好島御荘」とあるが、これは石清水八幡宮が本家であったことを意味するにすぎない。「飯野文書」所収の多くの史料が示すように、好島荘の年貢額決定や、荘内における相論の裁許をすべて鎌倉殿が行なっているのは、荘務権が鎌倉殿の手にあったからである。領家鎌倉殿と本家石清水八幡宮とのあいだの鎌倉初期における年貢配分関係ははっきりしないが、貞和五年(一三四九)の年貢算用状(一〇六号)によると、将軍家御年貢八〇貫文、八幡宮家御年貢七貫文とある。このとき、鎌倉幕府はすでに滅亡し、鎌倉殿のもった領家職は室町将軍家に移り、本荘は室町将軍家御料所となっていたのであるが、領家取分と本家取分の比率は八〇対七というわけである。先述のように宝治元年の年貢は帖絹二〇〇疋であったが、二年後の建長元年(一二四九)、このうちの五〇疋が免ぜられ(八号)、以後一五〇疋となっているから、おそらくこれ以後の鎌倉期においても石清水八幡宮はその一割程度を本家職得分としていたにちがいない。

以上が好島荘の成立および領有関係の概要であるが、要するに本荘は平安末期において、磐城郡の郡衙機構を内包しつつ石清水八幡宮を本家として立荘され、幕府成立とともに千葉→三浦→伊賀と、有力御家人があいついで預所職に補任され、関東御領の一つとしてその歴史を展開するのである。

(1) 好島荘については佐々木慶市「陸奥国好嶋庄」(『文化』三ノ一二号)、庄司吉之助「中世における土豪地主の研究」(中村吉治編『土地制度史研究』所収)などがあり、最近刊行された『福島県史』第一巻には本荘に関する詳細な記述がある。また同七巻古代・中世資料編には、「飯野文書」以下の関係史料が蒐録されている。なお豊田武「初期の封建制と東北地方」(古田良一博士還暦記念会編『東北史の新研究』所収)および前掲入間田宣夫「郡地頭職と公田支配」も好島荘に関説するところが多い。

(2) 『倭名類聚抄』の磐城郡は、十二世紀末頃までには岩崎郡・楢葉郡を分立させ、残る磐城郡の郡域中重要部分を好島荘としたようである。

(3) 郡名がそのまま荘園名化した例としては、陸奥国の場合、白河・信夫・菊田・標葉・宇多・伊具荘がある。こうした場合、郡の支配機構がそのまま荘園支配のそれに吸収・転化される傾向にあったことは理解しやすいところである。なお『倭名類聚抄』の郡・郷から中世的郡郷が分割してくる過程を在地領主制との関連で考察した研究には大山喬平・坂本賞三氏の仕事もあるが、とくに東国関係では内田実「東国における在地領主制の成立」(東京教育大学昭史会編『日本歴史論究』所収)および前節注(2)所引入間田宣夫氏論文がある。

(4) 『石城郡誌』(庄司氏前掲論文所引)。

三　荘支配における預所と地頭

前節でのべたように、関東御領好島荘の現地支配権は、宝治合戦以降、預所伊賀氏の手にゆだねられた。しかしこのことはかならずしも伊賀氏が本荘における唯一の現地支配者となったことを意味しない。預所の設置に先立って、

表 4-1　元久1年(1204)好島荘の構成
（2号文書による）

本　免		町 反 107.7
	宮司，大位禰宜，大祝等八幡関係各種給田	74.7
	預所給田	10.0
	惣追捕使給田	3.0
	検非違使給田	2.0
	郡司給田	10.0
	公文給田	5.0
	夫　領	3.0
新　免		町反合 118.1.8
	入道領	20.0
	新田太郎	10.0
	好島三郎	10.0
	深沢三郎	10.0
	千倉三郎	5.0
	片寄三郎	8.0
	大森三郎	10.0
	戸田三郎	10.0
	田戸次郎	10.0
	大高三郎	10.0
	摺師，紙師，散仕，その他各種給田	15.1.8
定　田		町反合 297.6.1
総　計		町反合 523.4.9

本荘には岩城氏一族が在地に深く根をおろしていた。

表四―1が示すように、好島荘は本免・新免・定田の三つの部分に分かれているが、本免一〇七町余は、(a)預所給田、(b)本来郡衙関係の役職だったとみられる惣追捕使・検非違使・郡司・公文給田・夫領等、および(c)八幡宮関係の諸給田の三系列からなっている。これに対し、新免は入道領のほか多くは荘内の村名と一致する姓をもつ新田太郎等九名のそれぞれ一〇町程度の規模をもつ給田を中心とする。そしてこの新免田を配分された人々はすべて当荘の地頭岩城氏の一族である。千葉常胤の預所補任当時当荘の地頭職が岩城太郎清隆の手にあり、清隆からその三男高宗に譲られたことは「八幡宮縁起注進状案」(一号)によって知られ、新田太郎以下がその同族であったことも「飯野文書」所収の諸史料によって明らかにすることができる。

そのような事実を念頭において表四―1を見ると、はなはだ大胆な推定であるが、ごく大まかにいって、本免田は預所系、新免田は地頭系という形で二系統の免田が設定されているのではないかという見とおしが浮かんでくる。本免田のうち直接預所の給田となっている部分は一〇町にすぎない。しかし旧郡衙系の役職・給田とみられる惣追捕使三町・検非違使二町・郡司給田一〇町・公文給田五町・夫領三町、計二三町と、八幡宮関係の各級神職の給田計七四町余に対する進止権は千葉→三浦→伊賀と伝わった預所の掌握するところであったと見られないだろうか。もちろん宮司二町以下の各種神職の給田は一町～五反程度に細分された形でじっさいにそれぞれの人々に給付されているから、預所がそれから直接得分を得ることはなかったろうが、それらが「本免田」という第一次的な免田として認定されているのは、やはり領家鎌倉殿の本荘支配が、なによりも預所を通じ宮司系および郡司系の支配系統を掌握させようとしたからだと考えられるのである。それは別の面から見れば、預所の入部に先立ってこの荘域にひろく惣領制的同族分布をとげ、おそらくは郡司関係諸職も掌握していた地頭岩城一族を荘支配の中枢的位置から疎外するものに他ならない。だからその代償として「新免田」という第二次的な形で、預所・宮司系とまさに匹敵するスケールの地頭給田を給付し、惣荘の地頭職を認めることになったのではあろうが、この二段階の免田設定方式の中には鎌倉殿が預所を通じて地頭をおさえてゆこうとする荘支配の方針が示唆されているようである。

地頭岩城氏は、「岩城・国魂系図」等を勘案すれば、常陸大掾平国香の後裔成衡(または則通)が奥州藤原清衡の養女(?)を妻として平安後期に磐城地方に定着した頃からこの地の在地勢力として成長したらしく、「八幡宮縁起注進状案」にみえる初代地頭清隆はこの成衡(則通)の孫にあたる人物であったようである。「国魂系図」では、成衡(則通)の弟忠衡が高久三郎と称し、その子に岩崎三郎忠隆・荒河四郎直平などの名が見られるから、岩城一族の分布圏はけっして好島荘域にとどまらない大きなものだったと考えられる。

こうした岩城一族のうち、好島荘に定着した清隆は「国魂系図」によれば好間太郎と称し、その子師隆は新田太郎といい、師隆の子は岩城太郎隆義と岩城小次郎入道繁隆に分かれている。元久の「田地目録」(二号)に見える新田太郎はおそらくこの師隆であろう。「目録」の「入道領廿丁」の「入道」を繁隆と見ることはむつかしく、その所領規模が他にぬきんでていることからして、清隆自身であると見るのが妥当と思われる。その他好島三郎・深沢三郎・千倉三郎・片寄三郎・大森三郎・戸田三郎・田戸次郎・大高三郎が、系譜的に清隆とどのような関係に立つか明らかでないが、三郎と称する人の多いことからすれば、これらは一世代の兄弟ではなく、すでに何代かにわたって分かれてきた人々であろう。

こうした同族的ひろがりをもつ岩城氏は地理的にはどのような形で分布していたであろうか。この点と関連してまず確認しておく必要のあるのは、本荘が東西二荘に分かれていたことである。「縁起注進状案」では東二郷・西一郷としているが、鎌倉時代に主として用いられていた荘内地域区分は、表四-2に示した内訳をもつ東西二荘制であった。

本表からわかるように、東荘は広大な好島荘域のうちほぼ北東の部分を占め、現在の平市の市街地の東側から四倉・久之浜にわたる地域であった。それに対し西荘は荘域の西南部分であって、旧平市および好間地区がこれにあたる。そして両荘を構成する数多くの村々のうち、地頭岩城一族が「村地頭職」を保持することが確認できる村々は西荘に属する東目村(一八号)・好島村(三九号・九四号)・白土村(九四号)と、東荘に属する絹谷・大森・田富・富田・比佐・片依などの諸村である(二号・九四号)。これらのうち岩城氏の本拠地は徳治の頃惣領隆衡が東目村地頭職をもっている事実(一八号)からして、東目村あたりであったと見られるが、その点を念頭におけば、岩城一族は、はじめはむしろ西荘東南地区を拠点としつつ東荘に漸次進出して、村々地頭職の前提となる支配関係をつくりだしていったと考えられる。もとより岩城氏惣領が好島荘全体の「地頭職」の称を一括して与えられたのは文治地頭設置のときであろう

表 4-2　好島東西荘の村々

A. 東　荘		(現 在 地)
	大野村	(いわき市四倉)
	奈木村	(〃)
	片寄村	(いわき市平)
	衣谷村	(〃)
	富田村	(いわき市四倉)
	田富村	(〃)
	比佐村	(いわき市久之浜)
	紙谷村	(いわき市平)
	馬目村	(〃)
	大森村	(いわき市四倉)
	塩木村	(〃)
	狐塚村	(〃)
	末次村	(いわき市久之浜？)
B. 西　荘		
	白土村	(いわき市平)
	新田村	(いわき市好間)
	今新田村	(〃)
	好島村	(〃)
	飯野村	(いわき市平)
	仏崎村	(いわき市好間)
	小谷迫村	(〃)
	小嶋村	(いわき市内郷)
	矢河子村	(いわき市平)
	東目村	(〃)
	浦田村	(〃)

が、それを下から支える村地頭の前提はすでに鎌倉初期までに、東荘にまでわたって創出されていたのである。

このことは預所伊賀氏の在り方と対比してみるときいっそう明白である。宝治以後、伊賀氏は好島荘の預所として全荘にわたる検注権をもち、年貢収納のことにあたるのであるが、現実には東西両荘にわたって均質的な支配力を及ぼしえていたわけではない。宝治元年、伊賀式部入道(光宗)を補任した関東御教書(五号)は「好島荘預所職」と表現しているが、翌宝治二年六月、沙弥光西(光宗)置文(六号)は、子光綱への所職譲与の対象を「好島西荘預所職」と表現している。置文の全文はつぎのとおりである。

当庄内今新田小谷佐子仏崎内、荒野除之也、
陸奥国好島西庄預所職者、為令沙汰進御年貢、所給預也、而譲与子息六郎左衛門尉光綱了、当庄内地頭預所兼行所在之、任駿河五郎左衛門尉之時例、可令庄務也、有限於御年貢者、無懈怠可沙汰進之状如件、

宝治二年六月　日　　　　沙弥光西(花押)

最初の一行の見出し部分が以下とどのようにかかわるのか、この置文が形式的には整ったものといえないので解釈しにくい。しかし光西が子の光綱に譲ったのが「好島西荘預所職」であることはたしかである。このとき「東荘預所職」を別の子に分割譲与したということも考えられよう。じっさい正応三年(一二九〇)の関東下知状(一四号)は「東方預所」が存在したことを示している。しかしこの点は伊賀氏系図からは明らかでなく、また現存する「飯野文書」からは「東方預所」が「西方預所」のような形で荘支配のうえに機能していた形跡を発見できないし、これ以後、伊賀氏の下地支配の事実が確認できるのは西荘ばかりである。

この置文では、「西荘預所職」と「今新田小谷佐子仏崎内、荒野除之」という三ヵ村と「地頭預所兼行所」との三者がどのようにかかわりあっているのかはっきり解釈しにくい。しかし西荘預所職は西荘全体の預所職であり、今新

田・小谷佐子・仏崎の三ヵ所は伊賀光西の「地頭預所兼行」の所であると解するのがまず自然であろう。文中、「駿河五郎左衛門尉之時例」に従って所務せよといっているが、この人物は「八幡宮縁起注進状案」(一号)からも知られるように、三浦氏一族で義村の代官として好島荘に入部した人である。したがって、この三ヵ村は三浦氏時代から「地頭預所兼行」の地であったわけであり、おそらく預所職設定と同時に兼帯関係がつくられたと思われる。

このように解すると、平安後期からこの荘に定着していた岩城氏は、西荘東目村あたりに本拠をおきつつ東荘に一族を進出させていたが、幕府の成立とともに、その上部に鎌倉殿の荘務権の執行者としての預所が補任され、従来この地域の支配の拠点であった郡衙機構を掌握し、さらに飯野八幡宮司職をかねた関係で西荘に本拠をおき、八幡宮周辺の今新田・小谷佐子・仏崎などについては村地頭職をもその手に収めた、という想定を立てることができるのである。その意味で西荘の方が地頭・預所両勢力の角逐場となったであろう。西荘内の浦田・好島田については正和三年(一三一四)の検注目録注進状案があり(三・四号)、検注は預所側が行なっているが、両村にはそれぞれ四町二反・四町八反ずつの地頭給が存在して両勢力交錯の状況となっている。

さて、以上のような事実からすれば、好島荘における預所と地頭という二種の在地支配者の関係は、荘支配における職権・機能の差とともに、実質的には支配領域を分割しあって存在する二つの在地領主という側面ももっている。もとより、すでにふれた通り、全荘の検注権および年貢徴収権はたてまえとしては預所の手にあった。しかし、預所の手で全荘域にわたる検注を実施し、田地目録を作成しえたことは元久の時(二号)しかなく、「預所代一度惣検」は地頭の抵抗によって実施を妨げられたのが実情であった(一五二号)。また年貢徴収についても、たとえば徳治二年(一三〇七)東目村の支配方式について預所側と同村地頭岩城小次郎隆衡とが相論し、その結果、「於東目村下地以下所務者、止預所綺、避与于地頭、然者為地頭沙汰、毎年十二月廿日以前、可運上佰陸拾貫文銭貨於飯野政所也、」(一八号)

というように、東荘はもとより、西荘の村についても地頭の請負制に委ねられるものが現われた。

このような預所と地頭との競合の結果、鎌倉時代の歴史を通じて、伊賀氏と岩城氏との運命に大きなちがいが生じた。結論的にいって預所伊賀氏は、その立場をみずから西荘預所という形で地域的に限定したばかりでなく、全荘にわたった荘務権自体を地頭岩城氏によって逐次否定されてゆくのである。一、二の例を見ると、正応三年(一二九〇)の関東下知状(一四号)によれば、西方の「山沙汰」をめぐって西荘預所伊賀頼泰と地頭好島小太郎盛隆が相論したが、このとき盛隆は幕府の召文にも応じないという強硬な態度をとりつづけた。また嘉暦三年(一三二八)預所伊賀盛光と地頭岩城小次郎、田富三郎、富田三郎等が年貢のことをめぐって相論したときにも地頭方は幕府の召符に応じようとしなかった(三〇号)。こうした動きのなかで伊賀氏は好島荘の預所に関するかぎり次第に力を喪失し、鎌倉末以降はむしろ「好島荘八幡宮別当」(九四号)「飯野八幡宮神主」(一二〇号)などというように、八幡宮の社家・神主としての立場を強調し、いわば精神的権威に依拠しつつ、実力でははるかに強大な岩城氏に対抗しようとしている。伊賀氏は南北朝内乱期に入ると頽勢挽回を期して武家方として荘外でも活躍するが、建武四年(一三三七)の伊賀氏惣領盛光の軍忠申状(六五号)は、みずからの地位を「好島荘内飯野村幷好島村預所職」と表現する他はないほどに、すでにその勢力範囲を狭めているのである。

伊賀氏が岩城氏にくらべて在地領主として当荘内に根をおろして成長しえなかった理由はさまざまであろう。第一にはそもそも伊賀氏入部以前から岩城氏は荘内の各村々に惣領制下の同族を定着させており、伊賀氏が拠点とした西荘の一部にくらべてはるかに広大な東荘を先んじて制圧していたことがある。第二にはいかなる事情によるか断定できないが、伊賀氏は鎌倉時代を通じても岩城氏と対抗しうるような惣領制的同族団を形成せず、岩城氏の実力的抵抗に遭遇すると、その解決をもっぱら幕府の裁判に求めるという行動方式をとっていたことも見逃せない。それは預所＝

鎌倉殿の代官としての地位にある立場上当然のことであったかも知れないが、結果としては伊賀氏の実力形成を困難にしたことはたしかである。そして第三の原因は伊賀氏が神主への道をえらんだことである。同氏の好島荘入部の時点から各級神官・供僧等の進止・統制が預所の課題とされたことは領家鎌倉殿の課した任務であったに相違ないが、伊賀氏自身が神主への道を歩むことによって、武士団としての性格を強化する方向を積極的にとりえなかったことも否定できない。伊賀氏は千葉・三浦氏のあとをおそって当荘預所となったことからもわかるように、有数の御家人であり、永仁二年(一二九四)の伊賀頼泰譲状(二三号)に見える所領だけでも、好島西荘預所職のほか、備前・信濃・武蔵・常陸・筑紫にわたって散在する各種の所領・所職があった。それだけに好島荘にのみその精力を集中することは困難であり、結局、本荘に関するかぎり、実力的支配の基礎を築きあげることができなかったのである。

こうして、預所伊賀氏と地頭岩城氏と、二つの御家人武士が併居するというユニークな構造をもった好島荘の在地支配の歴史において、地頭岩城氏の優位が決定的となってゆくのであるが、つぎの問題は、勝利者となる岩城氏の存在形態とその実力の基盤を追求することによって、東国における領主的土地所有の特質を究明することである。

四　地頭岩城氏の土地所有

岩城氏の存在形態を知ることができる最初の史料は、表四-1に示した元久元年の「田地目録」である。既述のように、これによればすでに十三世紀初頭において、惣領と見られる「入道領」以下計一〇人におよぶ岩城一族の給田が「新免」として認められている。これら村名を苗字とする岩城一族がその村に分布定着した村地頭であることは疑いないが、一〇町程度の規模をもつ給田の中核的部分はその村の内部にあったと見るべきであろう。とすれば、中世の概して狭小な村落規模において地頭給田一〇町程度ということは、村の総耕地面積中、相当に大きな比重を占めるはずである。一村ごとの耕地の配分関係が判明する浦田・好島田村の場合(三・四号)を表示すると表四-3のとおりである。西荘の中心部に立地する浦田・好島田村は預所・地頭両勢力の交錯する村々であるが、検注の結果把握された総耕地は両村とも二〇町余であり、それぞれ四町余りの地頭給田が設定されている。この場合両村それぞれに村地頭が居住していたのかどうかはわからない。村地頭は居住せず、両村の地頭職・給田が惣領の直轄だったか、あるいは一族に分割されていたかという点は判断できない。しかし、いずれにしても総耕地中に占める地頭給田の比重は高く、もし村内に地頭が居住していれば、屋敷地の免租分がこれに加わるであろうから、さらに大きなウェイトとなる。こうした村内地頭給田の比重は、畿内・近国の荘園や典型的な寄進地型荘園とくらべて、きわめて大きいといわねばならない。

一般に、寄進地型荘園の場合、寄進主体たる在地領主の屋敷地、給田・給名などの比重は荘田全体のなかでそれほど大きな比重を占めていないうえ、それらの給田をのぞいた一般荘田における収取関係は、中央領主取分反当三～五斗程度の年貢に対し、荘官地頭取分反当五升～一斗程度の加徴というのが普通である。したがって、その荘園が生みだす剰余生産物の主要部分は中央領主の手に帰属する方が常態である、といえる

表4-3 正和3年(1314)浦田・好島田村の構成と年貢

		浦田村	好島田村
耕地合計		町反合 20.8.3	町反合 20.9.3
寺社関係除田		町反合 6.1.2	町反合 4.4.6
人給	地頭給	4.2	4.8
	名主	1	1
	郡司給	—	1.3
	公文給	—	5
	定使給	—	4
	垸飯田	6.6. 6歩	6.6. 6歩
残		8.8.4.30	7.8. 30
	損田	3.2. 18	3.8.1.18
	得田	5.6.4.12	3.9.9.12
本田		4.1.7.12	2.6.7.12
年貢		帖絹4疋	帖絹2疋4文
口籾		石 6.3165 反別(1斗55)	石 4.1465

のであるが、本荘の場合、村別にみて、地頭給田の比重が高いばかりか、賦課の対象となる「得田」ないし「本田」の比重がきわめて低く、浦田・好島田村の総耕地中、「本田」の面積は、それぞれ四町一反、二町六反といった状態である。またこの両村の場合、年貢としては町別一疋の帖絹と反別一斗五升五合の口籾が本田面積に対して課せられている。好島荘全体では、定田二九七町余に対し帖絹二〇〇疋（建長元年以降一五〇疋＝八号）となっている。帖絹一疋が米銭とどのような換算率をとるか不明だが、貞和五年（一三四九）の年貢算用状においては「絹三十疋代三十六貫文疋別一貫二百文宛」（一〇六号）とあり、また貞治四年（一三六五）の斯波直持年貢催促状では「帖絹百五十疋代四百五十貫」とある（一四五号）。この数値によって帖絹を銭高に換算し、かりに一貫＝一石でこれを米量におきかえてみると、一町別米一・二石ないし三石となるから、一般の荘園年貢にくらべて、単位当り収取量そのものも低いといえるのである。

さらに、年貢の収取形態について見れば、事実上、地頭の請負制が推進されていたことが注目される。徳治二年（一三〇七）の東目村地頭岩城隆衡と預所伊賀頼泰の和与状（一八号）によれば、前記のように両者は同村の下地以下所務のことについて争ったが、結局「止預所綺、避与于地頭」、地頭の沙汰として毎年一六〇貫文を飯野政所に納めることとしている。これは両勢力の交錯した西荘の場合であり、東荘については、預所側が直接所務に乗り出している形跡がないから、むしろ初発から定額請負制をとっていたと解すべきだろう。

このように見てくると、好島荘では、⑴荘の耕地面積のなかで免租地たる地頭給田が高い比重を占め、逆に中央領主の賦課対象となる得田ないし本田の比重が小さいこと、⑵その本田に賦課される年貢等の単位当り収取量も一般の例とくらべて低く、したがって全体として中央領主への負担額は概して軽かったこと、⑶年貢徴収の方式において、地頭は預所に対し定額請負制をとっていたとみられること、などの特徴を指摘できる。それらの諸特徴はいうまでもなく、すべて地頭の領主的地位の高さを示すものであるが、さらに以下のような手段によって、その領主的権限を拡大していっていることも見逃せない。

文永六年(一二六九)の関東下知状(一一号)には次のような文言がみえる。

(前欠)奥州常々荒野［　］御下文通信早可［　］、爰泰隆所領好島浦田内、公田数拾町、荒廃之処、号不作、不済所当之間、年貢闕怠之基也、且当庄東方預所通信、已給打引御下知之間、准彼例、光泰所申、非無子細、然者於泰隆知行分公田荒廃跡者、相互為打引、可致其沙汰焉、

主旨は、好島浦田の「公田」の「荒廃」によって、地頭泰隆側が「不作」と号して年貢を納入しないことに対し、預所伊賀光泰がこれを幕府に訴えたところ、幕府はかつての東方預所通信のときの例に准じて「相互に打引として」沙汰せよと裁許しているのである。東方預所通信は、伊賀氏の入部以前の預所大須賀胤信(千葉常胤の四男)の子で承元(一二〇七〜一一)の頃好島荘東二郷の預所であった人物であるが、すでにこの頃同種の相論があり、「打引」という形でそれが解決されていたのである。「打引」とはどのような内容のものなのか明らかでないが、地頭側が公田を荒廃＝不作と称して一切年貢を支払おうとしない事態に対し、なんらか妥協的な解決を意味するものであったことはまちがいない。

ここで「公田」といっているものは、検注の対象とされ、年貢の賦課される田地であろうが、地頭側はその「公田」が荒廃しすべて不作であることを理由として年貢を一切支払わないのである。もちろんこの場合でも「公田」が現実にすべて荒廃・不作であったかどうかは疑わしい。またかりに荒廃していたとしてもそれが自然災害等による不可避的なじっさいの荒廃であったかどうかも疑問である。この点で文永九年の関東下知状(九号)の次の文言は示唆的である。

陸奥国好島庄預所式部次郎右衛門尉光泰与当庄壱分地頭小三郎泰隆相論荒野所当事、

右、訴陳之趣、子細雖多、所詮件所当事、如建保三年下文者、開発常々荒野、為地頭別名、三箇年以後免除雑公事、可弁済町別所当准布拾段之由載之、而地頭所開発之荒野参町也、宝治以後所当弁済之由、光泰令申之処、為地頭別名之間、預所不可相綺之由、泰隆雖申之、可弁所当之条分明也、仍可弁済之由、文永六年被裁許畢、(下略)

これはさきの文永六年の相論の継続的問題であるが、ここで地頭泰隆は「常々荒野」を「開発」した場合、これを「地頭別名」として預所の「綺い」を一切排除しようとしている。文中にあるように建保三年の下文はこうした地頭の開発地は開発三年以後雑公事だけを免除し、所当は町別准布一〇反の割合で納入すべきことを命じているが、地頭側はこれを無視して完全な免租地としようとしているのである。このことから見ても、地頭が荒廃を名目として、預所側が所務権をもち、年貢の賦課される公田を地頭名に切りかえ、下地進止権と同時に免租権をも獲得しようとしていたことは明らかであり、「公田荒廃」は単純な事実ではなく、そうした特権獲得のための手段であったとみられるのである。既述のように、本荘は全荘耕地面積に対し年貢賦課の対象となる定田の比重がかなり小さいのであるが、その背後にはこのような地頭＝在地領主の公田蚕食が進行していたことを認めねばならない。

つぎに正応三年(一二九〇)の関東下知状(一四号)を見ると、西方預所伊賀頼泰と地頭好島小太郎盛隆が山のことについて相論し、幕府はそれに対して東方預所と地頭の相論にかかる建長六年(一二五四)の下知に准ぜよと裁定している事実がある。またこれと同種の争いは正中元年(一三二四)の関東下知状(二五号)からもうかがわれる。その際の山をめぐる相論の内容は、おそらく預所の進止に属する山野に対して地頭側が制止を無視して立ち入り、用益したことにかかるものであろう。あるいはこれも「荒野開発」の対象にくりこもうとしたのかもしれない。

では、地頭岩城一族の定着・開発の進行過程はどのようなものであろうか。鎌倉初期にあたる元久の「田地目録」

に見られる岩城一族の姓は表四‐1の新免分に示される如くであり、東荘の地名との一致が確認できるのは、片寄・大森・戸田・田戸である。南北朝期貞和二年(一三四六)の飯野八幡宮流鏑馬已下社役を勤仕する村々地頭としては、上記のほか絹谷・比佐などがみえ(九四号)、さらに南北朝末期永徳四年(一三八四)の「東荘放生会祭礼役注文」(一六六号)では、馬目頴谷・大野・狐塚・新田(仁井田)・塩木などがあらわれている。これらの事実からすると岩城一族は、夏井川河口周辺の平野部ではなく、北方丘陵寄りの小村落に次々に一族を定着させ、開発所領を拡大していったと見ることができる。これらの村々の耕地はすべて夏井川の水利ではなく、山側からえられる小流・湧水を利用しており、概して平坦地ではあるが水利の性格としては谷地田型のそれである。

岩城一族がこのような山寄り地域の小村落を開発対象としていったことが、夏井川両岸の平坦地にあった古代以来の「公田」を放棄したことと関連するかどうかはわからない。好島荘域内では西荘の今新田地区に条里制遺構と見られる耕地形状・小字呼称が残っており、その部分は夏井川流路に近い平坦地であるし、好島荘が郡衙周辺であることもたしかだから、ここに条里制耕地が開かれたことは一般論としては考えられなくもない。しかし今新田の遺構については、その地名の「今」「新田」などの呼称からして古代以来連続して存続する条里制耕地と断定することを躊躇させるものがある。また夏井川の氾濫状況を考慮すれば、本荘において一般に平坦地域の条里制水田が造成され、やがてこれが荒廃・放棄されて山寄り地帯に移ったとは断じがたい。しかしそれにしても地頭岩城氏一族は「荒廃公田」の地頭名化とともに、山寄り地域に開発を進め、山野部分にも支配力を及ぼしながら、その力を強めていったことは疑いない。南北朝末期に至ってはじめて新田(仁井田)・狐塚・塩木のような平地部への進出が認められることは別の面からこのような推定を傍証するものである。

以上のように見てくると、好島荘における地頭岩城氏の土地所有は、寄進地型荘園における寄進主体＝在地領主の土地所有として一般に考えられているものよりはるかに充実した内容をもつものである。それは屋敷地・給田・給名・所職等からなる点では一般の在地領主となんら異なるものではない。しかし給田の比重の大きさ、年貢賦課対象地たる定田(「公田」)の比重の相対的小ささ、年貢率の低さ、預所の所務を排した事実上の請負方式等、すべての点において、かれらの居住する村々は、たんなる加徴権をもつ職の対象地にとどまらず、実質的には排他的な所領という方が適当な内容をもっている。さきに引用した預所側との、山をめぐる相論において、地頭は幕府からたびたびの喚問を受けたにもかかわらず、一向にこれに応ぜず「不参」で押し通し、かつ幕府の下した裁許に対しても、地頭好島泰行は「下知に背いて打渡さず」という態度をとりつづけたのであるが(三五号)、これこそ在地領主としての岩城氏の実力と生き方を示すものであり、通常理解されている御家人の幕府に対する姿とはいちじるしく異なるものである。

五　在地支配と代銭納

では地頭岩城氏の優勢と預所伊賀氏の後退の原因は、前者の先行した惣領制的同族団のスケールと事実上独立性のつよい土地所有の在り方のうちにのみあったのであろうか。おそらくそれだけでは十分な解答とはいえないであろう。さらに根源的な問題は農民に対する領主的支配の在り方の差異のうちに秘められていると見ねばならない。一般的にいって、本荘の場合でも、在地領主の農民支配がいわゆる「在家」制をとっていたことは、応安三年(一三七〇)の伊賀光政和与状案(一五九号)において、好島隆義との相論和与による打渡の対象を「浦田好島田打引之田七町、并在家六間」と表現していることからも認めることができる。正和三年(一三一四)の好島田検注目録(四号)には人給田のうちに「名主壱町」という記載が認められるが、これは下級荘官的機能をもつ名主の存在を示すものであっても、ひろく百姓名編成がとられていたことを意味する根拠とはならない。その点では、一般に認められている東国型荘園と同じであるとともに、「在家」制というかぎりでは伊賀氏と岩城氏とのあいだにとくべつの差異があったとも考えられない。しかしながら、次の点になると預所と地頭とでは、農民に対する姿勢がはっきりちがっていたといいうるのではなかろうか。預所伊賀光泰と壱分地頭岩城泰隆との相論に関する文永九年の関東下知状(九号)の前半部分は前節に引掲したが、それにつづく部分は次のようなものである。

(前略)爰光泰則諸国用准布之時、当国済奥布之間、以奥布可弁済之由、申之、泰隆亦諸国被止准布之後者、以代銭弁済之間、任通例、可弁銭貨之旨陳之者、当国所当以奥布令弁済之間、光泰申旨雖似有子細、可弁准布之由、載建保下文之間、以准布之代、可致沙汰之旨、泰隆陳詞非無其謂歟、然者云年々未進分、云向後之所済、以准布代銭可令弁償也、者依鎌倉殿仰、下知如件、

文永九年五月十七日

相模守平朝臣(花押)
左京権大夫平朝臣(花押)

すなわち、岩城泰隆が荒野を開発してつくりだした地頭名の年貢形態について、預所側は「奥布」による支払いを要求したのに対し、地頭側は代銭納を要求しているのである。さきにふれたように、本荘の年貢は宝治元年(一二四七)帖絹二〇〇疋と定められ、ついで建長元年(一二四九)一五〇疋に引き下げられ、これが以後の標準となっていたから、預所が「奥布」による支払いを求めるのは、それにもとづくものであろう。これに対して、地頭が文永九年(一二七二)の時点で、早くも代銭納を要求しているのは注目に値いする。佐々木銀弥氏の広汎な調査結果によっても、(1)これは陸奥地方の代銭納例のもっとも早いものであるが、ここで地頭側はなぜ代銭納を主張したのか、またそれは農民経済に

対してどのような影響をもたらすであろうか。

この点に関して、まず右の下知状の文中の「諸国被止准布之後」の意味を考えておく必要がある。それは佐々木銀弥氏もすでにいわれるとおり[(2)]、鎌倉幕府の暦仁二年(一二三九)一月二十二日の追加法をさす。それはつぎのようなものである。

一　陸奥国郡郷所当事

以被止准布之例、沙汰人百姓等、私忘本色之備、好銭貨所済之間、年貢絹布追年不法之条、只非自由之企、已公損之基也、自今以後、白河関以東者、可令停止銭流布也、且於下向之輩所持者、商人以下慥可禁断、但至上洛之族所持者、不及禁断、兼又絹布麁悪甚無其謂、早存旧所当本様可令弁進之由、可令下知給之状、依仰執達如件、

暦仁二年正月廿二日　　　　修理権大夫　判

武蔵前司殿

すなわち、陸奥国においては、准布による納法が停められて以後、現地の沙汰人百姓は銭貨によって年貢を納めるのを好むようになり、年貢の絹布の質は年とともに粗悪となってきた、これははなはだ好ましくないことだから、以後、白河関以東の陸奥国では銭貨の流通を停止させる、したがって陸奥から上る商人が銭を持つことは差支えないが、陸奥に下向する商人は銭を携えてはならない、という趣旨である。これは貨幣流通の拡大といういわば自然の勢いを阻止しようとするまことに乱暴なとりきめといわねばならない。おそらく、幕府あるいは中央の荘園領主が、陸奥から送られてくる年貢絹の品質の低下に悩まされていたため、このような法令が発せられることになったと解せられる。粗悪品の貢納が律令制的調庸収奪に対する抵抗形態であったことは門脇禎二氏がつとに指摘されたとおり[(3)]、古代以来ひろく見られたところであり、中世においても准布収取という形式が維持されるかぎり、この種の抵抗が発生するこ

とは当然であろう。

粗悪な布を年貢物にあてる背後には、良質な布を商品化しようとする動きがあったと見る門脇氏の見とおしは、好島荘の史実として直接に確認することはできない。しかし、商品生産・販売の問題は保留するとしても、年貢のための准布の生産を強要されることが、農業生産の集約化をさまたげる大きな要因であり、農民のもっともきらうところであったことは疑う余地がない。またそれを回避するために交易によって准布を入手しようとすれば、商人による中間搾取をさけることはむつかしい。やはり基本的には准布の現物生産を行なわざるをえなかったであろう。

このように見れば、准布の納入を拒否することは、農民にとって労働集約化による農業生産の安定と発展のために必要不可欠の条件であったから、地頭泰隆が准布を拒否し銭納を主張したことは、そのような農民の利害と一致し、中央領主・預所とたたかってゆくことを意味しよう。この点に関するかぎり、准布納入を固執する預所は反農民的であり、地頭はその逆の立場に立っているわけである。泰隆が直接主張しているのは地頭名に関する納法であるが、実際の経過を見ると、荘の年貢全体が代銭納に転換していっているから、泰隆の主張は地頭名年貢にとどまらない一般的主張と見るべきである。

ここでもうひとつ考えるべきことは、准布をやめ代銭納とする場合、地頭・農民の側はどのようにして貨幣を手に入れるか、それは地頭・農民にとってそれぞれどのような意味をもったか、という問題である。好島荘が水田を主力とする農業村落であることは明白だから、代銭納の場合には主要生産物たる米の販売・換貨が必要になる。部分的には荘内で生産される布の販売やその他なんらかの特産品の販売もなかったと断定するわけにはいかないが、主力はやはり米の販売であろう。それはどのような形で行なわれていただろうか。一般的にいえば、個々農民自身の手による商品化と、現物年貢として納入された米が地頭の手によって商品化される場合である。中世においても農民自身が代銭納を要求する事例がまったくないわけではない。佐々木氏の研究によれば、東寺領矢野荘・上久世荘などにその例を見出すことができるが、それらは経済的にもっとも先進的な地域の少数事例であるうえ、時代的にも南北朝期ないし室町初期のことである。したがって、当面問題としている鎌倉期の好島荘では、そのような事態はほとんど考えがたいのであって、やはり現物で倉納されたものが地頭によって商人に売り渡されたと見ねばならない。

佐々木銀弥氏の研究によっても、地頭が現物年貢を換貨する例は多く、その際、地頭は市場管理・和市操作を通じて中間利潤をにぎることも可能だったから、しばしば中央領主と抗争しつつ代銭納を推進しているのである。好島荘の場合、荘内に市場があった証拠はない。しかし先述のように磐城郡衙の機能がこの荘にとりこまれていることからみても、また地頭が実際に預所側に銭で年貢を納めていることからみても、商人が入りこみ、地頭と取引を行なっていたことはほとんど疑問の余地がない。その際、本荘の年貢総額は帖絹一五〇疋を銭に換算した定額納入方式をとっていたから、地頭は年貢米の販売自体によって中間利潤を獲得する可能性をもつことができた。してみると、地頭は准布を拒否することによって一方では農民の支持を確保し、他方では年貢米をみずからの手で販売することによって定額年貢高との差額を手にすることができたわけであって、代銭納制はその意味で地頭にとって一石二鳥の効果をもったといえるであろう。

以上のごとく、本荘の場合、地頭は預所の要求を拒否して代銭納を実現してゆく過程で、農民の支持を獲得するとともに、交換・流通の諸契機をみずから把握することができた。准布の納入が多かれ少なかれ荘民自身の生産にもとづいて行なわれる場合、農家で製出された准布はそのまま預所のもとに集積されるから、そこに地頭が介入する余地はほとんどない。これに対して地頭が村別の年貢請負を前提しつつ、米年貢を換貨する場合には、預所を交換過程から排除し、それをみずからが独占しうるのである。元久の「田地目録」(二号)を見ると、紙師給田三反、摺師五人給田二町五反が新免分のうちに認められている。先述のように新免分がほとんど地頭系の給田で占められていたことからすれば、これら手工業者が地頭勢力と緊密な関係にあったと見ることもあながち不当ではあるまい。とすれば地頭側は先行した在地支配者として、手工業者をも自己の勢力下においていたわけであり、(4) 流通交換機能とともに、荘の生産的諸契機を積極的に掌握しようとしていたということができる。

以上、史料の制約からして多くの部分を推論にたよる他はなかったが、代銭納をめぐる預所と地頭との姿勢が在地支配にどのような意味をもってくるかについてはほぼ明らかであろう。暦仁の追加法によって陸奥国の銭貨流通を禁止しておりながら、幕府はこの相論においてなぜ泰隆の代銭納要求を支持したのか、「准布代銭」ならなぜ差支えないのかという点については十分理解することができない。しかしこの裁許にもとづいて以後好島荘の年貢はすべて帖絹の代銭納に切り替えられたから、それを通じて預所が荘の流通機能の掌握に立ちおくれていったであろうことも十分推測できるところである。預所の伊賀氏の後退が必然化する重要な理由の一つはこの点にあったであろう。

(1) 佐々木銀弥「荘園における代銭納制の成立と展開」(稲垣泰彦・永原慶二編『中世の社会と経済』所収)。
(2) 同前。
(3) 門脇禎二「調庸収取形態の変化とその背景」(大阪歴史学会編『律令国家の基礎構造』所収)。
(4) 好島荘の職人給田として史料上確認できるのはこの紙師と摺師との二種だけである。一荘の再生産機能を自己完結的なものとみれば、少なくとも鋳物師・鍛冶・皮造・土器造などをはじめとする手工業者群が存在しなければならないが、一荘園に各種手工業者の給免田がそろっている事例がないことからみて、地域的な再生産圏は一荘よりはるかに広域だったと見られる。しかし、その荘に存在した手工業者に給免田が付与されていたことは、それが領主的統制・保護のもとにおかれていたことを意味する。

六　むすび――領主制支配における二つの道

関東御領好島荘における地頭岩城氏と預所伊賀氏の土地所有と在地支配の在り方は、以上見てきたように顕著な相違を示しつつ、両勢力の競合としては、南北朝期以降、前者の優位が決定的となっていった。

地頭と預所（または雑掌）の競合・対立は、鎌倉期の荘園においては普遍的にみられる現象であってそれ自体は珍しい問題ではない。研究史を顧みてもすでに長期にわたって注目されてきた問題である。そして、それは、しばしば荘園＝古代的もしくは半古代的なものを代弁する預所と封建的領主制を本質とする地頭、というように、歴史的段階・性格を異にするものの闘争として把握され、後者の成長が前者の否定を結果するといった形で理解されてきたのが普通であった。しかし好島荘における預所と地頭とは、形式的にはやはり荘園領主（領家）の代官と寄進主体的性質をもつ地頭との抗争でありながら、実質的にはともに御家人武士として、社会的に共通の性格をもつ者同士であり、預所は領家鎌倉殿の有力御家人として荘務権を委ねられた強力な代官としてスタートするのである。したがって、この両者の対立競合は、荘園的なものと封建領主的なものという、従来の図式的理解では処理しえない側面をもち、むしろ在地における領主制支配そのものにおける二つの道を示唆するものと考えられるのである。

それは、在地において農民支配を展開する場合、在地支配層がなにに依拠して支配の条件を確保するかという問題である。これまで見てきたところから、地頭岩城氏は、⑴「職」の制約がきわめて弱く、広大な免租地をもち、有租部分についてもふつうの寄進型荘園にくらべて概して少額である、⑵惣領制的同族団を広く形成し、開発領主として在地における生産活動の中心に立っている、⑶年貢帖絹の代銭納を実現することによって、農民の要求に沿いながら、米の販売過程を通じて流通機能の統制・掌握を進めている、などの諸点が結論的に指摘できる。これをさらに煎じつめれば、地頭岩城氏は、在地の経済的諸関係に密着し、その生産・流通機能のキーポイントをみずから掌握するところに権力のよって立つ場を求めているといえるであろう。

地頭岩城氏がこのように、私的実力と現実的な経済過程に根をおろすことによって領主制支配を進めたのに対し、預所伊賀氏はすでにふれたように、公的権力として、制度的なものに依存しつつ支配を進めようとする傾向が強い。かれにとってもっとも大切なのは荘園法的秩序であり、それによって認められる一荘の所務権であった。それを究極的に保障してくれるものは、地頭岩城氏が推進していったような現地の経済的諸事情に密着した私的実力よりもむしろ幕府の法廷であり、あるいは飯野八幡宮神主として、八幡宮の造営課役を村々地頭等に配分することのできる神的権威である。その意味で預所伊賀氏の志向するところは、公的・制度的なものであり、在地領主の私的実力というより、幕府にまで編成された公権力であった。

中世社会における領主制支配の在り方を考えれば、現実には個別の在地領主が私的実力をもって自己完結的に農民支配を実現しているということはありえない。いかに自己完結的であり独立性の強い在地領主でも、それらが支配階級として成立・存立するためには階級的編成を受けねばならず、公権力として制度的・国家的な組織の一環に位置づけられる必要がある。その意味で地頭岩城氏と預所伊賀氏の在り方は中世的なものと古代的もしくは半古代的なものとの対抗ではなく、中世領主制支配の二つの側面を示すものである。両者は諸他の荘園における地頭と預所・雑掌などの場合よりはるかに鮮明にその関係を示しているといえる。だからこのような領主制支配の二側面は、すくなくとも鎌倉期においては客観的には相互補完的な性質をもって支配の機能を発揮しているのである。かつて安田元久氏は東寺領太良荘の預所定宴の在地領主化を素材として「荘官的領主制の形成」の問題を論じて(1)、地頭領主制に対応する預所の領主化過程を分析した。たしかに定宴のような寺僧預所の場合すら在地領主化は可能なのである。しかし問題はそれが個々の地頭と預所との関係としてみるかぎり対立・競合であるにしても、在地支配の構造として全体的にとらえれば、むしろ領主制支配の二つの側面を示唆するものである点では、好島荘の場合と共通する問題をふくんでいるのである。

その意味で、領主制支配の実体をとらえる場合、この両者を二者択一的にとらえることは正しくないであろう。本稿では主として地頭岩城氏の実力的諸側面の大きさと、預所伊賀氏の限界面を剔出することになったが、それは、この荘の場合に、とくに両者の相違がするどくあらわれているからのことであって、預所の志向した道を領主的支配とは異質なものだというつもりではない。地頭岩城氏の私的・実力的側面がいかに強くともやはり「地頭職」の補任を必要としない存在であったわけでなく、預所とのあいだにも請所型ではあっても一定の秩序はとりむすんでいるのである。最近入間田宣夫氏は「郡地頭職と公田支配――東国における領主制研究のための一視点」という論文を発表された。好島荘をも有力な素材とし、領主階級が全体として農民支配を実現するための国家的機構の物質的側面を「公田」制から説明しようとした力作である。広汎な史料にもとづいたするどい分析によって、東国における「公田」の比重の小ささと、それにもかかわらずそれのもつ中世国家＝領主制支配における重要性が見事に浮き彫りされている。氏はそこでは、そのうちとくに「公田」支配のもつ積極的側面を強調しているが、同時に、「公田」の陰にかくされた私的・実力的側面を重視する必要があるであろう。氏の関心は「公田制」に向けられているため、本稿でとりあげた如き、領主制支配における岩城氏と伊賀氏の差異についてはとくに主題とされていない。しかし岩城氏の場合に見られるとおり、この点は東国の場合とくに重要である。近年の室町期研究は守護大名についても戦国大名についてもこの公的・国家機構的側面への依拠のもつ意義を強調しており(2)、領主制支配をその面からとらえようとする傾向が強い。たしかにそれは律令国家を歴史的前提として展開する日本中世社会の特徴にかかわることとして無視できない。しかし他面、好島荘で地頭岩城氏の方が優位を築きあげていったように、私的・実力的支配の側面が一貫して中世社会の前進的かつ基本的な担い手となっているのである。この両者のかかわりあいを、いかにとらえるかという点に、中世領主制研究の主要な課題があるといえるだろう。

（1）　安田元久「荘官的領主制の形成」（竹内理三編『日本封建制成立の研究』所収）。

（2）　藤木久志氏の諸研究がこれを代表している。

（追記）　本稿作成にあたっては現地調査の際いわき市役所好間支所の大塚一二氏にひとかたならぬ御世話になった。厚く御礼申し上げる次第である。なお、最近佐々木慶市氏の「陸奥国好島庄補考」（東北学院大学『東北文化研究所紀要』第二号、一九七〇年三月）が発表されたが、脱稿後のためとくに関説することができなかった。

付説　中世東国の新田と検注

——金沢文庫古文書の一点によせて——

一

金沢文庫古文書のなかに、中世東国の新田と検注をめぐる好個の史料がある。それはすでに旧輯『金沢文庫古文書』第一輯三号文書として、戦前に公刊されているから周知の史料といわねばならないが、じつはたんに新田の問題だけでなく、東国地頭の特性を知るうえからも重要史料と思われる。そこでやや長文にわたるが、説明の便宜上まず全文を掲げておこう。

　胤村等相論所務条々、
一　新田検注事、
右、如二訴状一者、領家代一度検二注新田一、可レ定二員数一之由、被二裁許一、去年御下知之間、今年欲レ遂二其節一之処、
地頭不二叙用一云々、如二陳状一者、任二去年十二月十八日御下知一、今年二月、欲レ遂二其節一之処、騒動之間延引、静
謐之後者、円恵依レ申、付二召文一所二参上一也、更非二地頭難渋一、但、如二暦仁元年御下知一者、不レ可レ有二新田検注一歟
云々、爰如二胤員等所進暦仁元年十二月十七日御下知案文一者、熊野山領下総国匝瑳南条東方新田検注事、右、預所
永海阿闍梨依二訴申一、可二遂行一之由、去年被レ成二御下知状一之処、如二地頭椎名六郎胤高、小太郎胤義申状一者、被

レ止二検注一者、於二所当一者、宝蓮胤高親父、胤義祖父、之時所済之員数以二一倍一可レ令二弁済一也、不レ然者、当庄平均可レ被レ遂者、限二胤高等所領一、可レ被レ入二御使一哉云々者、非二一庄検注一者、難レ被二入勘一之旨、胤高等所レ申頗有二其謂一、但、遂二行一庄一者、自余地頭等定懐二愁訴一歟、加レ之、上総下総両国地頭等、雖レ開二作新田一、預所不レ及二文沙汰一、而就二永海一人之裁許一、諸人以レ之為二証拠一、訴訟出来之時、用之不レ可二弁破一之間、庄公併被レ遂二検注一者、非二啻地頭之愁歎一、有レ煩二于成敗一歟、然則、於二新田検注一者、被二停止一畢、至二所当一者、以二一倍一可二弁済一云々者、領家代一度検二注新田一、可レ定二員数一之由、去年被二裁許一畢、而今胤員等備二進暦仁御下知案一之間、重有二其沙汰一之処、彼状者東方事也、当郷者為二西方一之間、不レ足二証文一之由、円恵雖レ申レ之、如二端書一者、東方之由雖レ載レ之、如二右状一者、不レ限二当庄一、被レ停二止上総下総両国新田検注一之由所レ見也、随二当郷新田検注一不二入勘一歟、彼状雖レ為二案文一、円恵不二論申一之上、正文者胤高等跡令レ帯之由令レ申之間、不レ及二異儀一、且故武蔵前司入道之間成敗也、輙難レ被二弁置一、然則、於二新田検注一者、被二停止一了、至二所当一者、以二宝蓮之時所済員数一倍一可二弁償一焉、

取レ要略二自余一了、

相模守平朝臣(北条時宗)

文永九年十二月廿七日

左京権大夫平朝臣(北条政村)

この文書は『旧輯』の編纂者が「鎌倉将軍家下知状抄書」と名づけているとおり、将軍家下知状の抜書であるが、内容的には下総匝瑳南条西方の新田検注問題をめぐる地頭胤村と預所円恵の相論に対する幕府の裁許である。この相論の過程で、匝瑳南条東方の同一問題についての暦仁元年(一二三八)の下知状案が参考として提出され、それが「西方」の判決にも準拠となったわけであるが、「東方」は文書の示すとおり熊野山領である。これに対して「西方」の領

主が誰であるか文書の上からは不明である。常識的には文書の所蔵者たる称名寺と考えられないこともないが、「西方」が称名寺領たることを証明する史料は管見のかぎり存在しないようである。

さて、この文書を内容的にみた場合、注目したいのは以下の点である。文書の示すところでは、「新田」については「領家代一度」の検注の施行が、「去年」＝文永八年幕府からも確認されている。ところが、本文書所引の暦仁元年の関東下知状では、「上総下総両国地頭等、雖レ開二作新田一、預所不レ及二交沙汰一」といっているように、この両国に関するかぎり、預所の手による新田追求は一切行なわれないのが慣習であった。そして幕府もこの慣習によって預所永海の検注を停め、地頭側の言い分どおり年貢を増加することで和与させており、また文永の場合にも、この暦仁の先例を踏襲して同様の裁許を下しているのである。

新田の検注については、貞永元年（一二三二）十二月十九日の幕府の成敗（追加法四四条）に「預所検注以後、地頭耕作田事」は、「自二本所一遂二有レ限検注一時者、可レ為二公田一」とあることからも察せられるように、一般的には当然本所＝領家が検注権をもっているのであり、それゆえにこそ、幕府も文永八年「領家代一度」の検注を原則的に確認したのであろう。しかし右の文書によれば、少なくとも上総・下総では、預所は新田検注を行なわないのがたてまえなのである。ここで預所検注と領家＝本所検注との関係がいちおう問題になろう。たしかに、右の追加法の場合、両者は区別されているが、文永の裁許についてみれば「領家代一度」の検注そのものが停止されたわけであるから、両者は同一と考えてよい。とすると、たとえ年貢倍増（これは必ずしも上総・下総の一般原則ではあるまい）の代償があるにせよ、領家側の検注は全面的に行なわれないことになる。いうまでもなく、検注権は領主権の根幹をなす権利であるから、その停止が慣習化されることは、領主権が地頭側の力によって体制的に制約されることを意味している。

このような新田検注の一般的停止の特権がなぜ上総・下総の地頭に与えられていたのか、という疑問に直接的な解答を提出することはむつかしい。しかし、おそらくは、上総・下総のみならず、伊豆・相模・武蔵のような関東御分国、あるいはより広い意味での東国における本領安堵の地頭職の場合、このような特権がかなりの普遍性をもっていたのではないかと思われる。それはいうまでもなく、地頭制成立以前からの開発領主の根本所領における寄進契約の中に原型を求めることができるわけであるが、一般的にいえば荘園領主と寄進主体たる在地領主との力関係の表現であって、後者の優位を示唆するものである。「香取文書」のなかには、建永元年(一二〇六)神主広房が香取神領の下総相根郷を検注しようとした際、地頭平胤通が相根郷を「堀内」と号して検注使の立入りを阻止し、「所当官物已下苧桑麦地子等」を押領したという事実を伝える文書がのこっている。しかもここでは前神主の時にもすでに同様の問題がおこっており、この時には摂関家下文および鎌倉下文によっても地頭側は容易に承服せず、結局、香取側は「鎌倉家御使」の発向を願い出て、地頭の非法をようやく停止してもらった、というのである(「旧大禰宜家文書」一二・一三号、『千葉県史料』中世篇香取文書所収)。この場合には対象は新田でなく相根郷全体であり、地頭はそれを堀内として、検注使立入りを一切拒否しようとしているのであるが、ここにも当然新田＝隠田検出を拒否するという問題がふくまれているといってよい。この事件の場合は、地頭側の要求が非法として停止されており、匝瑳南条のように検注停止ということが幕府側からも認められなかった。しかし、地頭側と領家側の対立が、検注権をめぐって鎌倉初頭からはげしく展開していることは明らかである。

　このような検注の実施をめぐる領家・地頭の争いは、もちろん東国だけの問題ではなく、諸他の地域についても多少の事例をあげることができる。しかし、新田検注の停止が上総・下総のように一般的に認められているという事実や、また時期的にもそれが鎌倉初期にまでさかのぼるという事実は、他の地域には見られないことであって、そこに東国の在地領主の特権やそれにもとづく政治史的特殊性がからんでいるのではなかろうか。この種の紛争の事例は今後網羅的に蒐集し検討したうえでなければ結論的なことはいえないが、他地域の場合、いま筆者の知る若干の事例からは鎌倉末〜南北朝期の荘園制解体期に一般化するとみられるのである。

二

ところで、匝瑳南条の場合、新田検注停止の代償は年貢の倍加支払いであったが、地頭側がみずからそれを提案したのであるから、検注によって新田が正規の年貢賦課田＝公田となるのにくらべればなおそれでも有利であったのであろう。とすればこの場合「新田」はよほど内容の豊かなものであったということになる。そこで、この「新田」の意味を具体的に理解するためには、当時の開発の在り方および「新田」とよばれるものの性質を考えてみる必要があるであろう。

東国地頭の多くが平安時代以来の開発領主であることはさきにもふれたとおりであるが、周知のように鎌倉時代に入ると幕府の手によっても東国の開発が推進されることになり、地頭等の開拓者的性格はいっそうつよくなったと考えられる。幕府の東国開発計画が最初にみとめられるのは文治五年(一一八九)であるが、同年二月三十日の『吾妻鏡』の記事には「安房上総下総等国々、多以有㆓荒野㆒、而庶民不㆓耕作㆒之間、更無㆓公私之益㆒、仍招㆓居浪人㆒、令㆑開㆓発之㆒、可㆑備㆓乃貢㆒之旨、被㆑仰㆓其所地頭等㆒云々」とある。ここで地頭等が荒野開発の責任を負わされているのであるが、その対象はまず安房・上総・下総であった。その後正治元年(一一九九)四月二十七日条では「東国分地頭等」に仰せて「水便荒野」を新開せしめたとあり、承元元年(一二〇七)三月二十日条には「武蔵国荒野」を開発せしむべき由を地頭等に触れた、とあるから、幕府の開発計画はひろく行なわれたとみるべきであるが、まず安房・両総の三国からはじめられたことは注意すべきことである。さきの上総・下総の新田検注停止の慣習＝幕府の承認も、このような幕府開発奨励と密接な関係があったかもしれない。

当時の開発には、多摩川からの引水による武蔵野の開田計画（『吾妻鏡』仁治二年（一二四一）十月二十二日条）のように大規模なものもあったが、一般的には個々の地頭等が、「浪人」や付近の農民を使って開田する程度のものであったと思われる。このころの水田は概して、広大な平野部でなく、山寄りの傾斜地が谷田として開拓されたことは近年の歴史地理学的諸研究の指摘するとおりであり（とくに、香取社領下総小野・織幡村の集落と耕地の具体的検討を試みた高島緑雄「中世における香取社領と村落」（『地方史研究』四九号）、同「香取社領における集落と耕地」（『駿台史学』一三号）参照）、安房・上総・下総のように小丘陵の起伏が多く、今日でも天水田の多い地帯は、まさにそのような谷田開発の典型的地域であったとみてよい。従って、この種の開発は、一単位の規模こそ小さいが、比較的容易に推進しうるという特徴をもっていて、長期間のあいだには目立たないがかなりの集積が可能であったと考えられる。

しかし、当時の史料上にあらわれてくる「新田」が、右のような新開拓による文字通りの新田のみであったかどうかについては多少の疑問がある。『高野山文書』のなかには、正嘉三年の文書案で、幕府の裁許を伝える次のようなものがある。

一、新田申者、大検注之年不也、自二後年一者、所当米令二弁済一事、皆以先例也、而今於二下司職一、号二新田一、一向押領仕、過分懸二所当一、百姓令二呵責一条、上之為御之公損申、百姓等歎煩申、旁以無レ術愁傷也、設又雖レ為二新田一、何自二領家御方一無二御沙汰一哉、既関東御下知、於二正税官物所当一者、領家専可レ為二御進退一之御下知状顕然也、付二惣別一、可レ有二御沙汰一者也、

凡下司内々非法、百姓等於譴責仕事、取レ喩無レ物、公私不法被二停止一者、百姓安寧計、何事如レ之哉、早経二賢政

之御沙汰一、擬レ被ニ停止一之状如レ件、

正嘉三年三月　　日

（『高野山文書』四ノ三六九号）

これによると、「新田」とは「大検注之年不」とある。その意味はやや疑問も存するが、大検注の年の「年不」であろう。「年不」とは「永荒」・「年荒」などとともに、検注帳上にみえる特定用語であって、その年作付していない耕地を示すものと思われる。不耕作の理由が、何かは断定できないが、平安〜鎌倉期の技術水準では、毎年不耕作地の比率が高く、耕地利用の安定度が低いことは一般に知られているとおりである。従って、「年不」はその翌年以降にはまた作付される可能性がきわめて高い土地であることも当然で、それゆえ「自ニ後年一者、所当米令ニ弁済一事、皆以先例也」ということになるのである。ところが、この文書の示すように、幕府側も新田に対する領家側の進止権をみとめているにもかかわらず、下司＝在地領主側は、これを「新田」と称して、検注以後一切年貢を支払わないのである。ここでわれわれは、第一に、「新田」という言葉が当時、検注時の「年不」をふくむものであって、必ずしも新規開墾地のみの謂ではないこと、第二に「年不」等が「新田」という扱いにされた場合、領家側の支配は困難となり、逆に在地領主側は支配力を貫徹させようとするとき、しばしば「新田」という口実によったこと、を知ることができる。

このようにみてくると、「新田」は、一般に検注除外の可能性が高く、それゆえに在地領主（下司・地頭等）の領主権伸長のきわめて有力な拠点となった、といいうるであろう。荘園領主側の掌握している本田＝公田が全耕地のなかでどの程度のウェイトをもつか、逆にいえば、通常われわれは荘園領主側の支配文書を通して史実を考えているが、その種の文書に姿を示さない、在地領主側の実質的支配地がどの程度のウェイトをもっていたか、ということは、われわれが荘園制および在地領主制の実体を追求しようとするときわめて重要な問題である。もちろん実質的な開発と「年不」をふくむ「新田」の比重を量的に確定することは不可能である。しかし、「新田」がこのように荘園領主と在地領主との対抗関係の中で重要な意味をもつものであるとすれば、それは量的にも質的にもけっして無視しえない重みをもっていることは確かであろう。一つの例であるが、平安末期承安元年(一一七一)の武蔵国稲毛荘の田数検注目録(「中右記部類」巻一六裏文書、『平安遺文』三五九〇号)によると、この年確定した稲毛本荘の「本田」は二〇六町六反三〇〇歩、「新田」五五町六反二四〇歩である。「本田」の面積は「平治元年御検注定」となっているから、平治元年(一一五九)から承安元年まで一二年間に五五町余の新田がふえたわけであり、さらに「新田」の内訳をみると、「古作」二〇町一反半、「今年新田」三五町五反六〇歩となっている。従って新規開発の他、前回検注で「年不」・「荒」等であって、その後再利用されるに至ったものも二〇町歩程度にのぼっていることが知られる。この場合は鎌倉幕府成立以前であって、領家側の検注が行なわれたわけであるが、それでも検注が真に徹底的に行なわれた結果かどうかは断定できないから、実質的には少なくともこれ以上の新田があったことになるのである。

「新田」と検注についての、以上のような若干の問題を参考するとき、最初に掲げた文書は、東国の在地領主の存在形態を考えていくうえにかなり重要な史料であることは明らかであろう。この小稿で挙示した若干の関係史料からしても、上総・下総の新田検注停止が、地頭制度の発足と同時に、荘園法上も確定されたものということはできない。それはおそらく、鎌倉幕府の成立・展開過程で、幕府の東国に対する特殊な支配権とも関連しつつ徐々に形成された慣習であったろう。しかし、そこには明らかに東国地頭の他の地域ではみられない特権が表明されていると考えられるのである。

第五　中世農民的土地所有の性格

一　問　題

いわゆる百姓名をもって、荘園制下の農民的土地所有の基本形と見なす通説は、近年の諸研究によって根本的な修正をせまられている。

最近の成果によれば、百姓名＝名田とは、年貢・夫役、とりわけ後者の収取単位として、十二世紀の荘園制確立過程で、領主権力の手によって編成されたものに他ならず、したがってそれは土地所有あるいは経営の単位とは本来別個の次元に属するものだ、というのである。

またそれとは多少異なる角度から、荘園耕地の在り方を名田のみにしぼってしまう点についても有力な批判が提起されている。それによれば、荘園耕地は大別して名田と一色田・間田のような荘園領主直属地に二分されるのであり、後者の部分に対する農民の保有・用益関係が、前者に劣らず重要な意味をもつのであるから、それをまったく捨象して、名田一元論的な形で農民的土地所有の性格を論ずることは複雑な事態を誤って単純化するものだ、というのである。

このようなあたらしい研究状況のなかで、中世農民的土地所有がどのような構成・性格をもっているかを、あらためて吟味しようとすれば、その方法は、従来のように、問題を一面的に百姓名にしぼるのではなく、班田制停止以降の農民諸階層の耕地との結びつき方とその推移を、多元的かつ長期的に追求することが必要であろう。

しかしそのような考察は、いうまでもなく班田農民の分解、班田制解体にともなう国家的土地所有の変貌、荘園領主的土地所有および在地領主的土地所有の形成等、古代末期〜中世初期の全経済過程と緊密にかかわっており、到底この小稿で取り扱いうる範囲のものではない。それゆえここでは、そのような必要性を念頭におきつつも、当面の視角を、農民的土地所有の主要な一指標としての耕地売買権の成立の問題にしぼってゆくこととしたい。いうまでもなく、農民がその主要な生産手段としての耕地とどのような結びつき方をするかという問題は、生産関係の主要な側面をなすものであり、譲与・売買等の処分権の有無は農民の社会的地位・性格を測定する基本的な目安である。ここではその課題に接近する一つの方法として、主として十二・三世紀の土地売券を史料とし、その分析を通じて、若干の展望を試みたいと思う。

なおこのような問題について、筆者は最近別に小論を発表した(1)。そこでは十二世紀後半の売券の分析を通じて、売券に示される売買対象が、「私領」「永作手」などとよばれる性質の権利にかぎられており、それは農民の耕地保有・用益に対する一般的権利とは厳密に区別されるべき性質のものであることを指摘した。しかしそこで指摘しえたことはなおきわめて不十分であったから、本稿はその続篇的な意味をもって、考察範囲を十一〜三世紀に拡大しつつ、前稿の補完的役割をも果たさせたいと考えるのである。

(1)　永原慶二「日本封建法の特質――その一端として、中世初期の土地所有の性格について」(仁井田陞博士追悼論文集第一巻『前近代アジアの法と社会』所収、加除補正のうえ、「平安末期耕地売券の分析」として本論文付説に収む)。

二　私領と作手

班田制解体以後の公領の土地制度・経営方式については、これを「負名請作」制としてとらえる理解が、近年ではほぼ承認されるようになった。すなわち班田制停止によって、公民に班給された口分田は直線的に農民私有地に転化するのでなく、むしろかつての「公田」＝賃租田の経営方式に類似する一年毎の請作制、すなわち田堵による負名制度に移行すると考えられるのである。つぎの史料は十一世紀段階のこの間の事情をもっともよく示すものである。

国符　諸郡司
　可普仰大小田堵古作外令発作荒田事
右興復之基唯在勧農、公私之利又拠作田、爰此国所部雖狭、居民有数、半宗漁釣之事、無好耕耘之業、浮浪之者適有其心、則依無作手不便寄作、富豪之輩素有領田、亦偏称堯埆歴年荒棄、国之難優(憂)民之少利、多莫不拠斯焉、今案事情、政有沿革、随時弛張、既謂公田、何有私領、然則寛弘五年以往荒廃公田者、縦是雖称大名之古作、可令許作小人之申請、但有本名不荒古作、猶共欲加作者、郡司慥検其新古之坪、可停他名之申請也、偏開荒田、有捨古作者、事違所仰之旨、更欲尋徴其官物、仍須古作之外加作、彼以往之荒田者、先除田率之雑事、重可免官米内五升也、是則欲反国於淳素之俗、同民於陶朱之輩而已、仍所仰如件、郡宜承知、依件令励作、若有称己古作、猶又妨荒之輩者、注名言上、随時勘決、事在優復、莫敢怨緒、符至奉行、
　守源朝臣　　寛弘九年正月廿二日[1]

和泉国司が管内諸郡司にあてて発したこの国符(案)は、直接には荒廃田の再開発による官米増徴の意図をもつもの

であるが、十一世紀における農民的土地所有の性格についてもきわめて多くの事実を示唆している。

すなわち第一に、寛弘九年(一〇一二)という十一世紀の初頭の時点において、管内農村には、(1)「領田」「私領」を所有しつつ公田も耕作する「大名」「富豪之輩」、(2)それとははっきり区別される「小人」(おそらく「領田」「私領」などをもたず公田のみを耕作する)、(3)なんらの「作手」もない「浮浪之者」、という三つの階層が存在したことが示されている。ここで(1)の「大名」「富豪之輩」とは、すでに村井康彦氏が指摘しているように、いわゆる「大名田堵」とよばれたものであり、(2)は同様に「小名田堵」といわれるものである[2]。かれらは規模において差はあれ、公田を「申請」して耕作にあたる関係の面で「田堵」とよばれているのであり、その請作の単位が「負名」であった。このような大小田堵の公田請作＝負名田堵の存在形態は最近の諸研究が解明したところである。

第二に、これら諸階層が国内諸耕地にたいしてとり結ぶ関係、すなわち農民側からいえば耕地に対する権利には、「領田」「私領」とよばれるものと、「作手」とよばれるものがあったことが知られる。「領田」「私領」とよばれるものは、国司側からみれば「公田」と対立する「富豪之輩」の所有地であるが、その性格は前掲別稿(本論文付説)で検討したとおり、「相伝私領」「私領田」「治田」「永作手」などその呼称はさまざまでも、内容上は、その所有者が一定の加地子収取権を国法によって承認され、したがってそれを対象として売買の可能な耕地であった。その成立経路は律令制による百姓治田、またはいわゆる寺僧領など、かならずしも単一ではない。とくに畿内近国の場合、有力農民・寺僧・官人などの手による各種の「私領」が広汎に成立していることは最近の稲垣泰彦[3]、島田次郎氏[4]等の研究によって明らかにされた。

これに対して「作手」というのは、「私領」とはちがって、公田に対する請作の権利であることが国符からも十分に読みとれるし、負名田堵の公田請作権を「作手」とよぶことは従来の研究も一般に承認するところである。「私領」

にたいする私的権利が「永作手」と表現されるのにたいし、負名の権利が「作手」といわれるのは、後者の権利がもともと春の請文によって承認されるというたてまえをとっていて、本来永続的な権利でなかったからである。しかし、「永作手」と「作手」はそのようにつねに厳密に区別されるものでないところに問題があった。負名の請作がいかに毎年の請文提出をたてまえとするとはいえ、現実の耕作関係は継続するのが常態であろうし、「私領」の永作手も、国衙の側はできるだけこれを抑制し、とくに百姓治田については延喜以後、その立券を認めない方針を採用したらしいから[5]、作手といえどもかならずしも現実には一年だけとはいえず、また永作手といえどもかならずしも恒常的に安定したものではなかったのである。そこに両者の区分がしばしば画然たるものでない可能性があった。

さて第三に知られることは、人民のあいだに「偏えに荒田を開き古作を捨てる」ような動きが多かったことである。国符のいうところでは、有力農民＝大名田堵らは公田を大量に負名としながら、じっさいにはしばしばこれを放置して荒田の再興に乗りだしている。国守はこれを阻止するため、三年不耕の場合は収公の原則に立って小名の申請でも認めよといっているのであるが、荒田再開には田率雑事と官米五升を免除する特典を与えねばならないのが現実であった。このことは国家権力の衰退という状況のもとで、有力農民たちが一般負名よりも有利な条件を求めて荒田再興に主力をそそぎ、そこに私的土地所有の拠りどころを拡大強化しつつあることを示すものである。公田の負名作手は本来、田堵の私的土地所有権を意味するものでなく、負名作手の売買は原則的には考えられないところであるが、現実には、荒田再興を足がかりとして、田率雑事、官米五升の免除地が次第に拡大され、それが一個の私的権利として固定してゆく方向は、この段階でも強く推進されつつあったと見ねばならない。

和泉国符は、すくなくとも以上のような三つの重要な問題を示唆している。それらの諸問題を、さらに本稿の視角から集約してみると、「私領」の権利たる「永作手」と公領負名の権利たる「作手」との相違・関連がどのようなとところにあるか、それらは農民的土地所有権の成立史の上に、いかに位置づけられるであろうか、といった点がとくに重要な問題と思われる。

ところでこの問題の解決のためには、「作手」を所有権的内容をふくまぬ耕作権としながら、十世紀以降長期耕作権が容認されたとみる赤松俊秀氏の所説(6)および耕作権としての作手は自由に売買の対象となったと主張する入間田宣夫氏の所説(7)と、一年毎請作を強調する戸田芳実氏の所説(8)とを比較検討することが必要である。赤松氏と入間田氏の所論の内容はもともと別個のものであるが、ごく大まかに見れば、耕作権の長期永続性、すすんではその売買権の成立を見とおし、また強調するものであり、戸田氏の毎年請文説とは対極的な性質をもつといってよい。したがって、そのいずれを肯定するかによって、作手の性格についての理解は大幅にかわってくるのである。

この点について、いまここで三氏の所説を立ち入って吟味するだけの余裕はない。しかしごく主要な点だけをのべるなら、赤松氏が長期的作手の成立を問題にされるとき、それは論文の題名にも示されるように、「領主と作人」との関係についてのことなのであって、公領請作についてではないのである。すなわち氏が十世紀以降、「領主」と「作人」が分化し、また「領主」＝「地主」のもとでの「作人」が力関係に応じて長期的耕作権としての「作手」を形成したとすることは、それ自体重要な指摘であるが、それをもって公領の耕地一般に長期的・安定的な作手が成立したと考えることは早計であるし、当の赤松氏自身もそのようなことまでは少しも述べていないのである。ただ氏の場合、公田負名の作手と私領の作手とを直接区別されていないから、氏が領主・作人間について言及されたところを、そのまま公領についても一般化するとすれば、そこに誤解の生ずるおそれはあるのである。

その点、入間田氏の所論は黒田荘出作地帯を具体的な研究対象として、その公領に一般的に作手が成立し、しかもそれは自由に売買される性質のものであるというのだから、赤松氏の場合とはちがって、はるかに大胆に作手を農民的土地所有権と見なすものである。入間田氏はそのような性質の作手が十一世紀後半から十二世紀初頭にかけて成立したといい、そのきめ手となる史料として、永承二年(一〇四七)の高橋世犬丸の所領田売券をあげている。(9)それは「公田」三〇〇歩の「永年作手」を売却した文書であり、「名主僧助照」が証判を署しているのである。この文書の内容からすると、問題の「公田」三〇〇歩は「名主」助照の「名」に属する公田であり、しかも名主とは別人の世犬丸が「永作手」を保持し、それを売却していることは確かであり、入間田氏の主張を裏づけるかのようである。しかし、この史料からだけで公田一般に作手が成立していることを論証しようとすることはやや大胆すぎる推定であるし、この史料に即してみても問題の三〇〇歩が名に編成されており、しかも本来的には「公田」に属するものであっても、さきの和泉国符からも知られるように荒田再興などの事情から世犬丸が永年作手を形成したということも十分ありうるであろう。したがって「作手」「公田」といわれるもののなかでも特定のものだけが売買対象になりえたのであった可能性は大きいのである。また入間田氏は作手売買が広くおこなわれているといわれるが、その例にあげられたものもじつは私領の永年作手売券であって、それと区別される意味での負名の作手が売買された明白な事例をあげているわけではない。氏の場合、私領―永作手、負名―作手というふうな区分、すなわち永作手と作手とのあいだの基本的な差異を、土地に対する法的権利の問題(私領か否か)として考えるということがない点が、作手売買の強く評価する理解に向う原因でないかと思われる。

このように見てくると、赤松氏・入間田氏の所説にもかかわらず、戸田氏が負名の作手を「利田請文」による年毎のものとし、そこでは永続的耕作権が確立していないとすることは、原則的には否定さるべきではないだろう。もとより現実の事態においては、利田請文が毎年すべての公領について提出されたとは考えられないし、作手は継続するのが事実上の常態であったろう。またそのような作手が、国法を無視して売買の対象とされる方向が進みつつあったこともたしかであろう。一方における「永作手」の存在がその足がかりとなったことも考えねばならない。しかしそれは法的にみれば本来的な姿ではないのであって、そうでなければ特定のものだけが一般の「作手」と区別されて、あらためて「永作手」というふうにその永代性を強調される理由も理解しがたいのである。

以上の理由からして、私は十一世紀段階における私領永作手と負名作手とはその本質を区別して考えるべきであり、農民の公領耕作権が一般に売買の対象となったとする入間田氏の所論にはなお考えるべき余地の多い点を指摘しておきたいと思う。農民の現実的耕作権が売買しうるということは、もともとかれらの経営が共同体から一定の自立を確立するとともに、その手許に安定的に剰余を残しうる事態が成立しないかぎり理論的にも考ええないことであるが、その点を歴史的過程に即してみれば、以上のように、一定の加地子徴収権を認められた「私領」に成立した「永作手」売買のみが、この段階の農民的土地所有権(といっても「私領」は官人・僧侶などが多く、農民としてはごく上層の有力層にかぎられるであろう)のかぎられた一つの在り方を示すものと解さねばならないのである。

(1)　「里見忠三郎氏所蔵文集」(『平安遺文』四六二号)。
(2)　村井康彦『古代国家解体過程の研究』二九四頁以下。
(3)　稲垣泰彦「東大寺領小東庄の構成」(宝月圭吾先生還暦記念会編『日本社会経済史研究』古代中世編所収)。
(4)　島田次郎「畿内荘園における中世村落」(『同前』所収)。
(5)　赤松俊秀「領主と作人」(『史林』四九ノ一号)。
(6)　(5)所引論文および「藤原時代の浄土教と覚鑁」(同氏『続鎌倉仏教の研究』所収)。
(7)　入間田宣夫「黒田庄出作地帯における作手の成立と諸階層」(『文化』二九ノ三号)。
(8)　戸田芳実『日本領主制成立史の研究』二四七頁以下。
(9)　「根津美術館所蔵文書」(『平安遺文』六四六号)。

三　百姓名の性格

十二世紀の荘園制の体制的展開過程においては、たんに寄進による荘園の全国的増加にとどまらず、国家との関係では不輸不入制が獲得され、農民支配の面では百姓名の編成を基礎とする年貢・公事収取体制がひろくつくりあげられていった。そのような意味で、荘園支配体制の整備のもっとも重要な帰結の一つが百姓名の成立であるわけであるが、それでは農民的土地所有権の視角からするとき、百姓名とはいかなる性質のものとして理解できるであろうか。とりわけ、十一世紀の国衙領支配のもとで見られた私領—永作手、負名—作手という二元的関係は、荘園制下の百姓名の編成過程でどのように処理されていったであろうか。

これらの点を解明しようとするとき、まず念頭に浮かぶのは、畿内荘園におけるいわゆる均等名の問題である。均等名が編成されてゆく過程は、旧来の作手保有関係が全然無視されたとはいえないにしても、領主権力によって名田規模の均等化があらたにおしすすめられていくのであるから、そこでは旧来の作手が、田堵農民にとって、そのまま私的財産としての位置を認められず、領主側の年貢公事収取単位という要求に沿って再編処理されたと考える他はないのである。しかもそのような性質の均等名編成が、たんに興福寺領ばかりでなく、最近では十三世紀の東寺領太良荘においても認められるに至ったのであるから、百姓名をもっぱら徴税単位としてとらえ、農民的所有や経営の単位とは別の次元に属するものとみる見解が、ほとんど決定的となったのも理由のあることである。

じっさい、大和・山城などをはじめとする均等名荘園の場合、領主側は、十二世紀の荘園制支配確立過程で、有力農民が保持していた治田系の永作手や、寺僧・官人の「領主」・「地主」権などの加地子得分権を能うかぎり排除し、荘園の耕地が、そのような中間収取権を一切随伴しない状態にしようとしていたことは、荘園領主側が、当時くりかえして「私領主あるべからず」という方針を強調していたことからも推察できる。その点からすれば、荘園領主側の土地支配意図がもっとも徹底して貫徹した均等名における名主の権利のなかに、売買権をそなえた永作手権の性格はふくまれていなかったと見るべきであろう。かつて村井康彦氏(1)、上横手雅敬氏(2)は負名=田堵段階と百姓名=名主段階を区別し、後者が前者と根本的に異なることは、後者の場合名主は名田を売買譲与しうることであるとした。別言すれば十二世紀段階では百姓名田が私領と同質であると見たのである。しかし、この点はかならずしも正確ではないのであって、少なくとも均等名に関するかぎり、百姓名はただちに農民にとって永作手権(売買権)の確立した「私領」とはいいえないのではなかろうか。

しかし荘園制の全般的動向から見れば、均等名編成のおこなわれなかった荘園の方がはるかに一般的であることは否定できない。そこではたとえば高野山領太田荘の場合に見られるように、名の規模は大きく分化しているのであり、それは同荘が国衙領の太田郷・桑原郷から平安末期に転生した経緯から見ても、おそらく国衙領時代の負名=作手がそのまま百姓名として定着していったものと解されるのである。かつて別稿で明らかにしたように(3)、本荘の百姓名は小丘陵地帯のゆるやかな谷田に概して一括的な耕地をもって分布し、地名・谷名・池名などにその名を刻みつけて今日に伝わるものが多いことから見て、領主の手による百姓名の再編・移動はほとんどなかったと考えねばならない。このような場合、事情は均等名とは大きくちがっており、かつての作手が、そのまま定着していることはまず疑う余地がない。ここでは名主は百姓名耕地を売買することができたであろうか。

非均等名の名耕地が名主またはその下の耕作者の手による売買の対象となったとすれば、かつての負名作手はこの段階で農民的土地所有権としての性格をもつに至ったといわねばならない。しかし結論からいえばおそらく非均等名でも、均等名と同様、百姓名田の売買は制度上容認されていなかったと考えられる。前掲別稿(本論文付説)で史料とした平安末期(一一五一～八五)の耕地売券一二八通(『平安遺文』所収の同時期の全部)についてみると、それらの売券はごく例外的な場合(川上荘四件(4)、荒川荘一件(5)、名手荘一件(6))をのぞいて、他のすべては、国衙領に属する「私領」の売券であって、荘内耕地、とくに名田を売却している売券は一通も見られないのである。考えようによっては、荘内百姓の相互間の売券が、荘園領主たる現所蔵者の手に入るはずはないという反論もあろう。しかし十四世紀に入れば、農民の売券が手継証文として荘園領主の手許に流入し、荘園領主文書として今日に伝わっている例が珍しくないのであるから、やはりこの時期では百姓間の売買行為はなかったと見るべきであろう。この点がもし正しいとすれば、均等名においても非均等名においても、基本的には百姓名田の売買権は成立していないというべきであろう。

では、百姓名とは、近時いわれるように年貢公事徴収の単位にすぎず、名主はいわば末端の荘官的存在であって、そこには農民的土地所有権の契機はまったく介在していないというべきであろうか。たしかに国衙領の負名の段階でも負名田堵は官物納入の直接的責任を負うものであったが、現実の耕作・官物納入関係は、一つの負名内でいくつにも分割されていたし、荘園制下の百姓名の耕作＝作手が、多くの小百姓層に分割・割りあてられていたことも近年明らかにされた。それらの事実をふまえれば、名主の役割が、名耕地の作人への割りあて、年貢公事徴収等の事にあたるものと見ることはいちおう妥当なようである。しかし、保安二年(一一二一)の「伊賀国名名封米返抄案」を見てもわかるように(7)、清末名は五町八反小の規模をもっていたが、その官物納入者は依清・国延などの名主とは別人である部分と共に、一定部分は清末自身であったから、田堵・名主はその負名・百姓名の一定部分についてはみずから作手を確保し、経営に当たっていたことも疑いない。この点は、大和の小東荘で名主たちは荘内に屋敷を認められて居住している有力田堵であった事実からも確認されるのであって(8)、百姓名主はやはりそれ自身農民として百姓名の自己作手部分の直接経営に当たっていたことは否定できないのである。

しかもそればかりでなく、百姓名は、名主にとって所有の契機をも内包していたと思われる。その点は、百姓名の性格を一色田との関連において検討するとき明らかである。すでにひろく注意され、最近では荘園支配を名田＝間田体制とよぶ見解さえあるように、(9) 荘園耕地は百姓名とともに一色田・間田とよばれる耕地部分によって構成されていた。一色田・間田は百姓名とちがって公事負担のない年貢一色の耕地であるが、本来それは領主直属地としての性格をもち、名主以外の小百姓層に請作させるのがたてまえであった。この種の領主直属地が百姓名とならんでなぜ設定されたかの理由について十分納得しうる説明は現在のところまだ与えられていないが、歴史的な筋道としては、本来荘園領主に所属する荘地の一部が百姓名として名主に分割されたと考えた方が妥当であろう。ということは、荘園領主が領主的土地所有をより強固な形で実現しうるのは一色田のような支配方式をとる場合であって、百姓名に分割することは、年貢・公事収取の面では合理的であっても、名主に事実上、長期的な私的権利を付与することになる。したがって荘園領主が百姓名を認めることはたんに年貢・公事収取体制の便宜上、名主に下級荘官的機能を担わせるということだけではなく、名主たる上層農民に、名田にたいする一定の権利を認めることになるのである。もともと農民の私的土地所有にたいする欲求は、古代以来根強いのであり、さきの和泉国符が指摘したように、有力田堵が好んで荒廃田地の再興にのりだすのも、そこにこそ私的所有発展の可能性が強くあったからである。

この点を考慮すれば、百姓名の成立には、上層農民の土地所有形成への欲求が反映していることを認めねばならない。もとより百姓名は荘園制度上はそれ自体としては年貢・公事つきの耕地であって、名主にたいして私領加地子のような経済的得分を直接一般的に保障するものではなかったし、売買権を法的に容認するようなものでもなかった。しかし名主が名田の経営を他の小百姓に委ねることもできたように、名主は百姓名の下地全体の管理権をもち、ひいては請作者たちから若干の得分を収取することもできたであろう。その意味で名主の百姓名全体にたいする関係はやはりそれ自体として農民的土地所有権に発展する萌芽をふくんでいたと見られるのである。

その点は非均等名の場合の百姓名の具体的在り方と結びつけて考えるときいっそう明らかである。一つの例として土佐大忍荘の百姓名である清遠名の在り方について見よう。本荘は領家が誰であるか判明せず、辺境山地の特殊な荘園のごとく理解されがちであるが、地理的には土佐国府からさして隔たらず、一方は海に面しており中世荘園の立地条件としてかならずしも特殊視すべきものではない。香宗川中流の小河岸段丘の両側に、自然湧水を利用して緩やかなタナ田型水田をもつ清遠名は、今日その小字に「キヨトウヤシキ」を残し、かなりよく名耕地の在り方を推定させる条件を残している。「安芸文書」の伝えるところでは、鎌倉末期に入ると本所側から開発促進の命令が出されたり[10]、また「清遠名脇」の末延の存在も知られるようになることなど[11]から推して、次第にその規模・構成を拡大していったと見られるが、その原型はおそらく清遠名主の屋敷を中心とする一括的耕地であり、作手の変動を受けることなく、その耕地は一貫して名主の家筋に伝えられてきたであろう。地形的にみても一括的地域が一名の構成をとる点は太田荘と同一であって、こうした場合保有関係の改変、均等名編成はほとんど不可能であるといってよい。そこでは耕地の維持や改良、切添開発などが名主自身によって推進されただろうこともほとんど疑う余地がないから、名主の家と耕地とは緊密に一体化しているのであって、その関係はたとい法的には売買権を認められないとしても、均等名荘園の場合とは、事情はちがっている。このような非均等名の場合、法的にはどうあれ、事実的には名主の農民的所有の対象といって差支えない性格を強めはじめているのである。

以上のように見てくると、百姓名は、制度的には徴税単位にすぎず、負名が百姓名に展開していく過程で永作手的な権利は公的には排除され、名主は名の直接管理者的位置におしとどめられたとしても、現実的には、そこに名主の名田にたいする所有および経営の契機を強く内包しているといわねばならない。その点はまた、たとい程度の差はあっても均等名についてさえいいうることである。均等名の規模は荘園によって異なり、一名の規模には大は大南荘の三町におよぶものから小は奥島荘の七反程度のものまでかなりのひらきがある。(12)そのようなひらきが生ずる理由はそれとして考えねばならないが、大きく見れば七反〜三町という規模は、名主家族の所有・経営とまったく無縁なものではないだろう。名は小百姓に請作させることが可能ではあるが、領主側から見て、年貢公事収取にもっとも好都合なのは、安定的な有力農民の一経営単位である場合であるし、おそらく均等名編成がおこなわれる際にもそのような側面が配慮されたであろう。したがってその点を考慮すれば、百姓名から所有・経営の契機を全く捨象する所説は、一面では名の制度的特質を明らかにする点で大きな意味をもつものであっても、他面、このような実体的側面、とりわけ負名作手からの連続と発展の側面を見逃す危険をふくんでいると考えられるのである。

（1）村井康彦「田堵の存在形態」(『古代国家解体過程の研究』所収、とくに三一一頁)。
（2）上横手雅敬「私領の特質」(石母田正・佐藤進一編『中世の法と国家』所収)。
（3）永原慶二「荘園制支配と中世村落」(本書第六論文)。
（4）『平安遺文』二七二四・二九一五・三四五五・三五五五号。
（5）『同前』三八六七号。
（6）『同前』四二一三号。
（7）「根津美術館所蔵文書」(『平安遺文』一九二九〜四八号)。
（8）稲垣泰彦「東大寺領小東庄の構成」(前掲)。
（9）島田次郎「畿内荘園における中世村落」(前掲)。
（10）「安芸文書」(『近世村落自治史料集』第二輯)、文保二年二月十日、大忍荘政所下知状。

(11)　「同前」、元亨元年十月一日、清遠名新田屋敷安堵状。
(12)　渡辺澄夫『畿内庄園の基礎構造』三九八頁以下。

四　名主職売買の出現

前節で見たように、十二世紀以降展開する百姓名は、その実体としては経営・所有のモメントをふくみつつも、法的・制度的にはなお農民的土地所有権とはいいえない性質のものであった。

しかし、ほぼ十三世紀末頃以降になると、「名主職何反」という形式の売券が出現しはじめ、「名主職」という形で名田は分割・売買の対象とされるようになる。それは明らかに本来の百姓名には見られなかった現象であり、大まかにいえば百姓名田が農民的土地所有の対象に転化したことを示すものといいうるであろう。この変化はたしかに中世農民的土地所有の成立史上画期的な意味をもっている。だがやや立ち入ってみれば、この「名主職」がはたしていかなる経路をもって、いかなる性格のものとして成立してきたかは、慎重な検討を必要とするところであり、単純に百姓名に対する名主の管理権が発展したものとのみはいいきれず、作手の転化発展と見るべきではないかという問題をふくんでいるのである。

これらの問題に関連して須磨千穎氏はきわめて興味深い史料を提示している[1]。すなわち同氏は山城国拝師荘の名耕地を建久九年(一一九八)[2]の坪付によって復原したうえ、その一名たる正友名の耕地にかかる承元四年(一二一〇)の物部正弘作手田売券[3]を示されたのであるが、それによれば、山城国紀伊郡社里二十坪に所在した一反の「作手田」が「先祖相伝所領」として中原宗影《ママ》なる人物に一七貫五〇〇文で売却されているのである。その際正友名と売人物部正弘がどのような関係にあったかについて、須磨氏は正弘を承元四年段階の名主で、正友から名を受けついだものと解し、正弘が売却した作手とは正友名の名主が名田に対して保持する権利であると考えている。

須磨氏のこの解釈が妥当であれば、承元四年という鎌倉初期の時点で、百姓名はすでに名主の手によって分割売買されえたこととなるわけであり、名主による名田売買のきわめて早い例となる。

けれども、正弘は果して正友名の名主としてこの名田の一部を売ったのか、それとも、正友名の一部を作手として保持していてそれを売ったのかは検討の余地がある。この疑問を解く一つの鍵は、かつての十一世紀の国衙領の時代にひろく見られた「私領」＝永作手が、この時点ではどのように推移してきているかという点にある。すなわち、荘園体制の整備や百姓名の編成が進行した時点で、そのような永作手が一切消滅しているとすれば、須磨氏の示したこの史料は、氏のいわれるとおり百姓名の一部が名主の手によって分割売買されたことを意味する可能性が大きいであろう。須磨氏が注意されているように、正弘の売券では売却対象地は「作手田」と表現されているが、正弘から買取った中原宗景が、さらにそれを寛喜元年(一二二九)に売却した時には同じ対象を「永作手」と記しているから[4]、ここでは「作手田」と「永作手」には使用上の区別はない。とすると、この「作手田」もしくは「永作手」といわれる権利はどのような系譜をもち、どのようにして成立したものであろうか。

須磨氏は、これについて必ずしも明示されていないが、行論の筋から推せば、名田は名主にとって本来売買できる対象と解しておられるようである。しかし、一つの考え方としては私はそうではなく、この売買対象となった「作手田」もしくは「永作手」は名に編成はされているが、もともとかつての「私領」系統に属するものであって、したがってそこには加地子権が付帯しており、売買の対象はその加地子徴収権であったと思う。もともと十一世紀の国衙領の名においても、「私領」もまた名に編成されることがあったのであり[5]、そのような関係は荘園制下の百姓名に持ちこされた場合があっても不思議でない。そうだとすればここでは百姓名主が名主なるがゆえに名田を分割売却しているのでなく、名田の一部に永作手が存在していたため、その特定の部分だけが売買されたのだと考えられるのである。

この点は、須磨氏が注意されたように、鎌倉中期以降になると、売券の表示にも次第に「永作手」「作手」の語が使われなくなり、それに代って「名主職何反」という表示形式の売券があらわれだすことと併せ考えれば、理解しやすくなる。すなわち、この変化の意味はおそらく、鎌倉中期以降になると、従来の加地子得分権が認められていた「私領」＝永作手田以外の一般名耕地についても、事実上、権利が固定強化し、また生産力の発展にともなって、剰余が確保されるようになり、これを売買する者が出現してきたことが関連しているだろう。その結果、加地子徴収権つきの「永作手」であることを強調することが特別の意味を失い、その売買客体の所属する名田の名前を表示して、「名主職何反」と表現した方が現実的となったと解せられるのである。須磨氏はさきに問題とした拝師荘に属する山城国紀伊郡社里二十坪に所在した耕地一反が、物部正弘の手に移るときには「作手田」、正弘から宗景に移るとき、および さらに寛喜元年（一二二九）宗景から清原延清へ、ついで嘉禎二年（一二三六）延清から清原正延に売却されるときはいずれも「永作手田」の表示をとりながら、それ以降の移動の際には「私領田」とのみあって、「作手」または「永作手」の表示が用いられなくなっていることに注意されているが、それはまさしく上のような事情にもとづくものであろう。

こうみてくると、「名主職」売券がいつごろからどのようにして成立してくるかはきわめて興味あるところであるが、たとえば建武五年（一三三八）五月十二日付の菊千代丸田地売券は[6]、「沽却　私領水田名主職事　合弐段」という形をとっており、もはや「永作手」もしくは「作手」のような字句は見られなくなっているのであって、この場合には、百姓名田の一部が「名主職」として分割売却されていることは明白である。そのような「名主職」売買は荘園領主側からすれば、支配の基礎たる百姓名の一部が農民の手によって移動されるのであるから、支配の体制は根本的におびやかされることとなる。次の文書はこの間の事情を端的に示している。

当荘田畠等沽却事、不可然、堅可被禁制之旨、先々被仰了、名主百姓等中、於致自由沽却輩者、任被定置之法、可被収公名田之由、衆議所候也、恐々謹言、

三月廿六日　　　　　　　　　　法橋真祐

謹上　上野荘預所殿

すなわちこれは東寺の寺僧真祐から山城の所領上野荘預所に宛てた書状であるが、観応元年(一三五〇)のものと考えられる。(7) これによれば、東寺領では近年名主百姓のなかに禁制を破って荘の田畠を勝手に売却するものがあるが、その場合には名田収公の厳罰をもってのぞめと指示しているのである。ここでは荘内名田畠を名主百姓が売買することの禁止は、かねて「定め置かるる之法」であったのである。この「法」を破る名田売買がいつから始まったか、この文書からは判断しがたいが、当時とくに目立ちはじめた不法行為として、荘園管理者たる寺僧が、その禁制を厳命したのであり、農民の手による名田売買が荘園法の認めるところでなかったことは明白である。*

* なおここできわめて興味深い事実として注目すべき次の例がある。すなわち、東寺領丹波国大山荘における文保元年(一三一七)の内検取帳(「東寺百合文書」や七〜一三)によると、同荘一井谷の農民の土地保有は「さうてんのふん」とそうでない分とに二分されている。「さうてんのふん」はおそらく「相伝の分」であろうから、農民はその保有地の一部は「相伝」であるが、他は「相伝」でなかったわけであろう。相伝でないということは、領主側の名編成＝「散田」等によって農民の保有関係がいつでも再編・変更される可能性を帯びていたことを意味し、しかも「さうてんのふん」の方が少なかったことはそこに農民的土地所有の未熟さが示されているといってよい。

そこで名主職売買の例を見よう。たとえば貞和五年(一三四九)十一月三日、源七橘守長は山城国紀伊郡林里一坪に

所在した「竹原畠田名主職 合大」を藤原氏女に売却し、[8] 同時に同田地について「下作職請文」を作成して、[9] 毎年「十二合升に五斗」の名田得分を支払うことを条件に買主藤原氏女の下作人となっている。すなわち、この例に即していえば、源七橘守長は、「竹原畠田名田大」の属する百姓名全体の名主として、その名田の一部を分割売却したのであろうか、あるいは守長はその百姓名の一部についてだけ名主のもとで作手であった百姓であるのかが問題である。この点については従来はほとんど検討されることもなく、前者、つまり名主のみが名田を分割売却しうると考えられてきた。しかし、上来見てきたところからも明らかなように、名主の地位が本来名田の所有者というわけでなく、名耕地の用益は他の百姓たちにも分割されていたとすれば、その分割耕作者の保有地＝作手が売買の対象となることも筋道としてはありえないことではないのである。げんに、一つの例としては、永和元年（一三七五）東寺領山城国上久世荘では、左衛門三郎が友吉名内の田地二四〇歩を売り、さらに翌年同名内一反を「相伝之名田」として売却している。[10] この人物はこれに先立つ延文二年（一三五七）の名寄帳によれば、[11] 本名・宗方名・行吉名・友吉名という同荘の四つの百姓名にわたって田畠計一町六反二〇歩を名請する百姓であるが、友吉名主ではないのである。この延文の名寄帳によれば、友吉名には左衛門三郎をふくめ七名の名請人がおり、さらに、同荘の元亨・暦応・延文の名寄帳について名別名請人の数を表示すると表五-1のような状況である。[12] これによれば、年代の推移によって名請人数が増加することは明らかであるが、すでに元亨段階でも、名別名請人数は荘官名をのぞいて、百姓名ではいずれもほぼ一〇名前後に及んでいたことが明らかである。

このような諸事実を併せて考えれば、名耕地の売買の主体は、かつての百姓名の管理・徴税機能をもつ名主自身だけではなく、むしろそのもとで旧作手の系譜をひく分割耕作権をもっていた百姓たちをふくむものであると見ねばならない。表示した年代別名請人数の動向から見ても想像がつくように、百姓名の名請人数は、本来はおそらく一名にそれほど多数ということはなかったし、名主自身が主要な作手保有者でもあったろう。しかし、十三世紀を通じ、名請人数は次第に増加するとともに、名請人たちの保有権＝作手が強化し、その売買すらもおこなわれる事態に到達したと考えられるのである。

とすると、そのような動向に対して、本来の名主は、どのように対応したか。名耕地の部分的作手保有者が名田の一部を自由に売買するようになれば、名主自身の管理者的地位は必然的に低下するから、かれらがそれを阻止しようとしただろうことは推測される。ただ管見のかぎりでは、名主がそのような動きを明示する史料には接していない。けれども十四世紀以降東寺領でもむしろ名主職の補任、名主の請文提出という形式がみられ[13]、名主の管理者的立場が強化されてきていることは事実である。それは、名主が名田全体の土地所有者たりえず、むしろ作手百姓が名田の関係部分の所有者としての性格を強め、地位を高めてきた現実に対応する事態であろう。

では、作手百姓はなぜ作手を所有権として強化できたのだろうか。これについては当面、一方では保有関係の固定、他方では生産力の発展にもかかわらず荘園年貢がそれを追徴できないような領主・農民関係のもとで、作手農民に剰余が残存する可能性が一般的に成立し、その結果、その剰余分を対象とする売買が事実上ひろまっていったと見る他はない。

表 5-1　上久世荘名別名請人数

名の名	元亨4年 (1324)	暦応4年 (1341)	延文2年 (1357)
本名	8人	11人	15人
宗方名	18	18	14
正賢名	10	12	13
平七名	6	8	13
野里名	5	6	12
越後名	4	4	10
行吉名	2	2	8
友吉名	5	5	7
助友名	5	5	4
有正名	1	2	2
江永名	1	2	1
公文名	1	3	1
下司名	1	3	1
戒光寺本名	0	0	3
戒光寺平七名	0	0	3
計	67	81	107

〔備考〕 有正名，江永名，下司名は公文の名請.

そしてまた、この間には、生産力上昇部分に対しては名主がそれを加地子という形以外では掌握しうるような事情も存在しなかったこと、いいかえれば名の分割にもとづく作手保有層の発展のもとで、名主はその下級荘官的地位に見あう得分権を十分発展せしめることができなかったという事情が併存したことも考えねばならない。

以上の推論がもしおおよそ妥当とすれば、十三世紀後半以降、漸次、畿内地方を中心としてあらわれてくる「名主職」売買は、従来予想せられているように、名主の地位、名主の名田進退権がそのまま所有権としての「名主職」に転化したのでなく、その下における名田の分割保有の権利、すなわち旧来作手に系譜をひく権利が所有権に転化した、という点で新しい重要な事実を示すものといわねばならず、それは中世農民的土地所有権の下からの発展を示すものとして高く評価する必要があるであろう。*

＊　ただし、このように作手が名主の名田管理権を圧倒して所有権の中核たりえたのは、作手百姓の経営的自立・発展のいちじるしい先進的地域に限られる。後進的な地域では名主の名田管理権がそのまま所有権化し、作手はいわば従属的な土地保有関係におしとどめられていたのではないかと思われる。

ところでこのような新しい農民的土地所有権の発展、「名主職」売買、それにともなう加地子名主職と作職の分化という現象の意味づけについては、たとえば網野善彦氏のように、それを職の秩序の末端までの貫徹現象と見て、これを荘園制の秩序の枠内で理解しようとする見解がある。(14) しかし、すでに見てきたところからすれば、この種の名主職・作職は、かつての本家職以下の、支配層の側における職秩序とは本質的に異なるものであって、(15) むしろ非荘園制的な性格を示すものであり、そのような職の分化自体が荘園領主権の動揺・後退を意味しているというべきである。それは形式的にはひとしく「職」という荘園制的表現をとるが、実体的には荘園制的支配体制を後退させるなかではじめて成立してきた農民的権利の表現に他ならないのである。そのような名主職売券、したがって名主職と作職の分化が主として畿内地域に集中的にあらわれ、周辺および遠隔地においては、一般的に出現してこないことは、なおこの種の農民的土地所有権の発展がかぎられた先進地帯の問題にとどまっているという限界を示している。しかしそれにしても、これによって中央地帯の農民がその私的土地所有を大きく前進させえたことは重要であり、そこに農民的土地所有権の歴史における一つの画期を求めることは必ずしも不当ではないだろう。

なおこのような発展にともない、一色田・間田部分の農民的土地保有関係がどのような性格転化をとげてゆくかも併せて追求する必要があるが、紙幅の都合で後日にゆずることとする。

（1）須磨千頴「山城国紀伊郡における荘園制と農民」(稲垣泰彦・永原慶二編『中世の社会と経済』所収)。
（2）建久九年二月日、拝師荘九条領田畠坪付注文案、「東寺百合文書」な二七～二八(以下、東寺百合文書公刊分は『　』、未刊分は「　」で表示)。
（3）承元四年十二月二十日、物部正弘田地売券、『東寺百合文書』二(『大日本古文書』)へ一二一号。
（4）寛喜元年六月十六日、中原宗景田地売券、『東寺百合文書』(『同前』)へ一二〇号。
（5）戸田芳実『日本領主制成立史の研究』二六二頁。
（6）「東寺百合文書」メ三〇～五〇。
（7）「同前」ム学衆奉行引付。
（8）「同前」ヱ四六～五〇。
（9）「同前」ヱ二五～三一。
（10）「同前」リ一四～二三。
（11）「同前」ま二～六。
（12）杉山博『庄園解体過程の研究』三〇頁所収第9表より加工作成。
（13）「東寺百合文書」マ三九～六〇。

(14) 網野善彦『中世荘園の様相』二七四頁以下。
(15) 荘園制的職秩序については、永原慶二「荘園制における職の性格」(本書第二論文)を参照。

付説　平安末期耕地売券の分析

中世農民的土地所有権の性格を検討する一つの方法として、農民にとって土地売買は可能であったか否か、可能とすればそれはいかなる場合か、という問題を吟味してみよう。この点についてはよるべき研究があまりないのでひとつの手がかりとして、『平安遺文』のなかから、仁平元〜元暦二年(一一五一〜八五)のあいだの耕地売券を抽出して、別表を作成した。その内容を検討してみるとつぎのようなことが注目される。

(1)　調査対象とした耕地売券は一二八通におよぶ。これはいうまでもなく当該の売買行為によるかまたは手継証文として、現在の文書所蔵者の手に帰して保管されてきた文書である。したがって当時の売買行為のごくかぎられた一部を示すものにすぎないが、三五年間にわたり、一二八通に達しているから、そこに当時の売買の在り方がかなり詳細・具体的に示されているとみてよいであろう。

(2)　これらの売券の売主・買主の名義についてみると、僧侶名が圧倒的に多く、俗名の場合は例外なく有姓のものであり、十四世紀後半以降になってはじめて出現する無姓の百姓名のようなものは一切発見できない。この売主・買主の姓名からそれらの身分・階級をとらえようとすることは危険であるが、一つの傾向として注目すべきことである。僧侶名が多いことは、これらの売券が、寺院文書に多く残っており、結局対象地の所有権が寺院に帰属したことによるのであろうが、僧侶が所有していたことは、その権利が非勤労的な中間的な権利であることを暗示するものと見てよいであろう。この点は以下にのべる「私領」の性格と深くかかわっているが、農民的用益権そのものでないことは

平安末期(1151～1185)耕地売券一覧

『平安遺文』No.(旧版)	年　代	所　在	権利表示	面　積	価　格	売　主	買　主	備　考(領主 上部負担等)
2720	仁平1 (1151)	大和川上荘	相伝所領	田2反	米16石	紀四郎丸	僧増万	
2724	〃	〃	相　伝	畠田1所	見米6石 家地3間	清原某	僧暹真	相博
2751	仁平2	伊勢三重郡	永　財	田1町	八丈絹14疋	度会神主		
2805	久寿1 (1154)	伊　勢?	治　田	田1反	八丈絹1疋 米1石	沙弥某	坂上吉永	
2810	久寿2	京　都	私領田	田300歩	9石	清原姉子	紀姉子	
2813	〃	伊　勢?	治　田	田2反	八丈絹4疋	度会正房	外宮玉串大内人 吉貞	
2814	〃	伊　勢?	〃	田1反	八丈絹1疋4丈	度会行房	吉　定	
2820	〃	大　和?	相伝私領	田1反	4石8斗	僧能実	僧覚□	
2824	〃	大和平群郡	永年作手	田1反240歩	米10石	法隆寺上座長暹	興福寺僧隆勝院	
2840	保元1 (1156)	山城紀伊郡	私領田	田2反	米36石	大法師義尊	酒波光遠	
2866	保元2	大　和	所領田	田2反	米18石	大法師□禅		上部負担は天地院領八講供僧役反別飯2斗酒1□
2867	〃	〃	私領田	田1反	米9石	藤原姉子	僧定詮	
2900	〃	大和平群郡	私　領	田1反	米5石	僧成祐	秦末時	
2911	〃	摂津嶋下郡	所領田	田1反100歩 定60歩	米3石5斗	清原氏	貞利殿	
2915	保元3	大和川上荘	私領田	田1反	出挙米6合枡 25石9斗8升	僧頼仁	随乗房	
2949	〃	伊　勢?	治　畠	1　反	八丈絹1疋 布1反	石部某		
2950	〃		私領田	田1反	本枡4石2斗	僧宗厳	勾当珍豪	
2953	〃	大和平群郡	〃	田3反	米18石	僧成祐	僧忠詮	
2963	〃	〃	私　領	4　反	米20石8斗	僧成祐	藤原仲子	
3039	平治1 (1159)	大和川上荘	〃	田1反	米7石	僧覚永	僧林誉	
3042	〃	水江里	相伝所領	田1反	能米8石	源宗兼	小野真利	
3047	永暦1 (1160)	大和川上荘	〃	田3反	米9石	東大寺堂司念慶	大法師兼仁	
3136	永暦2	伊勢箕曲郷	相　伝	畠1反	八丈絹2疋	佐伯命子	大神宮権神主忠遠	
3137	〃	?	相伝私領	田2反	能米25石6斗	藤井次郎丸	定蓮房	円融院仏聖田

3149	永暦2	紀伊相賀荘河北村	開発領掌	田3反 并荒少々	本枡7石	紀助房	月上院	
3187	応保2 (1162)	大和櫟荘	相伝所領	田5反	米本納10石	守姉子		
3188	〃	大和額田東郷	私領田	田2反240歩	見米13石5斗	僧厳暁	権専当智春	
3237	〃	?	相伝所領	田 半	銭7貫文	ふち井しけよし	うま允	
3249	応保3	大和葛上郡	私領田	田3反	本枡18石	僧寛春	僧有継院	
3275	長寛2 (1164)	山城大江郷	相伝作手田	田180歩	米1石6斗	秦吉成	矢田部元清	
3312	〃	紀伊相賀荘	相伝領掌	田1反	御供米 2石9斗3升	僧良仁	院主御房(政所)	
3317	〃	大和平群郡	相伝作主	田1反200歩	米7石	僧慶寛	興福寺僧永賀	
3321	〃	伊勢継橋郷	相伝治田	田2反	八丈絹4疋	僧義意	外官長御息男六郎禅師君	
3329	長寛3	左 京	相伝私領	田1反	米11石	宗岡妹子	僧尋千院	
3332	〃	大和河上犂谷	(モト開発)伝給	田3反	米18石	僧楊勢	僧勝尋	
3338	〃	伊勢二見郷	治 田	180歩	八丈絹1疋 米2石	藤原武国	伊勢行成	
3365	永万1 (1165)	紀伊相賀荘	開発領掌	田畠2反 并荒林	6石5斗	紀助房	雙輪寺浄月御房	
3371	〃	伊勢名張郡	私領作手田	田1町	米23石	興福寺僧行円	黒田荘住人守友久	
3373	〃	大和城下郡	相伝私領	田2反	米10石	源頼宗	源親頼	
3377	永万2	上宇羽西村	所 領	畠180歩	見米1石3斗	某	内宮宮掌内人佐伯並沢	
3379	〃	大和葛上郡	私領田	田1反	米8石	紀忠長	西小田原住僧祐恵院	
3383	〃	春日荘	相伝所領	田2反	米13石	僧仁厳	藤原延寿	
3391	〃	伊勢継橋郷	相伝私領	田1反	八丈絹2疋 米本枡2石	度会神主某	僧隆賀	
3403	仁安1 (1166)		相伝領掌	田1反	米11石	僧実運	勢門房	
3417	仁安2	大和城下郡	相伝所領	田2反	米10石	源頼宗	源親頼	
3440	〃	大 和	相伝領掌	田1反	米4石	箭田安行	法隆寺僧尊慶	法隆寺領
3442	〃	大和平群郡	相伝所領	畠1反	米3石8斗	高向姉子	坂部時貞	
3443	〃	山城相楽郡	相伝私領永作手	田1反	本枡2石	紀為包	橘貞国	
3455	仁安3	大和川上荘	作手=私領田	1反120歩	8合枡ニテ15石	東大寺僧弁深	羂索院法橋御房	尊勝院盆供田ノタメ毎年1斗弁進
3479	〃	〃 広瀬郡	相伝所領 永年作手	田4反	負物米13石	大原吉宗	僧玄壱	
3489	仁安4		私領田	田1反半	当山枡12石	僧賢仁	来迎房尼	

『平安遺文』No.(旧版)	年　代	所　在	権利表示	面　積	価　格	売　主	買　主	備　考(領主上部負担等)
3491	仁安 4	大和平群郡	相伝所領	田 1 反	米 7 石	僧忠詮	瑠璃御前	
3498	〃	〃 城下郡	相伝領掌	田畠 1 反	米 5 石	僧隆舜	大原頼貞	
3499	〃	伊賀名張郡	相伝領掌？ 永年作手	畠 3 反	牛母子 白布10反	高乃末武	藤原国貞	
3503	嘉応 1 (1169)	肥　後	相伝私領	田畠	直 2,500 疋	藤崎宮三郎丸	長浦九郎遠貞	
3507	〃	大和山辺郡	相伝領	田畠 4 反	米24石	僧　某	藤原氏	
3514	〃	山　城	〃	畠 2 反	米21石社枡定	今紀行遠	紀経宣	但シ西寄 1 反ノ所当夏冬 2 斗，東寄 1 反ノ所当ワラ 30 束
3523	〃	左　京	相　伝	田 2 反	米16石	僧良顕	義覚院	
3529	〃	大和高市郡	永年作手	田 4 反 120 歩	米30石 3 斗	権都維那実勝	於波田小院	
3533	嘉応 2	〃 添上郡	私　領	畠 2 反	本枡 8 石	僧容観	僧慶心院	
3534	〃	紀伊名手荘	相伝畠	畠 1 反	米 3 石	紀友貞	仍　楽	
3537	〃	橘　本	買取地	田 1 反	米 5 石 2 斗	僧勢門房	金寿房	
3555	〃	大和川上荘	私領田 永年作手	田 2 反	米本枡14石	僧心均	大中臣姉子	
3562	〃	大　和？	私領田	1　所		橘姉子	僧弁実	
3574	嘉応 3	伊賀名張郡	伝　領	畠 2 反	絹4丈白布1反	僧恵深	丈部成房	
3578	承安 1 (1171)	〃	相伝領地	畠 1 反	父牛 1 頭代 2 石 見米 5 斗	藤原因次	大村安利	
3580	〃	〃	相伝私領 永年作手	畠 1 反		吉見貞重	今枝之御領	
3585	〃	大　和	相伝領田 作手田	田 1 反	米 4 石	僧義祐	僧林秀院	
3586	〃	大和城下郡	相伝私領	田 4 反	米20石	源親頼	寛尊院	
3587	〃	〃 川上荘	相伝所領	田 1 反	米 7 石 8 斗	橘姉子	仁花房	
3596	承安 2	大　和	私領田	田 2 反	米本枡13石	僧隆延	藤原姉子	
3599	〃	大和平群郡	相伝私領	田 2 反	米10石	惟宗近綱	隆舜院永常	但シ公事者，以前付売地沽却了
3608	〃	〃 添下郡	相伝所領	田畠 1 町 2 反	米13石本枡	橘姉子	僧寛兼	松尾所知田畠
3609	〃	伊　勢		田 1 反 180 歩	八丈絹 3 切	度会神主某	内大舎人兼清	
3616	〃	山城紀伊郡	私領田	田 2 反半	米37石 5 斗	藤原貞友	下総入道	
3619	承安 3	肥　前	相伝私領	畠 1 所	米23石8斗3升9合 籾44石9斗3升5合	清原兼平	光富息	
3625	〃	大和高市郡	相伝所領	田 3 反	米18石 5 斗	東大寺都維那俊範	伴為則	

3644	承安 3	右　京	私領田 永代作手	田 1 反	米 3 石	中臣五郎	中臣薬童	
3648	〃	大和平群郡	相伝私領	田 1 反	米 8 石 5 斗 (10合枡定)	僧元勝	僧栄善院	
3665	承安 4	大　和	相伝所領	田 1 反	米 3 石 5 斗	法隆寺上座増喜	藤原友正	
3667	〃	大和城下郡	相伝領掌	田 1 反	米 5 石	僧覚有	僧教印	
3677	承安 5	〃 添下郡	相伝私領	田 3 反 240 歩	出挙米3石2斗	大法師諶覚		薬師寺喜多院之所領
3713	安元 1 (1175)	大　和(？)	〃	田 2 反	本枡10石	大法師叡恵	僧弁実	
3720	〃	摂津嶋下郡	伝領地 永年作手	田 2 反	出挙米5石5斗	佐伯永里	防門殿	加地子反引 1 斗恒沢御倉所弁進也
3750	安元 2	左　京	私領田	田 1 反	米 7 石	春日社権預中臣祐政	安倍姉子	
3752	〃	伊賀名張郡	相伝私領 永年作手	畠 3 反	米 8 石	吉見貞近	東大寺住僧永乗房	
3764	〃	西　京	私領地	田 3 反	銭50貫文	橘元清	明蓮坊	加地子反別 3 斗 3 升御公事夫役田 5 度
3777	〃	大和葛上郡	私領田	田 2 反	米15石借用代	僧有実	僧尊恵	免除万雑事
3783	安元 3	山城紀伊郡	作手田 永年作手	田 2 反	米10石10合枡定	守部貞延	坂上末行	
3814	治承 1 (1177)	大和山辺郡	相伝私領	田 2 反	米18石	藤原三子	永伴三子	大仏殿御灯田
3815	〃	〃 葛上郡	相伝領	田 4 反	米34石	葛木宗遠	僧円慶院	
3823	治承 2	左　京	相伝私領	畠 3 反	米24石	佐伯三子	三蔵二郎丸	
3858	〃	肥　後	〃	田畠32町7反3丈	3,000疋	藤崎宮宮掌木行近	松浦九郎	
3862	〃	大和添下郡	私領田	田 5 反	米本納13石	僧諶覚	僧正□誉	
3864	〃	〃 添上郡	相伝所領	畠 1 反	米 4 石	僧玄愉	慶心院	
3867	〃	紀伊荒川荘	相伝私領	田 1 反	米 5 石代物	日置助盛	僧智観房	
3892	治承 3	？	年来所領	田 7 反	負物21石代	木工大夫重能後家	西智房	
3899	〃	伊賀名張郡	相伝私領 永年作手	荒畠 3 反小	米 3 石	村主氏弘	腰中国末	
3902	治承 4	〃	永年作手放名	田 1 反小	米 7 石	僧林祐	紀姉子	
3905	〃	山城紀伊郡	私領田	田 1 反	能米25石 金伏枡定	僧宴豪	僧長尊	
3914	〃	大和添上郡	〃	田 2 反 240 歩	米16石本枡定	宇治中子	元興寺有厳	
3918	〃	山城石井郷	〃	田 1 反	米20石10合枡	藤原氏女	紀国元	
3919	〃	伊賀名張郡	相伝私領	田 1 反	出挙米 20石 3 斗 7 升	小野姉子	尾張恒成	
3942	〃	大和山辺郡	相伝所領	田 2 反	米16石	永伴三子	僧縁慶院	大仏田御灯田
3947	治承 5	伊賀名張郡	相伝私領 永年作手	田畠 2 反	米 7 石	清原中子	東大寺住僧太郎房	

『平安遺文』No.(旧版)	年代	所在	権利表示	面積	価格	売主	買主	備考(領主上部負担等)
3950	治承5	?	私領田	田1反半	米9石当山本枡	善峰寺僧良秀	北尾中納言法橋御房	
3981	養和1(1181)	伊勢継橋郷	買得永財	畠180歩	米2石	度会氏継	相可次郎大夫	
4006	〃	?	相伝私領	田2反	能米25石	僧増延	慶宝房	円融院仏聖田
4018	養和2	大和添上郡	私領田	田2反	米10石本枡	平姉子	僧永信院	
4025	〃	〃 平群郡	相伝所領	畠1反	米6石	僧厳融	法隆寺僧尊栄	
4058	寿永1(1182)	〃 添下郡	相伝領掌	田1反	米3石	藤原友正	僧忠慶	
4062	〃	右京	私領田	田2反	18石5斗本枡定	為実入道	橘次郎丸	
4064	〃	大和添上郡	私領畠	畠1反	米本納4石	安曇仲子	美乃姉子	
4066	寿永2	伊賀名張郡	相伝私領永年作手	田1反	米6石	僧義鑒	僧教俊	於本名役者永放畢
4075	〃	大和平群郡	〃	田1反	米7石	紀嫡子	平嫡子	
4078	〃	〃 葛上郡	相伝領掌	田2反180歩	米17石	尼妙念	多治助俊	
4082	〃	〃 平群郡	〃	田畠1反	米5石	僧定□	佐伯之□	
4091	〃	〃 添上郡	地	田2反	米12石	紀時方	紀仲子	
4111	〃	紀伊名手荘	相伝領掌	畠1反	絹3疋4丈	坂上末国	経花房	
4115	〃	?	永代処分ヲ受ク	田1反	米本納4石	五福法師	源守友	中宮寺領
4119	〃	?	開発之所	田1反	米1石7斗	大中臣某	藤原友弘	
4125	〃	中津河	相伝領掌	田3反	米9石本枡定	僧戒信	符末近延	
4127	〃	大和添上郡	相伝私領	田1反320歩	米8石	橘福王丸	藤原二郎丸	東大寺春日荘之内
4142	寿永3	右京	私領田	田1反180歩	米11石5斗本枡	紀姉子	僧寛尊院	
4213	元暦1(1184)	紀伊名手荘	相伝領掌	田1反	国絹5疋	僧寛全	僧安得	
4217	〃	山城乙訓郡	相伝所領	田120歩	銭7貫文	源末友	清原江太	
4229	元暦2	?	私領田	田1反	銭5貫500文藺10束	葛原氏女	伴先生	東寺領
4252	〃	?	買得領田	田1反	銭5貫	清原某	源元景	

十分認めうるであろう。俗名のたとえば源宗兼・小野真利(三〇四二号)などは名主身分の者と考えるのが妥当であろうが、これらも、中間的権利者たる僧名の人と取引していることの多い点から見て、同様の性格の権利者であったろう。

(3)　売却対象とされた田地・畠地について、その規模をみると一〜二反のものが圧倒的に多く、大きいものでもただ一通の例外(三八五八号、田畠三二町七反三丈)をのぞいて四〜五反程度である。したがって規模だけからいえば概して零細であり、領主的所有の対象というよりは「農民」的というべきかもしれない。けれども、これを単純に農民の保有地と見ることは、(2)および以下の点からして正確ではないだろう。

(4)　その対象の田畠の性格＝権利内容を表示する場合には、「相伝私領」「相伝所領」「相伝領田」「私領田」「領田」「治田」「作手」「永年作手」などの用語が使われている。したがって厳密にみると権利の表現形式はかなりまちまちのようであるが、そのいわんとするところはいずれも「相伝」(もしくは「買得相伝」)の私有財産として、その世襲権および売却＝処分権を明示しようとするものである。このうち一方には「治田」のような律令法的用語もあり、他方には「作手」のような新しい国衙法的用語もあるが、両者のあいだの実質的区別は考えられない。「作手」をとくに現実的な農民の耕作権と解して、「私領」という表現のものと内容的に区別する見解もあるが、検討した一一八通についてはその区別をつけることは困難だし、一通の文書の中で「作手」を「私領」といいかえている例もみられるのである(たとえば三四五五号)。「永年作手」の用例はとくに伊賀の場合に多いが、「私領」の売却について「永年作手」を限って売る、と表現することが多い。要するに「私領」の永代売を意味しているようである。

(5)　以上のようなわけで、売買の対象とされているのは、「相伝」の事実をともなう「私領」であると判定できるが、その「私領」の性格を知る手掛りとなる現象としては、これらの売券では、のちの十四世紀以降出現する農民的な

「作職」売券のように、年貢負担を売券に明記するものがわずか五例にすぎないという事実がある。そしてそれらが記載する負担内容についてみると、「加地子」とするもの三例、「所当」とするもの一例、他一例であるが、負担内容も一〜三斗程度で、一般荘地(名田・一色田)の負担額より概して低いといって差支えない。このことは、一般にこれら「私領」売券がのちの農民型「作職」売券に比し年貢負担に関心を示していないこと、またはその売却対象地が年貢負担において概して軽微なことを示している。これは売却対象の権利者が、上級年貢を直接納入する責任を負わない立場にあったことが多いからではなかろうか(上級年貢納入責任を負う現実の百姓は別にいると考えられる)。

(6)　取引手段は米が圧倒的であり、若干の場合が絹である。銭に至っては、応保二年、安元二年の各一例と、元暦年間の三例、計五例にすぎず、しかもその地域は大和・山城にかぎられている。これをもっても平安末期の貨幣流通がいかに低い水準にあったかが知られる。

また取引価格についてみると、おなじ一反でもかなりまちまちであって、平均的な価格が成立しているといえない。これはもちろん、土地が商品化していないため平均的価格が成立しないことともいえるが、なにより対象たる「私領」の権利＝得分内容がかなりまちまちであったためであろう。売買対象がもし耕作農民自身によるその用益耕地であれば、その収益内容は、一般的には「必要部分」に近い線でかなり平均化してくる可能性が高いといえよう。この点からもこれらの売買対象は、農民の用益権というより中間的＝地主的権利である場合が多いと推定される。

以上が一二八通の売券にみられる主要な注目点であるが、とくに農民的土地所有権の性格という視角からすれば、けっきょく問題は売買対象たる「私領」の性格如何という点にしぼられてくる。それについてはすでに上横手雅敬氏の「私領の特質」(石母田正・佐藤進一編『中世の法と国家』所収)と題する論文がある。ここで氏が明らかにしたところは、(1)「私領」なる文字の初見は天徳四年(九六〇)のことであり、私領が他から区別されるもっとも重要な指標は、それが売買自由であったこと、⑵私領という表現が与える印象ではそれが貢租賦課の対象となっていない土地であるかのごとくであるが、それは妥当ではなく、一般に私領も貢租負担は負っており、ただ売買・譲与等の処分の自由が私人に認められている土地であること、⑶私領の成立の主要な契機は墾田開発であり、国衙がこれを認定した場合に処分権を公認された私領となるのであろうが、十一世紀後半に入ると「私領名」という形で、田堵の請作地とは異なる名主の私的所有地が出現すること、等の諸点である。

この上横手氏の所説は、私領の貢租負担額と私領外耕地(公領)の貢租負担額との量的差を十分明らかにしていない点などなお若干の問題を残しているが、全体として傾聴すべきものである。とくに私領が他から決定的に区別される目安が売買をふくむ処分の自由にある点は、右の売券の検討と対比してみるときとくに興味深い。すでに指摘したように、右の諸売券において売却対象地はつねに「私領」たることが強調され、それが売却の合法性の論拠とされているのである。このことは別のいい方をすれば私領以外の土地を私人が私的財産として所有し、売却するということはありえなかったことである。一二八通の売券はこの点を明示しているわけであり、上横手氏の指摘の正しさを示している。

そこでつぎに問題となるのは、そのような私領は十一世紀後半以降における名田と同性質のものかどうかという点である。上横手氏はこの点についてはこれを同一視する立場に立っている。氏は農民的土地所有権の展開過程について、ほぼ村井康彦氏の見解に従って、田堵の請作地には私有権はなく、名田において「私領」とよぶべき土地私有権が確立したと考えられるのである。たしかに田堵の請作と名主の名田とが段階的に区別される必要のあることはもはや疑いの余地はない。しかし私領と名田とははたして上横手氏の見られるように同性質のものであろうか。上横手氏が重視された年欠九月十三日付明法博士中原章重勘文(『平安遺文』一三二一号)には、「神宮領内住人有罪科之時、彼名田私領等可被付何方哉」といった文言がみえ、またその文中には別に「私領名田」という文言もある。それからすればあたかも名田は私領であり、両者は同義的に使用されていると解することもできるようである。だが、「私領名田」「名田私領」という場合、それは私領と名田が併記されているのだと解することも無理でないし、筆者はむしろそう解すべきではないかと考える。なぜなら、後代の例はあげずとも、右の諸売券について検すると、前掲表示の如くその売却対象地を「名田」もしくは「私領名田」とよぶ例は一つも見当たらないのであって、両者は明らかに区別されている。また荘園領主が荘域の一円化のためにしばしば「私領主あるべからず」として荘域内私領の接収に力を入れたことは平安後期の荘園史上顕著な事実であるが、これはもちろん名田の否定ではなく、それとは別個に存在した私領のみを対象としていることは説明するまでもない。そうみると、上横手氏が私領の特質を正しく把握されたにもかかわらず、これを名田と同義にみなした点は問題であり、両者は本来あくまで別個のものであると考えるべきであろう。名田が田堵の請作地にくらべれば継続的な私的権利であったことは疑いをいれないにしても、それが歴史上特定の内容をもつ「私領」と同質であるとするのは論理的にもいささか飛躍であるとせねばなるまい。

以上によって、平安後期の荘園制下において、農民が売買処分の対象としえた耕地は「私領」以外にありえず、したがって荘園の基本耕地たる名田および一色田については本来的には農民が売買処分権をもっていなかったとみる他はないのであり、従来十分の検討を経ることなしに名田＝私有地＝売買可能地という理解をとっていた点は訂正される必要があると考えられるのである。

第六　荘園制支配と中世村落

一　課　題

江戸時代の幕藩領主が農民にたいする領主的支配を貫徹する場合、村落共同体はその不可欠の媒介環であった。村落構成員が家別に負担する年貢諸役の賦課・収取は村を単位として行なわれ、村はそれに対して連帯責任を負った。この江戸時代の支配単位としての「村」がただちに厳密な意味で単一の封建的村落共同体といいうるか否かについてもなお問題はあろうが、(1)水利・山野等の共同所有・用益の主体となり、村極め＝村法をもって、多かれ少なかれ共同体的な連帯・規制関係を形成していることは疑いない。幕藩領主は、たんに行政制度上の単位としての「村」でなく、実体的な社会結合単位としての村落共同体を支配の単位として把握しているのであって、それを媒介とすることなしには自立的生産者たる農民を強力に支配することは不可能であったのである。

これに対して、古代律令国家の農民支配はいわゆる「個別人身的」収奪といわれるような形態をとった。戸籍を規準として戸口数に応じて班田し、人頭別に庸・調・徭役を収取する体制は、たしかにそのような表現が妥当する支配形態といってよいが、律令体制のもとでも里(のちには郷)とよばれる末端単位が存在し、これが戸籍作成の単位となっている。しかしこの里(郷)をただちに自立的な個別経営体を構成員とする実体的な地縁的社会結合単位とみることについては疑問視する意見が多い。(2)この段階は、アジア的農業共同体の解体途上にあり、一定数の郷戸の集合体という形をとった共同体結合が存在したであろうことは、それを「里」「郷」にあてるか否かは別として、それ自体は問題ない。けれどもここでは園宅地をのぞく耕地はまだ安定した私的土地所有として展開しておらず、しかも、個別経営の主体は血縁的な紐帯にもとづく家父長的世帯共同体としての郷戸であり、小農民経営はまだ成立していなかった。律令国家はこのようなアジア的農業共同体の機能たる共同体的土地所有・共同労働・共同倉庫などの制度を国家的規模で再編成し、土地国有＝班田制・徭役・義倉出挙などの諸支配制度にくみかえ、それによって直接、郷戸をとらえる形の専制支配体制をつくりあげた。したがって、ここでは小経営の展開を前提とし、小経営を補完すると同時に、その地縁的な結合が、支配権力の貫徹に対して一定の抵抗機能を果たしうるような村落共同体は未展開であったといわねばならず、急速に専制国家の支配に再編されることによって、その後の村落共同体展開の条件は特殊な困難さを背負うことになったとみられる。

それでは、江戸時代と律令体制の中間に位置する中世においては、支配の在り方と自立的小生産者の経済的・社会的結合単位としての村落共同体とはいかなる関係に立つであろうか。この点については、今日の研究状況ではまだ十分な解答が与えられていない。もちろん、中世は古代律令制社会や近世幕藩制社会にくらべると、統一的な社会秩序や支配原理が貫徹している社会構成とはいいがたく、さらにまた荘園制が優越的な地位を占める中世前期と、地域的な領主制が進展する中世後期とでは一律には論じがたいという事情もあるし、荘園制にしてもその性格は必ずしも単一なものではない。したがって中世的支配と村落共同体の関係の問題も、少なくとも荘園制の場合と地域的領主制の場合とは、いちおう別個に論ずる必要があるであろう。その際、中世後期については、荘園の解体にともなって出現する「惣」を地域的領主制の支配基盤とみなし、これを幕藩制下の村落共同体の直接的前提とみる見解が古くから存在する。この場合、「惣」が封建的村落共同体であるか否かについては、きわめて問題の多いところであるが(3)、少なくともこの時期の地域的領主の農民支配において、その媒介環としての「惣」が問題関心にのぼっていることは否定できない。これに対して、荘園制支配については、従来かかる関心はほとんどなく、最近に至ってようやく研究の緒がひらかれたというべき状況にある。

そこでわれわれはあらためて、荘園制支配と村落共同体の関連如何、荘園制支配は果して村落共同体を不可欠の媒介環としていたか否か、しているとすればいかなる性格の共同体をいかなる形でとらえているのか、逆に媒介としていないとすれば、荘園制支配における農民支配はいかなる形でつらぬかれていくのか、という問題を提起せざるをえない。

幸い、最近の二、三年間に、中世村落に関する研究は飛躍的に進展しつつあり、実体的にも理論的にも多くの問題が明らかにされつつある。(4) また筆者自身も別に個別事例について多少の検討を加える機会をえた。(5) そこで本稿ではそれらの研究を土台としつつ、叙上の問題について、大筋の展望を試みてみたいと思う。

（1）　支配単位としての村が、山野・水利あるいは生活上の諸共同関係の唯一の単位であったとはいいがたく、山野利用にせよ水利にせよ、村内の小集落や特定の家グループが単位となり、またそれらが交錯・重層することも多い。したがって、村はそれらの共同関係の複合・統一として存在するわけであり、かかる場合、村を単純に、唯一の共同体ととらえることには問題が多い。この点については中村吉治編著『村落構造の史的分析』に詳細な事実的・理論的追求が示されている。

（2）　もちろん律令制下にも『令集解』の「古記」に「毎村在社神」り、春の時田を祭る、というような形態が存在したことは事実であろう。しかしこれが厳密な意味で共同体的機能を保持する地縁的村落共同体であるとするには疑問が多い。たとえば門脇禎二『日本古代共同体の研究』は下総大島郷の戸籍に示される如き大島郷が共同体的土地占取の主体であり、郷はかかる意味での実体的な共同体とほぼ一致するものとみているが、石母田正氏はこの段階においては地縁的な村落共同体の成立はなお未熟であると考えている。同氏の見解については参照すべき論稿が多いが、さしづめ門脇氏の前掲書に対する書評

(『日本史研究』五二・五四号)を参照。

(3)「惣」はすでに菊池武雄氏によって整理されているように様々の類型をもっているが(同氏「戦国大名の権力構造」『歴史学研究』一六六号)、とくに問題になることは、「惣」がしばしば、荘・郷的な地域的ひろがりをもち、その内部に近世に入って「村」として現われる少なからざる集落を含んでいる点である。従って、かかる規模をもつ「惣」は近世の「村」と系譜的に異なる性格のものであり、中世における村落共同体の追求に際しても、「惣」を無限定に視角の中心にすえることには問題が多いとみられるのである。

(4)ここで挙示すべき文献はきわめて多いが、多くは次節以下で関説することとなるので、そこにゆずることとして、これらの研究には大別して、中世村落の集落・耕地を歴史地理学的に復原することに力点をおくタイプと、山野・水利・耕地利用ないしは祭祀等に現象する社会構造の追求に力点をおくものとの二傾向があることを指摘しておこう。

(5)薩摩国入来院の中世村落の構造を歴史地理学的に追求し、それと在地領主支配との関連を検討した結果を、「中世村落の構造と領主制」としてとりまとめた(本書第七論文)。

二　支配制度としての「村」の存否

荘園制支配は、「村」を制度上の単位としてとらえていたかどうか、という比較的単純な疑問も、荘園の構造・支配方式の多様性のゆえに、解答は必ずしも容易でない。そこで問題に近づきやすくするために、荘園のタイプを「村」との関連で次の三者に類別しておこう。

A　拝師荘(山城・東寺領)のように、荘園が散在耕地の集合体として成立しており、一定の集落・村と直接関連のないもの。(1)従ってここでは荘園は村をふくまないといってよく、拝師荘は近世に入って村として姿を現わさない。もちろんこの場合にも荘園領主の支配にとって実体的な村落が全く無縁であったか否かには検討の余地があり、あたかも幕藩制下の一村が数個の領主の相給地になっておりながら、現実の支配は村落共同体を媒介としているのと相似た問題があるかもしれない。しかしさしづめのところとしては、このタイプでは両者の関係は存在しないといって差支えなかろう。

B　池田荘(大和・興福寺領)のように、荘域が比較的狭いが一円的で単一の集落・村とほとんど一致していると考えられるもの。(2) 従ってここでは一般的には荘園と村落の形態的一致がみられるといいうるわけであり、じっさい池田荘は近世に入ると支配単位としての池田村となって現われる。著名な荘園としては上久世荘(山城・東寺領)、久我荘(山城・久我家領)などもこのタイプである。これらの場合には、荘園制の時期では「村」の名称が現われず、「荘」の呼称一本で現われてくるが、そこでは荘支配が共同体としての村を介するものであったか否かが重要な論点となる。

C　太田荘(備後・高野山領)のように広大な一円荘域をもち、その内部に荘園史料上にも多かれ少なかれ複数の集落があらわれてくるもの。(3) この種のタイプはきわめて多く、荘園の在り方としてはもっとも一般的なものであり、一々事例をあげるまでもない。この場合には、荘園支配の制度的単位として「村」がとらえられているか、それとも「村」はたんに一定の集落の呼称としての現実にとどまり、支配・収奪の体制上不可欠の組織となっていなかったか、という点が重要である。この点については従来あまり関心が払われていないので、多少とも具体例について検討する必要がある。その際、荘園領主の性格(公家・社寺)、地域・地形・年代等によって事情の異なることも予想されるから、できるだけ多様なケースをえらぶこととする。

(1)太田荘(備後・高野山領)　平安末成立の典型的な寄進型荘園で備後国世羅郡の東半を占め、芦田川の支流太田川に沿ったゆるやかな小丘陵の起伏する地帯に位置する。荘域は大別して、桑原・太田の二郷に分かれ、建久元年(一一九〇)両郷の現作田は併せて六一三町余。(4) 当時、桑原方は伊尾・赤屋・青近・宇賀・上原・小世良等に分かれ、太田方は本郷・寺町・京丸・山中等に分かれていた。これらの小区分は時には「郷」といわれ、時には「村」といわれ、右の建久元年の置文でも、上原・大田・京丸・幡磨・須流屋・青近・宇賀・安田・横坂・溝熊等を「村々」とよんでいるが、これらは江戸時代に入っていずれも支配制度上の「村」として名をとどめている。(5)しかも平安末〜鎌倉初期の桑原方の下司橘兼隆が「宇賀村」「赤野(屋)村」の「公文」の「支配」=補任権をもち、「村々神主」の「沙汰」権をもっていたことや、(6)領主高野山の支配関係文書にも、「公文供給米」の徴符が寺町・宇賀村・上原村など村別に作成されているから、(7)「村」は本荘の場合、平安末以来荘園制支配の下部単位となり、荘—村—名という体制ができあがっていたとみてよい。

(2)新見荘(備中・東寺領)　もと本家は最勝光院、領家は小槻家の荘園で、文永年間下地中分され南北朝期以降領家分は東寺領となった。高梁川の上流石見境に近い現新見市域に位置する。太田荘にほぼ類似した地形に属し、広大な荘域は鎌倉期において、「里」、「中奥」、「奥」の三ブロックに区分され、「奥」は高瀬、「中奥」は釜・渡田・足立・三坂等の集落をふくむ。文永八年(一二七一)の検注帳では「渡田里」の如くそれぞれ「里」の称が付せられているが、地域をさすのみで支配収取の単位となっていない。(8)その後建武元年(一三三四)、新政権によって地頭方が東寺に付せられた際に作成された損亡検注帳には(9)「高瀬村」という表現がはじめてみられる。しかしこの史料も大部分は「村」を単位とせず、一律に「名」を単位として記載されているから、この時以後「村」を支配単位とする体制が積極的に展開されたとはいえず、その後にもそのような徴標は見当たらない。(10)

(3)島津荘入来院(薩摩・島津家領)　島津荘の一部をなす入来院は川内川の支流入来川・市比野川に沿う小丘陵地帯に属し、地形的には太田荘に類似する。支配は国衙・近衛家両属の半輸地であり、鎌倉幕府成立以後関東御家人渋谷氏が地頭職を与えられた。建長二年(一二五〇)の「入来院　建長弐年の村ミのちもくろく」という注文では、(11)総田積一九三町余で広大な地域をふくみ、その内部の楠本村・倉野村・清色村・副田村・塔原村等について、村毎に田積・年貢額が記載されている。従って、これらの「村」が入来院の下部の制度的支配単位となっているといちおういえるが、同荘の請所となった渋谷氏の所領支配の基本形態は田地と在家の個別的掌握であって、太田荘における村々公文・神主の進退というような形はみられない。また前記の「村」は実体に即してみると、かなり広汎な地域をふくみ、現実の集落形態はいちじるしく散居的で小村ないし孤立農家的性質がつよく[12]、その小集落を「村」とよぶこともあり、前記の「村」と重複的に「村」の語が用いられている。

(4)名田荘(若狭・蓮華王院領)　公家領荘園で本家を蓮華王院とする本荘は、のちに大徳寺別院徳禅寺領となるが、もと名田郷にあたる大川沿いの広大な地域を占め、上下二荘に分かれ、上荘は上村・坂本村・下村・中村の四村、下荘は田村・三重村・知見村の三村をふくんでいた[13]。またこの他にも鎌倉期の史料上に井上村・須恵野村・小野村・和多田等の名がみえ、それらはほとんど江戸時代に入って支配単位としての「村」に名をあらわすようになっている。本荘では地理的条件に加えて、徳禅寺領になる以前の鎌倉期の領家が複雑な構成をとっていたためもあってか、知行関係は荘内の村々を単位とする形式をとり、それに応じ村別＝知行別に雑掌・預所等が補任されたり、検注帳が作成されている。また田村検注帳によれば、「村」は明確に名に編成されているから[14]、本荘では、太田荘と同様に荘―村―名という支配系列が画然と編成されていたようである。しかし、ここで村が支配単位となっている主たる理由は、知行者が村毎に異なったという事情によるだろうから、それだけから荘園支配が実体的な村落共同体を支配の下部単位としてとらえていたとただちに断定することはできない。とはいえ、清水三男氏も推定したように[15]、一つの名が村をこえて荘全体に散在することはなかったと思われるので、名田＝名主の一定の集合体としての「村」が比較的早く形成されていたとみることは無理でない。

(5)大井荘（美濃・東大寺領）　現大垣市域に属する平坦地の条里制施行地域に位置し、奈良時代に勅施入によって東大寺領となった。永仁三年（一二九五）の同荘検注名寄帳によってみると、[16] 全荘耕地少なくとも二〇〇町以上が、荘官名・有司名・間人名・百姓名の四種の名に編成されており、「村」のごとき下部の地域的支配単位は認められない。この点は他の関係史料からも同様に認められる。名寄帳を検討すると四種の名田中、荘官名は各一町、有司名は各七反程度の免租の屋敷地を与えられており、間人名では少数のもののみにこれが与えられ、百姓名では存在しない。このことは、荘園領主が荘民を一定の身分体系に編成し、それぞれ身分に応じた地位・条件を与え、荘園全体を一括して支配していることを示唆しているだろう。もちろん荘民が一定の階層分化をとげ、相互の間に支配＝隷属関係が発生し、それに応じた在地の秩序が形成されていたからこそ、領主側もこのような支配形態をつくりだしたのだろうが、少なくとも制度的には「村」を媒介とする支配の形態は見当たらないのである。

以上わずかであるが、比較的荘域が広大で、近世に入って多くの「村」を含むような五荘の事例を、地域・領主の性格等を考慮しつつ選び出して検討した。その結果を、問題の性質上、荘園制支配が比較的なお安定している鎌倉期までにかぎってみると、新見荘・大井荘では「村」が制度上全くあらわれてこないのに対し、太田・入来・名田荘ではいちおう下部単位化されて存在している。しかし後者の場合でもそれが果して実体的な村落共同体を「村」として機能的に把握していたかという点になるとなお検討すべき余地がのこされている。そこでここでは、ひとまず、複数の集落をふくむ荘園における荘園制支配はその集落＝「村」を下部単位とすることもしないこともあるが、少なくともそれが江戸時代に見られるほど不可欠の媒介環として制度的に把握されていたと見るには疑問の余地が多いといわざるをえない。

したがって、B・C型の荘園においては、荘園制的支配と「村」との関係は、制度的・形式的側面からの追求のみでは、容易につかみえないことが明らかであるから、次には、視角をかえて、荘園制下の村落の実体そのものの分析に移ろう。

(1) 拝師荘の歴史地理的存在形態については須磨千頴「山城国紀伊郡における散在所領と村落の地理的考察」(『中世の窓』四号)参照。
(2) 池田荘の歴史地理的様相については高尾一彦「鎌倉時代の農業経営について」(日本史研究会史料研究部会編『中世社会の基本構造』所収)参照。
(3) 太田荘の村落形態については高重進「大田庄における古代的村落の崩壊」(『広島大学文学部紀要』一七号)、早稲田大学歴史学研究会中世史部会「太田荘研究」(プリント版)参照。
(4) 『高野山文書』一ノ一〇一号、建久元・六・日、鑁阿置文。
(5) 『芸藩通志』の記載による。
(6) 『高野山文書』八ノ一九四五号、建久九・九・日、桑原方前地頭橘兼隆注進状案。
(7) 『同前』八ノ一九四六〜八号、建保六・三・十、十一、寺町・宇賀村・上原村公文(代)供給米徴符。
(8) 「東寺百合文書」ク一、文永八・二・二十八、新見荘領家方正検畠取帳。
(9) 「同前」ク一、建武元・十・日、地頭御方損亡検見幷納帳。
(10) 我妻建治氏はこの建武元年の史料に「高瀬村」が出現する時から新見荘支配における単位体としての「村」の体制化を指摘し、当荘における名体制の解体や散田の出現、宮座の発生等をこれと統一的にとらえて、きわめて興味ある理論を展開している(「新見荘の『村落』の構成的展開」『日本歴史』一二〇〜一号)。同氏はこの主張をあとづける一つの素材として寛正二年(一四六一)の新見荘名主言上状における連署が、「名を所在地域順に列挙している事実」に注目し、このことは村落が現実生活の場としてのみならず、「行政単位体」にまで生成していることを暗示するとされる。しかし私見では、この連署形式は村々に、「村」単位の荘官(村々公文のごとき)が存在せず、名主の集団が一団として荘を代表するような事情にあったことを示すと考えざるをえない。この時期の支配文書が荘の「三職」もしくは直接に「名主沙汰人」「名主百姓中」宛であることもそれと同様の関係を示すもので、我妻氏の着眼の卓越さにもかかわらず、結論としては逆となる。
(11) 『入来文書』七五号、建長二・十二・日、入来院内村々田地年貢等注文。
(12) これらの点については第一節注(5)所引拙稿を参照。
(13) 『大徳寺文書』一ノ三四六号、建治三・八・日、観空譲状案、同三六四号、名田荘調度文書案等。
(14) 『同前』一ノ三二五号、正中二・十・日、名田荘内田村河成検注帳案。
(15) 清水三男『日本中世の村落』二三八頁。
(16) 「筒井寛聖氏所蔵文書」一、永仁三年大井荘検注名寄帳。なお大石直正「荘園制解体期の農民層と名の性格」(『歴史学研究』二一五号)参照。

三　荘園制下の村落構造

農民の経済的・社会的結合体としての村落共同体は、二つの側面をふくんでいる。すなわち一つは、農民の個別経営が一定の低生産力水準のもとでは農業共同体の解体以後においてもなおまったく自己完結的に再生産しえず、耕地・山野・水路・労働力・農具・種子農料等々、再生産に必要ないずれかの契機をなんらかの形で共同的・集団的に所有し、用益せねばならないという生産関係的側面である。また他はそれが、農民の集団的・階級的結合の現実の場であり、支配権力に抵抗する城砦としての、社会結合的側面である。

ところで、現実の歴史過程においては、村落共同体のもつ農業再生産の共同的諸契機は全一的に農民集団の側にのみ存在するものではなく、支配階級がそれを掌握し、自己の手に集中することによって、共同体機能を支配に適合的に再編成し、支配を共同体の内部にまで浸透させようとしている。この諸契機を支配者側と農民側とのいずれがより強く把握するかによって、両者の間の力関係が左右される。村落共同体が「自由と民衆生活の唯一の炉」であり、抵抗のとりでであると同時に、領主的支配貫徹のための媒介環であるということの意味もそこにあるのである。

このような矛盾の統一としての意味をもつ村落共同体は、荘園制下においてどのような存在形態をとっていたであろうか。かつて石母田正氏は、律令国家が世帯共同体を「郷戸」の形で保存しつつこれを支配の基礎単位としてとらえた結果、地縁的な村落共同体の展開は律令制の末期または中世をまたねば論じえないとした[1]。これに対して近年、中村吉治氏は名主に代表される小集団を基礎的共同体として、その相互間でさらに結ばれ、重層的構造をもつ中世的共同体の存在に注意し、それが地域的な村落共同体であるか否かについては保留しつつも、そこにおける農業再生産の共同的諸契機の存在を強調した[2]。また黒田俊雄氏は、荘園制下の中世村落における名主・小百姓のごとき基本的二階層の存在を前提とした村落共同体の「座」的構造、換言すれば村落上層としての名主層のみが特権的・閉鎖的に共同体成員権を保有する特質を指摘した[3]。戸田芳実氏は、貴族・荘園領主の山野所有にもかかわらず、農民側の村落共同体的所有が抹殺されることなく、領主的所有のもとで潜在的に生存し、平安後期においては山野の領有者と対立しうる第一次的な村落共同体が存在すると説いた[4]。

このような研究史の推移は、中世後期の「惣」＝「郷村制」の成立をまたねば村落共同体の成立を論じえないとする伝統的通説に逐次具体的な批判を加えつつあることを意味している。筆者もかねて「郷村制」以前における村落共同体の追求の必要性を考えていたが[5]、右のごとき新研究が積極的に展開されてみると、問題関心は同じとしても、中世村落の具体的イメージについてはやや異なるもののあることを否定しえない。それは荘園制支配がなにゆえに「村」を決定的な支配単位として機能的に把握しないのかという前節の問題とも関連するところであるので、以下この点に視点を集中しつつ見解の差を明らかにしたい。

表6-1　太田荘内3ヵ村の名の階層構成
建保6年(1218)

名の規模区分	寺町村	宇賀村	上原村
5町以上	3	1	1
3～5町	4	1	2
1～3町	14	5	14
0.5～1町	5	14	18
0.5町以下	2	6	18
計	28	27	53
総面積	反　歩 637.180	反　歩 328.320	反　歩 598.130

表6-2　太田荘内3ヵ村の農家の身分構成　嘉禎2年(1236)

村名	在家総数	免家	定在家	本在家	脇在家
安田村	24	12	12	7	5
斗張村	34	20	14	7	7
吉田村	54	25	29	10	19

荘園制下の村落を論ずる場合、叙上のごときA～Cの類型中、いずれを典型としてとらえるべきかについては問題も多いが、ここでは別に指摘した理由によって、(6)Cのタイプをとりあげ、具体的には前記五例中では「村」の存在がもっとも明瞭な形をとる太田荘の村落を直接の対象としよう。

高野山領備後国太田荘の村落構造と荘園制支配の在り方の関連について指摘しうる事実は必ずしも豊富でないが、要約的に列挙すれば次のとおりである。

(1)　先述のごとく太田荘では荘域内に、荘園文書の上でも数多くの「村」があらわれており、「村」の内部は表六-1のような階層性をもった名によって編成されている。(7)三ヵ村のそれぞれの最大規模の名は寺町村＝宮吉名(下司名)一二町、宇賀村＝秋光名一〇町五反余(これも百姓名ではない)、上原村＝福富名(下司名)一三町六反余で、寺町村の第二位の恒永名八町三反も公文名である。これらをのぞくと一般の百姓名はほぼ五町以下の面積で、五反以下の小規模のものも少なくない。また史料の関係で対象とする村は異なるが、村内住民の身分的構成をみると、表六-2のように、(8)総在家は荘官等の「免家」と荘園領主が在家役賦課の直接対象とする「定在家」に分かれ、定在家はさらに「本在家」・「脇在家」に区分されている。従って、村民に身分的階層差のあったことはたしかであり、それは各名の公田保有規模の差異とも関連していると思われる。なお各村毎の一戸当り平均保有規模は近世の村にくらべてかなり大きいが、一村が三〇〜六〇町歩程度の公田面積である点は近世の村高に概算した場合、三〇〇〜六〇〇石程度となろうから、村の耕地規模は山寄り地帯としては必ずしも小さいとはいえないようである。

(2) しかし耕地と集落の分布・存在形態をみると、近世の村落の通念とはかなり異なった姿がみとめられる。高重進氏は寺町・宇賀・上原の三村について、名《みょう》の名称が姓・屋号・地名等に今日まで残存するものを手掛りとして中世村落の復原を試み、早稲田大学歴史学研究会の人々は、それをさらに精密化しているが、その成果によれば、各名の耕地と集落は太田川流域の平坦部でなく、その左岸山寄りの丘陵がつくりだす小さな谷々に点在する姿を示している。図(次頁)および表六-3のごとく、上原村の五三名のうち二四名が地名・姓名・屋号・谷名・川名などとして現在も残存しているのである。地図上の名の位置のナンバーがほぼ地形を追っているのは、検注順序を示すものであろうから、この復原は大過ないものとして信頼しうる。

このデータから考えうる上原村の集落と耕地の景観は、五三個の名が、小谷々に孤立もしくは少数の集団入組みで

表 6-3　上原村の「名」の残存形態

名の名	残存形態
(5) 石　丸	「石丸」の谷名
(6) 永　守	「永森」の姓
(7) 有　真	「有実」の谷名
(8) 恒　遠	「恒藤」の地名
(11) 正　延	「政信」の地名
(13) 福　光	「福光」の姓
(17) 延　真	「信実」の姓
(18) 永　元	「長本」の谷名
(19) 友　近	「友近」の谷名
(22) 金剛丸	「金剛丸」の屋号及び同谷名
(23) 国　遠	「国藤」の姓
(24) 重　遠	「重藤」の屋号
(27) 国　正	「小国政」の地名
(28) 為　国	「為国」の姓
(30) 正　宗	「正宗」の姓
(33) 有　元	「有元」の屋号
(34) 得　万	「徳万」の屋号及び同谷名
(36) 近　恒	「近恒」の地名
(37) 毗沙丸	「毗沙丸」の地名
(38) 宗　光	「宗光」の姓
(39) 吉　次	「吉次」の屋号
(44) 光　兼	「光兼」の川名及び屋号
(46) 恒　守	「恒森」の屋号
(49) 太郎丸	「太郎丸」の地名

〔備考〕 No. は『高野山文書』8—1948号，公文代供給米徴符の名の配列順を示す．

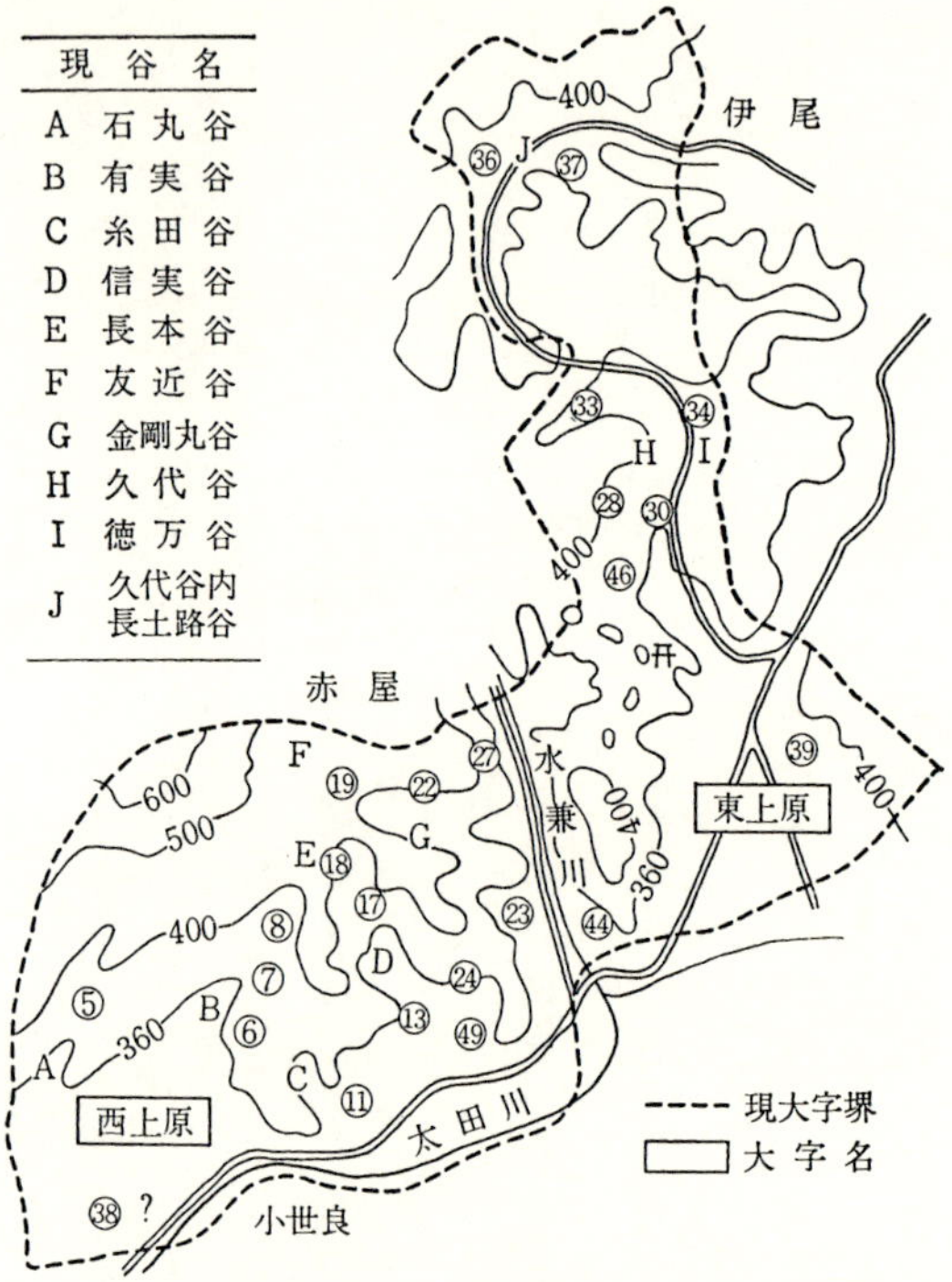

太田荘上原村の名の分布復原図　建保6年(1218)
(早稲田大学歴史学研究会中世史部会太田荘調査レポートによる)

散在していたということになる。この時期の技術水準と開拓主体の社会的性格からすれば、太田川沿いの平地部は水害等によって不安定であるか水利条件のわるい未開地域であり、小さな谷々の湧水を利用したタナ田型水田の方が概して開田しやすくかつ安定した耕地であったろう。当時平地部が全くの未開地であったか否かは不明だが、もし治水・水路等の条件がいちおう解決していたとすれば、そこにはあるいは最大規模をもつ下司名＝福富名の主要耕地が存在していたかもしれない。しかし同名は上原のほか伊尾・赤屋・青近にも存在する下司名で、「福富」は仮名であるため、かえって今日に名をとどめず、従ってその存在形態も知ることができない。

(3)　このように耕地と住居とが一括性をもって小谷々に散在し、平地部の条里制荘園にみられるように、住居の集中性と耕地の入組み錯圃関係が存在しない場合、農民の存在形態の社会的性格もかなり異なったものとなってくる。水利の問題についていえば、大部分は傾斜地の自然湧出の沢水によるから、名主たちは孤立してか、あるいは小集団

（それもおそらく本在家・脇在家的な族縁グループであろう）ごとにこれを利用することになり、水利をめぐる広汎な地域の共同体的関係（共同の開発・用益とそれにともなう規制）は存しないことになるだろう。また山野利用についてみても、鎌倉末期の本荘の領家・地頭の和与状で、「平民名並別作内山野」は領家一向進止、「地頭名内山野」は地頭進止と規定しているように、(9)本来すべての山野が在地領主側の徹底した独占のもとにおかれていたわけではないが、荘園領主の領有権のもとにおかれ、下草や一定の燃料材等の採集利用がそのもとで小規模な農民の用益にまかせられていたと思われる。こうした条件のもとでも距離・地形と利用者数の関係等から、採取可能量が限られてくる場合には、その用益権に私的権利としての性格が強くなり、それだけに共同体的規制が強く作用するようになるが、本荘のような自然的条件の場合、そのような問題の発生してくるのはもう少しのちの時代のことであろう。「無主荒野地は荘領」という荘園制的山野領有の一般的原則のもとで、荘官・地頭等による雑免地の囲い込み、荒地の開発が進められ、かれらの山野私有が強化されるとともに、耕地・人口の増大があらわれると、山野の自由な用益形態は領主的制約・農民間での共同体的規制の強化がさけられなくなろうが、それは鎌倉後期以降のことであると考えられる。

こうして、上原村の歴史地理的条件を念頭におくかぎり、名主層は用水・山野について、領主進止権のベールのもとで、領主的規制からも共同体的規制からも比較的自由ではあるが小規模な利用形態を確保していると同時に、村落的規模での共同体関係を相互的にとりむすぶことは概して乏しかったと考えられる。またかれらの田地に対する私的権利の性格についても、すでに鎌倉前期の名田保有関係が固定し、それらが今日にいたるまで地名等にひきつがれつつ残存するに至っているから、谷々ごとに耕地の私的保有権もいちおう安定した段階に達しているといわねばならない。（荘園制の初期においては農民の田地保有権はなお安定しているとはいえない。）とすれば、ここでは耕地保有・用水・山野の利用は個別の名主もしくはその若干の小集団ごとにいちおう完結的・閉鎖的な性質をつよくもつわけであり、農業経営の遂行も、基本的には名ないしはその小グループを単位としていると考えられる。従って他面からいえば、そのような単位をこえた「上原村」という一定規模の名の集合体がもつ社会的機能は、近世の「村」が山野・用水の基本的利用主体であり、その共同体的規制、あるいは他村との対抗を通じて、社会結合＝連帯性を強く意識されるような場合にくらべて、はなはだしく稀薄であったことも想定されるのである。この点で、中村吉治氏のいうように、名を共同体の基本単位とすることには異論ないが、さらにその集合としての「村」共同体的結合機能を無限定に認めることには疑念を残すわけである。*

* 律令国家の専制支配体制が、共同体的諸機能を国家の支配手段として再編することによって、国家が直接的に戸を支配する体制がつくり出された結果、古代の農民はみずからの必要とする共同体的諸契機を地縁的村落としてかれら自身で掌握・支配することが困難になった。たしかにその場合でも、戸田氏のいうように、農民の側における共同体的諸関係＝機能がすべて国家に吸収されたということはありえず、領主的所有のもとで潜在的に存在していることは否定できない。けれども、それが、農民自身のものとして独自に発展しえなかったところに、いわば「アジア的」ともいうべき特徴があるであろう。早く村法や自治的な村落裁判権が発達するゲルマンの村落共同体との相違もこの点にかかっていると思われる。

(4)　しかし、以上のような「名」ないしその小グループのもつ閉鎖性と「村」の共同体的・社会的機能の稀薄性を無限定に強調するわけにもいかない。名主層は一面では右のごとく比較的自由かつ自立的な相貌を呈しているにもかかわらず、かれらのもつ生産力的基礎はなおきわめて弱かった。一般に名田の規模や、名主が保有する複合家族的労働力および従属小経営の存在から、名主層の生産力的基盤は過大に評価されやすいが、近世におけるごとく耕地の安定度が高まり、集約経営が進んだ段階と異なって、この時期では、名田の規模や労働力の大きさのみからその経済的条件を測定するわけにはいかないのである。嘉禎二年(一二三六)の太田荘検注帳によると、桑原方官物田は二六三町七反余のうち、一〇二町七反余が「不作田」となっているし[10]、建久三年(一一九二)の鑁阿下文においても、荘内の

「田代畠代荒野、悉致勧農」し「満作」せしめることが荘支配の最大の課題となっていた。(11) このことは小谷々に存在する名田＝官物田の安定度がなお低かったことを示す。山寄りの水田ゆえに、出水による田地の破損や、日照りによる水不足などもはげしく、名田面積の相対的広さにもかかわらず、実質的利用度は意外に低かったのである。だから右の下文にもあるように、荘園領主は太田・桑原両郷の下司に下司名年貢の中から「反別二升米」を給与したり、村々公文に各一町の免田を追給して、かれらの経済的条件を優越的なものとし、これを通じて「満作」の実現をはからせたのである。このことは下司・公文が「不作田」の再興を直接に行なうばかりではなく、農民に種子農料を貸与して満作させるという「出挙」＝高利貸的手段をとったことを、推測させる。(12)

もともと荘園制支配においては、農業外の諸手工業者や商人が、村落共同体に内包されず、交換・流通路とともに、領主側に直接掌握されるという傾向が特徴的な社会分業形態となっており、それが農民の領主への従属の重要な契機になっていたわけであるが、(13) 農民たちはさらにかかる条件を通じても荘園制支配への従属を必然化されたのである。本荘において下司が「村々公文」や「神主」の進止権をもち、自己の「郎従」「下人」をこれに補することが習いとなり、地頭もまたそれを踏襲したことは、(14) たんなる武力的支配の伸長ということのみでなく、それを通じて、名主層の再生産過程にまで介入し、それをもって支配を強化する方向であったと解せられる。

(5)　それゆえに荘園領主と対抗しつつ、在地に独自の領主制をきずきあげようとする地頭の動きは、荘園制支配にくらべると、はるかに強引な形で再生産過程への介入をおしすすめている。本荘における地頭の主要なうごきは、(a)雑免の拡大と開発の推進(別作)、(b)「百姓名」を「地頭名」にくりこみ「定在家」を地頭の「免家」とし、雑免百姓同様の地位におとしいれ、(c)山野支配を拡大する、等に要約されるが、これらはいずれもとくに未開地・山野等の私的支配を強めつつ自立的側面の強い名主層を自己の直接支配地に緊縛し、その農奴に転化させようとする性質のものといえる。この動きは、幕藩領主が、再生産の諸条件を基本的には村落の内部にゆだね、その相互間の争いに対する裁判権だけを確保しつつ支配を実現している場合とはいちじるしく異質のものである。(15) それは本荘の地頭のみならず、地頭領主制の端緒段階にひろくみられるところであるが、かれらの自己経営ならびに直轄地本位の動向は、「農民保護」を特徴とする幕藩領主と異なって、山野・水利の私的独占の強化を通じて「名」の自立的再生産条件を破壊し、収奪することによって支配を強化しようとしているのである。(16) 太田荘の地頭が、一族・下人を村々地頭・地頭代に補任する過程だけをみると、かれらはまず「村」の把握に向かっているかのようであるが、その実体は以上のごとき性質のものであって、名主層の地縁的集団としての「村」を媒介として把握するのでなく、名もしくはその重層的構成をとる名主間の共同関係を解体せしめ、これを自己の直営地や雑免地(地頭名)における雑免百姓の支配と同様の方向に従属させる目的で村地頭の設定が進められているのである。(17)*

＊　ここに、在地領主の支配が、農民の村落共同体との対抗のなかで展開するのでなく、共同体の内部に立ち入り、農民の個別支配に進む特徴がある。とくに在家型支配はまさしくそのような特徴を端的に示すものであろう。ここでは村落共同体が領主権に対抗する一定の自治権をもつゲルマンの場合のような自立性を発揮しえない。

以上きわめてかぎられた事実からではあるが、平安末～鎌倉期における荘園制下の村落の在り方を太田荘の具体例に即して検討した。その結果、少なくとも本荘においては、史料上、「村」はかなり明確な地域単位として現われており、村落共同体としての機能とまとまりをもつかのごとくでありながら、実は農業再生産上の一定範囲の契機は、村内の名主の少数グループもしくは孤立した「名」の体制内に存在し、それらをふくめた「村」全体としてより積極的な形でこれを確保する関係は稀薄であることが明らかである。そこでは「名」もしくはその少数グループで果たしえない共同的諸契機は荘園支配者の側に直接的に掌握されているのであって、そこに限られた範囲では自立的な再生産条件をもつ名主層が荘園領主支配に案外とすべきほどに弱く従属せざるをえない必然性があるのである。荘園制下における名主層の地域的社会結合体としての「村」が全く存在しないということは正しくないが、この「村」の実体としての村落共同体的性格を無限定に強調したり、領主的支配のもとでの農民の共同体的用益の主体的在り方を一面的に強調することは、かえってアジア型の古代専制国家支配を前提とする荘園制支配の歴史的特質の埋解を困難にするおそれがあるであろう。

(1)　石母田正「古代村落の二つの問題」(『歴史学研究』九二〜三号)。
(2)　中村吉治『日本の村落共同体』六六頁以下。
(3)　黒田俊雄「中世の村落と座」(『神戸大学教育学部研究集録』第二〇集)。
(4)　戸田芳実「山野の貴族的領有と中世初期の村落」(『ヒストリア』二九号)。
(5)　村落社会研究会編『村落共同体の構造分析』所収拙稿部分参照。
(6)　永原慶二『日本封建制成立過程の研究』第一・第六論文参照。
(7)　『高野山文書』八ノ一九四六〜八号、太田荘寺町・宇賀・上原公文供給米徴符より作成。服部謙太郎『封建社会成立史論』第一論文参照。
(8)　『同前』五ノ九五〇号、嘉禎二年山中四郷在家目録より作成。
(9)　『同前』一ノ一四四号、元徳元・十・十六、太田荘雑掌地頭代和与状。
(10)　『同前』一ノ一一三号、正安二・六・二十九、寺町方公文道空注進状。
(11)　『同前』一ノ一四一号、建久三・正・十五、僧鑁阿下文。
(12)　農民の経済的基礎が脆弱な歴史的段階においては、種子農料の貸与がつねに必要であった。律令体制下では出挙が多かれ少なかれその役割を果たし、平安期にはいわゆる「殷富富豪輩」がこれを行なうことによって農民を従属せしめたことが知られている(戸田芳実「平安初期の国衙と富豪層」(『史林』四二ノ二号))。荘園制下において種子農料を下して領主側が経営主体となるのは一般に佃・一色田であるが、農民に対してもかかる「出挙」の行なわれていた事実はみとめられる。支配関係の乱れてくる十四世紀以降に農民間の「憑支＝頼母子」が流行しはじめるのもこうした必要と無縁ではなく、近世に入って村の質屋・高利貸の果たす役割もかかる視角から再考されてよい。

(13)　荘官が市場の開催権・管理権をもつことによって塩・農具等の非自給必要物資の流通供給過程を掌握したばかりでなく、手工業者をも支配していたことは荘園制支配下の分業の在り方として重要である。入来院においても市場・土器作・皮細工等が一般在家とともに地頭の財産譲状に記載されている(『入来文書』八四号、嘉暦三・十二・二十一、渋谷惟重遺領注進状案)。

(14)　『高野山文書』八ノ一九四九号、貞応二・十一・日、太田荘地頭太田康継同康連連署陳状案。

(15)　近世幕藩体制下では大規模な治水・灌漑の場合のみ領主がこれを遂行し、飢饉等の場合には夫食米の貸与を行なうが、一般には再生産過程に介入せず、山野利用、村境等をめぐる村落共同体相互間の紛争に対してのみ調停者として介入する(大石慎三郎「幕藩体制社会の構造」〔『歴史学研究』二四二号〕)。ここでは再生産の諸条件は基本的には共同体内部で確保充足されるに至っている。ここに領主と村落共同体の一定の対抗関係が顕在化する理由もあるし、領主側が共同体を媒介として農民支配を実現しうる根拠もある。

(16)　荘園制支配における「勧農」が荘耕地の「満作」のために必要な、全荘的利害からの治水・灌漑等を主たる内容としていたのに対し、地頭側の「勧農」は全く自名中心の勧農であり、地頭の領主化過程における初期の動きはこの点でも村を媒介としない支配であることが知られよう。

(17)　三入荘(安芸)における地頭熊谷氏の農奴制的・封建的所領支配の展開過程を追求した黒田俊雄氏の「村落共同体の中世的特質」(清水盛光・会田雄次編『封建社会と共同体』所収)はまさに同様の史実を具体的に明らかにしている。

四　むすび

(1)　前節でみた太田荘の村落と荘園支配の在り方から、問題をただちに一般化することには当然多くの異論があるであろう。先の分類でおなじC型に属する場合でも平地部に位置して、田地・水路・集落等の在り方が太田荘などと異なる場合には、事情が異なるし、B型のように村と荘とが事実上一致している場合はどうか、という問題もある。じっさい、律令国家支配の拠点となったのはそのような型の荘園の存在する地域（畿内および国衙周辺の条里制施行地域）であるから、それを継承する性質の強い荘園制支配においても、それらの検討はきわめて重要な意味をもっている。しかし本稿ではこれを全般的にとりあげる余裕がないので、前節の問題との関連における一般的見通しだけをのべておこう。

結論を先にいえば、おそらくそのような荘園の方が、太田荘の場合にくらべて、農民の村落共同体的結合＝機能はさらに稀薄な形でしか存在しなかったにちがいない。C型のうちでも平地部に位置する大井荘において、荘園支配上、「村」は制度的位置を与えられていないことをさきにみたが、本荘について大山喬平氏は興味深いつぎの事実を示している。[1]

すなわち、正治二年（一二〇〇）の美濃国在庁官人等の言上状によれば、「同荘の用水は一荘の内部で解決しうるものでなく、隣接する国衙領から水路をひいて灌水している。従ってこの用水路のための井堤役は国衙側で関係の諸所領にわりあて管理しているにもかかわらず、大井荘の甲乙人はこれを拒否している。国領はわずかに十余町にすぎず、これに対して大井荘は数百町の面積をもつにもかかわらず、この挙に出でるかぎりは、かれらが国領に立ち入って、草萱葦荻を刈りとることは禁止したい」というのである。[2]この国衙の言上状はさまざまの問題を示唆しているが、さしあたり、(a)ここでは用水の管理がなお国衙の手に属していること、(b)かかる国衙の管理に従って井堤役に従わない場合には、国衙は未開地への立入りを禁止し、採草を止めるという制裁を加えること、である。これらの点は用水・採草地等の共同体的諸契機を権力者の側が直接的に支配していることを示すものであって、そのかぎり農民の集団がそれらを主体的に管理・用益することが不可能なのである。用水が比較的長大な水路によらねばならない場合、技術上の条件に加えて、この時期のように所領関係が細分化されておれば、その管理は経済的にも政治的にも支配者側に掌握されることは当然である。

大山氏はまた播磨国福井荘(神護寺領)で、荘園領主が「勧農」の時の「百姓弁行事人等之食料」を弁ずるための「井料田」を設置している事実に注目して、領主側の「勧農」の在り方を説明しているが、そもそも当荘の用水源は荘内になく、隣接する大田荘内に設定された溜池によっていた。(3) ここでは鎌倉初期、大田荘側ですでに四〇〇余年に及ぶ慣行をやぶってこの溜池を放水して田地に転換しようとする動きがおこり、福井荘田一七〇町余の作付不能の危機を招こうとする事件が起こっているが、この事件の解決は在地の側では全く不可能であり、福井荘の利害を代弁した文覚の動きによって、領主間で解決されているのである。平地部に存在する荘園の場合は河川用水にせよ、溜池用水にせよ、このように領主的支配はきわめて直接的な性格をもっているのであって、かかる場合には、先述の結論的見通しが生まれざるをえないのである。

(2)　以上のようにみてくると、荘園制支配においては、在地領主を介在する場合であれ、直接的な支配の場合であれ、また概して山寄り地域の場合であれ、平地部であれ、その形態に偏差はあるにしても、村落共同体としての「村」を媒介体とする支配形態はなお十分に展開していない、といわねばならない。幕藩領主が村落共同体を媒介として農民を支配する前提条件は、封建的小農民の経済的自立度が高まり、兵農分離が体制化されることによって、山と水との用益の農民側における私的契機が増大した結果、用益をめぐる共同体的規制を強化し、共同体相互間でも権利関係を明確にしつつ、「村」が自律的な社会結合体として自己を確立した点にある。これに対して、荘園制下の村はこのような意味での村落共同体として再生産の諸条件を主体的に確保しえていないのである。

それでは日本において、このような荘園制下の「村」から封建的村落共同体が、いかなる経路をたどって展開してくるであろうか。この点の議論も別稿を期する他はないが、一面では傍系親族・従属経営を内包する「名」の共同体的構造の分解（「名」の散田化と「小農民」の分出）が進行し、他面ではそれと一体的な関係として、地頭の直轄地（給田・雑免地）でその原型がつくられつつあった領主＝農民関係が全荘域に拡大され、あるいは荘域をこえて展開していく過程で生みだされてくるであろう。すなわち、このような地域領主制の下で小農民の経済的基礎が漸次強化されるとともに、荘園領主支配下におかれた山野・水利の管理機能が農民側に掌握されだすにつれて、種子農料・用水・肥料のような営農のための直接的要件は基本的には農民自身の手によって確保されるようになり、「名」の小共同体的性格と領主側の介入が漸次克服されて、「村」がその自立性を強めていく。そして他方では領主層が兵農分離をおしすすめ、山野・水利等についても領主的支配と農民的用益との分化をつくりだすようになる。概括的には、このような過程の進行によって、封建的村落共同体は成立するであろうし、十三世紀末〜十四世紀はまさにその起点の時期であった。

その際、「小農民」の分出が直線的に従来の「名」共同体のごとき構造を克服し、備後の太田荘のような散居的・小村的構造が集村形態に転化し、一元的な「村」としてとらえられるのでないことはいうまでもない。近世に入っても「村」はその相互間に親村・子村的関係をもつばかりでなく、その内部にほとんど例外なく小集落単位をもっている。紀伊藩の「村」は近藤忠氏が示したように、複数の「小名《こな》」をふくんでいるのが一般であるし、(4)組・方限《ほうぎり》・ホノギ・名《みょう》・郷中《ごうちゅう》等、各地で種々な名称が「村」の下部の小集落に与えられている。またそれに応じて、山野の保有・用益の共同的主体も、「村」にかぎらず「村」の連合体であるとともに、部分的にはかかる小集落を単位としているが、(5)それらは、旧来の「名」共同体的関係の遺制が近世にまで尾をひいている証拠である。しかしそれにもかかわらず、

「小農民」の分出に応じて、「名」のもつ閉鎖性が克服され、かれらをもふくむ山野・水利の共同用益の主体が「村」として展開していっていることは否定できない。著名な例であるが、近江蒲生郡今堀で、延徳元年（一四八九）「惣」の地下掟を定め、山野の用益形態を制裁規定をもふくんで、共同体的に規定している事実は、そうした関係がもっとも端的に発露した場合である。(6)

(3)　こうみてくると、武力を保持しない都市的貴族としての荘園領主が、なにゆえに、ともかくも長期にわたって、散在する所領荘園の基本的収奪者たりえたか、という疑問についても、一つの側面からではあるが、解答をみちびきだすことが可能であろう。太田荘に代表されるタイプの荘園では、山と水に対する領主側の直接的支配が微弱であるにもかかわらず、共同体的契機は一面では小規模な「名」の体制内にとどまり、名主相互間の社会的・階級的連帯が村落的規模で十分に展開しえない。しかも名耕地の不安定等生産力の低さのゆえに、かれらが個別に在地領主に依存する度合が高かったから、荘園領主はかれらに政治的のみならず経済的にも優越した地位を認め、あるいは流通過程を掌握することによって、個別農民に対する支配を貫徹することができた。また大井荘のようなタイプの場合には、用水路の直接管理を通じてその支配はさらに端的に行なわれた。これらの事実をもってすれば、荘園領主側が農民の再生産過程に、一定の範囲で直接介入する以外に再生産が不可能な経済段階、従って社会的側面からいえば農民の村落共同体が領主権の侵攻にたいする抵抗のとりでとしての機能を十分発揮しえない段階が、荘園制支配にまさに照応するものといえるのである。

農民の側における私的所有の未発展な段階で、支配者側が再生産の諸契機を強力に再編支配することによって成立した日本の古代専制支配体制のもとでは、本来的な意味での自由民と自由な共同体は存在しえず、(7)荘園制支配も多かれ少なかれそれを前提とし、継承している。従って中世における村落共同体の問題は、再生産の諸契機が支配者側から農民の手にどこまでとりもどされ、古代にくらべて私的所有はどこまで進展し、村落共同体はいかなる契機を媒介としていかなる社会結合形態をとりつつ成立しているのか、という点を明らかにすることによってのみ問題の核心に迫りうるだろう。

(1) 大山喬平「日本中世の労働編成」(『日本史研究』五六号)。

(2) 「東大寺文書」正治二・四・日、美濃国在庁官人等訴状案(『大垣市史』下、史料三〇号)。

(3) 「神護寺文書」(年欠)六・十八、文覚書状。関係部分は「大田御庄の内池の候ハ、福井御庄の田をやしないて、四百余歳ニなりて候を、件の池をほして、わつかに田四五丁つくらんとて、福井庄の田百七十余丁ヲ損候ハ、これは橘判官殿御道理ニて候か、御庄園をしろしめさんとする人の御訴に候はすや」とある。

(4) 近藤忠「紀州における藩政の村の集落構成と内わけ村」(『史林』四一ノ一号)。

(5) たとえば中世において皇室領であった丹波山国荘地域の近世における山林所有・利用は重層的な構造をもっている。すなわち中世山国荘は三六名からなっていたが、近世に入ると山国本郷八ヵ村になり、かつて名主層が用益権を保持した「惣荘山」の一部は漸次各村々に分割され、さらに村毎にも役屋・非役屋等の身分階層制に応じて、「役人山」がうみだされ、そのあるものは「個人持山」になっている。このことは本来「村」を単位としない中世的な「山国惣荘山」=「名主山」が、私的契機の増大によって、漸次分割されていくとともに、半面では重層的な共同体的保有=用益関係を生みだす過程を示している(井ケ田良治「封建社会における村落共有山林と村落構造」(『同志社法学』一二ノ五号))。

(6) 今堀の場合には「惣」といっても注(5)に示した山国惣荘の場合と異なって、まさしく近世的な村落共同体の性格に近似したものが、先進的に姿を現わしているのである。

(7) エンゲルスはインドからロシアにいたる個々の共同体の完全な孤立の上に東洋的専制主義が生み出される必然性があるとともに、そこでは専制主義の中に社会形態の補足がつねに見出されることを指摘している(「ロシアの社会関係」(大月版『マルクス=エンゲルス選集』一三巻ノ上)一四三頁)。こうした指摘が日本の場合にもっとも有効なのはいうまでもなく律令体制以前の段階であろうが、「専制主義が社会形態の補足」となるという点は、荘園制支配の性格を考える上にも示唆が多い。

第七　中世村落の構造と領主制

――小村＝散居型村落の場合――

一　問題の所在

中世における領主＝農民関係の具体的在り方を追求しようとすれば、両者の媒介環としての中世村落の性格を問題とせざるをえない。この点については、かつて清水三男氏が荘園と村落の不一致を説き、中世社会の実体認識における村落の問題の重要性を強調して以来、学界の関心も次第に高められ、近年では中村吉治氏の『日本の村落共同体』のごとく示唆にみちた論著も公刊されるに至っている。またごく最近では黒田俊雄氏の労作「村落共同体の中世的特質」（清水盛光・会田雄次編『封建社会と共同体』所収）も発表され、領主制展開との関連において中世村落の態様が、若干の類型に整理されつつ、解明されている。

しかしながら、村落の問題は、中世社会経済史の諸他の分野の研究進展にくらべると、なおいちじるしく立ちおくれているといわねばならない。その主たる理由は、中世村落が近世村落のごとく、領主制支配の制度的基礎単位として、権力の側から、画一的に掌握されるものではないゆえに、村落のもつ諸問題が、中世史料の根幹たる支配関係文書のうえに、端的な姿をとってはあらわれない、という史料的条件にある。しかし、より根源的には、戦後の中世史研究が、農村史をとりあげる場合、農民の階級的性格の追求・把握に急であって、かれらの現実の存在の場たる村落そのものに、十分な関心をよせえなかった、という問題があるであろう。このことは、理論的には大きな欠陥をふくんでいるというほかはない。農民の階級的性格を論ずる場合にも、前近代社会においては、農民の個別経営を抽出し、その形態分析のみから結論をみちびきえないことはいうまでもない。農民経営の再生産は村落ないしはなんらかの共同体的結合体を媒介としてのみ実現されるのであり、他面、領主制支配もかかる共同体的結合体を媒介＝掌握することによって、はじめて個別経営を支配しうるであろう。

ところで、中世村落の性格に関する、今日の学説をかえりみれば、大別して、二つの考え方が存在すると思われる。一つは、荘園制解体過程における、いわゆる「惣」＝郷村制の成立をもって中世的村落共同体の出現とみなし、それ以前に村落共同体は存在しない、とする見解である。他は、中村吉治氏によって代表されるように、近代以前の社会においては、共同体は本来不可欠的な存在であるという理論的前提に立って、古代的、中世的、もしくは近世的な共同体の歴史的展開を念頭におきつつ、中世共同体の特質をとらえようとする見解である。この二つの見解は、一見、真向から対立しているかのごとくである。しかも、研究史の流れからいえば、前者は後者によって、すでに克服された旧学説、とよんでも差支えないかもしれない。だが、それにもかかわらず、筆者のみるところ、この問題は、いずれの立場に立つにせよ、まだなんらかの積極的な結論に到達しているとはいいがたい。なぜなら、前者はいわゆる「惣」＝郷村制成立以前の問題について積極的な分析を行ない、しかるのちにその結論をだしているのではないのであるし、後者は、中世における共同体的社会関係の原型を名＝名主の内部構造に見出しながらも、その上位にある村落共同体がどのような形で存在したかという点については、必ずしも明確な解答を出していないからである。

そのようにみれば、われわれも、この両学説のいずれかにくみすることを前提とするのではなく、問題の根源にたちかえって、中世村落とはなにか、という疑問自体を虚心に提起しなおしてみる価値がある。中世に村落共同体なし、とするのでもなく、逆にまた、それが必ずあらねばならない、という漠然たる理論的要請にとらわれることなく、この問題に立ちむから必要があるのである。

通常、われわれは、「村落」という場合に、江戸時代に存在し、多かれ少なかれ今日にいたるまで尾をひく村の姿を無条件に観念しがちである。しかし江戸時代以降の村＝村落共同体も、それ自身歴史的な産物であることはいうまでもないのであって、近世以前の村の形態・性格をそこから漠然と想定することの危険は大きいであろう。中世と近世とでは農業技術・耕地造成技術・水利技術等が大幅に異なり、それに応じて農業経営の在り方も異なるし、また領主権力の性格もいちじるしくちがっている。しかも中世のごとく中央権力の弱体な社会においては、支配形態の複雑性に規定される地域的な偏差もまたいちじるしい多様性をとって現われてくる。今日明らかにされているところでも、古代以来の条里制が存在する平野部の水田農村と、水田を主体としながらも、それが概して中世的技術に適応した丘陵・山寄り地帯の農村とでは、水田の存在形態はいちじるしく異なり、したがって集落の在り方も、さまざまの面で大きな偏差を示すことが知られている。またひとしく平坦部の条里制水田地帯であっても、興福寺領の大和国池田荘の場合の如く、荘園が一個の村落と一致する場合と、東寺領拝師荘と竹田・鳥羽村との関係に典型的にみられるように、荘園と村落とが全く一致しない場合とでは、村落の性格・機能は大きくちがってくるに相違ない。

このようにみてくると、中世村落は、地理学的な側面で、耕地および集落形態そのものが、近世以降の村落とくらべて、はるかに多様性をもつとともに、村落構成員の経済的・社会的性格、領主権力の村落掌握の形態等々、歴史的な側面においても、はなはだしく異なる多数のタイプをもっていたとみられるのである。したがって、中世村落を一律に村落共同体と規定することには危険があり、逆にその共同体的性格の存在を否定しさることも一面化のうらみをまぬかれない。

本稿は、以上のような問題を念頭におきつつ、中世村落の構造を、耕地および集落形態、農民の社会結合、領主権力の農民＝村落の掌握形態等の諸側面から分析し、それら諸側面の相互関連を明らかにしようとするものである。したがって、われわれの中世村落構造論は、以上のごとき角度からとらえられる若干の類型を設定しつつ、その諸類型のもつそれぞれの位置を確定するという方法で展開せねばならないのであるが、本稿ではその一つの試みとして、薩摩国入来院の具体的事例を検討する。入来院の村落構造を中世村落の一類型とする意味については、本文で行なう分析を経たのち、結論的に論議することとする。

二　中世の入来院

——その地理的・歴史的条件——

入来院は薩摩国薩摩郡に属し、川内川の中流左岸からその南方に位置する。現在川内市に接する樋脇町・入来町がほぼその境域にあたる。中世の入来院の集落と耕地は、後述するごとく清色・塔之原・市比野の三地域に大別されるが、そのうち清色は現入来町に属する入来川沿岸地域に、塔之原・市比野は現樋脇町に属する市比野川沿岸地帯に、ともにほぼ帯状に展開している。これらの両河川流域では、しばしば小規模な沖積平地が展開しているが、またしばしば小丘陵・台地が沿岸にせまっており、その台地の切れ目ごとにさらに小支流が流入し、それらの部分が浸蝕谷となって小耕地の開拓を可能にするという、複雑な地形を示している。よく知られているように、これらの台地は、火山灰の堆積や、旧期火山の残骸とみられるシラス台地であって、きわめて軟弱な地質であり、台地はいたるところで馬蹄形もしくは帯状にふかく浸蝕されている。この地方でひろくサコ＝迫とよばれるものがそれである。

現在の景観からいえば、集落は沖積平地と台地との交界部やサコの出口に散在し、またしばしば台地斜面をのぼって、台地上に出る台地縁辺にまで発達している。(1) 耕地はそれとほぼ見あう形で、沖積平地部に美田、サコの谷々にタナ田的な狭小な水田が展開し、畠地は主として水の得難い台地上に開発されている。火山灰性の砂地であるこの地方では、水もちはきわめて悪く、台地上は水不足に悩み、しかもひとたび雨があると、地下水の急増からサコは泥津波に洗われ、飫土は流されてしまい、台地の下の村々も大きな被害を受けやすい。こうした事情が、今日でも鹿児島県が全国有数の低生産力地帯である理由であり、歴史的にさかのぼれば、そのような不利な条件はいっそうきびしかったに相違ない。

さて、このような地理的条件の下におかれた入来院地方は、中世においていかなる状況にあったであろうか。周知のように、入来院は、平安時代後期には、その大半が島津荘寄郡として、国衙・領家両属の半輸地となっており、源平合戦の行なわれた平安末・鎌倉初頭には、平氏没官領として、千葉常胤が地頭職を獲得した。その当時の事情を示す「建久図田帳」によれば、入来院の水田面積は九二町二反、その内訳は表七-1の如くなっている。すなわち、千葉氏の地頭職獲得以前においては、在庁官人たる種明(大蔵氏)や道友(大前氏)が下司・地頭・郡司等の所職を保有していたのであり、図田帳作成時には「本地頭」「本郡司」とあるように、おそらく平氏与党としてその所職を失ったのであろう。

ところで、その後、千葉氏は寛元四年(一二四六)秀胤のとき失脚し、代って相模の御家人渋谷定心が地頭職を獲得する。入来院氏系図によれば宝治二年(一二四八)定心は清色に下向し定住するに至ったとされているが、定住の時期の問題は別として、事実、入来院に関係する渋谷氏の文書はそのころからあらわれてくる。建長二年(一二五〇)の定心置文(「入来院家文書」五六号)によれば、諸子に配分した入来院の「公事田数」の計は図田帳の公領七五町とまさし

表 7-1 「建久図田帳」にみえる入来院

領 主	面積	在地領主	備 考
	町		
安 楽 寺	0.2	下司僧安静	
弥 勒 寺	2.0	下司僧安慶	
弥 勒 寺	15.0	下司在庁種明	新田宮領市比野分
公領弁済使分	55.0	本地頭在庁種明	島津荘寄郡75町
公領郡名分	20.0	本郡司在庁道友	
計	92.2	地頭千葉介	

表 7-2 建長 2 年(1250)入来院の構成 1)

	総田数	のこる田数2)	左ノ内損田数3)	得田 4)	残定得田 5)
	町反代	町反代	町反代	町反代	町反代
楠 本	25.4.30	18.3.10 中	9.0.40	9.3.40 中	6.8.10 中
倉 野	21.0.20	18.5. 0 中	9.5.30	8.9.20 中	7.4.10
中村城籠	43.0.30 中	37.3.40 中	21.0. 0	16.4. 0	11.1. 0 中
塔 原	42.9.40	34.4.10	19.8.20	14.5.30	8.2.40 中
副田・清色・市比野	61.3.10	55.6.30 中	28.0.10	11.4.10 6)	7.2.0 中 6)
計	193.8.30 中	164.3.10	87.5. 0	60.7.10	40.8.30

〔備考〕 1) 数字はすべて史料に従う．そのため計算に若干の狂いがある場合もある．
2) 「のこる田数」は総田数より免田・佃等を差引いた残り．
3) 「損田」は史料の記載に従っているが，必ずしも現実の損毛地ではない．
4) 「得田」は「のこる田数」より「損田」を差引いたもの．
5) 「残定得田」は「得田」よりさらに第二次的な免田・給田等を差引いたもの．
6) この二つの数字は副田・清色分のみで，新田宮領市比野分16町 2 反10代中がこの他にある．

く一致している。

しかし、この七五町はあくまで「公事田」の面積を示すものであって、入来院の現実の総田数を示すものではない。建長二年の十二月に作成された「入来院　建長弐年の村々のちもくろく」(「入来院家文書」七五号)によれば、入来院の諸地域は表七-2の如き構成を示している。これは、「図田帳」と異なって、地頭渋谷氏が「領家・国司の御米の配分」を明らかにするために作成した田地注文とみられるものであって、ここで総田数として示される一九三町余が、地頭が実質的に掌握した入来院の総耕地数であろう。したがって、さきの図田帳の面積とはいちじるしいひらきがあるのであるが、これは少なくとも「損田」として示されている八七町余が除外されているからである。このことはなにも「建久図田帳」の作成時から建長二年までの期間にこの八七町の新田開発が進んだことを意味するのではなく、建久当時といえどもその大半は現実には存在して、種明・道友等の私的支配地となっていたであろう。その意味では、種明・道友はいかにも辺境の豪族にふさわしく、一面では在庁官人でありながら郡司職を兼有し、他面、国衙・領家からは全く自由な広大な私的支配地を所有していたのである。

そこで次に考えておかねばならないのは、かかる田地の開発事情である。周知のように薩摩国は班田制の施行自体もきわめて不完全な地帯であり、条里制の遺構も国府所在地の高城近傍(川内川下流域平野部)に限られている。しかもすでにみたように入来院の場合においても、現実に存在する田地面積に比し、国衙の掌握する部分がようやくその半ばに達する程度にすぎない、という事実は、外形はともあれ、実質的には律令国家の集権的支配体制の貫徹度がきわめて弱い地帯であることを示している。それは他面からいえば、郡司・院弁済使など、律令国家の地方官人として現われてくる豪族層が、他地域に比して私的豪族＝根本領主としての側面をとくにつよくもっていることに他ならず、当地域の水田開発も実質的にはこれら根本領主層の私的実力に依拠するところ大きかったことを推定しうるのである。

しかもここで見逃しえない問題は、入来院における水田の存在形態である。すなわち、さきにもふれたとおり、当地方の水田は、入来川・市比野川沿岸の沖積平地の美田と、両川に流入する多数の小支流谷＝サコのタナ田との二つに大別されるのであるが、前者の大部分は江戸時代における新田といって差支えないのである。今日、入来院地帯の最大の美田地帯は、市比野部落の南北にひらけた沖積平地部であるが、これは寛文九年(一六六九)に開設された市比野用水による新田であって、当時の新田面積は一三町二反七畝一四歩、高二八一石余におよんでいる(2)。また元村部落から入来川の水を取った元村用水路は元禄十五年(一七〇二)に着工され、宝永二年(一七〇五)までの新田は岩下・倉野方面で水田二〇町五反余、高約四五〇石におよんでいる(3)(薩摩藩の石高は籾高である)。また入来川上流右岸の川床部落(地理調査所地図「後川内」付近)周辺の平坦部美田は延宝元年(一六七三)入来川上流より引水した新用水路による高三〇〇余石の新田であることが知られている(4)。以上の諸例が示すとおり、入来川・市比野川沿岸の沖積平地の美田は、みな江戸前期の寛文〜元禄の頃に普及した新技術によって、上流部から長距離水路を開設して造成した新田に他ならない。

したがって、今日われわれが見うる水田分布のうち、主要部分とみなすことのできる平地部の美田は、中世の状態を考える場合には、そのほとんどすべてを除外しなければならないのであって、逆にいえば、中世の水田の多くは、サコに分布するタナ田型の部分に他ならないのである。このことは後に述べるとおり、中世文書上に示される「公領」(国衙・領家両属の田地)の地字を追求すれば、多くがサコ田に位置することからも裏書きされる。

以上のべてきたところから、入来院の中世村落と、領主制支配の性格を考える際に注意すべき、地理的・歴史的条件はほぼ明らかであろう。地理的にみるならば、生産力的には低劣な湧水利用によるサコのタナ田が、近世以前の主要な水田であり、少なくとも平安期から鎌倉・室町期にかけて展開する農村史の基盤であったこと、歴史的には律令国家の集権的支配体制の貫徹度の弱い地帯に属し、在地領主の私的支配が優越的な地位をもった地域であったこと、要約すればこの二点を指摘することができるであろう。

（1）入来川上流のシラス台地の中腹ないし縁辺部にひらかれた小豆迫・古牟礼・中山・海床・方賀野・松下田等の諸部落や入来川と市比野川の中間の台地にある鍋原部落等は、すでに中世史料にその名を見るのであるが、今日の集落は、江戸時代に下級郷士が移り住むこととなった結果、中世段階の集落規模とくらべれば相当に膨張している。今日の集落と中世の集落との中間に、江戸時代における中宿郷士の定住を考慮に入れる必要がある。

（2）（3）『樋脇村史』前編による。

（4）最近、新版入来町史編纂過程で発見された当用水開設記念の「延宝癸丑歳」の石碑銘文による（入来町誌編纂主任本田親虎氏教示）。

三　集落と耕地

前節の考察によって、中世入来院の水田が、主として自然湧水利用のサコ田に分散した形で存在していたことが明らかになった。そこで本節では一歩進んで、集落の形態と耕地の分布状況の関連に視点を集中しつつ、中世村落の景観的復原を試みよう。以下史料的便宜があり、かつ現地調査の対象としえた若干の事例について、順をおって解説する。

1　塔之原の集落形態

中世の塔之原は市比野川が入来川と合流して樋脇川となる地点（現樋脇町中心部）の平地部を中核として、それから市比野川を遡って市比野部落に接する部分までをふくむ、かなり広大な地域である。地理調査所五万分一地図に示される現在の塔之原・城内・岩元・村子田・前床・鍋原・金具・牟礼・禰礼北・田代等の諸部落が、少なくともその範囲内にふくまれている。

この塔之原は古くは塔之原名(いわゆる領主名)とよばれ、(1)千葉氏の地頭職獲得以前には塔之原名主寄田氏が君臨していた。寄田氏は「建久図田帳」で入来院公領弁済使分五五町の本地頭であった在庁種明(大蔵氏)の姻族であって、(2)おなじく有力な在庁官人伴氏の一族であり、おそらくは本宗から塔之原を分割譲与され、塔之原名主と称し、かつ屋敷所在地の地名をとって寄田氏を名乗ったに相違ない。(3)その後千葉氏が入来院地頭職を獲得すると、寄田氏の名主職は次第に圧迫を加えられるようになり、寄田信俊は千葉常胤と相論して幕府に訴えをおこしているが、幕府の裁許は「名主職は地頭進止」ということで寄田氏はいよいよ不利となっていく。さらに千葉に代った渋谷氏の時代に入ると、定心と寄田信忠(信俊の子)とはふたたび相論を反覆するが、幕府は前代に引きつづいて名主職の進止権を地頭に賦与する方針を再確認する(「入来院家文書」八二号、以下本宗の文書は番号のみ記す)。かくて塔之原地頭は定心の子重経の流れが世襲することとなり、寄田氏の地位はいよいよ危地におちこんでいくが、鎌倉末期に至っても、なお本拠地を中心にその抵抗をやめていない。(4)

支配層の側からみればおよそこのような経過をたどる塔之原地域は、さきに示した建長二年(一二五〇)の「村ミの地目録」では、総水田面積四二町九反四〇代におよぶのであるが、他面、この地域に定住する農民＝在家についても、別の史料からその全貌を知ることができる。表七-3は鎌倉末期における塔之原の在家の分布形態を示すものである。この史料は寺尾(渋谷)惟重の遺領をめぐってその子重広・重名の兄弟の相論があった際、重広が作成した注進状(八四号)であるが、同性質のものは重名の側からも提出されている(九八号)。重名提出分は表の⒄金家・宇の部分が「二

表 7-3　嘉暦 3 年(1328)塔之原の在家分布形態

	在家数	備　考	現地名との関連
(1)　城籠村	4 宇		庄籠
(2)　淵　脇	1	無作人	
(3)　借屋崎	2	市庭アリ	
(4)　大　薗	2	1 宇無作人	
(5)　藤九郎入道跡	1	無作人	
(6)　中　里	3		
(7)　古家薗	3	1 宇重名当住，皮作，土器作	城内の内小字古屋敷か
(8)　加波目	1		塔之原樋脇川右岸の樺目
(9)　中　塚	1		
(10)　横　枕	1	定使	
(11)　久目方	1		杉馬場に久目方姓多し
(12)　宇津木浪	4	1 宇無作人	
(13)　塚　原	1		
(14)　皮　屋	1		
(15)　田　代	3	1 宇無作人	田代
(16)　木　葉	1		金具の北市比野川左岸
(17)　金　家	1	1/2, 1/4, 1/4 に分割	金具
(18)　橋　口	2		
(19)　樋　脇	1		現塔之原町中心部？
(20)　村古田	3	2 宇無作人	村子田
(21)　前土古	2		前床
(22)　柿木原	1		
(23)　峯　越	1		
(24)　松　丸	1	皮細工	
計	42	無作人 7 宇	

宇　金家 如重広注文者、一宇云〻、争隠密之罪科可遁之哉、」とあり、また他に「重広一向令隠畠分」として五宇(所在地記載なし)が別にあげられているが、それを除いては前者とほぼ一致している。塔之原地頭職は寺尾惟重の一円支配であったことは確実であるから、(5) ここに示されたものが塔之原の少なくとも表記地域における全農民＝在家と見て差支えない。

そこでこの注文に示された在家の分布形態をみると、ただちに気のつくことは、それら(一宇は寺尾重名の屋敷)がきわめて分散的な形をとって存在していることである。四二宇の在家は城籠以下松丸までの二四ヵ所に分散し、最高で一ヵ所四宇がまとまっているにすぎない。二四ヵ所の地字のうち、今日その所在を確認しうるのは一〇ヵ所にすぎないが、それからいえるところでも東西、南北各数キロメートルの広がりをもつ地域一帯にわたって分散していることが明らかである。もちろんこの注文に「一宇」として表現されるものが厳密に農民家族一世帯であったか否かについては若干の疑問もある。表七-3の(17)金家のように一宇と表現されていても1/2・1/4・1/4に分割され三名の百姓の名前があげられ、重名の注文では二宇とされるケースもあるからである。しかしかりにそのような問題があるにしても、基本的にはこれら在家がきわめて散在的で、集村的景観を示さず、数宇の小村かもしくは孤立農家的な景観をとっていたことは疑う余地のない事実である。四二町九反余の塔之原分水田の大半はおそらくなんらかの形でこれら四二宇の在家の耕作対象となっていたものであり、そのうちの限られた部分のみが国衙・領家の年貢負担の対象たる「公田」であったのである。

2　清色北方の集落と耕地

清色とは入来川流域一帯のうち、下流部の副田《そえだ》を除いた広汎な地域の呼称である。前掲建長二年の「村〻の地目録」では清色村とあり、時としては清色名(六一号)とも清色郷(六八号)とも称されるが、塔之原と同様かなり広い範囲

表 7-4　清色北方水田の構成

(1)　元亨２年(1322)清色北方水田のうち百姓分

百　姓　分	面　積	在家数
	町反代	
(1)　竹原田分	1.7.40	4
(2)　符　宿　分	1.3.10 中	?
(3)　小豆崎分	0.7.30 中	1 ?
(4)　平木場分	1.5. 0 中	1 ?
(5)　平懲(嶽)分	0.4.40 中	1 ?
(6)　方賀野分	1.5.10	1 ?
(7)　中　山　分	0.7.30	1 ?
(8)　野　平　分	0.1.40	1 ?
(9)　徳法師(時星)分	1.0.10	2
(10)　前床(海床)分	0.3.20	1 ?
(11)　小牟礼分	1.3.20	1 ?
(12)　長　野　分	3.3.30	2 ?
計	14.4. 0	

文書上の計は 14.3.40 中．

(2)　元亨２年(1322)清色北方水田のうち人給・用作分

人　給　分	面　積
	町反代
(1)　上野新二郎入道	2.4.40
(2)　助　房	1.3. 0
(3)　泉彦四郎	1.3. 0
(4)　飛騨左衛門五郎	0.6.10
(5)　安次郎	1.3. 0
(6)　十　方	0.1.10
(7)　弥　七	0.1. 0
(8)　四郎太郎	0.1.40
(9)　小次郎	0.2.30
(10)　橋　本	0.3.10
(11)　五　郎	0.1.10
(12)　船瀬五郎四郎殿	1.1. 0
(13)　木場弥五郎殿	1.9. 0
(14)　森　殿	0.2. 0
用　作　分	1.4.10
計	12.7.10

文書上の計は 15.1.30，史料に欠落あり．

(3)　元亨２年(1322)清色北方水田の区分別面積

区　　分	面　積	年　貢
	町反代	石
百姓分	14.3.40 中	定米 24.91 絹 13疋
人給・用作分	15.1.30	ナ　シ
神田・寺田分	0.8.20	ナ　シ
津留新開分	2.7.10	所当米未加
かひの上らふ御方	0.7. 0	ナ　シ
計	33.8. 0 中	

の地域をさしている。

この清色は渋谷定心が地頭職を得て、その本拠地としている。[6] その後の分割相続の過程で変動はあるが、概していえば清色は南北二地域に分割され、北方は渋谷＝入来院惣領家の掌握するところとなっている。[7]

ところでこの清色については、元亨二年(一三二二)三月十三日付の「清色北方水田検注帳」(七二号)・「清色南方水田検注帳」(七三号)が残存する。[8] いま便宜上北方分水田について整理すると、表七-4の(1)〜(3)の如き存在形態を示す。すなわち清色北方の水田面積は、この検注帳の把握した限りでは三三町八反余に及び、大別して表七-4の(3)にみるごとく、百姓分・人給および用作分・神寺田分等に区分される。基幹部分についていえば、定米・絹の賦課される百姓分が全体の約四割余を占め、人給・用作分が文書上の合計一五町一反三〇代で計算して四割五分ほどに達する。

そのうち百姓分の水田の分布を地理に従ってみると、入来川の二つの分流が合流する地点付近から上流に向かって、竹原田・符宿がならび、以下入来川上流の台地にほとんどすべての地名が位置するのである。このことは「清色北方」が地形的にもたしかに南方分と一線を画する地域であったことや、検注は入来川下流部からほぼ順を追って地形に従って行なわれたものであることを示している。百姓分にみえる(1)竹原田以下(12)長野にいたる小字が、サコ田を中心とする一定のまとまりをもって散在していたことは、この点からも容易に推定することができよう。もちろん、百姓分と人給分は場合によっては同一地字のうちに入り組んで存在した。人給分(1)上野新二郎入道の水田のうち一町三反は百姓分(4)の平木場に存在している。零細な人給分も百姓分もしくはまとまりのある他の人給分と同一地字に存したであろう。だから百姓分に示された地字が北方の水田の存在するすべての地字とはいえず、百姓分に示された水田面積も各地字の水田面積のすべてを示すとはいえない。人給分の水田については所在地の記載が少ないからその関係の全貌を明示することはできない。しかし、結論的にいって、清色北方の水田が、十数ヵ所もしくはそれ以上の地字ごとに二〜三町ないし数反程度のまとまりをもって散在していた、という事実はうごかしえないであろう。

次に、かかる水田との関連において、清色北方の農民＝在家がいかなる形をとって存在したか、という問題があるが、この点は右の水田検注帳からは十分明らかにしえない。ただ表七―4の(1)に表示したような状況がわずかに推測される。この推定は検注帳の百姓分水田の地字毎集計の下に、(1)竹原田、(9)徳法師、(12)長野の場合のみ、それぞれ四名、二名、二名の百姓の名前と保有耕地面積・負担年貢額の記載があり、(9)他には記載のない事実に着目し、記載のない場合は単一の年貢負担関係、すなわち在家一宇とみたのである。この推定はなお検討の余地を残すといわねばならないが、さきにみた塔之原の在家の存在形態と対照した場合には大差ない状態が浮かびあがるのであって、やはり小村ないし孤立農家的景観を推測することができる。

以上、塔之原の在家注文と清色北方の水田検注帳から、集落と耕地の景観的復原を試みたが、両者いずれの側からもきわめて散在的な形態を認めざるをえず、江戸時代以降の一般村落においては、特定の場合をのぞいてひろく考えられているような集村的形態とはいちじるしく異なった状態を考えねばならないのである。そこで次には、かかる散在的な農家と、小ブロック単位に分散する水田との関連を、一、二の具体例に従って追求しよう。

3　黒武者の在家と耕地

黒武者は入来川上流の南北二つの分流のうち、南側の分流の左岸に位置する小部落である。位置からいっても入来町のうちでは比較的奥地の山間集落の一つに属し、現在でも戸数一九戸にすぎない。江戸時代には黒武者門・上野門・田中門・萩元門の四門があり、現在はその門名を姓とする農家がそれぞれ四戸・二戸・二戸・二戸、計一〇戸存在し、他に江戸時代の中宿郷士の系譜をひくものをふくめて一九戸となっているのである。このうち黒武者門の名が部落名と一致するものであって、その門がもっとも古い歴史をもつものであることを示している。ただ現在の黒武者姓四戸についてみれば、本家をのぞいてみな江戸末期・明治期の分家であるという。ちなみに、現在の黒武者本家(現当主富士夫氏)には宝暦七年(一七五七)の「門名寄帳」を残しているが、それによれば黒武者門は名頭一、名子三の構成を示す。しかしその実体についてみると、三名の名子は名頭の子(一七歳)および名頭の弟とその子(一三歳)であって、実質的には名頭の直系家族と弟家族(妻と子一人)から成っているといってよい。したがって、当時の黒武者門は二世帯あるいは複合家族一世帯という実体をもつものである。[10]

ところでこの黒武者なる地名は、すでに前掲の元亨二年(一三二二)「清色南方水田検注帳」上に姿を現わしている。その全貌は表七‐5のとおりの九反余の面積であるが、これは「百姓分」でなく、右衛門尉なる人物の「人給分」二町一反余のうちの一ブロックとして登録されているのである。このことから、元亨二年当時、清色南方分に属する一つの田地ブロックとしての黒武者が存在したことを確認しうるのであるが、当時すでに正規の在家農民がこの田地ブロックと密着した形で存在していたか否かは断定できない。

黒武者に関する鎌倉期の史料はこれ以外に存しないが、室町中期と推定される年欠「山之手御手持分帳」(二三八号)[11]および「算田日記」(二四〇号)[12]なる二つの文書には、黒武者の耕地の状況がかなりよく示されている。この二つの文書はさして年代をへだてない時代のものであり、ともに「黒武者門」として一括されているが、その田地の分布形態は表七‐6のとおりである。表中「算田日記」の地字名に＊印を付したものは、表七‐5の元亨二年の黒武者にみられる地字名であり、これによ

表7–5　元亨2年(1322)の黒武者の水田

小字名	面積
	反 代
かわはた	0.10 中
同	2.10
同	0.20
ひ の 上	1.20
ゆわやのくち	1. 0
神　田	1. 0
そ の た	0.30 中
ゐのしり	0. 0 中
新	2. 0
計	9. 0 中

表 7-6　室町中期(?)の黒武者門の耕地形態

「山之手御手持分帳」

地　　字	面積	年貢
	反 代	貫 文
ソ　ノ　田	2. 0	1.200
チカホ八所田	1.30	0.800
小　早　田	1. 0	0.800
岩 屋 ノ 口	2. 0	1.000
大河ノハタ	5. 0	4.000
ヰ テ ノ 下	2. 0	1.600
マヘ田ウトカケテ	15. 0	12.000
コヰテノ下	0.10中	0.200
ユハノサコ	0.20	0.200
ヤマカムレ	2.20	1.600
井ノ尻堤ノ下	3.30	2.000
小　　計	35.10中	25.400
畠 地 之 分		
		貫 文
居　屋　敷	1ヵ所	0.100
七郎五郎屋敷	1ヵ所	0.100
ミヤノワキ	反 0.20	0.050
コ　ソ　ノ	1. 0	0.100
コソノヽ上	0.20	0.070
イハヤノクチ	2升	
茶　エ　ン	3升	0.100
マ エ ハ ラ	反 0.40	0.080
小　　計	畠 3反00. 屋敷 2 所 (ママ)	} 600文

「算田日記」

地　　字	面積(蒔)	年貢
	斗升	貫 文
そ　の　田*	3.5蒔	1.200
ちり八所田*	3.0	0.800
小 わ さ 田	1.5	0.700
岩 屋 の 口*	4.8	1.000
大川のはた*	9.0	4.500
井 手 の 下	4.0	2.000
前田うと以上	25.8	11.500
小いての下二ヵ所	0.5	0.100
いはのさこ三ヵ所	0.7	0.200
山 か む れ	4.5	1.600
井の尻堤より下*	2.8	1.000
同堤より上*	4.6	1.300
計	64.7	25.900

〔備考〕 *印は元亨2年の地字と一致するもの.
ちり八所田は元亨の「神田」と一致するとみる.

って室町中期になると領主側の掌握する田地はいちじるしく増加していることがわかる。また「山之手御手持分帳」では屋敷地および畠地も登録され、畠面積も丈量されている。ここで「居屋敷」と「七郎五郎屋敷」という屋敷地二ヵ所が登録されたことは、元亨ではやや疑問を残した黒武者における定住農民の存在を明白に示すものである。今日、黒武者姓の本家黒武者富士夫氏の住居は、ふるい土塁の遺構をもち、その外郭に「門神」(二ヵ所)を祀っているが、おそらく、その地がそのまま史料にみえる「居屋敷」に当たると推定されるのである。

そこで次にはこの「御手持分帳」にみられる三町五反余の田地の存在形態が問題となる。史料の示す表面的印象では、田地は一一の小地字に分かれ分散的に存在しているかのごとくであり、したがってまた、他の門の田地と入組み関係も少なくないのではないか、という疑いも存するところである。しかしながら、この小字名を現地に即して復原していくと、その疑問はほとんど解消し、実際には、これらの田地がほぼまとまって存在することが明らかである。とくに水田の主体をなす「大河ノハタ」五反、「マヘ田ウト」一町五反、「岩屋ノ口」二反は、入来川分流に面する宅地付近の傾斜面で、湧水利用によるほとんど一括地をなすブロックである。「ソノ田」は一般に在家＝薗の周辺の田地で、黒武者の現在の地字としては発見しえないが、ここでも当然そのような性質の部分であろう。「キテノ下」「コキテノ下」は大川と称する入来川分流にそそぐ宅地付近の小渓流に設けた井手をさすことも疑いない。こうみるとここにあげられている田地のほとんどすべてが宅地周辺の傾斜面の湧水利用によるものであって、さきにのべたサコ田に他ならないのである。ただ表中二反二〇代を占める「ヤマカムレ」のみが例外で、これはやや上流の、宅地からは一キロメートルちかく離れた小規模のサコに開かれている。しかし地形的にみると、宅地の存在する斜面上の台地にひらかれた「茶エン」・畠地からは平坦につづく位置にあるので、このサコが新開田の対象に選ばれたことは不自然でない。

以上によって、少なくとも室町中期の史料を通じてみられる「黒武者門」は宅地と水田および畠地とがきわめて集中的に存在し、しかも他の門ないし薗をまじえない、孤立農家的存在であったといえるであろう。これをさかのぼることほぼ一世紀半の元亨二年の時期では、登録耕地もはるかに少ないし、在家そのものの存在も確認できないから、鎌倉末期から室町中期にかけては、黒武者はなお開発過程にあったであろう。この点は黒武者が入来川上流の奥地に位置することからも首肯しうるところであって、その当時では、かりに農家が存在していても、いわば出作小屋的なものであって、正規の在家役賦課の対象となる在家ではなかったかと考えられる。しかし、そこにかえって、この地域一帯にひろくみられる孤立農家の成立過程が如実に示されているとみられるのである。*

＊　五味文彦氏は本稿を批判的に再吟味し、薗→在家→門の農民経営の発展段階を明らかにすることに注力され、在家段階では薗段階にくらべ、散在耕地での新田造成が進展していることを指摘している。この点、本稿の指摘は氏の新研究をふまえ精密化される必要がある(「領主支配と開発の展開」『史学雑誌』七七ノ八号)。なおこのほか、中世入来院に関しては佐川弘・上杉允彦・北島万次・郡山良光氏等の諸研究が、本稿以後相次いで発表され教えられるところが多い。その研究史整理についても五味論文を参照されたい。

4　堂薗の耕地と集落

次に黒武者のように山寄りに位置しかつ孤立農家であるものとは異なり、平坦部で史料上でも在家が四宇集中する事例として、入来川沿いの堂薗について検討を加えよう。

堂薗部落は北側の台地が入来川岸まではせまっておらず、川流とのあいだにはごくゆるい傾斜地ないしは平坦な土地をひろげており、しかも湧水の利用できる地形に位置している。現在この部落には、藩政期に定住した郷士身分の家筋若干をのぞいて、江戸時代にはいずれも百姓身分だった堂薗・春薗・上薗・西の四姓が、それぞれ順次に四、三、

三、七戸の本分家をふくみつつ、ほとんど宅地の境と接して密集する小集村を形成している。(13) しかも先掲の室町中期の「算田日記」にはこの四姓に照応する堂薗門・春薗門・上薗門・西之門の四つの門名がみられるから、当時この四姓の農家群は、すでにこの地に定着していたと考えられる。

ところでこの四門の田地の存在形態をみると、表七―7のような姿を示している。すなわち各門はとくに大きい西之門をのぞいて本表の備考に記したような理由で、だいたい二町前後の田地の規模をもっていたとみられるが、それらはおのおの二〇個たらずの小字に分布している。そして四門相互間の田地の在り方は、ある一門の田地が他の一門の田地と同一小字に入り組んで存在する場合も、表が示すとおり少なからずみとめられる。したがって、ここでは四門相互間の入組み保有関係がある程度展開していて、黒武者のような孤立農家が四戸単純な形で集合しているわけではない。またこれら四門の田地全体の分布をみると、宅地周辺のものをのぞいて、略地図(次頁)に示したように入来川右岸のサコの他、対岸の二、三の可耕地域にわたっている。この点からすれば各門のもつ田地はかなり散在入組み的な保有形態であるといわねばならない。しかしこれらの散在的な水田所在地をさらに地理的にみると、宅地から多少はなれていても、結局は宅地近傍のサコばかりであって、入来川の直接引水によるものは存在せず、当時の技術として可能な土地が宅地の付近において開田されているのである。したがって、他部落からする入組み保有はほとんど考えられず、畿内の散在型荘園地域における「諸方兼作」の百姓の保有形態とも、あるいは近世村落における耕地保有の入組み錯圃形態ともかなり異なったものであり、堂薗の四在家間における小規模な入組み以上の複雑な関係は基本的には存在しないとみてよいのである。

表7-7　堂薗の田地分布形態

門名	面積(斗蒔)	小字の数	他の一門と入組みの小字数
	斗		
堂薗門	35.5	19	9
春薗門	31.8	17	4
上薗門	40.9	18	5
西之門	84.5	24	3

〔備考〕「算田日記」と「御手持分帳」によって斗蒔と面積の関係のわかる黒武者では，64.7斗蒔が3町5反余となっている．

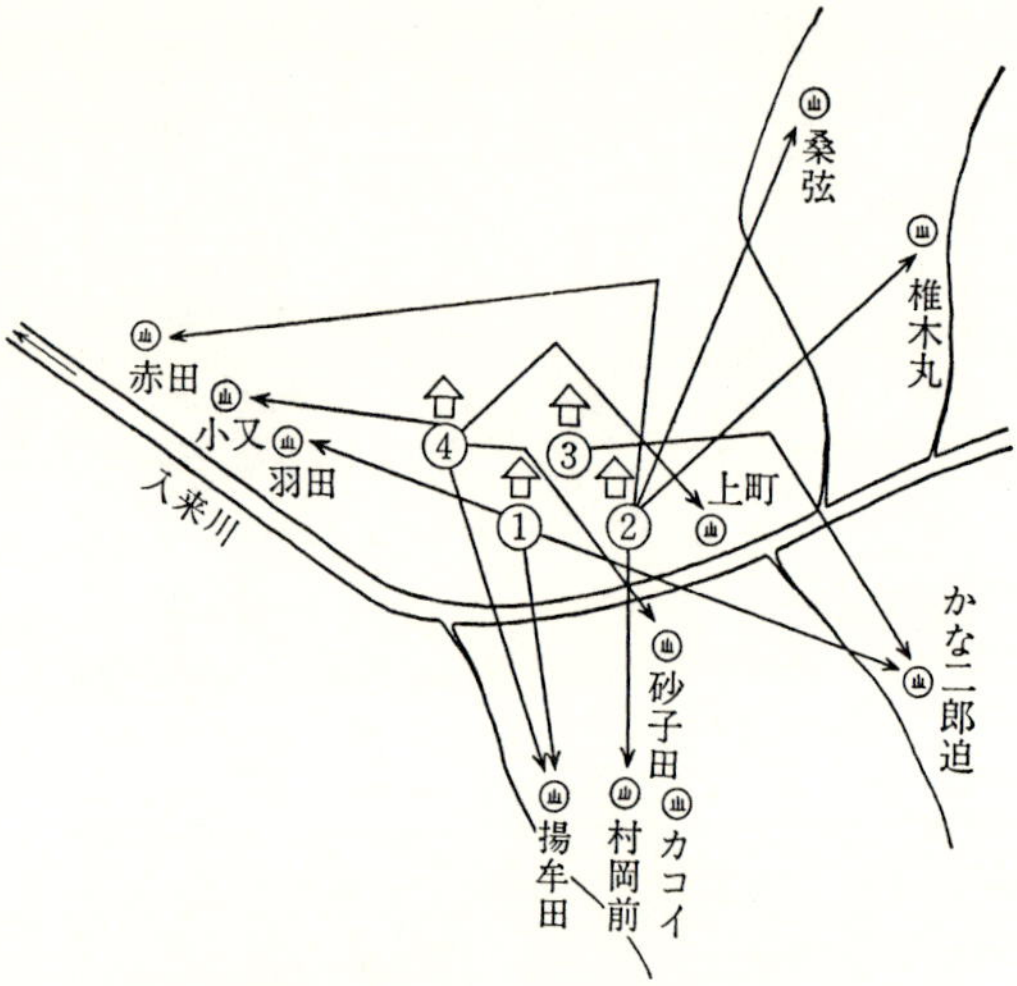

① 堂薗門，② 春薗門，③ 上薗門，④ 西之門
㊐ 水田所在の小字名

「算田日記」による堂薗各門の耕地保有形態

以上によって、「算田日記」に示される堂薗の集落と耕地が四在家をもって小村的な構成をとり、四者相互間では一定の入組み関係、従って田地利用をめぐる共同関係が存在したこと、それにもかかわらず近傍の小村との関係では孤立的な関係におかれていたことが明らかである。そしてこのような構造をもつ堂薗集落は、どこまでさかのぼるか断定はできないが、おそらく鎌倉期においてはすでにその姿を現わしていたこともたしかであろう。堂薗は地理的には清色北方に属するはずであるので、本来からいえば元亨二年の清色北方検注帳にその姿をあらわしてよいと考えられる。しかし実際には北方検注帳にも、また南方検注帳にもその存在を認めることができず、その点では疑いがのこるのであるが、この推定に誤りはあるまい。というのは、さきに本節の注(8)に記したように、この検注帳には第四紙と五紙の間に脱落があると考えられ、種々の理由からして、[14]堂薗分はまさしくその欠脱部分に記載されているとみられるからである。しかしこの小村が出現した当初から在家四字の構成をとっていたかどうかは疑問である。「算田日記」の四門のうちの一つが堂薗門といって、地名と一致していることや、他の二門が西之門・上薗門というように、一定の規準から方向・位置を示す呼称をとっており、しかも堂薗門の位置を中心にそれが説明されることは、やはり

堂薗門がこの小村の中でも草分け的存在であったことを暗示している。その意味で疑問が残るわけだが、一般に当地域が古く平安期以来の在庁官人の私領的性格を伴った国衙領として開発されていた事実を考えれば、この小村も実際には平安時代においてすでに長い歴史をもっていたといえるであろう。

5　小　括

以上1〜4の事例検討を通じて、当地方の中世の田地と在家の存在形態は、いずれにおいてもまったく共通の傾向が支配していることはもはや疑いをいれない事実である。その点は次の如く要約できるであろう。

(1)　平安後期には少なくとも明白に国衙領として存在する当地方の水田は、ほとんど例外なく浸蝕谷の湧水利用によるタナ田的形態のものであって、沖積平地の水田開発は室町期を通じてもなおほとんど進行していない。

(2)　鎌倉期から室町後期にかけて、タナ田型小規模水田の開発は進行しつつあり、それが逐次在地領主の賦課の対象にくりこまれていった。それに伴って、農家の増加も考えられるが、近世初期以降の新技術による沖積平地の大規模な新田開発およびそれに伴う農家数の増加テンポにくらべると、中世全期の停滞的傾向はかなりいちじるしいものである。

(3)　右のような条件のもとでの中世の田地は、必然的に分散的形態をとらざるをえず、またこれに応じて、在家も分散した。その結果、農民居宅とその保有田地とが空間的にはかなり密着した形態をとる孤立農家が広汎に成立し、地理的条件に恵まれた場合には、在家若干が一ヵ所に集中して、小村的形態を示す。しかしその場合でも清色・塔之原を通じて、一ヵ所に四字をこえる事例は存在しない。

(4)　かかる小村の内部では在家相互間の水田に入組み関係が存在するが、小村は相互に孤立し、いくつかの小村が複合して水田利用をめぐる共同関係を成立させる余地がほとんどない。

(5) 従って、入来院では集村的な景観は中世全期を通じてみることができず、通念として理解されるような「村落」をいずれの場において見出すべきか、ということ自体に問題がのこされる。この意味で史料上にみえる「清色村」・「塔之原村」・「市比野村」という場合の「村」の性格についても検討を加える必要がある。(15)

(1) 塔之原は建長三年(一二五一)八月二十四日定心譲状では「塔原郷」といわれており(「入来院家文書」五〇号の2)、建長二年の「村〻の地目録」では「たうのはらの村」といわれている。そしてまた建長二年四月二十八日関東裁許状(八二号)では「塔原名主」とあるのである。郷・村・名等は同一対象についてしばしば混用されている。

(2) 在庁種明は図田帳上でも入来院弁済使分五五町の本地頭の他、阿多郡久吉名本名主、高城郡三郎丸名主、薩摩郡若松名主、同永利名主、穎娃郡公領本郡司、等を兼ね、奥書の連署人の一人「大目大蔵」にあたる有数の在庁官人である。この種明と同一人物と推定される大蔵種章は、塔之原に隣接する薩摩郡山田村を所領とする伴信明の嫡女を娶っている(文治三年七月日、大蔵種章解状、一〇一号)。なお五味克夫「薩摩の御家人について」(『鹿大史学』六号)、同「薩摩国建久図田帳雑考」(『日本歴史』一三七号)参照。

(3) 宝治元年(一二四七)八月五日、大目伴信俊と子の信忠・信資は新地頭渋谷氏に請文を捧げ「ちとう殿おはなれまいらせて、かみにしさいお申候ものならは、かのたうのハらをめされ候へし」といっている(八一号)。従って伴氏の塔之原名主職は千葉氏の時代を通じて存続していたのであり、それゆえ建長二年また渋谷氏と相論をひきおこすのである。この建長二年の関東裁許状では伴信忠は「塔原名主寄田弥太郎信忠」として現われる。ここで「寄田」が問題となるが、これは塔之原の内の楡木田(現爾礼北)の中に小字「寄田」があり、惟重遺領注進状(八四号)でも「楡木田　但、此内弐町者、名主押妨之間沙汰寂中也」とあるから、楡木田の中の「寄田」をとって姓としたことは疑いない。また信忠が在庁官人大目伴信俊の嫡流か否かは断定できないが、隣接する山田村の伴信明の一族であることも明らかである。

(4) 注(3)でふれた如く寄田氏は伝来の本拠地楡木田によって、相論を継続したわけである。ここで名主が二町を「押妨」というのは、本拠地周辺の二町については地頭側の進止・賦課を認めようとしなかった事実をさすものであろう。

(5) 建長二年定心が入来院七五町を諸子に配分した際、重経には一八町七反半を分譲しているが(五六号)、これは重経の孫惟重の「遺領目録」(八四号)にみえる「塔原郷　公田拾捌町柒段半」と一致するから、塔之原地頭職は一括して寺尾氏に伝領されたとみてよい。しかも塔之原は正嘉二年(一二五八)地頭請となっているので(一二二号)、その面からもこの在家注文が塔之原の全貌を示すものと考えて差支えあるまい。なお渋谷重経の流れが寺尾氏を称した理由は、重経が本領として相模国吉田上荘内寺尾村を領したことによる(五〇号)。

(6) 入来院家本宗の居住地がどこであったかは断定しがたいが、同家が勧請し、その祭祀権を掌握していたとみられる諏訪神社は入来川下流の永田と元村の中間の左岸台地上にある。また中世末期の清色城も清色フモトの現入来町役場後背の丘陵上にある。従って、入来院家本宗の居住地もほぼその周辺だったと推定される。

(7) たとえば貞和二年(一三四六)十一月二十六日渋谷定円(四代重基)譲状(六八号)に「入来院内清色郷五分三北方」とあるように、北方を五分三と称し、これが本宗の所領とされた。

(8) 『入来文書』(新版)の編者はこの史料について、錯簡を訂正した後、第一紙・三紙の間及び第四紙・五紙の間に脱落あらん、と注記している。たしかに第四紙・五紙の間には人給分に関する一紙分の欠落があったとみられる。* 現存部の集計一二町七反一〇代と文書の計一五町一反三〇代の間にひらきがあるのはそのゆえんであろう。しかし第一紙・三紙の間には欠落があったとは考えがたい。なぜなら記載分の実集計と文書の集計がほとんど一致するからである。

* 佐川弘氏は本稿発表後「中世入来院領における在地構造の変質」(『史学雑誌』七三ノ四・六号)を発表され、この部分に欠落はないとの見解を提出された。また五味文彦氏はこの点について「一旦は文書作製過程で書かれた百姓・人給分の記載の一部が何らかの理由で削り落されその上で文書の体裁が整えられた」という別の見解を示された(「領主支配と開発の展開」『史学雑誌』七七ノ八号)。

(9) 念のため記載例を示すと次の如くである。

一　竹原田分

（中略）

以上丁七反卌内　四反卌中（年貢略）三郎太郎　三反十（年貢略）橋本　七反十中（年貢略）源八入道　二反卌（年貢略）又六

(10)　藩政期の門の編成は周知のように名頭と名子からなるが、一門の名子数は薩藩内でも地域によってかなり異なる。しかし、名頭・名子が兄弟親子関係であって、実質的には世帯を分けていない場合が少なくない。筆者が別に安良城盛昭氏と共に調査した大隅国蒲生郷（入来とは峠一つで境を接する）の場合でも、一門の名頭・名子は多く父子関係で形式的なものであった（安良城盛昭「鹿児島県農村調査覚書」（『社会科学研究』一二ノ六号）および永原慶二「農民的土地所有の史的展開——薩摩地方土地制度史との関連において——」（『地方史研究』一一六号）を参照）。なお、この宝暦七年に配分された名頭・名子の配符高及び家族構成は下表の通りである。田畠計三町五反余が名頭夫婦とその子二人（一人は名子(2)、一人は娘）および名子(1)の夫婦計六人の労働力で耕作されていたわけである（名子(3)は一三歳なので除外）。

(11)　内容上「算田日記」とほとんど一致するので、作成年代もほぼ同じころとみる。「山之手御手持分」の意味ははっきりしないが、入来院本宗の直轄地ではないかと考える。

(12)　この「算田日記」とほとんど同形式の「羽嶋見知之日記」（二三九号）が長享元年（一四八七）十月二十日の年号記載をもつので、これもほぼ同時期と考えた。なおたとい両者の関連を考えなくとも『入来文書』において「門」のあらわれるのは応永年代（十五世紀初頭）であるから、全面的に門の編成を示すこの史料がそれ以降のものであることはたしかである。

宝暦７年黒武者門の家族構成
（括弧内は年齢）

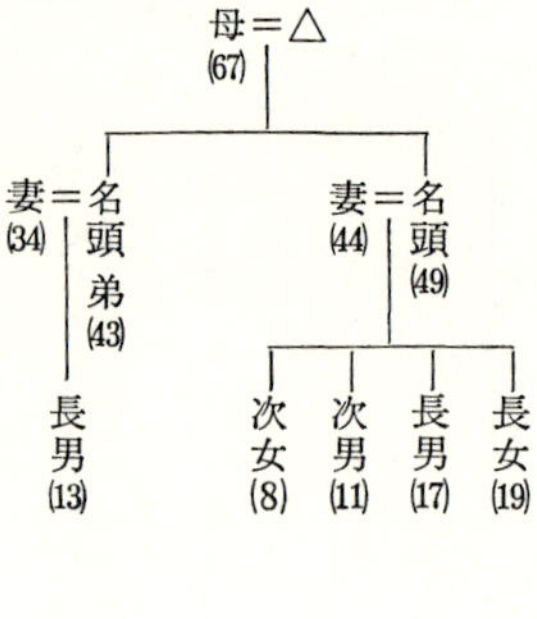

宝暦７年黒武者門配符高

	田	畠	屋敷	計
	反畝	反畝	畝	反畝
名　頭	17.604	3.214	1.10	21.918
名子(1)	4.501	0.601	0	5.102
名子(2)	4.717	0.526	0	5.313
名子(3)	3.703	0.711	0	4.414
	30.525	5.122	1.10	36.817

注）数字は原史料のまま．

(13) この四姓の家々は現在、それぞれ同姓ごとに一つゞきの土塁をその宅地の周囲にめぐらしている。現在は石垣風のものであるが、古くは土手であったという。この土囲が中世史料に現われる「薗一曲」にあたるであろう。
(14) 史料の欠落部分が「人給分」に属するであろうことは注(8)の理由によるが、さらに所在地の判明する「人給分」をみると、それらはおおむね「百姓分」よりは入来川下流に位置している。このことは入来院氏の屋敷地の所在地との関係や、地理的ないし地味的な条件を考慮しても首肯できる。「百姓分」のなかではもっとも入来川下流部にある竹原田・符宿につゞくところに位置し、概して恵まれた条件を備える堂薗が「人給分」に入っていたとみることは不自然でない。
(15) このような実体にあったため、江戸時代の外城制度にもとづく入来＝清色郷も士族部落としての清色フモトの他、百姓の「村」として制度化したのはわずかに副田村・浦之名村である。ここで「清色北方」に属する各小村は浦之名村として一括された。そのため薩摩外城制下の百姓村一村としてはかなり大きなものとなっている。

四　農民と村落

集落と耕地が地理的ないしは技術的条件によってきわめて分散的な形態をとり、孤立農家ないしは小村的景観を示す場合に、農民と村落の社会的性格はとくにどのような規定を受けることとなるであろうか。

まず一般に考えうることとして、農民の宅地と耕地とが地域的にまとまりをもち、相互に入り組むこと少ない孤立的形態をとる場合、農民の経営が他の何ものによっても制約されることの少ない独立性を保持したのではないか、という問題がある。自然湧水による独立水系を利用する水田の場合、水利の支配を通しての領主もしくは有力農民の直接的な支配ということは考え難い。また山野利用についても、平坦部の耕地のみからなる荘園とは異なって、山野は領主の私有という原則があっても、それは下地の問題にすぎず、宅地周辺の山野からの採草・採薪などはさしてつよい制約をうけないだろうことも明白である。

しかし、いうまでもなく、農民の社会的・歴史的性格はそのような特定の条件によってのみ規定されるわけではない。この地方の中世農民の性格に関して、筆者は従来、かかる孤立農家＝小村の問題は念頭におかなかったが、一般的にその地位の低さ、在地領主(領主的名主)に対する従属度の強さ、あるいはその基盤としての田地に対する農民の所有権の弱さを指摘してきた。(1) これに対しては多くの批判が提出され、とりわけ豊田武氏は在家＝薗の農民の「重層的構造」を強調し、「在家主が一般に零細な作人ではなく、被官や名子を従え、時には小作せしめることもある有力な百姓であったこと」、また「薗主(ここで薗主と豊田氏がいわれるのは薗の農民のことである)は、さらに小園を従属させるほどの実力をもち、またその園を売ることのできるほどの自立性をもっていたものと考えられる」と主張された。(2) また竹内理三氏は「大隅・薩摩両国の百姓は建国以来未だ嘗て班田せず、その所有の田は悉く墾田にして、相承けて田をつくり、あらたむるを願わず、もし班授せばおそらく喧訴せん」という天平二年(七三〇)の大宰府の言上に注意して、このことは「薩隅地方では水田が開拓されたことが比較的新しいことであり、しかも耕作農民の水田に対する権利が強いことを示している」といわれる。(3) また筆者が辺境の名の性格について「辺境の名は、その内部に半奴隷的な在家農民を包含し、それらの提供する徭役および家内奴隷労働力による名主の直営地と、在家の請作経営と、この二つの経営が不可分に相補いあいながら一個の完結的な再生産単位として存在した」(4) とのべたことに対して、阿部猛氏は在家の農奴的自立性を強調し、かかる名の機能・性格について疑義を提出された。(5) これら諸氏の見解と筆者の見解との間にはかなり重要な差異があることは明らかである。ここで従来捨象されていた集落と耕地の在り方、孤立農家＝小村型の農民定住形態をひとつの条件として考慮しつつ、いまいちど在家の性格とその再生産の場としての村＝共同体の問題を考えてみよう。ただし在家の性格一般についてはすでに前稿で考えたところであるし、とくに入来院関係の史料を中心としては工藤敬一氏の研究(6)が、筆者の所説の批判・検討の上に展開されているので、それらにゆずることとして、ここでは当面必要な点にのみ所論を限ることとする。

1　在家の家族と経営

まず「在家」もしくは「薗」として領主側に把握されている基本的農民層の性格を、その家族と経営形態について見ていこう。

前節で見た塔之原の場合、嘉暦三年（一三二八）の在家は地頭の一族渋谷重名当住分をふくめ四二宇であり、これに対して建長二年（一二五〇）の田地総面積は四二町九反余であった。しかし、両者のあいだには年代的に八〇年に近いひらきがあるし、四二町九反の中には当然「百姓分」のみならず人給分・手作分もふくまれているとみられる。従って、在家一宇当りの田地保有規模の平均を単純にほぼ一町ということはできない。塔之原の在家の田地保有規模を知る手掛りとしては、むしろ永仁五年（一二九七）の「塔原請地目録」（七四号）の方が好適である。これは地頭が塔之原を請地として支配するに当たって、国司・領家側に年貢を負担する関係を明示するために作成したものであろう。それを整理すると表七-8のとおりである。ここでは畠地も丈量されているが、この点は除外し、基本部分である田地についてみると、総計三〇町八反余となっている。これは⑴〜㉒の在家の保有する「百姓分」の田地のみであろう。このうち「損田」・「得田」がほぼ一五町ずつに分けられるが、この「損田」はいうまでもなく、現実の荒廃田ではなく、国司・領家側の賦課外の田地であることを意味するのであり、けっきょく「得田」一五町余だけが国司・領家の賦課対象田地となっているわけである。この部分が建長二年の渋谷定心の分割譲与の時以来示される塔之原公事田一八町七反半に見あうべきものであろう。従って、在家の田地保有規模は当然「損田」をもふくめた面積について考え

表 7-8　永仁 5 年(1297)塔之原の在家の耕地保有規模

在　　家	田　地	田地ノウチ損	田地ノウチ得	畠　地
	町反代	町反代	町反代	町反代
(1)　ふちわき	0.5. 0 中	0.3.30 中	0.2.20	0.2.20
(2)　あつきあなのいや次郎	1.3.20 中	0.6.30 中	0.6.40	0.9. 0
(3)　まいのまふし藤太郎跡	1.0.40 中	0.5.20	0.5.20 中	0.1.20
(4)　同所又次郎跡二郎太郎	0.9. 0 中	0.4.20 中	0.4.30	0.3. 0
(5)　河やの又六跡	3.0.10	1.5. 0	1.5.10	0.2.30 中
(6)　内野弥三郎	0.8.10	0.4. 0	0.4.10	0.2.10
(7)　古はの次郎太郎	1.1.40	0.6. 0	0.5.40	0.9. 0
(8)　中こはの六郎はうり	0.3. 0	0.1.20 中	0.1.20 中	0.2. 0
(9)　みねこミの六郎次郎	0.5. 0	0.2.20 中	0.2.20 中	0.1.10
(10)　草藤別当跡	0.8.30 中	0.4.30 中	0.4. 0	0.1.20
(11)　了　信　跡	0.5. 0	0.2.20 中	0.2.20 中	0.2. 0
(12)　なへの太郎貫首	2.1.10 中	1.0.20 中	1.0.40	2.0. 0
(13)　太　次　郎	3.8.10 中	1.9. 0 中	1.9.10	1.3. 0
(14)　田つくりか跡	0.6.40 中	0.3.20 中	0.3.20	0.4. 0
(15)　太郎大夫入道跡	1.3. 0	0.7. 0	0.6. 0	0.4. 0
(16)　田平三跡	1.0.20	0.5.20	0.5. 0	0.2.20
(17)　御代官分	2.3. 0	1.2.20 中	1.0.20 中	0.6. 0
(18)　紀四郎跡	1.7.20	0.9.20	0.8. 0	0.2. 0
(19)　ゆき三郎平入道跡	0.5.10 中	0.2.30 中	0.2.20 中	0.1. 0
(20)　藤太入道分	0.7.40	0.4. 0	0.3.40	0.5. 0
(21)　中　八　分	4.7.20 中	2.4.20 中	2.3. 0	0.9.30
(22)　つるの四郎跡	0.6.40	0.3.40	0.3. 0	0.1. 0
計	30.8.10	15.8.40 中	15.0.10	10.4.10 中

てよいのであって、けっきょく、(1)〜(22)の在家は(21)中八分四町七反余を最高として、(8)中こはの六郎はうり三反を最小とすることとなる。その場合、(8)六郎はうり(祝)のように、特殊身分のものは、ここでは「百姓分」としてとらえられている部分だけが示されているわけであって、これだけが六郎はうりの総経営地であったわけではあるまい。それゆえ、もしこの(1)〜(22)が各一宇ずつの在家保有規模を示すものであるなら、実際には各在家は少なくとも「百姓分」として五反以上の田地を保有していたことも明白であり、全体として相当な階層差をふくむとはい

え、十三〜四世紀の畿内荘園にみられるような零細規模保有農はほとんど存在しないといえる。

次に、さきに表七－4で示した清色北方分についてみると、ここでは地理的条件が塔之原にくらべてやや山寄りの狭隘地であるという事情からか、「百姓分」の保有規模は概して塔之原より小さくなっており、最低では(8)野平分のように一反四〇代にすぎぬものもある。しかし、清色北方は総田地三三町八反余に対して「百姓分」は四割余の一四町四反にすぎず、現実には「人給・用作分」等に対する請作関係もかなり広く存在したであろうから、実質的な経営規模は「百姓分」としてあらわれているものだけよりよほど拡大されることになるであろう。

さらに在家の保有＝経営規模を考える場合に見のがしえないのは、薗の内部の畠地である。右の表七－8に示した塔之原の在家では畠地が丈量されているが、これが薗の畠地であるか否かは疑わしい。むしろここで丈量されている畠地は薗の外部にひらかれた畠地であるとみた方が妥当であるかもしれない。さきにも示した室町中期の「山之手御手持分帳」でも、屋敷地については「一所」とあるのみで、薗の垣内内部の丈量が行なわれていたとは考え難いのである。しかも薗に付属する土地が相当な規模をもっていたことは、各薗の付属耕地の小字に「ソノ田」がしばしばみられることからも推定できるように、その内部に水田造成可能地をもふくんでいたのである。「御手持分帳」にみえる、副田の垣内門は水田二町九反、畠地一町二反、屋敷一所からなっているが、これは江戸時代には柿内門として存在し、現在も柿内氏という農家として存在し、その宅地をめぐる土塁は比較的よく残存している。現在その土塁にかこまれた宅地は約七反歩に及び、その内部に本家・分家・隠居等四棟をふくんでいる。そしてこの宅地の東面には一町ほどの畠地がひらかれているが、これは「御手持分帳」に「畠地　マヘ　一町二反」とあるものとまさしく照応しているのである。この「マヘ」の畠地は領主側が水田のみを丈量賦課の対象としてとらえていた段階では、おそらく薗の付属地として丈量されぬままに存在していたであろう。

このような事実を考えると、在家＝薗の農民の現実の保有＝経営規模は「百姓分」として領主側の文書に把握されているものより、じっさいにはかなり大きな規模となるであろう。したがって、それら在家の農民の労働力構成＝家族形態についても、単婚小家族形態を想定することはほとんど不可能である。『入来文書』の中から農民家族の構成を知りうる史料は乏しいが、延文四年(一三五九)の「入来院楠本大薗のさいほうの身曳状」(「寺尾家文書」一三・一四号)によれば、渋谷道賢に身曳した大薗のさいほうの「一るい」は七人であった。この七人が家族の全員をあらわすか否かは必ずしもはっきりしないが、少なくともそれを最小とする程度のものであったことは明らかである。しかし、七人程度ということはもちろん単婚小家族でも考えうるし、多少の傍系親族をふくむものとしても考えうる。しかし、前節の注(10)で示したように、江戸中期宝暦七年の、田地三町、畠五反の黒武者門は名頭家族四、名頭の弟家族二計六名(うち女二)の実質労働力によって経営されていた。技術・経営形態の停滞的な近世の黒武者門は、中世の段階ともかなり近似したものとみてよいだろうから、この点からおしても、在家が複合家族ないしは家族共同体的構成をとっていたことはまず誤りないだろう。

しかし、豊田武氏がいうように在家は一般に名子的な従属農民経営を包含するほど大きな規模をもつものであったか否かには疑問がある。豊田氏は建武元年(一三三四)九月八日「二牟礼の六郎二郎入道在家得分注文」(一二一号)にみられる在家の田地保有規模を「ほぼ六町」とみられるが、これはおそらく誤りであって、実は元亨二年(一三二二)清色南方検注帳の「百姓分」にみられる二牟礼紀藤三の在家二町七反四〇代(新田をのぞくと二町四〇代)にまさしく一致するものであり、それ以上の規模のものではない。(7) また同じく清色南方検注帳の山口紀藤太郎分二町三反三〇代中の内に「一平七作　一反廿あふみ加定」とある「平七作」について、これが「隷属的な作人によって耕作されていたことは確かである」といわれるが、この「平七作」は作人名ではなく、地字としての「平七迫《さこ》」のあて字であるとみられるので、(8) この事例から隷属的な作人の存在を立証するわけにはいかない。もちろん二牟礼の在家には豊田氏や工藤氏がいわれるように、のいね原の副次的な在家の記載がみられるし、また一般に在家農民の家族構成は複合家族とみられるから、傍系親族が、後代に門の「名子」とよばれると同様な意味で、名子的な労働力が存在したであろうことを全面的に否定はできない。またこの時代に百姓のもつ「名子」や「下人」が存在した事例が薩・隅の史料にあることも豊田氏の指摘のとおりである。[9] しかし、在家が一般に隷属的作人を保有する「重層的構造」をもつとみる豊田氏の見解は、その実体を過大視するおそれがある、といわねばなるまい。

2　在家農民の土地所有権

次に在家＝薗の農民の、文書上「百姓分」として表現されている田地に対する所有権の性格問題に進もう。田地が宅地の周辺のサコに集中して、両者の地理的関係が緊密なことは、もともとこれらの水田が在家の農民の手による開発田であり、班田や請作散田のような関係におかれていなかったことを想像させる。この点は豊田武氏が、在家が隷属的作人をもつ有力農であるということと関連づけて、次のようにいわれる点とも首尾一貫するかのごとくである。

「入来院文書応長六(二の誤り――永原)年日付のものを見ると、万徳名の中に、

竹中薗一曲前小薗一曲（此者雖為小太郎之薗被売本主之時止余人競望可令買領知也）

とある。薗に附属する小薗があり、それが薗主によって売られたこともあったらしい。これを以てすれば、薗主は、さらに小薗を従属させるほどの実力をもち、またその薗を売ることのできるほどの自立性をもっていたものと考えられる」と。[10] つまり豊田氏は薗の農民は薗の売買権をもっていたとみられるのである。

しかし、このような豊田氏の見解には必ずしも賛同することができない。まず豊田氏のあげられる史料についてい

えば、同氏はここで、竹中薗が小薗(原文は前小薗)を従属させているとみるが、その根拠は明白でなく、むしろ二つの薗が併列されているとみる方が自然である。また、豊田氏は園主(薗の農民)が園を売ることができたといわれるが、この史料はなんらそのような事実を示していない。史料の注記にある「小太郎」はこの文書(一二七号、応長二年六月十七日、武光法忍同日一筆譲状)の作成主体たる武光師兼の兄弟の子小太郎盛光に他ならないのであって、「本主」は小太郎をさしている。したがってこの注記では小太郎盛光の所有の薗を、師兼が買得し領知しているのだ、といっているだけなのである。このようにみれば薗の農民が自己の薗を売ったということはこの史料からは証明することができない。

もちろん、薗の農民にとって薗＝園宅地の私有性が田地よりも強かったことは、その面積が丈量されなかった事実からも明白である。しかし薗の農民がその薗地をすら自由に売買しうる条件がなかったことは想像にかたくない。その理由は次の点にある。第一に、さきにもふれたように楠本の大薗のさいほうは渋谷道賢に対して一類の身曳を行なっているが、もし園宅地が売買・質入の対象としうる条件をもっているなら、身曳以前にその行為があるはずであろう。しかし『入来文書』全体を通じて、在家農民の領主に対する身曳状は残っていても園地の売券は残っていないのである。第二に、在地領主渋谷氏は、その一族間で在家の売買・本物返等を行なっているが(「寺尾家文書」七号・四〇号等)、このことは当然在家農民がその薗を自由に売買しえないこと、つまり薗が領主にとって安定した財産であることを前提とするからである。領主側の在家売買は在家得分権の売買だから、農民の園地売却とはディメンションがちがうという考えもあるかもしれないが、もし在家が園を自由に売買するとすれば、領主は在家役得分をも安定して収取しえないことはいうまでもない。農民の没落が身曳や逃亡という形をとることは、他面からいえば在家が空在家となることであって、それは領主側に帰属することでもある。そこでは領主の管理・干渉をはなれて農民自身による在家の売買が行なわれるはずはない。嘉暦三年の塔之原在家注文で、四二宇の在家のうち「無作人」と記されているものが七字あったが、このことはまさしく在家の分解が、そのように、田地や宅地の売買によっては進行せず、身曳→無作人という経路をとることを示している。もちろんこの時期の在家の分解が、すべてそうしたものであったかは問題だが、現実にそのような関係が存在したことは明らかであり、そのかぎり園宅地の保有権といえども領主権力の外にある自由な私的権利とはいいえないであろう。

次に田地の所有権の問題であるが、もし園宅地においてすら右のような事情が存在するとすれば、田地の所有権についてはいっそうきびしい制約があったと考えねばならない。この点についてまず注目すべき史料は、保延元年(一一三五)の院主石清水権寺主大法師下文である(「入来関係文書」一号)。この下文は五大院政所正信に宛てたものであるが、そこでは高城東郷・同仲郷・入来院・薩摩郡并宮里郷・阿多郡等の寺領田畠の管理について、百姓等が「春時不令知沙汰人、各恣乍令耕作、不限秋所勘、有限沙汰等令遁避候事、甚以奇恠事也、(中略)早任下知旨、可令政所正信沙汰宛下耕作件寺領田畠等也、就中於入来郡者、有公験限、雖為坪々、以往之間、全以不令知沙汰人過来候条、所不軽罪科也」といっている。五大院は薩摩国高城郡に所在し、新田八幡宮の別当寺であり石清水八幡宮を本家と仰いでいた有力な寺院である。文意は高城東郷以下入来院をふくむ諸所の所領寺田の経営については、必ず春の農作の始めに沙汰人の下知によって、百姓等に請作さすべきであって、恣に耕作させることは年貢遁避のもととなるから許してはならない、ということである。

この史料の解釈について、阿部猛氏は春に請文を提出せしめて、秋収時に一定の地子を収取する請作方式が、ここに生まれてきていることに注意すべきであって、それは平安中期以降私営田的経営が解体し、図田帳にみえる「名」が単一的経営体でなくなったこと、すなわち名が奴隷制的経営ではないことを示すもの、といわれている[11]。しかしこの解釈は必ずしも妥当ではあるまい。阿部氏はあたかも五大院所領が奴隷制的経営を行なっていたが、この時期にはすでに請作経営に移行したと考えられるようである。しかし九〇町に及ぶ同寺の広大な散在所領[12]はおそらく初めから請作経営をとっていたであろう。したがって、この史料がとくに重要な意味をもつ所以は、直営方式から請作方式に移行したことを意味するものとしてでなく、むしろ、平安後期のこの時期においても、五大院の寺田が一般になお年毎の請作方式によって経営されようとしていた事実である。広大な寺領がこの時期においても農民に分割され、その保有地として農民の長期的・安定的な耕作権＝永作手権が容認されず、年毎に請文をとって耕作せしめるという方式をとっていたことは、農民の土地所有権の確立がいかに困難であったかを示すものである。阿部氏は、筆者がさきに、在家農民の地位の低さ、現象的には保有地をもちながら、その所有権が安定的には確立しておらず、在地領主たる名主に本質的には奴隷制的な従属関係をとっていた、と指摘したことを念頭において、逆に農奴制的個別経営の展開を、この請作方式の中に認めようとされるのであるが、筆者は本来、名が厳密な意味ですべて単一的な奴隷制的直接経営の場であるとは考えもしないし、またそのように述べたこともない。むしろこの史料は従来筆者が指摘してきた点をさらに具体的に示すものとして、解釈することが可能であると考える。

しかも、このような請作方式は平安後期の寺領経営にかぎらず、十三世紀の中葉、渋谷氏の入部以降の段階においても、なお形をかえながら存在しつづけたようである。延文五年(一三六〇)寺尾(渋谷)重名はその所領たる塔之原の一部を孫たけつる丸に譲っているが、その内訳は

一所　かはめの四太郎のさいけ、おなしきすいてん四たん
一所　やけはらの二郎太郎かさいけ、おなしきすいてん一町
一所　中その、きたハはらのなミき、ひかしハよこみちをきる、
一所　ほりくちのさいけ、おなしきすいてん三たん

一　うきめん一ちやう一たん、つほつけへつしにあり、

というように田地を付帯した百姓在家四宇と薗および「うきめん」から成っていた(「清色亀鑑」一五号)。この「うきめん」は百姓の永続的保有地でなく、重名の直属地であって、おそらく百姓の請作によって経営されていたと考えられる。「うきめん」の「別紙坪付」によれば、その内訳は三反は「てらまへ」、二反は「かりあつまり」、一反は「四十た」、三反は「ミしまの御うしろ」、一反は「ほりくちのまへ」、一反は「ミつち」、という形で六ヵ所の地字に分布している(同上一六号)。この地字のうち、少なくとも「かりあつまり」「ミしま」「ミつち」は現在の地字名と一致するのでその所在地が判明するが、それらは重名の屋敷地に近い地域に分布しており、[13]その点からも直営もしくは請作方式によるものとみる推定が無理でない、とみられるのである。

このような請作方式の長期にわたる存続は、いうまでもなく、その部分における農民の世襲的所有権の未熟さを意味するものであり、浮免の存在は逆に在家農民の「百姓分」田地の所有権についても一定の規制力を加えることになったであろう。律令制下における賃租田＝公田(年毎の請作)の存在が、口分田＝私田の保有権の弱さを規定する機能を果たしていたことや、平安期の畿内国衙領においてひろく存在した負名の制度(請作方式)が、農民の私的土地所有権の確立を永く制約していた事実を想起すれば、その点はおそらく首肯しうるであろう。

もちろん在家の「百姓分」田地は、地理的にも宅地と緊密な関係にあるうえ、規模においても在家相互間で不均等である事実からすれば、その保有関係が領主権力によって直接強力的に編成されたものでないことは明らかであるから、竹内理三氏が推定されたように、農民の土地所有権が強かった、と考えることもあながち無理ではない。しかし、班田制が行なわれなかったり、畿内の均等名のような領主権力による編成が行なわれなかった、という事実は、それのみでは農民の土地所有権の強弱を決定するキメ手とはならない。「百姓分」の田地が浮免＝請作地と異なって事実

上固定的・世襲的な農民保有地であったことには筆者も疑いをはさまないが、それらの田地が私的権利の対象として売買しえたか否かがこの段階における所有権の強弱を判定するメドであろう。そしてこの点になると、結論的にはきわめて否定的な見通ししかもちえないのである。それを明証する十分な史料はもちえないが、次の文書は示唆的である。

烏丸　田地坪付

一所ナヘクラ　壱町弐段　此内二反荒 壱段十被召炭浦殿了、　伴三郎
一所中薗　九段　此内一段被召炭浦殿了、　此内一段堂田　弥太郎
一所タウノ薗　伍段　此内一段荒　孫六
一所平野　伍段　四郎三郎
一所上籠　陸段　一反荒　藤太郎
一所奥薗　伍段　此内一段十被召炭浦殿了、　二段荒　与一四郎
一所畠中　伍段　此内三段荒　弥平次
一所岡薗　七段　此内三段神田　一反荒　弥平次

浮免田地

一所　池せマチ三段
一所大クラノ内　四段卅　此内一段十権現祭田
一所　黒山卅　炭浦殿御用作
一所中野薗　弐段

以上陸町四段十
文和三年拾月十四日
（「清色亀鑑」七四号）

これは川内川右岸に位置する東郷の鳥丸村の南北朝期の状態を示すものであるが、ここでも在家七字という小村形態がみられ、浮免田地が存在し、上来述べてきたことと一致した様相を示す。しかし、ここで注目すべきことは、在家＝薗の「百姓分」の田地の一部が、三ヵ所にわたって、「被召炭浦殿」と注記されていることである。「炭浦殿」は明確でないが、おそらくは地頭東郷氏の一族であったろう（「清色亀鑑」七〇号・七三号参照）。とすれば、地頭が「百姓分」の田地を「被召」たということであって、在家の田地は領主側の要求によって、随時とりあげられるという事態がおこりえたのである。もしこの解釈に誤りがないとすれば、在家に付属する「百姓分」の田地といえども農民にとってその所有権は基本的にはなんら保障されていない、というほかはない。

農民の田地所有権の未熟さを示唆する史料としては、これ以外にあげることができない。しかし、その他、一般的には、(1)田地よりは私有性の強いと考えられる園宅地においても売買不能であったこと、(2)またあまりに一般化するそしりは免れえないが、江戸時代の門割制下において、本田畠の割替が強力的に行なわれ、かつ、法制的にも現実的にも農民の土地売買が認められない事実は、当然それに先行する中世段階における農民的土地所有権の性格を前提としてしか理解しえないこと、の二点を想起する必要があるだろう。こうした条件のもとでの農民の分解は、必然的に(1)手余り＝荒廃田の発生、(2)身曳もしくは逃亡→無作人＝空在家、という形の縮小没落か、(3)新田開発による保有地の増加、(4)それを前提とする複合家族の分裂（在家一字の分割）、(5)もしくは空在家に対する領主下人の定着＝在家農民の再生産、という形態をとり、農民相互間の耕地売買＝移動にともなう階層分化、もしくは地主＝小作関係の展開という方向をとりえないであろう。

3　在家農民の社会結合と共同体

以上によって、在家農民の保有面積が必ずしも小さくなく、家族形態が家父長制的複合家族であっても、かれらの土地所有権はきわめて弱体であり、その地位の低さは同時代の他地域の農民にくらべてもいちじるしいものがあることは明らかであろう。この場合、宅地と耕地が地理的には緊密に結びあっている孤立農家ないし小村的集落形態は、領主権力に対して農民の土地所有権を強化し、その社会的地位を向上させるために、それ自体としてはなんらの力をもちえていないこともまた明らかである。それどころか孤立農家＝小村的集落形態は、領主権力に対する農民の地位の強化という点では、かえってマイナスの条件にさえなっているとみられるのである。

通常、封建社会における農民の村落共同体的結合は、しばしばその共同体的秩序が領主権力によって掌握再編成されることにより、領主制支配の媒介環たる機能を演ずるのであるが、他面、この共同体は領主権力に対抗する農民のトリデとしての機能を果たしている。この点はとりわけヨーロッパ封建社会の歴史をかえりみるとき、つねに指摘されるところであり、領主権力は村落自治的秩序の内部に立ち入ることができないという側面をもっている。わが国の場合、村落共同体のそのような自治的側面は微弱であることが一般に注目されているが、領主権力が村落共同体秩序を掌握できない場合、やはりそのような性格はつよく表出されてくる。中世村落史の研究上著名な近江国菅浦や奥島荘において、鎌倉末期から南北朝期にかけて「惣」の自治的性格がつよくあらわれるのは、その場合、荘園領主権力が弱体であるとともに、在地における領主制の成長が微弱であって、村落的な規模での農民の社会結合が、独自の機能を発揮しえたからである。また畿内の散在型荘園地帯において、いわゆる「諸方兼作」的な関係にある農民たちが集団的行為をもって領主側に対抗しえた理由は、村落と荘園とが一致せず、領主権の直接把握の外にある村落が農民の地縁的な共同体としての役割を発揮しえたからであろう。

このような、一般に知られているケースと対比するとき、孤立農家＝小村的集落形態のもとにある在家農民は、かれら相互間の社会的結合を積極的に実現しえず、個別的に在地領主権に従属せざるをえなかったのではなかろうか。在家農民の村落共同体関係や社会結合の在り方を史料を通して直接実証的に明らかにするということは、対象の性質上きわめて困難なことである。しかし、すでに考察してきたところからしても、当地域の在家農民が領主権力に抵抗しうる機能を果たす意味での農民的結合関係を十分に構成しえなかったことは理論的には認めざるをえない。

もちろん、それはたんに、個々の在家農民が孤立した宅地・田地・水利利用によって自己完結的な状態にあり、近世農村におけるように水利・山野等の共同利用、田地の入組み錯圃からする共同体的規制関係等をもたない、という事実そのものからみちびきだされる結論ではない。それだけのことであれば、在家農民は逆に自己完結的に自立性と自由を確保しうるという条件にもなるであろう。本質的なことがらはそのような現象自体にあるのではなく、一面では自然的・地理的条件において孤立的状況におかれ、他面では領主権力によって強い従属的な条件のもとにおかれている在家農民が、相互に村落的な規模で階級的に結合し、その結合が一定の社会的・政治的な力として、領主権力と対抗しうる条件をもちえない、というところにある。封建制下における村落共同体は、もちろん厳密な意味で農民相互間の平等な結合関係ではなく、村落支配層ともいうべき有力農民階層が、耕地利用、用水・山野利用、祭礼等々の生産・生活上の地縁的＝村落的社会秩序を掌握することによって成立するから、それ自体の内部に封建的な支配・被支配関係の萌芽を内包するのがつねである。しかし、その村落秩序が上部の支配権力に対する場合においては、農民共同の利害を擁護する機能を発揮しうるのであって、そこに、封建制下における村落共同体のもつ積極的・政治的な側面が存在しうるのである。

それにもかかわらず、入来院の在家農民の在り方については、そのような村落共同体的結合を示唆する積極的な史実も発見しえないし、また理論的にもこれを想定することは困難である。もちろん、孤立的な在家もしくは小村そのものの内部構造自体のうちに、共同体的機能を発見しようとする考え方もありうるであろう。豊田武氏が「在家の重層的構造」を主張されたり、中村吉治氏が農民的名主の構造それ自体に共同体の原型を求めようとされることは(14)、そのような考え方に連なるといってよい。たしかに在家はその発展形態として藩政期の「門《かど》」に連なるものであり、門は族縁共同体的性格をもち(15)、しばしば領主の御物山＝藩有林に対して門付山をもっている(16)。また在家の集合体は、在家の門への転化過程において集落的発展をとげ、藩政下における「村」の下部単位としてこの地方で「方限《ほうぎり》」「郷中《ごうちゅう》」などとよばれる社会結合単位を形成する(17)。その意味では最小限の地縁的共同体の萌芽が中世の小村にあったといいうるのである。しかし、この段階では、すでにみたように、その結合範囲もごく小規模であるとともに、それが農民の生産・生活を完結的に保障する単位体にまで発展していたとは考え難いのである。

このようにみてくると、在家農民は地縁的な村落共同体に媒介されることなく、個々的に在地領主に従属し、それとの関係においてのみ再生産が可能になるごとき状態におかれていたとみる他はないのであろう。

(1)　永原慶二『日本封建制成立過程の研究』第五論文および『日本封建社会論』第二・三章参照。
(2)　豊田武「初期封建制下の農村」(児玉幸多編『日本社会史の研究』所収)。
(3)　竹内理三「薩摩の荘園」(『史淵』七五輯)。
(4)　永原慶二『日本封建社会論』八四頁。
(5)　阿部猛「辺境における封建社会成立の前提」(『北海道学芸大学紀要』一一ノ二号)。
(6)　工藤敬一「辺境における『在家』の成立とその存在形態」(日本史研究会史料研究部会編『中世社会の基本構造』所収)。
(7)　豊田武氏前掲論文。豊田氏はこの在家得分注文で、冒頭に記されている「一、七石七斗《ちたう》　延米とかきの定」と尾部にある

「一、七反延米一石五斗五升のいねのはら、のいねのはらのさいけくわう也」を対照させて、七反から一石五斗五升の延米がとられているのだから、七石七斗と一石五斗五升の合計たる九石二斗五升の延米を納める在家はほぼ六町の面積をもっていた、と考えられる(またこの点について工藤敬一氏は前掲論文で同様の方法で二牟礼の六郎二郎在家は四町以上の田地を保有したといわれる)。しかし、冒頭の七石七斗は、のいねの原と同率の賦課を示すわけではなく、清色南方検注帳の二牟礼紀藤三分二町七反四〇代の分米九石三斗七升二合から新開七反分米二石三斗七升二合を差引いた七石に一割の斗搔米を加えた七石七斗をさすのである。だからこの六郎二郎の在家は、紀藤三時代では、本田二町四〇代と新田七反(このうちに、小字別記載ではのいねのはら四反二〇代がふくまれている)を保有し、十数年後の建武元年の六郎二郎の時代ではのいねの原の新田が多少増加したにすぎないのである。

(8)　豊田氏が作人と考えられたことは自然であるが、この肩書の部分は他はいずれも地字名が記されているのであって、保有関係の記載ではないので、ここだけを耕作者名とみることは問題である。また当地方の水田が多くサコ田であることは屢述したとおりであり、現在の地字名にも「某作」とあるものがみられるが、これも「某迫」の転記である。サコ名に人名が付されていることは当地方では稀でない。

(9)　史料上に「名子」とあることから、ただちに個別経営を想定することは危険をふくんでいる。「名子」という呼称の中にも「下人」がそうであるように、経営形態・家父長との従属関係にはさまざまの態様がありうるであろう。豊田氏や工藤氏のように在家一宇の「百姓分」田地規模を四〜六町とみるなら、その内部には名子の個別経営を考えた方が妥当であるが、それほどの大規模のものは入来院にはみられないところであり、またたとい存在したとしても例外的なものであろう。

(10)　豊田武氏前掲論文七六〜七頁。

(11)　阿部猛氏前掲論文。

(12)　五大院は高城郡で三〇町、阿多郡で四四町八反、薩摩郡で五町八反、入来院二町、東郷別符で八町五反、計九〇町三反を寺領としていた(『鹿児島県史』第一巻二一四頁参照)。

(13)　たとえば、渋谷(寺尾)重名の居薗は古家薗という地字にあったが、この地字内には三嶋社があった(九八号)。浮免の坪付に出てくる「ミしまの御うしろ」は当然この三嶋社の後をさしている。「かりあつまり」「ミつち」もそこからさして遠くない位置に現在も同名の地字がある。

(14) 中村吉治『日本の村落共同体』。

(15) 藩政期の門を構成する名頭・名子関係が、血縁を基準とするか否か、また名頭に対し、一門の名子数がどの程度かは、薩藩内百十数郷の地域と時代によっても異なるようである。小野武夫氏の『旧鹿児島藩の門割制度』はかなり画一的な見解を示されているが、個別研究の必要が痛感される。この点『鹿児島県農地改革史』に叙述されている山田竜雄氏の門制度の研究ははるかに精緻である。

(16) 筆者の調査した大隅国始良郡蒲生郷(清色郷と隣接)の場合、藩政下の門にはしばしば門付山という門に所属する山野が存在した(蒲生郷御仮屋文書による)。

(17) たとえば蒲生郷は士族村たるフモトの他百姓村八村より成るが、その一村たる白男村は、この基幹部分が白男上、中福良、岩戸という三つの小部落＝「方限」に分かれ、これがさらにそれぞれ三、二、一の「郷中」に分かれており、各郷中が若干の門から成っていた。このような村落の重層的構造は中世の在家と孤立農家・小村的集落の発展の過程を念頭におくとき、きわめて自然に理解しうるのである。

五　領主制支配

前節では孤立農家＝小村的集落形態のもとにおける在家農民が、かれら相互間で村落共同体的な社会結合関係を緊密には展開しえず、経済的にも政治的にも劣悪な状態のまま、領主権力に個別的に従属せざるをえない、という問題の側面を検討した。しかし、視点を領主側に移した場合、領主層は、具体的にはいかなる契機を通してかかる在家農民に対する支配を積極的に実現しえたのであろうか。農民の側における村落共同体的結合関係の不存在ないし稀薄性は農民がいわば共同体というトリデを媒介することなしに、裸のままで、個別的に領主権力と接触することになるわけであるから、そのこと自体が一面では領主制支配にとって有利な条件といえる。とはいえ、他面、領主側にとって村落的結合秩序を媒介物となしえない場合、支配の実現に困難が多いこともいうまでもない。備後国太田荘の在地領主橘氏が荘域内に散在する村々の公文・神主など村落的秩序をにぎる所職に対する進止権を主張し、また地頭三善氏がおなじくそれらの進止権に執着し、自己の家人を公文に補任した事実は、(1)領主制支配にとって村落共同体的秩序の掌握がいかに有効な手段であるかを、如実に示すものである。したがって、入来院のような場合は、農民側にとってその不利な条件が、ただちに表裏一体の関係において、領主支配の有利性を保障することとはいいきれないであろう。そのような条件のもとで、領主側はどのような方法を通じて農民支配を実現したのであろうか。この点が本節の問題である。

ところで、入来院の領主制支配の在り方を問題にする場合、少なくとも渋谷氏入部以前の、主として平安時代を通じて蟠踞する郡司系在地領主＝名主層が中心となる段階と、地頭渋谷氏の支配が中核となる十三世紀中葉以降の時期とに区別して論を進める必要のあることはいうまでもない。両者はその系譜が異なるばかりでなく、支配の性格・内容についてもいちじるしい差異をもつと思われるからである。一般に薩摩地方の領主制の展開については、石母田正、(2)水上一久、(3)工藤敬一、(4)鈴木鋭彦、(5)佐々木光雄氏(6)等の諸論稿があり、とくに石母田氏の論文は平安末期における薩摩地方の政治的変動の背後にある領主制の動向を、郡司系の旧在地領主と「所職」よりも「下地」そのものの支配を志向する新興領主＝名主の対抗としてとらえている。また水上氏の研究は、南北朝内乱期の政治的変動を念頭におきつつ、そこにみられる在地勢力の分裂・闘争の基本線を郡司系領主と地頭系領主との対抗としてとらえ、当地方における領主制の推移を基礎構造の変化と関連づけつつ追求している。それらの研究業績によって明らかにされた事実は、入来院地域についてもほぼ妥当するところが多い。したがってここでは、領主制の歴史的推移一般の問題については、それらの諸成果に委ねることとして、視点をもっぱら上述のごとき村落・農民の特定の在り方と関連する領主制支配の特質に限定しよう。

1　渋谷氏以前の領主制

「建久図田帳」にみられる入来院の支配関係は、さきに表七-1に掲げたとおりであるが、弁済使分五五町の本地頭であり、かつ新田宮領市比野一五町の下司であった大蔵種明や、郡名分二〇町の本郡司であった大前道友は、ともに在庁官人の雄たるものであって、薩摩一国にひろく所領をもち、入来院に直接在地するものではなかった。それにくらべて入来院の在地支配により深い関係をもつものには伴氏がある。建久年間の状況を示す図田帳の記載の所職とどのような関係にあるかは明らかでないが、これに先立つ久安三年(一一四七)の文書(一〇三号)に、伴信房なる人物が「入来院弁済使別当」として姿を現わしている。(7) また宝治元年(一二四七)渋谷定心が地頭職を獲得した時、地頭得分について請文(八一号)を捧げたものに大目伴信俊とその子伴信忠・信資の名がみられるが、かれらはおそらくその姓名からみても信房の子孫であったろう。ここで伴信俊は「大目」と称しているが、図田帳の署名人には大蔵・大前両氏とならんで、「権掾伴」の名がみられる。それゆえ伴氏が大蔵・大前氏と肩をならべる在庁官人であったことはまちがいない。またここにみえる信忠は建長二年に定心と相論した塔之原名主寄田弥太郎信忠と同一人であろう(八二号)。しかもこの伴氏は大蔵氏とは姻戚関係にあり、信房の子信明の女が大蔵種明の妻となり、伴氏の所領の一部は大蔵氏の手に渡ってもいる(一〇一・一〇二号)。下って正応五年(一二九二)伴師員の所領譲状(「入来関係文書」一四号)では、師員は「入来水田畠地村薗山野江河等弁済使職事」といっているから、この弁済使職は鎌倉時代を通じて形式的には伴氏の手に相伝されたものとみられる。以上によって伴氏は少なくとも入来院弁済使別当職であるとともに塔之原名主であり、千葉・渋谷氏の圧迫を受けつつも鎌倉時代を通じて入来院に存続したといってよい。

この他、乾元二年(一三〇三)の「入来院書生得分」についての大前則道の和与状(一〇七号)が残されているところからみれば、鎌倉末期にも大前氏の入来院国衙書生職が存在したわけであって、これは図田帳にみられる大前氏の権限と関係するものであったであろう。また鎌倉前期の状況を示すとみられる「国人目録」(「入来関係文書」八号)には入来五郎頼宗(藤原姓)なる人物があげられているが、建長三年(一二五一)の入来院堺注文(六六号)の署名人にはおなじく藤原姓の光貞・光平なる人物が現われている。図田帳の署名人にも権掾藤原朝臣があるところをみると、藤原氏も在庁官人の一つであり、頼宗・光貞・光平もその一族として、入来院になんらかの権利をもっていたとみて差支えあるまい。(8)

このようにみると渋谷氏入部以前の入来院は、上層の支配関係が国衙・領家・社寺等の入組みであったばかりでなく、在地領主もけっして単一ではなかったようである。図田帳に現われた大蔵氏の弁済使分、大前氏の郡名分の所職と伴氏あるいは藤原氏などの所職とが、時間的また空間的にどのように関係していたかは確定できないが、おそらく種々の所職が同一地域に重なりあっていたのであろう。塔之原では応長二年(一三一二)当時、高城郡司の一族武光法忍が塔之原内の「南部村」・「弥毛原村」ならびに「大狩倉」を所領としていた(二二七号)。弥毛原はこれに先立つ建治三年(一二七七)の渋谷定仏の譲状(二一三号の9)にもみえるので、武光氏の塔之原の所領獲得がいつからかは別としても、とにかくこのような形で一部武光氏領が存在したことも確かである。

通常、辺境地帯の支配関係については、いかに上部の領主=所職関係が錯綜しておろうとも、現実に領主権の中核を掌握するものは根本領主たる「名主」であると考えられている。とくに総地頭—小地頭関係の成立する九州では、下地は小地頭＝名主の進止とされることが一般であった。とすれば、入来の場合、一見右のように錯綜した在地の支配関係のなかで、下地の進退領掌権を掌権するものははたしていずれであったのであろうか。あるいは右のような常識とは異なって、そもそもそのような独占的地位をもつ「根本領主」が存在しなかったのであろうか。『入来文書』に残された史料では、その性質上、この点に関する疑問はほとんど解決されない。通念に従えば図田帳に記載された弁済使分本地頭大蔵種明、郡名分本郡司大前道友こそ進退領掌権をもつ根本領主とみて差支えないわけであるが、上述の理由によって、実質的に必ずしもかれらが独占的地位をもっていたとはみられない。また千葉氏や渋谷氏と対抗し、塔之原名主職を主張し、楡木田（現禰礼北の位置）に本拠をおいて、鎌倉時代を通じともかくも存続した寄田＝伴信忠の系統が、少なくとも塔之原については在地領主権の中核をにぎるものとみられるが、その場合、副田・清色の支配関係がいかなる事情におかれていたか明らかでない。いずれにしても図田帳にみえる「弁済使分」「郡名分」が、上部の領主関係を別として、そのまま在地領主の単一的私領化しているとはいいきれない。もちろん「於下地郡司進止」(9)といわれるような関係がここでも形式的には存在したであろうが、実際には従来一般に考えられているように、在庁級の豪族が国衙領を分割私領化し、郡（院）・郷・名などを単位に事実上の私的領主権を確立し（図田帳の名）、さらにそれらを村単位に諸子に分割し、第二次的な名（寄田氏の塔之原名など）(10)を形成しているとは断定できないのである。

このように在地領主の支配が一村・一地域の排他的な所領支配とは異なる側面をもっていたことは、かれらの財産形態が、所職と田地と在家と山野狩倉等に個別的に区分されている事実や、直営地およびそれに近い性格をもつ浮免が比較的大規模に存在する事実、またそれと見あう厖大な所従・下人所有の事実などからも推定される。かれらはまだ現実には直営地経営に大きな比重をもっており、一般農民に対しては所職を媒介とし、伝統的な国家的体制に依存する支配＝収奪者たる傾向をのこしている。このことは農民の側における村落共同体的結合が十分に形成されていないという状況と照応するのであって、それゆえに領主の財産形態も田地と在家とを分離し、それらを個々的に分割相続の対象とするのである。村単位の分割相続の傾向が全く存しないというわけではないが、「塔之原村」・「弥毛原村」などという表現自体から実体的な「村落」をただちに想定することは危険であって、実質的には屢述したように、小村をこえた村落社会の存在はきわめて稀薄であるという方が適当な状況にあるのである。だから在地領主の在家農民支配は、個別支配であるため、半面ではその経済的自立度の低さに応じて、強烈なものであるが、他面その支配の規模と範囲をひろめることが困難である、という弱点を克服することができない。ここでは在地の豪族層が一族・諸子・姻族等の集団として重層的に連合し、国家秩序のもとでの所職・田地・在家等を分割所有することによって、支配の体制を実現しているが、在地領主が個々の村落を、その村落秩序の掌握を通じて、排他的＝単一的に支配しえているのではない。塔之原名主寄田信忠が、千葉氏・渋谷氏の入部によって幕府の判決として法的には名主職を奪われると、現実的にもたちまち本拠地たる楡木田の二町の田地の「押妨」(八四号)という形でしか自己の勢力を維持できなくなる理由もそうしたところにあるであろう。

以上、史料の制約によって、問題の核心を十分明らかにすることができないが、少なくとも、初期の在地領主が、村落を単位とし、それを通じて一円的な進退領掌権をもつ地域的な封建領主とは異なる点は明らかであろう。石母田正氏は図田帳の分析と、古代末期の当地方における在地領主層の政治動向から、国衙の所職に依存する郡司系の領主とは異なった、新興の、職よりは下地そのものの支配に基礎をおく先進的な領主層の台頭を重視されるのであるが、(11)筆者はそれを積極的に否定はできないにしても、そのような新興領主層の登場しうる経済的・社会的諸条件を十分には見出しえないのである。入来院地方は薩隅の中では国衙にも近く、後進的というよりはむしろ先進的な地帯といわねばならないが、そこでも自立的小農民経営の進展にもとづく封建的村落共同体の展開と、それを基礎とする地域的領主層の独自的な出現はなお困難であったといわねばならない。

郡司系の初期在地領主に代って、十三世紀の中葉に入部した地頭渋谷氏の領主制支配は、前者にくらべてどれだけの進展を示したであろうか。

この点も、郡司系領主の史料が欠けているから、両者を対比しつつ、その差異を明らかにするわけにはいかない。しかし注目すべき問題としては次の諸点があげられよう。

2　渋谷氏の領主制

第一に、渋谷氏は地頭職獲得の直後たる建長二年(一二五〇)には「村〻の地目録」を作成し、さきに表七-2に示したように、総田数一九三町余を掌握した上で、そのうちの「公田分」=領家・国司年貢負担地七五町を確定している。またその八年後の正嘉二年(一二五八)には入来院半分=塔原・中村・庄籠・下副田・柏嶋等の地域を請所として、一定額の年貢負担のほか、実質的には排他的領主権を確立した(一二二号)。さらに元亨二年(一三二二)には清色北方・南方の検注帳を作成し、さきの請所では除外されていた清色についても検注権=下地の支配権を掌握している。このような一連の動向は、渋谷氏が排他的・一円的な領主権の確立に向かって意欲的に前進していたことを示すものといってよい。

第二に、そのようにして実質的領主権を拡大しつつあった所領は、当然のことながら一族諸子間に分割譲与されて、惣領制支配の体制がととのえられている。その大略についていえば、定心の子明重が二代目の家督をつぎ、その弟重経が塔之原を譲得して寺尾氏となり、さらに明重・重経の兄弟たる重賢・その子重継の系統が清色南方を譲与されて下村と称し、清色北方分が惣領分に属している。また鎌倉末期惣領家から分出した岡元家は副田を所領とし、その後この四流のなかでも分割相続が行なわれ、田地および在家別に分割がくりかえされていく。ここでかれらの所領相続の対象が田地と在家＝薗という形をとることは、初期の在地領主と同様である。しかし、元亨二年の検注帳をみても明らかなように、検注権・下地支配権の独占を前提とするため、新開分の追求に積極的な努力を払っているし、また永仁五年の塔之原請地目録でもわかるように、畠地についても丈量を行ないはじめている。この点は国衙支配の時代にはみられないところであり、渋谷氏の支配が下地の積極的掌握に向かって進みつつあったことを示すとみてよい。

第三に、清色検注帳で明白なように、総田数中に占める人給分・用作分の比重が大きい点が注目される。その面積の割合は、表七‐9のとおりである。北方分では人給・用作分が百姓分をこえるひろさに達しており、南方の場合にも全体の三分一余りが人給・用作分となっている。そしてこれら人給・用作分の内訳についてみると、たとえば北方では、「上野新二郎入道二町四反余」・「船瀬五郎四郎殿一町一反」・「木場弥五郎殿一町九反」というように（表七‐4の(2)参照）、姓および殿の称をもつ、比較的大きい人給分と、「一反弥七」というように規模も零細で姓および敬称をもたない人給分と、二つのタイプがある。系図によれば、「船瀬五郎四郎殿」は、下村を称する重継の弟重村であるとみられるから、有姓または殿の敬称をもつものは一族またはおもだった家臣であろう。これに対して無姓者は下人・所従等に系譜をひくもの、または在地百姓中から新たに郎従等にとりたて、少額の給分を与えたものであろう。いずれにしてもこれらの事実は、郡司系領主の支配方式と直接比較はできないが、おそらく渋谷氏になって積極的につくりあげてきた体制であったろう。そうとすれば、渋谷氏は所領内に人給地を積極的に設定することによって、給人等を領内諸所に定着させ、それを通じて在家農民に対する支配を強化する方策をとったことが考えられる。正

表7-9 元亨2年清色検注帳における百姓分，人給・用作分の比率

	北方分	南方分
	町 反 代	町 反 代
総田数	33.8. 0 中	27.4. 0
百姓分	14.3.40 中	12.2.10
人給・用作分	15.1.30	9.9. 0

安二年(一三〇〇)の谷山郡山田・上別符両村の地頭大隅孫五郎宗久と谷山郡司谷山資忠の相論の内容をみると[12]、郡司側のもつ伝統的な下地検注権を地頭側が積極的に侵蝕するとともに、地頭の百姓の身柄・資財に対する収奪がきわめてきびしい形で遂行されていた様相を知りうるが、渋谷氏の領主制展開過程にもそのようなものがなかったとはいえない。百姓分・人給分という区分はもちろん、年貢負担の有無を基準とするものであって、直接には上級領主に対する関係を示すにすぎないが、人給地が請作方式や直営方式によって経営されることを考えれば、この設定にはやはり在家農民の保有地の収奪(先に指摘した「召上げ」を想起せよ)を伴ったことは疑いない。個別分散的な形で存在する在家農民を強力に支配するためには、渋谷氏は狭隘な地域についても一族・郎従等を分散定着させ、給人を通じて、在家農民を直接的に掌握する必要があったのであろう。さきに示したように在家の百姓がその一類を渋谷氏に対して身曳する関係は、おそらくかかる個別的・直接的な在家農民支配の体制のもとで、在地領主の側から在家農民に対する種子・農料等の貸付が行なわれ、債務を負うことによって出現したものではあるまいか。「出挙」＝「借米」が領主相互間でかなり広く行なわれていたことは、史料的に確認できるのであるが[13]、それは当然領主・農民間の「借米」を前提としていたものとみてよい。生産力の一般的な低位性に加えて、台風等の自然的災害が反覆する当地方においては、農民の再生産が自立的に行なわれたり、農民相互間で保障されたとは到底考え難いから、「出挙」＝「借米」は、おそらく領主・農民間で広汎に行なわれていたであろう。かかる出挙が律令制の時期から存在し、「殷富富豪輩」とよばれる地方豪族層がそれを通じて周辺農民を隷属させていたことは、すでに説かれているとおりであるが[14]、かかる関係は当地方の初期の在地領主―農民間においても、また渋谷氏の時代に入ってもひろく存続したであろう。水利等の掌握による強制が直接的な形では存在せず、また村落共同体的関係の形成が未熟な場合、「出挙」＝「借米」を通ずる支配は、もっとも端的・有効な形での農民支配の契機であったとみられるのである。

3　「門」支配の成立

ところで南北朝以降の時期になると、渋谷氏の農民支配には、次第に変化が生じてくる。年欠であるが、南北朝期と推定される渋谷(寺尾)重名の「ほりくちの在家」の「本物返売券」(「寺尾家文書」四〇号)によれば、同人は「本物返ニ入置田地事、水田三反、同屋敷等事」として、「堀口在家」とその百姓分の田地三反を一括して売却している。この「堀口在家」は延文五年(一三六〇)重名の所領譲状(第四節2項所引)にあらわれる「一所　ほりくちのさいけ、おなしきすいてん三たん」に一致するものであるが、ここではともかく領主の売却行為の際に、在家とその保有田地とが一括してその対象とされているのである。このことは、それだけでただちに農民の土地所有権が強化されたことを意味するとはいえないが、少なくとも領主側としては、農民(在家＝薗)とその保有田地とを統一体として支配しようとする方向にふみだしているあらわれといえるだろう。もともと在家と田地の支配は別系列に属し(15)、両者は現実的にはその保有関係において結合しておりながらも、分離して売買・譲与の対象とされてきた。だから譲与の場合に鎌倉期においては田地と在家が機械的に切り離され、諸子間で田数と在家数とがおのおの一定比率で配分される形が多かったのであるが、応永二年(一三九五)の渋谷(寺尾)道賢譲状(「寺尾家文書」二九号)などでは、水田と薗とが農民の保有の実情に従って統一的に記載されるようになってくるのである。

しかも、さらに注目すべき事実は、十五世紀初葉ころから、「門」が領主の支配単位として現われてくることである。応永二十八年(一四二一)の東郷重躬坪付注文(「清色亀鑑」七二号)には、鳥丸村のうちの「おくの門」があげられている。しかるにこの「おくの門」は、これに先立つ応永十三年(一四〇六)の「東郷内鳥丸村年貢取帳」(同六九号)にみえる「一所《ヲクノ薗》　田五段三十　畠五段十、御ねんく　一石三斗七升、春成物　四百十五文又八十五文、麦　六斗七升、桑代三百八十文、綿銭　五十文」とまさに一致するものである。つまり応永十三年の「ヲクノ薗」は一五年後には「おくの門」におきかえられているのである。そしてこの段階では畠地も丈量され、田・畠・宅地についての諸賦課が統一的に記載され、農民の現実の保有状態が、そのまま収奪の基礎単位として掌握されているのである。

この「門」の制度は、もちろん入来院における渋谷氏の独創物ではないだろう。むしろ薩・隅・日の島津氏関係の地帯において、ちょうどこのころからひろく出現してくるものである。[16]従って、渋谷氏支配下の入来院に「門」が現われてくることは、そこに島津氏の農民支配方式が浸透してきた結果とみてよいであろう。事実、南北朝内乱期から室町初期のころ、渋谷氏の領主制は大きな転換期にさしかかっており、建徳二年(一三七一)、惣領渋谷重門は従来の分割相続方式をやめ、全所領を惣領一人にゆずるべき置文(六二号)を定めている。また明徳二年(一三九一)には今川貞世から「国衙并領家米」を「兵粮料所」として宛行われ(二〇六号)、渋谷氏は名実ともに一円領主に転化している。こうした内乱期の政治的状況の中で、一円化した所領の支配をより確実ならしめる手段として「門」の制度が採用されていったのであろう。

このようにみれば、「門」の制度は、明らかに「薗」の転化物という他はないのであるが、「薗」の段階では切り離され、別系統の支配におかれた「薗」とその保有田地とが、ここでは統一され、切り離し難いものとして、「門」に結ばれるとともに、畠地も丈量されて賦課の単位となるところに、「薗」と「門」との根本的相違があるのである。そしてこの時期から以降、「門」の体制の整備に従って、渋谷氏の一族・家臣への知行宛行も「門」を単位とするようになっていく。

ここで重要なことは、支配・知行の対象が、「門」という、農民の家族と宅地・田畠をふくめた一経営を単位とされていることである。諸他の地帯における支配・知行が村落ないしは一地域を単位とし、いわゆる荘園制的な「職」

の知行から、郷村制的な知行方式に移行する段階において、ここでは「門」といわれる一経営単位を基礎とする支配＝知行方式が徹底した形で推進されていくのである。このことは諸他の地帯との対比でみれば、かなり特異なものといわねばならないが、上来検討してきたごとき集落形態や農民の存在形態を前提とすれば、それはきわめて自然に理解しうるのである。すなわち、この「門」の方式は農民間の村落結合の発展を前提とする村落秩序の掌握＝支配とは異なって、孤立農家・小村地帯における、もっとも適合的かつ徹底的な支配方式といえるであろう。「門」はもはや現実に展開しつつある農民の保有関係を無視するものでなく、それに相即しながら、しかも村落的秩序を媒介とすることなく、個別的・直接的に土地と農民を支配するのである。従って、この「門」の制度の下では、村落的秩序の頂点を掌握している村落支配層を、とりわけ代官的階層に編成するという形もみられない。近世薩摩藩の地方支配の方式において、外城＝郷制下の各百姓村に、他地域においては不可欠な存在である名主＝庄屋が同様な意味では存在しない理由や、郷士層の知行単位が「門」であるという事実も、まさしくこのような独特の集落形態・農民の社会的存在形態から首尾一貫して理解されるのである。(17)

以上のようにみてくると、孤立農家＝小村的集落形態ならびにそれと不可分の関係にある在家＝薗の農民の存在形態は、領主制支配の方式にも一貫して独特のものを生みだしていることが明らかである。もちろんこの地方における農民の経済的・社会的状態がいかに停滞的であるとはいえ、中世を通じて徐々に発展しつつあったがゆえに、支配の方式にも以上のごとき変化があったわけである。しかし当地方の場合、中世を通じて農民相互間の村落共同体的社会結合の形成はきわめて微弱であり、それゆえに領主層は村落共同体を媒介とする支配方式を実現しえず、農民経営の個別的掌握＝支配を徹底させる方式として「門」制度をつくりあげているのである。門割制度に象徴され、「封建制の極北」といわれる近世薩摩藩の強烈きわまりなき地方支配の体制の根源は、以上述べきたったごとき村落構造と農民の存在形態のうちにひそんでいた、といいうるであろう。[18]

（1）『高野山文書』八ノ一九四九号、貞応二年十一月日、太田荘地頭太田康継同康連連署陳状案。なお、河合正治「西国に於ける領主制の進展」（『ヒストリア』一号）参照。
（2）石母田正「内乱期における薩摩地方の情勢について」（『古代末期政治史序説』下所収）。
（3）水上一久「南北期内乱に関する歴史的考察」（『金沢大学法文学部論集』哲学史学篇、三号）、同「中世譲状に現れたる所従について」（『史学雑誌』六四ノ七号）。
（4）工藤敬一「辺境における『在家』の成立とその存在形態」（日本史研究会史料研究部会編『中世社会の基本構造』所収）、同「鎮西島津庄の寄郡について」（京大読史会創立五十年記念『国史論集』一所収）。
（5）鈴木鋭彦「中世に於ける領主権確立をめぐっての一考察」（『史淵』五四輯）。
（6）佐々木光雄「鎌倉時代末期における地頭と郡司の相剋」（『文化』二一ノ三号）。
（7）「弁済使別当」がいかなる性格のものか問題があるが、国衙・領家両属の寄郡として、一方では国衙の弁済使であり、他方領家の別当を兼ねたもの、という西岡虎之助氏の解釈（「中世前期における荘園的農村の経済機構」〔同氏『荘園史の研究』下ノ二所収〕）に従っておく。
（8）五味克夫「薩摩の御家人について」（『鹿大史学』六号）参照。
（9）正安二年七月二日、鎮西探題裁許状（「山田文書」）。
（10）工藤敬一氏の前掲論文「鎮西島津庄の寄郡について」はとくにこのような考え方を軸として論を展開されているが、本文にのべた理由によって疑問が残るわけである。
（11）石母田正前掲論文。
（12）注（9）所引文書。
（13）たとえば延応二年八月二十二日比丘尼生阿弥陀仏・比丘尼菩薩房連署避状（「比志島文書」）また注（9）所引文書の相論第一条の中にもみられる。

(14)　戸田芳実「平安初期の国衙と富豪層」(『史林』四二ノ二号)参照。
(15)　工藤敬一前掲論文「辺境における『在家』の成立とその存在形態」参照。
(16)　応永二十四年九月沙弥了心寄進状(「谷山皇徳寺文書」(「旧記雑録」前編二五所収))など、このころの南九州の文書には「門」が所領の単位として姿を現わしてくる。
(17)　薩摩藩の場合も庄屋が形の上で存在しなかったわけではなく、フモトの郷士中でもとりわけ低い家格のものが庄屋として各百姓村に派出された。しかし、これは村落共同体秩序に密着し、村請制度の代表者たる一般の名主＝庄屋とは全く異なるものであり、郷士の家計救済的意味をもっていた。従ってこの庄屋の村落支配者としての機能はきわめて乏しい。
(18)　室町期に出現する「門」と近世の「門割制度」のもとには、以上のごとくその連続性が認められるのであるが、後者にとって決定的に重要なことは割替制の問題である。割替制は室町期の「門」にはみられないとすれば、近世に入っていかにして割替が出現するか、なにゆえそれが可能であったかを明らかにすることが、両者の連続性を歴史的に追求する場合とくに重要である。しかし門割制は当然農民の土地保有権の弱さを前提としなければ理解できず、その点では中世在家農民の上述のごとき保有権と連続する問題をふくんでいることは明白である。問題は割替制が体制的に行なわれるに至る条件であるが、この点についての考察は他日を期すこととする。

六　総括と展望

中世の入来院地方における集落と農民の存在形態は、極言すれば、孤立農家ないしは小村的形態をとり、その地域的集合体としての村落結合をきわめて稀薄な形でしか持たないものであった。それに応じて、領主の農民支配も、発展した封建社会において一般にみられるように、その村落共同体的秩序を上から掌握し、これを媒介とする支配体制ではなく、領主権力が個々の農民経営を個別的に隷属せしめる側面の強いものであり、そこに中世末期から近世藩政期において、ユニークな地方支配体制としての「門」制度を成立せしめる根拠もあった。

ところで、このような特質をもつ入来院の村落構造と領主制の在り方は、全国的視野に立ちもどってみるとき、どのように位置づけることができ、全体的な問題との関連において、どのような論点をひきだしうるであろうか。

まず第一に、入来にみられるごとき孤立農家ないし小村的集落形態は、この地方における特定の地理的条件の所産として、中世村落史において、全く特殊的な存在であったろうか。この点について、筆者はこれが必ずしも特殊例外的な存在とは考えない。なぜなら、律令国家の集中的な権力によって、平野部の条里制地帯に井溝を開設し、もしくは溜池を掘って、人工的な灌漑を行ない、水田造成が大規模に行なわれた場合をのぞいては、そもそも、古代・中世の水田造成技術は必然的に、入来院に典型的にみられるような、山間の自然湧水の利用可能な傾斜地を、開田の対象としてえらんだであろう。とくに律令国家の衰退期に入って、一方では国家の力による池溝の保護が弱まり、他方では在地の土豪・農民の手による開発が、水田造成の主体となる段階においては、このような傾向はとくに一般化するであろう。われわれは、平安中期以降各地に成長する武士団の本拠地が、完全な平野部よりも山つきの山麓部分や、入来地方におけるサコとほぼ似た地形をもつ地帯に多いこと、また中世の荘園が概して山寄りの地帯に多いことを知っているが、このこともおそらく右の事実と無関係ではあるまい。

ここでその一事例をあげるなら、さきに関説した高野山領備後国太田荘が、まさしくそのような姿を示すものである。太田荘は尾道の北方、芦田川の上流にひらけた甲山盆地を中心とする世羅郡東部に位置するが、この荘域に存在する中世の村々は、ゆるやかな丘陵地帯に入りくんだ谷々に展開し、水田は多く湧水利用の傾斜地にひらかれている。この点では、村落と耕地の立地形態は入来院の場合となんら異なるものでなく、かかる地形が、中世荘園としては好適な立地条件であったことを示してくれる。しかも比較的内部構造のよくわかる荘内の寺町・宇賀・上原などの村々についてみると、それらはほぼ三〇〜五〇ほどの百姓名からなり、その規模は入来院にくらべればはるかに大きいが、ここでも各百姓名は居宅と水田とが地理的には比較的まとまった存在形態をとっている。この点は高重進氏が上原村の名の遺存状況を調査復原されたところによっても明らかである。(1)すなわち上原村の百姓名の名称の多くの部分が今日の農家の姓・屋号あるいは地名等として残存するが、これを地図上に表現すると、はっきりと分散的な形をとるのである。このことは上原村でも地形に応じて谷々の水田(サコ)が、個別の百姓名主によって占取＝保有されていたことを推測させる。もちろん上原村は、入来地方のような孤立農家・小村とはちがって、五〇余名という発達した規模で一個のまとまりある村落を形成していたと考えられる。上原村では特に大きい下司名(下司は非在村)をのぞいて、村内第二位の保有規模をもつものが公文であり、村落の中心には八幡社が建立され、その神主は公文とともに村落的秩序の中核にあったから、村落の社会的構造は入来とはかなり明瞭にちがっていた。しかし、そうした相違はむしろ中世村落としての発展を示すものではあっても、歴史的な推移を念頭におけば、両者を全く異質なものとはなしえないどころか、ここでも入来と同様な宅地と水田との地理的結合・散居的傾向を考えうるのである。このことはさきにのべたごとき技術的・社会的条件のもとにおける古代末期・中世初期の村落成立の際の一般的傾向といってよい。

このようにみると、一見まったく特殊的とみえる入来院の集落と耕地、ないしは村落の形態は、じつは必ずしも一般性をもたない例外とはいえないのであり、それどころか逆に、いちじるしく一般性をもつ中世村落の原型を示すといいうるであろう。もちろん中世村落の成立はさまざまの経路・タイプをもっている。律令制的な平野部の水田と集落がそのまま展開してくる場合もあるし、(2)荘園領主がエンクローズした水田中心の荘域に、あらたに農民をひきいれ、これを計画的に定住させ、そこに新しい集落がつくりだされる場合もある。また在地土豪が直接の主体となって開発した相当にひろい地帯にわたって、労働力を提供した農民が分割地を与えられ定住していく過程で、村落が形成されるケースもある。しばしば東国地方にみられる一町程度の均等的規模の田地を保有する在家などは、その例であろう。しかし、律令国家の解体期において水田開発、集落形成がもっともひろく行なわれた形態は、開発時の資力・種子・農料等を在地領主に仰ぎつつも、開発そのものは、個々の農民もしくは少数のグループが個別的におし進め、これをそのまま自己の保有地とし、その付近の定住可能地に居宅をもつに至った場合であろう。入来院にせよ太田荘にせよ、実証的確認は困難であるが、開発の実情はおそらくそのようなものであったにちがいない。

もしこのような推定が誤りないとすれば、入来院の集落と耕地の在り方は、中世的な開発と村落形成の端緒的な姿を示すものである。入来院の場合、自然的条件の劣悪さと領主的収奪の強烈さによって、農民経済の停滞性がはなはだしく、耕地と集落の発展も少なかったために、孤立農家ないし小村的形態は容易に克服されない。しかし、もしここでもそれらの発展があれば、おそらく太田荘における上原村のような村落形態が、塔之原・副田・清色・市比野などをそれぞれの単位として形成・発展しえたのではなかろうか。筆者はこうした展望のもとに、入来院の耕地と集落の特殊な在り方を、中世村落史の一般性の中に位置づけることが可能であると考えるのである。

次に農民の存在形態と領主制支配の在り方についても、入来院のケースは、中世的領主＝農民関係の原型を示すものと考えられる。すなわち、本文で明らかにしてきたように、農民が孤立農家・小村的形態をとって地域的な村落共同体を発展させえない場合、領主は農民を個別的に支配・掌握し、その結果として「門」の制度の成立をみたのであるが、このこと自体が中世における領主の農民支配の原型を示すといってよいのである。通念によれば、「門」の制度はきわめて特異なものであり、とりわけ近世薩摩藩の門割制度にいたってはいちじるしく特殊的なものとみられている。たしかに近世段階においては、門割制度は特殊的なものというほかはない。しかし、地縁的な村落共同体が一般的に展開しえず、共同体関係が農民の小規模な血縁グループや小村的な範囲にとどまる段階では、農民は上部の有力者たる在地土豪＝領主に個別的に従属・依存することを避けえない。そして、かかる場合においては、在地領主の農民支配は、農民相互間の自治的性格をもつ共同体を媒介とせず、個別的な形態をとることも当然である。入来地方の在家農民支配が、いちじるしく直接的・身分的性格をもち、それだけに支配力が強烈な形であらわれてくるのもそれがゆえである。農民経営の自立性が低く、その土地保有権が領主の恣意によって左右されるような事態は、封建社会の展開にともない、村落共同体の形成が進めば、かげをひそめることであるが、入来の場合では避けえないものである。このような条件のもとでの領主＝農民関係は、ある面では土着奴隷制的支配と近似した状態を示すのであり、農民経営は、領主権力に直接的に依存する度合が高いのである。しかし封建制の端緒期においては、そのような状態こそ、むしろ一般的なことである。封建制下の農民の状態を狭義の農奴・隷農の二段階に区分しうるとすれば、狭義の農奴とはまさしく、このような個別的・身分的支配をつよく受ける存在にその直接的な前提を見出しうるのである。こうみてくると、入来院の領主＝農民関係は、アジア的な古代社会を史的前提とし、封建的な村落共同体の未成熟という段階に照応する農奴制の先駆的な姿を示すものといってよく、特殊な地理的・自然的条件にのみ規定された例外的事例とはいいえないのである。

以上によって、入来院の事例が中世村落史においてもつ位置と意味はほぼ明らかであろう。中世の全期を通じて、農民の側における封建的村落共同体が展開せず、領主支配もそれに応じて「門」制度を形成するような形態は、たしかに中世農村史の一般的展開の中では特殊というほかはない。しかし、それにもかかわらず、ここにおける集落と耕地の形成過程や領主＝農民関係は、律令制解体過程における中世的村落の形成の姿を、もっとも原理的に示しているといってよい。われわれが薩摩という辺境の一例をとりあげつつ、そこから中世の村落構造と領主制の問題一般を論じうる可能性も、まさしくその点にあるのである。初めに提起した中世における村落共同体の存否の問題も、以上のごとき観点から再検討する場合に、解決の道を見出しうるであろう。

（1）　高重進「大田庄における古代的村落の崩壊」（『広島大学文学部紀要』一七号）。

（2）　条里制地帯であっても、集落形態はかならずしも画一的ではない。石母田正氏は秋田県横手盆地の条里遺構地帯の散居制・孤立農家型村落の性格について、これを条里制下でも集村的な形態をとる畿内の場合と対比しつつ、きわめて興味深い論述を行なっている（同氏「辺境の長者」〔『歴史評論』九二・九五・九六号〕、とくに散居制村落と孤立農家の項参照）。

第八　村落共同体からの流出民と荘園制支配

一　はじめに

中世における村落共同体は、なによりも耕地・山野・水利の占取・利用を軸とした広義の農業共同体たるところにもっとも基本的な性格があるわけであるが、他方では政治的支配の問題とも緊密にむすびついている。本来再生産の必要上とりむすばれる社会関係としての共同体は、政治的には領主にたいする村民の抵抗のとりでとなると同時に、共同体秩序を領主が再編掌握することによって支配のための基礎単位ともなるのである。

そのように多面的な性格・機能をもつ中世村落共同体の一側面としての、〝支配の単位〟という視角からする従来の諸研究は、主として村落共同体の階層制的構造に着目し、共同体的秩序が村落上層の人々によって掌握され、それら村落支配層が上部権力に人的に結合隷属することにより、共同体秩序が支配権力の側に編成・掌握されている事実を重視してきた。したがって、そのような視角からすれば、なによりも村落共同体の内部構造・階層構成が問題の焦点とされているといってよいのである。

それは、一つの視角としては正当なものであり、従来の多くの研究はたしかに、その角度から中世荘園制支配の実体に一定の照明をあてることに成果をあげてきた。だが、それはあくまで一つの視角にとどまることも認めねばならない。すなわち、中世社会の基礎細胞としての村落共同体の構造が、中世荘園制支配を内面から支える原理を内包しているということは正しいとしても、荘園制支配はただそれのみによって成立しているのではないのである。支配階級が支配の体制を現実に貫徹・完成してゆくためには、そのような共同体の内面的秩序をふまえながらも、それだけに依存することなく、より積極的な形で民衆を組織し、編成してゆく側面を見のがすことができない。しかもそれはたんに共同体内の諸階層を身分制的に編成し、共同体内秩序を支配の秩序に編成替するばかりではなく、個々の共同体から流出した人々にあらたな社会的機能と身分とを与えることによって、支配体制の強化をはかってゆくのである。

この後者の側面、すなわち一方には村落共同体の封鎖的構造が前提され、そこから排除された人々が、共同体成員とのあいだに対立的・排他的な関係をもちながら、村落共同体とは別個の形で支配階級に隷属し、その支配に奉仕するという側面は、従来かならずしも十分に注目されていたわけではない。しかしながら、この点はじつはM・ウェーバーが提起した共同体の内部経済 Binnenwirtschaft と外部経済 Außenwirtschaft の構造的二重性の理論ともふかくかかわるところであり、またそれに依拠しつつ大塚久雄氏が指摘された共同体間に存在する社会的真空地帯が、いわゆる前期的資本の成長と活動にとっての本来の地盤である、という重要な問題とも関連する。(1)

以下、このような大塚氏の指摘を導きの糸としながら、日本の荘園制下における身分制支配と共同体との関連を、とくに共同体からの流出民に視点をすえて考えてみたいと思う。

(1)　大塚久雄『共同体の基礎理論』四一頁。

二　村落共同体からの流出

そこで右のような視点に立って具体的に考えるとき、まず問題となるのは、中世荘園制社会においては、人々の村落共同体からの流出が、どのような経路をとって、どの程度おこなわれていたか、ということであろう。

それは大別して、二つの経路がありえたと考えられる。一つは経済的な過程に即して、農民の零落の結果、みずから共同体を離脱し流亡する場合であり、他は共同体成員が共同体の規範にそむき村はちぶの形で追放されたり、あるいはなんらかの犯罪的行為や政治的叛逆等の理由によって、支配者の側から追放される場合である。ひとくちにいって前者は経済的、後者は社会的・政治的要因にもとづくものといってよい。

1　共同体からの流亡

まず前者の、経済的要因による流亡のケースを見よう。一つの例として高野山領紀伊国志富田荘の応永十五年（一四〇八）の「在家支配帳」をあげることができる（表八―1）[1]。この史料は志富田荘を構成する一二の集落別に、在家＝農民住屋数を書きあげ、それが調査の現時点でどのような実情にあるかを示したものである。表に示した「荒」とは本来在家としてとらえられてきたものが、この年現在では荒廃しており、それにたいする在家支配者も存在していないことを意味し、「垣内」とはかつての在家が、いまは家屋がなくなり、旧宅地および屋敷畠が垣内として別人によって耕作されていることを意味するのである。この調査の基準となった在家数はいつの時点の状態を示すのかについては多少考えるべき余地があるが、史料の末尾に「此外根本屋敷正平年中校合之内、七、不尋出処也」という付記があることからして、正平年中、すなわちほぼ十四世紀中葉の状態とみてよいであ

表 8-1　応永15年(1408)志富田荘在家の現状

集落名	在家数	荒	垣内
名山	8	0	0
小谷	11	2	1
中村	15	0	4
窪	2	0	0
上坊	6	1	0
今西	4	0	1
田中	8	0	2
白原	14	5	2
南山	7	4	0
岡	7	6	0
雲牛	3	0	2
井関	4	2	1
計	89	20	13

ろう。とすれば、この荘園では、それから約半世紀のあいだに、在家住人のかなりいちじるしい変動があったわけである。

志富田荘は和歌山県伊都郡見好村に属し、紀ノ川中流左岸に位置する。中世的立地条件からいえば、むしろ好条件にめぐまれたところであり、南側から紀ノ川に向かってのびる丘陵を背にし、紀ノ川にそそぐ小流を水利として、耕地と小村が形成されているのである。そのような地理的条件にもかかわらず、名山集落をのぞいて「荒」「垣内」化した在家は各集落とも少なくない。しかも一般には、中世初期とはちがって、すでに耕地の安定化が進み、経営の集約度も高まりつつあったとみられる十四世紀後半から十五世紀にかけてのことなのである。

このようにけっして劣悪とはいえない地理的条件のもとにある志富田荘で、なぜ在家農民のはげしい流亡があるのであろうか。表にみられる「垣内」は、いったん「荒」となった在家で、時日を経るうちに家屋が朽損・滅失して、そのあとを耕地として利用するに至ったものであるから、在家農民の離村はけっしてこの年一時の「荒」ではなく、慢性的に反覆しているとみるべきである。その主たる理由の一半が南北朝動乱のような政治的性質のものでなかったとはいい切れないが、むしろ自然災害による耕地・在家の荒廃、飢饉などによる窮乏、それに加わる領主的収奪等の要因によって、住民が流亡を余儀なくされたと見る方が妥当であろう。本稿ではそのような流亡の原因を農業生産力の在り方にまでさかのぼって追求するのは目的でないが、近年の農業史研究は、古代末期〜中世初期の耕地の不安定さ、したがって耕地利用度の低さ、それにともなう農民経営の下層部分の脆弱さを指摘している。(2)またそれに加えて、農民的土地所有権の弱さの問題もある。これも最近の研究が明らかにしたところであるが、いわゆる名主層以外の一色田耕作農民＝「小百姓」層の土地保有は、鎌倉期においてもなお私的権利としての性格を確定しえず、平安期にひろくみられた散田請作的性格を持続しているのである。(3)そのような場合、「小百姓」的下層農民は、窮迫しても保有地を売却することは不可能であるから、一家一族を人身売買するか流亡する他はないのである。

一般に、不堪佃田＝荒廃田の増大、耕作放棄、流亡といった一連の現象が深刻な社会問題となってあらわれるのは、律令体制の矛盾がはげしくなった平安中期以降のことであり、中世に入ると、そのような状況は次第に克服されてゆくとみるのが一つの常識となっている。それはごく巨視的な観点に立てば誤りでない。しかし、中世を通じても自然湧水を利用する谷田型の耕地利用形態とそれに対応した小村型集落はなお広汎に存続するのであって、(4)そのような条件に規制される農業経営の不安定＝零落・流亡の可能性はたやすく克服されるものではない。したがって、荒廃・流亡の可能性も右に例示した志富田荘にかぎらず、その事例もかなりひろく挙証することができる。(5)念のため、なお一例だけをあげれば、正平二十五年(一三七〇)、肥後阿蘇社領宮地四面内給主注文にみられる給主の知行対象としての「屋敷」＝在家の状況は、給主たさきのさへもん二郎の場合、「屋敷」九のうち五、給人めせの七郎の場合、「屋敷」九のうち二、給人たかもり方の場合、「屋敷」一八のうち一〇、が「畠地亡所」と化している。この場合も基準年度が確定できないが、在家農民の流亡のはげしさだけは推測にかたくない。(6)

2　共同体からの追放

つぎに、村落共同体からの流出のもう一つのケースとして、追放の場合を見よう。これには共同体の規範に叛くものとしての村はちぶ的なものと、政治的な形での支配者による追放の場合とがある。しかし現実には両者は密接にからみあっているのが普通であった。すなわち、純然たる共同体の手による村はちぶ的な追放といっても、いわば古代の〝天津罪〟としてあげられる畔放・溝埋・樋放・頻蒔などのような農業共同体に直接叛逆する犯罪は一般にはほとんどありえないわけであって、むしろ政治的な要因が絡んだ敵方通謀の罪などが、共同体の手によって処断されることが多いのである。たとえば、観応二年（一三五一）、高野山領紀伊国鞆淵荘では、下司が百姓にたいしてさまざまの非法をおこなったため、両者のあいだにはげしい紛争がおこり、高野山膝下の荘園のため、寺中僧侶の中にもこれと結びつく動揺がおこった。このため寺院側は「諸衆一同評定」をひらいて下司と百姓との和与を行なわせ、寺僧一同もそれを破ることのないようにとの起請を行なった。(7)その起請文の一項には、「一、為逆下司与百姓和与、於百姓傍輩中、插別心致凶害之族在之歟、其時者不及寺家注進、為百姓一同沙汰、忽可令誅」とある。すなわち和与に不満でそれに楯つこうとするものが百姓中にあれば、百姓たちの沙汰として処断すべしというのである。この「百姓一同沙汰」とは一荘の百姓たちの自治的処置の意味であるが、領主側はそのような形で、村落共同体的な規範を、荘園支配の道具に転化しているのである。

このように村落共同体が「百姓一同沙汰」として自治的な形で検察・刑罰権を行使することは、よく知られているように、小農経営の成長にともなって、名主連合的な共同体の性格の変化が顕著となってくる十四世紀以降の惣村の場合にひろく認められる。それは小農の経済的・社会的成長にともなって、名主以外の小農＝「小百姓」層が共同体成員としての発言権を大きくしつつ、領主支配に対する抵抗を強めてきた当然の結果である。しかしそうした惣村的共同体の発展をまつまでもなく、「百姓一同沙汰」は、名主層相互間でとりむすばれる中世前期の村落結合の段階においても、このように領主支配と結びついた形で、ひろく存在した。荘園支配において、農民犯罪にたいする処罰が、荘外追放・住居焼払という形をとるのはそもそも村はちぶ的な共同体の処罰の方式を領主側が支配の制度に採り入れているからである。

そのひとつの典型的事例を示す史料としては、貞治六年（一三六七）の西大寺敷地四至内検断規式条々がある。(8)これは寺院刑法としてはもっとも形の整えられた珍しい例であって、殺害・刃傷・悪口打擲・盗犯・沽酒・放火・罪科人寄宿・一向念仏衆・犯他妻・旧制違犯の各種罪科についていちいち刑罰処置を定めている。その一つたる殺害の罪については、「永追出其身、職所帯悉可収公、於住屋者、敗出可焼払之」とあり、悪口并打擲の場合は「先追出其身、奪住屋所帯之後、経三ヶ年可有沙汰也」とある。いずれにしても追放と住屋没収ということであり、罪の軽重に従って、前者では永久追放、後者では三年後に還住を認めるかどうか審議するというのである。殺人罪でも本人に対しては追放以上のことが考えられていないところに共同体の規範に通ずる特徴があるといってよい。しかもここでとくに興味深いのはこの条々の最後に「無名入文事」という条項があり、犯罪がおこって犯人が発見できない場合は、寺僧・郷民らが容疑者を「無名入文」すなわち無記名投書し、それについて寺の衆会で審査する制度が設けられていることである。これは当時行なわれた「落書起請」の一種であるが、郷民たちが投書権をもつことは、本来それが村落共同体の自治的な慣習にもとづくものであることを示唆していると考えられるであろう。そのように解すれば、この西大寺の定めた検断規式条々はまさしく村落共同体的規範を支配の制度に全面的に再編したものということができる。

以上は、ほんの一例にすぎないが、この種の追放刑が中世社会の特徴的な刑罰としておこなわれていたことは、すでにふるく清水三男氏も認められていたところであり、(9) それ自体はこれ以上の挙証を必要としない。問題はむしろそのような追放刑がどの程度のひろがりをもっておこなわれていたかという点である。* それについては、私は、一般的に考えるよりもはるかに広く行なわれていたとみてよいと思う。というのは中世の農村社会にはじつは意外に多く「犯科」の発生する可能性があったと考えられるからである。一般に一つの荘園、一つの村落は、いわば封鎖的・牧歌的小宇宙と考えられやすい。だが現実はそれとは逆であって、一つの荘園の内部でも、荘民たちのある者は領主の神人・供御人などという特定身分となり、あるものは荘官たる在地領主の下人・所従的身分となっている。一つの荘園・村落の農民たちが、個別に上位者とのあいだに特定の人的結合＝保護隷属関係をとりむすぶのが中世社会の特有の在り方であったから、農民たちのあいだの身分的分裂は、しばしば、生産・生活面における共同体的関係を破綻させる役割を演じた。またそれに加えて、一つの村落や荘園は、しばしばそれ自体完結的な政治的世界ではなく、支配関係が交錯し、また周辺荘園とのあいだに、山野・水利利用や境界問題などをきっかけとしてたえず小規模な紛争をくりかえし、荘官・在地土豪はたがいに隣荘に勢力を浸透させて、百姓たちを個々に味方に引き入れようとするのが常だった。従ってそこではたえず荘民のあいだの分裂と抗争がさけられず、したがって叛逆者がくりかえし生み出される可能性が大きいのである。

＊　私は最近（一九七二年七月）惣の代表例とされる近江菅浦の実地調査の機会をえたが、ここでは、現在でも村の東西の端には屋根門が残っており、村の秩序に違反したもの（たとえば火災を出した者など）は「門外追放」されるということが今日でも村人の記憶に残されていることを知った。菅浦は山を背にした湖岸に帯状に立地する村であるが、かつては山側にも二つの門があり、計四門であったという。自治的な共同体結合のもっともよく発達した菅浦がこのような規範を持続しつづけたことは興味深い。

戦後早い時期に惣村的共同体の構造を追求された豊田武氏は、その一例として文明十六年（一四八四）ころの大和五条郷の村落構成が、オトナ六人、沙汰人三人、罪科人二人、エツキ一人、公事足三二人、ヤマメ一人からなっていることを指摘されている。(10)ここでは、豊田氏と関心は異なるわけであるが、右の罪科人二人という事実は興味深い。この史料から罪科の内容やその人にたいする処分がどのように行なわれたかを知ることはできないが、平凡な一村のうちに罪科人二人があったことは、右のような罪科人発生の一般的可能性を裏書きする事実であると解することができるであろう。

以上、中世荘園制下における村落共同体成員の流亡・追放による共同体からの流出がどのような姿をとり、どの程度に行なわれたかについて一つの展望をえようとした。結論的にいって、それは量的には確定しがたい性質のものであるが、中世特有の経済的・社会的諸条件に規定されて、じつはかなり広い範囲に及んでいたとみられるのである。

(1) 『高野山文書』六、応永十五年十月二十七日、志富田荘在家支配帳。
(2) たとえば戸田芳実氏の『日本領主制成立史の研究』所収の関係諸論文、とくに「中世初期農業の一特質」を参照。
(3) 大山喬平「中世社会の農民」(『日本史研究』五九号)が、この点をもっとも明確に指摘している。
(4) この点については、永原慶二「中世村落の構造と領主制」(本書第七論文)を参照。
(5) 既存耕地にたいして不作・荒などの占める割合についての若干の事例は、永原慶二「中世経済史総論」(本書第十三論文に「中世経済の段階と構造」と改題して所収)の第二節の注(9)にあげておいた。
(6) 史料は『阿蘇文書』一ノ一八七号。なおこの点については、永原慶二『日本封建社会論』一三四頁に関連記述がある。
(7) 『高野山文書』二、観応二年二月十二日、鞆淵荘下司百姓和談起請置文。
(8) 「西大寺文書」五(『大日本史料』六ノ二八ノ七四四頁以下)。
(9) 清水三男『日本中世の村落』一九八頁以下参照。
(10) 豊田武「土一揆の基礎構造」(社会経済史学会編『農民解放の史的考察』所収)。

三　流出民の存在形態
――非人・散所・間人――

それでは流亡・追放などによって、村落共同体から流出した人々は、どのような形で生命を維持し、どのような社会的な存在形態をとったであろうか。

いうまでもなく、それもまた多様であったに相違ない。個別家族の零落にもとづく流亡の場合には、縁故をもとめて近隣の有力者のもとに家族ぐるみ隷属する場合もあろうし、それが一家ごとの身曳という形態をとることもあった。また場合によっては、家族を維持しえず、一家ばらばらに人身売買されて、家内奴隷化してゆくことも稀でない。[1] しかし大規模な飢饉のような場合には、そうした有力者への隷属はほとんど不可能だったから、広汎な地域の多数の農民が大挙流亡し、食糧を求め都に流入することが多かった。著名な寛喜二年(一二三〇)の飢饉、寛正二年(一四六一)の飢饉などの折には京都で大量の餓死者を出しており、寛正の餓死者はその数、八万をこえたといわれる。中世では水稲品種の多様化による凶作への対抗力が徐々に増大しつつあったとはいえ、輸送力の低さや支配関係の錯綜等の悪条件によって、飢饉の災害は意外に拡大する可能性が高かったし、凶作年以外でも、下層農民の場合、端境期から翌年の作付時にかけて食糧不足が慢性化しており、領主側から「種子農料」の「下行」＝給付を受けずには再生産不能という事態が稀でなかった。したがって飢饉による打撃はつねに壊滅的な姿をとり、農民の大量流亡は、結果的には大量の「浮浪」「乞食」を生みだした。[2] 応永末年、朝鮮から来朝した宋希璟が、その著『老松堂日本行録』のなかで、日本に乞食の多いのにおどろいたことを記しているのは著名な事実であるが、その原因はおそらくこのようなところにあったであろう。

つぎに追放の場合はどうか。荘外追放がおこなわれるとき、周辺の縁者たちが犯科人を寄宿させることを禁止する場合が多かったし、それら犯科人が追放後も「荘内経廻」して問題になっていることが少なくない。したがって追放即流亡と見ることは速断にすぎ、むしろ荘域外の地に小屋住みし、縁を求めて還住の機会を求めたり、小屋住みのまま河原や谷あいの奥地に定着することが多かったと見た方が無難であろう。

およそ以上のような過程を念頭におけば、村落共同体からの流出者の中世的存在形態は、⑴乞食・非人、⑵散所、⑶間人という三類型に整理することが可能である。以下順を追って検討しよう。

1 乞食・非人

村落共同体から流出した人々のもっとも悲惨な存在形態が乞食・非人であったことは疑いをいれないが、当時の史料にしばしば乞食・非人と併記される両者が、厳密にどのような区別をされていたか、とくに非人というものが特定の賤民身分を意味したかどうかは必ずしも明らかでない。この点、黒田俊雄氏も注意されたように、(3)『日葡辞書』の「非人」の説明も「貧しい人」としかいっておらず、乞食とのあいだに必ずしも厳密な区別はなかったとみる方が妥当なようであるが、同時にかれらが中世社会において一定の差別を受けていたこともたしかである。

ところで、乞食・非人はどのような存在形態をとっていたか。もちろんこの種の流亡民の性質上、それを画一的に考えることは正しくない。しかしその主要部分は群居して半定住的な姿をとっていたことはたしかである。その代表的なものとして知られるのは奈良坂と清水坂の非人集団である。これらはともに大集団をなしていたばかりでなく、長吏法師という頭人に率いられ、前者は興福寺、後者は清水寺に隷属していたのである。しかも注目すべきことに、奈良坂は大和国内の真土宿以下の七宿をはじめ山城国菱田宿など多数の宿を末宿としており、それらの宿々にも長吏に率いられる非人集団が存在した。また清水坂の場合も同様に、紀伊国山口宿などがその末宿として知られるし、丹波の金木宿、若狭の小浜宿などとも緊密な連絡・交流があった。(4)そして建治元年(一二七五)叡尊が授誡した大和非人の数は八七三人といわれ、(5)ほぼ同じころと推定される山城国の宿々非人は、北山宿三九四人・和爾宿一四三人・カモサカ一八人・エヒノ宿一二人・狛ノ宿二九人・額田部宿一七三人・西京宿三五人・脇森宿四三人・山崎宿一九人・竹鼻宿一八人・今宿一〇人・井出宿八人・和束宿一五人、計九一七人に及んでいたから、(6)宿の非人は一つの社会的集団としてのウェイトをもつといわねばならない。

このような事実からすれば、乞食・非人をたんに浮浪者と解するだけでは問題が残されてしまうのである。たしかに乞食・非人が十分な生活能力をもたず、物乞・施物によって生命をつないでいたことは事実である。また、当時業病としておそれられながらその数の少なくなかった癩病患者はこの非人集団に送りこまれるのが習慣だったから[7]、非人のなかに癩病人が多く、その面からも生活能力を失った人々が多かった。しかしもしかれらがまったくの無能力者の集団であり、無用の長物であるとすれば、興福寺や清水寺が、寺辺にかれらの蝟集を認め、その本所的位置に立って一定の保護を加える理由はないであろう。乞食・非人の類が大寺院の門前や交通の要地に集まってくること自体は施物を求めるための自然の勢いというべきだろうが、清水坂・奈良坂非人の集団に長吏がおかれたり、それらと諸宿非人とのあいだに本末関係が結ばれることは、本所の承認なくしてはありえないことである。

とすれば、このように、本所がこれら非人集団をとらえる意味はどこにあるのであろうか。一つの示唆は『日葡辞書』の「チャウリ」＝長吏の項からえることができる。すなわちその解説には、「死んだ獣や牛の皮をはぐもの、または癩病人の監督をする長」とある[8]。これをもって推せば、『日葡辞書』の成立当時の十七世紀初頭ころには、まだ幕藩制によって確立された穢多非人制度が成立していないにしても、中世を通じて長吏・非人のたずさわってきた仕事が長年のうちに固定してきていることは明らかである。触穢の思想がきびしく支配した中世社会においては、この種の仕事を手がける特定の人々がどうしても必要であり、それが権門社寺の場合、直属の非人集団という形をとったのである。非人宿と交通路上の宿駅との関係は必ずしも明らかでないが、非人集団の宿々はたんに物乞いの便宜から自然に非人が集まっただけではなく、領主側がゆき倒れ人の処理や、交通路に不可欠の牛馬が斃死した場合の処理、あるいは牛馬取引などに関係させていたからと考えられるのである。そのように見れば、中世の社会秩序のもとにおいて非人はそれなりに不可欠の社会的機能をもっているのであり、それは皮仕事にたずさわる関係から武具製造に関連し、非農業者の集団として宿に蝟集する点からはのちの馬借につらなる交通業務にも関連する可能性が生まれてくるのであって、そうすれば、非人集団が賤視されて、一般村落共同体から切り離され、権門社寺に直属することは、一般農民とそれら特定の技能者を切り離し、領主側が独自にそれを掌握することによって支配権力を強化する役割を果たすことは明らかである。

以上で乞食・非人の主要な存在形態の輪郭を見たのであるが、もちろんかれらのすべてがこのような形をとるとはかぎらないのであって、各地の荘園村落から、完全に遊離しない場合も稀でなかった。その一つの例としては、越後国荒河保の在家注文にみえる非人所がある。(9) この史料の関係部分には「入出山非人所　在家五宇蓮妙房跡　不知交名山堺　四百苅　仏供田　門田在之　開発少々」とある。これは年欠の断簡文書であるが、正応五年(一二九二)の荒川保と奥山荘との境相論の和与状にも「蓮妙之非人所」とみえるから、(10) やはり鎌倉後期の状況と断じうるものである。これによれば、非人在家五宇は入出山の山堺にあり、集団をなして定住し、いくらかの水田や開発耕地をもっているが、非人個々人の名前もはっきりしないような存在であった。この非人について、井上鋭夫氏は、入出山の位置を考証し、それが現在鍬江沢とよばれる地域に属し、かつ付近には金掘沢という小字名もあったことが江戸期明暦四年の検地帳から知られる点から、ここで鉱石採掘がおこなわれていたと推定し、この非人は金掘りに従事していたといわれたのである。(11) 井上氏の推論は、鍬江沢・金掘沢という地名と非人とを直接結びつける点で、論証方法としてはなお検討の余地もあろうが、農業外労働が賤視される傾向は中世社会に一般的に認められるから、非人が採鉱労働に従事していたことも十分ありえたと考えられる。この点が承認されるなら、非人労働力は非農業部門＝手工業、鉱山などにかかわる下級労働力としてひろく機能していた可能性もあるわけで、かれらの領主への直接隷属は、それら生産物の領主的支配にも通ずることになり、いっそう大きな意味をもつものとして注目する必要がおこってくるのである。

乞食・非人とはちがって、村落にいちおう定住はするが、一般共同体成員とは区別され、一定の賤視を受けた社会層に散所がある。

2　散所

散所についてはすでに戦前に森末義彰氏(12)、戦後には林屋辰三郎氏(13)のすぐれた研究があり、その実体はかなり明らかにされている。当面の関心にしたがってそれらの成果をかえりみると、散所は発生史的には必ずしも村落共同体からの流出者と断定できないが、中世を通じてそれが発展する過程では、多くの流出者を吸収していったと見ることができる。

散所の史料上の初見は、天暦元年(九四七)、荷前使に随従すべき侍従・内舎人が不足したため、内舎人の代理に「散所人」をあてた、という『九条殿記』の記事であるが(14)、十一世紀に入ると関係史料は次第にその数を増してくる。それらから知られる散所の共通の性格は、権門に対して直接隷属し、人身的課役をつとめることを本務とする点にあるといえるだろう。たとえば長和二年(一〇一三)の史料では(15)、白馬節会に櫳をつとめるべき近衛舎人が左府(藤原道長)の散所随身と称して所役をつとめなかったといい、寛徳二年(一〇四五)の史料では(16)、摂津水無瀬郷の、年来田堵として耕作に従事していた住人らが、「不弁済地子物、或称八幡宮寄人、或号殿下散所雑色」したという。いずれも権門の散所となることによって国の課役の地子物を納めないのである。

このような事例からみれば、初期の散所は、権門に私的に隷属するものであるが、性質上は諸官司の下級官人たる雑色と近似したもので(17)、主として労役に服することを任としたものであり、必ずしも卑賤視されたとはいえない。しかし雑色の一部が品部雑戸の系譜をひく点ではじめから賤視される可能性も内包していたわけであって、そこに平安末期以降、院・摂関家以下の権門社寺がそれぞれ散所を設定し、その役割を増大させるにつれて、その機能も宿の非人に接近し、それにつれて賤視の度を強める傾向が進んでいったことは否定できない事実である。

林屋辰三郎氏は発展した平安末期以降の散所の存在形態を三つに分類し、第一は荘園領主の直下に隷属して諸種の雑役をつとめるもの、第二は水陸交通の要衝におかれ主として年貢輸送その他の運搬・管理などの雑役をつとめるもの、第三は荘園にあって狩猟・漁撈にたずさわり、供御などの課役に従うもの、とされた。[18]これを摂関家の散所についてみると、久安四年(一一四八)の摂政(忠通)家政所下文案にみえる主殿所散所雑色などはその第一類型にあたる。[19]これは東大寺領摂津国猪名荘の田地作人として地子は東大寺に納めるが、人身的には摂関家の散所となって主殿所の雑役をつとめるため、東大寺の課役は免除されているのである。したがってこの散所は村落から流出したものではなく、また身分的にも賤視されていないようであり、むしろ摂関家に直接身分的につらなる大番舎人などと同格のものとみられているのである。しかしその実質が、摂関家に仕えておおむね下級の労働に従うものであったことは、摂関が賀茂詣をする折、山城国内所領荘園の散所から人夫一七〇余人を招集するのがならわしだった事実からも推定することができる。[20]

これにたいして第二の類型にぞくするものは摂関家の場合、山科・淀・宮方・山崎・草苅などにあった散所である。[21]これらの各地が京都に入る交通上の要地であることはいうまでもないのであって、永承三年(一〇四八)藤原頼通の高野参詣の折には淀・山崎の散所が板屋船をつくっているし、[22]保元三年(一一五八)藤原忠通の家司平信範が石清水に参詣した折には淀の散所が「艤舟」している。[23]要するにこれらの散所は、水陸交通労働に従事したものといいうるのである。

摂関家の散所にはこのほか、林屋氏の第三類型にぞくするものとして、桂・垂水・大島・三上・穴太などの諸荘におかれた散所群のあることも知られている。[24] しかし、これらの散所が林屋氏のいわれるように狩猟・漁撈などによる奉仕を主任務としたかどうかは必ずしも明確でなく、第一・第二の類型と本質的に区別されるかどうかには多少の疑問も残される。そうしたことからいえば、散所のもっとも本質的な性格は、一般の村落共同体員とは区別されて、主として非農業部門の下級労働者として直接権門に隷属する点にあるのであり、そのかぎりでは三類型とも基本的にはちがわない性質をもっているというべきではなかろうか。

ところでこうした性格をもつ散所が、主として、乞食・非人と同様に、いったん村落共同体から流出し、そののち集団をなして権門に隷属する形態をとったのか、あるいはさきに引例した摂津猪名荘の作人が、雑役を免かれるために摂関家の散所となった場合のように、定着したまま身分的隷属関係に入ることによって成立したのか、その成立経路にはなお検討すべき余地が残されている。発生史的視点に立てば、古代の賤民と散所とを直結するよりも、むしろ、初期において賤視の度が低かったことが示すように、猪名荘のようなケースが一般的であったかもしれない。しかし、その発達した段階では、すでに諸氏によって指摘されているように、[25] 散所は中世的賤民の代表的形態になるのであり、その段階では共同体からの流出民が散所民の主力となっていったと考えられよう。そこでは、さきの交通要地型の散所がもっとも典型的なものとなるのであるが、交通要地はさきの非人の蝟集地たる宿となんらかの関連があったろうし、じっさいこのような交通要地の散所は、発生的にはどうあれ、その発展過程では多くの流亡者を吸収しただろうことは容易に想像できる。

この点はまた他の事例についても考えられる。東寺の散所は鎌倉末期後宇多法皇によって「近辺散所法師拾五人」を「掃除料」として寄進されたのが発端であるが、[26] かれらは東寺東門前に近い東寺領巷所に集まり住んでいた。応安三年（一三七〇）の東寺領巷所検注取帳によれば、この巷所には散所法師のほか声聞司などの他の卑賤視された人々や零細商人なども住んでいたが、散所民はとりわけ信乃小路猪熊と堀川間南頬に多く集まっていた。それらが東寺に寄進されたのち集住させられたものか、後宇多法皇の寄進以前から住みついていたものかははっきりしない。しかし他の細民とともにこの辺りに集まり住む散所たちが本来の定着農民でないことはいうまでもないのであって、かれらの出身が基本的には村落共同体からの流出者であることはほとんど疑問の余地がないだろう。

また同じ問題は大徳寺領播磨国小宅荘の散所についてもいえるのである。この荘園については文和三年(一三五四)とみられる荘絵図が残されているが、[27]これには荘域の北端部で、南北に流れる揖保川原に近い地点に、散所屋敷がかためて描かれているのである。その屋敷数は四棟であるが、それがはたして散所の実数を示すものかどうかは断定しえない。しかし散所の人々が一般民家とは離れたところに集住させられていたことだけは明白である。この散所はもともと同荘内の居住者のなかでなんらかの差別を受けて隔離されたとみるよりは、やはり流亡者が定着して散所民となったと見る方が自然である。

以上、東寺領巷所の散所および小宅荘の散所は、その職能の面では、さきの交通要地型の散所と異なるのであるが、流亡民がいちおう荘園に定着しながらも、専業の農民化するのでなく、主として非農業的労役奉仕によって権門に直接隷属するという点ではまったく共通しているのである。それは権門の側からすれば、流亡民を散所として掌握・編成することによって、特殊技能をもつ労働力を確保することになるのであり、逆にいえばその種の労働力とその生産物を一般農民から切り離すことになるのである。

3　間　人

村落共同体から流出した人々のもう一つの存在形態は間人である。これは前二者とちがって農民であり、そのかぎりでは村落共同体から全く排除されているとはいい切れない。しかし共同体の基本的成員からはあきらかに差別された階層であって、村落への定着性が薄弱なのである。

間人については清水三男・豊田武・渡辺澄夫氏等の指摘とともに、水上一久氏の包括的な研究がある。清水氏および豊田氏は村民のあいだに「百姓」(=「本百姓」)と区別されその下位におかれた「間人」という階層のあることを若干の例から指摘し[28]、渡辺澄夫氏は荘園における「間田」の研究に関連して間人の問題にも言及し、間田の耕作者ゆえに間人というのはあたらないが、名主の保有耕作地たる名田以外の領主直属地としての間田の耕作者は、多く間人・脇在家・間脇などと呼ばれる名主と下人との中間に位置する社会層であって、名主の構成する共同体からは疎外され、卑賤視される人々であることを明らかにされた[29]。渡辺氏の指摘は清水・豊田氏の階層論を、間田耕作者という具体的な問題と結合させて一歩深めたものである。また水上一久氏はそれまでの諸研究をふまえながら、とくに間人が根本住人といわれるような、その地に多年住みついている人々と区別されて定着性の乏しい存在である点を、東寺領太良荘における「昨日今日地下に在付候やうなるまうと」という史料を重視しながら強調した[30]。

以上諸氏の指摘はたしかにそれぞれ間人の特徴の一面をついている。それらを総合すれば、間人とは名主以外の、それ以下の下級身分に属する農民で、定着性が弱く、主として領主の直属地=一色田・間田耕作にあたっていたもの、ということになるだろう。そこでつぎには、そのような人々がどのようにして荘民の一階層となったのかが問われねばならない。この点については荘園制下の農業経営と階級関係の特殊性を想起する必要がある。

第一に、本稿のはじめに指摘したように、この段階の農業経営はいちじるしく不安定であり、たえず流亡民をつくり出していたわけであるから、領主側としてはそれに代る労働力を確保しないかぎり、荘園耕地の満作は不可能であった。そこで領主側はいわゆる「浪人」を招いてこれを荘内に定着させ耕作に当たらせることが重要な「勧農」事業となるのである。当時の慣習では、犯科人の家は追放後焼却処分に付したが、流亡民の跡はそのままにして、現地で荘官・地頭がそれを管理し、浪人を「招き据える」のがふつうであった。たとえば常陸吉田社領では、寛喜元年(一二二九)、「百姓逃亡跡」については、地頭・定使が共同して「須招据他人令農作也」と定めている。(31)このような形で逃亡人跡に定着させられた新入百姓は根本住人とは区別され、土地保有権は確立せず、むしろ「田に付して召仕う」という表現もあるように、領主に対する従属性がつよかったのであり、差別視されることも多かったのである。

第二に右のような形で、逃亡と「浪人招据」が反覆される背後には、荘園制特有の階級関係がある。一般に村落上層の根本住人・名主などとよばれる階層は、荘官＝在地領主層の身分制的支配の直接的対象たる下人・免家などの私的隷属民とはちがって、相対的に自立性をもった家父長制大経営で、在地領主制の進展のもとでも、しばしばそれと対抗する側面をもっていた。そのため荘官＝在地領主層と名主層とのあいだには「能田」(優良耕地)の所有権や、名主職をめぐっていたるところで抗争がくりかえされたから、在地領主が名主層を隷属させ支配してゆくためには、在地領主はまず給田・給名など自己の直接支配地の耕作労働力を確保して経済的優位に立たねばならず、その点からも「浪人招据」のごとき方策が切実な意味をもつのである。また在地領主を介在しない直接支配のおこなわれる畿内型荘園では、荘園領主は名主の成長をおさえるためにも一色田を確保し、これを名主以外の農民に請作させ、直轄地における農民保有権の強化を阻止しておくことが必要だった。

このような事情から、荘園制のもとでは、名主以外の間人、小百姓的な階層が、再生産的な観点ばかりでなく、名主層への対抗という領主側の政治的立場からも要求されるのである。もちろんこのように間人層が村落定住民でありながら本来の共同体成員から差別される直接の根拠は領主側の右のような政治的配慮にあるわけではない。それは何よりも、村落共同体が名主層の共同体としての構造をもっていたからである。そこでは大和国高田荘で「此堤溝事ハ間田以下百姓マウトニハ自専サセズ候、一円ニ公方方幷給主方ノ名主自専仕」というように[32]、農業生産に不可欠な水利権についても間人層は疎外されているのである。したがって間人のような差別は本来共同体の内面的な構造によってつくり出されているといわねばならない。しかし問題は、そのような差別＝階層関係が領主制支配のもとで積極的に再生産され、そのため農民が一つのまとまりをもった政治勢力たりえず、相互に分裂した関係におかれ、間人・小百姓的階層が、本来領主的支配・収奪にもっともきびしい矛盾を背負う階層でありながら、逆に領主への隷属性を強めていっている点にある。間人という身分階層が、荘園領主や在地支配者によって、積極的に制度化され創りだされたという事実は知られていないし、おそらくそうではなかったであろう。しかしそれが、以上のような性質を帯びるについては、領主側の土地支配が名田＝名主の一元的体制によらず、荘地の一定部分をつねに一色田のような非名田的な形で確保していたことと結びついているのである。黒田俊雄氏や大山喬平氏が太良荘について検証された一色田百姓とはまさにそのような性質のものであったのであり[33]、そこに荘園制支配の根強さの社会的基盤があったのである。

（1）　この種の人身売買については、石井良助「中世人身法制雑考」（『法学協会雑誌』五六ノ八〜一〇号）および牧英正『日本法史における人身売買の研究』に詳しい記述がある。
（2）　寛正の飢饉の折、越前河口荘では、餓死者九二六八人、流亡者七五七人におよんだという（『大乗院寺社雑事記』寛正二・七・二十条）。
（3）　黒田俊雄「『七乞食』と芸能」（『日本史研究』四一号）。
（4）　清水坂・奈良坂非人については、寛元二年奈良坂非人陳状案（『古事類苑』政治部六七所収）および同陳状案断簡（『春日神社文書』二所収）などによる。
（5）　「金剛仏子叡尊感身学正記」下（『部落史に関する綜合的研究』史料第四所収）。

(6)　『金沢文庫古文書』所務文書五七四九号。
(7)　注(5)所引文書からもこの点が知られる。
(8)　この点は横井清「日本中世における卑賤観の展開とその条件」(『部落問題研究』一二号)に負う。
(9)　反町氏所蔵「色部文書」六(『部落史に関する綜合的研究』史料第四ノ二〇四頁所収)。
(10)　「三浦和田氏文書」(『奥山庄史料集』三頁所収)。
(11)　井上鋭夫「越後国奥山庄の牓示について」(『日本歴史』一六三号)。
(12)　森末義彰「散所考」(『中世の社寺と芸術』所収)。
(13)　林屋辰三郎「散所――その発生と展開」(『古代国家の解体』所収)および「中世的隷属民の成立」(『部落史に関する綜合的研究』史料第三所収)。
(14)　「九条殿記」部類記、荷前事、天暦元・十二・十三条(大日本古記録『九暦』一〇四頁)。
(15)　『小右記』長和二・正・四条。
(16)　寛徳二年五月十八日、関白家政所下文案、『平安遺文』六二三号。
(17)　古代国家の雑仕の官としての雑色の性格機能については坂本太郎「古代に於ける雑色人の意義について」(『史学雑誌』六一ノ六号)を参照。
(18)　注(13)所引「中世的隷属民の成立」。
(19)　『平安遺文』二六五三号。
(20)　『執政所抄』(『続群書類従』公事部所収)。
(21)　建長五年十月二十一日、近衛家領所領目録(「近衛文麿家所蔵文書」)。
(22)　「永承三年高野御参詣記」。
(23)　『兵範記』保元三・三・二十二条。
(24)　これらの事実は森末氏の前掲論文に詳しい。

(25)　林屋氏・横井氏の前掲論文参照。
(26)　「東寺百合文書」ひ二四～三三（『大日本史料』六ノ三三ノ一七六頁以下）。
(27)　「小宅庄三職方絵図」（『大徳寺文書』二ノ六五四号）。
(28)　清水三男『日本中世の村落』一七二～四頁。豊田武「土一揆の基礎構造」（前掲）。
(29)　渡辺澄夫「間田について」（『畿内庄園の基礎構造』所収）。
(30)　水上一久「間人考」（『社会経済史学』二一ノ二号）。
(31)　寛喜元年七月日、領家下文、「吉田神社文書」。
(32)　内閣文庫所蔵文明十六七年記（水上氏前掲論文所引）。
(33)　黒田俊雄「鎌倉時代の荘園の勧農と農民層の構成」（『歴史学研究』二六一～二号）。大山喬平「中世社会の農民」（『日本史研究』五九号）。

四　支配体制と流出民

前節では村落共同体からの流出民の三つの基本形態について検討を加えた。そこでみた非人・散所・間人は、ひとしく村落共同体からの流出者でありながら、現実の存在形態はいちじるしく異なっており、その社会的機能もおのおのちがっている。共同体からの流出民がなぜそのようにちがった状態に展開してゆくのか、ある者が乞食・非人化し、ある者が間人としてともかくもふたたび定着農民への可能性につながる理由や、あるものが散所民化する根拠はどこにあるのであろうか。その点の解明のためには、三者の発生・展開の経路をさらに具体的に追求する必要があるが、ここではそれを後の課題として、さしづめの結論をいそごう。

結論的にいって、荘園制の本質をその基盤としての名体制に集約し、名の構造からのみとらえようとする視点に立てば、この種の流出民は、名主にたいする家内奴隷的労働力の補給源として理解される以外には、いわば体制外的・非本質的なものとして捨象される他なかった。また荘園体制の基盤を名体制に一元的に単純化せずとも、もっぱら村落共同体の問題からのみとらえてゆこうとするかぎり、おなじような結果におちいらざるをえなかった。そのような立場からすれば、流出民は荘園制支配の基礎を掘りくずし、それを不安定ならしめる否定的要素としてのみ理解され、その積極的意味を理解することができないであろう。しかし前節で見たように、これら流出民は、荘園支配にとってネガティブな性質のものとして、体制外に放置されているのではないのである。それはもっとも浮動的であり、およそ生産労働力としての性質をもちえないとみられやすい非人の場合ですらいいうることであった。

荘園体制は荘園領主たる貴族層が、京都・奈良などの中央都市に集住し、高度な消費経済をいとなみながら、なおいちじるしく家父長制自然経済的色彩の濃い農村を支配するという特殊な性格をもっている。したがって荘園領主たちは自己の必要とする消費物資を能うかぎり現物で荘園から収納するにしても、なおそれだけではみたされない。つまり、農村における自然成長的な社会分業の成果に依存するだけでは自己の要求をみたしえないから、かれらはその居住する都市や周辺の農村において積極的に特殊な手工業技術者を確保し、それによって自己の奢侈的消費物資を補給するのである。各種手工業技術者が、中央都市およびその周辺の所領荘園に定着させられ、給田を与えられながら領主の要求する手工業製品の供給にあたる体制はまさにそのような性質のものであった(1)。もともと古代の貴族社会においては、高級技術品は品部雑戸系の技術奴隷によって官営工房を通じて生産されたり、地方でも国衙所属の工房によるものが大きな比重を占めていた。したがって、中央支配層は、この種の官営工房が解体し、品部雑戸のごとき技術奴隷が解放されたのちにも、これを中核としてあらたに座や散所のような技術者集団に再編し直接掌握していくのである。

その際、非人・散所などは、もっとも賤視された社会的機能を担うものとして固定される。非人の仕事とされた屍体処理や牛馬の扱い、散所の任とされた皮造り・狩猟・漁撈・清掃・下級交通運輸労働などは、右のような貴族層の要求を最底辺で支える性質のものであるといってよい。

したがって、荘園体制は流出民の下層部分にこのような機能を与えることによって、中央都市貴族として、現地支配からは遊離しておりながら特殊な手工業や運輸交通組織を編成掌握することによって散在する所領を支配し、中央権力を確保する体制をととのえることができるのである。その際、非人・散所が賤視され、一般の村落共同体成員から差別されることは、支配の体制としてはかえって有利なことであった。もしそれが差別されないとすれば、各種手工業にせよ、運輸交通業にせよ、共同体内部からの社会的分業として成長し、それを掌握する在地領主層が強大化するおそれがある。非人・散所が、たんに一般に賤視されていただけでなく、中世的な賤民身分として、荘園体制のもとで固定されたことは、その点においてむしろ領主支配の側から生みだしてきたものである。非人・散所がカースト的な世襲身分として厳密に固定されていたかどうかはなお検討の余地があるが、そのような身分制は中世の前半よりも後半になってひろまってゆく傾向がある。そのことは中世前期の荘園体制のもとで支配の体制としてつくり出されたものが、中世後期になって社会の末端にまで浸透・定着していったことを示すものと考えられるのであって、*その発端においては、たんに共同体からの流出者のゆえに共同体員から差別されたというだけでない、支配の側からの人為的編成の側面が重要であると思われるのである。

* 中世後期に入って卑賤視＝差別意識がかえって強化される重要な根拠は、この時期に入ると、村落共同体の、社会的・政治的機能が強化され、「村の自治」が進展することと深くかかわっている。すなわち、アジア型の総体的奴隷制社会を史的前提として成立してきた日本の中世社会においては、中世前期では、支配権力への抵抗のとりでとなる村落共同体の社会的・政治

的結合＝自治権は弱いため、共同体の排他性が稀薄であり、従って、共同体成員の非成員に対する排他意識も弱い。それに対し中世後期に入って、村落共同体の政治的機能が強まり「自治」が強まると、成員の非成員に対する差別意識はつよめられていくのである。

なお、すでに紙数もつきたが、間人について一言すれば、それはいちめんでは非人・散所と同列に論ずるわけにはゆかぬ存在であり、厳密な意味で賤視されてもいなかったし、またカースト的な世襲身分でもなかった。かれらは共同体からの流出民でありながら、再定着の道を歩みうる可能性をもった人々である。しかしこれもまた領主側の支配の意図と結合してこそ再定着の可能性がはじめてありえたと考えられるのである。純粋に村落共同体的立場からする惣掟、村極めの類では、村落内に浪人が入りこむこと、さらには旅人が宿泊することについてさえきびしく禁制している例が多い。領主支配への対抗関係が強い自治的村落ほど排他性は強いのである。その点を考えれば、浪人の流入→定着→間人化という形が、むしろ荘園支配の手段に転用され、活用されていたことを否定するわけにはいかないのである。

以上きわめて荒けずりな素描に終始したが、荘園体制は、このようにして村落共同体からの流出民を支配の体制に適合的に再編することによって、その基盤を強化していったのである。もちろん荘園体制の基本的な社会基盤は、名主的階層であり、それのとりむすぶ村落共同体にあった。しかしそれと同時に、その共同体から流出した人々を特定の身分に編成し、それに特有の社会機能を付与することによって、支配の体制が補完強化されているのであり、そこに律令体制の転形の中から成立した荘園体制の、いわばアジア的ともいうべき特徴があると考えられる。

（1）　この点については浅香年木「工匠給免田の形成過程」(『北陸史学』一〇号)、横井清「荘園体制下の分業形態と手工業」(『日本史研究』六二号)参照。

付説　富裕な乞食

――中世の被差別身分をめぐる一問題――

『今昔物語』巻一六の三四話は「無縁の僧、清水観音に仕えまつりて乞食の聟となり便りをえたること」という話である。身寄りのない若僧が清水寺で見染めた絶世の美女に誘われて、清水坂の下にある、いと清げな彼女の家にゆく。僧はまだ童貞だったが、やさしくしてくれる美女と一夜の契りを結んだ。美女は意外にも坂下の乞食の頭の娘であったが、僧はついにその聟となって、一般世間とは交わりを絶って楽しく暮した、というのである。

巻二九の二八話にもつぎのような話がある。近衛の中将という高い身分の若君が、清水寺に詣でたとき、美しく着飾った世にも美しい姫君に行きあった。若君はひとめぼれしてがまんができなくなり、供の者に姫のあとをつけさせて、その住居をさぐらせた。姫のすまいは、清水の南、阿弥陀峰の北の寂しい山里にあったが、豪荘な大邸宅だった。数日たって、若君はひそかに姫を訪ねると、姫はよろこんで若君を迎え入れてくれたばかりか、肌さえゆるした。しかし忍び泣く様子がただごとでないのでわけを尋ねると、この家の主《あるじ》は乞食で、姫はその主にさらわれてきた身だった。主は姫を慕ってきた男たちをつぎつぎに謀殺して、一切合財をはぎとって、それで大へんな蓄財をしているのである。若君は姫の決死のはからいで、命からがら逃げだしたが、供の者はすでに殺されてしまった、というのである。

話はどちらも富裕な乞食のことである。二つとも、われわれの通念としてのコジキとはちがって、たいへんゆたかな暮しをしている。清水坂下の乞食は、鎌倉時代になるととくに有名になるが、平安時代からすでに多く集住していたことはたしかである。『小右記』の長元四年（一〇三一）三月十八日の条にも「清水坂下之者」に塩を施した、という記事が見える。これによれば、かれらはやはり塩の施しを受けねば生きられないような窮乏者だったが、すくなくとも乞食の頭は、第一の話のように豊かな暮しができた。したがって、「乞食」とは、当時、たんなる生活状態をさす概念ではなく、一定の身分的状態を表わす言葉であったことがわかる。この点は乞食頭の聟となった僧が世間との交わりを一切もたなかった点からも確認できよう。また第二の話はすぐそのまま実話とはいえないにしても、乞食のなかにそのような悪事を働く者があったし、またそのようなことがあると一般に考えられていたと見ることはできる。ここでも巨万の財宝をもっていることと「乞食」であることに矛盾していないから、乞食はやはり一定の身分的状態だといわねばならない。

また、これと関連深い内容をもつのは巻一六の二九話である。長谷寺詣の帰りみちに、検非違使の庁の下部の放免どものために、死人担ぎの人夫にされた青侍が、担がされた死体が化して黄金となったため、たいへんな富豪になったという話である。これは乞食ではないが、放免という前科者で死体片づけなどの雑役をしていた人の手下にされた青侍が観音の御利益で大金持になるという筋の話の背後に、当時、死体片づけにあたっていた、いわゆる「卑賤」民が、金《かね》の面では案外にゆたかであったとも読みとることができよう。その点ではやはり富裕な乞食と相通ずる話だといってよい。

律令制に規定された賤民身分とはちがう中世的な被差別民がいつどのようにして形成されてくるかということは、古代から中世への推移を社会史的な角度から追求する際、大切な問題である。それについては従来、散所のことが注目されてきたが、このような『今昔』の説話を見ると、乞食もすでに卑賤視を受けた一定の身分として出現していることにも注目せねばならない。これに関連してもう一つ興味深いのは、巻二九の二九話である。ある山道を若い女が、所用のため子を背負って急いでいた。うしろから乞匃《こつがい》が二人あらわれて女をとらえた。無人の山中でどうすることもできない。乞匃は女を犯そうとする。あらがうすべもない女は一計を案じた。「いまさらどうしようもありません、おっしゃるとおりにいたします、けれども朝からお腹をこわしているのでその前にあの山かげでちょっと用をたさせて下さい」と手を合わせた。乞匃は逃げるつもりだろうといって許さない。女は「ではこの子をお預けします、この子はわたしの生命より大切なんですから」といって用をたさせてもらう。子を預ったので乞匃もまさかと思っている隙をついて女は必死に逃げた。そして、その道で行きあった侍にわけを話し、助けをえて急いで引き返してみると、乞匃はすでに子を殺して姿を消していた、というのである。

この話で異常に感ずるのは、母親に母性愛がないことで、一見すると当世の〝無責任な母親たち〟と相通ずるようである。しかし注意すべきことに、この話は「女の、『子は悲しけれども、乞匃にはえちかづかじ』と思ひて、子を棄てて逃げたる事をぞ、この武者共、讃《ほ》め感じける。然れば下衆の中にもかく恥を知る者の有りなりけり」という結びとなっており、女の行為は恥を知る立派なものとされていることとである。

子を見殺しにしても、卑賤視する人々に肌をゆるさぬ行為を、ほめたたえる物の考え方の強烈さは、今日のわれわれには到底理解できぬものがある。しかも『今昔』をよんですぐわかるように、一般には、男女間の貞操はきわめてゆるやかであり、他人の女房であれ、行きずりの姫であれ、男たちはつねに大胆に女に働きかけるし、女もまた自由であるのである。したがって、この乞匃を拒否した女の場合は、相手の身分なるがゆえの拒否であって、一般に母性愛よりも貞操を重しとしているのではないのである。

こう解すると、差別意識の強烈さにはあらためておどろかざるをえないものがある。右に紹介した最初の話では、無縁の若僧が比較的かんたんに乞食頭の聟となるように思われるが、それはあくまで「無縁」の者のうえ、聟となったからには生涯、世間から隔絶した生き方をえらばねばならない点を強調しているのである。物語は、むしろ、富裕という物質的な現実と、身分的差別とが、はっきり区別されねばならないことを強調しているようである。

江戸時代に制度的に定着を見る被差別民の源流は、昨今、さまざまの角度から探られており、中世の被差別民の実体にもある程度照明があてられるようになった。「散所」をはじめ、中世的な被差別民も、やはり江戸時代の場合とけっきょくはおなじように、支配の手段としての身分ということができるだろうし、ここでとりあげた「乞食」すらもその例外でないのかもしれない。しかし『今昔』にのせられたこれらの話は、民衆社会内部にしみわたった差別意識の根深さを示している。抽象的にいえば、共同体的社会において、そこから流出した人々が卑賤視されることはひろく法則的にありうるといえるのだが、もう少し具体的に考えて、民衆意識の底にひそむ差別観の本質を見きわめてみることは、さしあたりぜひともとりくんでゆく必要のある一問題ではなかろうか。

第九　荘園制解体過程における南北朝内乱期の位置

一　問題の所在

日本の社会発展史上、十四世紀の南北朝内乱期をどのように位置づけるか、という問題については、種々の観点からして、その評価が分かれている。その論議の核心をなすところは、第一に、この時期を通じて、封建的領主＝農民関係の展開がいかなる水準に達し、社会構成をいかに規定するに至ったか、という問題であり、第二にはそれと表裏一体の関係をなすものとして荘園制がいかに変質し、どこまで解体されたか、という問題である。

本稿は主として視点を第二の問題に限定し、荘園制解体の実体とその意義とを再検討しようとするものである。この点に関しては、従来大別して二つの見解があった。一つはこの内乱期を荘園制の変質・解体の画期としては積極的に評価せず、その決定的画期を太閤検地にまで引き下げる見解であり、他はこの内乱期に決定的な転換・衰退の画期を見出そうとする見解である。

前者は、基礎構造の側面については、荘園制の固有の基盤たる「名体制」がこの時期を通じても本質的にはなんら変質していないとし、権力＝支配体制の側面についても、室町幕府ならびに守護大名は荘園体制を否定せず、むしろそれを体制的には温存しつつ、自己の収奪の場としているとみて、この時期に社会構造の本質的な転換を見出しえないとするのである。(1)これに対して、後者は前者とは全く逆に家父長制複合家族ないしは家族共同体的構造をもつ「名主」層の分解、すなわち家族的自営農の分出と下人など家内奴隷の解放をおしすすめたこの時期の役割を大きく評価し、権力形態の面では、室町幕府・守護大名自体に積極的役割を与えないにしても、荘園体制とそれを支えていた王朝貴族権力の決定的没落の意義を高く評価している。(2)

大づかみにはこのように整理できる二つの見解のいずれにくみするかによって、南北朝内乱の社会経済史的意義づけはもちろん、その後の封建社会の性格・段階規定等についても、理解が大幅に異なってくることはいうまでもない。(3)筆者は従来後者の理解に立って所論を展開してきたが、これについては前者の立場からする批判も提出されており、また従前の自説も必ずしもすべての問題にわたって十分な実証的研究の上に展開したわけでもないから、ここで改めて、多少異なる視角から問題の再検討を試みようとするのである。

そこでまず、問題の所在を明らかにするために、従来の荘園解体史研究の方法についての吟味からはじめよう。

第一に、通常荘園の変質・解体を論ずる視角は、主として荘園制的収奪の基盤をなす「名体制」の解体と、守護および在地領主層の荘園制的支配に対する侵害の状況を、個々の荘園の動向に即して追求する、というものであった。このような視角・方法は、基礎的研究としてはもちろん妥当なものであり、その意義を否定するわけにはいかない。しかし他面、それは次のような弱点をふくむことにもなる。すなわち、このような個別荘園の動向を比較的詳細にたどりうるのは、いうまでもなく、もっとも素朴な前提として、個別荘園史料が豊富に残存する場合に限られる。ところが、史料が残存するということは、一面では偶然性にも規定されるが、本来、荘園領主側に豊富な史料が作成され、保管されるような理由があるということである。すなわちそれは特定の所有＝支配形態をもつ場合にかぎられたのである。従って、そのような史料の成立・残存の特定の事情を歴史的に検討し、その荘園の特定の性格を明らかにしないで、漠然と史料があるがゆえに、個別事例の素材とする、というような安易さは許されない。史料批判は個々の史料の真偽や性格のみならず、史料の成立と残存の事情など、より根源的な問題にまでさかのぼらねばならないのであるが、従来の個別荘園史の研究は、ともすればそのような史料の全体的関係に対する注意を忘れがちであり、史料的便宜に恵まれた個別事例を無限定に一般化する傾向がないでもなかった。

しかし、右のような弱点をうみだした理由は、必ずしも歴史学的研究の前提としての史料操作＝批判の不十分さという一般的な問題のみにあるのではない。第二の理由として、従来の研究においては、史料が大量的に成立・残存されるか否かを直接左右する有力な要素としての荘園所有＝支配形態、とりわけ荘園領主権の性格についての関心が概して弱かったということがある。荘園領主の荘園支配の形態はきわめて多様であるが、その多様性に応じて史料の成立・残存の態様も当然またさまざまである。第一の問題は煎ずる所この第二の点と密接に関連するのであって、そのような領主権の在り方如何によって、史料の存在状況も変わってくるのである。だから荘園領主権の在り方に対する配慮を欠いて、たんに史料的便宜から個別荘園の事例をとりあげるなら、事例次第で荘園制解体の画期を、南北朝内乱期とも、あるいは応仁・文明期とも、また太閤検地期とも、いかようにも提案することができるであろう。通常、個々の荘園において、その解体の画期が異なる原因としては、とくに一般的な経済発展の水準を土台とした地域差の問題が考えられている。またある場合にはそれとともに、当該荘園の所在地と中央領主の所在地との距離による荘園領主権の強度の問題があげられている。もちろんそれらの点は誤りではない。しかし、荘園制解体度を、無媒介に生産力発展の地域差に求めることはあまりに一般的に過ぎる。またそれを領主権の強度に求めることはより具体的であるが、その場合でもこれを領主存在地と現地との距離の問題におきかえることは一面的にすぎることも明らかである。領主権の強度の問題は、個々の荘園によって異なる支配の態様、とりわけ荘園制的な秩序体系の中で規定されている領主権の在り方にその中心があるのである。従来荘園領主権の問題は、概して荘園成立期については注意が払われてきたが、鎌倉以降の荘園制の変質・解体期についてはほとんど顧みられることがなかった。しかし領主権の在り方は在地領主制の発展にともなって、鎌倉以降には、成立期に比していっそう複雑な姿を示すのであるから、この点がとくに考慮されなければならないことは明らかである。

次に第三の問題として、とくに右のごとき配慮を有効ならしめるためにも、荘園解体史を、個別荘園の事例研究からではなく、荘園所有者の側に立って、その所有体系全体の変化を追求することが必要である。皇室・摂関家・一般公家・社寺等の荘園所有が、それぞれどのような形態をとり、それらの所領荘園群は十四世紀の内乱過程においていかなる変貌をとげていくだろうか。荘園領主の社会的性格によってその荘園所有の変貌の仕方が異なるだろうことが予測されるが、さらに一個の領主の場合についてみても、荘園領主権の性格によって、内乱期に展開される変化は異なってくるであろう。そのような視角からする荘園解体史の研究は、今日の状況ではほとんど手がつけられていないし、また史料的制約からしても困難な仕事といわねばならない。しかしこのような新たな視角からする分析は、研究進展のために、今日とくに必要と考えられるのである。

次に第四の問題としては、室町政権の対荘園策の展開過程とその意義についての再検討の必要性がある。この点は上述の諸問題にくらべれば従来比較的研究の深められている分野であり、とりわけ守護領国制の展開の問題と関連して、半済法や守護請についての分析が進められている。しかしこの問題も荘園領主権の性格と密接にかかわりあうところであるため、すでに問題が解きつくされているとはいいきれない。とくに従来の研究では、室町政権の対荘園策が、荘園体制そのものを全面的に否定するような変革的性格を示さず、在地領主の荘園に対する「非法」の抑制に力を入れ、半済法もその推移の中で、かえって半済施行範囲を縮小・限定する方向に進んでいることなどに注目して、対荘園策の妥協的性格を強調する傾向が強いが、荘園体制の全面的否定でなければすべてその維持温存を本質とする、というふうな、二者択一的な理解の仕方には問題が多い。幕府の対荘園策も、実際には荘園領主の身分・社会的性格や、同一領主の場合でも個々の荘園における領主権の性格に応じて、かなり弾力性をもたせたものであるとみられるのであって、そこには検討すべき余地が少なからず残されているように思われる。

以上四点にわたって指摘したところは、いずれも相互に関係しあっている事柄であり、荘園体制解体史の一つの視角として、荘園領主権の在り方についての検討がとくに必要であることを強調したわけである。それは要するに、従前の研究が個別荘園史の視角から、史料的便宜に従って、事例選択をかなり不用意に行ないつつ一般論を展開してきたためにもたらした混乱を克服する一つの試みといえるであろう。個別荘園について解体史の事例的追求を試みても、その事例には限りがあり、その事例の集積は必ずしも全体の動向を反映するとはいいえないのである。「荘園」とい い「荘園領主」といい、通常一括した単一概念で処理されてきたものの実体的内容が、極度に不画一であり、多様である点が、荘園制の特質である。従ってそのような現実に即して、しかも全体の動向を把握するためには、荘園所有体系そのものの統一的な検討が必要なのである。

なお本論に入る前にあらかじめ限定しておく必要があると思われるのは、本稿でいう「荘園制」の内容規定である。周知のように史料上「荘園」なる用語は八世紀にすでにその姿を見せ、最終的には十六世紀末〜十七世紀初頭の太閤検地期まで存続する。しかし、その実体的内容は時と共に変化している。従って史料に即した呼称としての「荘園」はいちじるしく流動的なものといわねばならないのであって、本稿でいうところの「荘園制」と同意義ではない。本稿で「荘園制」という場合、それは社会の全体的構造をその土台から規定する一定の体制＝秩序をさしている。しからばその「荘園制的秩序」とは何か、といえば、これ自体論議の分かれるところであるが、筆者はここで次の如く限定しておきたい。すなわち、「荘園制」とは第一に、十一世紀後半から十二世紀にかけて、寄進地型荘園の広汎な展開と公領の内部構造の変質とが進み、荘園・公領を問わず、基本的には同一性格の「在地領主」を媒介とした所領支配体制が成立し、その上に立つ中央貴族の土地所有が私的所有の形態を示すに至ったこと。第二に「荘園制」に固有な所有形態・領主権の性格は、所領地が地域的に分散するとともに、個々の所領については領主権が「職」という国家的＝体制的秩序によって保障された権利に分割され、所有主体の異なる「職」が一荘園について重層的に存在する。従って、この側面についてみれば、職の分散性と重層性が特徴であって、しかもそれを保障し、実現する基本的契機は個々の領主の私的実力のみでなく、国家的に形成された体制的秩序であること、このことは本質的にみれば、半面では「在地領主」の一定の私的実力を不可欠の前提としているにもかかわらず、他面では荘園所有は中央貴族の集団的土地所有というべき性格をもっていること。第三に「荘園制」の基礎がいわゆる「名体制」にあり、「荘園制」下の基本農民(制度的には担税主体であるが事実的には経営主体とほぼ一致しよう)が「名主」(「在家」)層であること。ただしこの点は、「荘園制」のすべての問題を名主・在家の存在形態の問題におきかえることをゆるすものでない。「名体制」が荘園制の基礎たる所以は、名主・在家の生産力水準そのものに根ざしているとともに、それを荘園領主側がとらえる形態、すなわち領主側がいかなるメカニズムによって年貢収取を実現するか、という荘園領主＝農民関係の特徴にあるのであって、この点は第二の特徴と不可分の関係にある。この意味で「名体制」を領主権の性格と切り離して、問題を名主の家族・経営形態という一側面に局限することは理論的にも正しくないし、その家父長制複合家族形態のみに特徴を求めれば、「名体制」はいちじるしく超歴史的なものにまで拡大されるおそれがあるのである。

「荘園制」の特質については、さしづめ以上の三点をあげておくこととする。(4) 従って、本稿ではこれらの諸特徴によって規定された特定の土地所有形態、それを基礎とする社会体制をこそ「荘園制」と称するのであって、史料上、個別的に「荘園」として現われる所領一般をさすわけではない。「荘園制」の解体は、それゆえ右のごとき諸点に要約される特殊な性格の変質・解体の過程を問題としているのである。

(1) 安良城盛昭『幕藩体制社会の成立と構造』および宮川満『太閤検地論』第Ⅰ部に代表される。安良城氏はとくに基礎過程＝「名体制」の問題について、また宮川氏はとくに室町幕府の権力の性格について、この点を強調している。
(2) 松本新八郎「南北朝内乱の諸前提」「南北朝の内乱」(同『中世社会の研究』所収)、杉山博『庄園解体過程の研究』、永原慶二『日本封建制成立過程の研究』第Ⅲ部参照。
(3) 今日の研究状況でいえば、近世幕藩体制期の研究者は、概して第一の見解を暗黙の前提としており、中世史の研究者の多くはどちらかといえば第一の見解に承服しえないという考えが強いために、消極的には第二の見解に属することが多い。ただし第二の見解については、第一の見解を否定する人々の中にも疑問を插むものが多く、「名体制」の解体の時点をもっと早期に引き上げて考える場合が少なくない。いずれにしても、かかる両説の対立は、とりわけ中世後期の位置づけをきわめて曖昧なものとし、近世史研究と中世史研究の不幸な非提携的状況をつくりだしているのである。
(4) これらの点についてはとくに永原慶二『日本封建制成立過程の研究』第一論文参照。

二　内乱期における荘園領主権の存在形態

十一〜二世紀にその原型をつくりあげた荘園領主権の存在形態は、鎌倉幕府の成立・承久の乱・蒙古襲来・幕府滅亡等の政治的変動のなかで、いちじるしい変貌をとげ、いちだんと複雑な姿を呈するに至っている。院政期に全盛をきわめた寄進関係は幕府の成立と院・摂関家の権威の低下によって、鎌倉期に入ると姿をひそめていくが、平氏没官領・承久没収地・北条氏遺領の分割等を通じて、荘園所職の公武間での移動がはげしく、地頭職の設置と、地頭・荘官の地方領主化にともなう荘園領主側の荘務権の内容変化もはかり知れないものがある。また、そのような制度的・

法的な側面のみならず、経済発展にともなう社会の実体的変化が領主権の変貌に及ぼす側面を考慮すれば、問題はさらに拡大していくであろう。南北朝内乱期における荘園領主権の存在形態を構造的に把握するためには、このような諸問題の検討が必要である。しかし、ここではひとまず視点を制度的・法的側面に限定し、この時期における荘園所有の在り方を追求することとする。いうまでもなく荘園領主権の在り方を決定する基本的契機は経済発展の実体に規定された領主＝農民関係の性格であるが、他面、前節の末尾でも指摘した通り、荘園領主権は私的な権力というより国家的な体制で保障された「所職」によって構成されるという傾向が強いために、法的側面のもつ意味がとくに大きいからである。

ところで、このような観点から、荘園領主権の存在形態を、一定地域にわたって全体的に展望しうる史料としては、但馬国の大田文がある。この大田文は弘安八年(一二八五)十二月、同国守護太田政頼が幕府に注進したものであって、八郡全体にわたって、各所領別に本家・領家・地頭・公文等の所職の分布状況を調査している。調査の主目的は御家人の所領分布の実体を掌握し、関東御公事・在京役以下の幕府側の諸賦課を確実にするところにあると思われるが、弘安八年といえば第二回目の蒙古襲来の四年後、霜月騒動＝安達泰盛の乱の勃発の年であって、幕府が動揺する権力の基礎を再編強化しようとしたねらいがあるであろう。調査の方法は守護がすべて現地にのぞんで直接実検を行なったわけではなく、主として各所領からの指出注文によっており、なかには指出もないため「任二古帳一注進」した部分もある。従って、記載のすべてをそのまま信用するわけにはいかないが、大体の状況をつかむためには差支えない。このような性格をもつ大田文によれば、但馬一国の田地総目積は五八〇〇町余りに及ぶが、そのうちの九六八町歩ほどを占める朝来郡の支配形態をみると表九-1の通り(1)である。全所領は、神社領・仏寺領・国衙領・荘園領の四つに区分されているが、これらを通じて、およそ次の諸点が注意される。

表 9-1　弘安 8 年(1285)但馬国朝来郡の支配形態

所領名	面積	本家	領家	地頭	下司・公文等	備考
(1) 神社領	町反歩 135.9.226					
粟鹿大社	100.7.226		染殿法印跡	島津常陸入道		当国二宮
押坂社	8.1.　0		浄土寺大政法印	小比良大夫局		
室尾別宮	22.1.　0	八幡領			下司＝御家人	
沢寺田	5.0.　0	熊野山領			国別当アリ	
(2) 仏寺領	292.2.337					
久世田荘	19.8.180	証菩提院領				
与布土荘	55.0.　0	東北院領殿下渡土	土御門右中弁	隠岐新左衛門		
賀都荘	141.6.265	歓喜光院領	領家＝町 68.5.300 地頭安坂祐広＝73.0.320			領家・地頭中分
上田荘	13.0.　0	安楽寿院	給主修理大夫		下司アリ	
西明寺	8.5.　0		花山院前左大臣家跡	佐々木信行		
法成寺	20.0.　0	殿下渡荘		但馬平三郎入道		領家分，地頭分＝分割
比治荘	19.5.252	穀倉院	吏長者	未補	公文＝御家人	
西院	14.7.　0	南京西金堂			下司＝御家人	
(3) 国衙領	139.8.238					
久世田勘納	10.3.　0			江民部大夫後家		
遙光寺	0.4.　0				下司＝御家人	
牧田郷	43.8. 10			牧田光盛		方々権門領ヲ除ク
赤淵社	11.0.168			中務太郎以清		
法興寺	6.4.　0			佐々木泰茂		
新井黒川保	17.0.　0			栢原左衛門二郎		
東河郷	40.4. 40			東河行阿		建長以後荘号，中分地

衣褶社	10.5. 20			小比良大夫局		
(4) **荘園領**	387.9.330					
田道荘畠	15.0. 0	一条殿	民部大夫	佐貫三郎太郎	公文アリ	
立脇御紙田	5.0. 0	皇嘉門院		同　上	同　上	
物部上荘	16.5. 60		八条左少将	左近蔵人		
物部下荘	8.0. 0	本院御領	吉田大納言	小河真盛	公文アリ	
八条院御紙田	5.7.140	同　上		柏原恒俊		
上西門院御紙田	5.0. 0	鷹司院御領		同　上		
伊由荘	28.0. 0	近衛南殿御領		太田政頼		他ニ同荘惣追捕使田1町4反 関東給
朝来荘	64.5. 0			安坂祐氏	公文アリ	他ニ同荘余田10町6反
和賀荘	41.9.340	御室御領		大膳亮秀政		
牧田位田	20.0. 0	二条院御領		東河長茂		
二条院勅旨田	10.0. 0	日海院宮御領		鎌倉新左衛門尉女子		
伊由位田	18.2.260	関東御領		豊前尚氏後家		竹田荘トモ号ス
多々良岐荘	13.0. 0	安嘉門院御領	関東分	加治輔朝		
儀部荘	52.1.250	伊勢太神宮	領家地頭関東御領	給主若宮別当跡		
広谷荘	70.2. 0	本家御分 町 27.4.180 領家御分 42.7.180	領家地頭関東御領 本家後宇多院興善院領	給主伊賀入道女子跡		
佐中荘	3.6. 0			中務太郎以清	公文＝御家人	
同御領畠	11.0. 0					

第一に、国衙領を除いて他の三部分の大半の所領には本家職が設定されており、本家は皇室および摂関家が多く、ついで石清水・熊野・伊勢神宮等の中央有力社寺が占めている。

第二に、おなじ三部分において、領家職の記載のあるものとないものは相半ばしている。領家の記載がないものは本家職・領家職未分化な形で本家が荘務権を掌握している場合であり、記載のある場合は領家が自己の手に荘務権を保留して皇室・摂関家等に本家職を寄進しているものとみられる。その他本家の記載なく領家のみ記載されている例が一、二あるが、これは本家職寄進の行なわれていない所領であり、荘務権保持者の身分が皇室・摂関等でないので「領家」として表現されているのであろう。

第三に、地頭職は四つの部分のほとんど大半のものに設置されている。とくに荘園・国衙領では、わずか四反の遙光寺を除いて、すべてに地頭が存在し、神社領・仏寺領の部分でも、地頭のないのは比較的小規模な所領にすぎない。鎌倉幕府法では「本所一円荘園」という規定があり、(2)また文永十一年(一二七四)蒙古襲来時の幕府御教書で「(前略)彼凶徒寄来者、相催国中地頭御家人并本所領家一円地之住人等……」(3)というように地頭御家人の存在しない所領を「本所領家一円地」ともいっている。朝来郡の事例に即してみると、地頭が設置されていなくても下司・公文等々が御家人である場合が多いから、厳密な意味での「本所領家一円地」はほとんど存在しないといってよい。

第四に、地頭職以外に、多々良岐荘・礒部荘・広谷荘などでは、領家職が関東御領として武家側に帰属しており、本来公家側の進止に属する所職でも、武家の手に移っているものの少なくないことが認められる。またそれとともに、領家と地頭が下地中分して、地域を分割しつつ、一円的・排他的な支配形態をつくりだしている事例が賀都荘にみられ、広谷荘では本家と関東御領たる領家・地頭が地域を分けているケースも存在する。この点は公武の所領支配をめぐる対立が、漸次下地の分割という形で進展しつつあることを示唆するものである。

第五に、国衙領には当然のことながら本家・領家の記載がなく、八個の所領＝支配単位に分割されているが、これらは一括して知行国として中央貴族もしくは大社寺等に宛行われていたか、いずれかの貴族による「国務」の請負的な形となっていたであろう。ただ、国衙領がこのように分割されたのはもちろん平安後期以来のことであろうが、そのこと自体は在地領主の事実上の私的な支配が進んでいることを示すものであって、国衙領が実質的には荘園と異ならない、といわれる所以を示すものである。

以上が朝来郡の支配形態を鳥瞰したときに注意される諸点であるが、とくに重要なことは、いわゆる「本所領家一円地」がきわめて少なく、ほとんど大半の部分に地頭が設置されているとともに、下地分割や領家職の武家側への移動が進みはじめている事実である。

しかし、このような特徴は果して但馬国全体についてもほぼ同様なものとして認められるであろうか。そこで念のため、別の一郡として気多郡の支配形態を表示すると表九-2の通りである。これを表九-1朝来郡の場合と対比すると、前者のように神社領・仏寺領・国衙領・荘園領という四つの区分は必ずしも画然としていないが、基本的な相違をみとめることはできない。ただ本郡では朝来郡にくらべて、地頭職の設定されていない所領がやや多いことが注目されるが、その場合でも下司または公文がそれに代るものとしてほとんど例外なく御家人となっているから、本郡全体として武家側の勢力が全く排除されている「本所領家一円地」は事実上存在しない状況となっているのである。

以上は鎌倉後期の但馬国の二郡における所領支配の概況であるが、かかる領主権の在り方は、南北朝内乱期に入るとどのように変貌するであろうか。内乱期においては、大田文のように、一国一郡にわたる所領支配を鳥瞰しうる史料は存在しない。しかし初期の室町幕府法令を検討していくと、幕府が所領支配関係をどのように類別していたかを知ることはできる。その際もっとも有力な手掛りとなるのは次の応安半済令の記述である。[4]

一、寺社本所領事　応安元　六　十七　布施弾正大夫入道昌椿奉行之

禁裏　仙洞御料所、寺社一円仏神領、殿下渡領等、異于他之間、曾不可有半済之儀、固可停止武士之妨、其外諸国本所領、暫相分半分、沙汰付下地於雑掌、可令全向後知行、此上若半分之預人、或違乱雑掌方、或致過分掠領者、一円被付本所、至濫妨人者、可処罪科也、将又雖有本家寺社領之号、於領家人給之地者、宜准本所領歟、早

表 9–2　弘安 8 年(1285)但馬国気多郡の支配形態

所領名	面積	本家	領家	地頭	下司・公文等	備考
	町反 歩					
伊福別宮	5.6.260	石清水八幡宮		青鳥親仏		
春日社	4.9. 60	同　上		同　上		
太多荘	81.8.118	伊勢太神宮	岩倉皇后宮権大進	楽前藤内兵衛入道		
観音寺	9.4.240	熊野山		太田行願		
円提寺	5.9.240	新熊野		同　上		
桝別当	8.3.　0	八幡領			下司石禾能実御家人	
新宮田	3.0.　0	熊野山				
円山別当	0.8.　0	八幡宮領		沼田願西		
国分寺	34.0. 20	法勝寺	白川中将			
楽前荘	48.3. 62				中分地	
北荘	24.0.210	(注文不出，建治 3 年帳ニ任セ注進)	領家領			
三方荘	59.7.130	横川中道	越中律師定範			
比叡寺	11.8.　0	天台(末寺)		楽前藤内兵衛入道		
善雲寺	6.4.250	同　上	染　殿	同　上		国別当アリ
進美寺	32.5.　0	楞本中堂領	聖憲法印跡	河南木蓮忍		
八代荘	53.8.　0	歓喜光院	給主但馬前司入道	小河宗祐		
大将野荘	57.7.160	宇治安楽院	円満院宮	前左大将家後室		
国中諸寺沙汰	72.8.160				15所. 国司, 国別当ナドノ沙汰	
高生郷	107.8.240				公文関東給矢部尼	
日置郷	146.7.194			越前長経		
高田郷	67.4.163			高田忠員		
気多郷	111.3.224			治田願西		

狭治郷	34.2.240				公文八木高貫御家人
八代郷	19.2.203				公文八木真阿御家人
下賀陽郷	59.0. 41			八木真阿	国別当水落重方跡 御家人
小山田寺	3.0. 0				
新井荘	13.0. 60			宇多田阿妙跡	
上賀陽荘	17.6.328			南方小林三郎入道 北方同三郎興重	

守此旨、云一円之地、云半済之地、厳密可打渡于雑掌矣、

次自先公御時、本所一円知行地事、今更称半済之法、不可改動、若令違犯者、可有其咎焉、

次以本所領、誤被成御下文地事、被充行替之程、先本所与給人、各半分可為知行、不可有守護人之綺矣、

次月卿雲客知行地頭職事、為武恩被補任之上者、難混本所領、可停止半済之儀焉、

この法令は、観応三年(一三五二)の半済令以来、その施行範囲が戦乱に乗じて混乱・拡大されつつあった情勢のなかで、足利義詮の死の直後、新任の将軍義満・管領細川頼之の手によって発布されたものであり、荘園領主権の性格に応じて半済施行の可否を明確に規定したものである。

これによれば「寺社本所領」は次の如く区分されている。

(1)　半済対象から除外するもの

(a)　禁裏　仙洞御料所　殿下渡領

(b)　寺社一円仏神領

(c)　本所一円知行地

(d)　月卿雲客知行地頭職

(2) 半済の対象となるもの

(e) 諸国本所領

(f) 寺社本所領ノ号アル領家人給地

室町幕府法の用例によれば、当時全所領は大別して「武家領」と「寺社本所領」に区分されており[5]、前者が武家側の進止に属した地頭職やさきの大田文にもその例がみられる武家進止の領家職等を含むものであったのに対し、後者は「武家領」を除く公家・社寺進止の所職であった。かかる意味での「寺社本所領」が、この応安令で問題の対象となっているわけである。ここでまず半済対象から除外された(a)〜(d)のうち、(b)(c)はそれぞれ寺社・公家の「一円地」であって、地頭職の存在しない所領であったことは、さきの鎌倉幕府法および但馬国大田文からも容易に推定できる。また(d)は本来武家進止の地頭職が公家側に付与されたものであり、かかる例も一般に知られている[6]。要するに(b)〜(d)は地頭職が存在しないか、それが公家社寺に移っている場合で、これが半済から除外されたことは理解しやすいところである。これに対して(a)は皇室及び摂関家領であるが、実際に半済除外の対象とされるそれがいかなる内容のものなのかは疑問が多い。すなわち、領家たる一般公家が本家職寄進によって皇室・摂関家を本家とした場合、それらは呼称上はすべて皇室・摂関家領となるが、かかる形の所領がすべて半済除外となるとは考え難い[7]。なぜなら、きわめて多くの所領がこの形式をとっていることはさきの大田文の例からも容易に想像しうるからである。それではここにいう「禁裏　仙洞御料所　殿下渡領」は、領家職・本家職が未分化な形で、天皇・院・摂関家に属し、荘務権もそれらの掌中にある所領をさすのであろうか。そのように考えてよいと思われないこともないが[8]、その場合には地頭職が設定されているか否かで、非一円領か一円領かの二つのケースがありうることになる。従ってかかる表現の仕方ではきわめて曖昧な面をのこすことになる。そこで、このような解釈のほかに、(a)は天皇・院・摂関家等の保持する所職の一切と考えることもできなくはない。つまり、その所職が、本家職であれ、領家職であれ、あるいは両者未分化な単一のものであれ、いずれであってもかまわず、またその所領に地頭があると否とにかかわらず、天皇・院・摂関の所職＝得分は一切半済から除外するということであろう。このことは他面からいえば、皇室・摂関領の名目をとっていても、領家職が一般公家や社寺に属する場合は、その領家職は半済されるが、本家職には手をつけないということになるので、前の場合よりも半済免除範囲は拡大されることになる。(a)については以上のように二通りの解釈が考えられ、どちらかといえば前者の解釈が事実に近いと推定されるが、ひとまず判断を保留しておこう。*

＊　宮内庁書陵部製作「御摂籙渡庄目六」複製本解説は、半済除外となった「殿下渡領」とはこの「目六」にのる諸荘園であろうとしている。従うべき見解であろう。

次に半済の対象となった(e)諸国本所領であるが、これは(c)の「本所一円地」以外、従って地頭の設置されている非一円の本所領ということであろう。そして、この際(a)のような皇室・摂関家の所職は除外されるから、それ以外の一般公家の所職がその内容となる。しかもここで重要な点は、この「諸国本所領」には荘園のみならず国衙領も含められていることである。室町幕府法の用例を検討すると、「国衙領」の語はきわめて少なく、わずかに、建武四年十月七日の評定に「寺社国衙領幷領家職事」とあるにすぎない。(9)しかもそれ以降の法令では、内容的には当然国衙領もふくめて問題にしている場合でも「寺社幷本所領」という表現をとっているから、「諸国本所領」の中に国衙領もふくめられていたとみることに誤りはあるまい。鎌倉幕府法においては荘園と国衙領が支配関係の上で基本的な二大範疇として常に区分されていたにもかかわらず、室町幕府法になるとこの区分が失われる根拠は、おそらく、この段階では知行国制の弛緩、(10)国衙領の内部構造の変化等の事情によって、両者の質的差異がほとんど問題にならなくなってきたからであろう。最後に(f)であるが、これは本家職が社寺に属し、名目上はそれらの寺社領の称があっても、実質的な領主権の保有者としての領家職は一般公家等の手に属していた所領であろう。この場合は地頭職の有無によって性格が異なるはずであるが、地頭職がある場合は本質的には(e)と異ならないで、半済の対象とされることは自然である。

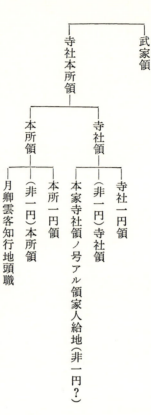

以上応安半済令が立てた(a)〜(f)の区分についてかんたんに検討を加えたが、領主の特定の身分を問題とした(a)「禁裏　仙洞御料所　殿下渡領」をのぞいて、(b)〜(f)に示される領主権の区分は、要約すると次図の如くなるであろう。

- 武家領
- 寺社本所領
  - 寺社領
    - 寺社一円領
    - (非一円)寺社領
    - 本家寺社領ノ号アル領家人給地(非一円?)
  - 本所領
    - 本所一円領
    - (非一円)本所領
    - 月卿雲客知行地頭職

このような形に整理される初期室町政権の各種所領に対する区分の仕方を、さきに概観した鎌倉政権のそれと対比すると、まず第一には、鎌倉期では明確に区分されていた国衙領と荘園とが一括して「本所領」とされている点に両者の顕著な差異を認めねばならないが、第二に、地頭職の存否すなわち一円領であるか否かが、きわめて重要な意義を与えられていることは両者に共通するところである。もとよりこれらの区分は、武家法の立場よりするものであるから、武家側の進止に属する地頭職の存否を規準とすることはなんら奇とするに足りない事柄ではある。しかし、初期室町政権の荘園制に対する施策としてもっとも包括的な意義をもつ半済令が、このような特徴を示していることはやはり重要である。すなわち、ここで半済対象から除外して、従来の支配＝収取関係をそのまま保障したのは寺社本所一円地であるが、かかる一円地は、少なくともさきの但馬国大田文の示す傾向が全国的にもほぼ該当するとすれば、その存在は実質的にはきわめて限定された比重のものでしかなく、これに反して大半の所領は地頭職の設定された非一円領であるから、半済を通じて荘園制が受けねばならない打撃は、制度上の面からでもきわめて大きなものであったとみられるのである。しかもその際、国衙領も荘園から区別されず、一括して「本所領」として半済の対象とされたのであるから、この面からも一円領か否かにきわめて大きな意義が与えられているのである。周知のように、地頭職はその権限がきわめて多様であり、本補地頭の場合には、先下司の権限を継承して「所務各別」というのが普通であった。新補地頭はこれと異なって反別五升の加徴米と一一町別一町の給田のほか「地本管領」に及ばぬことを標準的な規定としたが、(11)鎌倉後期以降においては、本新両地頭の区別は漸次稀薄となり、両者は混同されるとともに、領家側との相論を通じて、地頭の権限内容はますます多様化した。従って、それらの歴史的条件を背負う南北朝期の地頭職も、その内容は当然一律に論じ難いものをもっているはずであるから、地頭職の有無のみから荘園領主権の解体条件をとらえることのできないことはいうまでもない。しかし、それにもかかわらず、地頭職の有無そのものが半済の実施に当たってももっとも重要な規準とされているかぎり、「一円領」か「非一円領」かが、領主権解体過程においてきわめて大きな意味を有するであろうことは明らかである。そこでこのような制度的側面からする見とおしをさらに深めるため、以下、視角をかえて実体的側面からこの問題を追求してみよう。

（1）　但馬国大田文には水戸系と但馬系の二系統の写本が伝えられており、転写過程の誤りも少なくなく、検討の余地も多いが、ここではもっとも便宜な『続々群書類従』（第一六雑部）本に拠った。この類従本もミスプリントその他明白な誤謬とみられるものが多いが、ひとまずすべてそのままとした。

(2) 文永七年八月二十九日、追加法四四五号(佐藤進一・池内義資編『中世法制史料集』第一巻)。

(3) 文永十一年十一月一日、追加法四六三号。

(4) 佐藤進一・池内義資編『中世法制史料集』第二巻、室町幕府追加法九七号。

(5) たとえば建武四年十月七日評定の追加法一号では「寺社国衙領并領家職」と対置して「武家領」をあげている。また建武五年閏七月二十九日追加法三号では「寺社并本所及武家輩所領」といっている。

(6) 武家側が地頭職を公家に付与することは鎌倉以来必ずしも稀でない。たとえば藤原定家はその家領播磨国細河荘の地頭職を、将軍実朝から「和歌師範」の賞として与えられている(正和二・七・二十、関東裁許状冷泉二条両家相論播磨国細河荘地頭職事)。

(7) 「殿下渡領」とは、古くは氏長者の世襲領たる佐保殿(大和)・鹿田荘(備前)・方上荘(越前)・楠葉牧(河内)の四所に限定する用例があるが、ここではおそらくそのような特定の摂関領をさすのではあるまい。但馬国大田文でも与布土荘を「東北院領殿下渡土」といっているように、「渡領」の概念は鎌倉期では摂関家領一般をさすものとなっていたのではなかろうか。

(8) 延文二年九月十日の追加法七九号は、応安令に先行する寺社本所領関係法令であるが、ここでは戦乱期に下地を分割して武士に宛行した所領の整理に関して「寺社一円之地、并禁裏仙洞勅役料所除本家領家諸門跡兼帯地」は分割禁止地として指定されている。つまり「本家領家諸門跡兼帯」の「禁裏仙洞勅役料所」は下地分割の取消対象にならないというのであるが、この意味は、本家としての禁裏仙洞の下に一般の領家職がある場合を除外した禁裏仙洞の単一支配地のみ分割宛行を免除するということと考えられる。この解釈が正しいとすれば、応安令のいう「禁裏　仙洞御料所　殿下渡領」もそのようなものであろう。

(9) 室町幕府追加法一号。

(10) 知行国の配分がいつごろまで存続したかは重要な問題であるが必ずしも明確にされていない。しかし佐藤進一氏は内乱期におけるその急速な衰退に注意を促し、公家政権の中心となる院政の政庁＝院の文殿すらが、内乱の後期にはその機能を停止したといっている(同氏「守護領国制の展開」(豊田武編『中世社会』新日本史大系三))。

(11) 建長五年十月十一日、鎌倉幕府追加法二九五号、諸国本新地頭所務事。

三　荘園制解体の実相（一）——その個別的検討

前節では武家法に表現された荘園領主権の在り方を検討したので、本節では、荘園所有者側に視点を移して、その所有体系の変質・崩壊過程を具体的に検討することにしよう。一個の荘園領主の全所領のうち、内乱期を通じて、いかなる性格の荘園が解体し、いかなる性格の荘園が、どのような事情のもとでその生命をながらえていくか、そうした動向を実体的に明らかにすることができれば、従来の個別荘園史研究とは異なった視角から問題の核心に接近することができるであろう。

その場合、皇室・摂関家・一般公家・社寺等はおのおの立場・性格を異にするから、それらのおのおのについて具体的事例検討を行なうのがもっとものぞましい。公家と社寺との階級的本質は基本的にはなんら異なるものではない。しかし、その社会的存在・機能は明白に異なるものであり、それに従って荘園所有の性格や解体の条件もおのおの異なるものがあるのは当然である。ごく大づかみにみても、社寺の方が公家にくらべて相対的に自立性の強い荘園領主である。大社寺の支配層が公家の子弟の出身であることや、またそれらが公家貴族の支持によって成り立っていることはいまさらいうまでもないが、公家貴族が国家機構を直接的に掌握することによって、その荘園所有を実現していたのに対して、社寺の国家機構への依存度は何といっても間接的であったし、大社寺相互間の関係も、貴族相互間の関係に比べると、いっそう競合性が顕著である。比叡山・東大寺・興福寺・高野山・東寺等をはじめとする大寺院が、相互に反目し、僧兵を蓄えて独自の勢力を誇示しあう状態はその間の事情を端的に物語っているが、そのような場合には、寺院の荘園支配もかなり独自的な武力を背景とすることとなり、荘民支配にも積極的な方策がみられるのである。その上、大社寺が個別的な武力を備える場合には、武家側もこれに一目おかざるをえない事情が濃くなるのは当然であって、「社寺崇敬」という形で特定の保護＝連繫関係がつくりだされるのである。このようにみればひとしく荘園所有者といっても公家と社寺とのあいだにおける相違は、一般に考えられているよりも大きなものがあるであろう。

しかし、ここではそれらのすべての場合について検討を加えることは困難であるから、一つの事例として、東寺の場合をとりあげることとする。周知のごとく東寺は延暦十五年(七九六)の創建にかかり、真言宗の本拠として教界に重きをなすが、平安時代においては、その力は東大寺・興福寺等に比べればはるかに劣っていた。しかし、鎌倉時代に入って寺勢は伸長し、寺領荘園の増加もいちじるしく、とくに後宇多・後醍醐天皇の施入によって寺領は飛躍的に強化されている。ただ東寺は叡山・興福寺等と異なって僧兵的武力を大規模に蓄えることがなかったから、武力的側面では弱体であるという問題があるが、他面、その所在地が九条に属し、京都南方の出口を扼するため、足利尊氏も軍事的必要から、この寺院には特別の配慮を加えていた。従って、東寺の荘園所有は鎌倉末～南北朝内乱期においては、一般公家はもちろん、他の寺社とくらべても、政治的には有利な条件におかれていたとみて差支えない。

そこでこのような条件をもつ東寺の荘園が内乱期を通じていかに変動していったかを具体的に検討するわけであるが、通常、一括して東寺領荘園とよばれているものは、その成立事情、管理方式等の問題と絡んで、実際には複雑な存在形態をとっている。従ってそれらの問題についても考慮を払わねばならないが、それらに関して古くは竹内理三氏の鳥瞰的な研究があり(1)、部分的には安田元久(2)、上島有(3)氏等の分析があるので、ここでは主として領主権の性格に視点を注いで内乱期の動向を追求することとする。なお以下の記述でとくに注記しない史実の中には竹内氏の研究に依拠しているものが多い。

(一)　鎌倉以前成立の分

(1) **川合荘**(伊勢) 延暦二十二年(八〇三)勅施入、本田六六町。平安末期までには退転したらしく、内乱期については関係史料がない。

(2) **大国荘**(伊勢) 弘仁三年(八一二)桓武天皇皇女布施内親王の施入、本田一八五町。大治四年(一一二九)本田三四町余。東寺長者渡領の一。南北朝期にもいちおう存続している。ただし康永二年(一三四三)「追年零落」の故をもって「寺務」を「寺家」に付し(4)、二十一口方の管理とした(5)。康永四年(一三四五)、同荘所務は預所久成の請負とし、年貢のうち三分一がその得分となった(6)。次いで貞和三年(一三四七)伊勢国住人池村七郎左衛門入道に押領されたが、同人は正和(一三一二~一七)の頃より「永代預所」と称して雑掌を荘家に立ち入らせなかった(7)。以上の事実からして、鎌倉末~内乱初期にはすでに在地武士による押領によって、東寺の同荘支配は危機に陥っていたとみられる。

(3) **垂水荘**(摂津) 弘仁三年(八一二)布施内親王の施入、面積八七町余。長者渡領の一。徳治三年(一三〇八)長者渡領たることをやめ、「門跡相承地」として厳伊僧都に宛行、さらに正中三年(一三二六)「供僧中之沙汰」として、二十一口方供僧の管轄となった。ただし鎌倉初期、先下司が平氏与党として失脚後、日下部氏が預所・下司・公文三職を兼帯して所務を掌握(地頭は不設置)、東寺は鎌倉末期供僧中の沙汰となって以後、荘務恢復のためこれと相論を重ねた。文和三年(一三五四)日下部氏に代って芥河氏が下司となった頃、東寺は支配体制の強化に成功、以後細川氏の守護領国制の進展におびやかされつつも、享禄年間(一五二八~三二)まで荘務を維持した(8)。

(4) **高輿荘**(越前)

(5) **蕪島荘**(越前)

両荘ともに、大国・垂水荘と同時に布施内親王から施入された。初め「五十僧止住料所」にあてられたが(9)、平安末期越前国が平資盛の知行国となった頃「没倒」された(10)。

(6)　**東寺寺辺水田**（山城）　東寺第一長者実恵が綜芸種智院を売却して購入したもの。南北朝期二十一口方評定引付にも記述が散見する。

(7)　**大山荘**（丹波）　(6)と同時に同じ事情によって買得された。はじめ墾田九町余、林野三五町。長者渡領の一であった。平安中期にはしばしば国衙の収公におびやかされて危機に瀕したが、後に荘務を恢復。鎌倉時代には承久の勲功として中沢基政が新補地頭職に補せられ、仁治二年（一二四一）には地頭請所となり、東寺年貢二〇〇石となった。(11)さらに永仁三年（一二九五）地頭と東寺との間に下地中分が行なわれ、東寺側の一円支配分は田地二五町、畠地五町となった。(12)その後元弘三年（一三三三）後醍醐天皇より地頭の濫妨を停止する綸旨が発せられ、形式的には地頭分も東寺に帰したとみられるが、これは実があがらなかったらしく、南北朝期以降領家方のみが東寺領として維持される。延文元年（一三五六）当時定年貢は七三石余であったが、(13)貞治六年（一三六七）では半済が施行されていて、東寺分は三七石余となり、延文のほぼ半量となっている。しかしこの半済は寺社一円領たる大山荘領家分に対して行なわれたものであったので応安二年（一三六九）には停止され、(14)ふたたび寺家の一円支配地となった。この半済停止によって東寺は形式的には領家分に関する限り荘園支配の完全恢復を実現したこととなるが、その内実は必ずしも守護勢力を排除しえたわけではなく、これ以後も次第に守護側の収取が増大していき、十五世紀の末葉には東寺領の実を失うこととなる。(15)

(8)　**河内国志紀郡荘田**　治部卿権大納言藤原経任の外孫任幸が、嘉承元年（一一〇六）東寺灌頂堂仏聖灯油幷修造料として施入。面積二三町八反余。鎌倉以降の動向不明。

(9)　**高田郷**（山城）　民部卿大納言源俊明の家領山城国葛野郡高田郷七町五反余が天永（一一一〇〜一一一三）頃施入されたもの。鎌倉以降の動向不明。

㈡　鎌倉期成立の分

(10)　**弓削島荘**(伊予)　延応元年(一二三九)宣陽門院より東寺に施入。本田三町三反余、他に畠・塩浜。このとき施入された所職の性格は、皇室領であるから本家職のみと考えられないこともないが、おそらくは本家・領家職の未分化な本所権であったろう。[16] 皇室領の時は、本所の下に預所を補任していたが、東寺施入にあたり預所職をもやめ、本家・領家職にあたる領主権を一括して寄進されたとみられる。[17] 延応以前の関係文書が東寺に蔵せられるに至ったのもそのためである。この施入の実現に努力したのは菩提院行遍であって、本荘は安芸国勅旨田・太良荘・平野殿荘とともに「不定伝領之仁、不混寺家本領、一向為新補供僧供料地」という形で管理することとなった。[18] しかし延応の施入当時、本荘にはすでに地頭が補任されており、「近代関東の地頭なり候てのちは、何事もむかしの員数のごとくも候は」ず、[19] といっている通りで、現実の支配権は地頭側に移りはじめていた。ついで乾元二年(一三〇三)地頭と下地中分を行ない、領家方三分二、地頭方三分一とした。[20] その後南北朝内乱期に入っても、この中分にもとづく支配関係はほぼ維持されたが、暦応三年(一三四〇)には祐舜なる人物が東寺に対し弓削島鯨方の所務を年貢銭一〇貫文、塩三五〇俵等で請負っている。[21] この「鯨方」はさきの中分の際における領家方の二つのブロックたる鯨方と串方とのうちの前者である。しかしこれ以降、東寺の支配が衰退に向かっていることは他と異ならず、康正二年(一四五六)には「弓削島事、自往古東寺領之処、近年有名無実」といわれるに至っている。[22]

(11)　**太良荘**(若狭)　仁治元年(一二四〇)仁和寺の道如法親王の寄進。総田約二八町余、所当米一六七石余。[23] 東寺の取得したのは領家職で、本家として歓喜寿院をいただき、本家米は正安三年(一三〇一)東寺年貢米(一二三石余)の一〇分一で、約一〇石の定めとした。[24] 本荘の獲得も仁和寺菩提院の行遍の手腕によるものであり、その管理は「供僧中之沙汰」とされた。本荘の地頭職ははじめ若狭氏の手にあったが、正安四年(一三〇二)没収されて得宗家の御内御領となり、さらに幕府滅亡によって、元弘三年(一三三三)九月後醍醐天皇より東寺に付された。[25] 従って、この時以降、本荘は領家職・地頭職とも東寺領に属する寺家一円地となった。ついで文和三年(一三五四)には本家米が東寺二季談義試講料足として寄進され、本家職も消滅した。[26] しかしその直後の文和四年(一三五五)には「太良保領家職」の半済が行なわれ、[27] 貞治元年(一三六二)では領家方年貢一五三石余の半分七六石余のみが寺家分とされており、[28] また地頭方も、貞治三年(一三六四)では合六〇石余の半分三〇石余のみが寺家分となり、[29] 他は守護側に徴収されている。本荘の半済については実際には幾度かにわたり守護側との応酬があるが、結局のところ年とともに東寺側の年貢収納率が低下していくことは他の例と変わりない。しかし本荘はともかくも室町末期天文頃までその支配がまがりなりにも維持されていく。[30]

⑿ **鳥取荘**(備前)　寛元元年(一二四三)宣陽門院の寄進。本荘はもともと長講堂領の一つで、宣陽門院の寄進は、門院の得分中の一三石を弘法大師生身供料として東寺御影堂によせたもの。従って本家職と考えられる。南北朝期の動向不明。

⒀ **野口荘**(丹波)　鳥取荘の替として宣陽門院が建治(一二七五〜七八)の頃寄進。内容は鳥取荘の場合同様上分のみ。従って東寺に荘務権は存しないが、比較的長期にわたって得分の収取はつづいていた。南北朝期の文和二年(一三五三)東寺は北朝に野口荘の所役確保のため同荘上村を寺家に付せられんことを請うており、その際の文書に「康永二年(一三四三)以来所役闕怠」といっている。[31] この訴願によって、翌文和三年上村所役の安堵を受けているが、その後応永年間には毎月供料百疋となった。[32]

⒁ **高殿荘**(大和)　寛元元年(一二四三)仁和寺行遍が、春日社僧円寂の私領を買得し、東寺仏聖用途として寄進したもの。行遍死後執行が知行したが、その後の動向は明らかでない。

⒂ **後三条院勅旨田**(安芸)　行遍の努力によって、仁治三年(一二四二)宣陽門院より東寺に寄せられた。太良荘・

弓削島荘・平野殿荘とともに、「伝領の仁を定めず」、供僧一八口供料にあてられた。面積一四町八反余、年貢三二石。弘長三年(一二六三)の新勅旨田検注馬上帳が東寺の手によって作成されているから、東寺の獲得したのは荘務権を伴う領家職であったとみられる。[33] その後鎌倉末期の徳治二年(一三〇七)においても二五石程度の年貢が京上されている。[34] しかし南北朝期に入ると、急速に年貢収納率は低下し、暦応三年(一三四〇)には早くも五石程度となっている。[35]

⒃　**平野殿荘**(大和)　暦仁二年(一二三九)行遍が宣陽門院より灌頂の賞として賜わったものを、建長四年(一二五二)弓削島荘・安芸国新勅旨田・太良荘とともに、新補供僧料所として東寺に寄せ、「寺家本領に混ぜず」供僧中として管理することとなった。総田数九町六反余、うち宮田二町六反余、小規模の荘園で年貢米は一〇石足らず、他に瓜・松茸・簟・歳末雑事等の雑公事・夫役の収取権があった。当荘の預所は、はじめ菩提院の進退に属していたが、弘安元年(一二七八)供僧中の推薦する人物に菩提院が任符を与えるという形に変わり、さらに正応四年(一二九一)に東寺側が完全にその任免権を掌握した。[36] また本荘については地頭関係の史実がみられないので地頭は不存在と想定される。かくして東寺は本荘を「一円地異他」所領と称しているが、現実には興福寺の寺僧でもあった「強剛名主」等の抵抗によって、鎌倉末期にはすでに年貢・公事の低下が問題となっており、南北朝期に入ると、曾歩々々氏が興福寺を背景として進出し、応永(一三九四〜一四二八)の頃には同氏が一乗院方の衆徒国民として荘務の実権を掌握しはじめている。しかし東寺の蔵する本荘関係の文書ははるかに下って大永三年(一五二三)にまで及び、そのとき寺家年貢がなお六貫九一六文とされていることは注目に値する。[37]

⒄　**大成荘**(尾張)　当荘は元来東寺末寺伊勢多度神宮寺の所領であったが、建治三年(一二七七)東寺長者了遍が寺家直務地とし、修理別当職に付し、鎮守八幡宮以下の用途に充てることとした。得分三〇貫文。この時獲得した所職の性格は、後の史料では「東寺八幡宮領大成荘領家職」といっている。しかし、貞治二年(一三六三)当時では猿子頼

蔭なる在地領主に押領され、寺家の支配権の恢復は容易ではなく、[38] 内乱が終った直後の明徳五年(一三九四)の二十一口評定引付には「大成庄事、近年一向無沙汰」といわれており、さらに「凡此大成庄海東海西事、不分明、大略為西歟、於海西者、今河金吾拝領之、是又無左右難事行歟、於海東者、一色殿又拝領了、御教書等、当時更以不成之間、一向無沙汰、珍事々々」と記されている。[39] この当時になると、東寺側では大成荘の所在地が海東郡か海西郡かも正確に知られていなかったわけで、しかも両郡は今川仲秋・一色詮範に宛行われていたため、東寺の知行ははなはだ心もとない状態に陥っている。おそらく貞治頃の押領を排除することが実質的に成功せず、それ以後急速に東寺の手から離れたのであろう。当荘の地頭職については不明であるが、尾張が半済令の最初からの施行国であったことを考えると、国人・守護の侵攻はとくにきびしかったと考えられる。

(18) **秋穂二島荘**(周防)　二島荘の名は建久二年(一一九一)の長講堂領目録にみえ、「不所課荘々」の一つとなっている。領家は宣陽門院女房別当三位家であったが、文永二年(一二六五)宣陽門院御忌日結縁灌頂用途料および長日愛染王護摩供料として行遍に寄進し、これが東寺西院大師生身供および見住供僧供料にあてられた。しかしこれ以後の荘務遂行の事情は明らかでない。応永十四年(一四〇七)の長講堂領目録では、「女房別当三位家領」のうちに「周防国秋穂二島別宮　被寄進仁和寺菩提院愛染王」とあるから、形式的には長講堂が本家である形は残されていたのであろうが、事実上は長講堂・東寺共に得分を確保しえなかったのであろう。

(19) **鹿子木荘**(肥後)　沙弥寿妙なる者の平安中期の開発領が、応徳三年(一〇八六)寿妙の孫高方によって大弐藤原実政に寄進され、実政が領家、高方が荘務領掌権を保留した預所となった。その後実政の曾孫願西が領家得分四〇〇石のうち二〇〇石をさいて美福門院に寄進し、これを本家とした。しかし、その後預所職は三流に分割され、西荘分は願西の孫覚暹によって召上げられるという事件が起こった。これに対して預所の側では覚暹の行為を契約違反として、領家職を取り消し、「預所一円領掌」を主張した。[40] しかしこのことがあってのちも藤原実政の流れの領家職は全面的に否定されたわけではなく、相伝されている。[41] 東寺への寄進は、かかる経過をとったのち、永仁三年（一二九五）に行なわれたものであるが、[42] 上述のごとき関係を示す相伝文書が東寺の手に帰着したことをみると、形式上は荘務権を獲得したとみねばならない。しかし、もとより一円領ではなく、弘長二年（一二六二）当時、鹿子木東荘地頭職は大友能直の子直秀の手にあり、[43] 同西荘下村地頭職は、建治元年（一二七五）当時安芸木工助定時の手にあった。[44] これらの事実からしても、おそらく、東寺への寄進はすでに地頭の進出によって、荘務の実があがらなくなっていた段階における領家職寄進であったとみられる。南北朝期以降の動向は不明である。

⒇　**拝師荘**（山城）　もと鳥羽天皇の御願寺安楽寿院の末寺興善院領であったが、正和二年（一三一三）後宇多法皇が東寺に施入した。翌正和三年で荘田一一町五反余、年貢一〇七石余であったが、紀伊郡の散在田地で、一円の荘域は形成していなかった。しかもこのとき東寺の入手したのは拝師荘の全部ではなく、その一部であった。同荘は「長承嘉禄古帳」と称せられる平安期の坪付では四〇町余あるいは三六町といわれ、民部卿藤原顕頼が領家職をもち、その一部、おそらくは右の一一町分の上分を割いて興善院領としたのであった。従って後宇多院から施入せられたものは、本来同院が伝領した一一町分の本家職とみねばならない。しかし、領家職は平安以来、顕頼の流れに安定して伝領されたわけではなく、度重なる分割・変転を経ており、東寺は本家職獲得と並行して、少なくともその部分については領家職も獲得したと思われる。[45] そのことは、後宇多院の正式寄進に一年先立つ応長二年（一三一二）東寺が当荘に下司を補任し、さらに正和五年（一三一六）には、本荘の基本的券文たる「長承嘉禄古帳」を僧禅心なる人物から譲得していることからも推定できる。当時の状況として、本家職のみの取得が安定した財源とはなりえなかったため、領家職をも買得したのであろう。かくして東寺はかぎられた部分とはいえ本家・領家職を入手し、本寺からは至近距離にあ

り、しかも地頭が存在しないという有利な条件に立って、在地支配を開始した。しかし現実には荘地の散在という特殊性のために、それ以後周辺の有力名主層の乱入や入組み関係にある諸他本所との相論になやまされ、支配の安定を期すことは容易でなかった。しかし、本荘は過大な未進になやまされながらも、中世を通じて一貫して東寺の手にあり、天正十三年(一五八五)には羽柴秀吉によって近隣諸荘と共にひとまず安堵された。(46)本荘が南北朝・室町期を通じて、上下久世荘などとともに維持されたのは、分化する名主職・作職を買得集積して、東寺が在地の変化に対応する方策をとったことによる。(47)

(21) **上桂(別名上野)荘**(山城)　正和二年(一三一三)後宇多法皇が東寺に施入した。本荘は平安初期の開発領主が東三条院女房大納言局に寄進してこれを領家とし、みずからは中司職となり、さらにその後七条院を本家とするに至った。この本家職が後宇多法皇に伝領され、東寺に施入されたわけである。しかし東寺はこれを機として荘務権の掌握を企図したためであろうか、間もなく玉熊丸なるものが本荘領家職を主張して東寺と抗争し、さらに建武四年(一三三七)以後、源氏女が「領主職」を主張、相論は康永四年(一三四五)に至ってようやく東寺側の勝利となり、これ以後東寺の荘務権が形としては安定することとなった。本荘は建武元年(一三三四)では公田一一町余、うち定田七町四反余、定米五八石余であったが、(48)貞治二年(一三六三)では定米二六石余となり、(49)永徳元年(一三八一)では定米二一石余と急速に低下している。(50)この荘園も荘地が散在していたため、近傍荘園とはいえ支配の維持には困難な条件も少なくなかったとみられるが、ともかくも内乱期を通じて持続されていった一例に属している。

(22) **矢野荘**(51)(播磨)　正和二年(一三一三)後宇多法皇が矢野荘例名領家職を寄進、ついで文保元年(一三一七)同荘浦分領家職を寄進した。本荘は平安中期赤穂郡司秦為辰の開発、ついで保延三年(一一三七)荘号を立て、領家は藤原顕季となり、その後領家職は長実を経てその女美福門院に伝領された。この時以後矢野荘は皇室領として八条院・安嘉門院・亀山上皇・後宇多法皇と伝領されたのである。しかしこの間、美福門院のとき仁安二年(一一六七)歓喜光院寺用田として四三町余が分割され、これを別名と称し、他を例名と号することとなり、例名はさらにそのうちに別納重藤名・浦分等のごとく管理方式を異にするブロックを生みだしている。一方別名は弘安七年(一二八四)寺用田たることを止められ、歓喜光院は例名より三〇〇〇疋、別納重藤名より二〇〇〇疋の年貢を収納することとし、ついで永仁七年(一二九九)南禅寺に寄付された。嘉元四年(一三〇六)の照慶門院御領目録が歓喜光院領として、(1)矢野庄範親朝臣御年貢三〇〇〇疋例名、(2)別納重藤名以下法念法師御年貢二〇〇〇疋、(3)例名御寄附南禅院と記しているのはそれを示す。(52)

ところで、本荘例名(別納重藤名を含む)には鎌倉時代を通じて地頭海老名氏が存在し、永仁六年(一二九八)には雑掌と海老名泰季との間で中分を行なって一〇九個の名のうちを二三名ずつ両者に分割し、残り六三名は名毎に分割し、西方領家方は畠地を併せて一一一町余、東方地頭方は一〇七町余、としている。従って東寺が獲得した例名は下地中分の結果一円地となった西方領家分であって、これを学衆・供僧が知行した。ここで学衆・供僧の知行というのは、例名からの総得分から、まずかれらが選任した雑掌に五分一を与え、残りを学衆と供僧が折半し、さらに頭割りに配分するということであった。貞和元年(一三四五)では例名領家分は九六町余、年貢額三〇六石程度であった。しかしその後間もなく学衆と供僧との間に対立がおこり、観応二年(一三五一)には例名領家方をさらに折半した。その結果、両者の基準年貢額はほぼおのおの一二〇石前後で固定した形をとって室町前期に及んでいる。だが、この年貢額は一定の基準を示すものに過ぎず、半済・押領・滞納等の諸事情によって実収額は上下した。内乱末期の明徳二年(一三九一)学衆方実収額は基準一一八石余に対して七九石余となっており、(53)供僧方でも室町初期にかけてほぼ六〇〜八〇石代を示すことが多い。(54)

このような経過をたどった矢野荘は、もとより東寺にとって安定した所領とはいえない。しかし下地中分後の例名領家方を一円に掌握するという条件は、学衆・供僧間の分裂があったにせよ、東寺領全体の中でいうならば、内乱期における支配＝収取状況は概して良好だったといえるだろう。本荘の収取率が急速に低下しはじめるのは、在地領主・農民の抵抗と、守護領国制の展開が本格化する十五世紀中葉以降であり、供僧方実収は文安元年（一四四四）には一九石余、康正元年（一四五五）にも一九石余と、ようやく破局的様相を示しはじめ、応仁の乱を経て十六世紀に入った永正・大永の頃には事実上消滅するに至っている。

(23)　**信太荘**（常陸）　文保二年（一三一八）後宇多院が供僧・学衆等供料として寄進した。[55] もと藤原宗子（平忠盛室）の所領で、のち高倉院に寄進され、安嘉門院を経て後宇多院に伝領されていたものである。建治二年（一二七六）当時、総公田八二六町、年貢国絹三〇〇疋であった。[56] しかし東寺が知行の対象としたのがそのうちのどの範囲であったかは明らかでなく、嘉暦三年（一三二八）の定祐の信太荘雑掌請文では年貢五〇貫文とされている。[57] この当時すでに地頭の対捍が重ねられており、東寺の得分は当初から不安定であったろう。内乱期に入っても信太荘のことは「学衆方引付」に散見するが、本来その所職が本家職であったうえ、東国のことであったから、いちはやく生命を失ったとみられる。

(24)　**豆岡郷荒沼**（備前）　元亨元年（一三二一）後宇多院が寄進した。ただし荒沼であって開発して寺用に宛てるということであったが、その後徴しうる史実がない。

(25)　**三田郷・平田郷・高屋余田**（安芸）　元亨二年（一三二二）東寺修造料所として後宇多院が施入した。安芸国衙別納地であったが、その当時より「有名無実」の状況であった。[58] その後、延文元年（一三五六）この三所は上桂荘・拝師荘・信太荘・矢野荘例名・八条院院町と共に綸旨によって安堵されているが、[59] 実際の状況は明らかでない。

(26)　**八条院院町**（山城）　正和二年（一三一三）後宇多院が施入した。院町一三所と称せられ、本来市街地であったが、事実は耕地で、地子を徴した。学衆方の管轄であったらしく、同引付に記事が散見する。延文二年（一三五七）の地子

額は四七貫余であった。(60)

(三) 最勝光院領諸荘園（正中三年（一三二六）後醍醐天皇施入(61)）

正中二年三月の最勝光院荘園目録(62)に記載された荘園は全部で二〇荘に及んでいるが、上島有氏はそのおのおのを検討して、

(A) 東寺文書に記載なく、東寺領として当知行の実のなかったと思われるもの。

(B) 東寺文書に記載はみえるが、実質的には南北朝期のきわめて早い時期に退転したと考えられるもの。

(C) 南北朝・室町期を通じて、一応東寺領たる実のあったもの。

の三区分を立て、表九-3の如く分類している。すなわち、(A)＝八荘、(B)＝八荘、(C)＝四荘であって、(A)ないし(B)の、東寺領としての実がほとんどあがらなかった荘園が二〇荘中一六荘を占めている。最勝光院領荘園の支配が東寺にとってこのように実をあげえなかった主要な根拠は、いうまでもなく、これが皇室御願寺領の常として、ほとんどすべて本家職であって、荘務権を保持する領家が別に存在していたところにある。しかしながら、注目すべき点は、本家職が東寺領となって後、東寺は逐次領家（預）職＝荘務権の獲得にのりだし、一部についてはそれに成功していたり、東寺施入に先立って本家職の内容に変化が生じていることである。この点が、結果的には東寺の支配の内容を

表9-3 最勝光院領荘園

(27)	桑原荘	播磨	B
(28)	山辺荘	摂津	A
(29)	堺荘	〃	A
(30)	福岡荘	備前	B
(31)	長田荘	〃	B
(32)	新見荘	備中	C
(33)	志度荘	讃岐	A
(34)	美和荘	周防	C
(35)	松浦荘	肥前	B
(36)	神倉荘	肥後	B
(37)	三原荘	筑前	A
(38)	志比荘	越前	B
(39)	大野荘	出雲	A
(40)	湯次荘	近江	B
(41)	檜物荘	〃	B
(42)	原田荘	遠江	C
(43)	村櫛荘	〃	C
(44)	塩田荘	信濃	A
(45)	成田荘	常陸	A
(46)	佐伯荘	丹波	A

〔備考〕 No. は本稿の東寺領荘園通し番号を示す.

(A)(B)(C)のごとく異ならせてくる一つの根拠となっている。以下若干の事例について主として領主権の性格に焦点を合わせて、上島有氏の考察を基礎としつつ検討を加えてみよう。

(30) **福岡荘**（備前）　最勝光院領の東寺への施入以前、領家は一乗院僧正であったが、小野法印が寺務にあたったとき、同荘内吉井村を割いて、最勝光院に付した。従ってこのとき以来、福岡荘は本家＝最勝光院、領家＝一乗院僧正という本来の形から変形して、荘内の一部たる吉井村についてのみ、最勝光院が本家・領家職を併せもつ形となった。しかし、永仁七年（一二九九）には吉井弥三郎が地頭請とし、一二六貫五〇〇文を貢上した。これ以後、東寺に施入となったわけであるから、東寺は吉井村について本家・領家職をもちながら地頭請のため荘務権を実現しえなかったのである。実際内乱期には地頭代小国宮内左衛門入道が年貢を対捍し、寺家雑掌を現地に立ち入らせなかった。[63]

(32) **新見荘**（備中）　正中三年（一三二六）の最勝光院院務職施入当時、本荘の領家職は小槻家一族の内部で相論されていた。[64] 従って東寺はまず本家職のみを入手したわけであるが、元弘三年（一三三三）九月、後醍醐天皇は政権の恢復に際して、地頭職をも東寺に寄進した。また東寺は領家職の獲得にのりだし、小槻家と争って康永元年（一三四二）いったんそれに成功したが、貞和五年（一三四九）には小槻家にとりもどされ、さらに観応二年（一三五一）ふたたびこれを奪回して、年貢京着の七分一を小槻家に引き渡す契約で妥協し、これ以後本家・領家職を併せもつこととなった。しかし、元弘三年寄進の地頭職については実がなかった。というのは、本荘では東寺が関係する以前の文永八年（一二七一）下地中分が行なわれており、地頭方（東方）と領家方（西方）に下地分割されていたから、元弘の「地頭職」寄進の意味は、東方地頭方の寄進ということであったのであるが、地頭方は、後醍醐による形式的没収と東寺への寄進にもかかわらず、実質的には地頭勢力がそのまま居すわっていたからである。従って東寺は地頭職寄進を受けた翌建武元年（一三三四）には地頭方年貢九七貫余、同二年には年貢米五〇石を入手しているが、建武政権の瓦壊と共に地頭方支配は新見氏等在地勢力におさえられて有名無実化している。そのため東寺が内乱期以降維持しえたのは領家方であって、この部分については一円領といいうる状態にあった。しかしこの領家方においても内乱末期から室町初期にかけて隣接の土豪多治部氏等の領家職押領と守護の年貢徴発がさかんとなり、明徳の乱を契機に半済が行なわれ、応永元年(一三九四)には守護細川氏の被官新見清直が新見荘領家方を代官請するようになる。このとき請切額は半済分をのぞいて京済六〇貫文であったが(新見荘領家方は明徳当時三七〇貫が基準年貢であった)、実際にはそれも全額未納に終り、以後代官の交替は頻々と行なわれるが、実はあがらず、寛正二年(一四六一)には寺家の直務支配が行なわれた。しかしこの直務も、東寺側の領主権再建というよりは、荘民と守護勢力の対抗から、荘民の側の要求した「直務」であったから、東寺側にとってはプラスになるというものではなかった。かくて応仁の乱に突入し、新見荘の支配もいよいよ動揺を深めたが、本荘はともかくも戦国末期にいたるまで「最勝光院方引付」に姿を残す少ない例の一つである。

(34)　**美和荘**(周防)　本荘は徳治三年(一三〇八)春日社に寄進されており、東寺に施入されたのは同荘内兼行方といわれる一部であった。正慶二年＝元弘三年(一三三三)の所務請文によると年貢は四〇石となっている。(65)しかし暦応四年(一三四一)東寺が幕府に訴えたところでは、曾我時長なるものが毎年四〇石で請負いながら、建武四年(一三三七)以来四年間に一三〇石余を未済としている、といっているから、(66)内乱の開始と同時に、年貢はほとんど上納されなくなったのであろう。その後貞治三年(一三六四)頃には守護大内弘世およびその守護代が兵粮料所と称してこれを押領している。要するに当荘はほとんど寄進のはじめから在地勢力の請負制になっていたため、東寺としては荘務の実効をあげえなかったとみられる。しかし内乱が終ってから応仁の乱にいたるまでの時期においては四〇貫を基準とする年貢のかなりの部分が、大内氏被官の請負制のもとに京上されている。(67)このことは大内氏の守護領国制が、下地支配権は掌握しても、年貢請負契約については一応これを尊重するという方向をとっていたためかと思われる。従って、ここでは荘園領主の独自支配とは異なって、守護による荘園制の外形的温存が認められるのである。

(38)　**志比荘**(越前)　本家年貢綿一〇〇〇両は、はじめ領家から東寺に納入することになっていたが、領家雑掌がこれを滞納したので、嘉暦元年(一三二六)東寺は本家年貢を地頭から直納するように要求した。しかし当荘ではすでに地頭請が行なわれていて、荘務は一切地頭に掌握されていたため、東寺の期待は実現せず、結局年貢は全く上納されなかった。東寺側では至徳二年(一三八五)地頭に対して年貢相当の下地の割譲を要求したが、[68]これももちろん実現しなかった。

(41)　**檜物荘**(近江)　領家は聖護院宮で、正中の所領目録では、本年貢は一〇〇石、綾被物二重、壇供餅一四〇枚、兵士一〇人であったが、近年壇供餅代米二一石、兵士米四石、計二五石とされている。また康永二年(一三四三)と推定される寺用注進状でも「寺用本法二十八石」とあるから、[69]だいたい二五石前後が東寺の本家得分の基準額であったらしい。しかしこの得分の収取も、内乱初期の暦応頃では湯次荘などとともに松鶴なる人物の請負となっており、[70]これ以後さしたる徴証もないので、東寺の本家職は事実上いちはやく消滅したとみられる。

(42)　**原田荘**(遠江)　領家は随心院で、本家年貢は四五〇石であったが、正中の目録では「近年四十五貫沙汰」とされていた。ほぼ一貫＝一石とすれば、すでに本来の年貢の一〇分一に低下しているわけである。しかし鎌倉後期、領家職をめぐる相論がおこり、本家年貢も対捍されたため、正応三年(一二九〇)同荘内細谷郷を割いて、これを最勝光院に一円付することとした。従って東寺が最勝光院領の施入を受けたとき当荘は細谷郷のみの本家・領家職を併せもつ形をとった。しかし現地には地頭がおり、年貢対捍して東寺雑掌と争ったから、その支配ははじめから不安定なものであり、とくに内乱期に入ると、康永元年(一三四二)以来細谷郷一分地頭金子孫次郎の年貢対捍がつづき、さらに康安元年(一三六一)には領家職半済が施行された。[71]その結果、貞治二年(一三六三)の細谷郷所務請文では、大森師益の請負で総年貢四九貫一〇〇文、半済二四貫五一〇文とされている。[72] これ以後も東寺の直務支配は不可能で、室町初期から応仁の乱頃までほぼ二〇貫前後の京進請負制がとられ、実収は概してその半ば程度であった。

(43) **村櫛荘**（遠江）　正中の所領目録では本家年貢一〇〇石、近年所済六〇石国本定となっている。領家職は南北朝期に入ると徳大寺家が保持しており、地頭職は観応二年（一三五一）斎藤利泰が三分二を割いて天竜寺に寄進、残り三分一を自己の手に保留した。その結果東寺への本家米納入も、基準六〇石を二分して、天竜寺より四〇石、徳大寺家より二〇石を上納することとなった。しかし貞治三年（一三六四）には守護今川了俊の被官のために本家米の半済が施行され、得分確保も困難となった。そこで東寺は貞治五年（一三六六）には、本家米相当の下地の割譲を求めるという挙に出ているが、これの実現は望むべくもなく、基準年貢額をかなり下まわる数量で代官請負とせざるをえなくなっている。* そして康正二年（一四五六）の「最勝光院方評定引付」では「村笥(櫛)方去年ゝ貢一向無沙汰」[73]という状態に陥っている。

* その後、明徳四年（一三九三）八月十九日、村櫛右京亮なる人物が、「村櫛徳大寺御方本家米」を毎年五貫文で請負った事実がある（「東寺百合文書」さ二一〜二三）。

(四)　宝荘厳院領諸荘園

宝荘厳院領はもともと鳥羽天皇の御願寺であった同院の付属領であるが、元徳二年（一三三〇）後醍醐天皇が、有名無実となった安芸の三田郷・平田郷・高屋余田の代りとして、東寺にその執務職を施入した。宝荘厳院領の成立当初は、一二所を数え、いずれも本家職であるが、年貢米だけでも三村荘・津口荘は米三〇〇石、三潴荘は六〇〇石、大野荘・志楽荘は約二五〇石、葛野牧は一〇〇石というふうに莫大な本家得分をもっていた。しかし、東寺への寄進当時においてはすでにその衰退がはげしかったらしく、これ以後、東寺の関係史料に姿をあらわすのはその半ばである。

その状況を示すと表九-4の通りである。

表 9-4　宝荘厳院領荘園

(47)	三　村　荘	近江	◎
(48)	香　御　園	〃	
(49)	速　水　荘	〃	◎
(50)	葛　野　牧	丹波	◎
(51)	奄　我　荘	〃	
(52)	志　楽　荘	〃	
(53)	津　口　荘	備後	
(54)	大　野　荘	阿波	◎
(55)	初　倉　荘	遠江	◎
(56)	三　潴　荘	筑後	◎
(57)	甘　利　荘	甲斐	
(58)	小御堂多気保	備中	

〔備考〕◎印は元徳2年以後東寺関係の　料に姿をあらわす荘園.

(47) **三村荘**（近江）　当荘は平治元年（一一五九）の宝荘厳院所領目録[74]によれば、本家得分は米三〇〇石・油一石六斗・薦三〇〇枚であったが、南北朝期では在地勢力の押妨に悩まされ、応安六年（一三七三）には東寺側雑掌が野田五郎左衛門入道の濫妨を訴えており[75]、そのような事情の中で、年貢は代官請負制をとらざるをえなかった。康暦二年（一三八〇）本荘寺米方代官職請文によれば年貢八〇石、内一四石は代官得分、残りを寺納と定めている[76]。

(50) **葛野牧**（丹波）　応永十五年（一四〇八）の宝荘厳院方評定引付に三村荘代官職のこととともに、葛野牧の代官職の記事がみられるから、この時期にもなお東寺が本家職得分の実現に努力していたことは明らかである。しかし、この時も「彼庄本家役、保安寺一両年一向無沙汰之間」とあるから[77]、本家役収取が有名無実化しつつあったわけであり、別に代官職を希望する者があるのでこれを新たに補任するか否かが問題とされている。

(56) **三潴荘**（筑後）　東寺は本荘のうち大石村を支配した。しかし貞和三年（一三四七）鎮西探題一色範氏が筑後に発向し、寺社本所領を一円に押領し、年貢を抑留した。そのため三潴荘も「筑後大将五郎」に年貢をとられたので、東寺は現地に琳豪なる人物を代官として派遣し、大石村は「為宝荘厳院領、東寺管領数年上者、不可被籠惣荘」の由を一色範氏に訴えている[78]。琳豪は当荘年貢を一五〇〇疋で東寺と契約しているが、その結果は明らかでない。

以上、宝荘厳院領については、一、二の例をあげるにとどめる。この他、(49)速水荘では平治元年の注文と同様、本家得分として壇供餅三八〇枚の収取を、東寺は貞治三年（一三六四）において主張している[79]。これらの例から推して、おそらく宝荘厳院領諸荘園(いずれも本家職)は、形式的には東寺の所管となり、東寺としてもその得分の恢復と確保に努力を試みたであろう。しかし実質的には挙例にみられる通り、ほとんど代官請負方式を採用しており、しかも得分確保の実があがらないまま有名無実化したとみられる。

㈤　南北朝以降成立の分

(59)　**上下久世荘**(山城)　建武三年(一三三六)七月、足利尊氏が上久世・下久世荘地頭職を東寺に寄進した。[80] 上下久世荘の鎌倉期における支配関係は必ずしも明らかでなく、久世荘には、九条家を領家とする最勝金剛院領久世荘、久我家を領家とする安楽寿院領久世荘があり、その他日吉・石清水・春日社などの入組み領もあった。しかし、鎌倉末期には、本荘は北条得宗家が地頭職を保持し、少なくとも上久世荘では、領家職も得宗家領となっていたと思われる。嘉元二年(一三〇四)、正慶元年(一三三二)の上久世荘公文職補任状を、それぞれ北条師時、北条時方が発しているからである。[81] その後この得宗家の所職は幕府の滅亡とともに足利尊氏の手に移り、建武三年七月に至って東寺に寄進されたのである。この時の寄進状では「地頭職」とのみあって、領家職のことは分明でないが、この時以後、東寺はなんら上部の負担関係を負っていないから、さきの北条氏の公文職補任と併せ考えて、東寺が地頭職と同時に領家職をも獲得したことは疑いない。従って本荘は東寺の完全な一円所領であった。この地頭職寄進の直後の建武三年九月、尊氏は久世荘もその一つに属する西岡中筋諸荘一帯の半済を行ない、上久世荘についても、一〇町六反余を割いて荘内土豪で公文であった大弐房覚に与えたが、[82] これは東寺の訴えにより暦応二年(一三三九)撤回され、[83] これ以後、東寺の一円進止が保障されることとなった。

上久世荘は完全な円田型の一円領で、総田数五二町余、年貢は二三〇石程度、下久世荘は賀茂田以下諸本所の入組み領があったが年貢米約六〇石。上久世荘ではその後公文真板氏の在地領主としての成長、細川氏被官寒川氏の入部等の動きがあって、荘支配が安定したとはいえないが、一円進止領たる上、東寺からはわずか一里の至近距離にあるため、南北朝期を通じて荘務の維持は有利な条件にあった。室町期に入ると名主層の分解とその上層の小領主化によって、年貢減免要求や土一揆の動きがはげしく、東寺の年貢米収取率は低下し、さらに応仁の乱には半済が強行された。しかし東寺側も名主職の分化に対応して、拝師荘の場合と同様、加地子名主職の買得を行ない、支配の性格を変えつつも、経済的得分の維持に努力している。上下久世荘の年貢の年に未進が累積され、東寺領としての実が全く失われていくのはほぼ十六世紀初葉、永正・大永の頃である。

(60)　**美作荘**(摂津)

(61)　**因島荘**(備後)　美作荘・因島荘は建武三年(一三三六)足利尊氏が東寺に来臨の時、河内新開荘を寄付したが、河内は南軍の拠点のため、翌年その代替として、この二荘を寄付した。いずれも地頭職であったが、美作荘は「尫弱狭少之地」、因島は「遠所乱妨之地」で、「共以有名無実也、結句去年観応二彼両所又被宛行武家輩」こととなった。[84] すなわち両荘は建武四年(一三三七)東寺に宛行われたが、観応二年(一三五一)にはまた武家領となったわけで、一四年間の東寺の地頭職知行は形式だけに終った。

(62)　**吉囲荘**(丹後)　建武五年(一三三八)当荘預所出雲四郎政茂が下地を三分し、その一を東寺御影堂長日理趣三昧供料として寄進した。ただし当荘は上部に本家職が存在したため、本家年貢六〇石は惣荘の負担とし、東寺もその三分一たる二〇石の責を負った。かくて東寺はこれを二十一口方供僧の進止として、阿闍梨尊瑜を預所に任じて知行を開始した。[85] しかしその後の動静は明らかでない。

(63)　**植松荘**(山城)　観応三年(一三五二)足利直義が地頭職を施入した。これも荘地散在の小荘であった。

(64)　**檜牧荘**(大和)　本家ははじめ七条院であり、仁和寺勝宝院道厳の流れが預所職を相伝したが、貞治元年(一三六二)真瑜法印が、その預所職を東寺西院御影堂に寄進した。この「預所職」は、寄進状では「領家職」となっている通り、(86)性格の内容からいえばいわゆる領家職であることは吉囲荘と同様である。

(65) **長谷荘半分**(摂津)　嘉慶元年(一三八七)四郎左衛門尉秋久の寄進。

(66) **平柿荘**(伊賀)　文和二年(一三五三)近衛経家が東寺末寺実相寺に領家職を寄進した。(87)ただしその当時服部新蔵人(治部左衛門尉)が領家職を押領していて荘務は翌年になっても実現できなかった。(88)

(67) **山中郷**(三河)　明徳元年(一三九〇)西院造営料として、室町幕府郷分二〇〇貫文の寄進。

(68) **河原城荘**(大和)　本来長者渡領として弘福寺とともに長者の管領であったが、応永六年(一三九九)東寺に寄進された。しかし応永十一年足利義満の侍童御賀丸が本荘の売譲を迫り、東寺もこれに屈して公験文書を引き渡すという「前代未聞之次第」が生じた。その後応永十五年義満の死とともに御賀丸もその地位を失い、同年東寺に還付されたが、荘務は一時二五貫文で番頭(百姓)請とされ、ついで二〇貫文となり、寛正三年(一四六二)には一五貫文で大和衆徒国民の流れに属する豊田氏の代官請となっている。(89)

(69) **鞆呂岐荘**(河内)　応永十三年(一四〇六)荒河治部少輔善政が下地を二分し、一を保留、他を東寺に施入した。

(70) **味酒郷上方**(伊予)　嘉吉二年(一四四二)河野通元が地頭職を東寺不動堂に寄進した。

(71) **東西九条女御田**(山城)　鎌倉期では本覚院門跡領であり、その所職は幕府の地頭職寄進によるものであった。南北朝初期、本覚院門跡執事日野僧正に伝領されたが、程なく同僧正は罪科により配流され、当地は闕所として政所の管領となった。その後康安元年(一三六一)足利義詮がこれを東寺修造料所として寄付した。得分一五〇石ほどの散在荘地であった。しかし応永三年(一三九六)には足利義満が青蓮院門跡に東西九条を寄せる内書を発し、これ以後四十数年当地は青蓮院門跡領として維持された。これに対して東寺は当荘の地頭職還付をたびたび幕府に申請、嘉吉元年(一四四一)に至って東寺の勝訴となった。これ以後も青蓮院との争いは反覆されたが、最終的には秀吉によって拝師荘と共に東寺に安堵される形をとっている。(90)

以上東寺領の主要荘園のおのおのについて、主として領主権の在り方との関連における内乱期以降の動向を検討した。東寺領としては、ここに列挙したものの他に、洛中散在敷地、柳原巷所のごとき洛中所領、あるいは知行国および末寺領があるが、後者はとくに内乱期の所領としては大きな比重をもっていない。

そこで次節では上述の個別的事実を整理要約しつつ、内乱期における東寺領荘園の変質・解体の内容を総括的に検討しよう。

(1) 竹内理三『寺領荘園の研究』五「変質期寺領荘園の構造」参照。ただしこの研究は力点を寺領の成立事情に注いでいるので、本稿とはやや視点が異なる。
(2) 安田元久「荘官的領主制の形成」(竹内理三編『日本封建制成立の研究』所収)。
(3) 上島有「東寺寺院経済に関する一考察」(京大読史会創立五十年記念『国史論集』一所収)。
(4) 『東寺百合文書』ほ五八号。
(5) 当荘の記事は「東寺供僧二十一口方評定引付」に散見する。
(6) 『東寺百合文書』ほ四二・四三号。
(7) 『同前』ほ四五号。
(8) 垂水荘については島田次郎「守護領国下における摂津国垂水庄について」(『ヒストリア』四号)による。
(9) 『東宝記』七(『続々群書類従』第一二所収)。
(10) 『同前』三。
(11) 「東寺文書」楽、弘安十・十二・十、関東御教書、清水三男「東寺領丹波国大山荘」(同『中世荘園の基礎構造』所収)参照。

(12)『東寺百合文書』に四一号。
(13) 赤松俊秀編『教王護国寺文書』四二〇号。
(14)『東寺百合文書』に四一号。
(15) 大山荘については田沼睦「寺社一円所領における守護領国の展開」(『歴史評論』一〇八号)および同「南北朝、室町期における庄園的収取機構」(『書陵部紀要』一〇号)参照。
(16) 清水三男氏は、本荘は平安末期後白河院を本家、藤原綱子を領家として成立したとみている(「塩の荘園伊予国弓削島」(同氏『中世荘園の基礎構造』所収))。しかし、後白河院＝長講堂の本家関係以外に領家関係史料を徴しえないことや、関係文書が宣陽門院から東寺に渡っているところをみると、領家は存在しなかったか、早く本家に吸収されたとみてよいと思われる。
(17) 東寺に寄進になった延応元年、成弘注進の所当注文があるが(『東寺百合文書』と五号)、これには「公物分」と「預所得分」の二つの区分で得分内容が記されている。このことは、この当時の本荘の支配関係が本所(公物)—預所(同得分)の形をとっていたことを示すものとみられる。しかし、この寄進以後、後世まで宣陽門院仏事用途が東寺から上納されることになってはいる。
(18)『東寺百合文書』と三〇号。
(19)『同前』と五号。
(20)『同前』と九二・九三号。なお安田元久「下地中分論」(同『地頭及び地頭領主制の研究』所収)を参照。
(21)『同前』と一二五号。
(22)『同前』ほ八二号。
(23)『同前』は二号。
(24)「同前」な二五〜二六、正安三・四・二十三、太良荘年貢歓喜寿院寺田支配目安案。
(25)「同前」ゐ四一〜五一、元弘三・九・一、後醍醐天皇綸旨案。

(26)「同前」イ二五～四五、正安四・正・十六、後宇多院院宣案。
(27)『同前』は一三七号。
(28)『教王護国寺文書』四四七号。
(29)『同前』四六五号。
(30) これらの点については黒田俊雄・井ヶ田良治「若狭国太良荘」(柴田実編『庄園村落の構造』所収)参照。
(31)「東寺文書」数一～三、文和二・十一・二十六、東寺申状。
(32)「東寺百合文書」ゐ、応永二十七・七・日、東寺申状。竹内理三『寺領荘園の研究』四四六頁による。
(33)『同前』と一〇号。
(34)『教王護国寺文書』二一〇号。
(35)『東寺百合文書』と一二七号。
(36) 網野善彦「大和国平野殿庄の所謂『強剛名主』について」(『歴史学研究』二一五号)。
(37)『東寺百合文書』に三二〇号、大永三・十二・七、平野荘年貢支配状。なお永島福太郎「興福寺と東寺領」(『社会経済史学』八ノ九号)、井上良信「東寺領大和国平野殿荘」(京大読史会創立五十年記念『国史論集』一所収)参照。
(38)「東寺執行日記」一、貞治二年正月二十日、同七月二十五日、同九月十日条等。
(39)『東寺百合文書』ち一号、「二十一口評定引付」、明徳五年二月二十二日条。
(40)「白河本東寺百合文書」一七〇、鹿子木事、中田薫『法制史論集』第二巻九八頁。
(41)「同前」一〇六、鹿子木荘相伝次第。
(42)「東寺百合文書」し一〇～一二甲。
(43)『荘園志料』所引詫磨文書、弘長二・八・三十、藤原能秀譲状。
(44)『同前』所引梁瀬源次郎文書、建治元・八・十四、関東御教書。
(45)(46) 須磨千頴「山城国紀伊郡拝師荘史の一考察」(『歴史学研究』二三七号)による。

(47)　永原慶二『日本封建制成立過程の研究』第十論文参照。
(48)　『教王護国寺文書』三三七号。
(49)　『同前』四五四号。
(50)　『同前』五九九号。
(51)　本荘に関する記述は主として宮川満「播磨国矢野庄」(柴田実編『庄園村落の構造』所収)による。
(52)　「竹内文平氏所蔵文書」。
(53)　『教王護国寺文書』六七二号。
(54)　(51)所引宮川氏論文第二八表参照。
(55)　「東寺文書」書七～一二、文保二・正・二十四、後宇多院院宣。
(56)　『東寺百合文書』へ三三号。
(57)　『同前』り四四号、嘉暦三・二・二十一、定祐請文。
(58)　『東宝記』六。
(59)　「東寺文書」書七～一二、延文元・十一・八、後光厳天皇綸旨。
(60)　『東寺百合文書』へ七四号、延文二・四・十四、八条院町所務職請文。
(61)　最勝光院領荘園については、上島有「東寺寺院経済に関する一考察――特に最勝光院領庄園について――」(京大読史会創立五十年記念『国史論集』一所収)が本稿とほぼ同様の観点から検討を加えているので、この論稿との重複はできるだけ避けて必要最小限を記述するにとどめた。
(62)　「東寺百合文書」ゆ一四～二一、正中二・三・日、最勝光院注進寺領荘園年貢近年所済分出物等散状事。
(63)　『同前』い一二号、る三号。
(64)　本荘の記述は主として杉山博「新見庄の伝領と支配」(同『庄園解体過程の研究』所収)による。
(65)　「東寺百合文書」レ一～一二、正慶二・二・十九、景光所務請文。

(66)「同前」ゐ一〜一五、暦応四・十一・二十一、足利直義下知状。
(67)『同前』る、最勝光院方評定引付の関係年代記述を見よ。
(68)『同前』る一一号、至徳二・十・日、東寺雑掌言上状。
(69)『教王護国寺文書』三六四号。
(70)「東寺百合文書」さ二一〜二三、暦応四・閏四・十九、松鶴請文。
(71)「同前」レ二〇〜三一、康安元・十・二十一、周防大夫房去状。
(72)「同前」ク二〜一二、貞治二・二・四、大森師益細谷郷所務職請文。
(73)『東寺百合文書』る六二号、最勝光院方評定引付、康正二・二・二十八条。
(74)『平安遺文』二九八六号。
(75)『東寺百合文書』い一三号。
(76)『同前』ほ六〇号。
(77)「東寺百合文書」た。
(78)「同前」ル二五〜二九、貞和四・卯・二十三、琳豪注進状。「同前」ケ二一〜四二、同・八・三、琳豪書状。
(79)「同前」ケ一〜七、貞治三・七・日、東寺雑掌申状。
(80)『同前』を一一号、建武三・七・一、足利尊氏寄進状案。
(81)『同前』を三号、嘉元二・十・十七、上久世荘公文職宛文。『同前』を五号、正慶元・八・三、上久世荘公文職補任状。
(82)「同前」イ一〜二四、建武三・九・五、足利尊氏袖判半済宛行状。
(83)「東寺文書」射一〜一二、暦応二・十一・九、足利尊氏下知状。
(84)『東宝記』七、武家新補供僧の項。
(85)「東寺百合文書」ホ二一〜三五、建武五・正・二十二、尊瑜請文。
(86)「同前」め二九〜四〇、貞治元・十一・十五、真瑜寄進状。

(87) 「東寺文書」数四〜九、文和二・五・十三、近衛経家書状。
(88) 「同前」数四〜九、文和二・八・十八、足利義詮御教書。「東寺百合文書」ゐ四一〜五一、文和二・十二・二十二、御教書。
(89) 本荘については永島福太郎「興福寺と東寺領」(『社会経済史学』八ノ九号)参照。
(90) 本荘については須磨千頴「山城国紀伊郡東西九条女御田に関する一考察」(『南山大学経済学部創設記念論文集』所収)を参照。

四 荘園制解体の実相 (二) ——その総合的考察

1 重層的所職所有体系の解体

前節で個別に検討を加えた東寺領荘園の動向は、総括すると表九-5の如くなる。本表は主として東寺の保有する所職=領主権の性格と内乱期以降におけるその動向との関連を明らかにしようとする目的によってつくられている。本表はもちろんきわめて概括的なものにすぎないが、そこからかなり重要な諸事実をよみとることができる。そこで本表をみる場合に、まず表中の諸項目について以下のごとき諸点を注意しておこう。

(1) 「東寺の所職」は、基本的には本家職・領家職・地頭職のいずれかに区分されるが、このうち、本家職はほとんどの場合、別に領家があって、東寺は本家職得分権のみをもち、荘務権をもたないとみてよい。領家職の場合は必ずしも単純ではないが、だいたいの傾向としては荘務権を伴う領主権とみてよい。その際上部に本家が別に存在する場合も若干例みられるが、過半は本家・領家職が未分化=一括された形で東寺の手にある。

(2) 「地頭の有無」は、管見史料でその存否の確認しうるもののみを記入してある。第二節で但馬国大田文につい

表 9-5　東寺領諸荘園の動向

荘　　名	国名	東寺の所職	地頭の有無	南北朝期以降の状況
(1) 川　合　荘	伊勢	領家		A．平安期に退転
(2) 大　国　荘	伊勢	領家		B．預所請負，「追年零落」
(3) 垂　水　荘	摂津	領家	なし	C．16c.前葉まで維持
(4) 高　興　荘	越前	領家		A．平安期に退転
(5) 蕀　島　荘	越前	領家		A．平安期に退転
(6) 東寺寺辺水田	山城	領家		B．
(7) 大　山　荘	丹波	領家	あり，中分	C．領家方は一円領として15c.末まで
(8) 志紀郡荘田	河内	領家		A．
(9) 高　田　郷	山城	領家		A．
(10) 弓削島荘	伊予	領家	あり，中分	C．15c.中葉「近年有名無実」
(11) 太　良　荘	若狭	領家	あり，元弘3年地頭職も東寺	C．16c.前葉まで維持
(12) 鳥　取　荘	備前	本家		A．
(13) 野　口　荘	丹波	本家		B．上分のみだが15c.初期まで
(14) 高　殿　荘	大和	領家		B．
(15) 後三条院勅旨田	安芸	領家		B．内乱初期年貢率急速低下
(16) 平野殿荘	大和	領家	なし(?)	C．16c.前葉まで維持
(17) 大　成　荘	尾張	領家		B．内乱直後「近年一向無沙汰」
(18) 秋穂二島荘	周防	領家		A．
(19) 鹿子木荘	肥後	領家	あり	A．
(20) 拝　師　荘	山城	本家＋領家	なし	C．16c.末葉まで維持
(21) 上桂(上野)荘	山城	本家＋領家	なし(?)	C．内乱末期年貢率急速低下
(22) 矢　野　荘	播磨	領家	あり，中分	C．領家方は一円領16c.初葉まで維持
(23) 信　太　荘	常陸	本家	あり	B．鎌倉朝より地頭対捍はげしい
(24) 豆岡郷荒沼	備前	?		A．
(25) 三田郷，平田郷，高屋余田	安芸	本家？		A．1322 施入時より「有名無実」
(26) 八条院院町	山城	領家？		B．
(27) 桑　原　荘	播磨	本家		B．
(28) 山　辺　荘	摂津	本家		A．
(29) 堺　　　荘	摂津	本家		A．
(30) 福　岡　荘	備前	一部本家＋領家	あり(地頭請)	B．吉井村のみ本家領家両職
(31) 長　田　荘	備前	本家		B．
(32) 新　見　荘	備中	本家＋領家	あり，中分	C．領家方は一円領として16c.前葉まで
(33) 志　度　荘	讃岐	本家		A．
(34) 美　和　荘	周防	一部本家＋領家		C．兼行方のみ15c.末葉まで維持
(35) 松　浦　荘	肥前	本家		B．
(36) 神　倉　荘	肥後	本家		B．
(37) 三　原　荘	筑前	本家		A．
(38) 志　比　荘	越前	本家	あり(地頭請)	B．内乱期において年貢とれず

荘　名	国名	東寺の所職	地頭の有無	南北朝期以降の状況
(39) 大野荘	出雲	本家		A.
(40) 湯次荘	近江	本家		B.
(41) 檜物荘	近江	本家		B. 内乱期において年貢とれず
(42) 原田荘	遠江	一部本家＋領家	あり	C. 細谷郷のみ15c.後期まで
(43) 村櫛荘	遠江	本家	あり	C. 15c.中葉「年貢一向無沙汰」
(44) 塩田荘	信濃	本家	あり	A.
(45) 成田荘	常陸	本家		A.
(46) 佐伯荘	丹波	本家		A.
(47) 三村荘	近江	本家		B.
(48) 香御園	近江	本家		A.
(49) 速水荘	近江	本家		B.
(50) 葛野牧	丹波	本家		B.
(51) 奄我荘	丹波	本家		A.
(52) 志楽荘	丹波	本家		A.
(53) 津口荘	備後	本家		A.
(54) 大野荘	阿波	本家		B.
(55) 初倉荘	遠江	本家		B.
(56) 三潴荘	筑後	本家		B.
(57) 甘利荘	甲斐	本家		A.
(58) 小御堂多気保	備中	本家		A.
(59) 上下久世荘	山城	地頭・領家	なし	C. 一円所領として16c.前葉まで
(60) 美作荘	摂津	地頭		A.「有名無実」
(61) 因島荘	備後	地頭		A.「有名無実」
(62) 吉囲荘	丹後	預所＝領家		A.
(63) 植松荘	山城	地頭職		B.
(64) 檜牧荘	大和	預所＝領家		B.
(65) 長谷荘半分	摂津	？		A.
(66) 平柿荘	伊賀	領家		A.
(67) 山中郷	三河	？		A.
(68) 河原城荘	大和	領家		B.
(69) 鞆呂岐荘	河内	？		A.
(70) 味酒郷上方	伊予	地頭		A.
(71) 九条女御田	山城	地頭＝領家	なし	C.

〔備考〕 (27)～(46)は最勝光院領，(47)～(58)は宝荘厳院領.

て考察したように、鎌倉後期には大多数の所領に地頭が設置されていたことはまず疑いない事実であるから、その点を考慮すれば表中記載のない諸荘でも大多数のものには地頭が設置されていたであろう。従って、この欄としては、武家側の地頭が「なし」とされている場合や、地頭職が東寺に取得されている場合、あるいは下地中分によって、中分後の「領家方」で地頭職が排除されている場合がとりわけ注意されねばならない。

(3)「南北朝期以降の状況」は、ＡＢＣ三つのクラスに分類した。これは上島有氏が最勝光院領荘園（表の(27)〜(46)）について使用した区分を準用したものである。Ａは内乱期の東寺関係史料に姿をみせず、早期に退転して東寺領としての実のあがらなかったもの、Ｂは内乱期にも関係史料が存在し、得分も皆無とはいえないが、荘務権・得分権は危機に瀕し、残存史料の主要部分が、それらの権利恢復のための訴訟文書等であるもの、Ｃは内乱期を通じて荘務・得分権が維持されているもの、この場合にももちろんその度合にはかなりの差異があるが、大局的にはＢとはっきり区別されるものである。以上のＡ〜Ｃの区分はほぼ南北朝期の状況に基準をおいているが、表に掲げた七一荘を厳密に同一の条件で論ずるわけにはいかない。七一荘のおのおのについてみれば東寺が所職を獲得した年代は平安初期から室町初期にまでわたっているから、これらがそもそも同一の線上で内乱期に入っていったわけではない。従ってＡ〜Ｃの区分も東寺の領主権の強度・解体度を示すだいたいのメドとみればよいのである。

表九-5のよみ方について以上のようなコメントを念頭におきつつ、表を整理・検討すると、まずＡ〜Ｃの区分は、Ａ＝三二荘、Ｂ＝二五荘、Ｃ＝一四荘となる。このことは内乱期を切りぬけた荘園がただちに七一荘中一四荘であるということを示すわけではない。七一荘中には、最勝光院領二〇荘、宝荘厳院領一二荘のように、元来皇室領である本家職のブロックも、他と同様におのおの一荘に数えてある。また(1)(4)(5)などのように内乱以前にいちはやく退転したものもあり、(60)以下のように、そもそも内乱期もしくはそれ以降に入手したものも含まれている。従って、Ａ〜Ｃ

数量比は必ずしも内乱期の動向をそのまま示すわけではない。しかし、Cの如き条件の所領が結局一四荘に限定されていることはやはり重要である。

そこで、C一四荘の内訳を、東寺の保有した所職の性格と武家側の地頭の有無とを基準として検討すると次の如くなる。

(1)　地頭不存在の荘……(3)垂水荘、(16)平野殿荘、(20)拝師荘、(21)上桂(上野)荘

(2)　鎌倉期に下地中分が行なわれた結果、「領家方」のみが一円領となっている荘……(7)大山荘、(10)弓削島荘、(22)矢野荘、(32)新見荘

(3)　地頭職(もしくは領家職プラス地頭職)を保持する荘……(11)太良荘、(59)上下久世荘、(71)九条女御田

(4)　その他……(34)美和荘、(42)原田荘、(43)村櫛荘

すなわち、C一四荘はさらに(1)〜(4)のタイプに区別されるが、大づかみにいえば、(4)をのぞいて(1)〜(3)は武家側の地頭が存在しない荘園といえるのである。(1)は武家側の地頭職が全く設定されなかったもので、垂水荘をのぞいてはごく小規模の散在型荘園である。(2)の中には下地中分が東寺領となる以前に行なわれたものと東寺領となって以後に行なわれたものとがあるが、いずれにしても中分が行なわれ、領家分の地域が地頭を排除し、一円支配地となっているものであり、(3)は地頭職そのものが東寺に移った場合である。これら(1)〜(3)は武家法に示された荘園領主権の区分からいえば、いずれも「寺社一円領」といえるであろう。なお(4)はいずれも最勝光院領荘園であって、東寺は本来本家職を入手したのであるが、美和荘・原田荘はともに本家職得分に見あう荘内一部の下地を入手しており、その部分の荘務権を取得したために比較的長期にわたって維持しえたものである。

以上によって、Cの一四荘の基幹部分をなす(1)〜(3)型はいずれも「寺社一円領」の範疇に属するものであることが

明らかになったが、それではＡＢはいかなる性格のものであったか。地頭の存在が確認できないため、表中に地頭の記載はないが、荘務権を伴う領家職をもちながら、地頭に侵害されてＡＢ範疇に属するものはきわめて多かったにちがいない。これらは第二節でみた武家法の示す領主権区分からいえば「非一円寺社領」である。また最勝光院領・宝荘厳院領は、少数の例外（新見荘・美和荘・原田荘等）を除いてすべて東寺は本家職のみで領家は別の公家貴族の手に属しているから、「本家寺社領ノ号アル領家人給地」に属するわけである。このようにみればＡＢはいずれにせよ「非一円」領が圧倒的に多いことは明らかで、一円か否か、すなわち武家側地頭の有無がＡＢとＣとの区別をもたらす主要な契機となっていたことを確認することができる。

これらの諸事実は、まず荘園解体をおしすすめる直接の主体が地頭層にあったことを示すわけであるが、本稿の視角からしてとくに注目すべきことは、内乱期において、本家職が全く生命を失ったことであろう。本家職の衰退状況について、応安四年（一三七一）の東寺申状の一節は「抑近年之式、諸庄薗本家役雖為一所、曾無所済之実」といっている。[1]この申状は最勝光院敷地得分から検非違使俸禄毎年一〇〇〇疋を負担すべしとする朝命に対して、東寺側がその負担軽減の訴願を行なった際のものであるから、割引して考えることが必要であるが、それにしても大勢を示すことは確かであろう。そもそも本家職が領家職から分化し、中央権門（院宮摂関）の権威の象徴として広汎に成立し、それが荘園支配の不可欠の部分として、荘園制の本質を端的にあらわすようになったのは十一〜二世紀のことであったが、そのような意味をもつ本家職が、十四世紀の内乱期で全く生命を失っているのである。もとよりこの時期において、荘務権を伴う領家職も広汎に侵害されていったことはすでにみたところから明らかであるが、荘園制的所有の特質を示す職の重層的構成、その象徴としての本家職が有名無実化したことは、少なくとも十一〜二世紀の寄進地型荘園の本来的な姿が、この時期に解体したことを示すものといわねばならない。本家職の性格については通常これを一定の経済的得分権としてのみ理解しがちであるが、その本質ははるかに重要な意味をもっている。すなわち、荘務権を保持する領家が、一定の経済的犠牲を払っても、さらに本家をいただかざるをえなかったということは、それなくしては荘園の支配を維持しえないという条件があったからである。その主要な理由は、荘園領主＝領家がそもそも独自に年貢収取を実現しうるほどに十分な個別的権力をもたず、皇室・摂関家のごとき中央権門＝国家権力に依存することによってその実現を補充しえたところにある。荘園制的土地所有が、ある意味では貴族の集団的土地所有という側面をもつという意味もそこにあるのである。従って、そのような意味で荘園制の不可欠の要素たる本家職が失墜したことは、領家の年貢収取のメカニズム自体が変質したことを示すものである。実際、荘園領主＝領家の年貢収取の方法も十三世紀以来、次第に変化しているのであり、それは以下にみるごとく、内乱期を通じてとくに顕著な変質をあらわにするのである。

2　荘園支配方式の転換

「重層的所職」所有体系の象徴たる本家職の動揺が決定的となり、荘務権を伴う領家職であっても、非一円領の場合には地頭による荘園侵害によって、それが有名無実化されるような事態に達すると、東寺の動きも従来の権限を恢復・確保するという単純な性格のものではなくなってくる。

そのような変質を示す第一のものは、本家職を下地支配を伴う領家職に切りかえていこうとする動きである。この点は前項の問題と表裏関係をなすわけであるが、最勝光院領の諸荘園においてかなり明確にみとめることができる。すなわちまず備中新見荘の場合は、はじめ最勝光院領の一つとして本家職のみを取得したのであったが、東寺は領家小槻家と多年にわたって相論をつづけ、結局領家職(下地中分後の領家方＝一円領)を獲得したのであり、これが本荘をC型として、永く維持しえた原因となった。また村櫛荘では先述のごとく領家職は徳大寺家で三分二地頭職を天竜寺がもつという構成をとり、東寺分の本家米もその両者から上納される形をとっていた。そこで貞治五年(一三六六)東寺は本家米確保の手段として、それに相当する下地の割譲を実現すべく、院に申請している。さらに志比荘でも至徳二年(一三八五)東寺は地頭に対して年貢米相当の下地の割譲を要求している。

東寺への寄進以前において、本家米得分相当の地をさきあてる方式が実施されていた原田荘細谷郷、美和荘兼行方、福岡荘吉井村の収取が比較的確実だった事実に照らして、東寺としてはその例を村櫛荘や志比荘にも適用しようとしたのであろう。しかしこれらの場合は、すでに時代も下り、武家勢力の伸長もはげしくなっていたため、下地の分割は成功しなかった。この他東寺は拝師荘では本家職獲得と並行して領家職をも買得しており、上桂荘でも本家職を入手したのち領家職をも併せて入手している。

これらの事実は、東寺がこの時期を通じて本家職のみの保有から、積極的に領家職をも併有する形にのりかえようとしていたことを端的に示している。しかもそれはたんに領主財政の充実という一般的目的からの積極性ではなく、本家職のみの保有では事実上上分米の確保が不可能となった事態に対応し、その解決策として領家職を入手しようとしている点に意味があるのである。

このような本家職を領家職に切りかえようとする動きは、領家と地頭との間に下地中分が行なわれたこと、しかも中分が普通領家側の申請によって行なわれたこととも無関係でない。東寺領についていえば、大山荘・弓削島荘・矢野荘・新見荘などいずれもC型に属する荘園で中分が行なわれているが、とくに大山荘・弓削島荘の場合は東寺自身の申請によって中分が行なわれたのである。大山荘では仁治二年(一二四一)以来地頭請所となっていたが、弘安十年(一二八七)に至り、寺家雑掌はこの請所は「私の請所」であると称し、地頭職を寺家に付するか、あるいは下地を中分すべきであると主張した。このときの相論では地頭側の勝訴となり、地頭請所はそのまま認められたが、永仁二年(一二九四)に至って、地頭の年貢対捍から相論が再燃し、こんどは年貢の員数に従って下地の分割が行なわれることとなった。このことは領家たる東寺側の主導によって行なわれたのであって、結果としては地頭の実質的な領主権の縮小をもたらした。また弓削島荘の場合は中分を促進した力は、在地領主でありながら寺家雑掌となった承誉の側にあり、東寺そのものとはいいがたいが、それにしてもかかる雑掌の力を媒介にして地頭の領主権を制限したことは明らかである。(2)

荘園領主としての東寺そのものが、地頭の進出に対応して、このように下地中分を推進したことは、荘園領主自身の手による下地そのものの掌握と、それによる地頭勢力の排除、すなわち所領の一円支配以外には荘園保持の道がなくなってきたことを示すものである。このようなうごきはすでに鎌倉中期以降広く展開してきた動向に他ならないが、東寺が一荘全体の本家職よりは荘内一部の領家職を重んじたことも、いうまでもなく、かかる下地の一円支配を志向する動きの一環であった。重層的な職の所有体系によって保障されていた荘園制的な年貢収取のメカニズムが解体していく段階においては、本家職がまずその生命を失い、領家職が地頭職によっておびやかされるのは当然であるから、東寺は本来の荘園制的秩序に固執することなく、限られた部分ではあっても所領の一円化を企図するに至るのである。それは荘園制本来の姿からいえば明らかに異なったものであるが、在地における領主制の展開に対応するためには不可避的な方策であったのである。

ところで荘園制的支配の変質を示す第二のものは、代官請負制であろう。ここでいう代官とは、いうまでもなく、荘園支配につねに存在する荘官一般のことではなく、鎌倉末期から南北朝期にかけて、東寺領荘園ににわかにひろく姿をあらわしてくる所務＝年貢収取を請負う新型の代官である。東寺領荘園の支配方式として鎌倉時代を通じてひろく採用されていた荘官制度には、現地の荘官として公文・下司等があり、その上部に預所＝雑掌があるのが普通であった。預所＝雑掌は鎌倉期においては荘務権を実質的に掌握して、地頭以下在地勢力と対決し、相論の当事者となって荘務維持に活躍している。供僧料地太良荘・平野殿荘・弓削島荘・安芸国新勅旨田の四荘の預所＝雑掌として鎌倉中期に活躍した真行房定宴はその典型であった。定宴はもともと東寺の下級寺僧であって、はじめ東寺政所公文として寺領管理のことにあたり、ついで四荘の預所＝雑掌となったのであるが、年貢収納と在地における荘務権の確立に努力し、あるいは六波羅に出向して相論にあたっている。

しかしこのような預所＝雑掌による荘園管理の方式にもやがて転換がさけられなくなる。それは半面では東寺にもっとも忠実であった定宴自身が、その晩年には太良荘に根をおろし所職を世襲化すると共に在地領主的な性格をつよめるに至った事実にも示されるが、弓削島荘の場合には問題がいっそう端的に示されている。すなわち同荘では定宴が預所を辞して後、教念・栄実・承誉・弁坊等が相次いで預所＝雑掌となるが、かれらは定宴とは異なって、僧名をとりながらも実は在地の人々であった。既述の如く本荘では鎌倉末期地頭との間に中分が行なわれているが、それを推進して下地相分帳を提出したのは栄実であったし、正和年中讃岐の「悪党」井上五郎左衛門等が当荘に乱入したとき、数百人の武力をもってこれを撃退したのは承誉であった。また弁坊は雑掌でありながら伊予本土に本拠地をもち、当荘の百姓を召し連れ、諸種の夫役を課し、また多数の農牛をつれ去ったりしている。これらの事実を通じて知られるかれらの姿は、すでに本来の預所とは全く異なる在地領主そのものといわねばならない。(3)

このように本来寺僧であって荘園領主と一体なるべき預所＝雑掌が在地領主化し、あるいは逆に在地領主が雑掌となって荘務をにぎるという事態が発生すると、東寺の支配の危機はいちだんと深刻の度をました。あらたに姿をあらわす代官請負制はこのような情勢の中で登場してくるのであるが、それはほぼ以下のごとき特徴をもっていた。

(1)　新代官制は所務請負と称せられるように、年貢収納について、領主側と契約を結び、現地の年貢徴収から京上のことまでの責任にあたり、豊凶にかかわらず契約額を一定期限までに京都で納入することが多い。その場合の契約額は従来の基準年貢額よりも下まわることが普通である。三村荘は宝荘厳院領で、成立当時の本家職年貢は米三〇〇石・油一石六斗・薦三〇〇枚であったが、[4]康暦二年(一三八〇)の請負では米八〇石となっている。新見荘では半済が施行される以前の領家方年貢は三七〇貫と称せられているが、南北朝末期以降の請負契約額は六〇貫となっている。

(2)　しかし新代官制は必ずしも一様の形態ではなく、名称も「給主」といわれる場合もあり、また在京の所務代官と現地駐在の地下代官に分かれることもあるが、代官職得分としては年貢額の内よりその三分一ないし五分一程度を差し引くのが普通であった。大国荘では康永四年(一三四五)代官久成の所務請負に対する得分は年貢の三分一であり、矢野荘例名では鎌倉末期以来所務代官が京着年貢・雑物の五分一をとる定めとなっていた。また新見荘では給主得分は年貢の五分一であり、[5]三村荘では八〇石中一四石となっていた。

(3)　新代官制は世襲的な在地荘官とは異なり、短期の任期制であるとともに、預所＝雑掌のごとく寺僧に限られるものではない。その出自・階層は雑多であり、自薦・他薦によってこの職に就いた。しかもこの代官職は上述の事情からしても一種の利権化していたことは明らかであるので「競望」がはげしく、東寺側では任料をとり保証人を立てさせてこれを任命した。たとえば最勝光院方引付明徳四年七月十日のつぎの記事はこの間の事情を端的に示している。

一、平井入道六月三日兼行御代官職事被申之、沓屋刀帯(マヽ)云々、七月四日沓屋又重捧状望申之、同十日重又捧所望状、両三度致取調、披露之処、四十貫令弁済、杉豊後□等□不法之時、必可口入申之由、於出判形状者、可被宛之歟、但□□無心元之間、先五ヶ年分令契約、正文可被宛行之由、内々御評定了、但、四十貫幷請人等事治定之後、重有御評定、可有治定也云々、

すなわちここでは美和荘兼行方の代官補任をめぐる東寺側の会議の模様が伝えられているが、沓屋某が平井入道の口入によって代官職を熱望し、それをめぐって東寺側が得分確保のためにいかなる条件をつけてこれを認めるかに腐心している内容が知られるのである。この口入人平井入道は応永七年十月五日の「引付」記事によって周防国守護(大内)方の武士(被官)であることが判明するから、(6) 沓屋もそれと関係深い人物であろう。* 内乱末期の周防にはすでに大内氏の守護領国制が展開しており、美和荘兼行方の荘務も、それによって左右されるようになっていた。東寺側としては種々不安をともないつつも結局四〇貫文弁済の契約(兼行方は鎌倉末以来年貢四〇石であったから、ほぼ一石一貫とすれば、請負額としては低くない)で、当面五ヵ年間をかぎって補任することとしたのである。しかもこの任期については沓屋の側から「五ケ年預給事、於身歎存候、不法之時者、明年之内可被召之、争可為五ケ年法候哉」(7)と抗議し、結局一〇年ということで契約が成立し、問題となった請人も京都の伯耆房に決定し、沓屋からは「有限酒肴」がただちに進上されることになった。この「請人伯耆房ハ□□室町ト西洞院間北頬ニ有徳家主ニテ祐禅ト申」(8)す人物である。「有徳家主」というから、おそらく京都の有力な商人であって、大内氏や平井入道・沓屋某とも年貢米の輸送や販売の上で関係深い存在であったと考えられる。

＊ この沓屋は、のちに明徳四年七月、美和荘兼行方代官職を一〇ヵ年請負っており、沓屋帯刀左衛門尉成守と署している(「東寺百合文書」セ二一〜三七)。

このような事例からも明らかな通り、新代官制は荘園領主が荘務をみずから執行するために、直接その代理人を派遣するといった意味での代官とは全く異なって、実質的には領主たる東寺そのものが自身の手による荘務執行の努力を放棄したときに成立するものであった。従って新代官は美和荘の場合のように守護方口入によるものなどがタイプとしても多いのであるが、新見荘では室町初期、山伏岩奈須宣深なる人物が代官請を行なっている。(9) この場合は、代官自身としても、自己の領主的武力によって年貢を収取するのではなく、幕府・守護・在地武士や年貢米輸送にあたる商人等と特殊な関係があり、それらとの折衝によって、現地武力との妥協や、幕府の力を背景として年貢をとりたてるに過ぎないのである。従って、代官請負人たりうる資格は、結局守護側の人物か、それらと効果的な取引をなしうる者ということになり、そのような特定の条件をもつものがこれを競望したのであった。

(4)　新しい代官請負制は東寺が本家職のみをもつ荘園(例、三村荘)においても、また中分の結果、領家方については一円地となっている荘園(例、矢野荘・新見荘等)でも採用された。先の分類によるAB型に属する領家職は、すでに東寺領荘園としての実を全く失っていたか、地頭請によって荘務権を失っていたわけであるが、C型に属する荘園の少なからざる部分にも代官請負制が適用されたことは、荘園領主権の変質を端的に示す現象である。内乱期を通じて代官請負制が適用されなかったのは、おそらく、上下久世荘・拝師荘・上野荘等、東寺周辺の山城の諸荘にかぎられるであろう。

しかし、荘園制的支配の変質を示す第三の問題は、代官請負制の行なわれなかった東寺周辺の荘園においても「名主職」買得という形で明確にみとめられる。この点についてはすでに旧稿で比較的詳細に検討したから[10]、ここでは要点のみを記しておこう。すなわち上下久世荘において典型的にみられるように、内乱期以降、荘民の土地保有形態は、名主職と作職とに分化し、名主職は名主加地子の得分権を内容とする一種の地主権的なものに転化し、経済発展に応じて、作職はさらに下作職を分化し、作職もまた一定の得分権を内容とするに至っている。このような変化はいうまでもなく、第一には土地生産力の向上、第二には荘民の土地所有権の強化(売買が可能となる)、第三には増大する剰余部分を追求しえなくなった荘園領主権の弱体化、等の諸事情の複合作用によって実現するものであるが、かかる事態が進行しはじめると、領主東寺が名主職を買得集積し、領主権の再建を試みるのである[11]。上下久世荘において東寺が名主職を買得する動きは十五世紀に入るとみられはじめるが、同様の現象は拝師荘においてもひろく認められることが須磨千頴氏によって実証されている。(12) ここで重要なことは、増加する剰余分を荘園領主が収奪率の引上げによって追求することができず、下級の所有権たる名主職等の買得をもってしか追求できないということである。それは荘園領主が領主的権力によって地代を確保するのでなく、買得という経済関係を媒介せざるをえないという領主側の後退と、それを前提とした領主的地位の維持の努力を示している。従ってかかる形態での剰余生産物の追求は、もはや本来の荘園制的支配原理とはいちじるしく異なった性格のものといわざるをえない。C型荘園中でも山城の諸荘園が中世末期に至るまで形式的には存続する理由はここにあるのである。荘園制の存続を強く評価し、太閤検地に至るまでを荘園体制社会とみなす安良城盛昭氏は、領主＝農民関係の単純化、いわゆる「一職」支配と「作あい」の否定を以て、封建的領主＝農民関係の唯一の形態と考え、名主職・作職の重層的存在をただちに封建以前＝荘園制的なものとみているが、(13) 荘園領主が名主職を買得することによって本来の領主的得分の低下をカバーし、辛くもその地位を維持しているような関係は、本来の荘園制的収奪原理からいえばいちじるしく変質したものに他ならず、しかもそれがかぎられた地域においてのみ見られる現象であることをいかに評価されるのであろうか。筆者は東寺自身の手による名主職の買得集積を、在地における封建関係の進行に対応する荘園領主権の変質の一形態と考えたいのである。(14)

以上三つの視点すなわち第一には本家職の失墜・放棄と一円的下地支配への動き、第二には代官請負制、第三には荘園領主の名主職買得、という問題から荘園制支配の変質の実体を検討した。その結果、一四のC型荘園においても、東寺の支配形態が十四世紀の内乱期から十五世紀にかけて急速に変質していっていることは明らかである。ここでは荘園年貢の実質的な得分額の減退過程については一切ふれなかったが、その理由は問題の本質が、収取額の量的減少にあるのではなく、すでに質的な転換にあるからである。以上を要約すれば、この時期における荘園制の質的転換の意味内容は、十二世紀において形成され、十三世紀を通じてともかくも維持された重層的所職所有体系が解体し、荘園領主が中央権力に結集することによって、その共同の体制を通じて年貢を実現するというメカニズムが消失したこと、そしてわずかに残された一円所領においてさえ、荘園領主が実質上領主的諸権利を行使しえなくなって、代官請負制等を通じて限られた範囲での地代収取者に転落したこと、といいうるであろう。

3 室町幕府の荘園政策

すでにのべてきたことによって、東寺領荘園の内乱期における変質・解体の動向は明らかになったが、かかる事実を通じて、南北朝内乱期を荘園制解体の決定的画期と一般的に規定しうるであろうか。この問題に確実な解答を与えるためには、さらに幾多の荘園所有者別の検討、とくに寺社領とはやや性格の異なる公家領についての検討が必要であろう。しかし、すでにふれた通り、公家領と寺社領について、その管理・支配方式を対比すると、後者の方が概して独自権力による支配が強く、前者の方が伝統的な国家権力とそれに伴う権威に依存する傾向が強いから、内乱を通じての解体度はどちらかといえば公家領の方がはなはだしかったと推定されるのである。従って、ここではさらに公家領荘園の動向についての個別的追求をさしひかえることとして、次の問題についてのみ検討を加えることとしよう。

すなわち、以上の考察からして荘園制の変質・衰退の度合が一般に想像されている以上にきびしい事実は認めるとしても、荘園制そのものが中央権力によって体制的に否認されるのは太閤検地をまたねばならないのではないか、とくに室町幕府・守護大名は荘園制を前提とした所領支配＝収取方式を維持しているから、たとい荘園領主の経済的得分がいかに低下しても、内乱期をもって荘園制解体の画期とはなしがたいのではないか、という問題である。筆者自身も従来守護大名やその被官の所領所有形態が、荘園所職の知行という形式をとっている事実や、室町幕府がそれに先行する鎌倉幕府の支配体制を継承し、守護の職権も原則的には大犯三箇条を基準とし、その拡大を進んで実現しようとしなかった傾向に注目し、室町幕府の対荘園策の保守的側面を重視した。[15] このような解釈はその後の室町政権論にも継承され、[16] また島田次郎氏はとくに半済制度の性格分析から、幕府が荘園体制を維持しようとする政策を堅持していたことを指摘した。[17] 島田氏は幕府の対荘園政策の本質がもっとも集中的に示される問題として半済令をとりあげ、その推移を詳細に明らかにしたのち、応安元年(一三六八)の法令(原文は本論文第二節に所引)は、観応三年(一三五二)幕府が政治的・軍事的危機の中で発しその後拡大されていった半済令を制約する側面をつよく打ち出したもので、とくに第一には公家政権の経済的基礎たる皇室領・摂関家領・寺社本所一円領等の荘園の全面的維持、第二には半済施行荘園に対する下地分割の強制、の二点がそれを示す、といっている。

半済令が初期室町政権の荘園政策としてもっとも重要な位置を占めていたことはたしかに島田氏のいう通りである。半済令はもちろん、荘園体制に対して正面からそれを否認したり維持しようとする意図を明らかにした法令ではなく、はじめから一定の荘園制的支配関係の存在を前提としたものであるから、この法令のみから幕府の対荘園策の性格を単純に論ずることはできない。しかし在地領主制の進展が荘園制を危機に追いこめていた段階で、この法令が発布された場合、その及ぼすところの影響はきわめて大なるものがあるから、この法令の意図・本質を明らかにすることによって、少なくとも幕府権力が荘園体制にどのように対処しようとしていたかを論ずることは可能である。荘園体制解体史の主要な論点は、一つにはすでにみてきたごとき荘園所有そのものの変質・解体過程の実体的解明にあるが、二つには、この時期における基本的支配権力たる幕府が、荘園制に対してどのような政策をとったかを明らかにする点にあるといえる。この意味で半済令はまさしく後者の問題の核心をなすものであるから、以下島田氏の見解について、筆者がやや異なる意見をもつ点を明らかにしておこう。

第一は、半済令施行の地域的範囲の問題である。現存法令では、観応三年(一三五二)七月二十四日令が、施行範囲を近江・美濃・尾張の三国とし、ついで同年八月二十一日令が、これに伊勢・志摩・伊賀・和泉・河内を加え八ヵ国としたことが知られている。その後「一国平均之法」として山城・若狭・遠江・播磨・九州諸国(少弐・大友・島津の守護国)などでも施行され、さらに「一国平均」の確証はないが個別に半済が行なわれた国々が少なくないことは島田氏が明らかにされた通りである。しかし観応令以後の法令では施行範囲を明示したものはなく、文和四年(一三五五)八月二十二日令が、「濫妨国々」においては半済たるべし、「静謐国」に至ってはことごとく急ぎ打渡すべし、と一般原則を示すだけで、問題の半済制限令といわれる応安元年(一三六八)六月十七日令でも、施行の地域的範囲については全くふれていない。

以上のことは半済令の施行地域＝国々についてはかなりの流動性が認められていたことを示しているといえるであろう。すなわち幕府は八ヵ国施行令を発布したのち、状況に応じて「一国平均」の半済施行を承認しているのであり、文和令でも「静謐国」「濫妨国」というきわめて漠然たる基準しか示さない。しかも応安令に至っては施行地域についての限定を全く指摘していないのである。このことは荘園領主権の性格別に制限を設けるかわり、施行の地域＝国々についてはとりわけ限定度をつよめようとする意図をもっていなかったと考えてよいようである。実際、応安令の発布された後でも、備後では明徳三年(一三九二)「一国之法」が実施されている。[18] この点からすれば半済法令の推移は、施行地域に関するかぎり制限的側面を強化する動きをとった、とはいえないのである。

第二は施行対象の問題である。島田氏は先述のごとく、応安令が荘園領主権の性格に従って半済除外部分を拡大し、これを明示したことを重視される。たしかに応安令では禁裏仙洞御料所、寺社一円仏神領、殿下渡領、本所一円知行地、月卿雲客の武恩による地頭職が半済から除外されるものとして規定され、半済施行対象は「諸国本所領」に限定されている。この点で、応安令が内乱に乗じて無制限に実施されつつあった半済に一定の規制を加えたことは島田氏のいわれる通りである。しかし、島田氏はこの半済除外地の性格と比重についてはとくべつの検討を行なっていないために、その意義を多少過大に評価していると思われる。これらの除外部分はすでに第二節および東寺領の実体について検討したように、全体としては必ずしも大きな比重をもっていたとはみられず、当時における荘園所領の存在形態としてはむしろ非一円の「本所領」で、半済の対象となる性格のものが圧倒的に多かったといいうるのである。もちろん荘園領主の立場からすれば、この時期において収取率の高いものは本所一円地・寺社一円仏神領のごとき一円領であったから、それらが半済除外となった意義は大きいといわねばならない。しかし荘園領主経済の特質は、東寺領の場合でも明瞭なように、多数の非一円領における本家職・領家職得分の集積によって巨大な年貢収入を確保しているところにあるのであるから、全体としてみれば、多数を占める非一円領の半済が体制化されたことは、事実上年貢収入の激減をもたらすことも明らかである。実際、東寺領の場合でもこの原則は貫かれているのであって、いったん施行された半済が応安令によって撤回され、東寺に還付されるのは一円領のみであったから、この点からしても応安令の果たした役割を一面的に荘園体制維持のための半済制限令とのみ規定することはできない。

第三は半済施行の方法である。島田氏は半済施行の実際的方法を、建武三年(一三三六)の上久世荘、正長二年(一四二九)の太良荘の事例について検討し、この二つの場合、下地分割は一荘を地域的に二分割せず、名田別に二分割している事実を明らかにし、それが一円的地域支配を実現するものではないから、半済は形式的・非現実的なものにすぎず、地域的領主制の展開を直接促進するものではない、といわれる。この二例に関してはたしかにそのような分割方法であったことは事実である。しかしもちろんそのような方法が半済の際の下地分割法の一般的形態であったかどうかはさらに多くの事例検討を必要とするが、かりにそのようなものであったとしても、それは島田氏のいう通りあくまで形式的なものであって、現実の支配は、結局のところ荘園領主側か半済給人側かいずれかの実力による支配となるであろう。大山荘の場合は半済給人の入部を拒否して半済分を「京済」しようとする東寺側の動きがみとめられるが、[19]多くの場合、給人が入部して現地を支配し、定額を荘園領主側に引き渡す形に移っていく事実は一々挙例するまでもない。従って半済の下地分割が名別分割の形式であったか地域的分割の形式をとったかは、現実の問題としては必ずしも重要ではあるまい。

むしろ施行法上重要とみられるのは、本来半済が、「当年一作」の均分というふうに(観応三年令)年貢米の分割を対象として発足しながら、事実上、下地分割の問題に推移し、応安令に至っては「諸国本所領、暫相分半分、沙汰付下地於雑掌、可令全向後知行」と規定されるに至った事実である。もちろんここでも「下地分割」が荘園領主側と半済給人とのいずれの側に有利であったかという問題が残されている。観応三年八月令では、給人側の不法によって年貢米半済の実施について紛争が起こった際には、雑掌側に下地中分の注文を提出させ給人側に一方をえらばせよ、という規定があるし、鎌倉期の下地中分も領家＝雑掌側の要求によって施行されるのが普通であったから、下地分割は領家側に有利であったこともある意味では認めねばならない。しかし、この観応令と応安令の中間に位置する文和四年(一三五五)の法令は、「於濫妨国々者、可為半済、但於所務者、可為本所進止」とあって、あきらかに観応令の一年一作半済の趣旨を受け、原則としては、半済は所務権については一切荘園領主側の権限たることを認め、あくまで年貢米の分割をたてまえとしているのである。従って、観応・文和・応安の三つの関係法令をならべてみれば、前二者の段階の半済の原則では下地の支配・所務権は従来通り荘園領主側に保障しておりながら、応安に至ってはじめて下地分割が半済の原則とされるに至っているのである。こうみれば半済施行の対象となった非一円所領に関するかぎり、前二者よりも後者が荘園制解体をおし進める役割を果たす性質をもっていたことは否定できない。たとい半分であっても下地管理・所務権を伴う分割が公然と行なわれることは、年貢米の分割よりもはるかに荘園制支配の根幹をゆさぶる問題であり、これによって領家側の半分の所務権も事実上武家側に掌握される可能性をきりひらいたと考えてよいだろう。とすれば公家・社寺一円領の半済除外のひきかえに強行された非一円本所領の下地分割を伴う半済の積極性を認めねばならないのであって、ここに島田氏の応安令解釈の一面性があるとみられるのである。

第四には半済施行期間の問題である。島田氏はこの点については積極的な見解を示されていないが、すでに明らかなように、観応令では一年一作を限るという形をとり、文和令では「静謐」に帰すれば半済停止となる定めであったが、問題の応安令では期限のことは全くふれられていない。このことも観応令を除いては幕府が半済について期限をつける積極的意志がなかったことを示す。実際には半済が施行された場合は一円領であっても容易に還付されなかったことはしばしばみられるところであるから[20]、まして半済施行が法的に承認された場合、これに期限をつけることはほとんど不可能であったわけで、応安令はむしろ無期限であることを制度的に認める結果となっているのである。

以上四点にわたって島田氏の見解について疑問を提出した。もちろん筆者も島田氏のいわれるような応安令の半済制限的側面を全く否定するわけではない。とくに除外地を明示したことは、それ自体としては制限的意図を示すことに相違ない。しかし除外地の確定の代償として武家側が掌握したものは、右の四点から明らかなように、あまりにも巨大である。この点を評価すれば幕府は皇室・摂関家をはじめ公家・社寺に一定の保障を与えることによってその不満を緩和しつつ、基本的には在地領主層の要求に答えるべく応安令を発したと解せられるのである。もちろんこのような形で荘園領主と在地領主層の矛盾する要求の妥協をはかろうとした幕府の荘園政策は、荘園体制に対して真に変革的なものということはできない。とくに幕府が在地武士＝国人の「非法」による年貢抑留や下地押領に対しては一貫してその抑制的態度で臨み、荘園領主側は侵害を受けた場合、幕府に訴えることによってしばしば、少なくとも法的にはそれを排除しえている事実を考えあわせるとき、幕府を荘園体制の最終的否定者と規定することは到底不可能である。東寺領のC型荘園がともかく十五世紀後半の応仁・文明の乱期まで存続しえたことは、室町幕府権力がともかくその時期まで守護や国人たちを一定の範囲では規制しえたことと密接に関連しているのであって、その意味で荘園制は最終的には室町幕府と共に亡ぶ性格のものであったことも事実である。しかし、そのような室町幕府の規制は、あくまで半済地の大量的創出、在地における一円的な領主制の展開の承認と併行しておこなわれたものであることを見のがしてはならず、その意味で、室町幕府の荘園政策に関する従来の見解は筆者自身をもふくめて消極的にすぎたきらいがあるといわねばならないであろう。

(1)「東寺百合文書」え一七〜二二、応安四・九・日、東寺申状。
(2) 安田元久「下地中分論」(『地頭及び地頭領主制の研究』所収)参照。
(3) 定宴については安田元久「荘官的領主制の形成」(竹内理三編『日本封建制成立の研究』所収)および同「定宴・承誉・弁坊・淵信」(『日本人物史大系』第二巻所収)を参照。
(4) 平治元年宝荘厳院領注文(『平安遺文』二九八六号)。
(5)「東寺百合文書」あ三八〜五六、貞治五・八・二十一、義宝新見荘所務請文。
(6)『同前』る一八号、応永七・十・五条。
(7)『同前』る一五号、明徳四・七・二十条。
(8)『同前』る一五号、明徳四・七・二十四条。
(9)『同前』る一九号、応永九年分および杉山博『庄園解体過程の研究』一五四頁以下参照。
(10) 永原慶二『日本封建制成立過程の研究』第十論文第四節参照。
(11) 本来の年貢分はここで「本年貢」と称せられ、本年貢プラス名主加地子分を「分米」と称せられるに至る。かかるうごきについては宮川満『太閤検地論』第I部第三章に詳しい。

(12) 須磨千頴「山城国紀伊郡における荘園制と農民」(稲垣泰彦・永原慶二編『中世の社会と経済』所収)。
(13) 安良城盛昭『幕藩体制社会の成立と構造』第一章。
(14) 「作あい」＝中間収取関係の存在は封建社会の原理と矛盾するどころか、封建的分解の進行にともなう封建関係の拡大再生産の姿を意味していると考えられる。従って一職支配＝作あい否定は封建社会の「近世」的段階を示すものではあるが、形成・発展期の封建社会においては、むしろ封建的小領主層(剰余生産物の一部に対する中間的収取者)がたえず下からうみだされ支配関係が重層化するところに本来の姿があるというべきだろう。
(15) 永原慶二「日本における封建国家の形態」(『日本封建制成立過程の研究』補論二)。
(16) 宮川満『太閤検地論』第Ⅰ部はその代表的見解である。
(17) 島田次郎「半済制度の成立」(『史潮』五八号)。
(18) 『八坂神社文書』下、明徳三・九・二十二、飯尾氏行書状。
(19) 田沼睦「寺社一円所領における守護領国の展開」(『歴史評論』一〇八号)。
(20) この種の事例はしばしばみられるが、一例をあげれば、三条家領丹波国畑荘は本所一円進止地であったが、貞治二年(一三六三)七月、守護仁木義尹が当荘を仁木義長の遺領と称して入部しようとし、八月に入ると半済と称して当国住人村上帯刀に宛行い、その代官が侵入した。三条家はこの事態に抗議したが解決せず、貞治六年また守護方給人が付せられた。三条家は三宝院光済を通じて幕府方に運動したが効果があがらず、応安七年(一三七四)に至って幕府はようやく半済免除の裁決を下している。本所一円領の半済除外が明示された応安元年から六年を経てようやくこの結果にたどりついたわけである(「後愚昧記」関係年月日)。

五　む　す　び

本稿は荘園制解体の画期をいかにとらえるか、南北朝内乱期において通常いわれるところの「荘園制の変質・解体」とはいかなる内容・実体をもつか、という問題を、主として荘園領主側の荘園支配の在り方という特定の視野から追求した。それは最初にものべたように、従来のこの問題に関する立論が、主として個別荘園の事例に即した形で行なわれていたために免れえなかった限界を克服するためにとりあげた一つの試みである。

従って本稿は全体としてとりわけ荘園制の法的・制度的側面に重点をおく結果となった。このような方法は歴史の実体的認識としてはきわめて制約の大きいものであることは明らかである。荘園制の変質と解体を推進した基軸はいうまでもなく、農村における経済発展と在地における封建的領主＝農民関係の進展にあるのであるから、それらの追求を捨象して、荘園解体史を論ずるわけにはいかないことは当然である。しかし屢述したように、荘園制が本来律令国家の国家的諸権利を分割継承しつつ出現し、荘園領主が全体として中央国家権力に結集することによって支配秩序を維持するという特定の存在形態をとっていたため、その解体史の視角も、やはりその体制的秩序の解体過程の追求に重点をおかざるをえなかったのである。その結果として、本稿では荘園制解体史上における南北朝内乱期の意義を、従来とは異なった視角から、いっそう積極的に評価することとなった。

しかしそのような結論によっても、なお問題が十分解決されたわけではない。東寺領荘園の場合でも南北朝内乱期以降、少なくとも応仁・文明期までC型荘園が残存する根拠はどこにあるであろうか。新しいタイプの代官請負制に依存するとはいえ、無力化した東寺に対して、代官が少額とはいえなにがしかの年貢を納付する理由は何であったか。このような問題に対する解答なくしては、右の結論も十分満足されるものとはなしえないのであるが、それはおそらく、室町幕府・荘園領主・守護・国人・農民等、この段階における諸階級の動向が絡みあって形成する複雑な社会関係の構造的分析なくしては果たしえないであろう。筆者の見とおしとしては、この段階における剰余生産物収取の基本関係は、すでに地方領主層の封建的権力によって実現されており、荘園領主の地代収取はそれを前提とする支配層内部の矛盾、それにともなう剰余生産物の分割関係として把握できると考えられるのであるが、本稿では全く捨象してきた地方領主制の実体の解明がその問題の核心である。*

＊　この点については本書第十二論文「室町幕府＝守護領国制下の土地制度」を参照。

付説　南北朝～室町期の再評価のための二、三の論点

一

織豊政権ないしは幕藩体制の成立をもって日本封建社会の「確立」とみなす見解は、今日では学界の常識といってもよいほどの地位を占めている。しかしこの見解もじつはさまざまの点で問題をふくんでいるといわねばならない。第一に、この「確立」説は、封建的小農民の一般的成立とそれに対する幕藩領主の単一的・直接的な支配の貫徹という事実を主たる論拠とするのであるが、かかる視点よりすれば、幕藩制下の領主＝農民関係は「典型的」な封建関係と規定されることとなり(1)、そこからのみでは幕藩体制の構造的特質を分析・追求する方向が見出し難いという問題がある。今日幕藩体制の研究についてとくに要請されている一つの重要な問題は、たんに時代区分論的視角からこの時期を日本の社会発展史の中でどのように位置づけるかということではなく、それがいかなる構造的特質をもっていたかを明らかにすることによって、日本近代史の特殊な発展過程の歴史的前提をとらえるということである。こうした要求からすれば、「確立」という規定自体はほとんど何ものも答ええていないのである。第二に、「確立」論はそれ以前の歴史的段階を「確立」にいたる過渡的時期とみなす論理を必然的に内包するため、中世という長期にわたる時代が、すべて過渡期として処理されることになり、その時期についての積極的な内容規定を困難にするという問題がある。もちろん社会発展史の時期区分については、しばしば新しい生産方法の「生成」「発展」「確立」という区わけを

用いるのが普通であり、この場合の「確立」についてもそのようなふくみがあるわけであるが、三者の関連やそれぞれの内容について必ずしも明確な規定があるわけではない。したがって「確立」論的見解ではどうしても社会構成体と生産方法(ウクラード)との理論的・実体的関連が不明確となりがちであり、そこに「過渡期」の論理が濫用されやすい危険をともなうのである。

この二つの問題のうち、前者については最近の近世史研究が積極的にとりくみつつあるところであり、後者についてもようやく批判的意見が展開されつつある。中村吉治氏の「石高制と封建制」(『史学雑誌』六九ノ七・八号)、工藤敬一氏の「日本中世の土地所有の理解について」(『歴史学研究』二四二号)などはその代表的な論稿であろう。中村氏は右論文で、氏の年来の持論たる封建制再編成説を石高制の特質という視角から再展開し、中世を過渡期もしくは封建以前とみる見解を強く批判し、工藤氏も荘園制を封建的土地所有の一般的成立と規定することによって、中村説に親近性を示しつつ「確立」論への疑問を提起している。

しかし、この中村・工藤氏等の所説は、一面傾聴すべき多くのものをふくんでいるにもかかわらず、半面、室町期の性格規定に関するかぎり、やや不明確な問題を残している。すなわち中村説は、鎌倉期を古典的な封建制、江戸期を石高制という特殊な知行制＝権力構造に象徴される封建社会の末期段階としてとらえるのであるが、その中間に位置する室町期についてはなんら積極的な規定を示しておらず、これをほとんど未規定のままに残している。また工藤氏は、この時期を「封建制の深刻な危機」と規定するのであるが、氏が「封建制の隆盛期ではなく、今や崩壊のモメントを公然と作用しはじめる段階」という具体的意味は必ずしも明瞭でない。

そこで中世史研究のさしせまった一つの課題としては、このような問題を念頭においたところでの南北朝〜室町期の再評価ということが注目されてくる。もちろんそのためには、荘園制の性格規定や鎌倉封建制といわれるものの再検討が前提的理解として不可避の問題となるが、しばらくその点をおくとすれば、南北朝〜室町期の社会構造そのものについての理論的把握がとくに必要となるのである。

二

以上のような意味で南北朝〜室町期の再検討を試みようとするとき、まず問題となるのは、この時期の経済的変動・発展をいかに評価すべきか、ということである。

この点は従来、荘園制の解体の問題とからんで、封建的小農民の展開度とそれを推進した農業生産力の発展度はどのようなものか、という形で追求されている。荘園制およびその基礎をなす名体制の存続を織豊政権の出現期まで認めようとする安良城盛昭氏は、当然この時期における変化・発展には積極的な評価を与えなかった。これに対して先の工藤氏とほぼ同様の基本的理解に立つ戸田芳実氏は、古代末期から中世初期における開発と耕地利用の安定度の高まりを重視し、農業発展の画期としては、南北朝〜室町よりもそれに先行する中世初期の時期を重視する(「アジア史研究の課題」〔『歴史学研究』二五七号〕)。また朝尾直弘氏は南北朝〜戦国初期において小農民の「自立」に影響を及ぼすような稲作生産力の上昇は立証されておらず、この時期の農業生産発展の基調は多毛作化と小規模開発であって、稲作よりは畠作生産力の発展に重点があった、という展望をのべている(日本史研究会一九六一年大会報告要旨)。

私はかねて鎌倉末以降における名体制の解体を重視し、荘園制の体制的解体の画期を内乱期に求めてきたので、右の諸説とは相容れない立場に立っている。しかしその際、名体制や荘園制の分解を推進した根源たる農業生産力の発展自体についてはほとんどふれえなかったから、朝尾氏のごとき指摘を受けることもやむをえない。そこでこの点は諸説の分岐を根本から吟味するという意味でもまず検討されねばならないところである。

南北朝〜室町期の農業生産力の発展を、かぎられた史料からいかにして実証的に明らかにするか、ということはきわめて多くの困難をふくんでいるが、私は現在のところ少なくとも次のような諸点から、その発展をかなり積極的に評価すべきではないかと考える。

第一に農業生産そのものに即してみれば、水田利用の安定度が高まるとともに、各種農具の普及を通じて、(2)小規模経営に適合的な稲作農業の集約化が進行したとみられる。通常当代の農業技術の発達については、麦を裏作とする水田二毛作の普及や水稲品種の多様化などが強調されているが、古代末〜中世初期にくらべて、生産力の発展と、経営形態の変化に、もっとも大きな意義をもったのはむしろ右の点であろう。この点ももちろん明確な形で論証することはできないが、戸田氏も指摘するように、中世初期まではひろくみられた「満作」「不堪佃田」「年荒」「田代」(3)等の問題が当代には急速に影をひそめ、(4)また「種子農料の下行」という営農形式もほとんどみられなくなってくること、あるいはこれに代って採草地にからむ農民間の山野境相論が表面化してくる事実(5)はとくに顕著な徴標である。

第二に、農民層の構成および村落構造に示されてくる変化も、当然のことながら農業生産力の発展と無縁ではない。この問題についての黒田俊雄氏等に代表される最近の一つの研究動向は、(6)名体制、いわゆる「旧名」的段階においても名主は下級荘官的機能の持主であって、その下部における「小百姓」的階層が一般的に比較的自由な形で存在して農民的な村落共同体が存在したことを強調する方向を示している。名主が本来荘園制支配の下部単位＝下級荘官的機能をもち、名体制段階にも一定の共同体関係が存在していたことは私も異存ないが、これらの所説は現在のところ、名体制の解体の問題については具体的な説明を示していないし、また鎌倉末〜内乱期以降からはじめて名主以外の小農民の動きや村落結合の諸契機が史料上でも顕在化するという従来示されてきた事実は否定すべくもない。名体制の問題はあくまでも名主の制度的性格の問題にとどめるべきではなく、当然そのような制度が必然化される根拠としての土地所有および経営の問題にまでさかのぼるべきものである。逆にまた名体制の停滞を強調する安良城氏は名主職—作職的な重層関係の存在をもってただちに名体制の存続とみなしているが、農民相互間の職の重層関係そのものはただちに本来の名体制(家父長制複合家族および従属農民労働力による粗放な経営体)の存続を証明するものではない。このようにみれば、十四世紀以降における名主経営の衰退、それに代る集約的小規模経営の進展という従来の展望は、黒田氏的な立場からも、また安良城氏の立場からも、なお必ずしも十分な形で否定されているとは考えられず、依然としてこの時期における変化の側面の大きさを示すものとしてよいと思われる。(7)

第三に、間接的なことがらであるが、中世における社会的分業の進展度を考えるとき、鎌倉期までと南北朝〜室町期とではかなり顕著な差異が存在し、後者の時期には前者に比して農業から分離した米穀の消費人口の相当な増大が推定される。この点は一つには武士階級の農業経営からの離脱と専業化、武士人口の増大の問題であり、他は手工業・商業者の専業化と数的増加の問題である。守護の大規模な軍隊の京都常駐・本国との往還・地方的戦闘の規模・頻度の拡大等の諸事情から、兵糧米需要が急速に増大し、半済・抑留等の手段のみによる調達が困難になり、商人の手による米穀調達が盛んとなる。さらにこれに伴って奢侈品のみならず軍需品以下の各種手工業生産の専業化が畿内を中心に進行する。手工業・商業の展開度についての鎌倉期までとそれ以降の比較検討は現在のところはなはだ不十分であるが、かなりいちじるしいひらきがあるだろう。(8) そのひらきをつくりだし、拡大する需要に応じえた根拠は何よりもまず稲作農業の集約化による生産力の発展を考えねばならない。

以上、農業生産力、農民分解と村落構造、社会的分業、の三視点よりして、十四世紀以降南北朝〜室町期は、たんに前代までの発展を量的に増大させたという以上に質的転換をもたらすほどの発展内容をもっていたと推定する。ただ当代における政治形態が、中央集権的な権力を形成せしめず、逆に権力分散の方向に進むため、中央権力による新しい生産諸力の編成・把握という政策・体制の形成がみられないため、従来この点についての評価が軽視されがちであったと考えられるのである。

三

問題の第二の側面は、当代における領主制の存在形態とその特質の把握である。この点はさきにふれた荘園制の解体の画期とも関連するが、前代との関連からいえば、守護・地頭の領主化過程に代表される地域的領主制が、どのような展開をとげたかということを問題の核心としている。

これらの点について、私は従来内乱期を画期とする荘園制の解体→地域的一円領主制の展開という展望に立ってきた。しかしこれについては次のような内容的限定と特質を考慮する必要がある。

その第一は、ここで荘園体制の「解体」という場合にも内乱期を通じて荘園領主の年貢取分が完全に消滅したり、荘園制的所職による所領表示が一掃されてしまったりした、というのではないことである。そのようなことは史料に即せば明白である。問題は京都の貴族政権の権力機構・支配体制などを通じて中央貴族たる荘園領主が全国に散在する荘園から、剰余生産物の主要部分を収取できるような体制(職の重層的所有体系)が解体したことである。この点は逆の面からいえば内乱期以降も荘園領主がなお一定の年貢収納を実現しえた主要な理由はもはや荘園制の本来の体制によるものでなく、荘官・地頭等の在地領主および守護の請負制に依存したところにある。この段階では、形式上の「直務」支配や「給主」方式による荘園支配の場合も、本質的には在地領主の請負制にもとづいているのが一般であり、これこそ荘園制の実質的解体のメルクマールである。(9)従って在地領主はこの面からも文字通り完全に一円的・排他的な地域的領主にただちに移行するわけではない。表面上はかれらの所領単位はなお「職」によって表現されているし、剰余生産物の一部は荘園領主に給付されている。しかし、内容的にみれば請負形式を通じてかれらが地域的な領主権の中核を自立的に掌握するに至っているのである。下地中分という形態はなお荘園制的秩序の存続を前提とし、一方における荘園領主の独自的権力＝支配の存続を前提としていたが、この段階の請負制においては地域支配の主体は在地勢力の側に移行しているのである。

第二に右の点とも関連して、当代の武士階級が、守護にせよ旧荘官・地頭級の在地領主にせよ、荘園制的秩序をドラスティックな形で否定しなかった根拠は、かれらがそもそも荘園制的秩序の下における職の所有を領主化の足場として成長したところにあるのであって、そのような領主制の歴史的特質の認識が重要である。守護にせよ地頭にせよ、かれらは鎌倉時代までは少なくとも公田の剰余生産物収取という経済的側面では、荘園領主に対してなお副次的地位にあった。しかしかれらは検断権の側面においては当該地域にわたって一定の権限を保持するものであった。従って既成の秩序の内部においてかかる権限を保持していることは、封建的支配が本来経済的側面における地代収取関係であると同時に、政治的な支配・隷属関係でもあるかぎり、荘園領主に対してもまた農民に対してもきわめて有利な条件である。これがかれらをして荘園制的秩序を一挙的には否定させなかった基本的原因であろう。

その際、このような職、すなわち一種の公権を梃子として領主化が進行するかぎり、上位者ほど旧秩序に依存する傾向が大きいことは当然である。守護は周知のように内乱期に入るとその権限を既存の秩序に依拠しつつ拡大していったから、下地遵行権・闕所地給与権や半済施行権を通じて荘園所職を知行の対象として下部の在地領主層に宛行することができた。(10)しかしそれをもって、守護大名は荘園体制の擁護者、国人的在地領主はその否定者、というような区別を立てることは妥当でない。両者はともに多かれ少なかれ旧秩序を利用しつつ領主的成長を競い合っているのであり、もし荘園体制に対してより革命的な領主層といえば、それは在地の封建分解の中から成長してきて、旧来の職をもたない小領主層であろうが、かれらとてもその成長過程で職の獲得をめざすことは当然である。このようにみればば当代はまさにかかる領主的諸階層の自由競争期といわねばならないが、それゆえにこそ旧来の秩序・職がその競争に際して利用され、動員されるという傾向をもつのである。工藤敬一氏は内乱期以降においても荘園領主がなおともかくも延命していく理由は、荘園領主自身が本来封建領主の一階層であったからだと説かれるが（前掲論文）、私はその延命の理由を以上のようなところに求めたい。もちろん在地における封建領主制の進展に対応する荘園領主自身の封建領主化の一般的可能性を全く否定することはできないが、本来かれらも封建領主であったとみることには賛成できないのである。

第三に、守護および旧荘官・地頭的な職を梃子として展開する領主制の内部における農民層の封建的分解の問題がある。先にふれたような名体制の解体、集約経営の発展にともなう小農民の分出は、必然的に名主上層を事実上の小領主に転化させる傾向をうみだしていく。当代における乙名・沙汰人・地侍等とよばれるものはその史料上の表現である。ここではかれらと自立しつつある弱小農民の間には夫役および現物による収取関係が形成され、そこに領主農民間の最基底的関係がつくられていった。「名主が封建領主になる道」といわれるものはまさしくそれをさすのであるが、当代を通じても、この経路は現実には自由な展開が困難であった。かれらはたしかに守護・旧地頭・荘官クラスの上層領主の給人化する動きをとっているが、領主的「職」の保持者を打倒してかれらが独自に地域的権力を掌握することは、あらゆる意味で不利な条件におかれていた。稀に荘官・地頭のような在地領主が存在しない所領においては、かれらが集団的に「惣」の如き一種の村落支配機構を形成して、実質上の小地域権力をにぎることがあっても、一般的にいえば政治権力とよぶにふさわしいほどの地位に上昇することはむつかしい。このため、旧地頭・荘官等いわゆる国人とよばれる在地領主層の形成する地域的支配圏の内部には、かかる新興小領主と小農民間の封建的地代収取関係を形式的には農民相互間の加地子収取関係の如き形で内包せざるをえない。荘官・地頭等に系譜をひく在地領主層は、先述のような自由競争的条件のもとでは、軍事力の強化の必要上、不断に進行する封建分解＝小領主層の形成を阻止するわけにいかないから、かれらを農村の地主的地位におきながら半面給人として軍事組織の中に編成していくのである。こうした場合には一口に地域的領主制といわれるものの内容はいちじるしく複雑となるが、それが当代の領主制の現実であった。

以上、南北朝～室町期の領主制の特質を三つの論点から考えてみたのであるが、それを通じて、荘園制の解体→地域的一円領主制という図式で概念化されている内容についてはかなり大幅な補訂を加える必要があることは明らかであろう。一般に荘園制の解体過程から一円領主制が形成されるとするイメージは、主として鎌倉後期における地頭の下地中分を原型として構成されているのであるが、そこからただちに単一的な領主＝農民関係の形成をみちびき出すことは以上のようなことからも事実にあたらないといわねばならない。この段階で「一円的」という言葉が、従来の荘園制的な職の秩序体系から基本的には離脱していく傾向を一般的にとらえたかぎりで用いられるとすれば差支えないが、文字通りに排他的・単一的な領主権力がただちに出現するとみることはできないのである。[11]それにもかかわらず一面ではそのような想定が存在するために、逆に領主権の重層関係や荘園領主取分の残存の事実に直面すると、ただちにそれをもって、荘園体制の存続とみなす考え方も生まれるのである。しかし本来的な荘園体制と内乱期以降の荘園制的諸関係の残存とはあくまで区別すべきものであろう。内乱期以降におけるその存続は、すでにみてきたように、律令制→荘園制という歴史的前提の中で一定の職＝公権を保持してきた諸階層が主となって封建的領主制を競合的に展開させていくという特定の歴史的条件のもとで、必然的にあらわれる特有の現象として説明できるのである。

四

ところで南北朝〜室町期の領主制が以上のような姿をとって展開したとすれば、さきにふれたような中村吉治氏の「再編成」説、工藤敬一氏の「危機」説も、筆者の理解からはともに一致しがたい見解であるという他はない。中村氏が再編成説に立つ根拠には、鎌倉幕府の集権的秩序体系が解体したのち、中世後期に安定的な中央権力が出現しなかった事実が念頭にあるであろう。また工藤氏の場合にも、中央貴族の荘園所有体系が解体して以後、「領主化の契機を内包した中間層(乙名・沙汰人等)があるいは商業活動に、あるいは領主化の方向に、社会全体をゆすぶる活発な動きを見せた」事実を「危機」の内容としているから、実質上両者は同じ考え方に立っている。しかし、じつはこうした下剋上的状況こそまさに封建社会が上向発展する歴史的段階の徴標なのではなかろうか。こうした状況のもとではたしかに安定的な中央権力は出現しないし、日本全土をおおうような集権的政治体制は存在しがたいのであるが、封建制社会とは本来そのような性格をとるものというべきであろう。その意味では幕藩体制はまさしく中村氏の強調するように封建社会の「確立」した唯一の段階ではなく[(12)]、いわば〝封建的独占〟と〝集中〟の進行した特定の段階を示すものといわねばならない。

だがそれとともに、南北朝〜室町期を単純に分権的な領主制の段階と規定するだけでも問題は少しも解決されないことも明らかである。この時期を通じて、地域的領主制ははげしい競合関係を展開しつつ進行したのであるが、それにもかかわらず、地方分権権力としてはきわめて不徹底な姿にとどまることを免れなかった。周知のように、地域的領主制の内部構造が上述のごときものであるとともに、政治史上ではしばしば足利将軍専制とよばれるような状況が招来されている。それは地域的分権化と共に他面における政治的求心傾向ともいうべき現象であるが、それは旧荘園的秩序のもとにおける職が領主的成長の梃子たらざるをえない、という政治的事情にもとづくとともに、さらに経済的にも深い根をもっている。ここで想起さるべきことは、中世史を一貫する経済発展の地域的偏差、とくに畿内の高さと、それを核心とする商業ルートの特定の発達の仕方の問題であろう。かつて林屋辰三郎氏は中世における商業ルートが荘園領主に隷属する散所民によって強力に掌握されている点に注意を向けられたが、そのことも中世社会における分業と流通が京都・奈良を中核として求心的な形態に発達したことを示している。荘園領主が律令国家の貴族層に集中し、京都・奈良に集住したという一見平凡な事実は、じつは年貢・公事の輸送・商業を求心的な形態で発展させ、さらにその周辺の畿内における社会的分業を全体の関係からは不均等に促進し、経済的側面における古代専制の残影を刻印することになった。足利氏と有力守護大名が京都を拠点とした理由もそこにあるのであって、畿内の経済的高さを掌握することによって、地方分権化の趨勢をチェックすることができたのである。(13) 京都・奈良の門戸として、全国流通網の核心的位置を占める堺をめぐって足利・細川・大内氏等が争い、さらに後年、戦国大名が競って京都をめざす理由も、たんに伝統的中央としての京都の掌握にあったよりも、そうした意味での経済的中枢の把握にその本質があったであろう。朝尾直弘氏は江戸初期における分業の展開形態を追求し、畿内の特殊的発展に注意を向けているが(「十七世紀における産業構造の特質」『日本史研究』五六号)、そのような発展はじつは荘園領主の年貢・公事による自給的経済体制が解体して以後、(14) 中世後期においてとくに顕著に進行したと考えられるのである。

このようにみれば、南北朝〜室町期においても地方分権化が徹底せず、それにつづく戦国大名領制が集権的な幕藩体制の方向に向かって進行していく歴史的事情についても一つの展望を求めることができる。そしてまた、このことはさらに巨視的な問題と関連づければ、日本の封建制が、中間層の進出によって、古代的専制を克服し、西欧社会に近似した発展形態をとった、という通常の理解についても一定の限定を要求することとなる。日本の場合、武士階級の登場によって古代専制国家の政治体制が克服され、政治権力の担い手に交替が行なわれたことも疑いない事実である。しかし、律令制が荘園制に推移し、さらにそのもとにおいて地域的領主権力が登場する場合、上述のように、政治的にも経済的にも、極言すれば律令国家以来形成されてきた古代的専制の遺産が、巨大な歴史的前提となり、新たに登場してくるものに歴史的制約を加えていることは否定できない。従来このような事情について注意が全く払われていなかったわけではないが、その説明づけについては、生産力の低位・停滞にもとづく家父長制的諸関係の残存という抽象的・一般的な指摘しか示されていなかった。そのためかかる領主制の特定の在り方の説明もまた具体化されない結果、中間層＝武士階級の登場による古代専制国家の克服という把握が、その内容を具体的に深めることもできなかったのである。問題は中間層の進出一般を認識することに終るのでなく、それが、どのような展開形態をとり、なにゆえに幕藩体制に帰結するような運動を示したかを具体的に追求することにある。そうしたことによってのみ、中世史と近世史の有機的統一把握も可能となり、日本封建社会の段階と構造的特質も明らかにされるであろう。

（1）　封建的領主農民関係の基本形態を封建的土地所有者と直接生産者＝農奴の直接的対抗という抽象化された経済学的原理形態としてとらえ、歴史の具体的現実の中に生の形でこれを求めようとすれば、幕藩体制はまさに典型的に封建的な領主農民関係とみなしうるが、そこからは封建社会の歴史的発展についての段階論や構造特質論をみちびきだすことが困難である。

（2）　集約的小規模経営に必要なクワ以下の農具の普及度を一般的に測定する方法はないが、鍛冶・鋳物師の如き金属手工業者が地方農村＝荘園に、広汎に姿を現わしてくるのが、傾向的には鎌倉末期とみられることは（豊田武『中世日本商業史の研究』五一頁以下）、この頃より農具の普及が急速に容易になるとみる一つの論拠である。

（3）　「田代」の意味は十分明らかでないが、たとえば嘉応三年（一一七一）の遠江国池田荘立券状（『平安遺文』三五六九号）で田地三八五町余の区分が、見作二六一町余、年荒六〇町余、田代六四町余という三つに分けられており、田代の比重がかなり大きいことや、仁安二年(一一六七)の太政官牒(『平安遺文』三四三三号)で国司が検注の際荒野川沢を田代と注記したといっていることなどから推せば、田代はすでに田地として造成されていながら現在は休閑されているところかと推定される。その際年荒などといかに区別されるかは明瞭でないが、いずれにしてもこのような田代・年荒の率の高いのはほぼ鎌倉初期までとみられるであろう。

(4) このようにして耕地利用の安定度が高まる過程は、農民の土地保有権の安定・強化過程でもあって、それが集約的小経営の発展に資する側面は大きいであろう。

(5) この点については永原慶二『日本封建社会論』二三一頁に若干の史実を指摘してある。

(6) 黒田俊雄「鎌倉時代の荘園の勧農と農民層の構成」(『歴史学研究』二六一～二号)、同「村落共同体の中世的特質」(清水盛光・会田雄次編『封建社会と共同体』所収)等に代表される。

(7) といっても私は鎌倉末～南北朝期を通じて、名体制の解体と小経営の成立が、一挙に進行したり、支配権力が自己の経済的基盤としてそれを政策的にも擁護するようになったと考えるわけではない。現実に小農民が村落の唯一の階層となるような状況は江戸時代初頭の先進地域といえどもなお出現しないのであるが、少なくとも内乱期以降、小農民経営の進展に応じて、名体制の分解＝名主層の封建分解が進行し、それが内乱期以降の社会構造を規定する重大な要因となりはじめたことを重視したいのである。

(8) この点の実証的研究は重要な課題であるが、少なくとも現在のところ、豊田武氏(前掲書)、佐々木銀弥氏(『中世の商業』)が提供された豊富な史実を年代的に再整理した場合、このような展望をもつことは不当ではあるまい。

(9) かかる視角からする荘園解体史をいくぶんとも実証的に検討した結果としては、「荘園制解体過程における南北朝内乱期の位置」(本書第九論文)を参照されたい。

(10) この点をもっとも明確に示した労作は羽下徳彦氏の「越後に於る守護領国の形成」(『史学雑誌』六八ノ八号)であろう。また『山内首藤家文書』を通じても山名氏が室町初期に入ると没収した領家職を被官たる山内氏等に独自に宛行っている過程が知られる。

(11) 工藤氏は荘園的土地所有をもって封建的な重層的土地所有とみ、その解体過程に一円的領主制をとらえようとされる。私も従来排他的「一円領主制」という言葉を本文でのべたような限定なしに使用した欠陥を反省するが、別にのべたような理由で、荘園制的土地所有は封建的な重層的土地所有とはみなしえず(拙著『日本封建制成立過程の研究』第一論文)、封建的な重層的土地所有はまさに荘園制の解体過程に、内乱期以降展開するとみるのである。従って理論的には封建的土地所有は排他的一円的な所有であらねばならないというつもりはなく、この点では工藤氏の理論的整理に原則的には賛成である。

(12) 私はかつて小著『日本封建社会論』において内乱期以降の封建制の発展を強調しながら、織豊政権・幕藩体制の成立をもって「封建国家の確立」と規定した。このため中村氏は私も幕藩制を「封建社会の確立」とみる見解に立つと解せられて、これに批判を寄せられた(前掲論文)。私がとくに「封建国家」といいたかったのは、いかに封建社会といえども「国家」とよぶべきものは封建領主制一般と区別する必要があると考えたからである。*

* しかしこの点は私のとらえ方の欠陥であったと反省する。南北朝以降の封建社会においても封建国家の存在することは当然であるから、問題はむしろ、全国統一権力の弱体にもかかわらず存在する特有の国家体制の在り方を追求することである。

(13) この意味で私は領主制における地方分権化を封鎖的・地域的市場圏の形成と対応してとらえようとすることは日本の場合現実的でないと考える。中世後期の地方分権化が進むなかで隔地間商業はますます進展する。この一見矛盾的な現象は、領主制が地域的に完結しえないという本文でのべたような領主制の特殊な事情にもとづいている。経済発展における畿内の優越という条件が存在する故に戦国大名段階においても領国経済は決して封鎖的な姿を示さない(佐々木銀弥前掲書参照)。

(14) 荘園領主経済を単純に自給経済と規定することにはもちろん問題が多いが、年貢・公事の代銭納化が進行する鎌倉後期以前においては、基本的には自給性をもっていたと認めてよいであろう。

第十　東国における国人領主の存在形態

――「茂木氏給人帳」考――

一　はじめに

下野東部の在地領主茂木氏の関係文書のなかに、文明十四年(一四八二)十一月付の給人帳とよぶべき史料がある。十五世紀末葉の茂木氏はいわゆる国人領主の一典型と見て差支えない存在であるが、この時点において早くも整然たる給人帳を作成し、家臣団の全貌を示しているケースは他に例が乏しい。その意味で、この給人帳の検討は、国人領主制、とりわけその領主権力の構成と土地領有形態を解明しようとする際、きわめて重要な手掛りを与えてくれるものである。

あらかじめ結論的な展望をのべるなら、この史料を通じて確言できることは、国人領主茂木氏の権力が、すでに鎌倉期的な惣領制的構造とはまったく異なって、ひろく在地の地侍的階層を家臣団に編成し、貫文高表示による知行制を展開させている点である。通常、国人領主という範疇は、鎌倉幕府体制の解体以降から、十六世紀の戦国大名領が本格的に展開する以前の、室町幕府＝守護領国制期における在地領主について適用されている。したがってそれはすくなくとも一世紀半以上の長期間にわたる存在であるから、その内容・歴史的性格も、けっして一律に論ずるわけにはいかないが、国人領主という場合、戦後の研究史のなかではつぎのようなほぼ共通の理解が徐々に形成されつつあったといってよい。すなわち、国人領主の権力構造は、⑴鎌倉期までの地頭荘官のように惣領制的な同族結合を中核とするものでなく、支配領域内の非血縁在地武士層を徐々に家臣化する方向に進みつつあった。⑵しかしそのような地縁的な性質をもつ封建的ヒエラルヒーの形成はなお未熟であり、そこに過渡的な性質をもつ権力形態としての国人一揆が成立する理由がある、(1)というのである。このような通念からすれば、この給人帳に見られる茂木氏の権力構造は、たといそれが十五世紀末期のものにせよ、いちじるしく前進した側面を示すものといわねばならないし、場合によっては、国人領主権の構成一般についても、従来の理解に再検討を迫る材料を提出していると見る必要があろう。

私はかなり以前から、この給人帳に深い興味をひかれていた。しかしこの史料の示すところが右のように従来の一般的理解とかなりへだたりがあるうえ、史料自身としても多少問題とすべきところがあるため、文明十四年という年代には、なお検討の余地があるかも知れないというひそかな疑問もあり、その積極的な利用をためらってきた。しかし昨今の研究の進展によって、すくなくとも十五世紀末葉段階まで下れば、国人領主がこのような給人帳を作成するに至っても、かならずしも不思議ではない、というふうに考えられるようになった。それらの理由は以下本文中でのべていくが、およそ以上のような関心に従って、この史料をあらためてとりあげてみたいと思う。

(1)　この点をとくに積極的に示したのは福田豊彦「国人一揆の一側面」(『史学雑誌』七六ノ一号)である。なお国人領主制の研究状況・関係文献については、佐藤和彦「国人一揆の研究視角」(『民衆史研究』五号)に詳しい紹介がある。

二　茂木氏とその所領について

「給人帳」の検討に入るまえに、まずひととおり、茂木氏とその所領についてふれておこう。(1)

茂木氏の始祖知基(または知幹)は、「茂木系図」[2]によれば、小田(八田)知家の三男で、建久三年(一一九二)八月、父知家から下野国茂木保五ヵ郷を譲与された。知家の子は嫡流が小田、次子伊志良、四子宍戸として同族繁栄するが、知基の子孫は爾来この保名を苗字として、在地領主的成長をとげ、戦国時代に入って常陸佐竹氏の被官化し、やがて同氏の秋田転封に従ってその地に移る、という経過をたどっている。

初代茂木知基の所領は、茂木保五ヵ郷[3]のほか、信濃国依田荘内五ヵ村、越後国田島、能登国若山荘および承久勲功地としての紀伊国賀太荘地頭職などがあったが、この大半は知基―知宣―知盛―知氏―知貞とつづく鎌倉時代を通じて、ほとんど分割されることなく嫡流の家に伝領されていったらしい。建武四年(一三三七)、知貞が足利氏から安堵された所領は、茂木保五ヵ郷および賀太荘のほか、陸奥国千馬屋郷・丹波国私市公文名地頭職であった。すなわち、依田荘・若山荘および田島が消え、千馬屋郷・私市公文名が追加されたわけであるが、後者は婚姻関係によって、茂木惣領家に伝領されたものである。

さらに文和二年(一三五三)の、嫡子知世に対する知貞の譲状では、茂木保は「茂木郡東西内、藤輪・坂井・小井土・神井・鮎田・茂木・林・増井・馬門・飯野」と表現されており、この時期から、茂木五ヵ郷から東西十ヵ郷に拡張されている。藤輪以下鮎田までの五ヵ郷が鎌倉初め以来の所領で、「西」に属するものであり、残り五ヵ郷が新たに加えられた分で、「東」に属する。「東」は建武元年三月、勲功賞として獲得したものらしい。かくして「東西」に拡張された茂木荘十ヵ郷はこれ以後室町期を通じて変わることなく同家に伝領されているから、茂木氏が所領支配の主力をこの茂木保(荘)に集中し、この地域の支配を空間的にも質的にも漸次強化していったであろうことはたしかである。

ごくかんたんにいってこのような経過をたどる茂木氏の所領支配の特徴を領主制史的視角から見るなら、つぎの諸点に要約できるであろう。

表10-1　茂木氏の所領伝領過程

年代	譲主	被譲者	所領
承久4 (1222)	知基	知宣	下野東真壁郡5村，信濃依田荘5村，越後田島，能登若山荘，紀伊賀太荘 東真壁郡5郷のうち4郷(鮎田，小井土，藤和，坂井)，若山荘，賀太荘
建長8 (1256)	知宣	知盛	東真壁郡5郷のうち4郷(鮎田，小井土，藤和，坂井)，若山荘，賀太荘
嘉元1 (1303)	知盛	知氏	茂木郡5郷，越後田島，賀太荘
文和2 (1353)	知貞 (知氏の子)	知世 (嫡子)	茂木東西9郷，賀太荘，丹波私市荘公文職，陸奥千間屋郷
文和2 (1353)	知貞	知久 (庶子)	茂木郡内飯野村，同河口村，井河瀬村，林郷内檜山，茂木郷内前小堀，小井土牧野，馬籠，同野内
至徳1 (1384)	朝音 (知久の子，嫡流をつぐ)	基知	茂木荘東西10郷，賀太荘，私市荘公文職，千間屋郷
応永11 (1404)	知清 (基知の子)	知政	同上

第一に、茂木家は、小田(八田)知家の三男から出て一家をなしたが、鎌倉時代を通じて常陸守護職を世襲した嫡流小田家とのあいだに惣領制的な嫡庶関係を形成せず、直接将軍から所領安堵を受ける独立の関東御家人として発展した。この点は歴代所領安堵の将軍家下文の存在によって確認できる。

第二に、茂木家は遠隔地の散在所職については不明であるが、すくなくとも茂木保に関するかぎり、多少の例外を除いて、ほとんど一貫して嫡子単独相続を実施し、所領の分散を阻止してきている。その状況は上掲の歴代譲状からえられる表一〇-1で明白である。茂木氏の場合、一般には惣領制的な分割相続がひろく行なわれている鎌倉時代を通じて、すくなくとも茂木保(荘)にかんするかぎりそれを採用しなかった理由は明らかでないが、このことが一つの特徴となって所領の一括性が強められていることはたしかである。

第三に、茂木保の地理についてみると、右の十ヵ郷はことごとく現在の茂木町を中心とする地域に集中的に存在していることがわかる。国土地理院五万分一地図にあらわれないのは藤輪(和・縄)だけであるが、これは現在の茂木町の中心市街地のなかに位置している。また茂木東西という場合、藤輪・坂井・小井土・神井・鮎田の五つが西、残りが東ということも文書によって判明するから、東西二部分に区分されるとはいえ、全体としてその所領が集中的な一括性をもっていることは明白である。

第四に、茂木保の上級支配関係であるが、はじめ保・郷というから国衙領に属していたと考えられる。しかし十四世紀末期の朝音の譲状からは茂木荘という表現に変わる。形式的にいえば国衙領から荘園に転じたことになるが、時代的にみて、この時点での荘号が、あらたな支配関係を現地に生みだしたとは考えがたいから、全体として東国国衙領型の、上級支配権力の微弱な、逆にいえば在地領主の実質的支配力の強い所領であったと考えることは容易である。

以上のような諸特徴が茂木氏の領主制に強い規定性を加えたことは当然であろう。ひとくちにいって所領支配の時間的長期一貫性、地域的一括性、そして重層的支配関係の稀薄さ、等が顕著な特徴なのである。常陸守護家小田氏の庶流として、常陸国境に接した山ふところの茂木保を本領とした茂木氏の所領支配が鎌倉時代においてあらゆる意味でまとまりと安定性をもちえた理由もそこにあったと考えられ、それが「給人帳」に示される室町中期の茂木氏権力の成立事情を理解する第一の歴史的前提である。

しかしもう一つの重要な前提はこの「給人帳」作成の時点に近い十五世紀に入ってからの関東の不安定な軍事・政治情勢である。応永二十三年(一四一六)の上杉禅秀の乱に爆発した関東足利家と東国在地領主層との対立、また永享の乱・結城合戦に爆発した関東足利家対京都将軍家の対立、さらにはそれとからむ関東諸豪族間の抗争などがその中心である。とくに茂木氏との関連でいえば、上杉禅秀の乱後、足利持氏が関東諸豪族に対してきわだった圧服政策をとり、応永二十九年(一四二二)から翌年にかけて常陸守護佐竹氏の一族山入与義および小栗満重討伐の軍をおこし、これと絡んで宇都宮持綱・桃井宣義等も山入方にくみし、常陸・下野にかけての一帯は、大きな戦乱にまきこまれた。またつづいて永享七年(一四三五)持氏はふたたび常陸・下野方面に出兵し、その命を受けた岩松持国は常陸那珂郡の長倉義成を討つべく常陸小田・真壁氏等の兵と共に茂木に進入・駐屯した。[4]

足利持氏のこのような強圧策に対し、幕府側では山入・小栗・宇都宮・石川・白河結城などの諸豪族を、将軍の「扶持衆」という形に組織し、それらを支援することによって持氏と対抗した。その結果、両足利家の対立はますます激化し、ついに永享の乱に突入するのであるが、そのような軍事情勢が、茂木氏を山間盆地に孤立させておくわけにはいかなくするのである。当時茂木領をとりまく条件としては、東方はすぐ常陸国境に接し佐竹勢力の伸長があり、西北方千本には那須系の千本氏の勢力があった。千本に接する茂木領坂井にはいま芳地土《ほうじど》という小字があるが、これはおそらく「牓示処」の転訛であって、そこに那須領との境界があったようである。

この間、茂木氏がどのような動きをたどったかは必ずしも明らかでない。しかし「系図」によれば、基知の子満知は「正長元年十二月二十七日為勲功賞従持氏賜御教書」っており、その子知政は逆に、「永享九年六月二十七日為勲功賞従義教将軍賜御教書」っている。またこれに先立つ応永三十一年(一四二四)には、京都の義持が「政所料所茂木保坂井郷内日光山桜本坊跡」を満知に宛行っているし、正長元年(一四二八)には持氏が「東茂木保内林飯野両郷」を満知に引渡している(「系図」にいう同年の「御教書」とはこれをさす)から、動揺する政治・軍事情勢のなかで、茂木氏には鎌倉・京都両方からの働きかけがあり、茂木氏もこの情勢を見てとりながら巧妙に行動し、けっきょく永享の乱・結城合戦の危機を乗り切って所領を保全し、国人領主としての成長の道を確保したと考えられるのである。

以上のような十五世紀の情勢は、当然茂木氏の軍事的・政治的権力の強化を促進したであろう。東国では応仁の乱をまつまでもなく室町幕府＝守護領国体制は瓦壊し、はやくも戦国争乱の前ぶれともいう情況が生まれつつあったから、茂木氏も自己の存立を確保するためには、鎌倉期的な安逸をむさぼるわけにはゆかず、独自の軍事力を進んで強化せざるをえなかったにちがいない。もちろん、国人領主の性格を吟味するためには、そのような軍事問題のみならず、封建権力としての農民支配の問題が考慮されねばならないであろう。しかし「茂木文書」はその点については直接何も示してはくれない。そのためここでは以上のような軍事的側面のみをとりあげざるをえないのであるが、その面からだけでも、領主権強化の要求がいかに切実なものであったかは容易に首肯しうるであろう。広い意味で見れば、問題の「給人帳」はまさしくこのような政治・軍事情況の所産というべきなのである。

（1）以下茂木氏に関する記述はとくに断わらぬかぎり、すべて「茂木文書」(東大史料編纂所影写本)による。
（2）この系図も「茂木文書」に収載されている。
（3）この五ヵ郷とは、鮎田・小井土・藤輪(和)・坂井・神井をさすようである。
（4）これらの点については渡辺世祐『関東中心足利時代之研究』を参照。

三　給人の存在形態

そこで問題の「給人帳」の検討に進むこととしよう。

この史料は、史料編纂所影写本では「茂木文書」一に収められ、『大日本史料』の八編之十四にも収載されている。原本は現在秋田県大館市十二所在住の吉成成敏氏の所蔵に帰している。茂木氏は藩政期にこの十二所を所領として居住したのであるが、明治時代に至って伝来の文書は縁あった吉成家に継承されて今日に及んでいるのである。文書は主として写しをふくむ所領譲状と置文・感状類から構成されている点では、諸他の武家文書と全く軌を一にするものである。ただそのなかにおいて異彩を放つのが問題の「給人帳」である。

私はまだ原本を確認していないため、ここに厳密な史料批判を試みることは不可能であるが、史料そのものとしてはすくなくともつぎのような問題がある。⑴この「給人帳」は一般の国人領主文書に類例が乏しいし、また「茂木文書」のなかでもこれだけが異種の性質をもっている。⑵史料編纂所影写本が作成されるときの排列順序についてどのような事情があったかわからないが、ほぼ年代を追う所領関係文書群の中間にこれのみが插入され、排列上も異和感がつよい。⑶この「給人帳」の文字は他の史料の大部分が標準的な中世武家文書型の字体であるのにたいし、稚拙な感じが強く、文字も異種であり、現存本はおそらく写しであろうと考えられる。

外形的に見てすくなくとも以上のような問題があるが、さらにこの史料には、その成立事情を物語ってくれる記載がほとんどない。史料の末尾に「文明十四年十一月日」とあるほか、とくに前文・後文的な記載は一切ない。史料の性質からいえば給人＝家臣名簿であるから、その作成にあたった人の署名があってもよさそうであるが、そのようなものもない。もともとどこかに差し出したり他から与えられる文書という性質のものではなく、茂木家自身の必要から覚書的な目的で作成されたため、とくに公式文書のように整備した形式をとらなかったと解するほかはない。

そこで「文明十四年十一月日」という年月日がせめても茂木家にとってどのような意味をもつか知りたいのであるが、これもはっきりしない。「系図」では治時が文明十一年に死去して、知行がそのあとをついで間もない時であるが、この時期にあらためてこの帳簿が、外部からの要求でなくしてつくられねばならなかった直接的理由は、関連文書からもすぐにはひきだすことができない。したがってこの史料については、以上のような疑問を打消しがたいのであるが、それだけではこの文書の内容上の価値を否定する積極的理由にはならない。もともと覚書的なものとすれば、形式・字体等のことはさして重大ではない。そこで一般的疑問は以上にとどめ、以下その理解を深めるためにただちに内容にたち入っていくこととしよう。

表 10-2　給人の身分および給分高構成

区　分	殿原	寺家	中間	職人	計
30貫文以上	名 1				1
20～29	2				2
10～19	15				15
5～ 9	15		1(1)		16
5 未満	23	3	26(2)	11(3)	63
計	56	3	27	11	97
給分額計	貫　文 420.090	貫 10.000	貫　文 52.330	貫　文 17.200	(4) 499.620

〔備考〕 (1) これは「宿の中間」17人分が一括記載されたもの.
(2) このうち23人が 3 貫未満.
(3) このうち10人が 3 貫未満.
(4) 原　料では 498 貫 500 文であるが筆者の計算によって示した.

1　給人の構成

まず、この「給人帳」の記載について見ると、冒頭に「殿原給分」とあって、

三十貫五百文　　赤上豊前□□
此内十三貫五百文鮎田堀内、同郷六貫文□□、此内壱貫五百文公事面、十一貫文小井土堀内、

というふうな形で、まず「殿原」についての記事があり、ついで「寺家」「中間」「職人」という順序で、それぞれの給分の高などが記されている。

この記載の内容を、給人の身分別・給分高別に整理してみると、

表 10-3　郷別殿原給分分布状況

郷 名	給分貫文高	給人数
小井土	貫　文 34.950	名 6
坂　井	39.650	6
藤　輪	15.965	5
茂　木	0	0
神　井	5.000	1
鮎　田	31.500	3
増　井	33.000	2
林	19.450	3
馬　門	1.500	1
飯　野	16.030	3
その他	15.600	3
不　明	128.383	23
計	341.028	56

〔備考〕 現在の小字と「給人帳」の小字の一致するものは，すべてそれに従って処理した．たとえばスナ田→藤輪，藤木→小井土，ミそのを→藤輪，北高野→飯野など．

表一〇-2のとおりである。すなわち「殿原」五六名、寺家三名、中間二七名、職人一一名というのが茂木氏の給人の構成であり、総給分高は、ほぼ五〇〇貫文、うち殿原層の給分高が四二〇貫文におよんでいる。

この数字からも明らかなように、茂木氏の給人の中核をなすものは殿原身分であった。それらの給分高は、総人数の四割までは五貫文未満であり、最高三〇貫五〇〇文、平均一人八貫に満たない程度であるが、すべて有姓であり、中間の給分高が一人平均二貫文未満で、しかもすべて無姓であるのとは明瞭にちがっている。

つぎに殿原層の給知の在り方を郷別に整理してみると表一〇-3のとおりである。表中、「その他」とあるのは「嶽堂」「宿」「幕串」「檜山」「羽黒」などの地名の記載があるが、それらが十ヵ郷のいずれかに属するのか、それとも十

表 10-4　切符受給状況

姓　　名	給分高合計	ウチ切符高
	貫	貫
赤上内匠助	4.350	2.000
塩沢但馬□	16.600	5.000
塩沢信濃守	27.500	1.500
塩沢清左衛門	5.000	1.300
入野治部□□	10.000	3.000
関主計助	10.300	1.132
河上六郎	4.500	1.000
檜山太郎五□	1.500	1.500
檜山大炊助	10.000	1.647
檜山□□□	3.750	3.000
塡石平左□□	10.370	2.900
塡石八郎五郎	2.880	2.880
河俣八郎□□	5.000	5.000
河俣四郎□□□	2.000	2.000
近沢五郎左衛□□	5.000	5.000
町井□□□□	5.000	5.000
町井五□□□□	5.000	5.000
町井四郎左□□□	4.600	4.600
宮下源右衛□□	10.000	2.800
よしゆ彦左衛門	2.000	2.000
道珍	10.000	0.650
計　21名	155.350	58.909

表 10-5　殿原給分の構成

	貫 文
10ヵ郷分	212.645
郷不明分	128.383
切 符 分	58.909
計	399.937

ヵ郷以外の地名なのか判断しえないものである。また「不明」とあるのは、史料の破損によって地名が判定しえないもの(ごく少し)および地名記載がまったくなく、給分高のみが記されている部分である。

またこのほか、殿原給分には「切符」という形による給分が表一〇-4のとおりほぼ五九貫ある。それをあわせて十ヵ郷分・郷不明分・切符分という三区分の関係を表示すると表一〇-5のとおりである。史料のうえでは殿原給分の合計は表一〇-2にみられるとおり四二〇貫〇九〇文であるが、記載洩れの部分等があるため、具体的に追求しえたのはこのように三九九貫余にとどまるのである。なお切符給分をもつものは殿原五六名中二一名、一人宛の切符受給規模は、最高で五貫程度、受給者の身分はかならずしも殿原の下層とはかぎらないが下層の者には切符給与だけのものが多い。これらの事情は表一〇-4に見られるとおりである。

さて以上の諸事実からして、給人とは、どのような社会層であり、具体的にはどのような存在形態をとっていたというべきであろうか。この点を確定するためには、まずかれらの給分の尺度である貫文高の意味・性格を明らかにせねばならない。

2　貫文高について

貫文高による年貢表示は、従来一般には戦国大名に特有なものと理解されており、近年とくに進展した貫高制の研究においても、それが守護の一国平均賦課権に属する段銭を槓桿として成立してくる戦国大名の収取体系であることの面が強調されている。(1) その点からすれば、文明年間の国人領主茂木氏の知行制が貫高表示をとっていることには疑問が感ぜられるかも知れない。しかし南北朝～室町期の在地領主史料について見れば、貫高表示はかなりひろく見られるところであって、けっして奇とする必要はない。たとえばおなじ関東の例をとって見ても、上野国新田荘の岩松氏が永徳四年（一三八四）から応永十七年（一四一〇）にかけて作成した上堀口・江田郷・村田郷・由良郷奥村・上今居郷の五つの地検帳では、[2]年貢はすべて貫高で表示されているのである。この場合は田畠耕地が在家と結合されて、在家別に地積に応じた貫高が表示されている点に特徴があるが、その貫文高が標準的な年貢高であることは明白である。

このように、在地領主＝国人層の年貢収取＝農民支配が、いつ頃からどのようにして貫高によって表示されるようになりだしたかは、現在のところまだ確定されるに至っていない。荘園領主が請切代官制の採用によって京済年貢何貫文という契約を行ない、またほとんど同様な内容で、一国国衙領が「何千貫之地」という形で表現されることは、すでに南北朝期には認められるし、守護段銭が銭高表示をとることはもともと貨幣による収取の関係上当然のことであった。しかし、在地して直接農民支配にあたっていた国人領主がなぜ貫高表示方式を早期に採用しはじめたかは、なお十分検討の余地がある。現実に農民から年貢を収納する際には貨幣納でなかったらしいことは岩松氏の貫高制の性格についてふれた峰岸純夫氏も指摘するとおりであるが、[3]それにもかかわらず、年貢基準を貫文であらわす理由がどこにあったかは速断しえぬところである。

ところで、このような貫文年貢の基準はどのようなものであったか。「給人帳」には貫高と地積の関係を示してくれる記載は原則的には存在しない。しかし殿原分には一個所だけ「壱貫五百文藤縄郷田三反」という記載があり、中間分のなかには「壱貫文根本、田二反」「五百文宮之内、田一反」「田一反四百文増井郷」「田屋田二反壱貫二百文」「田一反五百文河井ヨリ」という五個所の記載がある。一般には貫高・地積が併記されないのに、この部分だけなぜ併記されているのか理由ははっきりしない。しかしこの併記されているもののかぎりでは田一反を五〇〇文とするもの四、一反＝四〇〇文とするもの一、一反＝六〇〇文とするもの一、であるから、田一反＝五〇〇文が標準的な数字であると考えてまず差支えないであろう。この点、新田荘の江田郷では二〇〇〜三〇〇文、村田郷では二四〇〜三四

○文、由良郷奥村三〇〇文、上今居郷三五〇〜四〇〇文であるから、新田荘諸郷は二〇〇〜四〇〇文の範囲ということになり、茂木領の方が高率となっている。

そこでこの貫文と米量との関係が問われねばならないが、それには平均的に一貫＝一石というのがこの時代の全国的な基準であるという常識を適用しても大過ないであろう。[4] 周知のように荘園の代銭納の場合、時々の和市はかなりの振幅をもち、一石＝一貫を上下しているが、一石＝一貫が基準となっていることは否定できない。戦国大名毛利氏の貫高制においても一貫＝一石が採用されていた。とするとこの茂木領の一反＝五〇〇文という年貢高も米に換算して一反＝五斗程度になると見てよい。問題はその際、これらの給人得分のほかに上級領主の収取分があったかどうかという点と密接にかかわるが、ここではおそらく上級負担は軽微であって、守護の臨時賦課などを除けば給人のほぼ一円収取が成立したと考えられるから、その点からすれば反当五斗程度の収取率は農民負担の側面から見ても、荘園制以来の伝統的な収取率から考えても、ほぼ常識的な水準と理解することができる。

ここで、給人得分以外の上級収取関係がごく軽微であったろうと判断する根拠は、十分なものではないが、文和二年(一三五三)六月十日付、茂木知貞条々置文のなかに、

一、恒例鎌倉乃御公事、幷京進之事、当保東西乃公田仁配分志天、任先例可致沙汰之条同前矣

とあることと関連する。「京進」とは、おそらく、国衙・荘園系の中央領主の収取を意味するであろう。しかしそれは右のように「公田」にのみ課せられるものである。茂木領の「公田」がどの程度の比重を占めるか確定はしにくいが、「給人帳」のなかには、

十六貫六百文　　塩沢但馬□

此内五貫二百文坂井郷松本、公田、三貫四百文同郷梅沢、公田、壱貫五百文同郷持倉、公田、五貫□□藤縄郷切符、

壹貫五百文同郷スナ田田三反□□

とあるように、給分中に「公田」と指定された部分が散見するが、その合計はわずかに一八貫五五三文で、総給分高約五〇〇貫文に対してまことに微々たるものである。したがってこれが「公田」の全体とすることには、あまりに少なすぎるという疑いがあるが、いずれにしてもこの段階で茂木氏給人の給地内には中央領主の収取対象たる「公田」がさして大きな比重をもっていないだろうことは容易に推定しうるところである。

このように十五世紀末葉の茂木給人領においては、「公田」の比重がきわめて小さいとすれば、反当五〇〇文＝五斗程度のものが農民負担のほぼ全額であり、それは、給地に関するかぎりすべて給人の得分に属したと考えて差支えないだろう。もしそう解すれば、さきの十五世紀初頭の新田荘諸郷では反当二〇〇〜四〇〇文であって、茂木領にくらべて低額である理由如何という疑問が生じよう。しかし新田荘諸郷では耕地も在家別に把握・計上されているから、そこではほかに在家役のことも考慮せねばならず、また年代的にも十五世紀初葉にまでさかのぼるから、上級領主への負担比重もやや大きく(この実体は不明)、そのため在地領主岩松氏の取得する年貢量が比較的低くおさえられていたのかも知れない。

つぎに切符および所付のない貫高の問題である。確証できないが切符はおそらく茂木氏の直轄領の年貢部分から貨幣で給付される部分であろう。表一〇-4のとおり、切符の受給者二一名はとくに他の給人からその性質を区別されるところはないから、切符給与は適当な給地がない場合などに茂木氏がその直轄地の年貢収入から直接給付したものであろう。「給人帳」は史料の性質上、茂木氏の直轄領部分については物語らない。しかし当時すでにこのような形で国人領主の家臣団に対する知行宛行制度が発展しているかぎり、他方では主君の直轄領が別に確保されていたことは疑いない。新田荘諸郷の場合は検注帳によって、領主岩松氏の直轄領＝「御料所」部分が判明するが、面積で見て、村田郷では、寺社分・給分をふくめた全体の約三四%、由良郷奥村では五八%、上今居郷では六三%に及んでいる。(5)茂木氏の場合、茂木郷には給分が全く見られないが、それはおそらく今日の「館」部落を中心とした茂木氏の本拠地であって、ここはすべて茂木氏の直轄領とされたからではなかろうか。しかしもちろん直轄領は茂木郷のみならずおそらく十ヵ郷全体にわたっていたと考えるべきであろう。これに対して、給分高記載がありながら給地名＝所付の記載をまったく欠くものが少なくない点については、判断を下すことができない。これが切符と同じように、本来茂木氏の直轄部分であるとすればいちおう納得できるが、そうでないとすれば、その性質はいまのところ不明とするほかはない。

以上によって給人の給分は、(1)所付のある給地(公田・非公田をふくむ)、(2)茂木氏直轄領からの切符給分、(3)所付もなく、切符と注記もない性質不明の給分、の三部分から成立しており、(1)の比重がもっとも大きい、ということができる。

3　殿原層について

それではこれら給人のうち、中核的存在たる殿原層とは具体的にはどのような社会層でありどのような存在形態をとっていたのであろうか。かれらはたとえば赤上豊前・河連将監など、はなはだいかめしい武士的名前をもつものが多く、それから与えられる印象では専業的武士であり、厳然たる支配階級と考えられやすい。しかし、殿原の一人宛給分高の平均は八貫程度であるから、これを一反＝五〇〇文で面積に換算すれば田地一町六反ということになる。この程度の狭隘な面積から八貫程度の年貢を収得するだけでは、もちろん家族の食料分ほどの収入にしかならず、軍役等を勤めることなどは不可能であろう。したがって、一町六反程度の平均的規模の給人の場合、おそらくその大部分を手作していたであろう。手作すれば、全収穫をみずからの手にとどめうるから条件はかなり変わってくる。もちろんかれらは給分のほかに、百姓なみの年貢負担つき耕地を保有している場合も十分考えられる。史料からそれを直接論証することはできないが、戦国期に入って史料が多くなってくる時期から知られる下層給人の存在形態は、一般に給分地と百姓地の組合せから成り立っているから、この場合にも同様なことは十分推定しうるのである。とすれば、これら殿原層は、じっさいには兵農未分離の村落上層民で、みずからの農業経営ももついわゆる地侍的存在であったと結論しうるであろう。

私が現地で聴き取り調査したかぎりでは、赤上・入野・関・檜山・近沢・町井・宮下・岩崎・石河など、多くの殿原層と同姓の住民はそれぞれ茂木地域の居つきの家として現存している。茂木氏は戦国時代佐竹氏に服属して以後、文禄三年(一五九四)茂木治良が佐竹義重によって常陸の小川に移され、茂木には代って須田治則が入部、さらに慶長七年(一六〇二)には佐竹義宣の秋田移封に従って茂木氏も北遷しているのである。したがって、それにつれて茂木氏の家臣も、茂木の地を離れたことは確かであるが、それがどの範囲の人々であったかは確定しえない。赤上姓などは、茂木氏の出羽での所領、十二所(現大館市域)に現在も墓が残されているというから、一定の人々の移転は疑う余地がない。しかし赤上一族の他のものは、茂木に残って農民化したことも十分考えられるところである。現在、茂木各郷のうち、小井土・馬門・鮎田・神井などにはいずれも「堀の内」の小字が残っており、馬門・鮎田では、その小字内に神社があり、地形的にも村の中心的住民が本拠をかまえたことなどは十分考えられるから、これら郷々の堀の内に住む人々などが殿原として「殿」の敬称つきの地位をもち、地侍化して茂木氏の家臣化したことはきわめて自然に理解しうるところである。このように見れば、かれらが一面では領主的所有地＝給分をもちながら半面では年貢負担つきの百姓地ももって農業経営からなお分離しない姿で存在していたであろうということも十分首肯しうるであろう。

このような殿原層の存在形態だけを抽出すれば、茂木家臣団はいわばまことに泥くさい存在といわねばならない。しかしわれわれは、その泥くささだけにひきつけられて、茂木氏の権力を後進的なものとしてとらえてはなるまい。十五世紀末葉の段階で、国人級在地領主茂木氏が、非血縁の地侍的階層を五六名の多数にわたって家臣化し、かつそれを統一的な貫高基準によって知行制的秩序にくりこんでいる側面も同時に注目すべきであろう。「国人領主」範疇に先行する「地頭領主」段階では、その武力は主として血縁＝庶子と、それら同族が個々に従者としてもつ少数の郎従・中間などであった。しかもそれら郎従・中間は給地関係によって知行制に編成されているのでなく、主家の家産体制に包摂された存在であるにすぎなかった。それにくらべて、ここでは武力の主体は村落上層の非血縁地侍層に移っているのであり、それも明確な知行制的編成を受けているのである。この点は在来想定されていた国人領主の権力・武力構成よりもはるかに先進的であり、農民層の封建的分解の進行に応じて、その上層部分がたとい兵農未分離とはいえ支配階級の末端に組織されているのである。地侍的階層の成長は室町期の社会基盤にひろく見られる現象であるが、それが予想以上に国人領主側に把握されつつあったことは、この「給人帳」の示すもっとも注目すべき問題である。

4　中間および職人について

なお殿原以外の給人である寺家・中間・職人についても一言ふれておこう。寺家についてはほとんど問題がない。坂井観音堂は、現在も同地居住の河上長一郎氏の屋号を「観音堂」といっており、そこに所在したことは明白である。また安養寺は現在も茂木町内に所在する。

中間給分の特徴は、所付の記載のないものの多いことである。中間には二七名の記載があるが、最後の一つは「宿

中間　十七人分」とあるから、これをのぞく二六名中一七名については貫文高のみが示され所付はない。また中間には誰一人切符給与も見当たらない。この理由は説明しえないが、中間が給分高において、平均二貫程度で殿原にくらべ格段低いうえ、すべて無姓であることは、それが格式上、前者と明白に区分されていたことを示すものである。

中間という身分はもともと鎌倉以来、武士の従者としての「下人」と本質的に区別されるものではなかったであろう。応永十年(一四〇三)の熊谷宗直置文によると、「桐原　恒松　袴川者共者、重代相伝家人也、(中略)於中間共者、小六之兄弟部類(中略)弥三郎之子孫部類共、彼者共者、重代相伝下人タル間(下略)[6]」という文言が見られる。つまり「家人」は有姓のものであるのに対し、「中間」は無姓であるとともに「相伝の下人」とも表現されているのである。建武四年(一三三七)八月付野本鶴寿丸の軍忠状は、詳細な内容をもち、従者の身分についても興味ある記載が見られるが[7]、それによれば同氏軍事力には「一族庶子」「若党」「郎等」「中間」があり、そのうち「中間」のみがやはり無姓である。ここでの中間の名前は「平五郎男」などと表現されており、下人売買文書にしばしばあらわれてくるものと同型である。さらに室町中期(応仁直前)と見られる小早川弘景置文においても、「中間(は)名字なきものにて候間、時のきやう干要にて候[8]」などといわれており、中間の地位はほぼ諸国に共通するものがあったようである。この弘景置文で「名字なきこと」と「時の器用」が結びつけられていることは、この種の身分は、世襲的な地位でないことを示唆するものであろう。

このような若干の傍例から推しても、茂木氏の中間もまた、農民下層に属する「下人」的な存在であったことはほぼ誤りないと考えられる。かれらの給分の多くに所付が見られないのも、それが殿原の知行的性質をともなう給分とちがって、奉公に対する給料的なものとしてかれらの直接保有地(宅地・耕地)の百姓分年貢が奉公期間中免ぜられたものにとどまり、知行地的性格をもたなかったからであるかも知れない。

つぎに「職人」について見ると、これにはじっさいは二種のものがふくめられていたようである。一つは姓を欠く名前だけが記されているもの、他は郷名が注記された「定使」である。前者はその職種が記されていないがたぶんふつうの意味における職人で、従来から給付されていた給免田が貫高によって表示されたものであろう。それに対して後者は、郷ごとにおかれる支配のための連絡員的性質のものである。もっともそれは十ヵ郷すべてにおかれたわけではなく、小井土・鮎田・飯野(他に一郷、史料破損のために不明)など比較的給分高の大きい四ヵ郷におかれているだけである。定使給は荘園制下においてもまま見られるから、それ自体はとくに新しいものというほどのこともない。ただ国人領主が村(郷)ごとにこれをおくところに、村落支配への積極的姿勢を見ることは必ずしも不当ではないかも知れない。

以上によって、茂木家臣団＝給人の性格についての吟味をひとまず終える。茂木氏の権力構造の全貌を知るためには、これら給人の負担した軍役について考えねばならないし、茂木氏一門の在り方の問題も大きな疑問を残しているが、いずれも関係史料を欠くために保留せねばならない。

(1)　藤木久志「貫高制と戦国的権力編成」(『日本史研究』九三号)、村田修三「戦国大名毛利氏の権力構造」(『日本史研究』七三号)、佐々木銀弥「中世商業・手工業の諸問題」(『社会経済史学』三一ノ一〜五号)などを参照。
(2)　いずれも「正木文書」に収める。
(3)　峰岸純夫「室町時代東国における領主の存在形態――上野国新田庄の岩松氏の場合――」(『史学』三四ノ三・四号)。
(4)　米価および年貢米の銭換算の問題については佐々木銀弥『荘園の商業』『中世の商業』および百瀬今朝雄「室町時代における米価表」(『史学雑誌』六六ノ一号)を参照。
(5)　注(3)所引峰岸氏論文による。

（6）『熊谷家文書』一〇五号。
（7）相田二郎『日本の古文書』下、六九一号。
（8）『小早川家文書』二ノ四〇一号。

四　国人領主権の性格

茂木氏の武力編成、ひいては農民支配体制が、前節で見てきたように、予想以上に前進した姿を示していることは、はじめにもふれたように、従来の国人領主制の理解をこえるほどのものであるが、それでは他の類似史料と比較検討した場合、茂木氏の領主制はどのような特徴をもつであろうか。

まずはじめに、ほぼ同一条件をもつ地域の例として、前掲の新田荘岩松氏の場合を峰岸氏の研究によって対比してみよう。表一〇-6は十五世紀初頭の支配関係を表示したものであるが、茂木氏の場合とくらべて気のつく点は、「御料所」すなわち岩松氏の直轄領の比重が相対的に高く、逆に給人の給分が低いことである。もちろん茂木氏の直轄領は「給人帳」ではわからないから、そう断定することはできないが、岩松氏では諸給分でも庶子分および定使給・政所給・堰免などの支配のための経費的性格のものの割合が大きく、茂木氏における殿原層のような標準的な給人は、諸郷とも一、二を数えるにすぎない。そのことはおそらく、さきにふれた反当貫文高の低さとも関連するものであって、岩松氏の在地把握、地侍の組織化がなお不十分であったことを示すものであろう。岩松氏の「検注帳」と茂木氏の「給人帳」のあいだには約八〇年の年代的ひらきがあるが、このあいだこそがはじめにふれたような関東の動乱時代であり、社会構造の転換が決定的に推進された時期であった。その点を念頭におけば、両者の差異はむしろ当然といってよいところであろう。

ところが、貫文高表示によって一郷に多数の給人を配した知行関係を示す早い史料としては、康暦二年(一三八〇)の「豊後直入郷給人注文」がある[1]。直入郷は「弘安図田帳」によれば大友頼泰が地頭職をもっており、以後も大友家の所領として伝えられたものであるが、南北朝内乱の中期、応安の頃、志賀氏房にその代官職(本職・検断職)が与えられ、以後志賀氏の所領化していったところである。その応安から間もない時期に作成された「給人注文」は、「直入郷□給人注文御恩帳」とあるところから見ても、志賀氏の給人ではなく、大友氏の給人であり、それを代官としての志賀氏が注文に作成したものである。これによると、この郷に配せられた給人は四五名に及び、上は一〇〇貫、下は二貫という範囲の給分を受けており、不明の二名分をのぞき四三名の給分合計は約七六〇貫に及んでいる。また応永二十年(一四一三)の「直入郷段銭結解状」によれば[2]、直入郷は段銭賦課面積二四二町余、反別五〇文宛、段銭計一二一貫余となっている[3]。したがって、かりに給分対象の面積と反別賦課面積とが等しいとすれば、給分の貫高は一反当り平均三〇〇余文で、さきの新田荘諸郷の場合とほぼ同様の収取率となるのである。

表10-6　新田荘諸郷の支配関係

郷名	寺社分	御料所分	給分	計
	反 %	反 %	反 %	反
村田郷	247(24)	357(34)	433(42)	1,037
由良郷奥村	16(5)	168(58)	108(37)	292
上今居郷	130(22)	367(63)	82(14)	579

〔備考〕 峰岸氏前掲論文による．

ただ大友氏が直入郷において給分を与えた人々は、茂木領の殿原とちがって、当郷居つきの地侍ではなかったらしい。大友氏は元来豊後守護職を世襲した家筋であり、その政治的立場を通じて国内武士の多くと被官関係を結成し、これに給分を宛行う関係を推進しつつあった。この直入郷の給人として姿を見せる人々もおそらくその種の人々であり、広い意味では地侍的在地武士の知行制的編成を意味するが、茂木領の場合のように、在地に居つきの農民上層的階層をそのまま家臣団に編成したのとは異なり、一種の所替を行なっている。しかし貫文高によって被官の人々に給分を宛行う形式は共通しているのであり、それは守護職の公権にもとづく段銭賦課とはちがって、大友氏の年貢取分権＝取分高の分与を内容としているのである。それは発生史的には大友氏の保持した地頭職に根拠をもつであろうが、この段階では、前述の反当三〇〇文程度の貫文高からもわかるように、大友氏の取分が、年貢の重要部分に転化成長してきているのであるから、この貫文高は段銭とは明白に区別される性質のものである。そのような内容をもつ貫高給付が大友氏の場合、南北朝中期にすでに採用されていたことは、従来あまり注意されなかったことであるが、重要な事実である。守護がその国内において保持する直轄所領において、このような収取・知行制度を採用するとすれば、管内有力国人たちもまた当然同様の知行制形成にたち向かうであろう。直入郷における大友氏の貫高制的給分は、守護という一国公権の保持者のゆえになしえたことではなく、遠隔地域における地頭職保持者＝在地領主としてなしえたことであるから、それは他の国人にとっても採用可能のことであると見ねばならない。

そこでもうひとつ、貫高給与の面よりも家臣団構成が比較的よくわかる竹原小早川氏の場合をみよう。小早川氏は本宗沼田小早川氏と庶流竹原小早川氏とが早期に分立し、それぞれ自立的な形で領主制を発展させているが、(4) 後者に関係するものに「竹原弘景置文」がある。(5) これについては別の機会に多少ふれたことがあるが、(6) そこでは惣領制的な権力構成から地域的権力への転換過程がかなり鮮明に見られるのである。

この「置文」が作成されたのは、弘景が家督を子弘平にゆずった(7)応仁元年(一四六七)よりやや以前の時期であるが、そこには所領分割を受ける「一家一属」以下所領配分を受けず竹原惣領家の「扶持」を受ける一族＝「家の子」、「内の者」、「中間」など、家臣化しつつある血縁・非血縁の諸層があげられている。とくに「茂木氏給人帳」との対比で興味ある点をあげれば、「内の者」の「山田は地下、年比本名字ある者」とか「中間(は)名字なき者」などというように、「地下」的階層のなかに、名字ある者と名字なき者があり、前者は「内の者」、後者は「中間」として区別されていることである。これは茂木における殿原・中間の区別とまさしく照応するものである。一般に名字の有無が当時の農村において、どのようにして定まっていくのかは、今後検討すべき興味ある問題である。内の者、殿原と中間のような身分がさきに確定されて名字を名乗ることが許されたり禁ぜられたのか、また本来、農村の自生的な階層秩序として名字の有無といった身分差別が実現し、それに応じて給人身分の上下が生じたのか、にわかには断定できない。しかし、名字の有無による二層の存在は中央・辺境を問わずひろく当時の農村社会に認められ、これが封建支配を下から支える身分制秩序となっていたことは、すぐれて室町期的な現象なのである。

それはともあれ、このような竹原小早川氏の家臣団編成は、貫高制的知行制と結合していたであろうか。「弘景置文」によるかぎり、各層家臣に対する格付の仕方は、竹原小早川家との血縁親疎、服属の時期、村落社会における家格などが重視され、画一的な基準としての貫高のようなものは示されていない。そのかぎりでいえば、茂木の方がはるかに先進的な様相を示しているのであり、たしかに、竹原小早川家の家臣団編成はなお鎌倉以来の惣領制的原理からの転換途上にあったというべきかも知れない。しかし、「弘景置文」は個々の家臣について竹原家との因縁をのべているものにすぎないのだから、それが貫高給与制とまったく結合していなかったと断定することも早計である。現に、本宗沼田小早川氏は永享二年（一四三〇）、庶流椋梨小早川道就や和木小早川範平を家臣化するため知行注文を提出させているが、(8)その所領は「沼田新庄椋梨村　本田数十六丁三反二百八十歩内不作河成六丁参反、定田十丁二百八十歩、分銭五十貫四百二十六文地頭領家」というように、一反＝五〇〇文の関係で表現されている。とすれば沼田小早川氏の所領把握が、そのような貫文高基準を採用しつつあったことはたしかであるから、近接する同族竹原小早川領においても類似の方向が進みつつあったと判断すべきであり、またそれが一般給人に対する所領給与方式とも無関係であったとは考えられないのである。

以上のような諸事例を参考にしてみると、戦国争乱に先立つ十五世紀段階の国人領主が、一反＝三〇〇〜五〇〇文程度の貫高制を媒介として、村落上層の地侍的階層の家臣化をかなり組織的に推進しつつあったことは、一般に認めうるところであり、それは従来の常識化している国人領主像より、先進的なものとして理解できるのではなかろうか。はじめにふれたとおり「茂木氏給人帳」について、私は史料的に不安を感じ、ここまで述べてきたいまも、地侍的殿原層が「赤上豊前」などと名乗ったりする点や、一般の在地領主文書には類例の乏しい「給人帳」を成立・残存せしめている理由についてはなお不安を払拭しえたとはいえないのであるが、最大の論点であった国人領主の貫高制による家臣編成の問題については、他との比較検討を通じて、必ずしも特異といえないことだけは明らかになったであろう。またこの点の史料的妥当性が認められるなら、右のような形式上の不安はとくに問題としなくてもよいのではないか。もともと「給人帳」のようなものが必要であることは当然であるし、地侍が武士的名乗をとることも必ずしも不思議でない(9)。

そこで最後に、十五世紀の国人領主層がこのような内容をもつ知行制を急速におしすすめた歴史的事情について一言ふれて結びとしよう。

十四世紀の南北朝内乱以降、国人の軍事行動の幅がにわかに拡大されるにともなって、兵力増強要求と貨幣需要が急速にたかまった。とくに十四世紀末から十五世紀にかけての室町幕府＝守護領国制の進展は、国人層を鎌倉期的孤立にとどめておくことをゆるさず、かれらは守護被官となるか将軍奉公衆となって、上部権力との結合を強めざるをえず、それにつれて上京勤務や遠隔地への転戦の機会が増大し、それがかれらの負担を大きくした。さきの竹原小早川弘景の先々代にあたる同名の弘景(陽満)が、嘉吉三年(一四四三)、子の盛景に与えた置文の一節において「領内とく《(徳)》

人共ねんころにふち候て(中略)用に立れ候へく候」[10]と領内富裕者の保護をいい残していることも、当時急増した貨幣需要を背景とした切実な言葉である。また文明十九年(一四八七)八月二日付、沼田小早川敬平の奉行真田頼定が作成した「四月十六日京着仕候てより、私請取御公物料足」という注文には、「五十貫文売屋にて御借銭之代、十貫文応蔵主ゟ御借銭、六十貫文堺ニて御質之代」[11]などの借銭記事が見られるが、敬平上洛にともなう出費の多くの部分はこのようにして借銭でまかなわれねばならなかった。

こうした軍事的緊張と貨幣需要の膨張は、必然的に国人領主に在地支配の強化を要求することとなり、それは、一方では年貢収取の強化、他方では農民上層の給人化を促進することになるのである。周知のように、十五世紀は農民闘争のもっとも熾烈に盛り上がった時代であった。年貢減免や不納の動きとからんで、剰余分の一部を掌握する村落の小領主層が簇生し、それが殿原的な地位をつくりだしつつあったことは、十五世紀社会の普遍的現象である。国人領主がそれに対応し、支配を強化するもっとも効果的な手段は、そのような地侍・殿原的階層を、自己の被官として支配の側にくりこみ、かれらの村落社会における地位を介して農民収奪を強化することである。そのためには、国人領主は地侍・殿原層に一定の給分を保障せねばならない。それは一面からすれば国人領主にとって直接収入の減少であるが、他面からすれば農村支配と兵力強化を一挙に実現するための効率よい支出である。近年、大山喬平氏は室町末・戦国初期の時期において領主権力の在地への浸透・定着が、村落上層の武装農民の被官化をすすめ、さらにそれが周辺農民を包摂してゆく過程を農民的小経営の発展との関連において指摘しているが[12]、農民の被官・給人化による領主権力の農村末端への浸透運動は、すでにそれに先立つ十五世紀の国人領において進行しつつあったといえるのである。従来国人領主制の性格を論ずるとき、荘園制との関連面や幕府＝守護領国制との関連における制約的側面に注目し、国人領主の相対的に独自な発展面を追求することが弱かったように思われる。それは国人領主制研究がしばしばこの時期の史料としてもっとも豊富な荘園領主側の史料に依存しがちであったこととも関連する。本稿はそのような反省に立ちつつ、国人領主自身の史料に即してその実体を追求するための一つの作業であるが、上記の考察からえられる国人領主像は、荘園史料を通じてえられるそれとかなりへだたった先進的なものであると思われるのである。

(1)「志賀文書」二一九号(『熊本県史料』中世篇二)。
(2)「同前」二三二号。
(3) この点の詳細は渡辺澄夫「豊後国大野荘における在地領主制の展開」(九州荘園綜合研究会編『豊後国大野荘の研究』所収)を見よ。
(4) この点、田端泰子「室町・戦国期の小早川氏の領主制」(『史林』四九ノ五号)を参照。
(5)『小早川家文書』二ノ四〇一号。
(6) 永原慶二『下剋上の時代』三一六頁以下および『日本の中世社会』二〇一頁以下。
(7)「竹原小早川系図」による。
(8)『小早川家文書』二ノ五四一・二号。
(9) 現茂木町域に属し、中世においても茂木氏の所領となっていた小深(茂木東方、那珂川左岸)部落には文禄三年の検地帳が残されている(矢野長男氏蔵)。この帳に登録された人々の構成は下表のとおりである。すなわち七反以上層はすべて屋敷地持であるが、この最上層部がかつての殿原的階層に属したと推定され、また「豊後」「日向」「雅楽丞」などの武士的名前をもっているのである。
このような文禄の事態をふまえると、いちめんでは文明の「給人帳」の記載(百姓名乗など)も文禄に近いと考えることもできようが、半面ではむしろ、それを文明までさかのぼらせても少しもおかしくないと考えられよう。

区分	名請人数	うち屋敷持数
0～1反	8	3
1～3	10	4
3～5	4	0
5～7	5	3
7～10	2	2
10～15	3	3
15～20	4	4
20～30	3	3
30～40	3	3
40～50	3	3
計	45	28

（10）『小早川家文書』二ノ三五一号。
（11）『同前』二二〇号。
（12）大山喬平「室町末・戦国初期の権力と農民」（『日本史研究』七九号）。

第十一　嘉吉徳政一揆の性格について

一　問題の所在

嘉吉徳政一揆の研究は、大正期の三浦周行(1)、昭和十年代の中村吉治(2)、両氏によって本格的な開拓の鍬が打ちおろされた。この両氏の論文は、嘉吉一揆の直接史料に関するかぎり、ほとんどもれなく探索し、それから知りうる範囲の史実を余すところなく復原したものといえる。

これに対して、戦後の諸研究は、三浦・中村氏によって明らかにされた史実を、中世後期の経済史・農民闘争史の流れのなかに位置づけ、前後の諸現象との関連を追求することによって、この一揆の歴史的性格・意義を確定しようとする方法をとって進められている。

そのもっとも代表的なものは、一九四九年に発表された鈴木良一氏の労作「純粋封建制成立における農民闘争」である(3)。鈴木氏はそこで中世後期の農民闘争の形態・段階を、「訴訟逃散」→「強訴逃散」→「土一揆」→「国一揆」という形でとらえ、正長・嘉吉の大規模な徳政一揆を「土一揆」段階として位置づけた。氏の「土一揆」段階の規定は、(1)一揆の主体が「強訴逃散」の段階から引きつづいて、代官名主的階層と一般農民との二階層の結合体である「百姓」であること、(2)しかしその結合が一荘園の範囲をはるかにこえるとともに相手も一荘園領主ではなく、幕府およびそれと結合する土倉に直接向けられてきたこと、(3)農民は過重な年貢負担のため利銭・出挙・質入等の形で土地を喪失しつつあったため、負債帳消しの徳政要求をもったこと、などの諸点を明らかにし、一揆の構成主体・行動形態・闘争目標などについて重要な提言を行なった。

鈴木氏のこの研究は、一揆の歴史的評価に重点をおいたものであるが、とくに一揆の主体たる「百姓」が、その内部で封建的階級分解を進行させつつあり、その上層たる代官名主層は小領主的性格を漸次つよめ、嘉吉一揆をピークとして次第に農民とのあいだの階級的矛盾をあらわにし、「国一揆」段階では、「百姓」結合は解体してしまうこと、その意味で「土一揆」段階は「純粋封建制成立」過程における、荘園制およびそれに寄生する高利貸資本に対する階級闘争であることを指摘した点は、三浦・中村氏の場合には見られなかった理論的把握を示したものとして注目されるのである。

ところで、この鈴木氏の研究以後、嘉吉一揆を独自にとりあげた研究は久しく途絶えていた。そのひとつの原因は、以上の三論文によって、史実の面でも史的意味づけの面でもいちおうの段落に達したからであろうが、なによりも、鈴木氏とは異なる問題把握の視角が発見されなかったからである。

そうした停滞を破ったのは一九六三年の稲垣泰彦氏の論文「応仁・文明の乱」であった(4)。この論文も史実の大筋については、中村氏の段階で明らかにされたものをほぼそのまま継承しているが、稲垣氏は、土一揆の基本要求が封建的貢賦反対と高利貸の土地収奪反対にあったとする鈴木氏の主張に的をしぼり、(1)貢賦反対は元来個々の荘園領主に向けられている「荘家の一揆」の課題であって、徳政一揆とは区別さるべきものであること、(2)徳政一揆の参加者は嘉吉一揆のみならず、つねに武士や地侍・名主上層などが中心であり、農民一般とはいえないこと、(3)その意味で徳政一揆に直接農民闘争の要素を求めることは妥当でないこと、などを主張した。

この稲垣氏の指摘は、たしかに鈴木論文の弱点をつくものであった。年貢収奪に対する闘争は個々の領主に向けられるのが当然であるから、鈴木氏のように、徳政一揆をただちに農民闘争の基本形態とし、年貢収奪に対する闘争も徳政一揆の直接的な闘争課題だと見ることは徳政一揆の性格をあいまいに拡大することになりかねない。その点で年貢反対闘争を主軸とする「荘家の一揆」を徳政一揆から区別すべきだという稲垣説はたしかに妥当な指摘だといえる。また鈴木氏が、農民が利銭・出挙・質入・頼母子などによって高利貸資本の収奪にさらされ、それが徳政一揆蜂起の要因であったことを指摘しながら、他方すぐそれにつづいて、しかし土倉そのものは支配層をその貸付相手としていて、農民に対する債権者ではなかった、といっている点もいささか自家撞着的な発言であり、稲垣氏はそれゆえにこそ、徳政一揆の主体は武士・名主上層であって農民ではない、と強調したのである。こうして稲垣氏は鈴木説の盲点に鋭く切り込んだといえるが、半面、もし氏のいうとおり徳政一揆が農民闘争の基本形態でないとすれば、なぜ事実として、嘉吉一揆において、中村氏等が明らかにしたように数万といわれるほどの広汎な農民が蜂起したのか、という当然考えなくてはならぬ疑問への解答がかえってはっきりしなくなってしまったといわねばならない。

この点について一九六五年、永原は一つの別個の視角を提出した。(5) それは結論的にいえば、この一揆には幕府首脳や守護大名の争いが密接に絡んでおり、一揆蜂起にはとくに畠山持国派の工作があったらしい、したがって、京都周辺の農民闘争の高揚・高利貸資本の農民保有地収奪という一般的条件に加えて、こうした特殊な政治的条件を考慮しなければ、あれほどに組織的かつ大規模な一揆の本質は理解できないのではないか、ということである。

これに関連して黒川直則氏は一九六七年「徳政一揆の評価をめぐって」という論稿を発表し、(6) 稲垣氏および永原の見解は徳政一揆の意義を中世農民闘争の過程において比較的小さなものとする傾向にあり、支持しがたいという意見を提示された。黒川氏はそこで、徳政一揆が鈴木氏のいうとおりやはり農民闘争に他ならないことを論証すべく、近江朽木荘の新たな事例に即して、農民保有地が出挙・質入・借銭・借米等の形をとって朽木氏および殿原といわれる上層民の手に集中されてゆく事実をあげ、京都周辺農民といえども土倉に直接債務を負っていたとはいえないが、こうして各種の債務関係を通じて土地を喪失し零落してゆくところに、農民がひろく徳政令を要求する根拠があった、とした。そして氏は、その後もさらに「中世後期の農民一揆と徳政令」(7)などの論文を発表しているが、この点に関するかぎりその主張はかつて鈴木氏が指摘したところを継承し、それをより具体化しようとするものであるといえる。

この黒川氏の所論は、農民闘争が徳政一揆という形態をとって展開する根拠を解明しようとするものであり、鈴木氏が問題としてはとらえながら、具体的には論証しえなかったところに鍬を打ちこんだものとして積極的に評価すべき労作である。しかしながら、私見との関連でいえば、永原のさきの指摘をもって、稲垣氏の所論とともに、「農民闘争としての徳政一揆の位置を比較的小さいものとする見解」と見なされる点は、筆者としては了承しえないところである。筆者が嘉吉一揆の政治的背景として畠山持国派の工作があったらしいことを仮説として提起したことは、私の書物の関係部分を全体として読んでもらえば明らかなとおり、一揆の農民闘争としての性格を否定したり、それを小さく評価する目的からのものではない。農民闘争としての本質を認めた上で、なおそれにしてもあのように、組織的かつ長期・大規模な一揆が果していかにして可能であったかという点を問題にしたのである。黒川氏はこの点を総合的にとりあげず、一揆と畠山との関係を問題にしたこと自体が農民闘争としての本質を軽視するものとするのであるが、これは問題の一面化である。

黒川氏がもし筆者の所論を正面から批判しようとするのであれば、嘉吉一揆が、土豪・農民自身の力のみによって他の一揆とはちがって、あれほどに大規模かつ組織的・集中的に戦いえた根拠を論証せねばならないが、氏の諸論稿はその点にはほとんど関心を示さず、もっぱら、債務による加地子名主職・作職の流出、その奪還としての徳政令、という農民の徳政要求の原因の追求に視点をしぼっているのである。その点はもちろん重要なことではあるが、嘉吉一揆のような大規模かつ組織的な闘争形態がくりひろげられた根拠は、このような基礎的要因のみからでは十分には説明できないのであって、やはり、それがいかにして組織され、いかなる指導によって展開したのか、という組織・運動過程の具体的条件を考える必要があるのである。

黒川氏が朽木荘について明らかにしたように、農民の債務関係が荘内の小領主・土豪とのあいだに取り結ばれるのだとすれば、農民の徳政令を要求する一揆に対して、小領主・土豪はむしろ債権擁護の立場からその敵対者・抑圧者の側にまわるであろう。ところが嘉吉一揆の場合、一揆の中心部に小領主・土豪があったことは鈴木氏以来ひろく認められているところであり、黒川氏もそれを否定していない。とすれば、嘉吉一揆における小領主・土豪・農民の統一された行動は朽木荘における矛盾＝収奪関係の在り方から直線的には説明できないのであって、さらに別の条件をも考慮する必要があるのである。

黒川氏のこのような所論に引きつづいて、最近、田端泰子氏の研究も発表された[8]。この論文は新たに公刊された『山科家礼記』を素材として、山科七郷における農民経済の動向をふまえた徳政一揆の新研究であるが、その骨子はほぼ黒川氏の線に近い。

以上のような研究史をかえりみるとき、筆者は黒川氏の誤解を正すためにも、またさきの私見が仮説としてもなお展開不十分である点を補正するためにも、嘉吉一揆についての考えをとりまとめておく必要を痛感する。本稿はそのために執筆されるのであるが、上記の主旨にもとづき、とりわけこの一揆のもつ農民闘争としての側面と細川・畠山の抗争という特定の政治的条件との絡みあいに焦点をしぼって考えてゆくこととする。

(1)　三浦周行「足利時代の徳政」(同『続法制史の研究』所収)。
(2)　中村吉治「応仁前期の徳政と土一揆」(『東北大学法文学部記念論集』所収)。

(3)　鈴木良一「純粋封建制成立における農民闘争」(『社会構成史体系』所収)。
(4)　稲垣泰彦「応仁・文明の乱」(岩波講座『日本歴史』中世3所収)。
(5)　永原慶二『下剋上の時代』八〇頁以下。
(6)　黒川直則「徳政一揆の評価をめぐって」(『日本史研究』八八号)。
(7)　同「中世後期の農民一揆と徳政令」(『日本史研究』一〇八号)。
(8)　田端泰子「徳政一揆に関する一考察」(日本史研究会史料研究部会編『中世の権力と民衆』所収)。

二　一揆の展開過程

嘉吉徳政一揆は「東寺執行日記」八月二十八日条に「土一揆号徳政、在々所々ヨリ責京中、於清水坂京極方ト矢合、京極方五十三人手負、土一揆モ十人斗」とあり、また『建内記』嘉吉元年九月三日の条に「近日四辺土民蜂起、号土一揆、称御徳政」とあることからみて、嘉吉元年(一四四一)八月末から九月初にかけて蜂起した。そして、一揆勢数万といわれるほどの高揚のなかで、九月十二日、「一国平均」の徳政令を獲得したが、なお圧力をゆるめず、それから一ヵ月後の閏九月十日、詳細な規定をもった「天下一同」の徳政令を発布させることに成功し、それを最後として史料上から姿を没した。したがってその行動期間は少なくとも四〇余日という長期にわたり、規模の大きさ、組織の見事さとともに、農民蜂起としてはおどろくべき持続性を示したものといわねばならない。この一揆の性格を正しく理解するためには、まずその具体的経緯をおさえておく必要がある。

1　蜂起時の政治情勢

周知のように、この徳政一揆の直前の六月二十四日、将軍義教が赤松満祐に暗殺された。義教は将軍への権力集中を強くおしすすめていただけに、(1)この専制支配者の突然の死は、幕府首脳部に深刻な動揺をよびおこした。この時、幕府をあずかる管領は細川持之であったが、義教横死のわずか五日後、畠山持国が河内から上洛するらしいという風説が流れ、これをめぐって京都は戦争になるかもしれないという不安にまきこまれた。これについて、七月一日、持之は使を持国のもとに送ってその真意をただしたが、七月四日には、持国の弟で、さきに義教の支持をえていた持永が、遊佐・斎藤などの有力被官とともににわかに京都を出奔し、また他の多くの畠山氏の被官が河内の持国のもとに走った。(2)

これはこの年の正月二十九日、将軍義教が畠山家の惣領持国を疎外して家督問題に干渉し、異母弟持永に家を継がせたため、持国は義教の「不興」を受けた形となって河内に下り、挽回の機会を窺っていたことによるのである。(3)それゆえ義教の急死は持国にとって幕府中枢への復帰の絶好の機会であった。持国は管領細川持之の使に対し、持永および遊佐・斎藤の誅伐と自身の幕府への復帰を主張した。持永等の京都脱出はそのためである。

こうして義教の横死に加え、畠山持国の入京切迫という動きが、京都の政情に緊迫の度を加えた。しかも幕府の赤松追討軍は諸将の思惑が交錯して容易に編成できず、「発向遅引慮外」(4)というありさまであり、この間、山名持豊はその部下が陣立と称し、洛中土倉に押入り質物を奪取するのを制止せず、京都の治安担当という侍所所司の任務を全く放棄していた。(5)持豊のねらいは侍所所司の地位を放棄してもみずからの手で赤松追討を実現して、その遺領播磨・備前・美作等の守護職を一挙に掌中に収めようとするものであった。

義教の死によって生じた将軍の空位は、千也茶丸が継ぐこととなったが、事実上幕権を掌握していた細川持之は、諸将の反発を回避するため幼少の千也茶丸の補佐として三千院門跡義承を立てようとした。しかしこれには伊勢貞国が強硬に反対した。この頃、京都の政情は「天下浮説更不静謐」という表現がよくこれを示しており、管領細川持之は赤松満祐と結託しているらしいという風説すらも流された。(6)

こうした流動的情況のうちに、空しく一ヵ月の時が流れたが、七月二十八日になってようやく山名持豊の率いる赤松追討軍が京都を出発した。すると、その間隙を待っていたかのように、八月三日、畠山持国が五〇〇騎を率いて河内から入京した。(7)この上洛について、「種々浮説」があったと『建内記』は伝えているが、上述のように、持之は七月一日、使を持国のもとに遣わしておきながら、これまで持国の求めた持永逮捕も、持国の復帰も認めようとせず、一ヵ月におよんだのだから、持之と持国とのあいだが疑われるのは当然のことである。じっさい持之は、持国の上洛が伝えられるとすぐ、「先隠居可然歟」と、持永に対し畠山家督の放棄による持国との妥協をすすめながら、「尾張守(持国)上洛之時、追々何様可籌策之由管領入魂云々」と伝えられるように、(8)持永を支持して持国への対抗策に腐心していた。

細川持之と畠山持国との関係をこれ以上に直接物語ってくれる史料は存在しない。しかし、細川・畠山両家が管領職につきうる最大の守護大名として、幕権をめぐって根深い対立関係にあったことはまず疑いない。ひとつの事例を示そう。京都南西郊の東寺領上久世荘の公文真板氏は室町初期から畠山の被官となっていたが、細川はこれと対抗するために、被官寒川を上久世に入部させ、公文職を真板の手から奪いとって寒川に与えようと企てている。応永八年(一四〇一)寒川は、三宝院門跡に頼って上久世荘公文職獲得のための訴をおこしたが、幕府はこれを却下、このとき管領は畠山基国であった。(9)ついで応永十九年(一四一二)、管領が細川満元のとき寒川常文はふたたび訴訟してはじめて上久世荘公文職を獲得。[10] ついで同三十四年(一四二七)、畠山満家が管領のとき、公文職は寒川からふたたび真板の手に戻され、[11] さらに永享五〜六年(一四三三〜四)、細川持之が管領のとき、またもや寒川が公文職獲得の訴訟を起こす[12]というように、管領と上久世荘公文職との関係は確実に細川＝寒川、畠山＝真板という展開を示しているのである。いかに京都の咽喉を扼する要地とはいえ、一荘の公文職の帰属一つについてさえも細川・畠山の抗争がかくも長期にわたって激しくくりかえされていたことに注意せねばならない。

このような事情からみて、持国の入洛がともかくも平穏裏に実現したとはいえ、持国と持之との冷い対立が伏在していたことは到底否定しえないところである。

嘉吉徳政一揆は、以上のように、義教の横死、畠山持国の実力入京、赤松討伐の遅延という、極度に不安定な政情のもとで、その不安がもっとも極度に達していたと見られる八月末頃に勃発した。一揆と畠山持国との背後における連絡があったか否かはこれだけではなお断定しえないが、まずこのような政治情勢が一揆の前提であることを確認しておく必要がある。

なお、この嘉吉元年という年は、どの記録から見てもとくべつの飢饉の年であったという徴候はない。

2　一揆の組織と行動

一揆の組織・行動形態をもっともよく伝えるのは、『建内記』および「東寺執行日記」の次の記事である。

〔建内記　九月三日条〕

近日向辺(四カ)土民蜂起、号土一揆称御徳政破借物、以少分押請質物、綷起自江州守護佐々木之六角令張行、坂本三井寺辺鳥羽竹田伏見嵯峨仁和寺賀茂辺物忩絶常篇、今日法性寺辺有此事及火災、侍所以多勢防戦、猶不承引、土民数万之間不防得云々、賀茂辺歟今夜揚時声、去正長年中《普広院殿初頃》有此事已及洛中了、其時畠山為管領、遊佐故河内守於出雲路合戦静謐了、今土民等代始此沙汰称先例云々、言語道断事也、於洛中可警固、於辺土者所々之儀難《侍所》成敗歟、以土蔵之財宝可渡京都之由、管領近日成敗、仍嵯峨辺土蔵之物渡置洛中之由、為此儀者、就嵯峨之在地可令放火可焼天竜寺之由立札云々、

〔東寺執行日記　九月五日条〕

鳥羽吉祥院以下中道ヨリ東一揆ハ東寺ニ籠二三千人有之、此日丹波口ノ一揆ハ今西宮ニ籠一千人斗、西八条寺ニハ五ケ庄衆籠一千人斗、西岡衆二三千人斗ハ官庁神祇官北野ウツマサ寺ニ籠了、又イツモチ口河崎将軍ツカ清水六波羅阿弥陀峰本福寺今ヲタキ戒光寺以下四角八方ニ陣ヲ取廻シ、毎日京中ヘ責入、一揆之陣ハ十六ケ所ト申、諸奉行人有評定云々、

このうち前者によれば、一揆ははじめ近江から起こったとされているが、両者の記述から見て、これにひきつづき京都周辺の諸方面の農民が蜂起し、京都諸口をおさえ、要所要所に陣取って随時市中に侵入したらしい。中村・鈴木氏等の研究は、近江の動きを一揆の発端として、他のものもこれに関連して蜂起したと見ているが、六角氏と延暦寺との対立を契機とする近江の動きと他のものとは本来別個のものであって、おそらく鳥羽・竹田・伏見・嵯峨など、京都の南・西郊方面からする一揆が嘉吉一揆全体から見た場合の主力であったらしいことは、この二つの史料から読みとることができる。

またこの一揆の数について、『建内記』は数万といっているが、「東寺執行日記」は各方面別の数字を具体的にあげており、それによれば計数千から一万程度であったようである。長期にわたる蜂起であったからいずれが正しいかはかんたんにきめられない。しかしそれにしても、この一揆蜂起はまことに大規模かつ組織的であったことにちがいは

ない。たとえ近江の蜂起とその他のものとが本来は別個のものだったとしても、鳥羽・伏見方面から西岡筋、そして嵯峨方面までの村々の農民がほとんど日をたがわず蜂起するとともに、一斉に京都諸口を塞ぎ、洛中を完全に包囲し、侍所の軍兵もたやすく鎮圧することができないほどの軍事力を示したことはおどろくべき事柄である。

一揆はこうした包囲体勢をかためるとともに、「洛中洛外堂舎仏閣」にたてこもり、徳政を行なわねば焼払うと呼号し、随時竜禅坊土蔵・河崎土蔵などという土倉に対して襲撃をかけ、抵抗すればこれを焼払った。「堂舎仏閣」は京都近在の農民にとってほとんど例外なく年貢収取者たる領主であるとともに、祠堂銭などの名による高利貸的収奪者でもあったから、一揆が土倉とともにこれを占領し攻撃対象としたのは当然のことである。

こうして九月に入ると京中には「不出借書者可放火之由」という「題目物忩満巷溢郭」れるという事態がつづいた。(13)幕府ははじめ、「土民」に限って適用する徳政を行なおうとした。「土民」限りの徳政とは、土倉高利貸資本の受ける打撃を最小限にくいとめるための措置であった。しかし一揆側はこれに対して「土民等無殊借物無殊質物、公家武家人ヽ切迫之条痛敷相存之間、所張行也、悉皆同可被許」と公家・武家すべてに適用される徳政令を要求し、(14)要求が容れられなければ「霊仏霊社」を皆焼払うであろうと威嚇した。幕府はついにこれに屈し、九月十二日、「一国平均徳政令」を発布した。

しかし一揆はこれでもたやすく鎮静しはしなかった。『建内記』によれば、九月十五日条に「自昨日江洲通路無相違云々、其外土一揆猶相塞云々」とあり、江洲方面以外は依然、京都各口を一揆が制圧していた。一揆がなお圧力をかけつづける理由は、九月十二日の徳政令は永代沽却地に適用されない規定であったことを不満としていたからである。この点はのちにやや詳しく述べるが、一揆側はきわめて冷静かつ徹底して戦っているのであり、けっして衝動的な行動に終ったのではなかった。そして、九月十二日令から一ヵ月の後、閏九月十日、永代沽却地をもふくむ「天下一同徳政令」をかちとった。[15] 一揆はこれをもってその目的を達成し、鎮静していったようである。

以上の経過からわかるように、この一揆は、⑴八月末から京都周辺の全域にわたって少なくとも数千以上の農民がほとんど同時的に蜂起し、⑵地域ごとに京都七口といわれる諸通路をいっせいに制圧し、⑶幕府側の「土民」限りの徳政を拒否し、公家・武家・農民「皆同」の徳政令を要求、⑷要求が容れられなかったら諸社寺を焼払うといい、巧みに土倉に攻撃をかけ、その目的を達し、⑸さらに一ヵ月にわたって第一次令では除外されていた永代沽却地への徳政適用を要求しつづけて、第二次令を、しかも「天下一同」という形で獲得しているのである。この組織性・計画性・持続性は注目すべきものであり、これだけの闘争は、幕末の百姓一揆にくらべてもけっして見劣るものではない。その点からも、この一揆における指導の問題はとりわけ重要であり、従来のように漠然と土豪地侍層の指導というだけでは十分納得しうるものではない。

3　幕府側の対応

この一揆に対し、幕府はどのような対応を示したか。大勢としてみれば少なくとも四〇余日にわたる一揆の実力行動に対し、有効な鎮圧措置はまったくとれなかったといってよい。蜂起の当初、山名に代って侍所所司となっていた京極方の軍兵が矢合せをし、五三人が手傷を負ったという事実のほか、幕府側が大きな兵力を動かした様子はない。このような消極性は、幕府が九月に入ると、早々洛外辺土の土倉に対し、質物を洛中に運びこませている事実[16]からもうかがうことができる。

これに対し土倉側は、もとより、幕府側の手による一揆の鎮圧を要求した。一揆の動きが最高潮に達したとみられる九月上旬、土倉一衆は「千貫賄賂」を管領に差出し、急速な対策を求めている。土倉一衆は幕府側が指定した土倉衆の代表機関であり、幕府と土倉衆とをつなぐパイプの役を演じていたものであるから、この「賄賂」は土倉衆の公的要望をあらわすものであった。しかし、管領細川持之は結局「防禦」困難という理由でこれを一衆に返却した。[17]

管領側のこのような消極姿勢の原因は何か。稲垣泰彦氏は嘉吉一揆についてではないが、文明十七年（一四八五）の徳政一揆のとき管領細川政元が自邸の門前で土一揆衆を観閲した事実をあげ、細川氏の徳政一揆鎮圧が山門攻撃などにくらべて手ぬるかったことは、細川の被官に西岡方面など土一揆多発地帯の代官・名主層が多かったため、鎮圧の手がにぶったのだろう、という示唆に富む指摘を行なっている。[18]氏が細川と西岡方面の代官・名主層との関係に注目していることは卓見であるが、少なくとも嘉吉の一揆については、細川よりも、さきに実力入京した畠山持国が、一揆鎮圧に反対した事実が注目されるのである。『建内記』九月十日の条は、管領細川持之が土倉一衆の「賄賂」を「防禦」しがたしとして返却した理由として、「諸大名（畠山等）且不同心人々在之」といっている。鎮圧に同心しない諸大名としてとくに畠山の名を注記していることはわれわれにとってきわめて興味深い。従来の研究はこの畠山の反対の意味についてとくべつの注意を払っていないが、既述のような細川と畠山との対抗関係を念頭においてみれば、そこにこそ重要な問題が秘められているというべきであろう。

この時点で、管領細川持之は幕府を掌握しており、一衆を通じて土倉と緊密に結びついていた。幕府ばかりでなく、公家・社寺など寺社本所も荘園年貢を引きあてに土倉から多額の融資を受けることによってその窮迫した財政をまかなっていたのであるから、[19]寺社本所・幕府・土倉の一体関係はこの時点で細川によって保障されているのであり、細川の京都における権力は土倉の財力を背景としていたともいえる。それゆえ、反細川の立場にある畠山持国が一揆鎮圧に反対することは、少なくとも土倉に打撃を加えることによって結果的には細川に圧力を加えることを意味しており、さらには一揆に参加したり、それと利害の通ずる立場にあった近郊荘園の代官・名主層を畠山側に引きつける効果をもつであろう。こう考えると、細川が本格的に一揆鎮圧に乗りだすとすれば、一揆のみならず畠山をも公然の敵にまわすことになるかもしれず、さらには近郊の代官・名主層の離反もさけられない。管領細川がたやすく鎮圧に乗りだせなかった根拠はここにあったに相違ない。

こうして細川は、ある意味では土倉を見殺しにしたともいえようが、それがただちにまったくの無為を意味するものでなかったことも認めておかねばならない。一揆側の行動を見ると、前述のようにきわめて計算ずくであり、じっさいの土倉襲撃・質物奪取は、徳政令発布の手掛りをつかむための戦術であって、直接すべての土倉を実力で粉砕しようとするものではなかった。だから幕府＝細川の対応も実力行使というよりも、できるだけ受ける打撃の小さい徳政令を出して事態を解決しようとしたのであった。そのような対応策は、けっきょく一揆側の徹底した圧力の前にうちくだかれてゆくのであるが、持之のねらいはそのあたりにあったと見られるのである。

(1)　佐藤進一「足利義教嗣立期の幕府政治」(『法政史学』二〇号)。
(2)　『建内記』嘉吉元年七月四日条。
(3)　『看聞御記』永享十三年正月二十九日条。
(4)　『建内記』嘉吉元年七月六日条。
(5)　『同前』七月十二日条。
(6)　『同前』七月十七日条。
(7)　『同前』八月三日条、「東寺執行日記」同日条。
(8)　『建内記』七月四日条。
(9)　『東寺百合文書』を一三号、応永八年十一月二十七日、公文職補任状。
(10)　「同前」ミ九～一五、応永十九年六月日、東寺八幡宮雑掌言上状。

(11)『同前』を一三九号、応永三十四年十一月二十八日、真板慶貞請文。
(12)『同前』む一〜二〇、永享六年十月二十八日、東寺雑掌言上状。
(13)『建内記』嘉吉元年九月七日条。
(14)『同前』九月十二日条。
(15)『同前』閏九月十二日条、『斎藤基恒日記』嘉吉元年閏九月条、「公名公記」閏九月二十日条など。
(16)『建内記』九月三日条。
(17)『同前』九月十日条。
(18)稲垣泰彦前掲論文。
(19)『建内記』の著者万里小路時房家の家財政がいかに土倉に依存していたかについては新田英治「室町時代の公家領における代官請負に関する一考察」(宝月圭吾先生還暦記念会編『日本社会経済史研究』中世編所収)を参照。

三　徳政令の分析

そこで、一揆の政治的性格、幕府＝細川の方針、畠山のねらいなどをさらに明らかにするため、徳政令そのものの吟味に進もう。徳政令はすでにふれたように、九月十二日と閏九月十日の二回(厳密にはさらに閏九月十八日頃、十日令を修正したものがある)にわたって出されているので、そのおのおのの内容と両者の関連について考える必要がある。

1　九月十二日令

九月十二日令はつぎのようなものである。(1)

一　定　徳政事　嘉吉

右、可為一国平均沙汰之旨、被触仰畢、可令存知之由、所被仰下也、仍下知如件、

嘉吉元年九月十二日　　中務少輔源朝臣(京極持清)

『建内記』「公名公記」「東寺執行日記」によれば、この徳政令は「京都七道口々」に「一国平均」沙汰として制札の形で公示された。右の文が制札そのものであるかについてはやや不安もある。というのは、これのみではあまりに簡単であって、実際にどのような内容の徳政がおこなわれようとしたのかが全く不明確であるからである。しかしながら、結論的にはおそらく、九月十二日令はこれでつきていたと思われる。「一国平均沙汰」とは山城国一円に適用されるものであることを意味しているのであり、中務少輔源朝臣＝京極持清が侍所所司であると同時に山城国守護を兼ねるものとして将軍の下知を受けた署名者となっているから形式的にも整っている。とすれば、この第一次の徳政令はなぜこのようにかんたんなものだったのかを考える必要があろう。

この点は、幕府としては債務の対象についても、適用の身分的範囲についても、また地域的範囲についても、これを最小限におさえ、土倉への打撃を極力軽くしようとする姿勢のあらわれとして理解することができるであろう。大規模な徳政要求一揆としてはさきに正長の一揆があったが、このときは幕府の公式の徳政令が発令されないうちに個別に実力行使がおこなわれたり、地域的な私的な徳政令が発せられて終った。したがってこの嘉吉一揆に直面して、幕府は直接先例となる室町幕府の徳政令をもっていなかったから、積極的な具体的内容を定めず、ともかくも徳政制札だけを出し、一揆への妥協・その鎮静をはかろうとしたというのが幕府側の当面の意図であったろう。

この徳政令の適用の身分的範囲を「土民」だけに限定しようという幕府の方針は前述のように一揆によって拒否され、公家武家土民「皆同」ということになった。しかしいかなる債務関係にこの徳政令を適用するのかという対象が明確でないかぎり、問題が解決しないのは当然である。これに関して『建内記』閏九月三日の記事には、「今度徳政事、起自土一揆之嗷訴、一国平均徳政之由、武家打制札於七道口々了、仍土蔵質物取返之、借銭出挙文書取返之畢、(中略)土一揆猶含愁訴有申旨、永代沽却地・年紀契約事等、皆可返取之条、銭主可及異儀云々、重委可被載制札趣也」とある。すなわち、今回の徳政令によって土民側は土蔵質物・借銭・出挙のような動産関係の債務について破棄を行ならばかりでなく、「永代沽却地」・「年紀契約地」＝不動産関係までを一切破棄して旧主に返還させようとしているのであるが、銭主側は不動産に適用するのは反対だと抵抗し、そのため一揆側は、制札がかんたんで不十分だからこうなるのだ、不動産をふくむもっと詳細な規定をもった制札を立て直せ、と要求しつづけているのである。じっさい『建内記』の筆者万里小路時房の家にもこの徳政令の後、正親町土蔵・鷹司高倉土蔵などから質物が返還されたりしているが、(2)質地となっている所領の返還は問題になっていないのである。

この点は従来さして注意されていなかったが、九月十二日令にとどまらず閏九月十日令が発せられねばならなかった理由はまさしくこの点から説明されるであろう。ひとくちにいってしまえば、九月十二日令の欺瞞的意図が、一揆によってただちに看破され、打ちくだかれていったのである。

以上を要約すれば、一揆は九月十二日令の段階で、(1)適用の身分範囲を「土民」に限ろうとする幕府の方針を否定し去るとともに、(2)適用対象から永代沽却地・年紀契約地等の不動産物件をはずそうとする幕府のかくされた意図を見破って、幕府・土倉に対する全面攻撃をめざしてさらに前進したのである。われわれはそこに一揆側の鋭い政治的見とおしを認めないわけにはいかない。

2　閏九月十日令およびその修正令

第一次の九月十二日令からほぼ一ヵ月を経て発せられた閏九月十日令は、一揆側の要求の線にそって具体的に適用対象が明示されるとともに、その適用地域も「一国平均」から「天下一同」に拡大された。第二次令の全文は次の通りである。(3)

徳政条々
一　永領地事
任元亨例、過廿箇年者、銭主可領知、至未満者、可被返付本主、但為凡下輩者、不依年紀、領主可相計之、
一　帯御判幷下知状地事
既被経御沙汰之上者、不能悔還、
一　売寄進地事
不可有改動之儀、
一　祠堂銭事
子細同前
一　本銭返地同屋事
可被返付本主、
一　年紀沽却地事
子細同前

一　質券地事
　子細同前
一　借書事　付、徳政文章
　子細同前
一　土倉以下流質事
　過約月者、任法可為銭主計、

これによれば、御判幷下知状を帯する地・売寄進・祠堂銭は徳政対象から除外されるが、本銭返・年紀沽却地・質券地は本主に返還されることとなり、永領地も公・武の人々の場合は、二〇年未満は返還、「凡下輩」は「年紀によらず領主の計らい」と定められた。「年紀によらず領主の計らい」という場合、債務者と銭主＝債権者のいずれが有利であったがかならずしも明らかでないが、全体として見て、九月十二日令にくらべ一揆側の主張が大幅に反映されたことは疑う余地がない。また適用地域が「一国平均」から「天下一同」に変更されたことも一揆側の主張にもとづくものであろう。もちろん「天下一同」と称しても、この時点で幕府の法が直接全土に徹底したわけではないから、実際的にはこの変化を過大評価することは危険である。しかしそれにしても、幕府側が九月十二日令の段階で、徳政令を極力制限的なものにしようとしていた事実をふまえて考えれば、ここに一揆側の強い主張が反映されたと見るべきである。

ところが、このような内容をもつ閏九月十日令に対しては、とりわけ山門がはげしく反対した。山門は「永代沽却地事、被破之者、山門売得地在所々、可為一山滅亡之由、致訴訟、依是去十八日先被引壁書之由有沙汰」とあるように(4)、永領地への徳政令は一山滅亡を招くとして猛烈な反対訴訟を行ない、幕府もすぐそれをうけて先の壁書を撤回したのである。土倉の多くが山僧の営業するものであったことは周知のとおりであるから、これはたしかに率直な主張であった。

こうしておそくも閏九月十八日までには閏九月十日令に重大な修正が加えられた。修正個所の中心は、さきの「永領地」の部分であって、さきのものを「一　永領地事、不可有改動之儀、但、為出銭主返状之年紀之内者、不及其沙汰、」と改めた。閏九月十日令では二〇年紀未満は返還が原則であったが、それを改めて原則的には返還を否定したのであるからこれは重大な後退である。おそらく一揆は閏九月十日令の獲得とともに鎮静していったろうから、その直後におけるこのような改変は、いかに山門・土倉のきびしい反対とはいえ、一揆に対する裏切りも甚だしいものであった。

こう見ると、閏九月十日令とその修正によって、一揆側はその要求を全面的に貫徹したとはいいえない。とくに最後の修正には完全に足をすくわれた結果となった。しかし全体として、さきの九月十二日令にくらべると巨大な前進がかちとられていることは明白であり、ここではじめて不動産への徳政令適用が法的に確保されることになったのである。一揆がこれをかちとらないかぎり、いっこうにその攻撃の手をゆるめなかったことから見て、嘉吉一揆の基本的要求がこの点にあったことはたしかであろう。とすれば、永領地・年紀地・本物返地への徳政令適用で、もっとも大きな利益をえるのはそもそも誰であったか、それは誰によって主張されたのか、ということこそ、問題の核心であるといわねばならない。

（1）　佐藤進一・池内義資編『中世法制史料集』第二巻、二一二号。
（2）　『建内記』嘉吉元年九月十六日条。
（3）　『中世法制史料集』第二巻、二一三～二一二号。
（4）　「公名公記」嘉吉元年閏九月二十日条。

四　一揆の社会的基盤と指導の問題

嘉吉一揆の主力が京都近郊の農民であり個々の荘園所領をこえた広汎な連合を形成していたことはすでに明らかである。では、この一揆の基盤と指導の関係はどのようなものであったのか。従来の所論はほとんど例外なく一般農民が主力であり、代官・名主上層などの村落居住の土豪的階層がその指導者であった、と規定している。だが、代官・名主上層などの土豪層と農民とはどのような側面ないし条件において徳政一揆における同盟関係を形成しえたのか。また土豪層はいかにしてあれだけの大一揆の指導層となりえたのか。これらの点はなおかならずしも解明しつくされたとはいえず、改めて吟味すべき余地を残している。以下借銭帳消し永領地以下不動産徳政をめぐる土豪と農民の関係、さらに徳政一揆と荘家の一揆、守護側との人的関係などを考えることによって、土一揆の社会的基盤と指導層の問題についての理解を深めていきたい。

1　借銭破棄をめぐる土豪と農民

第一次・第二次令を通じて認められた徳政対象のうち重要なものの一つは借銭(借書)である。土倉の貸付額のもっとも大きい相手方が幕府・守護大名・公家貴族などであったことは明白であるが、借銭は一揆側の土豪・農民にとってはどのような意味をもっていたか。

この点について、直接的な材料を挙げることはできない。しかし両者のうち土倉から貸付を受けた可能性の高いのは土豪層であろう。この時期の京都近郊の土豪層がひろく商品流通とかかわりをもち、加地子名主職の集積にも力を注いでいたことは広く認められているとおりであるとすれば、それらのための資金需要は活発であり、土倉の金融力に依存する可能性は高い。これに対し、永領地以下を徳政対象から除外した折に、一揆側が「土民等無殊借物無殊質物」といっているとおり、一般農民が直接土倉に質入したり借銭することはほとんどなかったであろう。じっさい長禄三年の法令(室町幕府法二六〇号)を見ても、質物の例としてあげられているのには、絹布類・絵衫物・書籍類・楽器・武具・盆・香合・茶椀・花瓶・香炉・米穀などであり、米穀をのぞき一般農民とは縁が薄いことがわかる。(1)その点では借銭帳消しは農村居住者の中では主として土豪層の要求といえよう。

しかし借銭と事実上おなじ性質をもったものに年貢の滞納分があった。この点はすでに黒川直則氏が指摘しているところであるが、「去年以前之未進年貢」が領主に対する農民の借銭として扱われている例はかなり広汎に見出しうるのであり、正長の徳政一揆の折の大和国の徳政令では「去年以前未進年貢」を徳政の対象として認めた事実がある。(2)だから土豪・農民両者にとって、徳政令による借銭破棄は、未進年貢分の帳消しとしての内容をもち直接的な利益をもたらす可能性のあるものであったといえる。上久世荘の場合について見ると、領主東寺と至近距離にある本荘の場合、荘民は年貢減免闘争に主力を注ぎ、大幅な減免をかちとるのが例年の動きであったが、若干の年貢滞納も毎年累積しており、下層民よりも土豪地侍化しつつあった上層民の意識的な納入拒否・滞納の動きが注目される。一、二の例を挙げれば、永享六年(一四三四)分の上久世荘の公事藁散用についても所定額三六五八束四把のうち未進は九〇二束五把であるが、そのうち四六六束八把は急速に上昇しつつあった土豪的上層農民掃部父子の未進分であった。(3)

また文安三年(一四四六)のことであるが、この年の年貢未進のうちもっとも目立つのは長尾・和仁の両公文代であって、長尾の未進二二石余、和仁の未進一六石余に達しており、長尾はそのうちの三分一を「御免」に預り、残り分を当年より五年賦で究済したいといい、和仁は未進分中三貫文だけを本年納めて残りは来年より三ヵ年賦で返納したいと申し出ている。(4) この「未進分」が長尾・和仁両人の個人未進分か公文代としての責任分か不明であるが、いずれにしても領主東寺との関係では両人の責任＝負債として扱われているわけである。

稲垣泰彦氏は年貢減免要求は個々の荘園領主を相手とする荘家の一揆の課題であり、徳政一揆は年貢問題とは直接関係ないとした。しかし右のように未進↓借銭という筋道を考えれば、徳政令の効果は土豪・農民に共通の利益をもたらす可能性が大きいし、領主的成長をとげつつある土豪＝代官・名主上層の意識的滞納闘争にとってもっとも有利なものとなるのである。もちろん土豪と農民とのあいだに借銭関係が絶無だったとはいえないが、「借銭」の中心が「未進年貢」であったとすれば、その点に関して土豪と農民が同盟し、結集しうる条件は客観的に存在したといえるであろう。

2　永領地等不動産徳政をめぐる土豪と農民

つぎに永領地・年紀沽却地・本物返地等の嘉吉一揆でもっとも執拗に追求された不動産に関する徳政はどうか。この場合は、借銭の場合より事情は複雑である。土豪と農民とはこれらについては利害背反する可能性がつねにあったと思われる。

一般農民の場合、古くは私的権利が弱いために、永代売はほとんど行なわれず、年紀売り、質地などが一般的であったが、この段階では、荘園年貢額の固定ないし低下と反当収量の上昇にともなって、農民側に剰余が成立してくるため、加地子名主職を分化させて、それを売却する形が急増しつつあり、その一部が直接土倉の手に流れ込んだことは確実である。上・下久世荘の田地売券類について検討すれば、加地子名主職の売買は南北朝末期以降急増しはじめるが、その一部が直接土倉高利貸の手に流れこむ事実を確認することができる。下久世荘の場合、山僧で「土蔵持主」であった泉蔵や西京梅酒屋などが加地子名主職を購入した事実があり、上久世荘の場合にも針小路武蔵坊のような東寺に近い在所の土倉らしい人物が買手のなかに現われる。(5)また土倉ではないが荘外の買主として嵯峨給園庵など近在の寺庵が少なくなく、東寺関係でも御影堂・西院・八幡宮などが買手として姿を現わしている。東寺関係は高利貸的集積というより地代収取の確保・補強の意図にもとづくものともいえるが、他の寺庵の場合は疑いもなく第二次徳政令でその対象から除外された祠堂銭などの形による高利貸の結果と解されるものである。

しかし、農民が保有地を何らかの形で担保として貸付を受ける相手方＝銭主は、このように土倉や寺庵ばかりとはいえない。むしろ黒川直則氏が朽木荘の事例において証明したように、荘内の土豪的階層であることが普通であろう。朽木荘では在地領主的地位をもつ朽木氏および村名を苗字とする殿原身分層が出挙・質入・借銭・借米などの形をとって農民からさかんに加地子名主職を集中しているのである。こうした場合には、代官・名主上層と一般農民との不動産徳政についての利害はむしろ敵対的なものといわねばならない。

この点を重視すると代官・名主上層のような土豪的階層が果して一揆の指導層であったか否かということさえ再検討の余地があるということになる。じっさい従来の研究でも徳政一揆の指導層が代官・名主上層であることを具体的に実証したものはないし、それは史料的にはむつかしい。確認できる例としては、嘉吉三年(一四四三)の一揆の場合、「塔森船渡代官山本弥次郎」なるものが「徳政張本人」で徳政と号し永代沽却地の奪還をとなえた、という事実(6)や、寛正三年(一四六二)の一揆の「大将」が蓮田兵衛という「牢人ノ地下人」であったという事実があるだけである。(7)このうち前者は代官・名主上層的身分の者といえようが、後者ははたして村落共同体の成員としての性格・地位をもっているものかどうかはっきりしない。しかし後述するように、徳政一揆の動きと荘家の一揆とが緊密に結びついていたことを認めうるとすれば、京都近郊の徳政一揆の指導層が代官・名主上層であったと見る理解を否定する根拠は乏しいといってよいだろう。

とすると、京都周辺の村々の場合、嘉吉の段階では、代官・名主上層の多くが一揆の側に立った根拠は何かを改めて考えねばならない。それはおそらく次の点にあるであろう。すなわち、京都周辺農村のおかれた特殊性として、この段階では朽木荘などとちがい、寺庵・土倉の金融・土地(加地子)集積活動が前面にあらわれていて、荘内における高利貸・土地集積活動は存在したとしても副次的な地位にあったのではないか、ということである。朽木荘のみならず、播磨の大部荘でも、十五世紀中葉の段階で、質入・「一年沽却」などの形による荘内の土地移動は活発であり、とくに高利貸活動によって一三町余に及ぶ急速な土地集中をおしすすめ、さらに図師職という下級荘官職を獲得することによって領主的上昇の道をあゆもうとした五郎左衛門が、享徳三年(一四五四)、京都徳政一揆と呼応して起こった当荘の一揆によって攻撃の的となり殺害されてしまった事実が注目される(8)。しかしそのような地域的な金融機能を担うものが、京都周辺ではまず土倉・寺庵であったと考えられるのである。最近発表された上島有氏の研究は、南北朝末期から室町前期にかけての加地子名主職の一般的成立期において、まずそれらの所職を買得集積してゆく者は寺庵・高利貸などであり、在地の地侍・土豪がそれに買手として加わってくるのはもう一時期後のことらしいという推定を、上久世荘の田地売券の詳細な分析からひきだされているが(9)、それはたしかに京都周辺のおかれた特殊事情として理解しやすいことである。

その点を念頭におくと、借銭破棄のみならず、永領地・年紀沽却・本物返など不動産関係の債務破棄についても、京都周辺農村の場合、代官・名主的上層と一般農民は基本的には共通の利害に立ち同盟関係を結びうる条件をもっていたということができる。

3　徳政一揆と荘家の一揆

以上のように、借銭および不動産関係債務の破棄にかんして土豪と農民は共通の要求をもって徳政一揆に立ち上がりうる条件があったわけであるが、両者の同盟・連合関係はさらに荘家の一揆によって補強された。嘉吉徳政一揆の前夜は、年貢・夫役の減免要求を中心とする荘家の一揆も最高潮に達した時期である。別の機会にくわしくのべたことがあるが、[10] 一、二の事実を重ねて示すなら、永享七年(一四三五)の秋の年貢納入時には、上久世荘では沙汰人三原道浄以下農民多数が東寺に「列参」して減免「歎申」をくりかえし、永享九年には損亡のことについて「一荘名主百姓等悉列参六十人ハカリ」で「一夜惣蔵ニ宿直」、その結果、十月一日までに五〇石減免を獲得したが、さらに十月十五日から「ヲトナシキ物共十七八人列参」して要求をつづけ、永享十二年には、五、六月中の寺家召出人夫役・遠行時長日人夫役・輿舁人夫役に反対して「地下百姓等一揆」するといったように、[11] かつてない強烈な年貢減免・夫役反対闘争を展開している。そしてこれらの農民闘争の先頭に沙汰人・「オトナシキ者」(老者)が立っていたことは史料の物語るところである。この闘争はいわば村落ぐるみ・荘園ぐるみの戦いであった。

このような荘家の一揆と徳政一揆とが、攻撃の相手方の点でも、要求内容の点でも区別されるものであることは稲垣氏のいうとおりであるが、両者は嘉吉前後の時点ではきわめて密接に絡みあい、その構成員もまったく同一であったことはたしかである。嘉吉一揆のすぐ後のことであるが、文安四年(一四四七)九月の東寺の記録には、「西七条郡使三郎申云、上久世庄者共、今度徳政張本、結句悪党仕事無其隠、如此落書有之、今持参申之由披露之処、先上久世庄年寄共召、此段実不相尋答申付実重而可有其沙汰之由衆儀了」という記事がある。[12] ここにいう「落書」の内容は明らかでないが、上久世荘民が一揆の中心にあったらしいことは十分推察できる。またつづく長禄三年(一四五九)の徳政一揆のときも西岡辺の村々がその中心であり、西岡筋の東寺領にも「与力同心者」ありということで上下久世荘の沙汰人一一名が召出され起請文をとられている。(13) この起請文の全文は現存しているが、当荘のうちに「今度土一揆蜂起」の「張本人幷与力同心之者」「徳政之衆同心之輩」のないことを誓い上久世荘侍分一一名、百姓分八九名、下久世荘侍分一一名、百姓分五六名、総計一七七名がことごとく連署したものである。(14) 百姓分のみならず、侍分も起請に参加していることは、一揆にはつねに侍分も参加する可能性が高かったことを示すものである。

このような事実から見て、荘家の一揆と徳政一揆の主体がほとんど同じであったことは肯定すべきであろう。もちろん徳政一揆は荘内限りのものでなく、攻撃の矛先を直接幕府に向けたから、一荘園の荘民ばかりでなく、馬借や京都に駐留した守護被官の下級武士なども参加し、徳政一揆の構成は荘家の一揆のそれよりはるかに複雑になった。しかし、主力である農民に関するかぎり、どちらの場合もおなじであって、滞納年貢の借銭への切り換え、年貢減免闘争と加地子名主職・作職などの流出の絡みあいを媒介として、荘家の一揆はそのまま徳政一揆に発展する可能性を明白にふくんでいたといわねばならない。徳政一揆の組織の見事さも、何よりもこれら荘家の一揆における荘ぐるみ、村ぐるみの闘争のなかで鍛えられていったものといえるであろう。

4　土豪層の守護被官化と一揆の関係

しかしここで注意しておくべきことは、侍分とよばれたような代官・名主上層級の人々が、細川・畠山などの守護大名と個別に被官関係を取り結んでおり、つねに一般農民と同じ利害に立ったり、同一階層だからといってつねに同一の行動をとるとはかぎらなかったことである。

上久世荘公文職をめぐって畠山方被官の真板と細川方被官の寒川とが長く争いつづけていたことは先にふれたが、

畠山・細川等の守護方は、さらに名主上層の人々をも把握すべく在地に深く触手をのばしていた。永享九年七月、「守護方」は乙訓・葛野両郡の「侍名字」をことごとく「公方」に注進させた。(15) これは大和の越智氏討伐のため、幕府が京都近郊の「侍分」層を大量に動員する必要が生じたからであった。このとき公文真板自身も畠山被官として大和に発向したが、その際、荘民を「私」として人夫に「駈催」し、「公文在陣中」は「年貢未進事、公方へ可歎申、仍御使雖入部クリヤ等努力努力不可沙汰之由地下へ申置」いて出発したため、東寺側の怒りを買っている。(16) この真板の行動はすでに上久世荘公文という立場より、かれが第一義的には畠山被官の武士であることを示すものである。

この頃、代官・名主上層の多くが「侍」としてその身分的地位を確定するようになってきているが、かれらはおそらく、幕府・守護とのあいだに被官関係をとり結び、本所とかかわりなく軍役に応ずる慣行をもつに至った人々であろう。しかもその際注意すべきは、一地域についての人的関係が一人の守護大名によって排他的・固定的に掌握されているのではなく、錯綜し、流動的であったことである。だから代官・名主上層のような人々は、つねに単一の社会層として同一行動をとるわけではなく、しばしばある者は細川方、ある者は畠山方といった形で分立し、対抗することが普通であった。

この点を上久世の場合について見れば、将軍義教暗殺の直後、畠山持国が河内から実力入京するにあたって、被官真板慶貞は四年ぶりに上久世荘に帰還している。かれは、さきの大和発向ののちひきつづいて畠山に従って河内に移ったため、長く上久世を離れねばならなかったのである。しかも義教が暗殺された直後、上久世にはかれのライバルであった細川被官寒川が実力で侵入し真板の隙をついて侍衆を自己の側に組織しはじめていたから、真板は畠山持国の入京を支持して寒川を退ける以外に上久世における自分の地位を恢復する道はなかったのである。

今日残存する史料が明白に物語ってくれるのは、以上のような上久世荘公文真板慶貞の場合だけであるが、京都周辺の村々には、おそらくは真板とおなじように畠山持国の復帰に期待をよせる被官・侍衆も少なくなかったであろう。しかも村々には年貢負担と高利貸的収奪に対する農民の不満が渦まいている。畠山持国が直接的に、京都周辺の村々の被官層に指示して細川＝土倉方に決定的打撃を加えるべく指導したか、自生的に蜂起した農民の一揆を真板のような畠山方被官・侍衆を通じて暗に支持し、指導させたか、そのあたりの具体的な事情を直接確定しうる史料がない。しかし、たとえはじめから被官の侍衆に指導させて一揆を誘発させたのでないにしても、真板型の被官・侍衆は元来、荘の代官・名主上層として村落結合のかなめに位置していた階層だから、徳政一揆の指導にあたって、惣型の闘争組織を維持しつつ、畠山方との政治的連繋を保った動きを展開することはきわめてたやすかったに相違ない。われわれは京都周辺、とくに西岡中筋御被官衆といわれた本来は将軍直属の地侍層の、細川・畠山等有力守護との政治的結びつきを前提として考えれば、すくなくともこのような政治的要素が一揆の動きと緊密に絡みあうであろうことを否定するわけにはいかないのである。

（1）『中世法制史料集』第二巻、二六二〜四号。
（2）黒川直則「徳政一揆の評価をめぐって」(『日本史研究』八八号)。
（3）「東寺百合文書」む二八上、永享七年三月九日、真板慶貞注進状。
（4）「東寺鎮守八幡宮供僧評定引付」文安三年十二月十日条。
（5）これらの事例については本稿執筆中に公刊された上島有『京郊庄園村落の研究』第五章に詳細な研究がある。
（6）『管見記』嘉吉三年二月九日条。
（7）『長禄寛正記』寛正三年九月十一日条。
（8）大部荘のこれらの問題については、石田善人「南北朝内乱の成果」(『日本史研究』二七号)、大石直正「播磨国大部庄における惣と土一揆」(『文化』二四ノ二号)、小西瑞恵「播磨国大部荘の農民」(『日本史研究』九八号)、太田順三「播磨に於ける正長―永享の国一揆について」(『民衆史研究』七号)が詳しい。
(9) 上島有前掲書二四二頁。
(10) 永原慶二「荘園解体期における農民層の分解と農民闘争の形態」(『日本封建制成立過程の研究』所収)。
(11) 「東寺鎮守八幡宮供僧評定引付」永享十二年七月二十三日条。
(12) 「同前」文安四年九月二十七日条。
(13) 「同前」長禄三年八月十二日条。
(14) 『東寺百合文書』を三〇三号、長禄三年九月三十日、久世上下荘百姓等連署起請文。
(15) 「東寺鎮守八幡宮供僧評定引付」永享九年七月二十二日条、同九月二日条。
(16) 「同前」永享十年正月二十二日条、同二十四日条。

五　む す び

以上、おわりに、本稿において明らかにし、強調した諸点およびなお考えるべき問題を集約しておこう。

(1) 第一に嘉吉徳政一揆の基本要求は永代沽却地の奪還をふくむ不動産関係債務の破棄にあり、この要求は借銭破棄とともに、嘉吉段階の京都周辺農村の特殊事情のもとでは、一般農民および代官・名主上層をふくむ広汎な階層に共通するものであった。

(2) 徳政一揆は年貢減免闘争を基本とする荘家の一揆と一見異質であるが、「未進年貢」＝借銭および名主職の荘外流出＝高利貸的土地収奪の面で相互に媒介されており、一揆の高揚の時期、一揆の構成員の面の両側面で、両者は重なり合う存在である。この点からして徳政一揆の本質は農民闘争であると規定しうるし、徳政一揆の組織の基盤は荘家の一揆の中でつくりあげられてきた惣型の闘争組織であったといえる。

(3)　しかしこの徳政一揆が純然たる農民闘争に終始したか否かについては、むしろ疑わしく、一揆指導層と畠山持国との政治的結びつきがきわめて高い可能性をもって推定される。それは一揆直前における政治情勢、とくに細川と畠山との抗争の面からも、一揆の要求・行動組織形態の高度な政治性の面からも、またこの段階における守護と村々侍分との被官関係・政治的結びつきの面からも考えざるをえない問題である。この結びつきは本稿ではなお直接的には論証しえていないが、荘家の一揆が嘉吉一揆にまで飛躍しえた歴史的条件を考えようとすれば重視せざるをえない問題である。

(4)　このような一揆と幕府上層の政争＝権力闘争との絡みあいに注目することは、徳政一揆の農民闘争としての意義を過小評価したり、農民闘争の創意性を否定したりするものではなく、この段階の農民闘争の特殊性にかかわる問題である。すなわち、小経営の進展をふまえて農民層の封建的階級分解が進行し、農民上層の小領主化が進みつつあるこの段階において、複数の守護勢力の農村浸透により、小領主層の被官化が進めば、上部の政争が農村内部に反映するのは必至であり、一揆の動きも小領主層を介してまたそれと結合せざるをえないと考えられるのである。嘉吉一揆のみならず永享の播磨国一揆でも、文明十七年(一四八五)の山城国一揆でも、大規模な一揆には多かれ少なかれ農民闘争と政争とが絡んでいたのであり、そのような複雑さが現われるのは、鈴木氏のように、応仁以後の国一揆段階における特徴だと見るだけでは十分説明のつかない問題である。本稿において一揆と畠山との関連をできるかぎり追求しようとした目的は、畠山派の工作や支持がなければ一揆が起こりえないというようなことをいうためではなく、江戸時代の百姓一揆とは農村の階級構成が全く異なる室町期＝封建的階級分解進行期における農民闘争の歴史的特殊性を解明したかったからである。荘家の一揆が中央権力に対する広汎な叛乱的性格を帯びた徳政一揆に飛躍しえた歴史的条件は、たんに高利貸的収奪の農村浸透という一般条件からだけは説明できないのであって、より広い政治的諸契機の総体から追求さるべきである。

(5)　以上のような諸々の歴史的規定性を捨象して、いわば純粋の農民闘争の見事さだけを嘉吉一揆の中に見出そうとすることは歴史認識としては不正確である。本文でのべたように、不動産をめぐる債務関係は、村内でも形成されつつあったから、代官・名主上層が徳政一揆の指導層から脱落する可能性はつねに潜在しているのであり、時と共にその可能性は増大してゆく。事実、嘉吉以後の諸一揆においては徳政令の中に永領地をふくみこませることは一度も実現しなかった。これはおそらく土地集積に向かいだした土豪層＝一揆の指導層がみずからの利害からしてそれを求めなくなったからと考えられる。田端泰子氏の最近の研究(前掲)は、代官・名主上層がこの頃以降次第に永代売方式による売券をとって土地集積に向かいはじめることを明らかにしている。それは封建的階級分解の進行という新しい方向を示しており、そこでは必然的に従来のような代官・名主層指導の大規模な徳政一揆が困難になってゆく。その意味からしても嘉吉に代表される巨大な徳政一揆は経済的にも政治的にもすぐれて特定の歴史段階における歴史的諸規定を受けてはじめて可能だったのであり、その規定性の内容を明らかにすることがこの一揆の歴史的位置を確定する所以であろう。

第十二　室町幕府＝守護領国制下の土地制度

一　課　題

本稿は、南北朝内乱が終って室町幕府の支配が相対的な安定を確保してから、応仁・文明の乱によって幕府権力が事実上その生命を失うに至るまで、すなわち十四世紀末頃から十五世紀の七〇年代頃までの時期の土地制度の特徴を考えようとするものである。

この期間が、厳密な意味で、土地制度史上の一画期をなすか否かについては議論の余地があるであろう。しかし南北朝内乱が終って、政治的な安定がえられるとともに、先駆的には応安の半済令に認められるような、幕府・守護の荘園制度に対する一定の妥協的な土地政策が採用され、土地制度史上においても、室町幕府＝守護領国制期といってもよい相対的安定状態が打ちだされたことは否定できない。

この時期においては、内乱期にひろく見られた農民・在地領主諸層の荘園制に対する実力行動は、武家領の拡大固定・半済実施のうえのことではあるが、幕府によっては極力抑止され、法秩序恢復の努力が重ねられている。幕府の法令を追って見れば、この時期にはなんら新しい土地立法も発見されないが、それはむしろ、応安半済令によって確定された方針をそのまま維持する姿勢をとりつづけていたことを示すものであろう。

その意味で、この時期は、支配の側から見れば、幕府・守護大名が荘園制度を決定的には否定することなく、依然それを支配の単位としてとらえつつ、漸次荘園領主権を吸収してゆく過程ということができよう。しかし半面、それはあくまでも幕府と守護大名、とりわけ幕府がめざした方向の制度的表現であって、現実の歴史がそのようなものとして安定していたことを意味するわけではない。在地の動向に焦点をすえて見れば、この時期はむしろきわめて活気にみちた変動期であって、地頭・荘官等が中間的な「職」の所有者として荘園制度的支配体系にくみこまれていた状態から、なお「職」を足場としつつも実質的には地域的な領主層へと性格を急転回してゆく時であり、さらにその基底では、農民の土地所有権が強化され、それを前提として農民層の封建的階級分解が進行し、そのなかから地域領主の末端被官層を生みだしつつあったのである。土一揆や国一揆、あるいは応仁以降の戦国大名の台頭という一連の新しい動きも、そのような基礎過程や階級構成の変化とともにあらわれてくる現象である。

したがって、この時期は、上から見れば荘園制的土地制度が幕府・守護によってひとまず再編・安定させられる時期であるが、下からはそれをつきくずす条件が底なだれのように進行しつつあった時でもある。この点を考慮すれば、この時期の土地制度を考える場合、幕府が志向した政策的・制度的側面から入ってゆくよりも、むしろ、下からたえずそれを揺りうごかし、変化させてゆく側面にまず照明をあててゆく方が、問題の本質に迫りやすいであろう。以下の考察は、その意味で、(1)農民的土地所有権の強化と分化の問題、(2)在地における封建的階級分解と国人領形成の問題、(3)それに対応する幕府・守護の土地政策、という順序で進めることとする。

二　農民的土地所有権の強化とその分化

室町幕府＝守護領国制期の土地制度の基礎的特徴は、農民的土地所有権が強まって、その売買がひろく行なわれるようになるとともに、それが地主的権利と耕作者の権利とに分化しはじめたことである。

そのことのもつ重要な意味は、荘園制の本来的段階と対比してみるとき、とくに明らかである。一般に、荘園制の成立期においても、荘内外の諸階層がその身分にかかわらず一定額(本年貢額よりはるかに低いのが普通)の加地子の収取権をもつ「私領」がひろく存在し、その権利は売買の対象となっていた。(1) しかし、一般の田地については、本来律令制下の土地制度がその史的前提となっていたから、いわゆる畿内型荘園のように、荘園領主権が強固で、その土地支配の貫徹度が高い場合には、「私領」は次第に否定され、領主権力の主導によって百姓名に編成替えされ、百姓名主の手による名田の売買はその私的土地所有の未熟さを反映して禁止されたのが普通であった。すなわち支配階級の所有する「私領」は荘園制的職と変わらない権利として残されていくのであるが、田堵クラスの「百姓治田」にもとづく小規模な「私領」は、支配階級の側から圧殺され、一般の農民的土地所有のなかに再編・解消されてゆく傾向が強いのである。そのような場合、名主の名田に対する権利は、売買・処分の可能な、厳密な意味での所有権というべき性格のものではなく、年貢を滞納すれば名田を召上げられて散田とされたし、名主に不法があれば追放されて名田は別人に付されるのが普通であった。荘園領主側の土地に対する権利が下地進止権といわれたのもそうした内容によるのであり、農民の土地に対する関係がしばしば「預作」と表現されたのもその半面をあらわすものであった。

ところが、十四世紀以降、事情は急速に変わりだす。結論的にいって、名主の名田に対する関係は、農民的土地所有権とよぶにふさわしい性質をもちはじめ、それが農民の手によって売買されるとともに、権利内容の分化が進みだす。またそればかりではなく、従来名主の名田に対する関係ほどの安定性も認められず、毎年「散田」によって割り替えられる可能性をつねにふくんでいた小百姓の一色田に対する用益権も、次第に名田との区別を失い、事実上、両者をふくめて農民的土地所有権とよんで差支えないものに進展してゆくのである。そのような変化は、農民の私的土地所有権の歴史という視点からすれば画期的な事態であり、それによってはじめて、売買取引関係を通ずる土地所有の移動が広汎に行なわれだし、中間地主的な土地所有関係が展開しはじめるのである。室町幕府＝守護領国制段階の土地制度の歴史的特色はこの点をふまえることなしには正しく理解しえないであろう。

しかしながら、そのような変化は、もちろん、地域によってかなり大きな差異をもっていたし、その差異のもつ歴史的な意味は、発展段階の多少の時間的前後だけのことではない。その差異は、荘園領主権の強弱、守護大名・在地領主権力の在り方と緊密に関連するとともに、次の歴史段階での戦国大名領の形成のされ方にもつらなってゆくのであって、たんなる自然的・生産力的差異にとどまらず、日本史全体の動きに対し社会的・政治的な規定性を生みだしているのである。その意味で、以下の考察はさしづめ畿内、畿内周辺＝中間、遠隔地域の三地域に区分して検討を進める必要があるであろう。

1　畿内地域

畿内地域については、従来比較的よく検討が進められており、結論的にいって、加地子名主職の分化状況がもっとも明らかにされている。しかしながら、問題は加地子名主職の分化という現象の確認でおわるものではない。加地子名主職といわれるある種の地主的権利の社会的性格・取引形態・その集積者と階級分解の性格などについてはなお考えるべき問題が少なからず残されている。以下、従来もとりあげられてきた山城国の上・下久世荘の史料を中心としてそれらの点を考えよう。上久世荘は建武三年(一三三六)足利尊氏が地頭職を東寺に寄進して以来、東寺の「一円領」となったのに対し、下久世荘は領家職が部分的には複数の「本所領」の形をとっていたため、両者では多少事情が異なるが、両者とも、下地進止権は東寺の手にあり、東寺が主要な年貢収取権者であることには変わりない。

表 12–1　上・下久世荘の土地売券

年代	上久世荘 下久世荘	面積	表示	価格	売主	買主	上部負担等	出典
		反 歩		貫 文				
嘉元 3 (1305)	下	1. 半	相伝地	7.500	宗円	大夫阿闍梨		東寺百合文書 な 16～22
〃	下	1.000	相伝地	5.000	藤原明重	同上		同上
〃	下	3.000	私領	12.000	定範	同上		同上
徳治 2 (1307)	下	14. 半	永作手田	37.000	信愉	了覚房		同上
延慶 3 (1310)	下	10.000	相伝私領	60.000	利綱	平氏女	八幡宮年貢 1 貫	同上
正中 2 (1325)	下	10.000	名田 (同上地)	40.000	信阿	福寿	同上	同上
〃	下	9. 半	私領	20.000	春徳女	北小路室町紀氏		同上
貞和 3 (1347)	上	6.000	相伝私領	20.000	向仏	清水坂妙覚房		ヱ 38～45
観応 2 (1351)	上	1.000	永地田 相伝名田	3.200	阿左右	藤三郎	所当米 3 斗 5 升, 公事物支ワラ 8 束	キ 28～38
〃	下	5.000		5.000	浄勝	惟宗氏女		な 16～22
文和 1 (1352)	下	2. 半	名主得分	本銭返 4.000	松御前		名主得分 1.5 石	同上
文和 2 (1353)	下	1. 半 1.060	相伝名田	12.500	大江親綱	寺戸石見房	1. 半＝地頭本田 2.3 斗代 1.060＝領家平兵衛 2.4 斗代	ミ 1～8
〃	上	1. 小	相伝私領	4.200	海重光	十郎	所当米反別 5 斗	ユ 20～29
文和 4 (1355)	上	1.000	相伝名田		彦三郎	左近九郎		よ 1～4
〃	上	1.000	相伝私領		同上	十郎		同上
延文 1 (1356)	上	2.000	相伝名田		寅犬女	藤三郎		ユ 20～29
延文 2 (1357)	下	6. 半	永作手田	26.500	岡田定元	大弐	本所当反別 2 斗	よ 4下～6
延文 4 (1359)	下	1.000		5.500	得阿	次郎大夫		同上
貞治 1 (1362)	下	1.000	永作手田	4.500	親綱	浄本坊		同上
貞治 5 (1366)	下	2.000		6.700	大江国綱	藤原氏女	本所当反米 3 斗 5 升, 公事用途反75文	ま 7～16

貞治 5 (1366)	下	0. 大	私領名田	2.500	仙慶	寺戸余一	地頭方方本所当 1 升53，公事用途50文	ミ 1～3
〃	下	畠 1.000		3.500	大江親広	藤原氏女	領家夏麦 7 斗ワラ 7 束，地頭方夏秋麦 3 升	ま 7～16
〃	下	1.000	名田	5.000	下司国綱	寺戸余一	地頭本所当米 2 斗 3 升，公事用途18文	ミ 1～8
貞治 6 (1367)		2.000	名主職		永覚	藤原氏女	釆女田所当反別 3 斗，公事用途32文	ま 7～16
応安 4 (1371)	下	畠 1.060	畠地	10.500	円勝	寺戸余一	本所当夏麦 6.5升，秋ソバ 6.5升	ミ 1～8
〃	上	1. 半	相伝地	6.000	信智	橘氏女		キ 28～38
〃	下	1.000	永地	5.500	寺戸与一	浄妙	領家方へ 1 斗57他	ま 7～16
応安 6 (1373)	上	2.000	相伝地	9.500	行空	成阿弥		カ 29～40
〃	下	1.000	永地畠	3.000	八郎次郎	浄妙	領家方所当夏麦 7 升他	同上
〃	上	2.000	相伝私領	9.000	京仏	五郎三郎	本年貢 1 反 3 斗 5 升他	キ 28～38
応安 7 (1374)	上	1.030	相伝私領	4.200	平四郎	浄賢房	3 斗 5 升	ユ 46～50
〃	下	畠 1.000	永地畠		六郎四郎		夏秋麦各 6 升 5 合	カ 20～28
永和 1 (1375)	下	田 1.000 畠 1.000	相伝名田	3.000	正章	妙浄方		ま 7～16
〃	上	1.000	名田	8 石 8 斗	円勝	桂維那	本所当 4 斗 8 升	同上
〃	上	0. 大	相伝私領	貫 2.700	左衛門 三郎	橘氏女	公方年貢 2 斗 266	ユ 30～34
〃	下	1.000	相伝名田	6.000	国綱	寺戸与一	夏麦 4 升秋ソバ大豆 4 升，名主 6 斗	ミ 1～8
永和 2 (1376)	上	1.000	相伝田		き七	平氏女		
〃	上	1.000	同上		さこの 四郎行吉	同上		
〃	上	0. 大	同上		平四郎	同上		
〃	上	1. 小	同上		左近次郎	同上		
〃	上	1.000	相伝名田	4.000	左衛門 三郎	浄賢房	公事用途 110 文	リ 14～23
〃	下	1.000	永地田	4.200	道雲	寺戸三光房		カ 20～28

年　代	上久世荘 下久世荘	面積	表示	価格	売主	買主	上部負担等	出典
永和 4 (1378)	上	1. 小	相伝私領		成阿弥	源内		オ 1〜25
康暦 2 (1380)	上	1.000	同上	4.000	学阿弥	同上	所当 6 斗，仏事用途10文	同上
永徳 3 (1383)	下	2.000	永地	7.500	清弘	簗山妙浄		ま 7〜16
至徳 2 (1385)	下	3.000	名主職	8.000	藤松女	治部卿法印	名主得分 1 石 5 斗	メ 11〜29
〃	下	1. 小	永地田 名田	6.000	弥五郎	簗山妙浄		ま 7〜16
至徳 3 (1386)	下	1.000	畠	3.500	同上	同上		同上
明徳 2 (1391)	上	5.000	相伝名田	24.500	浄印	嵯峨給園庵		リ 14〜23
〃	上	1.000	同上	9.000	知聖	西厳庵	年貢 3 斗 4 升	リ 1〜13
〃	上	3.000	同上	8.350	覚阿弥	安養院	年貢 3 石 6 斗	を 42-2号
〃	上	2. 大	同上	6.900	兵衛三郎	同上	年貢 2 石 932	を 42-3号
〃	上	1.000	同上	2.780	彦九郎	同上	年貢 1 石 174	を 42-4号
明徳 5 (1394)	上	1.000	相伝私領	6.000	元善	西道場		リ 1〜13
〃	上	1.000	開発地	4.000	原玉	同上		同上
〃	上	2.000	永地田	10.000	西道場	東寺山吹上﨟		同上
応永 2 (1395)	久世荘	6. 半	相伝私領	30.000	斅暹	重近	公方年貢反別 5 斗	ヨ 37〜40
応永14(1407)	上	10.000	同上	15.000	真板貞信	武蔵坊		を 85 号
〃	上	6. 大	料田	17.000	安養院	嵯峨給園庵	分米 7 石 707 内本年貢 4 石 469	を 42-5号
応永18(1411)	下	1.000	相田地	4.500	弘義 (新五郎)	玄翕		よ 1〜4上
応永19(1412)	上	1.000		5.800	真板貞信	武蔵坊		を 103-1号
〃	上	7.000	相伝私領	24.000	真板康貞	亀若		を 103-2号
応永24(1417)	下	1.000	畠	5.500	道世	藤七		レ 20〜31

応永26(1419)	下	2.000			源琛	籔内	名主年貢分　東出口4斗，三角田9斗	ミ 1〜8
応永31(1424)	上	2.000	私領 名主職		定性	東寺御影堂		リ 1〜13
応永33(1426)	下	1.000	永地田	6.000	道善	霊巌首座	一色石代ウチ貢茂4斗，加地子6斗	を 136号
正長2(1429)	上	1.000	名田		比丘尼有近	金蓮院		よ 1〜4上
永享2(1430)	下	6.000	名主職	30.000	雙献	東寺西院	名主年貢反別5斗	カ 29〜40
永享10(1438)	下	2.000		9.700	見冝	南禅寺雲門庵	夏麦1斗3升，秋麦1斗3升	を 188号
文安5(1448)	上	2.000	買得相伝 私領		外林貞次	東寺西院		カ 29〜40
文安6(1449)	上	1.030	同上	5.000	与五郎	東寺八幡宮	本所当3斗5升，名主得分9.5合枡に6斗宛	ヱ 46〜50
宝徳1(1449)	上	6.350	相伝私領		宗泉	東寺御影堂		ヱ 38〜45
宝徳2(1450)	上	1.000	名主職 相伝土地	6.000	尭果	同上	本所年貢3斗2升，名主分7斗	よ 1〜4上
享徳1(1452)	下	1.000	畠	8.500	宣祐	浄菴	夏麦1斗2，定加地子8斗，加地子毎年400文	メ 30〜50
康正2(1456)	上	畠1所		1.500	弥五郎	東寺八幡宮		ト 76〜95
寛正2(1461)	上	6.000	名主職	15.000	円尊	東寺西院		ヰ 28〜38

この二つの荘園の当該期にかかわるすべての土地売券を整理してみると表一二-1の通りである。この売券は、この時期に行なわれた売買の一切を示すものではなく、その土地(権利)が終局的には東寺自身の手に帰着したため、関係文書が東寺の手に移って今日に至るまで保管されてきたものだけである。だから実際に行なわれた取引＝土地移動の全体から見れば限られた一部に過ぎない。しかしこれを通じても多くの重要な問題を発見することができる。

第一に、売却地の表示を見ると、十四世紀前半には「永作手」「永作手田」のような古い表現がまだ残っているが、時代が下るとともに漸次それらは消滅し、「相伝名田」「私領名田」「名主職」「永地田」などの表現に代ってゆく。このうち「永作手田」が当時はたして「名田」と区別されて用いられていたかどうかは疑わしいが、「名」「名田」の用例の沿革を検討してみると、『平安遺文』に収載された十二世紀後半の田地売券では「永作手」「私領田」の表現がもっぱら用いられ、「名」「名田」の用例はほとんどない。このことはそもそも「名」「名田」が売買対象になる性質のものでなく、売ることのできるのは「私領」であったという事情があったからであろう。この点を考慮すれば、売券の表示が「永作手」「私領」から「名田」「名主職」に変化することの意味は大きいといわねばならない。

第二に、売主の性格についてみると、まず下久世の下司大江氏（親綱・国綱・親広など）や上久世の公文真板氏（京仏＝向仏・康貞・貞信など）一族のように、中間支配者として荘官職をもつ階層が多くあらわれてくる。このような荘官層がなぜしきりに田地を売却しなければならなかったかの理由はにわかに知ることができない。しかし売却対象地はもちろん荘官層の所有する荘官名ばかりであったわけではない。応永十四年（一四〇七）の真板貞信（公文康貞の弟）の売券によると、同人は上久世荘内江長・平七・野里名内一町を売却しているが、それらは荘官名ではなく、一般の百姓名である。また応永十八年（一四一一）の下久世荘一反売券にみえる売主弘義は新五郎という名前からみても、また同年の下久世荘内流田注進状[2]に公田分一反の作人として名をあらわしていることからみても、ごく普通の一般農民であったろう。してみると売買対象は一般百姓名にひろく及び、売却主体も荘官層のみならず一般農民にわたっていたことは否定できない。

おなじ東寺領に属する播磨国矢野荘で、建武二年（一三三五）九月、田所昌範が、東寺に対し捧げた請文[3]のなかには、

一、百姓等がもつ所の名田畠等、重代支証なきを、ふりよの外ニ他人に申し与ふべからざること、

という一項が見られる。これは領主東寺としても、名田畠を農民的権利として保障せざるをえない事態がすでに進行しつつあったにもかかわらず、現地支配者が、旧来の方式で、なおそれを奪う行為が稀でなかったことを示すものであるが、農民の名田売買を領主側としても認めざるをえなくなった新事態のなかではじめて理解できることである。

第三に、買主についてみると、寺戸石見房・寺戸余一・寺戸三光房・簗山妙浄など、久世周辺の居住者のほか、嵯峨給恩庵・仁和寺安養院・南禅寺雲門庵のように京都の寺庵が少なくない。また清水坂妙覚房・針小路武蔵坊などは洛中の居住者である。このことは、久世荘の耕地がかなりひろく荘外に売却されていることを示すものである。荘内における売買でも名田編成の基礎が掘りくずされ、年貢夫役の収取条件を不安にする恐れがあるが、荘外への売却の場合、東寺としては買主に対して身分的規制を及ぼしえないから、何としても阻止したいところであろう。久世荘に近い東寺領上野荘において、観応元年(一三五〇)東寺学衆方法橋真祐は、上野荘預所に宛てて名主百姓の自由な荘田売買を禁止せよという主旨の書状(4)を送っているが、これこそ百姓名田の荘外流出という新しい事態に対する領主側の姿勢をもっとも端的に示すものである。

しかもこれら買主の性格についてみると、嵯峨給園庵などの寺庵はおそらく祠堂銭の貸付によって土地集積を進めつつあるものであろう。また清水坂妙覚房・針小路武蔵坊などは京都の高利貸業者であろう。応永十四年に公文真板康貞の弟貞信は田地一町というかなりまとまった耕地を針小路武蔵坊に売り払っているが、貞信は同十六年十二月、未進年貢を納入するため、武蔵から融資を受けようとした事実がある。(5)そのほかにも西京梅酒屋など洛中・洛外の酒屋・土倉が久世荘内の田地を買得していることも知られているから、(6)売却の理由はさまざまであったとしても、高利貸商人による土地集積が京都周辺で進行しつつあったことは疑いないところである。

こうした動きと関連して興味深いのは、すでに指摘したことがあるが、応永末年頃から東寺御影堂・東寺西院・東寺八幡宮など、東寺関係の堂院などが加地子名主職の主要な買手となってあらわれてくることである。おそらく、東寺はじめのうちは、加地子名主職が荘外に流出するのをくいとめようと努力していたが、それが次第にむつかしくなると、みずから名主職を買得する形でこれに対応しはじめたのであろう。それは伝統的な領主権の在り方からすれば、いちじるしく後退した方式というべきであるが、それ以外に農民的土地所有の前進に対応して領主権を再編化する道がなくなってきたのである。

第四に、取引価格の問題であるが、ごく大まかに見て、田地一反当りの価格は四〜五貫文程度のものが多い。平均的価格が成立していることは、田地一反当りの平均的な収益が安定的に成立していることによるであろう。いうまでもなく、収益が不安定な場合には取引価格ももっとバラッキがはげしくなるに相違ない。また一反当り四〜五貫文という価格を当時の米価と関連させてみるとつぎのように考えられる。すなわち百瀬今朝雄氏の研究によると、(7) 東寺領の年貢算用状から知られる南北朝〜室町期の米価は、正長・寛正の大飢饉のような例外の年を除いて、下行枡一石当り七〇〇〜九〇〇文台を上下しており、六〇〇文台に下る年および一〇〇〇文台に上る年はきわめて少ない。したがって平均値をおよそ一石当り八〇〇文とすると、四〜五貫文は五〜六石程度となり、かりに年平均得分を一反当り六斗程度とすれば、売却価格はほぼ八〜一〇年分の収益にあたるわけであって、かなり合理的に理解できる数字といえる。

第五は、取引される土地の権利内容の問題である。大半の売券に見られる反当価格にさして大きなひらきがないことは、取引対象の権利・収益内容にも大きなちがいがないことと考えてよい。しかしここで売却されているものが、(イ)領主権(年貢収取権)、(ロ)地主権(名主加地子収取権)、(ハ)作職(直接耕作者がまた別であることもありうるが、上部に(イ)(ロ)を負担する)、の三者のうち、(ロ)(ハ)をふくむものか、(ロ)だけであるのかはなお検討の余地がある。文和元年(一三五二)の松御前売券を見ると、二反半の田地が四貫文で売られているが、名主職取分一石五斗は作人上野殿から沙汰すると断わっている。このことからみて売却対象となっているのは(ロ)の場合の権利だけであろう。またこの場合価格が低いのは、本銭返契約のためと思われる。このように名主得分を明記して取引対象が(ロ)にあたる加地子名主職であることがはっきりわかる例は少なくない。

それに対し、応安四年(一三七一)の円勝の畠地売券のように、一反六〇歩＝一〇貫五〇〇文と高い例があるが、この場合は、おそらく(ロ)の権利ばかりでなく、(ハ)の作職に当たるものをもふくんでいたと思われる。売券によって売却対象の性質＝権利内容が明示されていない場合もあるが、一般に安定した平均的収益が成立している場合には、取引価格の面から権利内容もほぼ判断することができるようである。

以上が表一二‐1から知ることのできる主要な問題であるが、このように考えると、(ロ)の加地子名主職と(ハ)の作職とは一般にすべて分離していたかどうか、売買の際に(ロ)だけを売る場合と(ロ)(ハ)を併せて売る場合とのちがいはどのようにして生ずるのか、ということを改めて問い直す必要がある。表一二‐1の各ケースについて検討すれば、(ロ)の加地子名主職だけを売る場合の方がはるかに多いし、またこの点は次の表一二‐2を見るときいっそうはっきりとする。すなわちこの表に示したのは、本所年貢と名主加地子とが分化し、両者の取分が確認できる例であるが、本所年貢は反当三〜四斗、名主加地子は反当五〜六斗あたりが平均の線となっている。加地子額が平均化するのは、加地子収取関係が広汎に成立し、社会的平均化が進みやすい条件ができあがっているからである。

しかしそれにしても、すべての耕地の権利が加地子名主職・作職というふうに、明瞭に分化していたということはできない。応永十四年(一四〇七)の「上久世荘無公事田注進状(8)」はこの点をよく示してくれる。すなわち、この史料は百姓名田に課された一反別一日宛の公事収取が不能となった状態とその理由を書き出したものであるが、次のように記載されている。

一、平七名
一反　公事　五日　名主法輪院殿作人弥五郎《ふかく》

表 12–2　上下久世荘における本年貢と加地子比率

年　　代	場所	面　積	本　所　年　貢	名主加地子	反当加地子	出　　典	備　　　　考
		反 歩		石	石		
文和 1 (1352)	下久世	2.180		1.5	0.6	な 16〜22	
永和 1 (1375)	〃	1.000	畠所当夏麦 4 升, 秋大豆 4 升	0.6	0.6	ミ 1〜8	
至徳 2 (1385)	〃	3.000	八幡 400 文, 東寺 0.72 石	1.5	0.5	メ 11〜29	
応永23 (1416)	上久世	6.240		3.238	約 0.5	を 42 号	
応永31 (1424)	〃	2.000		1 反 = 0.900 1 反 = 0.400	0.9 0.4	リ 1〜13	枡ハ本枡
応永33 (1426)	下久世	1.000	0.4 石, 草代 100 文	0.600	0.6	を 136 号	枡ハ 8 合枡
永享 2 (1430)	〃	6.000		反別 0.500	0.5	カ 29〜40	
永享 6 (1434)	上久世	5.000	2.6996 石	1.5667	0.3	ユ 66〜68	
文安 6 (1449)	〃	1.030	0.35 石, 公事 1 日	0.6	0.6	ヱ 46〜50	名主得分 9 合 5 勺枡
宝徳 1 (1449)	〃	2.000	反別 0.4 石	反別 0.5	0.5	ヱ 25〜31	
宝徳 4 (1452)	〃	1.030		反別 0.4	0.4	ヱ 46〜50	
享徳 1 (1452)	下久世	1.000	0.12 石麦	0.8	0.8	メ 30〜50	
享徳 3 (1454)	〃	1.180	0.39 石	0.885	約 0.6	カ 20〜28	
〃	〃	1.000	0.28 石, 100 文	0.47	0.47	カ 20〜28	田 120 歩, 畠 240 歩
康正 2 (1456)	上久世	1.000	0.4 石, 10 文	0.70	0.7	よ 1〜4上	名主分本所ノ納ニハ 0.889 石
寛正 3 (1462)	〃	6.000		反別 0.6	0.6	カ 41〜50	

二反　公事 十三日、十四日　名主戒光寺作人ちくてんひこ五郎
一反　公事 廿二日　名主作人ひこ八ちくてん
以上四反　公事四日アク
一、越後名
五反　公事 廿四日、廿五日、廿六日、廿七日、廿八日　名主五条坊門作人ひこ五郎ちくてん
一反　公事 九日　名主作人六郎五郎ふかく
以上六反　公事六日明
（下略）

すなわち、各田地の名主と作人とが別人に分化している場合と、未分化で一致している場合とがあるわけである。そのどちらが多いかを、この限られた史料からだけで一般的に判断するわけにいかないが、少なくともこの注進状に示された三町五反六〇歩の田地については、名主と作人とが未分化状態にあるのが一町二反六〇歩であり、他は両者分化しているから、過半の田地では加地子名主職と作職とは分化しているわけである。

このような加地子名主職と作職との分化はどのような事情・過程によって生じたものであろうか。本来両者は未分化な形で、単一の農民的土地所有として存在してきたが、土地生産力の上昇にもかかわらず、農民闘争の成果によって荘園領主側がその上昇分を追徴しえず、剰余が農民の手許に残るようになって、権利分化＝加地子名主職が出現したとするのが一般に広く認められている理解である。しかしながら、ひとつ考えるべきことは、荘園領主年貢と名主加地子の配分関係をみると、前者が反当三〜四斗に対し、後者が五〜六斗であって、後者の方が大きいことである。このように多額の剰余が十四世紀頃に一挙に成立してくると考えてよいのだろうか。いかに荘園年貢が固定・停滞し

ているとはいえ、それ以外に年貢を上まわる剰余分がにわかに成立し、それが中間取分として分化してくるという解釈は、やや不自然の感がある。そのような剰余分が存在するとすれば、十四世紀以前においても名主加地子は成立する可能性があったのではなかろうか。――このような疑問がもたれるのである。

その点について参考となるのは、摂津国の勝尾寺の関係文書である。たとえば貞永二年(一二三三)の紀利包売券の場合、永作手畠一反の本所当一斗・諸一斗に対し、地主加地子六斗となっている(9)。ここでは地主加地子が本年貢をはるかに上まわる比重をもっているのである。十三世紀前葉でこのような事実が存在するとすれば、名主加地子は十四世紀以降の生産力上昇分だけをあらわすというより、荘園制の本来的段階からすでに本年貢以外に存在していた剰余の一部分と考える方が妥当と見られるのである。近年の名制度の研究は、百姓名に対する権利関係は、本来一人の名主の単一的所有といったものではなく、小百姓身分の者が初発から名田の一部分について作手の権利を保有していることを明らかにしている(10)。とすれば、名主職・作職にあたる権利分化は、必ずしもすべてが十四世紀以降のものとはいい切れないかもしれぬ。須磨千頴氏は山城国紀伊郡にかかわる田地売券をひろく検討した結果、加地子名主職の売買が出現しはじめるのは鎌倉中期頃からであることを明らかにされ(11)、金本正之氏は近江の「今堀日吉神社文書」の売券を検討して、加地子得分の売買が行なわれだすのは鎌倉末期であることを論証している(12)。したがって、加地子名主職売買については久世荘について確認できるところがほぼ一般の傾向を示しているといってよいのであるが、加地子名主職の成立＝農民的土地所有権の分化の要因そのものをすべて鎌倉末期以降の生産力上昇だけに求めることは再考の余地があると思われるのである(この点については本論文付説「加地子について」参照)。

とはいえ、とりわけ当面する十五世紀の段階における畿内農業は、管理の細密化・施肥量の増加によって集約度を高めつつあったことが「なゑをするゑ、あせをぬり、こゑはいを入候て(13)」といった作業過程からも明白であり、また荘園年貢が「損亡」の名目でしばしば大幅に減免されたことも「損亡未進逐年倍増」という史料文言[14]の散見することからうかがうことができる。その結果、農民層のもとに残される剰余分はますます増大するとともに、その収取権の移動を通じて、土地制度の基底部からの変動が生みだされていったことは否定しえない事実である。

2　畿内周辺＝中間地域

つぎに畿内周辺＝中間地域の検討に移ろう。いま見てきたように、畿内、とりわけ京都周辺部においては、(イ)農民的土地所有権の強化とその分化、(ロ)加地子名主職の広汎な売買移動、(ハ)加地子名主職の荘外の寺庵・土倉等への流出、(ニ)荘園領主自身の加地子名主職買得による領主権再編のための上からの対応、(ホ)それにもとづく階級分解、小領主＝地主的階層の成長に対するある程度のブレーキ、等の動きが指摘できた。このような傾向は京都周辺のみならず大和・近江などにおいても妥当するのであるが[15]、それでは、その地域の外側、つまり農業生産力の面においては畿内にさして遜色ないが、荘園領主権の貫徹度においては山城・大和などより比較的弱い畿内周辺地域はどうであろうか。畿内周辺は、この時期より一世紀のちの段階では戦国大名の成長がもっとも典型的に見られる地域であるが、そのような新たな階級関係形成の可能性は十五世紀段階においてどのように準備されつつあったであろうか。

こうした問題を解くためにもっとも適した地域はなんといってものちに織豊権力の基盤となった濃尾地方であろう。以下史料の便宜上、美濃国の平野部に属する現地寺院史料を素材としながらこの点の検討を進めよう。

一　竜徳寺領の場合[16]

まず揖斐郡池田町本郷に所在する竜徳寺所蔵の土地売券類を整理した表一二-3について見てゆく。この寺の所在

表12-3　竜徳寺の売券一覧

年代	売主	地積	代価	上部負担	備考(所在，買主，加地子など)
(1) 観応 2. 5.22	安次五郎太郎	田1反小	貫 文 4.000	公方年貢1貫100文	辰大夫名の内
(2) 応安 5.11.10	平野本庄保田村幸衛門	田畠4反大	10.000	公方年貢油7升，在家700文，装束	これやす名の内四郎太郎かいと
(3) 応永 3.12.17	平野本庄保泉寺良算	田1反小	4.000	万雑公事なし	了善名の内
(4) 永享 4.11.15	東禅寺広照庵	田畠4反大	6.000	公方年貢油7升，在家700文，装束	(2)と同一地，買主田村のよいち太郎
(5) 永享 8.10.10	大乗房円照	田畠1反小	6.000	公方年貢300文	買主田村の国枝左衛門次郎
(6) 永享 11.10.21	平野東本庄いたや四郎	田1反60歩	8.000	公方年貢600文	公田，ほりの内名の内
(7) 永享 11.11. 7	平野本庄保泉寺玉蔵坊清尊	田1反小	6.000	万雑公事なし	了善名の内
(8) 永享 11.12. 7	石原弾正善林	田1反	5.000	万雑公事，年貢なし	定心名のぬき地
(9) 文安 4.11.19	平野本庄保田村与一太郎	田1反小	4.000	公方年貢油2升，在家銭200文，副物の米6升8勺	これやす名の内
(10) 寛正 2.12.21	平野本庄保昌等	田1反	5.000	年貢油1升5合，在家銭150文，副物米4升6合6勺	定心名
(11) 文明 2.11.20	八木まん	田1俵足	1.000	年貢料足50文	年貢はついしねの神田へ沙汰
(12) 文明 4.12.13	平野本庄保田村左衛門三郎	田1反小	7.000	公方年貢500文	
(13) 文明 6. 4. 2	善慶左衛門	田5反	20.000	公方年貢1貫150文	岡江八郎名の内．国枝殿に売る
(14) 文明 6. 4. 7	平野本庄保田村左衛門三郎	畠1反	2.500	公方年貢72文	
(15) 文明 6.12.21	市庭の右近二郎	畠2反大	5.000	本年貢200文	本年貢は作人の沙汰，加地子は500文作人よりとる
(16) 文明 11. 3.20	池田あかめかいと五郎	畠1反	0.600	年貢200文	あかめかいとの神田
(17) 文明 14.11.26	平野左衛門四郎	田1反	4.000	公方年貢2月＝265文，10月＝300文，計565文	公田，竜徳寺祠堂方へ売る
(18) 文明 11.11.28	池田市庭右近二郎	畠1反	1.000	200文沙汰	アカメカイト
(19) 文明 12. 1.24	下一色大郎かみや禰宜	林1所	0.800	年貢30文	
(20) 文明 13.11.23	赤垣禰祇(ママ)五郎	畠3反	4.000		年貢1貫文
(21) 文明 16. 2.21	池田市庭左衛門尉二郎	畠1所	3.000	本年貢銭200文	加地子反当600文
(22) 文明 17. 9.23	池田八日市庭二郎衛門尉	畠1反小	2.000	公方年貢100文	加地子反当500文

は大垣市からさして遠くない地域に属するから、濃尾平野の一典型地域ということができる。整理した売券は、すべて直接竜徳寺が購入したものではないが、売却者・代価・上部年貢額・加地子額等がわかるので、さきの上下久世荘の場合と比較検討しやすいものである。本表から知ることのできる諸点は次の通りである。(1)売却者には竜徳寺付近の農民身分の者がもっとも多い。村名の記載があって姓を付さない名前は伝統的な名主身分とは考えられないから、売主は小百姓身分をふくむ一般農民と考えられる。(2)取引価格は田地一反当り二貫程度から六〜七貫程度と値幅があるが、四〜五貫程度が平均の線となっている。価格は上部負担の大小と密接にかかわっているのであるが、概して上下久世荘と大きなちがいのない額であり、ここでもほぼ平均的な市場価格が成立しているといえる。(3)取引形態はすべて永代売であって、年紀売・本物返など権利留保による有期的売買形式は見られない。この点は後述する遠隔地の場合とは明瞭に区別され、畿内地域とまったく一致している。(4)「公方年貢」＝本年貢額は田地一反当りで、観応二年（一三五一）の一反小＝一貫一〇〇文（一反＝八二五文）というケースを例外として、他は多いもので五〇〇文程度、大半はそれをかなり下まわっている。後述するように、この地域のこの時期の米銭換算値の目安は前掲百瀬氏の算定よりかなり高く、一〇〇文＝六升替というところなので、これで換算すれば、八二五文＝四斗九升五合となり、荘園年貢としてはごくなみの水準である。したがって大部分の五〇〇文＝三斗以下のものは、本年貢額としては概して軽いと見てよいわけである。もっとも年代のふるい観応二年のケースの上部年貢がいちばん重いのは、それが当時の年貢水準を示しているのに対し、それ以降のものが農民闘争＝荘園制解体の動きのなかで軽減低落した状態を示しているからであろう。(5)地主的中間層の取分である加地子の額は、備考欄に記してあるように、No. 21で一反＝六〇〇文、No. 15とNo. 22で一反＝五〇〇文である。この三例ではいずれも加地子額が本年貢額をはるかに上まわっている。事例が少ないため断定できないが、上下久世荘の場合と同傾向である点は注目に値する。

表 12–4　時末名の構成と負担形態

(1)　時末名四分三の構成

地　　積		代(年貢 加地子)	作　　人
わ せ 田	1 反	代　　900 文	野田右馬次郎
〃	1 反	〃	同所　塚本左近
〃	2 反	代 1 貫 700 文	同所　右衛門太郎
なかて田	1 反大	代 1 貫 300 文	同所　なかや次郎
いやしき	1 所	代　　600 文	同　　なかや次郎
ぬ　　ま	1 町	代 8 貫 500 文	森たういん二郎
畠	1 反	代　　200 文	ゆふかみ森下
計	1 町 6 反(ママ)	代14貫 100 文	

(2)　時末名 1 町 1 反 90 歩の諸負担

地　積	代(年貢 加地子)	作　人
年　　貢	4 貫 050 文	公事免引
長　夫　銭	1 貫 350 文	毎年出之
傍　仕　銭	480 文	〃
傍仕大豆代	100 文	12月出之
計	5 貫 982 文(ママ)	

二　汾陽寺領の場合(17)

つぎに武儀郡の汾陽寺領の場合を検討する。

この寺は現在武芸川町谷口に所在し、はじめ天台宗であったが、斎藤利永の再建以来禅宗に転じた。長良川沿岸に近く、濃尾平野北東部に位置し、所蔵史料もすべて寺周辺の地域にかかわるものである。

表一二―4は長禄二年(一四五八)汾陽寺が木下家正から買得した「山県太郎丸郷内時末名四分三」の構成・負担形態等を示すものである(18)。売主木下家正なる人物の性格は明らかでないが、「豊前守」と称しており、この売買行為は、後述するように斎藤氏と推定される上級領主から確認を受けているところから見て、この地域の小領主的階層であると考えられる。

表の示すとおり、汾陽寺の買得した「時末名四分三」は、約一町六反の田畠宅地から成っている。「わせ田」「なかて田」のように作付品種を表示する水田のほか「ぬま」一町がある。これは実際の沼ではなく、一町という面積表示から見ても、他の水田と「代」がおなじ額であることから見ても、またそれが名に編成され作人が付されていることから見ても、普通の水田(おそらく湿田)であると考えられる。したがって「時末名四分三」は、水田一町五反大、畠一反、屋敷一所から成っていると見てよいであろう。

ところで、この史料の冒頭には「汾陽寺領事　捌貫百十五文　定加地子分」とあり、つぎに「わせ田壱段　代九百文　野田右馬次郎」のような形で表の(1)に示した七筆が記され、つぎに「已上拾肆貫百文　一町六反分坪付別、此内壱反畠在之分」とある。またその次に、「時末名壱町一反九十歩本年貢売券□」という見出しがあって、表の(2)に示した年貢・夫銭等の内訳が列挙されている。この解釈はやや難解であるが、おそらく、(イ)「時末名四分三」の実際の有畝は一町六反であって、汾陽寺は中間の地主としてそこから代一四貫一〇〇文を野田右馬次郎以下の人々から収納し、(ロ)そのうち五貫九八二文を上部への年貢・夫銭等として負担し、(ハ)差引残額八貫一一八文を「定加地子」として手許に残したことを示すものであろう。したがって、「代」は年貢分と加地子分とを併せて作人から収納する額である。また年貢・夫銭等は、一町六反の実面積(有畝)があっても一町一反九〇歩分だけしか賦課されていなかったのであり、それがいわゆる「公田」的部分であったのである。

このように解せば、時末名四分三について、作人からの収取額は、地主取分八・一一八対年貢分五・九八二という割合で、中間地主汾陽寺に有利に配分されているわけであり、汾陽寺は、この耕地のすべてに作人を付し、直営は一切行なっていない。その際、中間地主の取分が本年貢分を上まわる点はさきの竜徳寺の場合と同じである。

つぎに汾陽寺文書の示す他の一つの例を示そう。

永代売渡申千代光名之内田之事

合七段者、此内弐反者、坪本千岐也、又五反、坪本背田也、

畠壱段、政所畠也、屋敷弐所者、千岐也、又屋敷弐所ハ見定洞也、同其前田半在之、

右件之永地者、依有要用、代銭捌貫六百五十文ニ売渡申所実正也、但公方年貢者、弐貫九百八文納之、又米者、以八合八才六斗納之、若於此下地、子ミ孫ミ違乱煩之儀不可有候、万一及異儀於輩者、為公方盗之御罪科あるへく候、仍而売券之状如件、

長禄四年庚辰閏九月晦日　　売主岩村中西八郎（略押）

汾陽寺へまいる

この文書[19]によれば、千代光名水田七反・畠一反および屋敷四所が、岩村の中西八郎から汾陽寺に代銭八貫六五〇文で永代売されているのであるが、「公方年貢銭二貫九〇八文、米六斗（八合八才枡による）」が買主汾陽寺から上部に納入すべき定めとなっている。中西八郎は岩村在住で略押を使う程度の身分階層であり、この売却地に別の作人が付されていたかどうかは、この文書からはわからない。しかしこの売券には、表一二―5に示した内容の別紙が添えられている[20]。すなわち、表一二―5で「年貢」というのは汾陽寺が収納するものの全体であり、「公方年貢」とは、そのうちから上級領主に出す部分である。したがって、ここでもどの土地についても作人が存在しているが、そのうち畠一反・屋敷四所および見定洞屋敷の前の田半（一八〇歩）は、汾陽寺が作人から「年貢」をとりながら「公方年貢」は出さない土地であると解せられる。その結果、この千代光名から、汾陽寺は銭六貫一〇〇文、米一石三斗を収納するが、上部には銭二貫九一三文、米六斗を出すだけであり、差引き汾陽寺の取分の方が「公方」の取分より多い。

千代光名は売人中西八郎の居住地たる岩村にあり、岩村は河西郷に属していたが、その上級支配者が誰であるかはわからない。売券に「公方年貢」とある「公方」とは、一般に将軍、時としては守護、場合によっては荘園領主をさす用語であって、にわかにそのいずれとも断定しがたいものである。しかし、この場合、右売券とほとんど同じ時期と考えられる汾陽寺から斎藤利賢に宛てた「河西郷之内岩村若宮八幡修理田之事」という文書案[21]の一条に「一、岩村

之中西八郎と申者より、修理田六段令買得候」とあり、また他の一条に「一、岩村之山田孫六前より茶畠壱所買得候、公方年貢弐百文、河西へ納所候て、請取在之、但此下地ハ、従御屋形様、為鷲見地類御闕所候」とあることから見て、ここにいう「御屋形様」はおそらく、守護の土岐氏であり、「公方年貢」は守護の取分であったと考えられる。河西郷は本来国衙領であったものが、このころには守護の支配地に転化していたのであろう。「公方年貢弐百文」を「河西へ納所」というのは、おそらく郷ごとに守護方の年貢収納所があり、そこに納入したことをさしたと考えられる。また「下地」は「御屋形様」より「為二鷲見地類一御闕所」ということの意味は、当該地が守護被官鷲見の知行地続きなので守護の闕所処分権によってこれも鷲見の給地とした、ということであろう。「鷲見」は享禄三年（一五三〇）の汾陽寺条書案にも「河西代官鷲見殿」と見える人物である。(22)

またこうしたことを念頭におきながら、さきの時末名の支配関係を考えてみると、ここでは「公方年貢」ではなく「本年貢」と記されているが、これも「山県太郎丸郷内」とあるから、やはり国衙領であり、当時は守護の所管下に入っていたと見てよいであろう。その点をさらに示唆してくれるのは、さきの木下家正の売券・坪付に対する守護側の確認手続と見られるつぎの文書である。(23)

山県郡太郎丸郷内時末名四分三（坪付別紙在之）事、任去閏正月廿二日木下豊前守家正売券之旨、不可有相違寺領之由状、仍執達如件、

長禄弐年二月十一日　丹後守
　　　　　　　　　　蔵人
　　　　　　　　　　藤原四郎次郎

汾陽寺

表 12-5　千代光名の「年貢」と「公方年貢」

地　積	年　貢	公方年貢
田　5 反	4 貫 000 文	2 貫 913 文
〃　2 反	米 1 石 3 斗	0 石 6 斗
畠　1 反	600 文	
千岐屋敷 2 所	450 文	
見定洞屋敷 2 所	650 文	
前田半(180 歩)	400 文	
計	銭 6 貫 100 文 米 1 石 3 斗	銭 2 貫 913 文 米 0 石 6 斗

すなわち、汾陽寺の買得行為が、丹後守・藤原四郎次郎の奉書によって確認・安堵されているのである。「藤原」は斎藤氏であるから、この両名はおそらく守護代か守護の奉行人であろう。そしてこの奉書を受けて、長禄二年四月十六日、越前守なる者が「汾陽寺納所禅師」宛にさらに執達の奉書を発給している。(24) この二つの奉書は、ともに写しであるが、さきの木下家正の売券(これも写し)とともに一括表装して残されている。加地子名主職に相当する地主的権利の売買の都度、守護側がこのような確認行為を一般に行なったのか否か、汾陽寺側からとくべつに安堵を受けるために申請したものか否か、またこれがなぜ正文でなく写しであるのか、などについては考えるべき余地がある。しかし時末名の属する太郎丸郷が守護領化し、土地の進止権が守護の手に移っていたことはほとんど疑問の余地のないところである。してみると、ここでは公家側の国衙支配＝知行国制はすでにその実を失い、それが、守護の管轄下におかれているとともに、剰余の主要部分を在地の中間層が入手する状態が成立しつつあったといえるのである。汾陽寺文書は寺院史料であるから、このことからただちに在地の地主的＝小領主的階層の成長と存在形態を一般的に確認するわけにはいかないが、汾陽寺に帰属した時末名の前主は木下家正という在地土豪であるから、在地土豪が一般にこのような形で、剰余の主要な収奪者となっていたことは認められるところである。

三　大仙寺領の場合(25)

つぎにもう一つ、大仙寺文書を材料として、同じ問題を検証しよう。大仙寺は加茂郡八百津町に現存するが、当時はその近くの黒瀬に在り、不二庵と称していた。汾陽寺とほぼ同じ立地条件をもち、濃尾平野の代表的地域に属するといってよい。不二庵はこの地の土豪古田信正が「本檀那」として建立したといわれ、同氏の寄進による寺領が多いから、大仙寺領の在り方を通して古田氏クラスの在地領主層の土地所有形態を知ることができるのである。

応仁二年(一四六八)、大仙寺の保護者古田衛門三郎が古田式部丞に「避渡」した「不二庵寺領目録」によると、[26] すな(収納)う給名・うるしかいと・にしこり(錦織)のかりやと・大はさま□すかなどの寺領から収納される大仙寺の全収入は、銭三〇貫六三〇文、米五二俵二斗(一俵＝三斗)であった。年欠であるがそれよりやや年代の下った時期の年貢銭等注文によっても、銭三六貫六二〇文(うち二〇〇文不作引)、米五七俵二斗(うち四斗不作引)であるから、この程度が不二庵の当時の地代収入であると見てよい。そしてこのなかから負担する上部への納入は、「公方様へ御年貢」「長夫銭」「たちかわり銭」「段銭」「公事銭」「とのい銭」「せつようとう(節用途)」「夫賃」など併せて二九貫九四二文であった。[27] したがって、大仙寺は地代総収入のうち、銭の方は三〇～三六貫ほどのうち三〇貫に近い額を上納するわけであるから、大仙寺には六貫余しか残らない。しかし上級年貢はこれだけだから、五十数俵の米はすべて大仙寺の手に残るわけである。

大仙寺の収取形態をみると、畠は銭、田は米で作人から納めさせている。そしてやや年代が下るが、永正二年(一五〇五)の、大仙寺が地主的地位にあった賀茂神田太田郷の水田一反別の収取量は、六～七斗から高いものは一石代に及んでいるから、年貢分と地主取分の合計としてもかなり高い収取率といえよう。こうして収納した現物米は、大仙寺が必要に応じて売り払っているが、その際の価格を見ると、永正頃では一〇〇文につき五～六～七升という例がもっとも多い。[28] さきの五二俵は当地の三斗俵で換算して一五石六斗となるから、これをかりに一〇〇文＝六升替で銭に換算すると二六貫文となる。この二六貫と銭で収納し公方年貢を上納した残り六貫余とを併せると大仙寺の取分は三二貫余となり、上級年貢高三〇貫文を多少こえる数字となる。作人から取った収納物の配分割合は、汾陽寺の場合とくらべて寺側にとくに有利とはいえないが、それでも地主取分の方が本年貢額を若干上まわるという点は竜徳寺・汾陽寺の場合と同様である。

以上、竜徳寺・汾陽寺・大仙寺文書を通じ、美濃の平野部においても、加地子名主職の分化が広く進行し、加地子得分額が本年貢額を凌ぐ関係が一般的に成立していることを確認しえた。使用した史料はみな寺院文書であるが、寄進・買得などによって寺に帰属する以前のことを考えれば、同じ関係は、在地領主・農民層においても展開していたとみてよいわけである。ただこの三例からは、荘園領主側が加地子名主職を集積したり、土倉・寺庵が高利貸機能を通じて土地集積を進めている事実は発見されない。後者は別として、荘園領主の名主職買得による上からの対応的動きが見られないのは、先述の守護の国衙領支配からも推定できるように、史料がないというより、実際にそうした動きをとりうる条件をすでに失っていたと見るべきであろう。

3　遠隔地域の場合

つぎに遠隔地域の場合を見よう。東国地方がこの段階で、厳密な意味における「辺境」とよぶにふさわしい状態にあったか否かについては議論の余地があるであろう。ここではとくべつに辺境の地というより、畿内・濃尾などとは区別されるが、ある意味ではむしろごく一般性をもつ非先進地域というほどの意味で東国地方を対象としてとりあげたい。

一　香取社領の場合

表一二-6は、下総国香取社関係史料から、応永～応仁期の売券で、本稿の目的に沿うものをえらびだしたものである。すなわち、われわれにとって、当面、土豪・農民的階層の土地売券が必要であるが、「香取文書」所収売券で、そのようなものとして確定できるものの一つとして、旧録司代家および旧案主家が売主として作成した売券の写しをとりあげたのである。(29) 旧録司代・案主家の社家としての身分問題は別として、これらの売券には、売却条件として、

ほとんど例外なく「万雑公事を停止して」という文言が記されていることから見れば、その耕地が万雑公事等の負担つきの農民保有地と同種のものであったことは明らかである。その意味で売主は地主的な中間層の地位にあったものと判断される(これらの家は以後、江戸時代を通じて在村農民的存在のまま今日に至っている)。

本表についてまず注目されるのは、売却形態が、久世荘や美濃の諸例のように永代売ではなく、すべて何年何作売という年紀売か本銭返売であることである。しかも年紀は一九年・二一年と長いし、本銭返の場合も二〇年・三〇年

表 12-6 室町期香取社領の田地売券

年代	面積	売買形態	条件	価格	売主	買主	所蔵
応永13(1406)	田1反	19年19作	万雑公事停止	貫 文 2.400	井土場住人 案主吉房		旧録司代家 旧案主家
文安4(1447)	田4反	30年以降 本銭返	所務は売主の沙汰 万雑公事停止	8.000	佐原住人 録司代慶尊		旧録司代家
長禄4(1460)	田1反	20年以降 本銭返	万雑公事停止	6.000	〃		〃
応永30(1423)	田1反	10年10作		0.800	井土場住人 案主ひこ七		旧案主家
永享9(1437)	田1反	10年10作	万雑公事停止	1.100	下立住人 藤内三郎		〃
享徳4(1455)	田1反小	5年 5作	万雑公事停止	0.950	津宮住人 孫六		〃
寛正4(1463)	田1反	21年21作	万雑公事停止	2.800	井土庭住人 録司代		〃
応仁2(1468)	田1反	10年以降 本銭返	万雑公事停止	1.600	香取社住 録司代慶尊		〃
〃	田1反	10年10作	万雑公事停止	1.300	〃		〃
〃	田1反	10年10作	万雑公事停止	0.300	〃		〃

とはなはだ長期である。このような長期にわたって所有権移転の自由を規制する売買方式がなぜ採用されているのかについては種々考えるべきことが多いが、少なくとも、ここでは農民的土地所有が原則として自由な永代売の対象となる性質のものではなかったという点を見落としてはならないだろう。裏からいえば農民的土地所有が私的財産権として確立されている度合が低いのである。それが香取社の特別の領主的規制にもとづくものであって、関東の一般の荘園・国領にまでひろく妥当するものであるか否かはなお検討を要するが、*ともかく、畿内・美濃の例とははなはだ異なる様相を示していることは明らかである。

* 「宇都宮家式条」(弘安六年制定)の四七条にはつぎの規定がある。

一、名主売買地之事

右、依二要用一、割二分田畠在家等一、人令二売渡一事、於二両三年分限一者、不レ及二沙汰一、此外至二数年之売地一者、沙汰出来者、可レ収二公之一、

すなわち、名主の田畠在家売買は、二〜三年季に限って許容されているのであって、永代売はまったく想定されていない。これはたんに領主側の強権にもとづく農民の田畠売買制限というより、農民的土地所有に関するかぎり永代売のごとき関係が一般に成立していなかったからと考えられ、香取領の場合が例外でないことを示唆している。

なおまた、「今川仮名目録追加」九条には

「一、百姓等地頭にしらせすして、名田売買之事、曲事也、但為二年貢収納一、当座之儀にをいてハ、宥免あるへし、年期二三ヶ年にをよハゝ、地頭代官に相ことハるへし、永代の儀ハ、不レ及二沙汰一也、」

とある。ここでも年期売は認められるが、地頭に無断で名田を売ることは認められていない。

次に取引価格について見ると、それぞれのケースによってまったくまちまちであって、平均的な市場価格が成立しているとは到底いいえない状態である。しかもその価格は総じてきわめて安い。いかに年紀売や本銭返売であるにし

ても長年紀の売却であるにしては理解しにくい数字といわねばならない。もし年紀いっぱい用益権が買手に移るとすれば、まったく引き合わないであろう。したがって、この取引の性格は、土地の商品化が前提されているわけではなく、もっぱら売主側のさしせまった貨幣借入の方に主たる契機があるとしか考えられない。畿内やその周辺地域の場合と対比する形で、この地域の土地生産力や上級領主取分を数量的に明らかにすることはできないが、当地域の場合、中間層の地主的取分がきわめてわずかしかなく、かつ不安定であって、それを対象とした売買が、平均的な取引価格を成立させていないことは明白である。

二　上野国新田領の場合

以上のような香取社領の年紀売とちがった形のものとしては在家の売買がある。

すでに従来の多くの研究が明らかにしているように、東国や九州の史料にもっともひろく姿をみせる「在家」は、在地領主の農民把握の形式を示すものであって、農民の家族と住屋と耕地とが一括して、その支配の単位とされるものであった。それゆえ、在家は在地領主にとって、本来は不可分割の支配単位であり、しばしば「在家何宇」という形で売買・譲与の対象とされた。なかでも開発領主が農民と耕地とを一元的に強固にとらえているいわゆる「一町在家」は、そのもっとも徹底した姿であり、そのような場合、在家の農民自身がその付属耕地をみずから売買処分することはありえなかった。

農民の存在形態が、在地領主の強固な支配のもとに、このような在家制をとった東国や九州でも、田地売券はひろく残存しているが、その多くは在家の支配者たる在地領主層相互のあいだでの売買行為であって、在家農民自身の手による付属耕地の売却ではない。

もちろん、このような地域でも、十四世紀後半から十五世紀に入ると在家農民のあいだにおける耕地売買が徐々に行なわれだした形跡はある。たとえば、上野の寮米保西内嶋村にかんする康永二年（一三四三）の田数注文には、[30]

一、九反小 北田七百成、代銭七貫五百廿文加屋敷定 此外隼人入道在家買地代三貫文　　八郎三郎

という記載があり、在家農民八郎三郎が、隼人入道在家を買得したらしい。しかしこの場合でも、八郎三郎が隼人入道からその保有耕地の一部分を独自に購入したのかどうかはかならずしも明らかでない。むしろ多くの場合は次のような形をとっている。

一宇　田一丁、畠一丁、　分銭七貫文　二郎《いさいけ》太郎入道

道しうかき内 一宇　畠一丁八反、分銭六貫百文　同人

これは応永十七年（一四一〇）の、同じ地域に属する上今居郷の検注帳の一部であるが、[31] ここでは同一人が二宇の分銭負担責任者となっている。また応永十五年（一四〇八）の「由良郷地検目録」では、[32] 同一人が複数の在家の「作人」となっている。これは有力な在家農民が弱体な在家農民を兼併した姿を示すものと考えられる。

これらの場合の特徴は、在家の付属耕地が、細分されて移動するのでなく、一括のまま在家単位で移動していることである。それは農民の保有耕地が分割されて自由に取引された畿内やその周辺地域の場合とはちがって、あいかわらず在家の一括性がくずれていないからであろう。こうした移動形態は、別の面からいえば、窮乏した農民が、その保有地の一部を売ってその部分については加地子を負担する小作人的位置に転化しながら経営をつづける形とはちがって、流亡化するか、経営ごと兼併されて有力在家の私的隷属農に転化し、領主の直接支配対象＝年貢公事負担責任者としての地位を失うしかないことを示している。このような特殊な「分解」は農民的土地所有権の強化にともなう土地売買が自由に展開しえないような後進的諸条件のもとでのみ考えうる形である。

以上見てきた在家農民における農民的土地所有権の未確立状態と、さきの香取社領における長期の年紀売あるいは本物返形式による土地売買とがどのようにかかわりあうものであるかはにわかに判断しがたい。この二つの形式は、それぞれ性質がちがうから同列に論じがたいが、ただ両者に共通することとしていえるのは、ここでは畿内やその周辺地域にみられたような耕地片の永代売形式が一般的に行なわれておらず、その意味で農民的土地所有権が未熟な状態にあったということである。その場合、農民層の分解も、ここでは必然的に畿内・近国とは異なった形をとらざるをえないこともいうまでもないであろう。この点はさらに次節において見てゆくこととする。

（1）　永原慶二「日本封建法の性格」（仁井田陞博士追悼論文集第一巻『前近代アジアの法と社会』所収）および永原慶二『日本の中世社会』五三頁以下参照。
（2）　「東寺百合文書」ひ四四〜四六上。
（3）　「同前」サ一〜一七。
（4）　「同前」ム学衆奉行引付。この詳細は永原慶二「中世農民的土地所有の性格」（本書第五論文）参照。
（5）　「同前」鎮守八幡宮供僧評定引付、応永十六・十二・七。
（6）　永原慶二「荘園解体期における農民層の分解と農民闘争の形態」（『日本封建制成立過程の研究』所収）参照。
（7）　百瀬今朝雄「室町時代における米価表」（『史学雑誌』六六ノ一号）。
（8）　『東寺百合文書』を八七号。
（9）　「勝尾寺文書」（『箕面市史』史料編一）一一五号。なお本論文付説「加地子について」参照。
（10）　黒田俊雄「鎌倉時代の荘園の勧農と農民層の構成」（『歴史学研究』二六一〜二号）。
（11）　須磨千頴「山城国紀伊郡における荘園制と農民」（稲垣泰彦・永原慶二編『中世の社会と経済』所収）。
（12）　金本正之「中世後期に於ける近江の農村」（『日本社会経済史研究』中世編所収）。
（13）　『東寺百合文書』を二一七号、文安四年卯月日上久世荘下作人等申状。

(14)「同前」ト四六〜六〇、貞治五・十・二十二阿闍梨潤意他連署状。
(15) 名主職・作職の分化の問題は大和や紀伊の高野山領における「地主」と「作人」の存在についても考えられる必要があろう。
(16)「竜徳寺文書」はすべて『岐阜県史』史料編古代中世一所収による。
(17)「汾陽寺文書」もすべて右と同じ。
(18)「汾陽寺文書」四七号。
(19)「同前」五〇号。
(20)「同前」五一号。
(21)「同前」五三号。
(22)「同前」五五号。
(23)「同前」四九号。
(24)「同前」四八号。
(25)「大仙寺文書」もすべて『岐阜県史』史料編古代中世一所収による。
(26)「大仙寺文書」二一号。
(27)「同前」四二号。
(28)「同前」三〇号。
(29)「香取文書」(『千葉県史料』中世篇)。
(30)『館林市誌』歴史篇所収佐貫荘関係史料二三号文書(「新田岩松文書」)。
(31)「正木文書」応永十七・卯・七、上今居地検目録之事。
(32)「同前」応永十五・九・十五、新田荘内奥村地検目録。

三　封建的階級分解と国人領の形成

前節で見たとおり、関東のような後進的地帯は別として、畿内やその周辺の先進的地域では、十四世紀後半から十五世紀にかけて、加地子名主職が成立しその移動が活発化した。このことはそれだけではただちに農民層の封建的階級分解が進展して、農民とは明確に区別される搾取階級としての地主ないし在村小領主層が形成されたことを意味するものではない。荘園領主権のもとで、一つの土地に名主職・作職関係が成立し、あるいはその下部に現実の耕作者としての下作人が出現したとしても、農民が一般に右のような権利を錯綜した形でもつだけであれば、なお独自の階級を成立させたとまではいいえない。しかしながら、全体として見た場合、加地子名主職の成立・移動を通じて、漸次新しい在村地主＝小領主的階級(またその対極としての小農民)が成長する方向が進行し、それが下からの推進力となって、職の秩序体系につなぎとめられていた荘官・地頭的階層の領主的成長が促進されるのである。本稿でいう国人領主とはまさしくそのような下部構造の変化に促進されて成立してくる階級であり、その所領を国人領とよぶのである。

筆者はかつて、「国人領主」範疇に属するものとして、⑴安芸の小早川氏や備中の秋庭氏のように鎌倉以来の地頭層(職)に系譜をひく、有力在地領主と、⑵上久世荘の公文真板氏のように、一荘の荘官＝「強剛名主」クラスの者で、南北朝内乱期以降領主制形成に乗りだしていった層との二階層があると考えた(1)。これに対してはその後多くの意見が提示されたが、その大方のものは、前者こそが「国人」範疇の基本的なもので、後者はそれとは区別すべき「土豪」的存在である、ということであった(2)。たしかに、前者は一荘の地頭・荘官にとどまらず、複数の所職をもっているし、惣領制的同族団のスケールも大きいから、後者のように一荘の荘官職しかもたない層とは比較にならぬ有力な存在である。その点で両者を区別する必要は当然であろう。しかし、この両者は荘園体制における中間支配層的職の所有者であり、それと梃子として領主化する階層であるという点では共通した性格をもっており、その面からすれば、基本的には同質の存在というべきであろう。

むしろそれらと区別すべきものは、荘園制の支配権力の一環としての所職をもたず、従って、荘園制下では直接領主権力を分有していないで、農民層の階級分解の進行のなかから、事実上小領主化しはじめた階層である。それらはもちろん加地子名主職をもっているが、この職は荘官・地頭職とは区別され、荘園制の解体過程で、農民的土地所有権の前進・分化の結果出現したものであって、本来の荘園制的職体系に位置づけられるものではない。そのような加地子名主職の集積と荘園年貢の対捍未進等を梃子として、たんなる大規模な農民的土地所有者＝地主的状態にとどまらず、荘官地頭職などをもたないままに武装し、上級権力に結合し、家臣化することによって領主の世界に滑り込んでゆく階級が十五世紀には徐々に出現するのである。それは一般に「地侍」とよびならわしているが、そうした村落小領主の成長こそ封建的階級分解の直接的産物なのであって、この時期の土地制度をもっとも端的に特徴づける存在と考えられる。以下いちおう「国人」と「地侍」とを上記のような内容のものとしてとらえ、これを前提として具体的な考察に進みたい。ここでも前節と同様に、三つの地帯に区分して考えてゆく。

1　畿内地域

そこで視点をふたたび畿内にもどそう。上・下久世荘のような京都周辺の荘園における加地子名主職の移動の活発化は、どのような階級関係の変化をもたらしたであろうか。

その手掛りとして注目されることは、久世荘の場合、十五世紀前半に入ると、「沙汰人」とよばれる荘民上層の動きが目立ってくることである。「沙汰人」とは本来は年貢の「沙汰」＝徴収のために諸本所が設置した下級荘官身分であるが、領主的職の保有者ではない。しかも、たとえば康暦二年(一三八〇)の「上久世荘一方給主職請文」のなかで「近年沙汰人名主等動企嗷訴」といわれているように(3)、かれらは早くから反荘園制的動きの先頭に立っており、応永二十六年(一四一九)の年貢減免要求でも、上久世の沙汰人三原道浄等はその先鋒となっている(4)。またこの年、幕府は石清水八幡宮放生会警固役のために「当国御家人并所々沙汰人等」を動員している。ここにいう「所々沙汰人」はおそらく幕府御料所・諸本所等の末端管理者として補任されているものであって、身分階層としては右の三原道浄等と同じであろうが、「御家人」とともに警固役に動員されるのであるから、地侍的性質を帯びていると考えねばならない。

当時、「侍衆」「侍分」といわれて「百姓分」から区別される村落上層民が、この地域においてひろく形成されていたことは、永享九年(一四三七)、幕府が山城国乙訓・葛野両郡の「侍名字」の者を注進させた事実(5)や、長禄三年(一四五九)、徳政一揆張本の追及のために、上・下久世荘民に対し、「侍分」・「百姓分」別に連署起請文をとった著名な事実(6)から明白である。この「侍分」身分は形としてはおそらく幕府・守護とのあいだに取り結ばれた主従制的身分関係であるが、その実体は、荘民上層で加地子名主職を集積しつつあった名主上層であろう。上久世荘の場合、この侍分に属するものとしては、和田氏・利倉氏などの一族がおもだった存在であるが、かれらは十五世紀に入ると、荘園制支配機構の面では「沙汰人」、村落共同体的秩序の面では「年寄」衆として惣結合の頂点に立ち、年貢夫役減免を求める「荘家の一揆」の先頭に立ってこれをリードしているのである。

ところで、このような村落上層民は、領主東寺の側からはしばしば「沙汰人名主中」とよばれていたが、上久世荘公文真板氏の立場はそれとはっきり区別される存在であった。真板氏はすでに建武三年(一三三六)に足利尊氏から半済地頭職を与えられて御家人となっており、いわゆる「西岡中脈御被官衆」とよばれた幕府の直臣身分に属している。その真板氏の保持する上久世荘公文職は、細川氏が讃岐からひきつれてきた寒川氏を強引に入部させ競合させたため、安定したものではありえなかったが、ともかくも荘園制的所職の保持者であることにはちがいなかった。十五世紀に入ると、真板氏は細川—寒川の線に対抗するため、事実上畠山の被官化し、真板康貞は畠山持国に従って、大和・河内に転戦している。(7)こうしたことからみても、真板氏は、一荘の所職しかもたない点では小早川氏のような有力国人とは明白に異なる存在であったが、そのような規模の矮小さがむしろ畿内の特徴であると見れば、それなりに国人範疇においてとらえるべきものであろう。

このように、畿内、とりわけ京都周辺地域の場合、荘官→「国人」、沙汰人・有力名主→「地侍」という形で、二つの階層が、在地領主化の方向を歩みつつあったといえるが、結論的にいえば、少なくとも応仁以前の、当面の時期においては、これら二階層ともなお領主としての実体を十分に完成させるまでには至っていないといわねばならない。公文真板氏は、すでに延文二年(一三五七)段階で、一七町四反一九〇歩の荘地を保有し、その大部分を一般農民に貸出して、荘内に抜群の地位を築いていた。しかも前節で見たように、当時、名主加地子の得分は本年貢額を上まわっていたし、その加地子収取は荘園領主権力に対抗し、地主的土地所有権を独自に強化してゆく過程で実現されていったとしか考えられないから、かれらが次第に領主的性格を強めつつあったことは明らかである。しかしそれにもかかわらず、この段階では、真板氏が荘内の地侍層をふくむ一般荘民とのあいだに、直接私的な主従関係を形成していたということはできない。永享四年(一四三二)、真板氏が畠山持国に従って大和に発向したとき、荘内で「私に兵を催」した事実(8)から見れば、真板氏の動きが、すでに私的主従制を形成しはじめていたことは疑いないが、そのようなものが、とりわけ給分の宛行を媒介として恒常的な形をとっていたという証左は存在しない。その点で、かれらの自立的な領主化の方向はなお萌芽的状態にとどまっていたと見られるのである。

それでは、その理由はどこにあったであろうか。経済的状況からすれば、加地子名主職の形成がもっとも広汎に展開しておりながら荘官・地侍的階層の小領主化の歩みがかならずしも順調に進展しなかった理由は、おそらくつぎの二点にあるであろう。第一は、幕府権力によって保護されつつ残存する荘園制的秩序の重圧である。山城のような地域では、荘官・沙汰人等の反荘園制的動きは、多くの場合、荘園領主側から幕府に訴えられ、幕権によって抑止されたから、かれらが身分的に将軍直属の被官になり、侍身分となることはひろく見られても、無限定に反荘園制的な動きをとり、荘園領主権を掘りくずして領主化することはけっして許容されなかった。そして、第二は、荘官・沙汰人等の領主化を下から制約した農民の力、とりわけ惣的結合の力であった。この地域の荘官・沙汰人層の反荘園領主的動きは、多くの場合、農民の年貢・夫役等の減免闘争を中核とする「荘家の一揆」と結合しており、それと離れた独自の動きを展開しにくかった。村落の惣的結合が、かれらの独自行動をつよく制約していたのである。だから、かれらが惣の共同体的結合＝規制に背反する場合には、村民たちから非難攻撃されることが稀でなかった。東大寺領に属する播磨国大部荘においては、高利貸付を通じて一三町余に及ぶ耕地を急速に集積した五郎左衛門なる人物が、享徳三年(一四五四)、荘民のうらみを買って徳政一揆に攻撃されて殺害された事件が知られているが、(9) これも加地子名主職の買得を通じて上昇しつつある人々が、ひとたび惣の規制に背反し、反共同体的行動をとった場合、どのような農民側の反撃にあうかをまざまざと示した事件である。

このようにして、畿内農村においては、荘園制的秩序の重圧と農民側の惣的規制によって、中間支配層としての職をもたない層はもちろんのこと、荘官的階層までが、自立的領主化の道を歩もうとするとき、行手にふさがる壁は予想外に厚かった。中間的支配層としての荘官・地頭職の保持者であっても、山城の革島氏、(10) 近江朽木荘の朽木氏、(11) 和泉大鳥荘の田代氏[12]など、みな職を梃子にして一挙に自立的領主化する道を順調に歩みえず、加地子名主職の買得という手段によって土地を集積し、容易に地主的性格を克服しえない理由もそこにあったのである。それはひとくちにいって、国人領形成の困難さを示すものであるが、そこにこの地域の特殊事情があったといわねばならないだろう。

2　畿内周辺＝中間地域

では畿内周辺＝中間地域の場合はどうか。さきに見たように、この地域では、農民的土地所有権の進展と分化、加地子名主職の成立は畿内とさしてちがわない様相を示し、国人領主制形成の基礎条件が成熟していた。そこで以下それらをふまえて展開する封建的階級分解・国人領形成の動きを、一、二の事例に即して検討しよう。

一　尾張の場合

濃尾地域における地主的階層の成立はつぎの例から考えることができる。応永二十五年(一四一八)の尾張国葉栗郡破田村の「高木五郎右衛門売券」によれば[13]、同人は居村所在の吉光名を一括して「松枝木崎殿」に永代売し、木崎はさらに同二十八年これを大徳寺に売却しているが[14]、同名の構成は表一二-7のようなものであった。すなわち田二町二反大・畠一町一反・林一反からなる吉光名を名主高木(ついで木崎)は、表のようにすべて貸出し、それから田畠とも一反当り五〇〇～六〇〇文程度の地代を収納している。一方、この名の「公方成年貢」は糸代一貫八六五文・絹代六貫六二一文・米一斗・大豆一斗・わかめ四把・うり代二五文・くろ米二升六合・はなはき一枚であったから[15]、それを差引いても名主の純取分はほぼ一〇貫文に近い。この名田を分割請作している農民が自立的小農であるか否かは断定できないが、少なくとも貨幣収取によって名主ととり結ばれた借耕関係であるから、それが名子主＝名子的関係であったとは考えられない。従って、この名主は一名全体の加地子収取権を完全に掌握し、これを多くの耕作農民に貸付けているのであるから、その本質は寄生的＝地代取得者的立場にあるのである。この名主が一つの名田のみの所有者であればその経済的実力はなおさして大きなものではなく、その程度では完全な寄生化はむつかしいであろう。しかし少なくともこのように、一つの名田の所有がその経営と完全に分離していることは、一般に、名主層がすでに農業から離脱し、専業的武士化する条件を実現していると考えねばならない。「大徳寺文書」にはおなじ破田村の平三名の売券・坪付が残っているが、この場合も、吉光名とまったく同様に所有と経営が完全に分離している。(16)

では、このようにすでに農業経営から離れだした地主的階層を、封建権力の側に組織・編成し小領主化する立場にあった「職」所有の在地領主層はどのような動きをとっていただろうか。例を醍醐寺が知行国主であった尾張の国衙領の場合にとって考えてみよう。すでに上村喜久子氏によって詳しく明らかにされているように、(17) 当時尾張国の国衙

表 12-7　吉光名の構成

地種・地積	名主取分	耕作者
畠　1反	文 600	十郎さこん
2反	1,200	ゑもん三郎
2反	1,200	孫六
2反	1,200	せんせう
1反半	900	かさや
半	300	せんせう
2反	1,200	ふちかけ太郎
小計11反	6,600	
林　1反		
田　2反	1,200	かうしん
1反	500	孫三郎
1反	500	六郎二郎
2反	1,200	ふち二郎
1反	500	まこ三郎
1反小	600	次郎
3反小	1,665	五郎左衛門
2反	1,000	さこんの五郎
2反	1,000	大夫
1反小	600	かうしん
2反	1,200	又七
2反	900	なかやさこん
大	600	(記載ナシ)
大	600	刑部次郎
小計22反大	11,865	
合計34反大	18,465	

領は、大別して、国衙正税地と国衙一円進止地とに分かれていた。このうち、正税地は地頭が設置されているところであり、これはすでに南北朝期以来すべて地頭の請所となり、知行国主の側は請切りの年貢を受領するだけのものであった。文和二年（一三五三）の「尾張国郷保地頭正税弁済所々注進状案」によれば[18]、正税地は三〇ヵ領ほどに分割されており、うち一一ヵ領を併有する荒尾宗顕をはじめとする諸地頭から計五五三貫文余が納入されている。これに対して、国衙一円進止地には地頭職が設置されていないから、形式上は知行国主側の直務支配が可能であったが、実際にはすでに応永段階で、多くは守護方の「押領」となり「給人」が付されていた[19]。

表 12-8　尾張国衙一円地の守護方給人

領　名	応永9年給人	応永10年給人
貞藤名	津田弥九郎	津田将監方
光武重正半分	同人	長井方
武藤名	織田左京亮	(本年度コノ項ナシ)
河和村	同人	諏訪方
愛智	同人	三ヶ方
竹河土	津田中務	津田中務方
古市里	同人	同人
小槐	同人	同人
牛野村	斎藤	斎藤方
田宮畠半分	白江	白江方
歓喜名内	諏訪	諏訪方
細工所	甲斐蔵人	仁都寺
於保前	石河	(記載ナシ)
(以下5ヵ領略ス)		

「守護方給人」は所領ごとの国衙分年貢を守護の承認によって収納する任にあたるものであって、その所領の地頭に補任されたのとはちがうから、制度的には、「給人」はなお完全な意味での在地支配権を一括掌握しているわけではなく、守護の方針によって毎年改動されることもあった。表一二-8は応永九年（一四〇二）と十年の給人の変動状況を示している[20]。表中変動のあった甲斐・織田などは、守護斯波氏に従って越前から入部してきた有力被官である。このような流動性のはげしい守護方給人をもって、一律に安定した在地領主と見ることはできない。

したがって、国衙一円地の「給人」については十分慎重な検討を要するが、少なくとも外部からあらたに入部した守護被官人とちがって、鎌倉時代以来、正税地を中心にこの国に永く根をおろし、多くの国衙領地頭職を所有していた荒尾氏のような場合は、すでに国人領主として十分の成長をとげていたということができる。荒尾氏の国人領の在り方を、その一つの所領たる福重保を例にとってみると、同保の国衙正税三貫四〇〇文に対し、荒尾氏は同保から六貫六〇〇文を収納している。この荒尾の取分六貫六〇〇文が現地側からはいわゆる「公方成年貢」に当たるであろうから、このような荒尾氏の直轄地では、

国衙＝知行国主三宝院――地頭＝請所荒尾氏――地主的名主――百姓

という重層的な土地所有＝収取関係が存在したとみられるのである。しかも荒尾氏は、国人領主としてこのスケールがきわめて大きく、その下部に非同族の地主的階層を多数給人化し、直轄地なら荒尾氏の取分となるべき部分をそれに給付するという関係が展開している。惣領制的同族でなく、在地の階級分解のなかから登場した地主的階層を、知行宛行関係を通じて自己の権力組織に編成し小領主化させているか否かが、地頭的領主と国人領主との区別のための一つの目安だとすれば、荒尾氏はすでにこの段階で国人領主としての条件を確立しているというべきであろう。従来の研究において国人領主の典型とされている小早川氏の場合も、[21]すべての点でこの荒尾氏と共通性をもつといえる。

国人領という場合、ともすれば、荘園制的土地所有の全き否定の上に成立した、完全に一円的で、排他的な所有関係をつくりあげた封建的領域・支配形態を想定しやすいが、それは事実ではない。筆者は「国人領」の規定的条件は、(1)農民層の封建分解によって、小経営が進展する対極で名主上層が地主化し、(2)従来職の体系によって荘園領主権の拘束を受けていた在地領主がその下部に(1)の非血縁のそれら小領主を給人として組織することによって、地域的な権力を形成し、(3)荘園領主取分を全く否定し去りはしないが、大幅にそれを圧縮し、荘園領主権の独自的発動をおさえ、したがってそこでは重層的な土地所有(領主権の分割)関係がもっとも典型的に現われる、という諸点にあると考えるが、尾張の荒尾氏の場合、十五世紀前葉においてそれら諸条件をすでに十分みたしているといえるであろう。

二　遠江の場合

つぎにもう一つ、荒尾氏の場合よりその基盤がいっそうよく判明する例として、遠江蒲御厨の場合を見ておこう。蒲御厨は引間市(現浜松)近傍に位置するから、中間地域の代表地点の一つといいうる。この御厨については菊池武雄、[22]大山喬平両氏[23]のすぐれた研究があるが、その成果を当面の視角に従って整理すると次の点が注目される。

大山氏の明らかにしたところでは、十五世紀の中葉の当地域は、畠作中心の天水農業から人工灌漑水路による水田中心農業への転換期にあたり、それを梃子として農業生産力の上昇が顕著であった。当地域においては、それ以前から「蒲用水」が存在していたが、長く壊損していたのを、蒲諸公文といわれる村落領主層が中心となって再興した。「諸公文」は身分的には領主東大寺の末端荘官であったが、実体的には村落最上層の地主的＝小領主的階層であり、その下部に平百姓層がひろく存在した。菊池氏の整理によれば、蒲地域の農民層は、諸公文―平百姓―下人の三階層に区分できる。

ところでこれら諸公文は、東西二筋の用水系統別に連合し、東方諸公文・西方諸公文の二群に分かれていたが、この分立が、当時守護として入部した斯波氏の守護代甲斐氏や有力被官で東大寺代官職をも併せもつ応島方と、三河から浸透しつつあった吉良＝大河内勢力との対抗と絡みあっていた。東方諸公文は「惣公文」頼母木清宗等を中心として「寄合談合」組織を結成しつつ、応島方に結びつき、西方諸公文はこれに対抗して吉良＝大河内方に与同した。当地では、康正二年(一四五六)徳政一揆が蜂起して引間市の土倉を襲撃したが、その主体は守護方に対抗する西方諸公文であったし、これに先立つ宝徳三年(一四五一)におこった代官応島の排斥事件の主体もおなじであった。

大山氏によれば、このように、現地において経済的にも政治的にも指導的役割を演じている諸公文は、(1)名主職を所有し、各郷・名の年貢・公事徴収権をもつ、(2)給田・免租の家屋敷および一部免役地を所有する、(3)手作地・請作地の形で所有地を部分的には直接経営するとともに百姓に貸出し、かれらに経済的・社会的支配力を及ぼしている、という存在形態をもつ村落領主であった。かれらは「寄合談合」のような形式的には共和的組織をもつが、その実体は平百姓支配のための封建的組織に他ならず、それこそが上から入部した応島の領主制形成の基盤であった。

以上の事実を本稿の視角から見なおせば、諸公文層は、村落ごとに設置されているものであるから、上久世荘公文のような一荘の公文とはちがい、さらに下級の末端支配層であり、むしろ上久世荘の沙汰人層にあたる存在であるが、特定の「公文」身分を認められることによって、一般名主とは異なる政治的条件をもつ存在である。かれらは手作地を保持し、農業経営からまだ分離しておらず、平百姓に対し給分を宛行うこともしていない、という点ではまだ小領主的性格を本格的に形成しているとはいえないし、美濃の前述のような経営から遊離した名主層より後進的性格をもっているかもしれない。しかし半面、ここでは、畿内において特徴的に見られるように、荘官クラスの階層までが加地子名主職の買得に主力をおく以外の進路を見出しにくい、という状態ともちがった存在の仕方を示しているようである。すなわち、諸公文層の動向を見ると、かれらは小なりとはいえ名目的には「公文職」を足場として平百姓への支配を強める方向に進んでいるのであって、もっぱら加地子名主職の集積に注力するにとどまっているとは見られないのである。おそらく、ここでは畿内の場合ほど荘園制の重みが大きくなく、かつまた一般農民が、諸公文の小領主化を下から制約する力も強くなかったことがその原因であろう。

以上のような蒲御厨における諸公文の動向は、中間地域における国人領形成の現実的可能性を明確に示すものである。大山氏等によって明らかにされた事実のかぎりでは、まだ諸公文層が本格的に小領主に完全に転化しおえたとはいえないし、上部の国人領主に編成されたともいい切れない。まさにそれは国人領形成途上の動きを示すものというべきであるが、そこには明らかに畿内とは異なる方向が進展しつつあるのである。

3　遠隔地域

さて、遠隔地域に目を移そう。戦国期に入ると関東でも後北条氏の飛躍を軸としてめざましい社会変動が見られるが、十五世紀段階においては、中間地帯のように国人領・守護領国制の展開が活発な様相を呈さなかったこの地域の場合、事態はどのような筋道をたどっていたのであろうか。

前節で香取社領の場合について見たように、この地域においては、農民的階層における土地所有権の強化にともなう永代売の展開がなお一般化しないところにその特徴があったが、このような地帯では、領主的土地所有の発展形態も畿内や中間地帯の場合とはかなりちがったものとなるのは当然であろう。ひとくちにいって、一方で荘園領主の権力が弱く、他方で農民的土地所有の進展もおくれていたこの地域では、畿内のように、在地領主層の自立的成長が制約されることが少なかった。開発領主として在地にほとんど独自の権力を根づかせ、長期にわたって在家農民を直接支配してきたかれらは、荘園領主とのあいだの関係はもともと請所的なものであったが、十四世紀後半～十五世紀の動乱期に入ると、いっそう徹底して独自の領主的土地所有と地域権力を急速に拡大する方向に動いてゆくのである。この点を若干の事例について見てゆこう。

「新田岩松古文書」のなかに「飯塚郷田帳」とよばれる史料がある。年欠であるが岩松氏は応永年間に同氏の管下にあった諸郷の検注を逐次実施しているから、この「田帳」もおそらくそのころのものと推定される。飯塚郷は今日の群馬県太田市の東南方で佐貫荘の西端に位置する郷であり、当時岩松氏の勢力下におかれていた地域である。この「田帳」には若干の欠落と錯簡があると見られ、史料としては完全なものといえないが、それらの点も考慮しつつ、峰岸純夫氏が整理・集計したところの郷の構成は表一二-9のとおりである。(24) すなわち、飯塚郷は全体で四一町一反

表 12-9　飯塚郷の構成(峰岸純夫氏作成による)

		免田	給田	得田		出作
A	上長良	反 11				
B	下長良	7				
C	稲　荷	8			貫 1.000	
D	地　蔵	5				
E	十　王	10				
F	西福寺	10				
G	観　音	2				
H	阿ミた	1大				
I	神　明	5				
J	生　沢	1(長良)	34反(内1七郎四郎分，10半在家付，2堀免)	反 34	6.487	
K	三郎五郎			19半	4.000	
L	い　よ			14大	3.038	反 他7(矢島) いつみ
M	れうほう			11	2.400	
N	けん二郎			15大	2.025	
O	在家付			10	2.125	
P	二郎五郎			13	1.950	
Q	さへもん二郎			15(2大うえすて)	1.760	
R	明泉寺			6大	1.625	
S	とう二郎			10	1.250	
T	四郎太郎			10	1.250	
U	たうかう			5	1.250	
V	八郎二郎			12	1.130	
W	道　清		3反	3	600	
X	平内太郎			2半	500	
Y	助三郎		2	2	400	
Z	孫　八			3	500	
A′	大　夫			1小	170	
B′	源藤六		1	1	125	
C′	ゑもん二郎			1(うちあけ)		
D′	いつい					10(矢島)
E′	吉　ち		10			
F′	源二郎		10			
G′	五郎四郎		10			
H′	太郎三郎		6半(作人妙泉寺)			
I′	孫五郎大夫		1			
J′	番　匠		10			
K′	鍛　冶		10			
L′	もちやま		5			
M′	定　使		2			
N′	きう分(?)		2		400	
O′	こいけさわ(のら分)		7			
P′	こく田		10(1生沢,1れうほう)			
Q′	御さうさく		10			
R′	高津殿		10(作人助五郎)			
	計	60大	143大	190小	33.985	17
	総　田　数					411大

大の水田耕地を有し、その内訳は社寺等の免田六町大、給田一四町三反大、得田一九町小、という構成をとっている。「得田」、つまり、岩松氏が直轄支配し、年貢・公事の収取者である部分は全体の半ばにみたないが、半面給田は一四町三反大におよんでいる。そして給田の内訳をみると、最大のものとしてはJ生沢に三町四反が与えられている。生沢は「得田」、すなわち年貢負担つきの農民的保有地も三町四反と抜群の規模を占め、給田と併せると計六町八反におよんでいるが、同人は「田帳」の上でも「生沢殿」という表現がとられており、地主＝小領主的地位をもつもので、岩松氏からも特別の待遇が与えられているのである。おそらく飯塚郷の郷役人的地位をもつものであろう。またW道清以下番匠・鍛冶・定使などをふくむ多数の職人などの人々に二反〜一町程度の給分が与えられている点も注目される。これらの人々は、得田＝年貢負担つき百姓地を一切もっていないが、おそらく村の農民で、その保有地（それも一町の多いのは開発当時の「一町在家」以来の名残を示すものであろうが）をそのまま給分として与えられ、その年貢が免ぜられたのであろう。

このことは、岩松氏の支配下にある飯塚郷では、農民のかなりの部分が岩松氏から給分を与えられ、その給人に編成されていたことを示すものである。この点をもう少し具体的に検討しよう。新田岩松氏が作成した南北朝末〜室町初期の検注帳は、飯塚郷のほか、村田郷・由良郷奥村・上今居郷の三つがあるが、この三郷における岩松氏の「御料所」(25)＝直轄領と社寺領および給分の比率は表一二―10のようなものであった(26)。これによって、岩松氏がその所領の相当部分を給分として多くの被官たちに分給していることが明らかであるが、その給付形態は、一給人あたり「一宇」とか「一所」という形が多く、身分的にも「中間」などと表示した場合があるから、実質的には在郷の農民に年貢等を免除しそれを給分とする形をとったものが多かったと考えられるのである。

ほぼ同様の例は筆者が別の機会に検討した下野東部の在地領主茂木氏の場合にも共通に認めることができる(27)。茂木氏は元来茂木郷の本地頭であるから、その在地支配力は強固であり、南北朝～室町期を通じて、荘園制的職の制約を離脱して自立的在地領主として順調に成長した。この茂木氏が文明十四年(一四八二)に作成した「給人帳」は、同氏の給人の全貌を示すものとみられるが、それによれば、茂木氏が傘下の給人等に与えた給分の合計はほぼ五〇〇貫に達し、その内訳は「殿原」身分の給人五六名＝四二〇貫余、「中間」一七名＝五二貫余となっている。その中心をなす「殿原」は有姓者であり、村人からは「殿」の敬称をもって呼ばれたのであろうが、その給分は、五六名中五三名までが二〇貫未満のものである。その際の貫高と面積との関係は、本帳のなかで示されている若干例によって一反＝五〇〇文程度といえるから、二〇貫文は四町程度ということになる。したがって「殿原」たちの給分の実体は、おそらく、農民上層の保有耕地がそのまま給分として認められ、年貢免除の扱いを受けたものであり、新田岩松氏の場合について推測したのと同様の状態といってよいのである。東国の地頭的領主層が、惣領制的な同族的軍事力を揚棄して、非血縁の家臣団を組織し、東国なりに国人領主として成長してゆく過程は、およそこのようなものであった。

表 12-10 村田・由良・上今居郷の支配関係(峰岸純夫氏作成による)

郷名	寺社分	御料所分	給分	計
	反 %	反 %	反 %	反
村田郷	247(24)	357(34)	433(42)	1,037
由良郷奥村	16(5)	168(58)	108(37)	292
上今居郷	130(22)	367(63)	82(14)	579
計	393(21)	892(47)	623(32)	1,908

それは非血縁の家臣団＝給人を積極的に創出するという点では、さきに見た畿内の場合よりもはるかに先進的な様相を示しているといわねばならない。しかし他面、このような形による農民の給人化は、農民的土地所有の前進強化→農民的土地所有権の分化→農業経営から遊離する地主的＝小領主的階層の成立という畿内周辺部に見られた封建分解がここではなお未熟な状態のもとで、上級領主の側が上から給人を創出してゆく道を意味している。したがって、ここでは、国人領主による地侍の給人化現象が、一見、畿

内周辺地域と同じように認められながら、その内容はいちじるしく異なっているのである。

しかし、それにしても、東国の在地領主がこのようにして、急速に自立的な領主化の道を歩みえた一つの重要な条件は、荘園領主の支配権が事実上ほとんど実質的生命を失っていたからである。十五世紀段階の東国において、荘園領主権がどの程度の実体をもっていたかは一律に断定しがたいが、上野国佐貫荘の場合のつぎの一例はその点を考える手掛りを示している。すなわち元応元年（一三一九）の梅原時信田地売券によれば[28]、同人は相伝私領たる在家付の田四反・畠六反、併せて一町を三三貫五〇〇文で売却しているが、この一町に対する上級領主負担＝御公事は「わうこ《往古》よりしてくてん《公田》一たんハん」をつとめればよいことになっていた。したがって他は時信の完全に一円的な支配が行なわれていたわけである。東国のような地帯では、荘園の成立過程において在地領主の地位が中央領主に対し圧倒的に優位であったから、このような関係はおそらく「往古より」かなり一般的なものであったと考えられる[29]。そしてさらに十四世紀後半以降においては、右のような「公田」の負担も急速に有名無実化していったであろう。この点は茂木氏領[30]や陸奥好島荘における岩城氏領[31]の場合にもほぼ同様の事実が指摘できる。

岩松氏が南北朝末～室町初期という早い時期に、各郷にわたってみずから検注帳を作成し、地積・貫高表示による年貢高・作人等を確定しえたのも、このような意味で、みずからの領主権が上部の荘園領主によってはほとんど制約されることのない状態にあったからである。ここで示されている貫高の年貢高と地積との関係を見ると、飯塚郷では反別一二五～二〇〇文程度、寮米保内嶋村では七〇〇文程度、江田郷では二〇〇～三〇〇文、村田郷では二四〇～三四〇文、由良郷奥村では三〇〇文、上今居郷では三五〇～四〇〇文であり、郷によって反当年貢高に相当のひらきがある。これらはいずれも同一領主の場合であるから、反別年貢高の差は、田品の差をのぞけば、上級領主年貢負担の大小との関係を反映していると考えなければならないが、それにしても在地領主が土地所有・年貢収取の主体となっていたことは疑う余地がないのである。

以上、主として新田岩松領の例を中心として見てきた東国の事態を結論的に要約すれば、(1)この地域では在家制を前提とする農民支配の体制が存続し、農民的土地所有権の分化がおくれており、農民層分解は「在家」の兼併という特殊な形態をとっていた。従って土地所有権の分化を前提とした封建的階級分解が展開していない。(2)荘園領主は事実上少額の地代受領者という以上の地位をもっておらず、在地領主が下地・農民支配権の実質を一元的に掌握している。(3)そのため在地領主は寄生的な加地子名主化することによって農業経営から遊離する条件をもちえなかった上層農民に給分を与えることによって、上からこれを支配権力の側に編成しようとしている。(4)したがって、この場合の国人領主は、外見的には貫高知行制にもとづく家臣団を畿内よりも先んじて編成しているが、実体的には領主的土地所有と農民的土地所有が未分化であり、従って家臣団の農業経営からの分離が未熟であることによって、軍事的にも政治的にも大きな後進的条件を背負っているといわねばならない。これが畿内周辺地域ととくに異なるところであるとともに、中間地帯の国人領形成ともちがった東国型国人領の条件である。

(1)　永原慶二『日本封建制成立過程の研究』三四六頁以下。
(2)　これについては黒川直則氏・田端泰子氏等の諸指摘がある。
(3)　「東寺百合文書」ナ一一〜一四、康暦二・五・十八、上久世荘一方給主職請文。
(4)　「同前」東寺鎮守八幡宮供僧評定引付、応永二十六・八・二十九条。
(5)　「同前」永享九・八・二十七条。
(6)　『同前』を三〇三号。
(7)　永原慶二「嘉吉徳政一揆の性格について」(本書第十一論文)を参照。
(8)　「東寺百合文書」鎮守八幡宮供僧評定引付、永享四・十一・二十八条。

(9)　太田順三「播磨に於ける正長―永享の国一揆について」(『民衆史研究』七号)。
(10)　田端泰子「中世後期畿内土豪の存在形態」(『日本史研究』八二号)、尾藤さき子「畿内小領主の成立」(『日本社会経済史研究』中世編所収)。
(11)　田代脩「戦国期における領主制――近江国高島郡朽木氏を中心に」(『歴史』二六輯)および黒川直則「徳政一揆の評価をめぐって」(『日本史研究』八八号)。
(12)　福田栄次郎「和泉国大鳥荘と地頭田代氏について」(『駿台史学』五号)。
(13)　「大徳寺文書」応永二十五・十・二十二、高木五郎右衛門田地売券、『新編一宮市史』資料編六ノ四九六号。
(14)　「同前」応永二十八・七・十八、法□田地売券、『同前』六ノ五〇〇号。
(15)　「同前」応永二十五・十・二十二、吉光名公方成年貢注文、『同前』六ノ四九七号。
(16)　「同前」応永二十八・七・十、栗原惟忠田地売券、同平三名坪付注文、『同前』六ノ四九八・九号。
(17)　上村喜久子「国人層の存在形態」(『史学雑誌』七四ノ七号)。
(18)　「醍醐寺文書」文和二・七・二十四、尾張国郷保地頭正税弁済所々注進状案、『新編一宮市史』資料編六ノ三六四号。
(19)　「同前」応永九・五・二十八、尾張国目代注進状、同応永十・八・十三、尾張国国衙領守護方押領注文、『同前』六ノ四〇二・四〇九号。
(20)　注(19)所引文書より作成。
(21)　室町期小早川氏についての研究は少なくないが、田端泰子「室町・戦国期の小早川氏の領主制」(『史林』四九ノ五号)等を参照。
(22)　菊池武雄「戦国大名の権力構造」(『歴史学研究』一六六号)。
(23)　大山喬平「十五世紀における遠州蒲御厨地域の在地構造」(名古屋市大『オイコノミカ』三ノ一・二号)。
(24)　峰岸純夫稿『館林市誌』歴史篇第二部中世より引用。
(25)　この「御料所」の理解について、旧稿「東国における惣領制の解体過程」(永原慶二『日本封建制成立過程の研究』所収)

では、室町将軍ないし鎌倉公方の御料所と考えたが、峰岸純夫氏の「室町時代東国における領主の存在形態」(『史学』三四ノ三・四号)の指摘に従って、岩松氏の直轄領と理解するように改めたい。

(26)　(25)所引峰岸氏論文。

(27)　永原慶二「茂木氏給人帳考」(改題して本書第十論文所収)。

(28)　「長楽寺文書」元応元・九・二十七、梅原時信田畠在家売券。

(29)　永原慶二「領主制支配における二つの道」(本書第四論文)および入間田宣夫「郡地頭職と公田支配――東国における領主制研究のための一視点」(『日本文化研究所研究報告』別巻第六集)、同「公田と領主制」(『歴史』三八輯)を参照。

(30)　(27)所引拙稿参照。

(31)　(29)所引拙稿参照。

四　幕府・守護大名の土地政策

前節までで見てきたような農民的土地所有権の進展、農民層の封建的階級分解の進行と国人領の形成、といった新しい諸事態の進行に対して、室町幕府および守護大名はどのような対応を示したであろうか。

本稿の初めにもふれ、かつ表題にも用いているように、この時期は、ひとまず「室町幕府＝守護領国制期」とよびうる性質をもっている。ここでは幕府と守護大名が相互規定的に、一定の土地制度を形成している。しかしそのことは、江戸時代を幕藩体制とよぶほどの内容をもって、幕府と守護大名とが緊密に統一的原理によって編成され、一元的秩序が成立していることを意味するものではない。結論からいえば、両者は個々的にははげしく対抗しながらも、ただ両者が相寄り、この段階におけるいわば国法上の公権を掌握するという立場を共通に承認することによって、完全な分裂・実力的対抗状態に陥らない関係を形成しているのである。したがって、本節の問題を考える場合にも、両者をはじめから一括して扱うことはほとんど困難である。以下、幕府・守護大名の土地政策をそれぞれについて見てゆこう。

一　幕府の土地政策

室町幕府の土地政策、とくに荘園制に対する政策の基本方向が確定されたのは、南北朝内乱の統一過程において発せられた応安の半済令においてであった。すでに島田次郎氏によって詳細に検討され(1)、筆者も別稿でふれたとおり(2)、この半済令は、一方では守護およびその被官層の経済的・政治的要求に応ずる性質のものであるとともに、他方ではかれらの無制限な荘園蚕食を抑制し、寺社本所勢力を幕府の主導下で保護するという性質をもっていた。したがってこの半済令のいずれの側面に重点をおいてその本質をとらえるかという評価の点については見解が分かれているが、本令が室町全期を通ずる幕府の対荘園政策の基本政策であるとともに、守護領国・国人領の展開に対する基本法でもあったことについてはほとんど異論がないのである。

それは、より具体的にいえば、半済令によって幕府および寺社本所側が守護および国人に一定の譲歩を与えるとともに、守護・国人が荘園制をそれ以上に実力で掘りくずす動きを一切制止しようとするものであった。しかし、半済令の適用はじっさいには、その範囲・期間・対象等のどの面からしてもかならずしも明確なものではなかったから、その実施自体にもたえず紛争がつきまとっていた。しかも守護や国人は、それればかりでなく、あらゆる機会をつかんで荘園を蚕食してゆく動きをとっていたから、国人と荘園領主側とのあいだにはたえまなく紛争がつづき、荘園領主側はその解決を幕府にもちこんだ。一つの例を見よう。

一、周防国兼行年貢、近年代官無沙汰之間、去年公方奉書申成、為催促公人了蔵下処、無其実、爰近日自公方様、天竜寺西堂分僧被下于御使云々、仍相語彼僧大内方と直有催促可然歟、可有談合云々、

これは、東寺領周防国兼行方に関する記録であるが、(3)これによれば、兼行方の代官が年貢無沙汰したことを、東寺は幕府に訴えて、公方(将軍)御教書の発行を求め、それによって事態を打開しようとしている。しかもその御教書を携えて東寺の公人了蔵が現地に下ったところ、現地で軽くあしらわれ、無為におわってしまったため、改めて将軍の命によって天竜寺僧を下して周防守護大内方と談判させようとしているのである。ここでは、個別の荘園領主＝寺社本所が果たすことのできない支配秩序維持の公的機能を幕府自身が行なっているのであり、代官と守護大内とは、それと明白に対抗する関係(代官は守護大内の被官人である)にあった。

この一例からも明らかなように、半済令以後の幕府はかつての朝廷に代って荘園制的秩序の擁護者として機能しており、守護および国人が所定の権限をこえて独自の領主制を形成しようとする動きをすべて「非法」として禁圧した。半済令によって新たに画定された公武の勢力分野を固定して以後も、現地における情況は、守護・国人が寺社本所領を機会あるごとに侵害しているが、永享二年(一四三〇)、幕府が伊勢守護方に対し、「当国寺社本所領等、悉可去渡由」を命じているように、(4)幕府側は一貫して寺社本所領擁護の姿勢を貫いている。幕府がそのように、荘園制秩序の擁護に力を注いだのは、幕府の直轄領＝御料所が荘園所職であるとともに、将軍が補任権をもつ守護職も荘園制的職の体系と共存する国家秩序の一環であり、幕権そのものが、それを無視しては安定を期しがたかったからである。

しかし、それにもかかわらず、幕府の荘園制秩序擁護策は現実にはさして強力でもなかったし、それを貫き通すことができたわけではない。守護・国人の不断の荘園侵蝕ばかりでなく、諸国の荘園＝寺社本所領は、支配者側の軍事力がもっとも手薄な部分であり、それだけにたえず在地の小領主・農民の反体制的動きの拠点とされがちであったか

らである。正長二年（一四二九）、丹波で土一揆が蜂起したときのことにかかる『満済准后日記』の記事には「丹波国土一揆、以外蜂起之間、守護明日可遣人、仍寺社権門領等之領内ニ専此一揆在之、厳密ニ可致其沙汰処、自方々被歎申時、被閣者不可有正体也、此由可得上意」とある。(5) 一揆は守護側の軍事力が立ち入りにくい寺社本所領をもっぱら拠点としていた様子がよくわかる。こうして寺社本所領が、じっさいには小領主・農民の抵抗拠点となるほどの事態が進みだすと、寺社本所側は幕権にたよるだけでは所領からの年貢収取を確保しえなくなり、結局、守護側と妥協して、その被官を所領の代官に補任するという苦肉策をとるほかはなく、その支配権の実質を急速に失っていったのである。

しかも、そのようにして、諸国の寺社本所領が無力化してゆく過程は、幕府にとっては、その直轄領＝御料所が有名無実化してゆくこととほとんど同一の関係にあった。もともと、御料所は荘園制的な散在所職であったから、在地の国人領主を代官にとりたて、年貢収納をこれにゆだねねばならなかったが、かれらの年貢滞納は当時すでに慢性化しつつあったのである。幕府は、そうした現実に対しておよそ二つの対応策をとった。一つは将軍が諸国の国人を直接、奉公衆として組織し、守護への対抗力を強めることである。奉公衆は御番衆・上様御被官人などといわれ、もとは足利氏の譜代被官や、守護の一族などから編成されていたが、守護大名の勢力伸長に対抗するため、しだいに国内の有力国人を奉公衆として、将軍が身分的に直接掌握しようとした。安芸の代表的国人小早川氏が、守護武田氏の被官とならず、将軍の奉公衆となったのはその適例である。奉公衆には、将軍の御料所が預けおかれることが多く、また奉公衆が何らか咎を犯した場合でも守護は直接これを処罰することを許されなかったから、(6) 幕権の維持のうえに一定の効果をもったが、現実には奉公衆自身による御料所押領が進行した。

第二は、山城を将軍料国として強化し、ここを将軍権力の直接基盤にすることであった。山城が将軍料国として特殊な地位をもち、山城守護に将軍の代官として補任されるという形の始まりはかなり以前にさかのぼるであろうが、それが諸国散在御料所の動揺によって特別に重要な意味をもってくるのはやはり室町中期のことである。山城を将軍御料国とよぶ用例はとくに応仁の乱ころから目立ってきており、文明十年(一四七八)には山城国中の本所年貢五分一を幕府財源にあてるために徴収している。(7)この五分一済は、当然寺社本所にきびしい打撃を与えるものであり、とくに従来その擁護者の立場にあった幕府自身がこれを強行したのだから、「凡寺社本所領五分一被懸召之者、公家至此時太略滅亡之基也、政道已断絶、尤可歎々々」というように、(8)公家側の驚愕はひとかたならぬものがあった。幕府も応仁・文明の乱によって財政的窮乏の極に追いつめられたため、伝統的な荘園制保護策すら貫けなくなったのである。

ところで、こうした幕政の方向と密接に絡みあう問題として注目すべきものは、徳政令をめぐる幕府の土地政策であろう。徳政一揆の規模が空前の大きさに達し、幕府に対する徳政令発布要求がもっともきびしかった嘉吉の徳政一揆のとき、幕府は九月十二日、まず一国平均沙汰として徳政令を発した。しかしこの第一次令はなんらの具体的な規定をも明示しなかったため、一揆側はこれを不満として、永代沽却地・年紀契約地にも徳政令を適用する旨を制札で示せと要求しつづけた。その結果閏九月十日に発せられた第二次令では、二〇個年未満の永領地も本銭返地・年紀沽却地もすべて徳政対象となるとした。このとき徳政実施範囲も「一国平均」(山城)から「天下一同」(全国)へと拡大されたが、とくに重要なのは永領地にも徳政を適用しうるとした点である。(9)

すでに見たように、畿内およびその周辺部では、加地子名主職がひろく成立し、その永代売買が一般化しており、荘園領主が本年貢の欠を補うために、この加地子名主職を買得したり、土倉・寺庵などが高利貸付を通じてこれを集積する動きが日常化していた。したがって、それに対する徳政令の適用は、加地子名主職の集積者、すなわち支配階級諸層に決定的な打撃を与えることになるのである。事実、この第二次令が発せられると、これに対しては山門が「永代沽却地事、被破之者、山門売得地在所々、可為一山滅亡(10)」といって、猛烈な反対運動をおこした。その結果、幕府はおそくも閏九月十八日までのうちに、第二次令を改訂した第三次令を発し、「一　永領地事、不可有改動之儀」とした。この嘉吉徳政令の経緯は、一揆側は永領地への徳政令適用がもっとも重要な眼目であるとして要求しつづけたし、山門をはじめとする土地集積者側はそれに対して必死の抵抗を試みた事情をよく示している。

こうして嘉吉徳政の最終令では、永領地への徳政適用は取り消されることとなった。幕府がもし寺社本所から村落小領主・農民上層までが現実に進めている加地子名主職の永代買いを徳政対象とするようなことになれば、おそらく山城をはじめとする幕府権力の膝下地帯では、一種の恐慌状況が惹起されたであろう。幕府は将軍義教暗殺という深刻な動揺をつかれて、いったん永領地をも徳政令の対象とすることを認めたが、すぐこれを改めたのであり、これ以後の度重なる徳政令においても、永領地だけはつねに徳政対象外とする扱いを変更することがなかった。ここで幕府は、荘園制秩序の擁護者ばかりでなく、土倉および加地子名主職所有者層の利益を擁護する政策をとったのである。それが、その権力基盤を山城一国に狭めつつあった幕府の土地政策として、守り抜かねばならない最後の一線であったにちがいない。

二　守護大名の土地政策

これに対して、守護の土地政策はどのようなものであったか。この時期の守護の在り方は、通常、守護領国制の展開としてとらえられている。それは、従来の個別研究を総括した杉山博氏が指摘するように(11)、一方では公領・私領の別なく軍勢催促を行ない、荘官・土豪らを自己の被官化して家臣団を編成し、他方では一国平均に段銭・棟別銭・守護夫等をかけ、その徴収のために使節を入部させ、さらに公領・私領の守護役を拡大し、また交通・商業の要衝をおさえ、関料・山手・河手・市場銭などを取る、というように、多面的にその経済的収奪を拡大するものであった。

それらの諸行為――領国制展開の道筋は、端的にいってほとんどすべて荘園制的土地制度と根本的に矛盾するものであった。表面的には、かれらは伝統的国家体制における公権としての守護職を獲得しないかぎり、右のどの行動も不可能であったし、それを梃子とすることによってのみ領国体制を拡大することができた。そのかぎりでは、守護は伝統的な国家秩序を全面的には否定しておらず、荘園・公領という従来の所領単位を前提としていた。しかし、かれらの行動の内実は、荘園制の本来的諸関係を大幅に解体させてゆく性質のものであった。

ここで、荘園制の「本来的関係」が解体するということの内容は、まずなによりも守護側が荘官を守護被官に組織するとともに、所定外の守護役＝国役をつぎつぎに賦課し、あるいは臨時段銭を定額化するといった方向をおしすすめたため、荘園領主の独自の荘務権行使がほとんど不可能となったことである。そうした状況のなかで、荘園領主側は、一部の一円領以外の所領については、国方給人という形での守護被官の入部を阻止できなかった。応永十年(一四〇三)の尾張国国衙領の守護方違乱を報じた史料が、当時同国の知行国主であった醍醐寺の所蔵文書のなかに残されているが、それによると、守護方給人が付されている国衙正税地は飽津本保＝給人津田金吾方以下三二ヵ領[12]、国衙一円進止地では貞藤名＝給人津田将監方以下一八ヵ領が注進されており[13]、「尾張国国衙正税并一円地守護押領外所ミ」、つまり守護方に押領されていない所領として書き上げられているのは貞氏名以下わずか六ヵ領にすぎないのである[14]。

別の機会に検討したように、東寺領荘園群は、すでに南北朝内乱期に激動の波に洗われ、荘務権をもたない本家職荘園の大半がまず有名無実化してゆき、地頭職が設置されていないかもしくは地頭職も東寺が掌握するかぎられた数の一円領荘園がかろうじて内乱を切りぬけえたのであった[15]。それらの一円領は、内乱の鎮静とともにある程度、年貢収取率を恢復するが、それもけっして安定したものではなかった。東寺一円領荘園の一つたる播磨国矢野荘の場合についてみても、寛正六年(一四六五)、同荘代官刑部は東寺に対し、「依国方公事課役重畳、御年貢如契約難進、仍国方之公事被免除之様」を願い出ている。[16] このような代官の訴えの背景には、同荘例名供僧方(年貢基準高一二五石)の年貢運上実高が、正長頃まで七〇〜八〇石の線を維持していたにもかかわらず、永享元年(一四二九)には五一石、文安元年(一四四四)には一九石、長禄元年(一四五七)には一〇石余と、急激に減少しはじめているような事態があった。[17] 矢野荘の代官刑部は年貢進納困難の根拠を「国方公事課役重畳」としているが、それが事態の本質をすべて説明するものかどうかはもちろん問題である。年貢実納額が急落しはじめた主要な原因は、むしろ土一揆段階に入って激しさを増してきた農民闘争にあったであろう。しかし、それだけに荘園領主側も守護被官や国人を代官職に任命して、それに年貢収納を請負わせるのが常道とされていた当時の状況からすれば、国方の諸賦課が年毎に増加してきたと訴えているのも偽りのない現実であったにちがいない。この点はおなじ東寺領の丹波大山荘の場合、本所年貢の急減・守護取分の急増が表一二-11のような推移をとっていることからも確認できる。

このような守護被官の代官としての荘園支配が、本所の直務支配より苛酷であり、農民とのあいだにいちだんと激しい対立をまきおこしたことは、寛正二年(一四六一)、備中国新見荘で、代官安富智安排斥の農民闘争がひきおこされた著名の事実によくあらわれている。安富は守護細川氏の有力被官であったが、新見荘代官職を領主東寺に対し年一二〇貫で請負いながら、嘉吉から寛正にかけて実に二二〇〇余貫を滞納し、他方では農民に対する収奪を強化した。[18] 東寺は農民の安富排斥運動をきっかけとしてこれを幕府に訴え、寛正二年同人の代官職を解いた。しかし東寺は一円領たる新見荘についてさえ、独自に年貢確保の見とおしがなく、安富解任のあともあらかじめの担保をとって、徴税請負人に、年貢納入を請負わせる方式にたよる他はなかった。東寺は寛正二年(一四六一)九月十一日、安富解任のあと、相国寺集元都主を二〇〇貫文請切という契約で代官に補任することに決定したが、[19] 九月二十七日には光明院が請人に「七条領所」を立て、「彼七条之住屋幷同七条猪熊之酒屋」を「質物」として同代官職を「所望」したため、[20] こ

表12-11　大山荘の守護・荘園領主の取分

年代	守護の収取		東寺の年貢実収高
応永34(1427)	45石0斗0升	守護夫銭	平均12石
永享1(1429)	26石2斗2升	夫代，兵粮米	
〃 2(1430)	7石8斗9升	守護夫	
〃 3(1431)	15石7斗0升	〃	平均10石
〃 8(1436)	24貫余	守護夫銭	
〃 10(1438)	21貫566文	守護夫銭，播磨陣陣夫等	
文安2(1445)	41貫592文	守護役，段銭，大和陣兵粮銭	7石48
〃 4(1447)	54貫310文	守護役段銭	?
〃 5(1448)	59貫400文	〃	9石883
宝徳1(1449)	52貫886文	〃	?
〃 3(1451)	66貫449文	〃	?
享徳2(1453)	87貫240文	〃	7石0

〔備考〕『大山村史』本文篇199頁より引用.

れに切り替えた。しかも翌寛正三年には「請切代官無之」ということでやむをえず、寺僧祐清を直務代官として下向させた(21)。祐清の直務支配は従来東寺側の積極姿勢を示すものと解せられていたが、現実には、このように請負者がないためのやむをえぬ措置であったのである。

このようなわけで、幕府そのものがいかに荘園制秩序の擁護方針を固執しつづけようとも、現実には、守護の領国支配が寺社本所一円地にも着々浸透していた。山城のように幕府＝将軍の直属地域では、荘園制秩序が他にくらべて強く維持されていたうえ、将軍料国のために、守護が次々に改替されたから、そこでは安定した領国体制が展開しえないのも当然であった。しかし、畿内周辺部のように、農民層の封建分解と国人領の形成が進み、荘園制支配が無力化するにともなって、国人・小領主層が農民に対する主要な収奪者となりつつあった地帯では、それら領主層と農民との対抗関係の激化に促されて、国人・小領主層の守護を頂点とする階級的結集が進行し、守護領国制は進展した。文安元年(一四四四)の『康富記』は、「若狭国守護武田訴訟申之間、国中寺社本所領預所職事、可知行之由、賜御教書於守護云々、希代成敗無道之至極乎」という記事をのせている。[22] すなわち、守護武田信賢が若狭一国の寺社本所領のすべての預所職を知行しようという要求を幕府に提出したというのだから、荘園領主にとってこれはたしかに「希代成敗無道」ということであろう。この要求が実際に完全な形で実現したとは考えられないが、畿内周辺地帯の場合、個々の所領の個別的な守護請でなく、このように、全本所領の「預所職」を守護が一括「知行」することによって、事実上守護の一国規模での領国支配を完成させようとする動きまでがあらわれてきたことはとくに注目すべきことである。

畿内周辺・中間地帯のこうした動きにくらべると、関東などでは、事情は前述のような在地構造・支配関係の差異に規定されてかなりちがったものとなっていた。この地方で守護領国制を志向した典型としては、関東管領上杉氏があげられようが、その守護国上野の場合でも、中間地帯にくらべて、領国支配の程度はかなりおくれていた。勝守すみ子氏の明らかにしたところによれば、上杉氏の領国支配は、永享の乱以後、守護代長尾氏を軸として進展を見せるが、その国人把握はかならずしも徹底したものではない。[23] その理由は、国人領主層が惣領制型の存在形態をとるにせよ、一揆型の結合＝存在形態をとるにせよ、かれら自身が早期に請所方式による荘園・公領の私領化を進めていたとともに、前述のように、給分設定を通じて上層農民を被官化する方式を打ち出すことによって、守護よりも強力に地域支配の主導権を掌握していたところにあるであろう。

三　土地制度をめぐる幕府と守護

以上見てきたところからすれば、土地政策をめぐる幕府と守護とは、相互に明白に異なる姿勢を示していたというべきであろう。守護領国制がもっとも発達した中間地帯では守護は幕府の志向する寺社本所擁護策をほとんど無視しており、その展開のおくれた関東の場合でも、国人・小領主の荘園支配を事実上黙過する方向に進んでいた。したがって、そのかぎりでは、「室町幕府＝守護領国制」と表現すべきほどの統一的土地政策が存在したとも、ましてそれが貫徹していたともいうことはできない。近年の研究動向は、将軍権力の専制的性格を地方有力国人の奉公衆化などとの関連で重視するとともに、守護大名の領国把握度の低さに注目して、「守護領国制」とよぶべき実体の乏しさを強調する傾向が強いが、(24)これまで見てきたところからすれば、将軍＝幕府の土地政策が一定の限度で現実に貫徹しえたのは将軍料国山城とその周辺のかぎられた地域にすぎないのであって、幕府法の形式的普遍性と、それが現実に貫徹する場とのあいだに大きなズレがある点を軽視して、将軍権力＝幕府的土地政策の優位を強調するわけにはいかないのである。各地の状況をみれば、むしろ守護・国人の主導による新しい封建的土地所有関係の編成が推進されつつあった点の方が重要であることは明らかであろう。

だがそれにもかかわらず、室町中期の段階において、土地制度史上、室町幕府＝守護領国制として総括しうるような関係がまったく存在しなかったかといえば、それもまた正しくない。この段階において、守護は幕府の政策をふみこえて領国化を推進し、幕府と明白な対立関係にあったにもかかわらず、守護の領国化政策は、なによりも守護職という一国公権を名分とし、梃子とするものであったから、そのかぎりで、守護は将軍からの守護職補任を受ける必要があったわけであり、将軍と守護とは共同の秩序体系＝国家機構の中に位置しているのである。それは若狭守護武田信賢が、事実上、国内寺社本所領を制圧しようとしながら、寺社本所領そのものを否定し去るのでなく、少なくとも形式的にはそれを前提としてみずから諸本所領の「預所職」を知行したいと要求したところにもっともよく示されている。守護領国制がよく展開した地域においてさえ、応仁・文明の乱を境として、守護領国制が幕府とともに衰退せざるをえなかった要因も、またそこに関連していると思われる。

（1）　島田次郎「半済制度の成立」(『史潮』五八号)。

(2)　永原慶二「荘園制解体過程における南北朝内乱期の位置」(本書第九論文)。
(3)　「東寺百合文書」寂勝光院方評定引付、長禄四・正・二十四条。
(4)　『満済准后日記』永享二・九・二十一条。
(5)　『同前』正長二・二・五条。
(6)　稲垣泰彦「応仁・文明の乱」(岩波講座『日本歴史』中世3所収)一八八頁。
(7)　この点については柳千鶴「室町幕府の崩壊過程――応仁の乱後における山城国の半済を中心に――」(『日本史研究』一〇八号)を参照。
(8)　「兼顕卿記別記」文明十・七・二十条。
(9)　嘉吉徳政令の経緯については、永原慶二「嘉吉徳政一揆の性格について」(本書第十一論文)を参照。
(10)　「公名公記」嘉吉元・閏九・二十条。
(11)　杉山博「守護領国制の展開」(岩波講座『日本歴史』中世3所収)。
(12)　「醍醐寺文書」応永十・八・十三、尾張国国衙領守護方押領注文、『新編一宮市史』資料編六ノ四〇七号。
(13)　「同前」同日、同一円進止地押領注文、『同前』六ノ四〇九号。
(14)　「同前」応永十・八・十九、守護押領外所ミ注文、『同前』六ノ四一〇号。
(15)　永原慶二「荘園制解体過程における南北朝内乱期の位置」(本書第九論文)を参照。
(16)　「東寺百合文書」二十一口方評定引付、寛正六・三・二条。
(17)　宮川満「播磨国矢野庄」(柴田実編『庄園村落の構造』所収)一六三頁。
(18)　高尾一彦「備中国新見庄」(『同前』)三一六頁以下。
(19)　「東寺百合文書」寂勝光院方評定引付、寛正二・九・十一条。
(20)　同九・二十七条。
(21)　同寛正三・七・十六条。

（22）『康富記』文安元・七・十九条。
（23）勝守すみ子「室町時代における上野国守護の研究」（『群馬大学紀要』人文科学篇、四号）。
（24）これらの点については藤木久志「中世後期の政治と経済」第二節（井上光貞・永原慶二編『日本史研究入門』Ⅲ所収）を参照。

付説　法雲寺荘主寮年貢目録について

――室町期の村落構造と農民経済解明のためのノート――

一

「法雲寺文書」(『茨城県史料』中世編Ⅰ(昭和四十五年刊)所収)のなかの「荘主寮年貢納目録」(以下「目録」と表示する)は、室町期常陸地方の村落構造や農民経済の在り方について幾多の興味深い素材を提供してくれる。小稿はこの「目録」に関する研究ノートである。

法雲寺は、『県史料』でも解説されているように、新治郡新治村高岡に在り、臨済宗建長寺派に属する禅宗寺院である。開山の復庵宗己は鎌倉末期中国に渡り修業して帰国し、正慶元年(一三三二)以降高岡に住んだが、南北朝時代に入り小田治久の保護を得て伽藍を造立したという。法雲寺が、高岡からはいくばくもへだてぬ小田を本拠とする小田氏の保護をえたことは、同寺のその後の存立にとって有利な条件となったであろう。

ところで、この寺の所蔵する古文書類は、寺領寄進状・禁制・寺規式・尺牘など諸方面にわたっているが、全体としてその数はかならずしも多くはなく、『県史料』に収載されている中世文書は合計二七点をかぞえるのみであるが、その中においてとりわけわれわれの興味をひきつけるのがこの「目録」である。

この史料は、同寺文書の第二五号として『県史料』に収められているが、厳密にいうと、単純な一通とはいえない性質のものである。すなわち、その第一の部分は「大雄山法雲寺庄主寮年貢納目録」という見出しに従って記された年貢収納目録とそこから支払われた諸出費(支銭)目録からなり、末尾に「嘉吉参年癸亥十二月晦日　浄聡誌之」とあるところまでである。以下これを便宜上「A部分」とよぶことにするが、これにひきつづいて嘉吉四年正月十日という日付が記され、四行ほどの記載のあとに「住(花押)」とあるが、ここまでは「A部分」の追記と見てよい。

つぎに、「田宮郷」という見出しがあり、以下同郷の仏神田・諸免田を記し、それにつづいて「宿在家内付田数」「畠分」等を列挙し、その終りに「長禄二年戊寅正月晦日　浄聡誌之　聖宝」とある。これが第二の部分で「B部分」とよぶべきものである。A部分につづいて、一五年後になぜこの部分をかきついだのか理由は確認できないが、おそらく寺領の基本となる史料であったからだろう。そしてさらに、「納銭一貫文　上乗菴年貢」以下一〇行ほどの記載があって、その末尾に「延徳元年十二月廿九日　修造方　真賢　住(花押)」とある。これが「C部分」である。

以上のように、この「目録」は正確には三つの部分からなっているが、そのうち重要なのはAおよびB部分であって、それによってわれわれは、嘉吉〜長禄という室町中期の法雲寺の年貢収取形態と、村落構造・農民経済の在り方などについての貴重な手掛りを得ることができる。

二

まず「A部分」について。この部分は、「八反内」「鍛治内」「五反内」「竹内」「源阿弥内」「并散在」「并畠分」「田宮田」「并畠分」の順序で、それぞれの面積・諸引・年貢額などが記されている。「田宮」は「B部分」に現われてくる「田宮郷」であって、法雲寺の所在する高岡の北側に続く地域である。したがって、おそらく、「八反内」から「源阿弥内」までの五ブロックとそれに続く「幷散在」「幷畠分」は高岡に所在する分であり、田宮分と併せてここに記載されたものが、法雲寺の所領のすべてであると思われる。

「八反内」から「源阿弥内」にいたる五ブロックは、「名」であろうか、たんなる小字であろうか。それに続くものが「幷散在」と表示され、しかも後者には「岡代立用」を給付されないところから推すと、この五ブロックは、「散在」に対する「名」と考えた方がよさそうである。これらの部分の記載例を示すと、次のようである。

　五反内
本年貢拾壱貫玖百廿文　（二町九反大五十歩　現作二町一反）
　納陸貫九百文
　六百文　岡代
　参貫五百廿文　長不作
　六百文　免
　参百文　未進

すなわち、寺領台帳に登録されている「五反内」の水田面積は二町九反大五〇歩、その「本年貢」が一一貫九二〇文であるたてまえであるが、「現作」は二町一反であり、「岡代」「長不作」「免」「未進」を差引いて、現実に納入された年貢は六貫九〇〇文というわけである。「岡代」は、常陸国内では「薬王院文書」所収の康永三年(一三四四)七月日「塩崎田数幷得分物注文」にも「岡役銭」の用語が見え、『水戸市史』上巻の筆者(杉山博氏)は「岡役」を夫役と解しているが、おそらく妥当な推定と思われる。「長不作」は「当不作」に対応する用語である。この地域は桜川左岸の台地上にあり、桜川の水を用水とする同川沿いの現存低地水田の多くの部分は新田として後世に開発されるのであるが、この当時は筑波山側の山寄りからの湧水を利用する水田が主力だったため、水不足などによって不作付部分も少なくなかったのであろう。このことは「A部分」の後半の「支銭」のなかに東西池・田宮大池・小池の修理料が含まれており、用水が溜池によっていたことからも傍証される。

そこで、この「A部分」を全体として整理したのが、表一二付-1であるが、これについて注目すべき点はつぎのとおりである。

第一に、「長不作」が相当に大きく、耕地の安定度が低いために、各地域ブロックとも現作面積が台帳面積にくらべて大幅に縮小していることである。これは、室町中期のこの段階においても、自然湧水ないしはそれにもとづく小規模な溜池に依拠する水田が多く、中世的な耕地条件をまだ克服しえていないことを示すものである。

第二に、これと関連して、「未進」もけっして少なくない。その要因が、積極的な農民の年貢不納運動によるものか、耕地条件の不良のゆえのやむをえない納入不能なのかは検討の余地があるであろう。しかし、年貢収取者が非在地の中央領主ではなく、豪族小田氏の崇敬を受ける在地寺院であることを考慮すれば、この「未進」は農民抵抗のあらわれと見るよりは、やはり耕地条件の不安定などにもとづく、納入不可能の結果を示すものが多いと見てよいだろう。

第三にしかし、年貢は完全に銭納形態をとっていることが注目される。ここでは畠のみならず田地年貢もすべて銭貨表示である。このような年貢の貨幣による表示の意味については、従来説が分かれ、それは一つの基準を示すだけであって、かならずしも現実の納入形態を示すものではないと見る意見もある。しかし、この場合は、「A部分」の後半に、この年貢分から支払った「支銭」の日付、諸項目が列挙され、それらを差引いた「百三十弐貫五百文」が「庫院」に納められた旨が明記されているから、百姓から納入された年貢が本来銭貨によっていたことは疑う余地がない。もし現物で納入された年貢物が、寺僧の手によって換貨されたのであれば、その際の和市を記しておくのが算用状の

表12付-1　法雲寺領高岡分の構成

項目＼地字	八反内	鍛冶内	五反内	竹内	源阿弥内	幷散在	幷畠分	田宮田	幷畠分	計
納	貫 文 2.985	6.305	6.900	1.138	6.100	65.146	12.143	35.391	10.879	貫 文 151.587
(諸引) 岡代立用	5.160		600	2.660	880					9.300
(諸引) 長不作	7.663	7.137	3.520	4.044	2.883	12.911	道代不作共 1.400	6.358	3.473	49.392
(諸引) 当不作	1.600 (4反)					2.300 (5反半)				3.900 (9反半)
(諸引) 免	350	1.035	600		200	1.870	329	2.777		7.148
未進	2.702	1.667	300	596	2.417	13.483	2.165	1.664	3.645	28.839
年貢(以上ノ計)	貫 文 20.460	13.477	11.920	8.438	12.480	95.710	16.037	46.190	18. 0	242.712
面積	町 反 歩 □□90	3.3.230	2.9.290	2.1.040	3.1.070					
現作	町 反 1. 8. 0	1.5. 0	2.1. 0	1.1. 0	2.4. 0					

〔備考〕　数字はすべて原史料のまま.

必須要件であるが、ここではそれが一切見られないのである。

　このようなわけで、農民自身が年貢分をみずからの手で換貨したとすれば、その場所・形態等をふくむ換貨過程が問われねばならないが、その点はこの史料によっては、直接知るべき手掛りがない。

　第四に年貢額の問題であるが、数字がそろう「鍛冶内」「五反内」「竹内」「源阿弥内」の四ブロックの本来の「年貢」額（納と岡代立用・長不作・当不作・免・未進を加えたもの）と台帳面積との関係を見ると、それぞれは、三三反二三〇歩＝一三貫四七七文、二九反二九〇歩＝一一貫九二〇文、二一反四〇歩＝八貫四三八文、三一反七〇歩＝一二貫四八〇文であるから、どの場合でも反当四〇〇文ほどとなる。従って、田地の場合少なくとも名田的部分についは一反当り年貢額は四〇〇文程度が一つの標準とされており、これから条件に応じて諸引分が差引かれる仕組であったのではなかろうか。この点はまたのちにふれる。

三

つぎに「B部分」について。この部分は田宮郷に関する記載である。「B部分」の初めに、

田宮郷
公田五町五反
内検田数廿二町五反半四十九歩
土貢四十八貫六百九十文

とあり、次に鍛冶宮神田六反・祇園神田二反・正受菴三反・薬師堂免一反・溝払田一反・天神神田一反、計一町四反の除田が挙示され、そのあとにつづいて「宿在家内付田数」「弁畠分」が記され、末尾に「辻屋敷分」四筆計一貫一二五文分が書き加えられている。

そのうちの中心をなす「宿在家内付田数」「弁畠分」をまとめたのが表一二付-2である。これは要するに田宮郷に居住する「在家」農民別にその保有田地および畠地を名寄せしたものであろう。田地の記載人(項)数は五五名であるが、同名分を一つに併せると四九名(そうこう=三、五郎四郎入道=二、馬太郎入道持=四をそれぞれ一人に換算すると四九になる)の保有者が記載されているわけである。そのかなりの部分は「某跡」または「某跡某」の形をとっ

表 12付-2　法雲寺領田宮郷の構成

田面積	年貢	百姓名	畠面積	年貢	百姓名	田畑計	
反 歩	貫 文		反 歩	貫 文		反 歩	貫 文
14.0	3.550	検断		6.300	検断　作人別紙		9.850
2.0 ほまち	670	又六郎跡　検断					
1.0	200	うつけ田　〃					
4.0	1.150	那智阿弥跡	2.0	500	那智阿弥跡	6.0	1.650
4.0	900	喜阿弥跡	4.0	650	喜阿弥跡	8.0	1.550
4.0	950	増明馬太郎入道　此内550 文処四郎太郎持					
2.0	550	七郎四郎跡	1.180	250	七郎四郎さらり	3.180	800
2.0	550	西願跡	4.0	950	西願跡	6.0	1.500
2.0	700	聖二五郎太郎		650	清涼院　天王寄進 聖二五郎太郎		1.350
2.0	600	増円跡　そうくわう	450				
1.0	打開	〃　そうくわう跡					
1.0	200	三郎二郎，そうくわう	1.180	200	三郎二郎　伏たう	2.180	400
2.0	450	道覚跡　孫四郎					
2.0	600	道阿弥後家跡		200	道阿弥後家跡		800
2.0	500	成智後家　弥七跡　四郎太郎 喜藤五入道　半在家宛		200	聖智後家		700
2.0	550	彦次郎跡					
1.0	300	三位公	3.0	750	三位公	4.0	1.050
2.0	550	ひこ五郎みし					
7.240	2.250	能阿弥跡　侍従公・たかあし・祐慶３人前払					
6.180	1.550	田宮孫太郎入道跡　永明五郎殿		710	孫二郎跡　永明五郎殿		2.260
10.0	2.400	平七					
2.0	500	浄心二郎太郎跡　馬太郎入道持					
1.0	300	道場		800	道場		1.100
4.0	975	弥阿弥跡　松二郎持		346	弥阿弥跡		1.321
0.180	125	道全跡	4.00	880	道全跡	4.180	1.005
3.0	900	彦五郎ひけ					
5.120	1.400	高阿弥跡　祐慶		600	高阿弥跡		2.000

3.0 ほまち	1.020	神林殿		250	本山跡　神林殿		1.270
4.0	900	三郎四郎いんけい					
2.0	550	本山藤七					
2.0	500	孫三郎こせい	2.0	480	孫三郎こせい	4.0	980
2.0	400	法心阿なねすミ					
4.0	1.200	義阿弥孫三郎跡　平次五郎					
5.0	1.350	聖阿弥跡　道永 みしなは 二人持	2.0	450	聖阿弥跡　みしかな	7.0	1.800
2.0	600	五藤四郎入道	2.0	400	五藤四郎入道	4.0	1.000
2.0	400打開	〃					
2.0	400	七郎二郎 了阿弥跡　馬太郎入道持		250	七郎二郎		650
2.0	400	弥六入道跡　喜阿弥持					
10.0	3.150	紺町屋跡　作人別紙	2.0	550	紺町屋	12.0	3.700
1.0	200	喜藤五郎入道跡　平六					
2.0	600	四郎九郎，まとめ					
2.0	575	四郎五郎跡　かさぬい跡	4.0 1.180	900 200	四郎五郎 かさぬい跡	7 180	1.675
1.0	300	浄心跡　馬太郎入道持					
11.0	2.150	彦四郎跡　辻平次五郎持					
4.0	1.100	辻平六跡					
2.0	650	蔵仏跡　七郎五郎					
3.0	550	六郎三郎　辻					
8.0	1.300	与一四郎入道跡　与三次郎	2.0	500	与一四郎入道　与三次郎	10.0	1.800
3.240	900	与太郎	2.0	500	与太郎　清涼院納	5.240	1.400
2.0	600	七郎五郎　畠中		200	七郎五郎　畠中		800
2.0	500	彦七　辻					
2.0	500	やはた跡					
2.0	500	浄空跡　孫七入道持					
8.0	1.225	彦三郎跡　神六入道持					
2.0	400	小五郎入道					
計 185.240	46.290			16貫995文 他ニ辻屋敷分1貫125文			

〔注〕 表のほか畠にあって田にない分　400文 やそた清涼院方　200文 さらり屋敷付天王寄進　425文 平二郎米桶跡 西五藤太郎入道持
200文 たうミやう　100文 道実跡

ている。これはおそらくこれ以前の土地台帳をもととしながら、訂正を加えていったためにとられた表現であろう。この種の帳簿類にはよく見られることである。

また、畠部分については、各項ごとに年貢銭の額と面積の両方を記したものと面積だけのものとがあり、その相違が何によるかは不明である。しかし、畠だけを保有するものは五名(表の下の注参照)だけで、他の保有者名はすべて田地の保有者名と一致する。したがって、この史料に示された田畠保有状況は、かなり正確な実体を示すものと考えてよい。

そこでこの表一二付-2から認められる問題を列挙すると次のとおりである。

第一に、この四九名の田地保有額総計は実数で一八町五反二四〇歩である。これは文書記載の内検田数二二町五反半四九歩から免田一町四反を差引いた二一町一反半四九歩という数字を下まわっているが、田宮郷の田地のほぼ実体に近い数値と見られるから、これについて四九名の平均値を求めると一人当り三・八反程度となり、全体として保有規模は狭小というべきである。またこれに畠面積を加えたとしても、畠地は全体で一七貫足らずだから、この傾向はさして変化しない。

また個別的に見ても、田積一町以上の保有者は「検断」(これが人名であるか否かは疑わしいが、ひとまず他の人名と同様に扱っておく)「平七」「紺町屋跡」「彦四郎跡」の四者にすぎないから、田宮郷においては家父長制大経営は少なくとも史料上に現われたところでは存在しないといわねばならない。もちろん、四九名の人々が周辺村落でも保有地をもっていることはありうるであろう。またこれらすべての保有主体が孤立した個別経営であるというより、かなりのものが相互に族縁共同体的な関係をとり結んで単位経営を形成していたこともあるかもしれない。したがってここからただちに小経営の一般的展開を断定することは危険であるが、ともかくも領主側の所領台帳に、これらの人々が名を記されていることは、やはりそれぞれが年貢納入責任者として、一定の経済的・社会的自立性をもつ経営主体であったからだと考えた方が自然であろう。

第二に、田地の保有者がたとえば「道覚跡　孫四郎」などと記されている「道覚」と、「孫四郎」が保有者として確認された長禄二年(一四五八)時点とのあいだにどのくらいの年代のひらきがあるかは不明だが、ともかくも、世代の交替はあらかた進んでいる両時点のあいだで、さして顕著な土地移動が進展していないことが注目される。もちろんなかには「成智後家　弥七ヵ跡　四郎太郎 喜藤五入道　半在家宛」「能阿弥ヵ跡　侍従公・たかあし・祐慶三人前払」「聖阿弥ヵ跡　道永・みしなは　二人持」などのように、在家付田が二名ないし三名に分割されている場合もあるし、浄心二郎太郎および七郎二郎」阿弥の在家付田をまとめて兼併した馬太郎入道のような者も認められる。しかし一般に在家付田を耕地片にこまかく分割して自由に売買する形はとられていないようである。このことは農民の田地に対する権利が私的所有権として確立し、耕地片が自由に永代売買されるような関係に達していないことを示唆しているといってよいであろう。

第三に、年貢額の問題であるが、表から明らかなとおり、田地一反当り年貢額はすべて二〇〇〜三〇〇文の範囲となっており、畠地も二〇〇〜二五〇文程度が平均となっている。表示されている田地の総面積は一八町五反二四〇歩であり、長不作をふくむ年貢額の総計は四六貫二九〇文であるから、田地の一反当り平均値は二五〇文程度となる。

「A部分」に記された田宮郷の田の年貢は本年貢四六貫一九〇文(納三五貫三九一文)であるが、これは「B部分」の田地年貢四六貫二九〇文と一〇〇文差で一致する。したがって、表一二付-2の年貢額は諸引を差引いた「納」額でなく、基準となる本年貢額であり、それは反当二五〇文程度ということになる。この数字はさきの「A部分」による反当基準年貢四〇〇文から見るとかなり低い。この点を田宮郷との関連でどう理解するかはなお考えてみる必要がある。

表 12付-3　康永 3 年塩崎田数幷得分物注文(「薬王院文書」)

百姓名	面　積	年貢銭	岡役銭	御作田籾	左ノ代銭	合
	反	貫 文	貫 文	石	貫 文	貫
中内	13.0＋新田 2 反(銭108文)	5.850	0.200	3.0	4.948	12.0
覚仏	8.0＋新田 1 反(小500)	3.600	0.300	2.0	3.314	7.700
孫四郎	3.0	1.350	0.200	0.433	0.712	2.262
道西	1.180	0.700	0.200	0.333	0.548	1.448
法実	1.0＋新田 1 反(銭500文)	0.750	0.100	0.353	0.548	1.908
竹田内	7.180	3.375	0.300	0.50	0.816	4.491
ちや兵衛尉	18.0＋新田 2 反(銭800文)	9.000	0.360	2.00	3.354	12.660
右衛門入道	10.0	5.000	0.270	2.00	3.300	7.570
孫二郎	3.120＋新田 1 反(銭500文)	1.562	0.420			2.482
西法	4.0	1.800	0.250			2.050
嶋内	3.0	1.350	0.050			1.400
左衛門入道	6.0	1.950	0.100			2.050
弥二郎	2.0	0.900	0.150			1.050
性願	7.0	3.150	0.150			3.300
武藤次	3.0＋新田 2 反(銭 1 貫文)	1.200	0.150			2.350
計	反 93.0　長不作除其定　代銭61貫914文　定得分銭 56 貫 640 文 此外新田未及検注					

〔備考〕 数字は原史料のまま.

四

さて以上で、「目録」の主要な内容をなすA・B部分についての検討をひとまず終えるが、ここで知られた事実に、周辺地域の同種の問題をつき合わせながら、もう少し考えてみよう。問題は大別して、この時点における農民経営の在り方と、年貢貨幣納の問題の二つに集約できるであろう。

(1) 経営形態について。

常陸地方で、中世後期農民経営の様相を知ることができるもう一つの好史料は、「薬王院文書」所収の康永三年(一三四四)七月日「塩崎田数幷得分物注文」である。塩崎は吉田郡恒富郷に属する一村で、当時薬王院が領主としての地位をもち、基本的な年貢収取者であった。そのような立場から作成された本文書は、すでに『水戸市史』上巻のなかで分析されているが、いま本稿なりに検討すれば、以下の点が注目される。す

表12付-4　恒富郷石河村田数幷得分物注文(「薬王院文書」)

作人名	面積	年貢銭	岡役銭	御作田	左ノ籾	左ノ代銭	合
	反	貫 文	貫 文	反	石	貫 文	貫 文
源三郎	14.0	7.700	5.050	2.0	2.3	3.715	12.0
得明房	8.0	4.400	700	1.120	1.535	2.448	記載なし
弥三郎入道	8.0	4.400	800	1.120	1.535	2.441	7.748
覚明房	4.0	2.200	200	1.0	1.15	1.878	4.278
円智房	8.0	4.400	600	2.120	2.685	4.563	9.563
弥二郎	6.0	3.300	400	1.0	1.15	1.878	5.578
乗心房跡	4.0	2.200	350	1.0	1.15	1.878	4.439
さし合 しん三郎 又四郎	5.0	2.750	1.100				3.850
唯舜房	12.0	6.600	600	2.0	2.3	3.748	10.948
二郎太郎入道	6.0	3.300	570	1.0	1.15	1.878	5.748
三郎太郎	3.120	1.832	400	1.0	1.1(5)	1.878	4.110
大塚給分 しん三郎	1.0	550					700
新兵衛尉給分 きう四郎	1.0		150				
六郎	1.0	550					
唯舜	1.0	550					
新二郎	2.0	1.100					
兵衛四郎	2.0	1.200	300				
六郎入道		300?		4.0		2.200	
計	124.0						83.117

〔備考〕 数字は原史料のまま.

なわち表一二付-3から明らかなように、この村の農民は自己保有の本田・新田とともに「御作田」の割りあてを受け、それらを併せて経営しているのであるが、上位者三〜四名を除いてその規模はさして大きくはない。最上位のちや兵衛尉は本新田計二町歩に加え、籾で二石、銭にして三貫三五四文の御作田を経営するから、これは一般的にいって家父長制大経営に属するであろう。またそれにつづく中内・右衛門入道・覚仏も、御作田分を加えれば、単婚小家族労働力でまかないうる規模ではないだろうが、それ以下の一一名は小経営であり、そのうちの五反以下層は半従属的小経営で、上位の大経営を補完する存在かもしれない。なお、おなじ薬王院領の恒富郷に属する石河村の「田数幷得分物注文」(年月日欠であるが、同時期と見られる)も残っているが、この場合も、表一二付-4のとおりであって、塩崎村の場合と共通したパターンを示している。この点、田宮郷の場合はやや異なり、塩崎・石河村にくらべて、家父長的大経営と見なせる上位階層がほとんど欠けている。塩崎・石河村のデータと田宮郷のそれとのあいだには、約一世紀のへだたりがあるから、この間にも家父長制大経営の縮小、小経営の分出の動きが進展した結果が、両者の差異となってあらわれていると解することも可能だが、生産力的条件を考慮すると、この小規模保有として現象するものの性格についてはいっそう慎重な検討が必要であろう。

その点と関連して、農民経営の在り方に対して規定的な意味をもつのが耕地の安定度や開発などを主要な契機とする生産力であることはいうまでもないが、「B部分」を見ると、「打開」が新たにとらえられている例も認められるから、荒廃と開発は並行的に展開していたことも考慮せねばならない。新田の開発は薬王院領の諸村では、田宮郷の場合よりはるかに活発である。暦応三年(一三四〇)の「恒富村々公田注文」によれば、塩崎村の公田は六町四反八〇歩、石河村は四町にすぎないが、前掲のように、康永三年で、塩崎村は本田・新田だけで九町九反一二〇歩、石河村は本田八町六反一二〇歩が把握されている。このなかには、「公田」が確定された段階で、すでに隠田的な意味をもって存在した非公田部分も一定量含まれていたろうが、その後の新田開発によって、非公田部分が増大したこともまちがいあるまい。恒富郷の一村大葉村では、康永四年(一三四五)の「恒富大葉郷目録」(「薬王院文書」)によれば、公田一四町四反三〇〇歩に対し、開発田二一町八反と、公田を上まわる開発が進行していたことが知られるのである。

(2)　年貢額および納入形態について。

さきにふれたように、田宮郷の年貢額は反当二五〇文程度、名編成を受けていたらしい「鍛冶内」「五反内」等では反当四〇〇文程度と推定されたが、薬王院領の場合はどうであろうか。前掲表一二付-3・4で明らかなとおり、塩崎村・石河村の本田年貢銭は五〇〇文前後である。ここでは、他に岡役銭が賦課され、また収取率の高い「御作田」が割りふられているから、実際の負担は五〇〇文以上である。おなじ薬王院領の応永二十五年（一四一八）「武熊村岡田の年貢日記」では反当五〇〇～七〇〇文程度の数字が得られるが、同文書所収の年欠（おそらく応永末年）「森戸村・入野村注文」では反当「四百なり」「五百なり」に統一されている。

これらの材料を勘案すれば、当地方の室町中期の年貢は銭貨表示で、反当四〇〇～五〇〇文がほぼ平均的な数量であり、かつ収取額は時代の下るとともに徐々に低減しているといえるのではなかろうか。小経営の分出傾向は、新田開発の進行とともに、このような上級年貢負担の低落傾向によって支えられていたと解せられるであろう。

そこで最後に、そうした方向と年貢銭納とのかかわりあいの問題が考えられねばならない。年貢低減傾向や小農分出の方向と年貢の銭納化とは考えようによってはストレートに関連しあっていると見ることもできよう。すなわち、農民的剰余の成立、農民の市場接触機会の増大とその恒常化といった一連の動きの中で、いわば農民的利益が優先しつつ銭納化が進む方向である。しかし、そう解するのはあまりに一面的である。当地方の農村は、開発が進められつつあるとはいえ一方ではなお中世的な生産力条件に規定されているのであるから、そのような形での農民経済の発展を過大に評価することは現実的でないだろう。

年貢の銭納化の問題については、佐々木銀弥氏の包括的な研究があるが（同氏「荘園における代銭納制の成立と展開」〔稲垣泰彦・永原慶二編『中世の社会と経済』所収〕）、氏は、そこで代銭納成立のもっとも主導的な要素は荘園領主側の要求であるといっている。事実、東国地方に素材を限ってみても、銭納化は鎌倉末頃から室町初期にかけて早熟的に領主側の要求に従って実現されていったようである。一、二の例を見るなら、下総相馬氏の永仁～正安（一二九三～一三〇二）期の所領配分関係文書では、所領規模がすでに町反という面積とともに「土貢何貫文」という形で表示されているし（「相馬文書」）、相馬御厨の伊勢神宮宛年貢は、応永年間ではすべて銭納である（「鏑矢伊勢宮方記」）。また下総葛西御厨の場合も、康永二年(一三四三)の神税が銭で送られていることが確認できる(「鏑矢伊勢宮方記」)。金沢称名寺領の下総国東荘上代郷の年貢は、元亨二年(一三二二)では、米納年貢を現地の和市で銭にかえて送っているから、この時点では、農民はまだ直接銭納したわけではないが、領主側は貨幣納を求めていたことが判明する(『金沢文庫古文書』五三四六号)。しかし、おなじ称名寺領でも上総国佐貫郷の場合は、永享～宝徳年間(一四二九～五二)でも米で称名寺まで送らせている(『金沢文庫古文書』五六七六～八九号)。

これらの諸事例から推せば、年貢納入形態(米納か銭納か)は、領主側の要求に沿って決定される傾向が強いという佐々木氏の指摘を妥当とすることができる。領主側はおそらく輸送条件等を考慮しつつ、一定部分だけを現物で収納し、他は銭納とするのが有利であったために、このような形が推進されていったにちがいない。しかし、領主側の要求に発端するにせよ、現地で換貨するためには、そこに米銭交換の市場が成立せねばならないし、いったん市場が成立すれば、農民から現物で取り、代官が和市で換貨するという形ばかりでなく、農民自身が、それを行ないうる一般的可能性も成立するにちがいない。

田宮郷の場合にたちかえって考えてみると、この郷の領主は現地寺院であるから、年貢輸送の条件に規定されて銭納が推進されたと見るわけにはいかない。領主法雲寺は、年貢を現物で収納し、みずからの手によって換貨することも難事ではなかろうが、そうした形でなく、農民から直接貨幣で収納した理由はどこにあるであろうか。この点に関しては、実証的に説明しうる材料は何もない。しかし、(イ)上述のような、領主の代銭納要求によって、鎌倉末期以来、当地方でも米銭交換市場が一般的に推進されてきたこと、(ロ)またそれとの関連において地方寺院、地方支配層の消費生活も急速に貨幣経済化の度を深めてきたこと(この点は「目録」A部分の支銭の内訳からも判断できる)、(ハ)他方在地寺院としての法雲寺は、その領主権力によって独自に市場＝和市を直接コントロールすることによって換貨過程から利潤を抽出するほどの力をもたなかったため、これを一切農民に委ねたかもしれないこと、等の諸点が、このような東国在地寺院年貢の銭納化を促した主要な要因と考えられるのではなかろうか。

このような形で銭納の危険をみずから負担せねばならなくなった農民経済が、銭納によってどのような影響を受けたかはきわめて興味ある問題であるが、これをにわかに判断することはむつかしい。いまは今後の課題として、以上指摘してきたような生産力条件・経営形態・年貢額と年貢形態等が相互にどのようなかかわりあいをもちつつ展開しているかをさらに実証的・理論的に追求することの必要を指摘するにとどまらざるをえない。

付説　加地子について

名主加地子は、鎌倉後期以降の土地生産力の発展にともなって、荘園年貢の外に成立してきた剰余分を、名主が掌握し、これを地主的な権利として売買するに至ったとき、一般的に成立したと考えられている。たしかに、通常名主職の加地子名主職と作職とへの分化とよばれる現象が、十四世紀以降急展開することは疑う余地がない。けれども、当時の名主加地子額が、しばしば荘園年貢額を凌駕するほどに高いという事実もあまり注意されていないが、否定しがたいのであって、そのことは、加地子についての右のような一般的理解に対して一つの問題をなげかけていると思われる。

本来、全剰余部分が年貢として収取されていたが、その後、徐々に生産力が上昇するにつれて、増大した剰余部分にくいこむ形で地主取分が成立するという筋道は、江戸時代の幕藩領主的土地所有制下における地主的土地所有の成立については妥当であるが、荘園年貢と名主加地子との関係も、これとおなじようなものであったのだろうか。そうだとすれば、加地子額は、その成立当初からなぜ年貢額を凌ぐほどに高額たりえたのであろうか。

このような疑問に対して、『勝尾寺文書』に数多くふくまれる売券・寄進状の類は、興味深い事実を示してくれる。

寄進　勝尾寺観音堂御油田事

合壱段者字小西　守依名内也　国斗定也

右件田者、比丘尼真仏先祖相伝私領也、然而観音依有志、以加地子参斗、御油料所寄進也、但於利延之沙汰、件

加地子、雖為後々末代、年々無懈怠、可沙汰進、乃為後日沙汰寄進之状如件、

寛喜四年二月廿三日　　　　　　　　比丘尼真仏（略押）

惟宗利延「作人也」（略押）

これは守依名内の一反の寄進状であるが、寄進対象は真仏の「私領」田で、内容は「加地子参斗」であり、利延が「作人」であったことが知られる。このように、鎌倉前期において、すでに反当三斗という、通常の荘園年貢額に匹敵する加地子が成立し、その売買が行なわれていることは、これが、鎌倉末期以降の名の分化にともなう加地子名主職であるというより、平安中期以降、ひろく成立した「私領主」の系譜をひくものではないかと考えさせられる。「私領」は国衙領内に成立し、一定の「加地子」の収取権をその成立の当初から、国によって承認されたものであった。

この点をいっそう理解しやすくさせるのは次の売券であろう。

売渡（ハシウラ略ス）　北松恒田立券文事

合壱段者

在摂津国嶋下郡中条粟生村

四至限東類地并ホソヲサツ、イヲ、チヲカキル 限南類地、限西クロ、限北小犬名田

右件田者、前内舎人藤原朝臣助景先祖相伝私領也、而依有直要用、限永代、惟宗宗延ニ所売渡実也、不可有他妨

付所当一斗五升 焼米五合炭半古、　於本券文者依有類地不副進、為後日沙汰新券文、以解、

安貞二年九月廿日　　　　　　　　金丸名主前内舎人藤原朝臣　在判

すなわち、売主の藤原助景は、もと内舎人という下級官人の地位をもった人物であり、現在は金丸名の名主なのである。これによって「名主」が単純な農民的階層でないことはもちろん、この種の土地売買の主体として『勝尾寺文

書』の関係売券に登場してくる有姓の人物が、ほぼ助景と同種の地位・立場にあったことが考えられる。かれらは、平安中期以降、律令体制の解体過程で、畿内を中心に、この種の「私領永作手田」をひろく獲得していったものと思われる。さきの真仏の寄進状で、反当加地子三斗というのは、まさしくこの種の「私領」の「加地子」であろう。

かれらはこの「私領」に関するかぎり、私的所有権の客体として自由にこれを売買処分することができた。貞永元年十二月二十六日付の茨田安弘畠地売券案（『箕面市史』史料編一勝尾寺文書一〇九号）を見ると、安弘は「永年作手畠九十歩」を四条入道沙弥西願に直銭六貫文で売却しているが、その際安弘は「本作人」たることを「請申」して「現地壱段」に加地子「陸斗宛」を支払うことを契約している。ここにいう「九十歩」は国側の台帳面積であり、実際が「現地」であったのであろう。同文書によると、「件畠者、現地合参段半也」とあるから、単純な縄延びという以上に、台帳面積と現実には大きなへだたりがあったわけである。安弘は西願に対し、反別六斗という高率の加地子を支払うこととしているが、ひとつにはこのような大幅な縄延びのために官物年貢負担が軽微なこと、また、ひとつには安弘の私領永作手が直接の経営地でないから、直接耕作農民が保有地を売って小作人化する場合のように再生産費を確保する必要がかならずしもなかったためである。このような場合、売却時の事情・条件に応じて加地子率をかなり大幅に高めることも不可能でなかったにちがいない。

このように見ると、加地子はかならずしもすべて農民的剰余の一般的成立を前提とする鎌倉末期以降の特有の現象とばかりはいえないだろう。たしかに十四世紀以降の加地子名主職の広汎な成立は、当時の生産力の上昇とそれにともなう直接生産者農民の地位の向上という問題と緊密に関わっており、平安時代の「私領」の「加地子」と単純に同一視したり、それのみから説明することもできない。しかし、荘園＝国衙領体制の成立期において、その初発から加地子収取関係がひろく存在しており、荘園領主＝国衙取分とともに加地子取分が、剰余部分の本来的構成要素となっていたことは注目すべきことであろう。荘園国衙＝体制は、もともとこのように上級領主だけで全剰余労働を独占する体制を形成していなかったのであり、その面で、平安期の私領加地子は、のちの名主加地子に連なる問題をふくんでいるのである。上記の「現地」にみられるような荘園＝国衙の土地支配の不徹底性と同時に私領加地子の収取が広く許容されていたところに、荘園＝国衙領体制の不安定さ、絶えざる分解の進行の一要因がひそんでいるといえるだろう。

第十三　中世経済の段階と構造

——その概括的把握の試み——

一　時期区分と農奴制概念について

1　時期区分

日本中世経済史の時期区分、すなわちその上限・下限をどのように規定すべきか、という問題は、本稿のような概括的把握を試みようとするとき、避けることのできないことがらである。というのは、現在のところ、日本中世の始期を、ほぼ十世紀初頭の律令体制の転換が明白になりはじめた時期に見出そうとする見解、十一世紀後半以降の院政＝寄進地型荘園の成立期を重視する見解、あるいは政治史的区分と併行して鎌倉幕府の成立を経済史的にも画期とする見解等が、それぞれ相応の根拠をもって提起されているからである。

現在一般に行なわれている日本史の時代区分では、鎌倉初〜戦国末を「中世」とし、織豊政権を境界として、それ以降明治維新にいたる時期を「近世」としているが、その「中世」が経済史的にはどのような性格の時代として規定しうるかは、必ずしも一致していない。「中世」はしばしば荘園制の時代とみなされるが、その荘園制の始期・終期のとらえ方にも各種の所説があり、そのうえ荘園制の経済史的性格規定についても重要な意見の相違があるのが学界の現状である。(1) したがって、荘園制のとらえ方如何によって、「中世」の理解がいちじるしく異なってくることは避けられない事態であり、一般常識のように、「中世」を封建時代前期とすること自体も、けっして自明のことといえないのである。

そこで、本稿のように中世経済史の概括を試みようとする場合、その範囲をどのように限定するかということは、きわめて重要な意味と困難さとをふくむわけであるが、さしづめのところ、本稿ではつぎのような区分に従いたいと思う。すなわち、「中世」を二期とし、第一期を十一世紀後半の院政成立期から鎌倉末期まで、第二期を南北朝内乱期から戦国末期まで、とする区分である。以下便宜上、第一期を中世前期、第二期を中世後期とよぶ。

このような時期区分の根拠については、行論中で多少なりともふれていくが、誤解を避けるために、一、二のコメントを付しておく必要がある。その第一は、このような区分を本稿でとるからといって、筆者が、社会構成史としての日本封建社会の始期を十一世紀後半とするのが妥当と考えているわけではない。その点については、筆者は結論的には鎌倉幕府の成立(一一八五年)をもって封建社会成立の画期と考えるのであるが、(2) 本稿でこのような区分をとる理由は、中世前期の経済を把握するためには、少なくとも十一世紀後半の荘園制の展開期にさかのぼる必要があると考えるからである。* 第二に、したがって中世前期は荘園制が経済社会の構造の基軸をなす時期といえるが、荘園制的土地所有そのものを封建的土地所有と規定しているのではない、(3) ということである。この点ももちろん論争の多いところであるが、ここではひとまず第一の点と関連して、荘園制的土地所有は封建的土地所有への転化の傾向をふくみながらも、基本的には日本における古代的土地所有の最後の段階とする理解の上に立っている。

* 本稿では、在地領主と小農とのあいだでとり結ばれる生産・階級関係を封建的ウクラードと見て、権力問題をふくむ社会構成史上の始期は鎌倉幕府の成立に求める見解に従っている。十一世紀後半以降の寄進地系荘園においてはかかる意味での封建

的ウクラードの一定の生成が前提とされているが、まだそれが独自に展開しえぬところに荘園制社会が成立する根拠がある。従って十一世紀後半以降の荘園制期をひとまず「中世(前期)」と規定しても、それはただちに「封建社会」たることを意味しない。社会構成史的意味での「封建社会」と一般史で用いる「中世」とが同義である必要のないことは、日本「近代」の成立(＝明治維新)がただちに「資本主義社会」の成立を意味しないのと同様の関係である。

2　農奴制概念について

つぎにもう一つ、あらかじめ明確にしておく必要のあるのは、経済史的範疇としての「農奴制」の概念をいかにとらえるか、という問題である。この点も一見自明であるかのようで、じつはこれまでいちじるしい混乱をふくんでいた点である。周知のように、「農奴」の用法には広狭二義があり、広義には封建社会の農民一般、すなわち封建的土地所有制下の諸規定＝土地緊縛・封建地代負担等を特徴とする小農一般を意味し、狭義には古典荘園段階の不自由身分農民に見られるように、「自由」身分の農民とは区別され、所有者が自由に殺すことはできないが、売買・譲与の対象としうるほどの強い隷属性を負う小農をさすことが普通である。したがって、別の面からいえば、広義の農奴は、封建社会の基本的階級としての農民一般をあらわす階級概念というべきであり、後者は封建社会の特定の段階における特定の農民階層をさす、より限定された範疇概念であるといえる。それゆえ、両者は峻別されねばならないとともに、後者はしばしば法制史的概念として使われることが多いから、基本的には前者の用法に従うべきだといえるであろう。

しかし、それにもかかわらず、原理的な問題として、農奴を封建的小農一般をさす経済史的範疇概念とすることにも疑問がないわけではない。すなわち、封建社会において、農奴制ウクラードは社会構成を規定するものではあるが、他方、それからは区別される小経営ウクラードが存在することを認めねばならない、とする考え方も広く存在する。(4)

この考え方によれば、いわば狭義の「農奴」がその本来の在り方としてとらえられ、それ以外の「自由」身分農民は農奴からは区別される小経営ウクラードとなる。* たしかに奴隷制社会や資本制社会においては、社会構成を規定する奴隷制ウクラードや資本制ウクラードとは明白に区別される小経営が存在する。これと類似のとらえ方をすれば、封建制社会においても右のような考え方は妥当であるかのようである。しかし、筆者はそのような考え方に納得できない。結論的にいって、封建制社会においては、すべての小農が封建的土地所有規定をうけるのであるから、それらすべての農民をとらえるものとして農奴概念が用いられねばならないと思うのである。(5)

* 「小経営生産様式」は農業共同体の解体のなかから個別経営が成立してくるとき、史上初めてその姿を現わすものであり、それ以降、奴隷と奴隷主の両極に分解しきらぬ農民として、また封建社会の農民一般として、さらに資本主義的両極分解をとげぬ小商品生産者農民として、「小経営生産様式」に立つ農民は歴史上永く存在する。しかし、封建社会においては、「領主のいない土地はない」と同様、農奴規定を受けぬ自由な独立自営の小農民は存在しえない。その意味で、封建社会においては「小経営ウクラード」を「農奴制」から最終的に切り離してとらえることは不可能であると考えられる。通常 Leibeigene を「農奴」と、Hörige を「隷農」と訳するが、これは基本的意味での農奴の存在形態＝状態をとらえる範疇と考えたい。

だが、このことはあくまで、封建制社会の構造的原理についての理論構成の問題であって、封建社会成立期においては、農民一般をすべてただちに農奴と規定するわけにいかないこともまた当然である。むしろ、そこにおいては、農奴制は萌芽・成長しつつあるウクラードであり、狭い意味での農奴的階層があらわれてくる一方、他にまだ封建領主制支配に本格的にくみこまれない農民が広く存在することも明らかである。従来、日本史の具体的把握において、名主の性格を一律に「農奴」と規定したり、「奴隷主」と規定する試みが行なわれてきたが、これは封建社会の抽象化された原理論を、封建制成立期の現実の社会における具体的身分に無媒介に適用しようとした点で誤りであったことをみとめねばなるまい。この点の混乱のゆえに、単婚小家族をもって農奴の基本指標とし、これに適合しない複合

家族構成の農民を一律に家父長的奴隷主と規定するような意見が行なわれることになったのである。(6)

ごく大まかにいって、本稿では農奴制については以上のような理解に従うのであるが、このような考え方は、当然農奴制ウクラードの歴史的存在形態をあまりに一元的・固定的にとらえてはならないという考え方にも連なる。封建的領主＝農民関係としての農奴制ウクラードは、封建社会の発展過程においてそれ自身多様な変化をとげるし、いくつかの段階をもつはずである。江戸時代の単婚小家族農民にしか農奴制ウクラードを認めようとしない見解は、この点に問題をふくむといわねばならないが、逆に農奴制を狭義に解し、「小経営ウクラード」を「農奴」とは区別する見解もまた、農奴制ウクラードそれ自体の歴史的多様性を無視し、封建社会の内部における諸画期をかえってあきらかにしえなくなる危険をふくんでいる。

(1)　荘園制の性格規定をめぐる諸学説については、永原慶二「荘園制の歴史的位置」(『日本封建制成立過程の研究』所収)を参照。

(2)　この根拠については永原慶二「時代区分論」(本書第Ⅱ部第五論文「前近代史の時代区分について」)を参照。

(3)　この点のいちおうの根拠は、注(1)所引拙稿に示した。

(4)　たとえば大阪市立大学経済研究所編『経済学小辞典』の「社会経済構成体」の項(林直道氏稿)では、封建制生産関係は領主的土地所有＝農奴とともに、農民・手工業者による生産用具と個人労働を基礎とする私的経営とがあった、と説明する。すなわち、農奴と異なる「私的経営」農民があったといわれるわけである。戸田芳実・河音能平氏等が「下人」を農奴と見なし、「名主」「百姓」を封建的隷属農民と規定し、農奴制を狭義に解釈される場合は、この林氏の見解に近いように思われる。

(5)　この点、封建社会の構造原理は、奴隷制・資本制社会とはいちじるしく異なる。封建社会においては、社会構成を規定する農奴制ウクラードの全一支配(社会構成を規定しない小経営の欠如)を論理的には認めぬかぎり、江戸時代を封建制社会と規定することは不可能である。

(6)　単婚小家族のみを農奴とし、複合家族はすべてこれを奴隷制家族とすることは、複合家族内部の関係を基本的階級関係とし、その複合家族と領主との関係を単純な支配階級内の階層関係とみるか、もしくは上級支配者との関係をまったく捨象しているわけである。若干の傍系親族ないし下人のごとき従属労働力を内包しようとも、家族労働力を基幹とし、内部の支配＝収取関係が全体として副次的地位しかもたない場合、そのような経営体と領主との間の生産・階級関係を基軸としてとらえるべきことは当然であろう。*

＊　「下人」を農奴と見て、「下人」所有者たる在地領主・名主を農奴主と規定する見解があるが、筆者は「農奴主」とは封建的領主＝農民関係が本格的展開をとげない段階、すなわち封建的階級関係がまだ公然たる敵対関係にまで展開せず、家父長制的関係にとどまっている段階の在り方と考えるから、かりに「下人」が本質上、農奴だとしても、そこから封建的社会構成体の本格的成立をただちに論証するわけにはいかないと考える。

二　中世前期の農業生産と領主＝農民関係

1　農業生産と農民の存在形態の諸類型

律令体制下の農業生産は、班田制と条里制水田に集約的に表現される土地所有関係と生産力水準に、その標準的な姿を示しているといいうるが、それにつづく荘園制下の農業生産は、どのようなかたちでとらえうるであろうか。

律令制下の水田の存在形態は、ややくわしくみれば、およそ、(1)平野部の条里制施行地帯の人工灌漑水田、(2)自然堤防の裏側などの低湿地水田、(3)山間部の山田・谷田などといわれる形式の水田、の三つに区分できるであろう。そのうち、(2)、(3)は自然の地形を容易に利用しうるものであって、大規模な国家の力によらずとも、概して小集団によって造成・維持できる性質のものであり、水稲導入の初期以来、広くみられたものといえる。これに対して、(1)は強力な権力の手による労働編成と発達した技術なしには考えられないものであり、まさに律令国家(国郡郷司等)によってのみ造成・維持されえた公地公水的性格の水田と考えられる。八世紀中葉に東大寺に施入された越前桑原荘は、造東大寺司・越前国司・同国足羽郡大領等の国家権力によって編成された厖大な労働力によって開田されたものであるが、それは長大な水路の開鑿をともなっており、(1)の型式の水田造成を典型的に示すものといいうるであろう。

ところが、このような(1)型に属する桑原荘以下東大寺領の北陸荘園群は、九世紀以降、急速に衰退していっている。(1) それは律令国家の動揺と条里制水田の荒廃が表裏一体の関係にあることを示唆するものである。本稿では逃亡・偽籍等による人民の抵抗、未墾地囲いこみ、私的開発等による土豪層の「土地国有」制への抵抗など、国家権力の動揺の過程自体を追求する余裕はないが、結果的にいえば、そうした事態の進行とともに、(1)の公地公水型水田が荒廃しはじめ、そうした状況の一環として東大寺領北陸荘園も衰退に帰したことは明らかである。平安初期から摂関政治期にかけていわゆる「不堪佃田」が激増したことはそのような動向を示す顕著な事実である。(2)

もちろん「不堪佃田」の増加がすべてただちに現実の荒廃を意味するか否かについては、それが国司の中央政府に対する報告であるという性格のものだけに疑うべき余地が大きく、むしろ「不堪佃田」の少なからざる部分は国郡司等の私領化していたに相違ない。しかしたとえば承平元年(九三一)、政府が五畿七道諸国司に命じ、みずから国内を巡視し、池堰を修固させていることなどは(承平元年十二月十日太政官符『政事要略』巻六〇)、やはり現実の荒廃をおいては考えることができない。

中世前期＝荘園制下の農業生産は、じつは、このような公地公水＝条里制型水田の荒廃と密接に関連しつつ展開している。この時期の水田の存在形態も一律に論ずるわけにはいかないが、ごく大まかにはつぎのような形に整理できるであろう。すなわち、(1)公地公水＝条里制型水田がそのまま荘園の田地に転化したもの。これはたとえば十一世紀後半から十二世紀にかけて国衙領の荘園化のコースをたどった興福寺領大和国池田荘などに代表させて考えられる。(3)

(2)公地公水＝条里制型水田がいったん荒廃に帰したものの一部を在庁官人・郡郷司・有力名主等が再開発し、その私領を中核として立荘がみられたもの。これはたとえば播磨大掾で在庁官人であった秦為辰が、国衙領久富保の井溝を修復し、荒廃田を再興し、私領化した場合などに例を求めうる。(4) (3)荘民等が山田・谷田型水田を改補・拡大しつつ開発を進めた場合。とくに山間部と平野部の接点にあたるような緩傾斜地帯の水田の開発は小土豪・名主層の小規模開田に適合しており、寄進地型荘園展開の土台にはこのケースがひろくみられる。例としては高野山領備後国太田荘などをあげることができよう。(5)

荘園制下の水田の存在形態は、基本的にはおよそ右のような三類型に整理しうると考えられるが、農業生産と農民の在り方は当然この点ときわめて緊密に関係している。

まず、第一の型式である公地公水＝条里制水田の荘園化した場合からみてゆこう。この類型はいわゆる畿内型荘園にひろくみられるものであるが、基本的には律令国家の果たした水田造成・維持＝勧農の諸機能が、荘園領主にそのまま継承された場合といってよい。さきにふれたように律令国家の衰退過程で不堪佃田が増大するわけであるが、池田荘をはじめ、興福寺領の大和の諸荘園の場合などは、律令制下の「国有地」水田がそのまま荘田に転化・維持されたもっとも明白な場合である。すなわち、そこでは「土地国有制」をうけて、土地所有権は荘園領主によって強力に掌握され、そのもとでいわゆる均等名編成が行なわれるほど、名主の土地所有権が領主によって強く規制されており、用水についても、律令制下の水利施設がそのまま荘園領主に継承され、さらに改修補強を通じ、いっそう強化されている。興福寺領の大和や東寺領の桂川沿岸諸荘において、溜池・用水溝が領主の手によって補充開設され、その管理方式が精密化していった例はその代表的なものである。したがって、ここでは公地公水主義の原則が荘園領主の手によって継承・維持されているといってよく、名主の性格もなお多分に律令制下の公民に共通する側面をもつ。もちろん、この種の荘園の場合でも、収取体系の根幹は、律令制とはちがって、現物年貢に移行しているから、農民経営の集約度は律令制時にくらべればはるかに高まっているであろう。そしてそれにともなって、生産単位としての農民集団も、郷戸的な家父長制世帯共同体的構造にくらべれば、その規模を縮小しつつ、経営の安定性を強めていることも疑いない。しかしそのことは、他面ただちに、名主層に代表される当時の標準的な経営体(以下「名主経営」という)の構造が血縁小家族経営体であることを意味するわけではない。たとえば池田荘の場合、二町前後の均等名田に、一色田等を加えた名主の経営規模はもしすべてを自営しているとすればほぼ三町歩程度となり、とうてい小家族労働力でみたしうるものではなく、やはり傍系親族・下人等をふくむ家父長制複合家族ないしは家族共同体とよぶべき集団を形成し、家父長の中核経営と下人・名子等の従属経営の複合的構造をとっていたであろうことは、高尾一彦氏が推定された通りである(同氏「鎌倉時代の農業経営について」〔日本史研究会史料研究部会編『中世社会の基本構造』所収〕)。それゆえ、ここでは「名主経営」は、荘園領主の強力な土地・水利支配に規制され、その再生産の主要な契機を、名主みずからのうちに(単独であれ、名主相互間の共同体であれ)十分確保しえていないという性質をもっている。その意味ではこの類型の水田地帯における農業経営の在り方は、「名主経営」の自立性そのものが意外に弱く、律令制下の(1)型と近似性をもつ側面をみのがすことができない(6)。

第二に、在庁官人・郡郷司・有力名主等の手によって再開発が進められた場合はどうか。先にあげた秦為辰は十一世紀後半、本来公領であった久富保の荒廃に帰していた井溝を、郡内の農民五〇〇〇人を動員して再興し、五〇町歩におよぶ開田をすすめたのであるが、そのような場合、為辰が開発領主としてその地にいわゆる「進退領掌」権をうちたてることは、なりゆきからしても当然のことである。こうした場合、為辰の私領田は周辺の名主的農民の請作も行なわれたであろうが、その「従者」「下人」「所従」などとよばれる私的隷属民に分割され、それらの経営にゆだねられた部分も少なくないのである。

もともとこの種の再開墾地は、本来人工灌漑施設が相当規模のものを必要とし、しかもその維持が比較的困難な条件にあった場合が多いわけであって、組織的に編成された多量の労働力の投入なしには水路を開設し、あるいは氾濫を防いで耕地を維持していくことが困難な土地だと考えてよい。東寺領伊勢国大国荘の田堵等は、保安三年(一一二二)、領主に対して、同荘が洪水で堰溝を失ったため、人夫食料・堰溝料の下行、年貢免除などを認めてもらいたいと訴えているが、当荘の荘田は「散二在大河之左右一」する低湿地田で、耕地の安定度のきわめて低いところであったことを物語っている(『平安遺文』一九五〇号)。このとき「田堵」らは堰料を賜わって、みずから堰溝を修復しようとしたのであるが、この「田堵」らの実体は太神宮御薗別当、豊受太神宮権禰宜等をつとめる在地の有力層であった。このような場合、一面では年貢免除などを通じて荘園領主の田堵等に対する支配の契機がつくりだされるわけであるが、現実にはむしろ再興された田地に対する田堵等の支配力が強化され、そこにかれらの支配する私的隷属民がうえつけられ、土豪層のそれらに対する農奴制的支配の端緒がつくりだされるであろうことは推測にかたくない。

第三に山田・谷田の開発の場合はどうか。この形式はすでに古代においてもひろくみられたわけであるが、古代末・中世初期においては、とくに重要な意味をもっていたと考えられる。というのは、先述のように、律令国家体制が解体する過程は必然的に条里制水田の荒廃をともなうものであるし、民衆の側でも国家権力のもとから離脱しようとする動きは、貴族・豪族層の墾田等に入りこみその私的隷属下に入るか、さもなければ、小規模な集団が自力で開発できる緩傾斜地の水田開拓に進むという道をえらぶことになる。その意味で、この第三の型は律令体制解体過程では特定の積極的意味をもってくるわけであり、律令体制下において副次的意味しかもたなかった場合とは事情が異なるのである。そしてまたそれらは、山間部＝緩傾斜地水田とはいえ、この時期においては、その具体的姿をあまりに狭く考えることも誤りであり、むしろ緩傾斜の地形を利用した中世水田のかなり普遍的・標準的な姿とみるべきである。備後国世羅郡の東半分を占める高野山領太田荘は、広大な荘域をもった荘園であり、かつては、部分的に条里制が施行されていたとみられる国衙領に属するが、十二世紀後半から十三世紀にかけての村落と耕地の分布状況は、自然湧水を利用しうるゆるやかな丘陵間の緩傾斜地の谷々に点在する景観をとっており、荘官＝在地領主と名主層は、それぞれ独自にそのような谷田型水田を一ブロックとして占取する傾向を示している。

このような名主層の手による独自の小規模開田ないし耕地占取は、たとえば平安後期の播磨穀倉院領小犬丸保の場合、「土民」らが「計略」をめぐらし「功力」をつくして用水池を構築したとつたえられるように[7]、しばしば水源地帯に溜池を築き、天水を貯え灌水力の安定をはかるなど、ひとしく谷田とはいえ、古代のそれとくらべると安定化の工夫がほどこされるようになっている。したがって、この中世的谷田は単純な天水利用のタナ田ばかりとはいえない性質のものであり、概していえば一名主の家族集団ないしはその若干の複合体などの小規模労働力によって漸次開発が進められたものであることは疑いない。

このような名主の谷田型水田は、荘園制支配の進展過程で逐次検注を受け賦課の対象にくりこまれても、(1)型の条里制水田がそのまま荘田化した場合とは事情が異なる。この場合には、名田が均等編成されるようなことはなく、開発事情にそって、一、二の水系に比較的まとまった水田ブロックがそのまま百姓名田として固定する形をとる。それゆえこの型では、地形に応じて、水田・集落の景観は小村もしくは散村的形態をとり、名主はそれ自体、孤立・自足的な生産＝経営単位となるという傾向をもっている。ここでは名主の土地保有権は(1)型の均等名にくらべ、相対的に強固であるとともに、水利についても荘園領主の直接的支配を受けないから、それだけ自立性の強い経営体といえる。この経営体は当然、その内部に傍系親族・非血縁従属民をふくむ家父長制家族共同体ともいうべき構造をもち、現実にはその若干の複合関係をもって、小規模な結合体を形成している。これら結合体の自立性だけを強調して、在地領主の「在家制」的支配の側面を忘れることは正しくないが、(1)型とは異なることはたしかである。

なおこの型はいうまでもなく、名主の場合にも開発可能ということであって、そこにより有力な在地領主の開田が進められたことと矛盾するものではない。事実この形式の名主的開田が行なわれた地帯においては、これと同時に在地領主のより大規模な開発が併存する。太田荘の場合、旧郷司であり、立荘以後は下司となった橘氏は、雑免の特権によって周辺農民を「免家之下人」と称して私的隷属民化し、その労働力によって大規模な開田を進めている。この橘氏の屋敷地があり、開発私領の拠点となった荘内桑原方の伊尾村は、現在の地形からみても谷田型開田方式が採用でき、しかも他とは比較にならない広大な面積をもつ、好条件の地帯であった。このような場合、在地領主としての橘氏は、名主の場合とは異なり、「下人」「従者」の家族をコローヌスないし農奴的隷属民として内部に定着せしめ、それらに分割経営せしめることによって、封建的所領の原型をつくりあげていたとみられる。

以上のことから、荘園制下の農業生産と農民層の存在形態としては、(1)均等名荘園に典型的にみられるような、荘園制的土地所有の強い規制のもとで展開する概して小規模な「名主経営」、(2)寄進地型荘園でひろくみられるような、比較的ゆるやかな荘園制的土地所有規制のもとで、(1)とくらべれば相対的には大きな規模で展開した名主の家父長制家族共同体経営、(3)寄進地型荘園の中核部分となった在地領主の開発私領内に萌芽しつつあったコローヌスないし農奴的小経営、の三者をあげることができよう。このうち(3)は(2)と本来原理的には共通のものでありながら、内部における封建化が進行し、封建的領主＝農奴関係を形成させつつあるものであり、(1)、(2)はその内部に家父長的奴隷制ないし農奴制の萌芽を内包しつつも、なおそれ自体未分化な経営体であり、農奴的小経営の発生にいたる前提としての過渡的性質をもっている。それゆえ、これらの「名主経営」は、事情によって、「小百姓」などの呼称をもつ、かなり自立化しつつある小経営を従属・随伴する場合もひろくみとめられる。そして、これら三者のうち、荘園体制下においてもっとも規定的な意味をもつのは、(1)よりも(2)である。(3)も律令体制下には存在しないものであり、それゆえに、荘園制の先進的側面をとらえるためには無視できないが、荘園体制下ではまだその本格的な発展は本所権力によって一定の抑制を加えられている。その意味で荘園制の基盤としての名体制を問題とする場合、(2)が標準型であり、(1)がその特殊型と考えられるのである。この(2)のタイプの「名主経営」の特徴は、名主等の保有する主要耕地が荘園領主の直接の労働編成によって造成されたものでなく、むしろかれらみずからの労働力によって造成されたものであり、水利についても同様の傾向が存在している点にある。そのような特徴は、律令制的土地所有関係との対比でいえば、中世名主の耕地＝生産手段に対する結合関係は、班田農民＝郷戸のそれにくらべて、一歩前進しつつある、という形で理解することができるであろう。

2　荘園制下の農業生産力の性格

しかし他面、みのがせないのは、このような荘園制下の水田の存在形態が、概して小規模に分散されたものであるとともに、治水・灌漑等も小規模なものであるだけに、全体として非能率的であり、不安定な状態におかれやすく、そこでは在地領主や名主の経営が封鎖的・自己完結的な性格をつよくもちながら低い生産力水準のままに停滞する傾向がつよいであろう、という点である。古島敏雄氏は荘園制下の耕地と農業経営の在り方を、右に示した(1)型の畿内荘園を基準として論ずるため、灌漑の安定、その管理の精密化、そのもとでの「名主経営」の集約化＝土地生産力の発展に、律令制から荘園制への進化の方向を見出している(古島敏雄『日本農業史』、とくに一〇三頁以下)。それに対して、戸田芳実氏は、そのような荘園制的「名主経営」が登場する前提の時期、すなわち律令制から荘園制への移行期においては、耕地の安定度が一般にきわめて低く、律令制下の「易田」の制をうけて、この時期にも「片あらし」と称せられる耕地の相当部分の不利用＝不作付慣行が広く存在したことを明らかにし、古島氏のいわれる集約的「名主経営」の出現は、そのような耕地利用の不安定性の克服のうえにはじめて可能となる、という見とおしを提示した（戸田芳実「中世初期農業の一特質」〔京大読史会創立五十年記念『国史論集』一所収〕）。この点について私は、荘園体制下の耕地と農業生産のもっとも特徴的な姿は、古島氏のいわれるほどの集約化をなお実現しておらず、前項に指摘した(2)型にその典型をみとめるべきであると考えるのである。そして、そのような理解に立てば、戸田氏の指摘する事態は、律令制から荘園制への移行期においてだけのものというべきでなく、むしろ荘園制期に一般的なものと考えられるのである。たしかに荘園制への移行期において、戸田氏のいう「片あらし」的耕地利用状況が顕著にみられるのであるが、それは律令体制の衰退現象としての「不堪佃田」と関係してとらえうるものであって、その克服過程において出現する「名主経営」において、なお「片あらし」的事態が広汎に存在したことを見逃すべきではないであろう。その点は康和四年（一一〇二）七月の東寺領丹波国大山荘の立券坪付（『平安遺文』一四八九号）などをはじめ、[8]今日残存する検注帳・坪付類から知られる現作に対する「年不」＝不耕作地の比率の高さや、[9]「見作」と「年不」をふくむ「田代」という表示方式が鎌倉中期頃までひろく使用されている事実からも否定できないのである。

「名主経営」のそのような不安定的側面に注目すれば、そこに小規模集約経営の安定的、早熟な展開を見出そうとすることの危険は明らかである。(2)型の「名主経営」はたしかに谷田や河原田の小規模開発などを反覆推進しているのであるが、その主体は名共同体とよぶべき同族的ないし地縁的小集団であって、その内部に包摂されている小家族そのものとみることは無理である。耕地利用の不安定さは、集約経営を困難ならしめ、耕地の外延的拡大＝開発をたえず必要とするのであるが、それは名共同体ないしその連合的労働力の集積があってはじめて可能なことであろう。

中世前期の農村においては、以上のごとき理由で、(1)〜(3)の類型中、(2)型の経営体がそれなりにもっとも安定的であり、かつ量的・質的にドミナントであり、社会構造を規定する中核的位置をもっていたとみられるのである。

3　荘園制下の生産・階級関係

中世前期の農業経営と農民の存在形態を以上のようにとらえうるとすれば、荘園制下の主要な生産・階級関係は、(1)荘園領主—「名主」的農民、(2)在地領主—「免家」(コローヌス・農奴的隷属農)の二つであり、とくに(1)が基本的なものであった、ということができる。(1)はすでにふれたような意味で、いわば律令国家—郷戸の関係の変質・推移の線上にとらえうるものであり、「名主」は郷戸にくらべれば家父長制世帯共同体的性格を稀薄にし、それ自体の規模を縮小するか、その下部に小経営を分出する傾向を強く示すが、なお一個の再生産単位として小共同体的構造を保持しており、荘園領主ととりむすぶ関係は、封建的領主＝農奴関係とは規定しがたい性格をもつ。それは前述のように、荘園領主側が生産過程から遊離し、小家族経営が安定しがたいという特定の生産条件に照応した性格のものである。これに対して、(2)の在地領主—「免家」＝直属百姓の関係は、在地領主の手による生産条件の安定・開発等によって、その庇護のもとで、「名主経営」にくらべて集約経営の可能性が高まり、それを前提として、小経営が萌芽しつつある関係を示す。在地領主は一面ではなお家父長制的奴隷制経営部分をもつのであるが、直轄地の主要部分はこのような農奴制の原初形態を展開させはじめるのである。

荘園は、個々の事例についてみれば、この太田荘のような場合では、寄進主体としての在地領主制の内部において農奴制の一定の萌芽が存在しているといえるし、池田荘のように在地領主を介在させない場合では、荘園領主—「名主」の一元的関係がなお規定的である。しかし荘園・公領制を全体制としてみるならば、全国分散的な散在所職からの年貢収取のメカニズムは、個別領主の個別的権力のみによって保障されているものではなく、むしろ在庁官人・郡郷司・荘官層等、地方豪族層の実力を基礎とした共通の職の秩序によって保障されているといわねばならない。したがって体制としていえば、荘園制(荘園・公領をふくむ)は在地領主のもとにおける領主制＝農奴制の一定の萌芽を前提としているというべきである。* この点は律令体制が、直接その基盤としてとらえているのは郷戸＝家父長制世帯共同体でありながら、支配階級における家父長制的奴隷制(貴族・豪族の個別的奴隷所有)の一定展開を前提することなしには理解しえない、という事実に類似する。荘園制においては、未熟ながら農奴制を足場として成長しつつある在地領主を不可欠の前提とするが、荘園制の基本的生産・階級関係はなお荘園領主―「名主」関係にあるのである。

* 直接個別的な形で経済外強制力をもたない荘園領主が、自立的安定経営体たる「名主経営」から剰余をとりたてるためには、職の体系にくみこんだ農奴制の上に立ちつつある荘官＝在地領主の実力に依存せざるをえない。荘園領主支配の根拠を荘官＝在地領主の実力にのみ求めることも正しくないが、逆に職の秩序の官僚制的側面にのみ求めることも誤りであろう。

(1) これら東大寺領北陸荘園の開発・経営・衰退等の事情については、竹内理三編『寧楽遺文』六九〇頁以下の関係史料および藤間生大『日本庄園史』、弥永貞三『奈良時代の貴族と農民』などを参照。

(2) たとえば長門国では「承平六年(九三六)以来、国弊民衰、不レ勤二農業一、因レ之毎年言二上不堪佃田幷異損一、或年不堪三千七八百町、或年異損一千八百町」といわれた(『類聚符宣抄』第八、勘出(『新訂増補国史大系』二三九頁)。

(3) 池田荘については渡辺澄夫『畿内庄園の基礎構造』、高尾一彦「鎌倉時代の農業経営について」(日本史研究会史料研究部会編『中世社会の基本構造』所収)、村井康彦「荘園制の発展と構造」(岩波講座『日本歴史』古代4所収)を参照。

(4) 秦為辰の開発については宮川満「播磨国矢野庄」(柴田実編『庄園村落の構造』所収)を参照。

(5) 太田荘については永原慶二「荘園制支配と中世村落」(本書第六論文)を参照。

(6) この点と関連して一言すれば、かつての松本新八郎氏の名田経営論のように、荘園制下の「名」を二、三町歩のものから数十町歩のものまで単一経営体としての「名田経営」として一元的に説明しようとすることには無理があるであろう。

また河音能平氏は中世成立期の農民の階層構成を、(1)「住人」＝小農奴主、(2)安定した小経営および「小百姓」＝荘園体制上直接独立農民とされないが「住人」と個別的につながりをもつ小経営、(3)「下人・所従」＝農奴的農民の三つに区分される。実体の整理としては当をえた見解で学ぶところ大きいが、ここで「安定した小経営」といわれるものの構造的実体やその「安定」の経済的根拠はかならずしも明らかでない。

(7)　建久八年四月三十日官宣旨(『続左丞抄』(『新訂増補国史大系』))による。水源に小溜池を設け谷田の安定をはかる形は当時広汎に採用された水利方式である。

(8)　大山荘は丹波篠山盆地の縁辺に位置し、地形的にはまさに(2)型の開田方式による開発の進められた荘園に属する。なお本荘については大山喬平「鎌倉時代の村落結合——丹波国大山荘一井谷」(『史林』四六ノ六号)を参照。

(9)　若干の事例を示せば、大治四年(一一二九)、遠江国質侶荘では田二〇九町余のうち、見作一八六町余、畠一二六町余のうち見作七五町余(『平安遺文』二一二九号)、同年紀伊国石手荘では、田三八町余中現作二九町余、畠二〇町余中見作一六町余(『同上』二一四六号)、長承元年(一一三二)、紀伊国山東荘では田現作三七町余に対し、年荒三八町余(『同上』二二四九号)などである。このような事例は十二～三世紀についてかなりひろく認めることができる。また承安四年(一一七四)の紀実俊申文(『同上』三六七〇号)には、「紀伊国直川保河南島久重名内松門名、畠本作棄作一町余開作一町余常荒二町余幷五町、且依為四隣牛馬放喰地、且依為洪水深底朽損地」とみえる。これなど氾濫原の畠地がきわめて粗放な不安定な形で用益されていた状況を端的に示すものである。

三　中世前期経済の循環構造

1　循環の構造

前節でみたような農業生産と領主＝農民関係を土台として展開される、中世前期経済の循環の構造とくに剰余の運動形態はどのようなものであるか。ここではごく大まかな構図だけを考えておこう。

(1)　荘園制下の標準的農民として、前述のような性格をもつ名主的階層は、一般に反当三〜五斗程度の年貢米と、領主側の割りあてる各種現物たる雑公事と、若干の非農業賦役とを負担するのが普通であったが、他方荘官(下司・地頭など)の形で在荘する在地領主に対しても、加地子米・加徴米などの名目で名田反別五升〜一斗程度を負担する場合が多かった。(1)

名主の農業経営が前述のような事情のもとで、概して低い生産力水準に停滞する場合、この程度の収取関係が現実に貫徹されれば、名主の手許にのこされる剰余はほとんど考えることができない。この点を量的に確定することは不可能であるが、荘園市場が十二世紀末にいたるまではほとんど展開していないことは、名主の放出する剰余生産物がほとんど存在しなかったことを推測させる(豊田武『増訂中世日本商業史の研究』一〇九頁以下、佐々木銀弥『中世の商業』六二頁以下参照)。もちろんこの段階でも農民は最小限の生活必需物資および農具等の入手のために一定の交換関係が必要であり、そのため市場とのあいだに接触をもっていた。また荘園内にも土器造り・皮造りなどの手工業者が農業と未分離ながら存在し、それらとのあいだに交換関係をもっていたことも否定できない。しかし、この段階ではそれらが剰余の一般的存在を前提とする多少とも恒常的な性質をもつ農民的商品交換関係であったとは認めがたく、市も開設の期日・場所などの点できわめて限定されたものでしかなく、(2)「名主」経済は基本的には封鎖的な自給性を特徴としていたと考えられる。*

*　ただし、荘園＝公領体制のもとでは、荘園領主・国衙の取分のほかに、「私領加地子」が「私領主」に認められている場合も少なくない。この「私領」とは荘園領主・国衙などの他に、私人が一定の加地子得分を収納することを認められた土地のこ

とであり、「私領」でありながら名田に編成されていることもある。このような特定の権利が制度的に承認されている場合は、「名主」に一定の剰余が留保されることになる。

(2)　在地領主は自己の直接支配する給田・雑免地などにおいて、隷属農民に対する萌芽的な農奴制支配を実現しつつあり、また百姓名田からも一定の加地子収取を行なっていたが、かれらの収取物が商品として大量に地方市場に放出されることはまだほとんど考えられず、少なくとも鎌倉前期ころまでは、農民・在地領主・地方非農業従事者(手工業・漁業等)などのあいだに地方市場を介してとりむすばれる交換関係は、恒常的な商品交換としてのサイクルを形成していなかったとみられる。ここでは、在地領主の収取物の一部分は不安定な生産力状況に対応するために蓄積され、これが「出挙」などの形で農民等に貸付けられ、在地領主の名主層支配の一契機ともなった。また他の一定量は、在地領主が武力を保持するための武具などの購入代として隔地間取引商人に放出されるわけであるが、それらもなお限定された範囲のものであった。中世後期と比較して、知られている市場の存在がなおきわめて少なく、貨幣流通や和市がまったくといってよいほどみられない事実は、そのような事態を消極的に物語るものである。*

* ただし、荘園＝公領体制の貫徹力は遠隔地では弱かったため、剰余の相当部分が在地の豪族的領主の手許に留保された。奥州藤原氏の致富などその極端な例である。こうした場合も地域的な社会分業の未熟さの故に、地方的な市場関係は展開しないが、中央商人とのあいだの隔地間取引は活発に行なわれ、中央の奢侈品が大量に移入される。

(3)　一方、年貢・雑公事収取のうえに立っていた荘園領主＝中央貴族の経済も、中世前期においてはなお自足的な性格が強く、それらの収取体系は基本的には自家消費を基準としてそれに適合的な形に編成されていた(この点の詳細は本書第三論文を参照)。しかし半面、領主の収取物の一部、とくに律令制的収取体系とくらべていちじるしく比重を高めた年貢米の一部は、中央市場において、京都・奈良・淀などを中心として散在する中央地帯の手工業者・商人など非農業者に売りさばかれ、ここでは一定範囲の恒常的な市場関係が形成されていた。貴族の必要とする高級品は一部は直属の技術奴隷に系譜をひく手工業職人によって供給されたが、一部は自立しつつある職人、もしくは他の貴族に属する職人の生産物を購入せねばならなかった。またこうした貴族の需要をみたすための特産品もいくばくかのものは地方から直接もちこまれた。そこで、平安京では東西市の衰退以後、商人の集住する町が三条・四条と七条辺を中心に発展しつつあり、伊勢の水銀、越後の苧・鮭など、地方特産物を搬入する地方行商も入りこみ、また都に集中する年貢米を原料とする酒造業者が、洛中から山崎・難波などにかけて発生した。(3) こうして、中央地帯においては、荘園領主の放出する諸物資を中核として、これに座の手工業者が一部売りだす物資、遠隔地商人の搬入する物資、および八瀬大原辺の炭売にみられるような近隣地帯から搬入される物資などが加わり、商品は種類のうえでも量的にもしだいに増加の道をたどった。この点で中央地帯では地方にはみられない社会的分業関係が一定の範囲で形成されつつあることも事実であり、とくに、そこで商品化される物資の中心が、織物類にせよ金属器具類にせよ、概して高級な技術を必要とする性質のものであった点に注意しておく必要がある。それは中央市場がまだ地方とリンクした統一的循環関係をもっていないという側面とともに、中央地帯と地方との間の圧倒的な生産力的格差を示している。しかしそれにしても、中央市場に地方農民の生産物が恒常的に商品化されて流入するというものでなく、荘園領主の収取物の剰余部分の中央都市内交換を軸としているかぎりで、全国的意味での自給経済的状況と共存する範囲のものであった。

2　支配層の「経済政策」

(1)　ところで荘園領主層は、このような条件のもとでの自己の経済的基盤の強化のために、どのような関心をもち、どのような政策をとったであろうか。荘園領主は地方有力社寺などをのぞいて、ほとんどすべてが京都・奈良等の中央都市に集住し、全国に散在する所領荘園から貢上される年貢・雑公事等によって、前述のような自足的性格の濃い消費経済をいとなんでいた。そこでの荘園領主の関心は、当然収取物量の確保・増大に向けられるわけであるが、注意を要するのは、そのような収取物量の増大を、かれらは一部の場合をのぞいて、現地における農業生産の向上によって実現しようとはほとんどしていない点である。このことはいうまでもなく、貴族・社寺の荘園所有の特殊な在り方と関係している。ここではその点を詳述する余裕はないが、約言すれば、それはもともと貴族自身の現地における直接的な土地支配＝所領経営として展開したものではなく、かれらが中央政界において権門の地位にのぼることによって、諸国からの所領寄進を受けたのであり、また二流以下の貴族の場合には、それら権門貴族と人的結合関係を緊密にすることによって、荘園所職の一部を給付されたのであった(4)。したがって貴族たちは現地の荘園経営に力を入れることによって年貢等を増大させたのではなく、むしろ逆に中央政界における権勢・地位をのばすことによって、より多くの寄進をうけ、所領荘園の数をふやし、結果的に年貢等の増収をはかる方が早道であったのである。このようなメカニズムは、十一世紀後半から十二世紀にかけて本格的に展開する寄進地型荘園――これこそ荘園制の基本型というべきであるが――の集積過程においてもっとも明白にみとめることができる。

したがって荘園領主層は、かつて律令国家の支配層が、中央・地方の官人たちを通じて先進的な技術をはじめとする生産諸力の摂取・確保に積極的な意欲をもやし、中央集権的な国家体制に適合的な社会分業体系を積極的に組織・編成し(5)、またいわゆる「勧農」に力をいれて水田の造成・維持につとめたのとはまったく異なって、農業生産そのものにはほとんど関心を示さず、そのための政策らしいものはほとんど遂行していないのである。もちろん十一世紀後半から十二世紀にかけての荘園制の本格的展開期において、貴族・社寺等は荘園所有を土地・人民の排他的・一元的支配のうえに実現するため積極的な動きを示し、事実この時期に荘地の一円化や不輸不入制が大幅に推進されたし、それにともなって領主の検注が積極的にすすめられるなど、荘園支配の強化のための一連の努力がみられることは事実である。(6) しかしそれにもかかわらず、この間にも領主側が耕地開発・維持以下、農業生産力発展そのものに対して積極的な対策をとった例はむしろかぎられているといってよい。この点は国衙領についてもいいうることであって、知行国主・受領層がその地位を自己の私的得分の対象としてのみとらえていたことは一般に指摘される通りであり、そのもとでじっさいに現地経営にあたっていた在庁官人らも、荘園における在地領主と同様、主として自己の支配地中心の土地管理を行なった。たとえば久安年間(一一四五〜五一)、備後のある国衙領で洪水のため「井口損失、作田損亡」という事態がおこったとき、国衙側では隣接する高野山菩提心院領の香登荘の傍に「大堤」を築いた。そのため逆に香登荘が水害にさらされ「池成損田四十一町五段」余に及んだのであるが、太政官はそれについての菩提心院側の訴をさばいて、香登荘に接する国衙領靭負・服部両郷内から代償の地を割譲させた(長寛三年七月四日太政官牒案〔「高山寺文書」『平安遺文』三三五二号〕)。このように一地帯が国領・荘園に分割された状況の下では、有効な治水工事を施行することができず、官人側の一方的措置に対して、荘園領主側もその代償地を獲得することで問題を解決しようとしているのであるが、ここでは一地帯にわたって合理性をもつ「勧農」はまったく不可能であるし、いずれの支配者もその問題に本格的にとりくもうとはしていないのである。在庁官人たちにとっては事実上自己の私領的意味をもつ国領のみの救済が考えられているのであり、(7) 荘園領主側は、いずれの地でもただ一定の年貢さえ確保されれば満足なのであった。

こうしたわけで、たとえば興福寺における大和の諸荘園のような場合(さきに示した荘園制下の耕地存在形態が条里制水田を継承し、それを領主が直接支配する)をのぞいて、一般に荘園領主は、農業生産過程からは遊離した存在であったといってよい。平安後期は国際的関係においても、日宋交通がようやく活発となり、唐末以来杜絶しがちであった大陸との交流が回復する時期であるうえ、中国側では江南の開発、とりわけそこにおける水田農業の飛躍的な発展期にあたっており、水稲栽培技術の改良、農書の出現など、農業技術史上も注目すべき時期であった(8)。しかし、日本の荘園領主＝貴族層は、この時期にあたってもそれらに対する関心をほとんど示していないことは右のような貴族層の在り方と密接な関連をもつものである。そこでは、生産力の発展はただ前述(2)、(3)型のごとき中世的水田の開発と、そこにおける集約化の進行の中で、きわめて緩慢な足どりをもって進むほかはなかった、といわねばならない。

(2)　それでは鎌倉幕府権力は荘園領主層とは異なる関心と政策を示したであろうか。鎌倉幕府の成立は、在地領主・名主層が前述のような田地開発・保有の過程をへて成長し、とりわけ、在地領主層が荘園領主の支配に対して、その自立性を主張しうるまでに力をのばしてきたことを前提としている。その意味で、一面では在地領主の(主として東国のそれではあるが)共同の権力機構という性質をおびる幕府が、荘園領主層とは異なる生産的関心をもったであろうことは考えやすいところである。事実、幕府は成立早々の文治五年(一一八九)、大規模な東国開発計画をたて、「安房上総下総等国々、多以有二荒野一、而庶民不二耕作一之間、更無二公私之益一、仍招二居浪人一、令レ開二発之一、可レ備二乃貢一之旨、被レ仰二其所地頭等一云々」と『吾妻鏡』(文治五年二月三十日条)にあるように、東国地頭等に命じて実施にあたらせている。またその後も、寛喜二年(一二三〇)には武蔵国太田荘(『吾妻鏡』寛喜二年正月二十六日条)、延応元年(一二三九)には同国小机郷(同、延応元年二月十四日条)の荒野開発を命じ、さらに仁治二年(一二四一)には多摩川の水を利用した武蔵野の開田計画も採用された(同、仁治二年十月二十二日条)(9)。これらの政策は地頭御家人等が在地領主層としてそれぞれの本領において開発を推進しつつあった主体であることを前提としてはじめて理解しうるところであり、荘園領主層にはみられない農業生産そのものに対する積極的な意欲というべきである。じっさい関東では鎌倉時代を通じてこのような新田開発が広汎に推進され、しかもそれら開発田に対する領家側の検注が幕府の支持によって阻止されることが多かったから、地頭御家人等の開発地支配はいちじるしく有利に展開した(永原慶二「中世東国の新田と検注」〔本書第四論文付説〕)。

しかし他面、しばしば指摘されるように、鎌倉幕府は荘園制の体制的承認のうえに成立した権力であり、将軍と御家人との関係も身分制的・人的な関係にすぎなかったから、荘園制が本来的に随伴する支配関係の分断・交錯(分散所職の態勢)という制約を止揚しえない。したがって、たとえば領域支配を前提としてはじめて可能となるような治水灌漑以下の新しい生産力体系を積極的に創出することは不可能であり、右の開発計画にしても、個々の地頭をして個別に行なわせるという以上の形を展開しえないのである。もちろんそのことは、荘園領主と同じように、幕府が現地の農業生産に対してほとんど無関心であったことを意味するわけではない。幕府は地頭御家人等が荘園において、名主の農業経営を破滅においこむような夫役収取や各種の「非法」を厳重に制止する方針を一貫してとっており、地頭御家人が自己の給免田・開発地の利益のみを追うような行為を認めようとしなかった(10)。それらは農業生産の安定にとって有効な政策であるが、ただ大局的に見た場合、そのような「名主経営」の保護と在地領主の領主的成長に対する一定の制限は、結果的には荘園制的秩序とその基礎をなす生産力体系の擁護を意味するのであって、その面からいえば、幕府も荘園制をのりこえ克服するというような本質的に新しい生産力・生産関係の展開に対しては積極性をもたなかった、といいうるであろう。

(3)　このようにみてくると、中世前期においては、院政期・鎌倉期をふくめて、荘園制的経済構造が規定的位置を占めていたことは明らかである。この段階では、前述のように、中央都市内においては市場関係が恒常的なサイクルを形成し、地方農村にはみられない社会分業の展開がみられたが、貴族・社寺にせよ、幕府にせよ、本質的には荘園領主として、生産の場からは遊離した存在であり、概していえば農業生産に対する積極的な関心と政策を示しえなかった。その点は、かつて律令国家の各級権力が農業生産の直接的過程に密着した「勧農」をじっさいに行なったのと対比した場合、中世前期のいちじるしい特徴といえる。ここでは農業生産は現地における在地領主・「名主」層にゆだねられており、かれらの小規模かつ自足閉鎖的な支配・経営の場における、きわめて緩慢な歩みのなかにしか、生産力発展の舞台は見出されない。そのような意味で、(1)農村＝農民経済における自給性と停滞性、(2)中央都市における貴族・社寺等の支配階級の消費を軸とする分業と交換の一定の発展、(3)この二つの要素が年貢・公事という収奪関係によって媒介され、中央と地方とが自生的な市場関係によって媒介されていない事態、というのがこの時期の経済構造の特徴であろう。

(1)　荘園領主の取分と在地領主の取分との比重については、永原慶二「荘園制の歴史的位置」(『日本封建制成立過程の研究』所収、とくに四一頁以下)参照。

(2)　地方の市はもとより古代以来存在した。しかし『日本霊異記』の記述にみられるように、宝亀九年十二月、備後国葦田郡大山里の人が正月の物を買うため同国深津の市にゆくには途中宿泊せねばならなかった。また平安期の近江でも甲賀郡の人が手作布一反を魚にかえるため栗太郡筲橋の津にまで出かけねばならなかった(『今昔物語』)。

(3)　これら平安後期の京都の商業発展の様相については村山修一『日本都市生活の源流』四五頁以下参照。

(4)　この点については永原慶二「荘園制の歴史的位置」、同「公家領荘園における領主権の構造」(ともに『日本封建制成立過程の研究』所収)参照。

(5)　律令国家の手工業・鉱業等の把握の仕方、自己に適合的な社会分業体制の編成の仕方については、平野邦雄「日本における古代鉱業と手工業」(学生社版『古代史講座』九所収)を参照。

(6)　石母田正『中世的世界の形成』第四章第一節の「古代の再建」とはこうした方向の進展を具体的に示すものである。

(7)　在庁官人のこのような築堤、荒廃田再興は、さきに荘園制下の田地存在形態の(2)のタイプとして説明したものに該当し、実質的にかれらの私領に転じていくものと考えられる。

(8) たとえば水稲収穫後の麦の裏作がすすめられ、それにともなう水田施肥が地力維持上とくに重視されるようになるのは宋代のことである(天野元之助『中国農業史研究』二一一頁以下参照)。また平安期の経済発展の緩慢性の問題については永原慶二「日本古代国家の変容」(学生社版『古代史講座』一〇所収、改題して本書の第一論文として所収)を参照。

(9) 今井林太郎「中世に於ける開墾」(『社会経済史学』八ノ九号)。

(10) たとえば、鎌倉幕府追加法一八七号「放二牛馬一、採二用土民作物草木一事」、二五八号「諸国守護地頭等、遂二内検一、責二取過分所当一事」、四二四号「農時不レ可レ使二百姓一事」などをはじめ、「撫民之計」「農作」の安定を強調し、地頭らの農民収奪を禁止する努力は幕府法に顕著である。しかしその本質は、地頭らが「名主経営」を破壊し、萌芽しつつある小経営を私的に隷属させていこうとする農奴制形成の動きに対する抑制的目的によるものといわねばならない。

四　中世後期の農業生産と領主＝農民関係

1　中央地帯における農民の存在形態の変化

(1) 前節でみた中世前期社会の経済構造は、十三世紀後半ころからかなり明瞭な変化を示しはじめる。その指標として、従来、(1)前述のような性格をもつ「名主経営」の解体と小経営の進展、(2)在地領主層の農奴制的農民支配体制の進展、(3)それを起動力とした荘園制の変質・解体(荘園＝国衙体制を保障する職秩序の崩壊)、地域的領主制の進展、(4)以上のような変動を推進した基礎的条件としての農業生産力の発展、(5)地方における分業と交換の展開と貨幣流通の拡大、等の諸現象が指摘されている。これまでの研究史は、大筋の展望としてこのような変化が、鎌倉末〜南北朝

期に進行することをほぼ肯定している。(1)

しかしながら、鎌倉末～南北朝期に進展をみせた(1)～(5)のような諸現象が、内乱期を通じて果してどの程度に進行したのか、その結果として室町期社会の構造はどのような形でとらえうるか、ということになると必ずしも問題は明白でない。中世後期社会は集権的支配権力を頂点として全国が統一的秩序のもとに編成された社会ではないし、史料の残存の仕方に他の時代にくらべいちじるしい制約がみられる。そのため(1)～(5)のどの論点をとりあげても、事例のえらび方によってはまったく異なる結論がみちびかれるおそれがあるのである。そのようなわけで、現在のところ室町期の社会経済構造に関するかぎりまだ一致した見解がまとまった形で提示されていない状況である。そこでここではまず中世前期の、まえにみたような農民層の存在形態が、中世後期にはどのような変化をとげているか、という問題の検討からはじめよう。

(2)　中世前期において、公地公水主義的な条里制水田を継承し、荘園領主が水利・耕地を強力に掌握し、均等名制が施行された地域ではどうであろうか。ここではかつては農民的土地所有が領主権によって強く規制されていたのであるが、この時期に入ると事情は大きく変化している。このようなケースをもっとも明白に示すものとして大和の興福寺領荘園群の例をとろう。たとえば出雲荘(城上郡)は文治二年(一一八六)、総面積四三町四反余のうち約半分の二一町五反余を一三の均等名に編成した荘園であったが(「三箇院家抄」)、その後、文和三年(一三五四)、文明五年(一四七三)にわたって知られる名の変化をみると、つぎのようになる。すなわち、文和・文明ともに名の規模に多少の変動はあるが、一三個の名編成の形式においてはかわりなく、ただ一名一名主の文治の体制がくずれている。とくに文明五年の場合はその変化が顕著であり、名主の存在しない「集名」方式の一名をのぞき、他の一二名は、一人で三名をもつもの一、二名半をもつもの一、一名半のもの二、一名のもの三、半名のもの一、という分解を示し、八人の名主によって一二名が「所有」されるという事態が展開している[2]（「出雲荘土帳」）。

しかし、文明五年におけるこのような名の「所有」形態は、「名主」層の経済的実体としての土地所有・経営の規模＝農民層分解の様相を直接示すものではない。『大乗院寺社雑事記』寛正三年（一四六二）九月三日の条には、

一、出雲庄之内西下司下地・松田下地・三嶋御給分下地本二丁一反云々、一丁六反知行云々、近来各不法間之、昨日立二神木一了、就二此事一辰巳上洛、色々申二入子細一在レ之、

とあり、同年九月十日の条には、右の「不法」によって点札を立てられた田地の注進がみえるが、それには、

一出雲庄之内点札分注進之、

西下司方名田一名半分、

タイマカクホ 二反　ケンコ二郎　　井ミタ 一反　ニシトノ
マクラタ 三反　ヒカイ タツミトノ　　ハシラ 一反　次郎
エノ木田 一反　大イツミ サコノ四郎　　万田 一反　大西 与門四郎
コハシノツメ 二反　西トノ　　コロモタ 一反　大西 サコノ四郎
同ツホ 一反　同所 又四郎　　同ツホ 一反　同所 道サイ
ミソマタケ 一反　ヒカイタ トウ太郎

とあり、以下、「三嶋給田」「松田名分」についても「西下司方名田」と同様の形の内訳が記されている。「西下司」は一二名中の一名である「西下司方名田」の名主であるし、「松田名」も「松田」を名主とする一二名中の一名であり、「三嶋給田」は名田以外の給田分の一単位である。この「西下司方名田」は全体が一一筆一町五反からなるが、うち二筆三反には「西トノ」すなわち西下司自身の名が記されており、「タツミトノ」は前引九月三日条にみえる「辰巳」

であって、後述するように「辰巳名」の名主である。これと似た関係は「松田名分」にもみられ、同名分のうち二筆三反には「松田」と記されている。このような名主と名内一筆毎の人名との関係は当時興福寺領大和国荘園群でひろく展開していた「地主職」・「作主職」関係であって、名内の田地各筆に記された名前は「作主職」の所有者である。したがって、ここで西下司名にせよ、松田名にせよ、名内の一部の田地については名主がみずから「作主職」をも併せもっているが、他は別の農民がこれを分割保有して経営にあたっているのである。また「西下司方名田」の作主職所有者の肩書にみえる「ヒカイ」＝檜垣、「大イツミ」＝大泉、「大西」、「ヒカイタ」＝東田（現在もヒカイタとよむ）はそれぞれ、出雲荘（中心は現在の江包部落）周辺の集落名で、今日もみなその名をとどめている。したがって、これら地名の肩書をもつ作主職所有者は、それぞれの地名の住民で、肩書のないものは出雲荘園の住民であることも疑いない。

さらに、ここにみられる「名主」の性格についてはつぎのような史料がある（『大乗院寺社雑事記』文明三年九月二十日条）。

請申　出雲庄辰巳名事

兵庫入道無沙汰緩怠、背二請文面一間、被レ召二放彼名一、愚身被二仰付一候、畏入候、於二御米分一者、地作一円拝領仕、就二名之御公事物并反銭等事一、毎事如二惣名一可レ致二其沙汰一候、若緩怠子細候者、雖二何時一可レ被二召放一候、就中付二庄家一、涯分如二上意一可レ致二奉公一候、仍請文如件、

文明三年辛卯九月十六日　　森本清旦　判

御奉行所

すなわち、これは森本清旦の出雲荘辰巳名名主請文であって、兵庫入道なる前名主が不法によって解任され、代って清旦が辰巳名主となったことを示している。ここに示された名主の権利義務は、(1)御米分は「地作一円」拝領、(2)

名の公事物・段銭は責任をもって納入、(3)名主に不法あればいつでも解任されて異議なし、ということであろう。(1)は名主がたんなる名の徴税請負人でなく、「御米分」については「地作一円」＝地主職・作主職一円の得分収取権をもつことを物語っており、興福寺側は名の年貢公事物および段銭を名主を介して収取するのであり、この領主と名主との関係は契約的なものとなっている。この点をいっそう具体的に示すものとして、

已上十三名ノ分ハ地作一円也、一反別八斗ツツハ公方年貢、此外ノ得分ハ名主ナリ、

という史料がみられるが（文明五年「出雲荘土帳」）、「地作一円拝領」とは、要するに公方年貢すなわち荘園領主年貢反当八斗を納入すれば、他はすべて名主の権利ということである。したがって名主は作主職百姓のわりあてや、作主百姓に対する名主の地子収取率などをみずからの権限として決定できたのである。しかも領主年貢反当八斗とはいえ、たとえば「森屋筒井名三名御米卅四石在之、此内引物等在之、相残御米定廿五石九斗九升三合之由申入之、此内又支配、十三石森屋給」とあるように（『大乗院寺社雑事記』文明十六年十一月十三日条）、森屋を名主とする森屋筒井名三名は三四石（三名の面積は四町二反半であるので反当八斗である）のうちからさらに一三石が森屋に付与されている。

こうみてくると「名主」とは、農民的土地所有および経営の実体とは直接には関係なく、一定の経済的特権＝「地主職」をともなった徴税請負人的中間層であり、小領主的性格のものであることが明らかである。しかも注目すべきことに、出雲荘西下司・同中下司・同兵庫・同松田・三嶋は、「大乗院家坊人名字」のリストのなかに「国民」として挙示されている人々である（『大乗院寺社雑事記』康正三年四月二十八日条）。また、さきの辰巳名請文にみえる新名主森本清旦は、これも大乗院「国民」の一人たる十市氏の「若党」であった（『大乗院寺社雑事記』文明三年九月十日条）。これらの事実は、「名主」クラスの人々が興福寺の権力組織のなかでは「国民」としての特権身分を与えられた在地の有力層であったことを明示するものであって、名主は実質的には在地の小領主とよんだ方がよい性格の持主であるこ

とを示唆している。

それではこのような性格のもとで「作主職」をもつ人々(史料上「百姓」としてもしばしばあらわれる)はいかなる性格の持主であろうか。これが名主のように「殿」の敬称を付せられ、中間収取者としての特権をもつものでなく、「百姓」とよばれるにふさわしいものであることはたしかであるし、前掲史料にみられるような作主職が農民の土地所有・経営の実体にほぼ即しているであろうこともまず疑いない(3)。しかし以上見てきたところでは、これらの「百姓」の「作主職」保有規模、したがって出雲荘の「百姓」層の全部にわたって土地所有・経営規模別階層構成を知ることはできないし、「百姓」相互間の社会関係についても知りえない。その意味ではこれら「百姓」身分層のなかにも比較的規模の大きな家父長制的複合労働力をもつ経営をいとなむものもなかったと断定することはできない。しかしすくなくとも「百姓」層が「名主」とは身分的にも実体的にも明白に区別されるものでありながら、名主に対して名内の「百姓」が経済的にも非自立的隷属関係(労働手段・営農料の貸与など)をもっていたとはほとんど考え難く、むしろ「百姓」こそは個別的経営主体であり、おそらく家族労働力を基幹とする小経営であったことにまず誤りあるまい(4)。

以上のようにみれば、室町中期の最先進地域たる大和平野においては、平安末期にみられた「名主経営」とはまったく異なる新しい生産関係・社会関係が展開しているといわねばならない。平安末期においてはその内部に小経営の萌芽を内包しつつも、名主を中心とする家父長制家族共同体そのものが、基本的には経営の基礎単位であり、しかもその土地所有権は荘園領主によってつよく制約されていた。しかし室町中期においては、かつての「名主経営」の内部から「百姓」が経営主体として広汎に成長しているのであって、名主は小領主的性格に転化しつつある。したがって、興福寺の支配も必然的に変質をとげ、ここではそれら小領主層を興福寺の「国民」という特定身分に編成することによって、みずから上級の封建的領主に対応的転化をとげつつあるのである。一般に、在地領主層の階級的成長にともなって、荘園領主層は没落するのがふつうであるが、さきにみたような古代以来の支配体制を継承し、さらに武家側の守護職設置を拒否して、みずからその地位をも独占してきた興福寺の場合は、在地領主の無制限な成長を抑止し、小領主層をみずからを頂点とする権力機構に組織し、ある程度の封建的対応に成功しているのである。(5)

それでは、このような農民および領主制の変貌はいかにして可能となったか。この点を理解するためには、当然基礎的な問題として、生産力発展の在り方を考えてみる必要がある。

さきにふれたように、条里制水田地帯において、律令国家の果した「勧農」的諸機能を荘園領主がほぼそのまま継承し、さらに用水施設を充実し、またそれらの管理等に緻密な改良を加えていった大和平野のような地帯では、農民の土地所有権に対する制約が強いとはいえ、他地域にくらべれば安定した耕地利用が保障されていたことも明らかである。出雲荘の場合、名田年貢反当八斗という高い斗代が制度化されていたことは、やはりこの地帯における安定した生産力の高さを示すものであろう。しかしながら他面、このような地帯では、未墾地開発や荒廃地の再興が大規模に行なわれるという条件は概して限られており、在地領主や、谷田型水田地帯にみられるような「名主」による開発の可能性は乏しかった。もちろん条里制施行地帯においても、古代の技術をもってしては開田不能な土地が残されており、水田は用水の得られやすいところにのみ開かれたのであったから、その後も溜池の設置などによって、耕地増加が進められたことは否定できない。しかし、全体としてみれば、この地帯の耕地の在り方が寄進地系荘園の谷田型水田などとはかなり性格を異にしており、ここでは不安定耕地なるがゆえの耕地の外延的拡大が基本的問題でないことは明らかである。ここではむしろ生産力の発展はもっぱら集約経営による土地生産性の向上の方向を基軸とすることになるであろう。一般に中世農業技術の発展方向とみとめられている用水管理技術・肥培技術の進歩、二毛作の発展等、経営の集約化のうごきは、たしかにこのような地域においてもっとも明確に展開した。そしてその場合には、農業経営単位は必然的に小家族経営に移行していくことも必至である。「名主経営」が内部に従属的小経営をはらみつつも一経営単位としての小共同体的結合を解体しえなかった主要な根拠は、過重な労働力収奪という社会的条件とともに、さきにみたような経営の自足性と粗放性のうちに求めねばならない。不安定耕地の利用を前提とし、それをたえず新開や荒地再興によって補足しつつ営農する場合には、協業効果を求めて、たえず相当数の労働力を確保する必要があったのであり、経営集約化のあゆみは緩慢ならざるをえない。それに対して、大和平野のような地帯では、集約度を高める方向がもっとも可能であったのであり、(6)それに応じて名の家族共同体的構造は比較的早い足どりをもって解体していったとともに、均等名編成によって農民的土地所有権と在地領主制の進展を阻止していた荘園領主の土地所有も急速に後退していったと考えられるのである。(7)

2　周辺地帯における領主＝農民関係の変化

つぎに畿内型荘園とは異なる寄進地型荘園の場合、中世後期の領主制と農民層の存在形態はいかなる姿を示すであろうか。この場合は、さきに示した中世前期の水田の存在形態の類型(2)、(3)、すなわち在地領主・名主の開発田(もしくは荒廃地の再開発田)がその前提とされているわけである。

この種の類型は、荘園のもっとも一般的な姿を示すものといえるから、事例のとり方はかえってむつかしいともいえる。広い意味では同じ類型に属すといっても、あまりに山間部でこの時代の発展の基本動向からもとりのこされるような荘園は事例として適当とはいえない。ここでは、この類型に属するもののなかでももっとも発展的な姿を示し、大名領国制・近世社会成立への展望をはっきりと示すケースとして、安芸国沼田荘を中心とする小早川氏の領主制と農民の存在形態をとりあげよう。

沼田荘は現三原市で瀬戸内海に注ぐ沼田川の下流地域に存在するが、開発領主沼田氏が中核となってこの地を立荘し、本家を蓮華王院としたとみられている。立荘の以前のことはわからないが、本荘は地理的には沼田川下流の平坦部に位置し、荘内にふくまれる地名が多く郷の呼称をとるうえ、その一つ梨子羽郷は『倭名類聚抄』の「梨葉郷」とも一致し、また同郷内の耕地は里坪制をとって表示されているから（「楽音寺文書」三号）、律令制以来開発されてきた地域であることはうたがいない。沼田氏がその後開発領主となり寄進主体となるのは、おそらくこれらの耕地の荒廃→再興、新規開発などをきっかけとしてその在地領主としての地歩を固めていった結果であろう。鎌倉初頭小早川氏が沼田氏に代って地頭として本荘に入部して以後は、この下司沼田氏の地位・権限を継承するとともに、その勢力伸長のために惣領制的同族結合によって、この地帯周辺の沼田新荘・竹原荘などに一族を進出させた。建長四年（一二五二）に行なわれた検注の結果についてみると、沼田本荘の水田は二五〇町二反余、仏神田・人給田等の除田を引いて定田二二五町一反余（うち佃六町）であるが、そこにおける収取関係は、領家は一斗代から四斗五升代までの反当収率で計四八三石余（うち佃六町分の佃米八一石）、地頭は反当五升～一斗の加徴米で計二〇三石余であった。すなわち領家佃をのぞく一般の田地（官物田）からの地代を領家と地頭はほぼ二対一の割合で配分しあっていたわけである。また除田のうちの人給分のなかには地頭給一二町がみられるから、この段階で、地頭小早川氏の本荘における地歩は、検注された部分だけをとってみても相当に大きいのである。(8) しかもその後領家側では文永八年（一二七一）、弘安四年（一二八一）にも梨子羽郷の検注を行ない、検注による出田を課税対象にくりこもうとしたのであるが、地頭側はそれに反対して領家と争い、「本門田八町余」のほか「庄田十四町余」を「本門田出田」と号して「押領」しようとした（弘安十一年四月十二日関東下知状案〔「楽音寺文書」六号〕。河合正治「楽音寺文書について」〔『広島県文化財調査報告』第二集〕による)。またこれに先立つ嘉禎四年(一二三八)には小早川茂平が領家藤原公経の下文をえて、当荘内の「塩入荒野」の開発を計画しており(嘉禎四年十一月十一日、一条入道太政大臣家政所下文案〔『小早川家文書』一ノ五四七頁〕)、この海岸寄り地帯の干拓はその後も継続されているから(河合正治「小早川氏の発展と瀬戸内海」〔前掲書一一九頁〕参照)、小早川氏の開発は、鎌倉時代以来きわめてさかんであり、多面的であったとみられるのである。

このように、門田・給田・新開田の拡大、あるいは百姓名への加徴米収取、百姓名の押領などを通じて、小早川氏は十五世紀に入ると、その勢力圏をいちじるしく拡大するとともに、荘園領主に対する関係の仕方も鎌倉期とはまったく様相を異にするようになっている。すなわち、応永十二年(一四〇五)の足利義満御教書によれば、「沼田荘領家職」=「本所年貢」は一五〇貫の請切制とされ、下地支配はすべて小早川氏にゆだねられている(応永十二年二月二十八日足利義満御判御教書〔『小早川家文書』一ノ八頁〕)。この場合「沼田荘」が沼田新荘をふくむか否か、また沼田本荘に限る場合それがどの範囲をさすかに疑問はあるが、さきの建長四年の沼田本荘田方とおなじとすれば、領家年貢は四八三石余におよんでいたのであるから、(9) 領家側の収取率の凋落ぶりは歴然たるものである。(10)

ところで、このような小早川氏の領主的発展は、農業生産・農民存在形態のどのような変化にささえられているのであろうか。本荘の場合、百姓名の在り方を示す検注帳が残存していないから、それを全般的に見通すことはできない。しかしたとえば、仁治元年(一二四〇)に行なわれた都宇竹原荘の地頭の百姓名「押領」の場合でも、「百姓跡参町」が問題とされているところからみて、一個の百姓名の規模は少なくとも三町に達していたことが推測されるし(仁治元年閏十月十一日関東下知状写〔『小早川家文書』一ノ五四八頁以下〕)、また梨子羽郷安宗名・久弘名は、弘安四年(一二八一)の出田だけでも一町五反あったというから(弘安四年正月十八日沼田荘領家下文〔「楽音寺文書」二号〕)、「名主経営」の規模もけっして小さなものだったとはいえないだろう。しかしつぎの史料は名の内部構造とその変貌過程をやや具体的に示してくれる（永享五年八月七日、沼田荘時貞名現田数年貢等注文写〔『小早川家文書』二ノ六頁以下〕）。

時貞名現作田数年貢事除寺社定

合

百姓名 一延永名　五段六十歩　分米二石五斗二升二合
百姓名 一貞家名　三段大　分米一石七斗一升
百姓名 一国清名　三段四十歩　分米一石五斗一升二合
百姓名 一覚心分　四段大　分米二石二斗
百姓名 一久宗名　一町小十歩　分米五石
百姓名 一真弘名　五段　分米二石四斗二升
百姓名 一公文名　二丁大卅　分米十石
百姓名 一弘国名　七段　分米三石一斗四升八合
散田 一助光名　一町五段　分米九石
散田 一宗遠名　八段　分米四石八斗
散田 一公文門田　二段小　分米一石四斗

以上田数八町五段二十歩

以上分米四十三石六斗九升二合

一同名畠年貢　麦三石四升　大豆弐石四升

一小坂郷之内末光名現得分事

米二十石
麦大豆三石二斗
永享五年八月七日

すなわち、この時貞名は同じ年の六月の「小早川常建(惣領則平)知行注文」に、「一所　船木郷内時貞名三十貫文除庶子分定」とあることからみて(永享五年六月日、小早川氏知行現得分注文写『小早川家文書』二ノ五頁以下)、船木郷内の一つの名であり、小早川則平の知行地と推定される。この耕地はそれ以前に時貞名としての編成をうけていたのであろうが、永享五年においては、少なくとも八個の百姓名と散田化した部分に分裂し再編されていたといえる。[11] そこでこれから考えうることは、永享五年当時、時貞名とはおそらく地名としての意味しかもっていないが、かつてはそれが「名」であったわけであり、その「名」の内部から延永名以下の二次的な百姓名が成長することによって時貞名は形骸化＝地名化したらしい、ということである。とすると、時貞名の内部に延永名以下の二次的名が形成されたのがいつであるかが問題だが、少なくとも編成された当時の時貞名がのちに第二次名を分出するような経営体を内包していたことは疑いない。問題としてはなお、このような第二次名が果して小経営として安定的に成立・展開しているのか否かについても検討すべきであり、「小経営の展開」とは、それが没落してふたたび家父長制大経営に回帰しないような条件の安定的展開と解さねばならず、この点は十分明らかでない。しかしここに小経営形成の方向をよみとることは無理であるまい。

沼田荘の百姓名が、このような変化をたどりつつあったとき、地頭の門田・給田・新開田等の経営はどうであったろうか。この点についても直接的に解決を与えてくれる史料はまったく残っていない。しかし、すでにみたように、かれらがたんなる収奪者にとどまらず、荘園領とちがって耕地の安定・開発など、生産的機能をみずから果したこととを考えれば、地頭の直接支配地は、おそらく耕地の安定性などの生産条件が荘内でもっともよい所であり、それゆえ、小経営の成立の可能性はそこにおいてもっとも高かったにちがいない。在地領主が、個々の百姓名主では果たしえないような生産諸条件の確保を、その地位を利用して農民労働力を組織・編成することによって、強力におしすめていっただろうことは否定できないし、名体制下の従属小百姓層も、地頭の直接支配地にくりこまれることによって、かえって自立的な道を歩むことが可能であったはずである。正応四年(一二九一)、小早川氏の惣領茂平の女子(梨子羽郷一期領主)尼浄蓮は地頭門田のうちを割いて氏寺楽音寺に寄進しているが、その一町のうちには「紙すきか垣内一反、番匠四郎跡畠」などがあった(正応四年二月十九日、比丘尼浄蓮寄進田畠坪付〔「楽音寺文書」一〇号〕)。この事実は地頭門田の一部が紙漉給・番匠給に割かれていたこと、したがって、地頭がそれら手工業者を直属させていたことを示している。地頭はそのような手工業者の掌握を通じ、一般の百姓名主とは異なる有利な労働手段をも確保できたのであり、そこに農民労働の編成とあいまって、かれらが、生産力の発展に主導的役割を演じ農奴制的支配者に成長することが可能となったとみられる。それはけっして地頭・在地領主のたんなる「農民保護」や恩恵的行為ではない。かれらはそのようにして、直接的に農奴制支配を拡大することによってのみ収奪を強化しえたし、それによって周辺の名主層をも次第に自己の領主制支配にくりこむことができたのである。そしてまた他方、直接生産者も独自にみずからの経営を安定・成長させることはきわめて困難なのであって、右のような地頭＝在地領主を媒介とすることが必要であったのである。

以上のようにみてくると、沼田荘の場合、百姓名においてもすでに小経営の自立的展開の動きが鎌倉期以来徐々に進みつつあったと考えることは必ずしも不当ではあるまい。そしてそれは、さきにふれたように、室町期における荘園領主権の急速な凋落という条件のなかでますます促進された。ここでは南北朝内乱の終息とともに、荘園領主支配はたてなおされるどころか、年貢の少額請負制が幕府側からもちこまれ、荘園領主の独自支配は完全にチェックされてしまい、在地領主の下地支配はほとんど規制されることがなくなるのであるから、そのような方向は、いよいよ本格的に進行するであろう。

3　小農展開の地域差の問題

以上、興福寺領出雲荘と小早川氏の支配下にある沼田荘と、条件の異なる二つの荘園について、中世後期の農民と領主制の存在形態について多少の検討を加えてみた。両者は、タイプこそ異なれ、ともにそれぞれの型における先進的な姿を示すものである。そこでは過程は異なれ、ともに小経営の展開が比較的早期に可能となり、名主上層の小領主化、もしくは在地領主の封建領主化の方向が進展し、荘園制の変質・解体が進みつつあるといえるだろう(12)。

しかしそのような方向の展開度は、事情により、現実にはさまざまである。むしろ一般的にいえば、地域的な封建領主制と小農経営の展開はなお不徹底な姿をとり、荘園領主・守護大名・在地領主・名主的小領主＝地侍などの諸層の支配権が交錯重層し、小経営の展開も未熟な場合が多い。後進的な山間地帯では在地領主自身が半奴隷主的・半農奴主的性格にとどまって、名の構造の拡大再版的な姿をのこし、近世の御館被官制度にもちこまれていくことも稀でない。そのような後進地域でなくとも、とくに現実には軍事的な征服関係がからむから、封建的領主制と小経営の展開は、けっして自然成長的な歩みをとるものでなく、政治的にも地域差が拡大・固定される傾向をともなっている。その点はのちの戦国大名領の構造をみても、地侍的階層が封建家臣団として、権力機構のなかに急速に編成され、領主の権力が排他的な形で貫徹していく地域、また後進的な名主経営をそのまま被征服農民として政治的に固定し、領主の支配が小農を直接把握しえない地域など、領主権貫徹の形態がさまざまであったとおり、そう単純に一律の論議をすることはできない。ここでは、そのような具体的諸事情にまで立ち入ることは困難であるが、在地領主(国人)の領主制の展開、その農奴制支配の原理の拡大過程において大名領国制の性格を理解することができると考え、中世後期段階を前期段階ともっとも基本的な点で区別する農奴制小経営と封建的領主制の発展にもとづく国人領の原型の出現過程を追求してみたわけである。以下節を改めて、このような農奴制＝領主制の発展を基礎として展開する中世後期経済の循環構造についての考察にすすもう。

(1) もちろんこれについても異論がないわけではない。一つの有力な異説は、安良城盛昭氏のものであって、氏はとりわけ(1)、(3)の現象が十四世紀に進行したことを否定し、それを太閤検地期まで引き下げる(『幕藩体制社会の成立と構造』)。また他の異説は、戸田芳実・河音能平氏らによって主張されるものであり、氏らは十二世紀の名制度のもとですでに小経営(自主的な「小百姓」経営)が一般的に展開していることをニュアンスの差はあれ、ほぼ一致して強調している。この見解にたてば、とくに(1)の論点を十四世紀で重視することは当然根拠がなくなる。なおこれらの諸点については永原慶二『南北朝～室町期の再評価のための二、三の論点』(本書第九論文付説)を参照。

(2) これらの点については渡辺澄夫『畿内庄園の基礎構造』八一頁以下、熱田公「室町時代の興福寺領荘園について」(『史林』四四ノ三号)参照。以下の記述は熱田氏の論稿に負うところが大きい。

(3) この「作主職」所有者は中間収取者であって、直接生産者はさらにその背後に存在したと考えることもまったく不可能とはいえないが、名内の耕地が多数の「百姓」＝作職保有者に分割されているところからみて、大半の場合、それが土地保有・経営を示すとみて差支えあるまい。

(4) ただこのような「百姓」がすべて「自立」した安定的小経営であったかどうかについては充分検討の余地がある。しかし、しばしば近世史家が指摘するように、室町期についても家父長制複合家族ないし家父長制的奴隷制家族としての「名主経営」を唯一の経営形態とみることはこの場合困難であろう。

(5) 興福寺をその歴史的系譜のゆえに古代的荘園領主と固定的にとらえることは妥当でない。ひとしく「荘園」の呼称をもち、地主職・作主職のごとき「職」の表示をとるとはいえ、ここではもはや農民の存在形態も、地代収取のための権力機構も封建的な対応をとげている。この場合の地主・作主「職」は荘園制の本格的展開期における本家職・領家職・預職等の「職」の重層的所有体系とは意味の異なるものであることはいうまでもない。

(6)　大和平野で本来農民の屋敷地を意味し、百姓名と一致していた「垣内」が小集落(江戸時代の「村」の下部の小集落)に転化していっている事実は、このような小経営の分立過程を集落形態の側面から示唆するものである。なお「垣内」については直江広治「垣内の研究」(『東京教育大学文学部紀要』一六号)を参照。

(7)　とはいえ、このような小経営分出の方向は、かならずしも単純に経営集約化の方向からだけで完全に説明しうるものではない。それとともに、中央地帯に特有の手工業生産物や農産物の販売＝交換の発展の問題も無視するわけにはいかない。この点はのちに問題とされる。

(8)　建長四年十一月日、安芸沼田本荘方正検注目録写(『小早川家文書』一ノ五七八頁以下)。なお小早川氏に関する記述は、河合正治「小早川氏の発展と瀬戸内海」(魚澄惣五郎編『瀬戸内海地域の社会史的研究』所収)および北爪真佐夫「南北朝—室町期の領主制の発展について」(『歴史学研究』二四六号)に負うところが大きい。

(9)　当時の米・銭交換率は一律に論ぜられないが、室町前期の京都の米価は東寺下行枡一石が銭九〇〇文〜一貫一〇〇文を上下しており、播磨矢野荘では六〇〇文程度であった(佐々木銀弥『中世の商業』二一四頁)。したがってかりに一石＝五〇〇文とすれば四八三石で二四一貫余となる。

(10)　領家年貢が一五〇貫に制限されたところ、小早川氏の収取量がどの程度であったかを知ることはむつかしい。しかし、「義満御教書」と同日付の「小早川則平起請文」(『小早川家文書』一ノ六〇〇頁)では沼田荘領家職四〇〇貫文としているし、永享五年(一四三三)の則平(惣領)知行分三八七貫、同子の持平領分三七三貫という数字(小早川氏知行現得分注文写『小早川家文書』二ノ五頁)がみられるから、これからだけでも領家側との地位の逆転は十分知りえよう。なお本荘の場合、領家側は畠を丈量把握していた様子がない。もしそれが事実とすれば、畠得分はすべて地頭側の手に入ったであろうから、両者のひらきはさらに大きくなる。

(11) この時貞名八町五反余のうちでは、公文名・公文門田を併せた部分が最大の比重を占めているから、時貞名は本来は公文名であったものが分解し、内部から百姓名を派生させたのかもしれない。
(12) このように「小経営の展開」といっても、いうまでもないことながら、すべての農民経営が数反～一町程度の小経営になるわけではない。現実にはより大規模なものと、より小規模なものが存在し、近世初頭の農民経営がその両者の組合せから成っていたことは近世史の研究が一致して示すところであり、中世後期においても当然そのような姿をとる。その関係はしばしば「おとな百姓」と「小百姓」と表現されるものであるが、そのような大・小経営が耕地保有や労働手段の所有という基本的なところでは個別自立的な性格をとるところに中世前期の「名主経営」と区別されるものがあるのであり、そのような関係の形成こそが、中世後期における小農経営の出現の問題である。

五　中世後期経済の循環構造

1　循環の構造

さきにみた中世前期経済の在り方と対比すれば、中世後期に入ると、周知のように、地方商業がいちじるしく活発となり、貨幣の流通度が高まり、年貢も代銭納されることが多くなる。そして、各地の特産物生産がすすみ、地方市場や物資輸送上の中継基地としての港町が生まれ、商業交通路や都市の発達がめだってくる。

このような一連の諸現象は、前述のような中世後期の農業生産、領主＝農民関係の展開とどのように関係しあうものであろうか。本節ではその点について考えることとしよう。

(1) 中世後期経済の循環構造を問題とする場合、まず注目すべきことは、中世前期のように剰余生産物の主要部分が、現物で荘園領主に収奪される体制がくずれ去った点である。この点は沼田荘で、さきにふれたように、建長四年(一二五二)の領家年貢四八三石余が、応永十二年(一四〇五)には一五〇貫文の請切りとなっている、という一つの事実をとりあげるだけでも首肯されようが、同時に在地領主側が門田・給田・新開田等における開発と反収の上昇の成果をつかみとっている点を加味すればいっそう明白であろう。またそれに加えて半済・年貢抑留等、合法・非合法の方法による荘園年貢の在地勢力による蚕食が推進されたから、中世後期においては、前期のような荘園領主の独占的地位はまったくくずれ去っているのである。

しかもこれに加えて、中世後期では、残存する荘園年貢も、かつてのような現物収取でなく、代銭納方式によることが多くなっている。現物の換貨がどのようにして行なわれるかについては考えるべき余地が多いが、換貨が現地で行なわれることは事実だから、主として、現物で農民から収奪した米を荘官＝在地領主が商人に売却して換貨すると考えてよい。またそれとともに、在地領主自身の取得米も一部の自家消費部分をのぞいて米穀商人の手に売り渡されるであろう。このような荘園領主年貢米、在地領主取得米の換貨の場は、中世後期では、荘園内に立てられる定期市場として発達をとげてきている。もちろんすべての荘園がもれなく独自の市場をもったとはいえないが、沼田荘のように発展の度合の高いところでは、ひろくその成立が認められる。

ところで、そのような荘園市場で商人の手に引きわたされた大量の米はどのような動きをとるだろうか。まずその主要部分はやはり中央地帯に送りこまれている。当時、年貢米をしばしば代銭で収納するようになった荘園領主たちが、必要な米の一部を京都で購入している事実も知られている。それとともに、新しい巨大な米穀需要者となったのは室町幕府に結集した武士層であった。三管四職家以下、有力守護大名は、いずれも京都に邸宅をもち、常時相当数の軍隊を駐留させながら幕政に参与していたし、在京勤番という形で上京してくる地方武士(将軍奉公衆)の数も多かった。それらのうち細川・大内などの有力大名は直属の輸送船をもち、国元から必要物資を直送もしたが、全体として在京武士が必要とする米穀量は莫大なものであり、その多くは商人の手によって供給されたのである。このことは、現地における現米収取者としての在地領主と商人と中央消費者との三者のあいだに、貨幣を交換手段とする商品取引関係が恒常的に成立したことを意味する。中世前期においては、現地と中央消費者とのあいだには、直接的な年貢物の収取関係が存在するのみで、商品交換の関係は副次的にしか存在しなかったのであるが、中世後期では事情は一変しているのである。このことは中世後期における水陸交通路の発達や中央と地方を結ぶ商人活動の発展からも十分うかがうことができる。しかし、この循環軌道は、農民が直接タッチするものでなく、現地における現物収奪を前提とし、その収奪者たる在地領主が主として年貢米を商品化するものであるという側面も忘れられない。

(2)　これに対して中央地帯の経済構造はいかなる変化を示すであろうか。荘園領主の年貢米および雑公事物の代銭納が進行することは、半面からいえば、かれらが京都・奈良等の居住地において必要諸物資を貨幣で購入するという関係の拡大を意味している。そしてまたそのことはそれら諸物資の一定部分が、中世前期のように、各地の荘園において雑公事として、各領主の要求に従って生産される形から、京都・奈良を中核とする中央地帯で主として商品として生産されるようになることをも意味している。

これらの事情をさきに出雲荘の例をとった関係から大和の場合についてみてみよう。応永十四年(一四〇七)の「奈良南市座衆典役注文」(「三箇院家抄」)によれば、南市に市座をもつものは、イヲノ座(魚)、絹座、小袖座、コウノ座(紺)、布座、ワタノ座、紙座、ヲノ座(苧)、小物座、果子座、蓬座、ヒキレノ座(引入)、エホシノ座、莚座、大豆座、カネノ座、桶座、シヲノ座(塩)、クキノ座(釘)、カマノ座、布ヒサメ座、ヤマノイモノ座、大根座、ヤノ座(矢)、ナヘノ座(鍋)、米座、トリノ座、マツノ座、コンニャクノ座、スミノ座の三〇座におよんでいる。これらの諸座の性格をみれば、諸社寺以下旧荘園領主層の必要諸物資のほか、奈良の庶民ないしは周辺農民の必要とする諸物資の販売が行なわれていることは明らかである。そしてまた、それらの商品の少なからざる部分が農産物ないし農産加工品であることもたしかである。この場合には荘園領主の手にいったん雑公事として現物で収納されたものが商品として市場に放出されたとは考えがたいから、農民の手によって直接商品化されているわけである。そのようにみれば、南市は奈良の旧支配層と周辺農民との共通の交換の場となっているのであり、ここでは都市と農村とのあいだに一定の恒常的な商品交換関係が形成されつつあるとみられるのである。

これらの点をさらに明確に示してくれるのは、興福寺関係の中世後期の手工業座の存在形態であろう。それについては豊田武・小野晃嗣・脇田晴子氏などの詳細な研究があるが、(1)室町中期において、それは、大乗院関係で六〇余種、一乗院関係で二五種まで判明しており、大別して、鍛冶・鋳物・銅細工・刀細工など工人関係の座、紺・漆・檜物・火鉢・莚・菰・菅笠など日用品関係の座、油・塩・茶・野菜・魚貝など、灯油および食品関係の座に大別される。しかも注目すべきことは、鍛冶・鋳物・銅細工・番匠など、座職人集団としてもっとも発生が古く、本所の営繕の必要上それを不可欠とした座が概して奈良に集中しているのに対して、八木に油座、乙木荘に簾座、五位荘に麴座・雑紙座、田原本に檜物座、三輪下田に鍋座、番条に菰座、箸塚に飴粽座、布留郷に黄皮座、摂津深江に菅笠座、同国木村に油座、木津・上狛等に糟糠座、というように、農産物ないし農産加工品を主とする座が農村にひろく分布していることである。後者はおそらく前者にくらべれば発生の時期もおそく、新興の座であったろう。

このように、農村において農産物ないし農産加工品が、座という形式をとるとはいえ、ひろく商品化されはじめたことは中世前期にはみることのできない現象である。それらはかつての雑公事物にあたる商品としての性格をもつ農産物・手工業品であるが、大和・山城・摂津など、中央地帯の京都・奈良周辺農村でひろくかつ集中的に生産されるようになっているのである。しかもその座の内部構造をみると、座の構成員である座衆の大半は中世前期のように本所から給免田を付与されるようなことはなくなっており、座衆のおもだちであって兄部などの地位をもつものがわずかに作手と称する給田を賜与されているにすぎない。(2) したがって、この段階の座は、中世前期の荘園制の本来的時期のそれとはいちじるしく性格を異にしてきているのであって、事実上、ほとんど独立的な手工業生産・商品販売者の集団に転化しつつあるといってよい。もちろん、それらの手工業・商業の座が、座という封鎖的・排他的な結合・営業方式をとることは、一面からいえば、農村における商品生産・販売の権利を一定の集団が独占することであるから、それに加わらない一般農民はそれから排除されることになり、座の出現と発展は、かえって農民経済の発展に対して阻止的役割を演ずるというべき側面をもっている。しかしそれはあくまでも楯の一面であって、他面では、一般農民はそれら座職・商人に対して原料・製品を販売する機会をもつわけであり、一般農民自身が直接的に商品交換関係に接触する可能性を大きくしていく側面も否定できない。たとえば乙木荘の簾座は本座・新座・孫座数十人、といわれるから、(3) 乙木荘の荘民の多数の部分が簾生産の座衆となり、また座外の荘民あるいは荘周辺の農民等もそれへの原料供給の役割を演じたとみられるのである。

　以上の若干の事実から、中央地帯農村では、中世後期ともなれば、かなり広汎な商品生産・販売関係を形成し、中核都市とのあいだに、中世前期には到底みることのできないほどの経済的交流を生みだしていたといえる。もちろんその場合でも、農業と手工業・商業とのあいだの社会的分業関係が完全に展開していたとはいえない。手工業生産の多くはまだ農間副業的な状況にあったと考えられる。しかしたとえば乙木荘の簾座がしだいにその販売面を奈良座として分離独立させていったように、生産と販売が分業関係を形成していく傾向をみとめることができる。それらはかつての貴族・社寺直属の都市的手工業とは性格を異にする広汎なものであり、商品の性格も、都市貴族のみを買手とするものではなくなってきている。当時、京都・奈良をはじめとする都市人口がどの程度のものであったかを正確に知ることはほとんど不可能であるが、京都は応仁～明応頃の戦乱期においても少なくとも人口一〇万以上と推定され、天王寺・堺もおのおの三万程度、大津・坂本は各一万五〇〇〇、奈良は十四世紀で八〇〇〇程度とみられている。(4) したがって、中央地帯における都市的発展は必然的に貴族僧侶以外の消費人口をも増大させているのであり、それにともなって、農村人口も多かれ少なかれ商品交換関係にまきこまれていくから、中世後期の中央地帯の経済発展は、畿外・遠隔地とはかなり様相の異なるものとなったとみられるのである。

しかもこれら中央地帯は、たんに手工業生産の量的側面において優越的であったばかりでなく、おそらく技術的にもまた当然他を圧する高さをもっていたと考えられる。この点は従来の研究によっても論証されていないが、鋳物業の中心は河内の丹南・大和の下田であり、梵鐘も河内丹南の鋳物師の手によるものが上等とされた。中世末期には下野の天命、筑前葦屋のような新興鋳物業地が登場するが、丹南・下田、さらに摂津住吉、京都三条の釜座などの製品が優秀とされることにはかわりない。また鍛冶にしても備前・相模の発展はあるが、京都・奈良あるいは堺の製品が高く評価され、とくに堺はのちに鉄砲の伝来とともに鉄砲鍛冶を発達させうるほどの潜在力を保持していたといえる。こうした手工業・農産物加工業の量質両面における他地域をはるかにしのぐ発展が中央地帯の特色を形づくっている。(5)

(3)　中央地帯の特殊な発展はまた地方との経済的つながりを必然的に強化する。中央地帯の手工業生産物はその発展にともなって中央地帯以外の地方の市場にも売りこまれるようになる。河内の丹南や和泉の堺あたりで生産された鍬・鋤などが、すでに鎌倉末期に、遠く信濃方面にまで売りさばかれていたことは著名な事実であるが、前述のように年貢・雑公事の代銭納が進み、年貢物が荘園の現地で商人の手に渡されるようになり、それらが商人の手によって商品として中央に輸送されるようになれば、下り船は当然中央地帯で生産される各種手工業品を積み下ろしたであろうし、それらの物資は沼田荘のような中間基地をへて、さらに奥地まで三斎市・六斎市、あるいは振り売りなどの形によって売りさばかれていったであろう。宝徳元年(一四四九)、上杉憲忠は、関東における鋳物師商売は和泉・河内両国の商圏であることを再確認して新興の鋳物師商売を禁止している(中丸和伯「商品流通と地域社会」(日本歴史地理学研究会編『流通の歴史地理』所収))。室町中期以降、一般には戦乱の反覆で経済的にも混乱と衰退の時期と考えられやすいが、かえってこのころ美濃・加賀の絹、越後の麻布、美濃・越前・播磨の紙、伊勢の白粉などをはじめとする特産物の名がひろく知られるようになり、河内・摂津・奈良などの銘酒が地方でも珍重されるようになったのは、地方市場の拡大と、中央と地方との経済的連繫の緊密化を示すものというべきであろう。

もとよりこの点をあまり無制限に評価するわけにはいかない。地方における商品流通の進展は、中央地帯の都市周辺農村において農村手工業が進展し、小農民がある程度直接に商品生産・交換関係に入りこんでいった場合とちがって、農村手工業の展開がはるかに低いため市場と接触をもつ階層もなお限定されざるをえなかったであろう。しかしそれにしても、地方経済の自給性が解体し、領内・領外流通が活発化するうごきは戦国大名段階にいたればとりわけ明白である。たとえば駿河の今川氏は、そのような事態に応じて、まず領外との間の隔地間取引にあたっていた駿府の豪商松木・友野氏等を御用商人に登用し、ついで領内各地の立市権や市場課役免除権をみずからの手に集中し、あるいは被官人を宿場問屋に命ずるなどして、流通統制に積極的な手を打っているが、(6) それらはこうした地方経済の活発化をぬきにしてはそもそも理解しえないところである。

2　支配層の「経済政策」

中世後期経済の循環構造の輪郭はおよそ以上のようなものであろう。そこで最後にこの時期における領主側の政策の問題にふれておこう。この時期の経済的施策について、通常指摘されることは、戦国大名の「農民保護」や治水灌漑事業、あるいは鉱山開発などである。それについてはいま改めて強調するまでもないことであり、事実戦国大名の勧農事業は律令国家のそれ以来の大規模なものが多く、そこで生産力の在り方も新たな飛躍期に入ったことは疑いない。しかし、ここではむしろそれに先行する時期をもふくめて、中世後期の支配階級が、生産諸力に対して中世前期の荘園領主とは異なる積極的関心をもっていた側面に注目したいと思う。

　さきにふれたように沼田荘の小早川氏は、鎌倉中期以降「塩入荒野」の開発に着手していたが、南北朝・室町期に入るとそれらは沼田荘内安直方潟島新田・塩入新田・市後新田・木々津新田・中新田などとなって結実し、「新田百姓」が小早川氏直属の農民としてあらわれてくる。(7) このことは在地領主小早川氏の開発政策が一世紀にもわたって継続され、それにともなって新田地帯に小早川氏の支配が貫徹されていったことを示している。

　また越後奥山荘における在地領主海老名忠顕と和田茂実との相論にあたって、元徳三年(一三三一)の和与状は、「同名山事令二折中一之、忠顕立レ堺者、一方茂実可レ取、凡当面草木採用之時、寄二事於左右一、不レ可レ成二土民之煩一之者也」「招二取百姓等一、打二止用水一、不レ可レ致二耕作之煩一、且又忠顕領内百姓逃脱之時、不レ可レ居二置茂実領内一」といっている(元徳三年六月五日海老名忠顕和与状〔「三浦和田氏文書」〕)。ここには在地領主の関心のなかに農民の山野利用の保障、農業経営の安定、農民の確保などの問題がクローズアップしていることがよく示されており、かつて地頭等が自己の直属地の経営の利害のみを追って、名主等の農業経営に対し破壊的な「非法」を行なっていた段階とは異なる事態の展開をよみとることができる。

　さらに、このような在地領主層の農業生産への関心は、畿内の領主層の場合いっそう明確である。ここでは、小農経営の進展度が高く、小農をも構成員のうちにふくみこむ封建的村落共同体(惣村)が十四世紀以来成立しつつあり、農民自身が農業生産の諸条件に対し、積極的な関心と行動とを示しはじめている。畿内の農村において、山野利用・水利などをめぐる農民相互間の争いがはげしくなり、その仲裁が領主の側にもちこまれることが多くなる。こうした条件はまた当然、そのような小農支配のうえに自己の権力を打ちたてていこうとする在地領主の農業生産に対する関心をいやおうなしにいっそう高めていく。室町期の畿内地域の在地領主層の所領関係文書をみて気のつくのは、所領の表示について、山野水利の管理権が具体的かつ明確に規定されるようになっていることである。たとえば寛正二年(一四六一)の河内の和田盛助の所領処分状をみると、「上中条山林荒野幷池河管領事」という一項があり、山野池水の管理権が領主財産の重要な一部とされるとともに、溜池については一三の池の「池底」所有と、二つの池の取水権(三日三夜)とが明記され、山林九ヵ所についても具体的な地域指定がみられる(寛正二年十月二十四日和田左近将監盛助所領譲状〔「和田文書」三号〕)。在地領主の山野・水利に対する管理権がこのように詳細かつ具体的に示されることは中世前期には例の少ないことであって、そこにも中世後期の在地領主の関心の在り方をみとめることができる。この点は河内の在地領主水走氏の場合にもやはり「郡内七ヶ郷内寺社山内林荒野用水管領等」が惣領の知行権の対象とされている(応永二十三年三月日水走長忠本領惣職当知行分注進状案)ことからも理解されよう。

このような若干の事実からしても、中世後期においては、戦国大名の登場をまたずとも、すでにいわゆる国人領主制の段階において、農業生産に対して荘園領主とは異なる関心が寄せられ、場合によっては耕地拡大、農業生産の安定に対して積極的な対策がとられていたことを認めねばなるまい。通常、この時期については、焦点を守護大名に向けるため、そのような側面については見おとしがちであり、戦国大名段階における変化を重視する傾きが強いが、じつは在地領主の農奴制的支配にとっては、その本質上領主側が農業生産の安定と農民保護とに荘園領主とは異なる対策をとらざるをえないのである。戦国大名は国人的封建領主制の発展した姿として、そのような関心と対策とをもっとも顕著に示したものである。

3　むすび

本稿では、中世の前期と後期の経済構造の在り方を比較検討し、ごく大まかにいえば、前期の自給的・停滞的傾向と後期の発展的傾向とを対照的に強調した。もちろんこのような時期の区分の仕方や、特徴づけについては無理がともなわないでもない。荘園制は中世後期に完全に消滅してしまっているのでもないし、また封建的在地領主制は中世前期にすでに生成しつつあったことも事実である。しかし本稿であえて右のように前期・後期の差異を強調した理由は、中世全期を荘園体制社会として一括してとらえようとする見解がさまざまの側面から強調されていることに対して一つの異見を提出したかったからである。私見によれば、中世後期社会の構造はけっして荘園制の原理を基準として説明しうるものではなく、どこまでも在地領主制(国人領主制)が規定的位置を占めていると思われるとともに、中世前期の荘園制社会は在地領主制から一義的に説明しうる構造をもつものではない。そのうえ、中世の前期と後期では経済の循環構造のうえでもかなり顕著な差異があるのであって、とりわけ地方経済が家父長制自然経済から一定の商品交換・貨幣経済への転換が進行するという点では、やや強調していえば日本の前近代社会を二分するような性質をおびているのである。

中世前期でも遠隔地取引はかなり高度に発達していたといわねばならない。遠隔地＝辺境の在地領主は、荘園領主や国衙権力の貫徹力が弱かったから、剰余をみずからの手許に集積することができ、中央下りの商人とのあいだに活発な取引を行なっていた。けれどもそれは、農村における社会分業の展開や、農民経済の商品経済化を意味するものではなかった。

これに対して中世後期の先進地域では、農民経済における商品経済が一定の展開を示し、社会分業の進展も顕著となってきている。ただそれは、全国一律に進行したわけではなく、後進的地域では、在地領主が貨幣納を農民に強制したし、さらに中央領主も、現物の輸送条件の劣悪さのゆえに絹布類か貨幣納を要求した。そのため、後進地域ではかえって自生的な社会分業とは異なる夫役的性格の濃い特産物生産が強要され、あるいは、上から強制された形で市場関係にまきこまれたため、農民経済は順調に発展しえず、弱小経営は破壊され、逆に後進的な家父長制的大経営が再生産される傾向が強かった。このことは、中世社会の発展に特殊な地域偏差を生みだすことにもなった。そして農民経済の在り方のこのような地域偏差を前提として、中央地帯と遠隔＝辺境地域とのあいだに特定の分業＝交換関係が生みだされ、これが中世後期経済の構造的な特徴を生みだしている。

したがって、中世前期と後期の段階的差異を、単純に自給経済から商品経済へというような古めかしい図式によってのみ説明することはもとより妥当ではない。現実はこのようにもっと複雑な問題をはらみつつ展開しているのである。だがそれにしてもこの二つの時期のあいだには上述のような、段階的な差異が存在したことは否定しえない事実であり、その点を無視して「中世」を一括してとらえようとすることは、かえってその認識を平板化するおそれがあると考えられるのである。

（1）　豊田武「大和の諸座」（『歴史地理』六四ノ三号）、同「大和の諸座続篇」（『歴史地理』六六ノ一・二号）、小野晃嗣「興福寺塩座衆の研究」（『日本宗教史研究』第二輯所収）、豊田武「都市および座の発達」（『新日本史講座』4所収）、同「座と土倉」（岩波講座『日本歴史』中世2所収）、脇田晴子「中世手工業座の構造」（『歴史学研究』二七二号）など。

（2）　たとえば火鉢座の場合、文明七年（一四七五）のころの構成は、座衆三〇人、上首七人、作手二人であった。作手というのは「上首幷器用物」をえらんで補任し、一定の給田を与えるものであって、本所側はこれを通じて独立しつつある座集団を掌握しようとした。

(3) 脇田晴子前掲論文による。本座に対し新座・孫座が出現するのは乙木荘の簾座ばかりではなく、その他にもひろくみられる傾向である。たとえば大和の油の場合、符坂油座が優位を占めているが、八木の油仲買座が次第に勢力をのばし、さらに摂津木村の油座も出現している。新座・孫座の出現はもとより本座から非常な圧迫を加えられたが不可能なことではない。そこに座の独占が絶対的なものでない側面が示されている。この点が、農民が商品生産・販売にかなり手広く接触しうる可能性にも連なるものといえよう。

(4) 原田伴彦『中世における都市の研究』一三三頁以下による。これらの数的根拠は、当時の日記類に記された家数によるものであるから、厳密なものとはいいえないが、大体を知ることはできる。

(5) このような中央地帯の農村手工業を軸とする経済発展の特殊性を脇田晴子氏はとくに注目し、それを「首都市場圏」とよぶべきものであると指摘している(前掲「中世手工業座の構造」)。

(6) それらの詳細については、豊田武『増訂中世日本商業史の研究』四三六頁以下、佐々木銀弥「中世都市と商品流通」(岩波講座『日本歴史』中世4所収)など参照。

(7) 暦応四年十月十日小早川宣平等置文案には、同氏氏寺巨真山寺の「修理掃除者、新田百姓可レ致二其沙汰一、堤修固人夫等課役之外者、如二惣庄平民一、不レ可レ有二勤役一事」とある(『小早川家文書』一ノ五八九頁)。「惣庄平民」と区別される直属の「新田百姓」が存在したことが知られよう。

■岩波オンデマンドブックス■

日本中世社会構造の研究 上

1973年 9月28日 第1刷発行
1988年 11月7日 第4刷発行
2025年 5月9日 オンデマンド版発行

著 者 永原慶二《ながはらけいじ》

発行者 坂本政謙

発行所 株式会社 岩波書店
〒101-8002 東京都千代田区一ツ橋 2-5-5
電話案内 03-5210-4000
https://www.iwanami.co.jp/

印刷／製本・法令印刷

ISBN 978-4-00-731556-5 Printed in Japan